大跨度桥梁抗风丛书

大跨度拱式桥抗风

葛耀君　著

人民交通出版社股份有限公司
China Communications Press Co.,Ltd.

内 容 提 要

本书是作者近十五年来在大跨度拱式桥抗风理论和实践方面的研究总结，其中包括国家自然科学基金项目和国家高技术研究发展计划(863 计划)课题的基础研究成果，以及十多座大跨度拱桥(包括当时世界跨度最大的四种拱桥)的应用研究成果。全书共分十三章，内容包括拱式桥跨度演变、拱式桥抗风设计概念、拱式桥结构动力特性、良态气候风统计分析、热带气旋数值模拟、阵风静力风荷载、抖振等效风荷载、涡激振动及控制、涡振等效风荷载、多目标等效风荷载、静风稳定性分析、风振稳定性评价、总结与展望。

本书可供桥梁科研、设计及施工人员使用，也可供高等院校高年级本科生及研究生教学参考。

图书在版编目(CIP)数据

大跨度拱式桥抗风 / 葛耀君著. —北京：人民交通出版社股份有限公司，2014.12

(大跨度桥梁抗风丛书)

ISBN 978-7-114-11875-3

Ⅰ.①大… Ⅱ.①葛… Ⅲ.①长跨桥—抗风结构 Ⅳ.①U448.43

中国版本图书馆 CIP 数据核字(2014)第 277845 号

大跨度桥梁抗风丛书

书　　名：大跨度拱式桥抗风
著 作 者：葛耀君
责任编辑：曲　乐　卢俊丽
出版发行：人民交通出版社股份有限公司
地　　址：(100011)北京市朝阳区安定门外外馆斜街 3 号
网　　址：http://www.ccpress.com.cn
销售电话：(010)59757973
总 经 销：人民交通出版社股份有限公司发行部
经　　销：各地新华书店
印　　刷：北京市密东印刷有限公司
开　　本：787 × 1092　1/16
印　　张：31.25
字　　数：760 千
版　　次：2014 年 12 月　第 1 版
印　　次：2014 年 12 月　第 1 次印刷
书　　号：ISBN 978-7-114-11875-3
定　　价：80.00 元
(有印刷、装订质量问题的图书由本公司负责调换)

序

拱桥是我国最常见的桥型之一，尤其在西部山区地质和地形条件有利时，拱桥应是首选的桥型。中国古代拱桥的建造虽稍晚于古希腊和古罗马，但隋代李春建造的河北赵州安济桥首创了空腹式拱桥（敞肩拱桥）的形式，成为当时拱桥跨度的世界纪录，被英国李约瑟博士列为中国古代26项重要科技发明之一，享誉世界。

19世纪是钢拱桥发展的黄金时期，自1874年第一座跨度为158m的钢拱桥——美国Eads桥问世后，就出现了钢拱桥建设的高潮。到20世纪30年代，跨度已突破了500m，其中最负盛名的当属澳大利亚的悉尼港桥。大跨度拱桥一般都是钢拱桥，考虑到施工方便和经济因素，大都采用桁架拱形式。中国在20世纪90年代兴起了建造钢管混凝土拱桥的热潮，跨度从200余米迅速攀升至500m以上。除了上海卢浦大桥因景观要求采用箱形的提篮拱肋外，多数大跨度拱式桥都以桁架拱为主要形式。

由于拱桥的刚度较大，相对风的敏感性较低，历史上也没有出现过强烈的风致振动或风毁事故，主要是在施工尚未合龙前的悬臂拼装阶段需要注意抗风安全问题。因此，国外风工程界并未十分重视拱式桥的抗风设计，一般只验算阵风荷载作用下的静力稳定性，而很少考虑风致振动问题。国内自1995年建成的贵州江界河桥起，就开始重视拱式桥的抗风问题，至今已进行了十多座大跨度拱式桥的抗风研究，积累了一定的经验。本书是同济大学葛耀君团队近十五年来的研究总结。

和相对较柔性的悬索桥和斜拉桥相比，拱式桥的抗风有其鲜明的特点。而且由于拱结构相对较复杂，阵风作用下的静力和动力风荷载、各类风致振动以及静力和动力风致稳定性都有许多特殊问题尚未得到满意的解决，有待今后继续探索。此外，各种风效应的相互干扰和相互作用机制以及多目标等效风荷载的精确分析方法对于拱式桥的抗风将更为重要。

我希望本书的出版能进一步推动拱式桥的抗风研究继续向前发展，并为今后我国中西部地区更多大跨度拱式桥的抗风安全做出重要贡献。

同济大学荣誉资深教授
土木工程防灾国家重点实验室名誉主任
项海帆
二〇一四年六月

前　言

以石拱桥形式诞生的拱式桥最早出现在古埃及、古希腊以及后来的古罗马，中国古代石拱桥的建造曾经创造过几百年的辉煌历史，其中最具代表性的是隋代李春建造的河北赵县赵州桥（安济桥），它首创了空腹式拱桥（敞肩拱桥）的形式，减轻了质量、增大了跨度、丰富了形式，不仅创造了当时拱桥跨度的世界纪录——37.5m，而且保持该纪录长达700年之久，享誉世界。从14世纪到18世纪石拱桥的跨度仅仅增长了17m，达到54m。自1779年第一座铸铁拱桥诞生以后，拱式桥的跨度有了较快的增长，到1886年，最大跨度锻铁拱桥已经达到172.5m，拱式桥跨度增长了3.5倍。1874年第一座钢拱桥建成，拱式桥的跨度增长出现了飞跃，从1874年到1977年的一百多年时间里，美国工程师们五次创造了拱式桥跨度的世界纪录，并将最大跨度定格在518m，钢拱桥跨度提高了3倍。进入21世纪后，中国工程师们分别在2003年和2009年建成了跨度为550m的上海卢浦大桥和跨度为552m的重庆朝天门大桥，两次创造了钢拱桥跨度的世界纪录。

相对于同一时期悬索桥和斜拉桥的发展，拱式桥的跨度增长相对较慢、结构刚度相对较大、风致效应相对较小，但是拱式桥抗风问题仍然受到国内外高度关注。从总体上来看，国外在大跨度拱桥设计中一般都会考虑结构风荷载、风荷载稳定和涡激振动控制等问题。但是，国外新建的大跨度拱桥数量不是很多，尤其是20世纪90年代以来，新建拱桥的数量远远少于我国；另外，国外大跨度拱桥大都采用了钢桁架拱形式，桁梁截面阻风率小、刚度大，一般风振问题并不严重，只需要计算静阵风荷载，抗风设计相对比较简单。因此，近年来，国外大跨度拱桥抗风研究介绍相对较少、相关成果不多、缺乏特别突出的创新成果。相反，国内从20世纪90年代开始大量修建拱式桥，不仅数量巨大，而且跨度一再刷新纪录。目前中国保持着石拱桥、混凝土拱桥、钢管混凝土拱桥和钢拱桥等几乎全部拱式桥跨度的世界纪录，因此，对大跨度拱桥抗风性能进行系统的研究分析，对确保大跨度拱桥在施工过程中和建成运营后的抗风稳定性和安全性、建立大跨度拱桥系统的抗风失效机理和风振控制方法、修订和完善拱桥抗风设计规范，具有重要的理论意义和实用价值。

本书是在国内外现有风工程和桥梁抗风研究基础上编著的专门针对大跨度拱式桥抗风的专业著作，全书共分十三章。第一章介绍拱式桥跨度的演变历史，由此引出拱式桥跨度增长后抗风研究的必要性；第二章从工程应用的角度介绍了目前初步形成的拱式桥抗风设计概念；第三章介绍了拱式桥结构动力特性分析的解析方法和数值方法，并总结了典型拱式桥的动力特性分析结果和实测结果；第四章介绍了作为大跨度拱式桥抗风设计基础的良态气候风的统计分析理论和方法；第五章介绍了大气边界层中另一种气候风——热带气旋的数值模拟，其中"第六节基于线性回归的复杂场地台风参数"是目前最新的研究进展；第六章介绍了适用于刚度较大拱式桥只考虑静力风效应时采用阵风静力风荷载——平均风静力荷载叠加脉动风最大荷载，其中"第三节拱肋三分力系数"中圆形截面雷诺数效应修正是同济大学葛耀君团队率先提出的方法；第七章介绍了适用于刚度较小拱式桥的抖振等效风荷载，包括平均风静力荷载、脉动风背景响应和共振响应等效静力荷载三个部分，其中"第二节气动导纳识别"和"第四节强台风作用下随机抖振分析"都是目前最新的研究进展；第八章介绍了拱式桥涡激振动及控制方法，其中“第五节涡振概率性评价”是葛耀君团队率先提出的方法；第九章介绍适用于刚度较小拱式桥的涡振等效风荷载，以模态荷载形式给出平均风静力荷载和共振响应等效静力荷载，其中“第二节涡振模态风荷载计算”是葛耀君团队率先提出的方法；第十章介绍了拱式桥多个控制截面或多个控制力素的等效风荷载方法——多目标等效静力风荷载方法，其中“第四节多目标广义荷载—响应相关法”是葛耀君团队率先提出的方法；第十一章介绍了静风作用下拱式桥的失稳基本形态和稳定性分析方法，其中“第三节非线性静风稳定分析”和“第四节典型拱式桥静风稳定性”都是目前最新的研究进展；第十二章介绍了大跨度拱桥驰振和颤振稳定性能，并对拱式桥风振稳定性研究方法、失稳检验风速和更大跨度发展等方面进行了展望，反映了目前在拱式桥风振稳定性研究中的最新研究进展和趋势；第十三章介绍了拱式桥抗风设计研究的总结与展望，揭示了大跨度拱式桥不同于缆索承重桥梁的抗风特点，提出了大跨度拱式桥抗风设计研究未来方向。

本书由葛耀君负责确定各章节内容、制订全书大纲，并且编写了第一、二、四、六、十、十一、十二、十三章的内容，团队成员分工合作了其他章节的内容。其中，第三、八、九章由杨詠昕副研究员执笔，其中第九章的第四节由葛耀君执笔；第五、七章由赵林副研究员执笔；葛耀君团队原博士生张志田提供了第十章的部分内容、博士生董锐提供了第十一章的部分内容。书稿中的有些内容直接来自于赵林、张志田、陈斌、于洪刚、董锐等人的博士论文，以及胡晓红、李永君、李鹏飞等人的硕士论文，博士生董浩天参与了各个章节的排版和校核工作。

本书是近十五年来同济大学桥梁抗风研究团队在大跨度拱式桥抗风理论和实践方面的研究总结，曾经得到了国家自然科学基金面上项目“大跨度拱桥抗风失效机理及风振控制方法研究”(50278069)和重点项目“大型结构与特殊环境动力相互作用的数值试验”(50538050)、国家高技术研究发展计划(863 计划)课题“大型桥梁环境动力响应机理及评估”(2006AA11Z108)等基础研究项目的资助。团队成员负责完成了十多座大跨度拱式桥抗风应用研究项目，其中包括当时世界跨度最大的四种拱桥，即平行拱肋钢管混凝土拱桥、提篮式钢管混凝土拱桥、钢桁架拱肋拱桥和钢箱拱肋拱桥，研究成果获得了 2009 年上海市科技进步奖一等奖——“大跨度拱桥抗风设计理论及其工程应用”，有关上海卢浦大桥的研究成果获得了 2004 年上海市科技进步奖一等奖——“上海卢浦大桥设计关键技术研究”和 2005 年国家科技进步奖二等奖——“上海卢浦大桥设计与施工关键技术研究”。本书主要内容正是来自于这些研究成果，包括国内外公开发表的期刊论文、会议论文、学位论文、基础研究和应用研究项目的研究报告，希望本书能对读者有所裨益，错误和不当之处还望各位同仁批评指正。

葛耀君
于同济大学
二〇一四年六月

目　　录

第一章　拱式桥跨度演变

第一节　拱式桥起源

一、古希腊时代

桥梁是人类为了克服自然障碍而建造的最早的构筑物之一，与人类的生活和发展密切相关。早在以狩猎为生的远古时代，人类就开始借助最简单的桥梁去扩大自己的活动空间和范围，据此可以认为，桥梁的历史与人类的历史一样古老。如果认为猴子会手尾相接地搭成一座"猴桥"（图 1.1-1），跨越两棵大树之间的障碍，那么桥梁的出现甚至比人类还早[1,2]。

图 1.1-1　"猴桥"

一般认为，人类学会建造各种桥梁，最初得益于自然现象的启发。譬如，从倒下的树干，学会了建造桥梁，如图 1.1-2 所示；从天然的石穹，学会了建造拱桥，如图 1.1-3 所示；从攀爬的藤蔓，学会了建造索桥，如图 1.1-4[3~5] 所示。考古发掘出的世界上最早的人工建造的桥梁遗迹，可以追溯到公元前 6000 年，今小亚细亚一带。我国 1954 年发掘出的西安半坡村遗址，是公元前 4000 年的新石器时代氏族村落遗址，在此发现了我国最早出现的桥梁[2]。

古代桥梁所用材料多为木、石、藤、竹乃至皮革之类的天然材料，这些材料强度低，加上当时人们掌握的力学知识不多，所以古代桥梁一般跨度很小、断面很大、外形敦实。由于木、藤、竹、革类材料易腐蚀，能够保留至今的古代桥梁多为石桥，特别是石拱桥[6,7]。

根据大英百科全书的记载，石拱桥诞生于古埃及文明时期和古希腊文明时期，由于石拱桥被认为不适合作为纪念性的建筑，所以较少被采用，保留至今者更少，特别是古埃及几乎找不到现存的古代石拱桥[2]。

古希腊是西方历史的开源，位于欧洲南部，地中海的东北部，包括今巴尔干半岛南部、小亚细亚半岛西岸和爱琴海中的许多小岛，经济生活高度繁荣，产生了光辉灿烂的希腊文化，对后世有深远的影响。古希腊人在哲学思想、历史、文学、戏剧、雕塑等诸多方面有很深的造诣，而在建筑技术，特别是石拱桥技术方面目前仍保持着最古老的纪录[8,9]。

图 1.1-2　天然树桥

图 1.1-3　天然石拱桥

世界上现存最古老的石拱桥是古希腊 Arkadiko 桥（图 1.1-5），建于公元前 1300 年左右，是一座跨越山谷的桥梁，用未经修缮过的石块干砌成的单孔石拱桥，长 22m、宽 5.6m、高 4m。希腊 Eleutherna 桥也是一座典型的石拱桥（图 1.1-6），长 9.35m、宽 5.1m、高 4m，建于公元前 400 年左右，至今仍然可以通行[10,11]。

图 1.1-4　藤蔓吊桥

图 1.1-5　古希腊 Arkadiko 桥

图 1.1-6　古希腊 Eleutherna 桥

二、古罗马时代

古希腊文明遗产在其灭亡后，被古罗马人破坏性地延续下去，从而成为整个西方文明的精神源泉。公元前 27 年 ~ 公元 476 年的罗马帝国，更是古罗马的全盛时期，其版图包括了今天的意大利、西班牙、法国、不列颠岛、德国、土耳其、北非和小亚细亚一带等。古罗马修建过无数巨大的石拱桥，跨度为 6 ~ 24m、高度为 50 ~ 60m，单块石材质量达到 8t，至今还保留有几十座古代石拱桥。

最著名的古罗马石拱桥要数法国南部的 Gard 桥，如图 1.1-7 所示。该桥建于公元前 18 年，长 270m、最大跨度 24.4m，全桥共分三层，上层为输水渡槽，连接长 50km、落差仅 17m 的水渠；中层供行人通行，宽度为 4m；下层在一侧加宽以便车马能够通行，是 1743 年扩建的。另一座现存的古罗马时期修建的著名石拱桥是 Segovia 桥（图 1.1-8），位于现在的西班牙境内。这两座桥有一个共同的特点，那就是上层都是输水用的渡槽，这是古罗马时期的重要标志，类似的石拱渡槽桥还可以在保加利亚、克罗地亚、法国、德国、希腊、以色列、意大利、黎巴嫩、葡萄牙、马其顿、西班牙、突尼斯、土耳其、英国等国家找到[12,13]。

图 1.1-7　古罗马 Gard 桥（今法国境内）

图 1.1-8　古罗马 Segovia 桥（今西班牙境内）

除了石拱渡槽桥之外，古罗马时期还修建了许多供行人和车马通行的石拱桥，意大利境内现存较早的有公元前 142 年修建的单孔石拱桥——Rotto 桥（图 1.1-9）、公元前 100 年修建的多孔石拱桥——Pietra 桥（图 1.1-10）和公元前 90 年修建的半圆石拱桥——dell′Abbadia 桥（图 1.1-11）等。意大利境外的著名石拱桥有法国 Vaison-la-Romaine 桥（图 1.1-12）、葡萄牙 Romana 桥（图 1.1-13）和西班牙 Alcántara 桥（图 1.1-14），都修建于公元 1 世纪前后[14~19]。

图 1.1-9　意大利 Rotto 桥

图 1.1-10　意大利 Pietra 桥

三、古代中国

中国拱桥的起源一直为中外桥梁史学者所关注，并存在着不同的观点。有的西方学者认为，中国拱桥是通过丝绸之路于公元 1 世纪左右由古希腊或古罗马传入的；以中国古桥史专家唐寰澄先生为代表的中国学者则认为中国拱桥是独立发展而成的，并提出了五种可能，即天生桥说、土穴说、陶瓮说、叠涩演进说和折边演进说，"五种拱的形成说不是孤立的，可予以多方面的综合”。实际上,古代由于交通不便,人类活动范围有限、交流不多,同一类型的结构多种起源并存、多处独立发展的可能性很大。就现有的考古发掘资料来看,中国古代拱桥的建造要比以建造古代拱桥著称的古希腊和古罗马晚数百年[2]。

图 1.1-11　意大利 dell'Abbadia 桥

图 1.1-12　法国 Vaison-la-Romaine 桥

图 1.1-13　葡萄牙 Romana 桥

图 1.1-14　西班牙 Alcántara 桥

公元前 282 年,中国就有了最早的关于石拱桥的文字记载;考古发现公元前 250 年的周朝末期坟墓中已有砖拱。中国建筑史学家刘敦桢教授通过对洛阳与成都的西汉、东汉墓砖拱演变情况的分析,得出两汉之间砖拱是由平板,三、五、七等折边拱演变为圆拱的时期,中国拱桥的诞生与中国独特的折边拱式桥的演进密切相关。《中国桥梁史纲》认为:“中国拱桥始建于东汉中晚期,由伸臂木石梁桥,撑架桥,三、五折边形石桥等逐步发展而成。在形成和发展过程中,早期又受到陶制水管、水井、瓦、城门、墓拱等建筑的影响而成拱桥[2]。”

虽然汉代古籍中有许多关于“飞梁”的描述,东汉画像砖上裸拱的出现可作为拱桥诞生的证据,但是据唐寰澄对汉、晋两朝洛阳城群桥的考察结果,建于东汉阳嘉四年(135 年)的洛阳建春门桥,是目前我国最早有记录的石拱桥。建春门桥为东西走向,桥下水由北向南流,桥头各有两石柱,柱铭称:“尽要妙之巧,撰立重石,累高周距”,说明其是一座用大石块砌筑的拱桥。因桥下要通漕运,“受大舫过”的缘故,石拱非常高大;城门口阳渠上的桥梁,需要通行车马,该桥可能是带拱坡桥面的实腹圆弧拱桥[7]。

从晋朝开始,石拱桥在全国多处出现。首都洛阳就建有太康元年(280 年)的马市石桥、太康三年(282 年)的七里涧旅人桥(图 1.1-15)和元康三年(293 年)的皋门桥(图 1.1-16)等。《水经注·谷水》记载有对皋门桥的描述:“谷水又迳河南王城北,所谓成周矣。”“旧渎又东,晋惠帝造石梁于水上。按桥西门之南颊文称,晋·元康二年(292 年)十一月二十日,改治石巷水门,除竖枋、更为函(函,包也)枋,立作覆枋屋,前后辟级续石障,使南北入岸,筑治濑处,破石以为杀矣。到三年三月十五日毕讫,并纪列门广长深浅于左右。巷东西长七尺,南北龙尾广十二丈。巷渎口高三丈,谓之皋门桥。[7]”

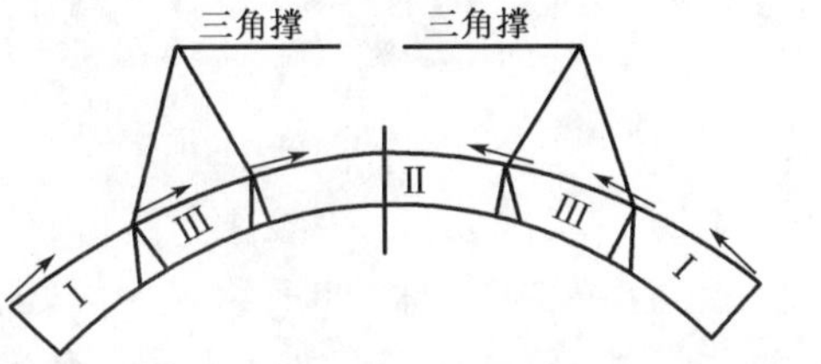

图 1.1-15 洛阳七里涧旅人桥示意

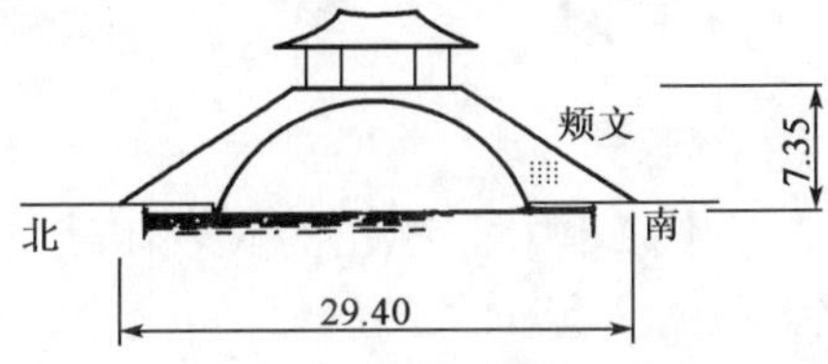

图 1.1-16 洛阳皋门桥示意(尺寸单位:m)

在这一时期建设的石拱桥还有浙江绍兴光相寺前的光相桥(图 1.1-17)、王羲之题扇处的题扇桥(图 1.1-18)等。光相桥为单孔圆弧形石拱,拱圈似纵向并列砌筑,桥拱四分之一处有兽头,横系石两条。桥全长 29.5m,高 4.2m,桥宽上窄下宽,下部宽约 7m,拱顶处宽 6m,顶部有 6m×6m 的平面,为古桥中罕见。两边桥坡各有 23 级石阶,每级厚 0.12m、宽 0.5m。桥栏板呈 I 字形,每边桥栏均有 6 根覆莲望柱相隔,桥栏末端为石鼓[20,21]。

图 1.1-17 绍兴光相桥

图 1.1-18 绍兴题扇桥

我国古代石拱桥技术从隋朝开始走向国际领先水平。先是开皇三年(582 年)在长安建造的新灞桥,考古现场发现有 11 座桥墩暴露出水,5 座在水中,6 座在河滩上,经清理与分析,是座全长 400m,估计有 40~48 孔的连拱拱桥(图 1.1-19)。后是开皇四年(584 年)在河南临颍建造的小商桥,现存桥洞三孔,因小孔并未压上大孔,所以并非敞肩式,而是三孔连拱桥,是小孔桥台和大孔撞券石的组合(在清乾隆志中已作正确记载)。桥全长 21.3m,宽 6.5m,两岸小拱拱脚间距离为 20.2m;大孔净跨 12.1m(也有记载 11.6m),矢高 3.06m(也有记载 2.20m);小孔净跨 2.6m,矢高 0.6m(图 1.1-20)[2]。

图 1.1-19　长安新灞桥

图 1.1-20　河南临颍小商桥

中国古代石拱桥最杰出的代表作是赵州桥(图 1.1-21),又名安济桥,俗称大石桥,位于河北省赵县城南 2.5km 处的洨河上。它“北走燕冀、南驰温洛”,是号称“四通之域”的栾州(隋朝时名,今赵县)的咽喉,是世界上第一座敞肩式(即空腹式)单孔圆弧弓形石拱桥,由著名工匠李春(图 1.1-22)修建。赵州桥净跨 37.02m(指拱腹的拱脚间),拱矢净高 7.23m,净矢跨比为 1∶5.12,总长 50.83m。具体构造是在大拱拱券之上有一层眉石(护拱石)平铺拱背,近拱脚处厚度约 30cm,向上渐薄,至拱顶处为 16cm;大拱背上南北各有两个小拱,外侧两小拱平均净跨 4m、半径 2.3m、拱石高 65cm、眉石厚 16cm,内侧两小拱平均净跨 2.75m、半径 1.5m,拱石高和眉石厚与外侧小拱相同。正是这四个小拱的巧妙设置,减轻桥身自重约 15.3%,并当洪水来临时,可增加流水面积 16.5%。赵州桥建于隋朝开皇十五年(594 年),完成于隋朝大业元年(605 年),是全世界具有里程碑意义的拱桥,敞肩式或空腹式理念的提出和实践开启了拱桥减轻质量、增大跨度、丰富形式的探索时代,同时也诞生了全世界第一个拱桥的跨度世界纪录[2]。

图 1.1-21　河北赵州桥

图 1.1-22　李春铜像

赵州桥建成后,敞肩拱的风潮首先影响赵县,并扩展至河北、山西等地。历史上有记载的和现存的历代敞肩式石拱桥就有 13 座之多,例如:建于唐永泰初年(765 年)的赵县县城内的永通桥(图 1.1-23)、建于明嘉靖二十八年(1549 年)的赵县济美桥、建于明万历年间的河北永年弘济桥和沧州登瀛桥、建于明昌二年(1911 年)的山西晋城景德桥(也称沁阳桥)等[2]。

中国的木拱桥由原始的弓弓桥、木伸臂梁桥和木撑架拱发展而来。宋朝第一次出现了新颖的木拱桥,学术上又名贯木拱,最早见于北宋画家张择端所绘《清明上河图》中的宋代汴京虹桥(图1.1-24)。贯插众木成拱而无柱,可一跨过河,避免船撞,在世界桥梁史上唯中国有之。据有关资料记载,全国现有建于南宋到清朝的贯木拱桥(也称木拱廊桥或编木拱桥)近200座,且大都分布在闽东北和浙西南两地山区。据福建省公路学会的调查,福建省现存木拱廊桥有23座,其中始建于宋朝的有4座。浙江庆元县有木拱廊桥22座,居全国之首。浙江泰顺县有编木拱桥(当地俗称蜈蚣桥)8座[2]。

图1.1-23　河北永通桥

图1.1-24　《清明上河图》中的贯木拱桥

第二节　拱式桥发展

一、近代铁拱桥

公元前282年中国就有了石拱桥的文字记载,考古发现公元前250年的坟墓中就有了砖拱,木拱桥的历史则可以追溯到南宋时期。在欧洲进入黑暗的中世纪,桥梁建设进步缓慢的时候,中国进入了隋、唐、宋、元国力相对鼎盛时期,经济发展和桥梁建设取得了辉煌的成就。但是,西方社会随着文艺复兴的到来,科学理论、建造技术和机械应用都取得了长足的进步,特别是18世纪英国的工业革命,铸铁和锻铁的工业化生产使铁的产量大幅度提高,为机械和结构提供了工业用铁,铸铁和锻铁也大量地应用于桥梁结构中,并率先应用于抗压强度要求很高的拱桥中。

全世界第一座铸铁拱桥是位于英国Coalbrookdale地区跨越塞文(Severn)河的Iron桥(图1.2-1),是一座由5片半圆形铸铁拱肋并列组成的单跨铸铁拱桥,净跨度30.5m,1779年建成,这座铸铁拱桥的建成标志着西方用木石建造桥梁时代的终结。但在中国,公元6世纪已出现的铁链索桥可以说是东方结束木石时代的另一种表现形式,比西方早了一千多年。随着铸铁在桥梁中的不断应用,铸铁拱桥像石拱桥一样,成了那个时代发挥材料特性、运用新型技术的标志,铸铁拱桥的最大跨度也在1796年达到了72m——英国Wearmouth桥(图1.2-2)[22,23]。

锻铁比铸铁具有更好的延性和抗拉强度,随着锻铁的出现,19世纪上半叶锻铁拱桥应运而生,使得铁拱桥的跨度有了大幅度的提高。1877年建成的位于葡萄牙波尔图的Maria桥(图1.2-3),是一座铁路锻铁拱桥,跨度达到了160m,打破了这个时期的拱桥跨度纪录。1884年建成的位于法国Massif的Garabit桥就是锻铁拱桥的杰出代表(图1.2-4),它以165m的跨度再次刷新了拱桥跨度的世界纪录。虽然在这两座锻铁拱桥建成之前,美国已经采用钢管而非锻铁建成了Eads拱桥,但在那个年代,锻铁比钢管便宜得多,而且锻铁的生产技术也比钢管更加成熟。这两座桥梁先后打破了之前由 Eads 桥保持的拱桥跨度纪录。锻铁拱桥跨度的最大纪录应属 1886 年建成的葡萄牙 Dom Luís 桥(图 1.2-5),该桥主拱的跨度达到了 172.5m,拱肋高度由拱脚处的 16.7m 变化到拱顶处的 7.1m,并设有少见的双层桥面,上层桥面在拱顶以上,而下层桥面由四根吊杆与主拱相连,桥型十分奇特[24~26]。

图 1.2-1　英国 Iron 桥

图 1.2-2　英国 Wearmouth 桥

图 1.2-3　葡萄牙 Maria 桥

图 1.2-4　法国 Garabit 桥

图 1.2-5　葡萄牙 Dom Luís 桥

二、现代钢拱桥

随着顶吹转炉炼钢方法的出现,钢材迅速成了一种造价低、产量大的结构材料。当欧洲还在大量修建锻铁拱的时候,美国已将钢材用于拱桥建设。全世界第一座钢拱桥是 1874 年建成的 Eads 桥，位于美国圣路易斯市，是一座跨越密西西比河的公铁两用桥梁（图 1.2-6）。该桥是一座三跨（153m + 158m + 153m）连续钢桁拱桥，设有双层桥面，上层公路、下层铁路；每跨拱由四片钢桁拱肋组成，每片钢桁拱肋由 2 根平行的弧形钢管组成，钢管直径 0.45m、壁厚6.3mm，桁高 3.66m，用斜腹杆连接，拱脚处固定成无铰拱形式。该桥是第一座采用自由悬臂法施工的桥梁[27]。

图 1.2-6 美国 Eads 桥

钢拱桥一出现就打破了拱桥跨度的世界纪录（尽管这个纪录只保持了短短的 3 年，先后被 3 座锻铁拱桥改写）。随着大量廉价钢材的生产，再加上 Eads 桥成功建设的影响，钢拱桥跨度开始出现飞跃式发展。1898 年美国尼亚加拉瀑布上建成了 Upper Steel 钢拱桥（图 1.2-7），跨度达到了创纪录的 256m，该桥在 1938 年 1 月的一场暴风雪后垮塌。1916 年美国纽约建成的 Hell Gate 桥（图 1.2-8），其跨度再次打破世界纪录，达到 298m。该桥为通行四线列车的重载铁路桥梁，钢拱肋架设采用了自由悬臂拼装法，并用了少量的钢扣索和平衡重以满足悬臂拼装半跨拱肋。该桥的成功设计和施工为现代钢拱桥的发展奠定了坚实的技术基础[28,29]。

图 1.2-7 美国 Upper Steel 桥

美国桥梁界修建钢拱桥的热情持续高涨，于 1931 年将钢拱桥的跨度提高到了 500m 以上，建成了跨度 504m 的 Bayonne 桥（图 1.2-9）。该桥吸取了 Hell Gate 桥的经验，取消了对减小水平推力贡献不大的桥塔，使得钢拱桥看起来更加轻盈美观。1932 年澳大利亚建成了著名的悉尼港桥（图 1.2-10），虽然该桥在桥型结构上几乎就是 Hell Gate 桥的拷贝，在跨度上又比 Bayonne 桥小 1m，但它还是以优美的造型和特殊的地理位置赢得了极大的赞誉，并且还是世界长大桥梁中桥面最宽的一座，桥宽达 49m[30~32]。

在钢拱桥的跨度纪录保持了 46 年后，1977 年美国再次打破纪录，建成了跨度 518m 的 New River Gorge 桥（图 1.2-11）。该桥桥宽 22m，宽跨比仅 1∶23.5。箱形钢桁弦杆采用耐候钢，并全焊连接，极大地提高了结构的耐久性。但焊接也成了最大的挑战，全桥有几百公里长的焊缝，它们都需要满足耐候钢的要求[33]。

图 1.2-8　美国 Hell Gate 桥

图 1.2-9　美国 Bayonne 桥

图 1.2-10　澳大利亚悉尼港桥

图 1.2-11　美国 New River Gorge 桥

我国的钢拱桥建设经历了 20 世纪 80 年代和 90 年代的探索与实践，进入 21 世纪后，两次打破了钢拱桥跨度的世界纪录。2003 年建成的上海卢浦大桥是一座横跨上海黄浦江的大跨度钢箱拱肋中承式拱桥（图 1.2-12），主桥全长 750m，其中中跨跨径为 550m、矢高 100m，矢跨比为 1∶5.5，两个边跨跨径为 100m，主拱肋平面倾斜度 1∶5，拱肋单箱宽 5m，箱高从跨中的 6m 增加到拱脚的 9m。恒载水平推力由设置在主梁两侧钢箱梁内的 32 根水平拉索承担，拉索锚固于边跨尾端。2009 年建成的重庆朝天门大桥是一座跨越长江的大跨度钢桁拱肋中承式拱桥（图 1.2-13），主桥全长 932m，其中中跨跨径为 552m，两个边跨跨径为 190m，钢桁拱肋宽度 36.5m，中跨矢跨比为 1∶4.3，采用变高度桁高。中跨下层系杆内配置了体外预应力束，以承受水平推力[34~36]。

图 1.2-12　上海卢浦大桥

图 1.2-13　重庆朝天门大桥

三、拱桥跨度纪录

根据主拱材料的不同，可以将拱桥的发展分成三个阶段，即以石拱桥为主的古代拱桥发展阶段、以铁拱桥为主的近代拱桥发展阶段和以钢拱桥为主的现代拱桥发展阶段。

第一阶段是古代拱桥发展阶段，从远古时代一直到第一座铁拱桥出现。古代拱桥的主要特征是以石材或砖材为主要承重材料。石拱桥的跨度较小，一般都在 30 ~ 60m，其中，第一个跨度纪录就是公元 605 年建成的赵州桥——37.5m（图 1.1-21）；欧洲在近 700 年后的 1300 年，才建成了意大利 Maddalena 桥——38m（图 1.2-14）；此后，意大利将石拱桥的跨度纪录分别延续到了 45m［Diable 桥（1341 年）（图 1.2-15）］、49m［Castelvecchio 桥（1356 年）（图 1.2-16）］和 72m［Trezzo 桥（1377 年修建的原桥已于 1416 年倒塌）（图 1.2-17）］；Trezzo 桥倒塌后，法国于 1479 年建成了最大跨度的石拱桥——跨度 54m 的 Vieille-Brioude 桥，原桥也于 1822 年倒塌[37~40]。

图 1.2-14　意大利 Maddalena 桥

图 1.2-15　意大利 Diable 桥

图 1.2-16　意大利 Castelvecchio 桥

图 1.2-17　意大利 Trezzo 桥

第二个阶段是近代拱桥发展阶段，从 1779 年第一座铸铁拱桥建成算起，近代拱桥的主要特征是以铸铁或锻铁为主要承重材料，从而使得铁拱桥的跨度得以很大的提高。虽然铸铁拱桥并没有打破由石拱桥保持的跨度纪录，但是锻铁拱桥分别三次改写跨度纪录，即 1877 年建成的葡萄牙 Maria 桥（图 1.2-3），跨度为 160m；1884 年建成的法国 Garabit 桥（图 1.2-4），跨度为 165m；1886 年建成的葡萄牙 Dom Luís 桥（图 1.2-5），跨度达到了 172.5m。

第三个阶段是现代拱桥发展阶段，从 1874 年第一座钢拱桥建成开始，现代拱桥的主要特征是以钢材为主要承重材料，拱桥的跨度出现了飞跃式发展。钢拱桥跨度的前五次世界纪录都是由美国人创造的，分别是1874年建成的跨度158m的Eads桥(图1.2-6)、1898年建成的跨度256m的Upper Steel桥(图1.2-7)、1916年建成的跨度310m的Hell Gate桥(图1.2-8)、1931年建成的跨度504m的Bayonne桥(图1.2-9)和1977年建成的跨度518m的New River Gorge桥(图1.2-11)。最近两个钢拱桥跨度的世界纪录是由中国人创造的，分别是2003年建成的跨度550m的上海卢浦大桥(图1.2-12)和2009年建成的跨度552m的重庆朝天门大桥(图1.2-13)。

表1.2-1给出了公元7世纪以来曾创造跨度世界纪录的18座拱桥的有关信息[41]。

世界纪录跨度拱桥　　表1.2-1

阶 段	建成年份(年)	桥 名	跨度(m)	材料	孔数	国家
古代石拱桥	605	赵州桥	37.5	石材	单孔	中国
	1300	Maddalena桥	38	石材	多孔	意大利
	1341	Diable桥	45	石材	单孔	意大利
	1356	Castelvecchio桥	49	石材	多孔	意大利
	1377	Trezzo桥(1416年倒塌)	72	石材	单孔	意大利
	1479	Vieille-Brioude桥	54	石材	单孔	法国
近代铁拱桥	1779	Iron桥	30.5	铸铁	单孔	英国
	1796	Wearmouth桥	72	铸铁	单孔	英国
	1877	Maria桥	160	锻铁	单孔	葡萄牙
	1884	Garabit桥	165	锻铁	单孔	法国
	1886	Dom Luís桥	172.5	锻铁	单孔	葡萄牙
现代钢拱桥	1874	Eads桥	158	钢桁	多孔	美国
	1898	Upper Steel桥	256	钢桁	单孔	美国
	1916	Hell Gate桥	310	钢桁	单孔	美国
	1931	Bayonne桥	504	钢桁	单孔	美国
	1977	New River Gorge桥	518	钢桁	单孔	美国
	2003	上海卢浦大桥	550	钢箱	三孔	中国
	2009	重庆朝天门大桥	552	钢桁	三孔	中国

第三节　大跨度拱式桥

拱桥可以根据不同标准进行分类，按照主拱肋材料进行分类是最基本的方法，据此拱桥一般分为石拱桥、混凝土拱桥、钢管混凝土拱桥和钢拱桥。不同材料拱桥之间既有共性，也有各自特性。其中,拱桥的跨度就与主拱肋材料形式密切相关,一般认为石拱桥跨度最小,混凝土拱桥其次,钢管混凝土拱桥较大,而最大跨度的应该是钢拱桥。

一、石拱桥

在19世纪钢材和混凝土产生之前,拱桥只能采用唯一的建筑材料——石材,因此古代拱桥几乎是清一色的石拱桥或砖拱桥。当钢材和混凝土开始应用于拱桥以后,石拱桥逐渐因自重大、跨越能力有限、支架施工繁琐、人工费用等原因而较少采用。然而,石拱桥在我国现代桥梁中还是占有相当高的比例,这是由于:一方面经济条件决定了无法拿出更多的钢材用于桥梁建设,特别是20世纪70年代之前;另一方面中国文化对于厚重感很强的石拱桥特别青睐,而对于修建大跨度石拱桥更是情有独钟。据不完全统计,全世界跨度大于100m的石拱桥全都在中国[42]。

20世纪50年代,我国已有3座100m跨度的石拱桥,分别是大柳树桥、重庆龚滩桥和江津桥;60年代,我国修建了跨度111m的四川富顺沱江桥和跨度112.5m的云南长虹桥;70年代我国先后修建了7座百米级石拱桥,即跨度100m的四川游渡河大桥、广西红渡大桥和龙武大桥,跨度102m的河南愚公大桥,跨度105m的河南浒湾大桥和湖北通山新桥以及跨度116m的四川九溪沟大桥;80年代修建了跨度105m的山西丹河大桥和跨度108m的四川胜利大桥;90年建成了跨度105m的湖北江坪河大桥、跨度108m的山西司庄一桥和跨度120m的湖南乌巢大桥;21世纪以来先后建成了跨度146m的山西新丹河大桥和跨度100m的山西福晋大桥。全部19座百米级石拱桥如表1.3-1所示[43]。

百米级石拱桥　　表1.3-1

序号	桥　名	跨度(m)	建成年份(年)	地点	序号	桥　名	跨度(m)	建成年份(年)	地点
1	大柳树桥	100			11	通山新桥	105	1977	湖北
2	龚滩桥	100	1954	重庆	12	龙武大桥	100	1979	广西
3	江津桥	100			13	丹河大桥	105	1983	山西
4	长虹桥	112.5	1961	云南	14	胜利大桥	108	1989	四川
5	富顺沱江桥	111	1968	四川	15	江坪河大桥	105	1990	湖北
6	愚公大桥	102	1970	河南	16	乌巢大桥	120	1991	湖南
7	浒湾桥	105	1972	河南	17	司庄一桥	108	1996	山西
8	九溪沟桥	116	1972	四川	18	新丹河大桥	146	2000	山西
9	游渡河大桥	100	1973	四川	19	福晋大桥	100	2003	山西
10	红渡大桥	100	1977	广西					

目前跨度最大的石拱桥是跨度120m的乌巢大桥和跨度146m的新丹河大桥。乌巢大桥位于湖南省凤凰县,建于1991年,系双石拱肋桥,肋间采用钢筋混凝土作横向联系,如图1.3-1所示。新丹河大桥位于山西省晋城市,建于2000年,为变截面石板拱桥。主拱肋矢高

32.44m,矢跨比 1:4.5,拱顶石板厚 2.5m、拱脚石板厚 3.5m,桥面宽度 24.8m,全长 413.17m,主跨石拱两边分别有 2 个边跨的石拱和 5 个边跨的石拱,如图 1.3-2 所示[44,45]。

图 1.3-1　湖南乌巢大桥

图 1.3-2　山西新丹河大桥

二、混凝土拱桥

1759 年波特兰水泥问世后,混凝土作为一种新的建筑材料开始应用于拱桥中,但是直到 1875 年才建成了第一座主拱肋用混凝土浇筑的拱桥。1911 年意大利建成了首座跨度超过 100m 的混凝土拱桥——Risorgimento 桥(图 1.3-3),1930 年瑞士开创了混凝土空腹式拱桥的先河,建成了跨度 90m 的 Salginatobel 桥(图 1.3-4)[46,47]。

图 1.3-3　意大利 Risorgimento 桥

图 1.3-4　瑞士 Salginatobel 桥

1930 年法国建成了著名的 Plougastel 桥(图 1.3-5),该桥为跨度 180m 的公铁两用混凝土箱形拱桥,主梁采用了上层公路和下层铁路的混凝土桁架梁,是当时最大跨度的混凝土拱桥。此后,混凝土拱桥的跨度逐步增加。1942 年建成了跨度 210m 的西班牙 Martín Gil 高架桥(图 1.3-6),该桥采用了劲性骨架和节段浇筑施工方法;一年后,瑞典的 Sando 桥将混凝土拱桥的跨度纪录一下子提高到 264m(图 1.3-7),并保持该纪录达 20 年之久;1963 年,葡萄牙建成跨度 270m 的 Arrabida 桥(图 1.3-8),才将该纪录打破;一年后,澳大利亚的 Gladesville 桥使得混凝土拱桥的跨度突破了 300m,达到 305m(图 1.3-9);1980 年,克罗地亚建成了 KRK 大桥(图 1.3-10),该桥总长 1 430m,由跨度 390m 的一号桥和跨度 244m 的二号桥组成,两座桥均为钢筋混凝土拱桥,矢跨比分别为 1:6.5 和 1:5.2,主拱肋为等截面单箱三室,箱形拱肋高度分别为 6.5m 和 4m、宽度为 13m 和 8m,该桥不仅跨度大,而且宽跨比非常小(1:30),拱桥外形异常纤细[48~53]。

图 1.3-5　法国 Plougastel 桥

图 1.3-6　西班牙 Martín Gil 高架桥

图 1.3-7　瑞典 Sando 桥

图 1.3-8　葡萄牙 Arrabida 桥

图 1.3-9　澳大利亚 Gladesville 桥

图 1.3-10　克罗地亚 KRK 桥

我国大跨度混凝土拱桥建设起步较晚，直到 1985 年，混凝土拱桥的跨度才超越 200m——四川涪陵乌江大桥（图 1.3-11），比欧洲晚了 40 多年。但此后我国大跨度混凝土拱桥建设开始迅速发展，分别于 1990 年建成了跨度 240m 的四川宜宾小南门桥（图 1.3-12），1995 年建成了跨度 330m 的贵州江界河大桥（图 1.3-13）。1997 年，我国建成了跨度 420m 的钢筋混凝土拱桥——万县长江大桥（图 1.3-14），创造了新的混凝土拱桥跨度世界纪录。该桥主拱肋为单箱三室截面，高 7m、宽 16m，顶、底板混凝土厚 0.4m，腹板混凝土厚 0.3m，采用了劲性骨架施工方法，该桥至今保持着混凝土拱桥的世界纪录[43,54~57]。

图 1.3-11　四川涪陵乌江大桥

图 1.3-12　四川宜宾小南门桥

图 1.3-13　贵州江界河大桥

图 1.3-14　万县长江大桥

目前,全世界共有跨度 250m 以上的大跨度混凝土拱桥 20 座,基本信息如表 1.3-2 所示[41]。

大跨度混凝土拱桥($L>250$m)　　表 1.3-2

序号	桥　名	跨度(m)	结构形式	矢跨比	拱肋截面	宽(m)	建成年份(年)	国家
1	Sando 桥	264	上承式	1:6.7	单箱三室	12	1943	瑞典
2	Arrabida 桥	270	上承式	1:5.2	两箱三室	26.5	1963	葡萄牙
3	Gladesville 桥	305	上承式	1:7.4	四箱拱肋	27	1964	澳大利亚
4	Amizade 桥	290	上承式	1:5.5	单箱三室	13.5	1965	巴西
5	KRK 一号桥	390	上承式	1:6.5	单箱三室	11.4	1980	克罗地亚
6	Bloukrans 桥	272	上承式	1:4.4	单箱三室	16	1983	南非
7	Rance 桥	261	上承式	1:7.5	单箱单室	15	1990	法国
8	江界河大桥	330	上承式	1:6.0	单箱三室	13.4	1995	中国
9	广西邕江大桥	312	中承式	1:6.0	双箱单室	18.9	1996	中国
10	万县长江大桥	420	上承式	1:5.0	单箱三室	24	1997	中国
11	天翔大桥	260	上承式	1:8.0	单箱单室	8.75	2000	日本
12	Wilde Gera 高架桥	252	上承式	1:5.7	单箱双室	26.5	2000	德国

续上表

序号	桥　名	跨度(m)	结构形式	矢跨比	拱肋截面	宽(m)	建成年份(年)	国家
13	Infante D. 桥	280	中承式	1:11	单箱单室	20	2002	葡萄牙
14	富士川桥	265	上承式	1:6.5	单箱三室	17.5	2003	日本
15	Los Tilos 桥	255	上承式	1:5.7	单箱	12	2004	西班牙
16	Contreras 高架桥	261	上承式	1:9.1	单箱	14.3	2009	西班牙
17	Mike O′Callaghan-Pat Tillman 纪念大桥	323	上承式	1:3.8	双箱单室	37	2010	美国
18	Froschgrundsee 高架桥	270	上承式	1:4.8	单箱单室	14.1	2010	德国
19	Grümpen 高架桥	270	上承式	1:4.8	单箱单室	14.1	2011	德国
20	昭化嘉陵江大桥	364	上承式	1:4.2	单箱双室	27.5	2011	中国

三、钢管混凝土拱桥

全世界最早的钢管混凝土拱桥出现在前苏联。1937 年，前苏联列宁格勒用集束的小直径钢管混凝土作为拱肋，建造了横跨涅瓦河，跨度 101m 的中承式钢管混凝土拱桥。1939 年，又在西伯利亚依谢季河上建造了跨度 140m 的上承式钢管混凝土铁路拱桥[43]。

我国第一座钢管混凝土拱桥——四川旺苍东河桥于 1990 年建成，跨度达到了 115m(图 1.3-15)，是我国在钢管混凝土结构理论研究与实际应用方面的一次突破。由于钢管混凝土结构在桥梁上的应用同时解决了拱桥高强度材料应用和施工两大难题，钢管混凝土拱桥在我国得到了迅速发展和推广。1995 年建成了跨度 200m 的广东南海三山西大桥，2000 年建成了跨度 360m 的广东丫髻沙大桥，2005 年建成了跨度 460m 的四川巫山长江大桥(图 1.3-16)，2013 年又建成了跨度 518m 的四川合江长江一桥。在 1990 ~ 2013 年的 23 年间，钢管混凝土拱桥的跨度增长了四倍，平均每 6 年增长一倍。跨度 250m 以上的大跨度钢管混凝土拱桥共有 19 座，基本信息如表 1.3-3 所示[43,58,59]。

图 1.3-15　四川旺苍东河桥

图 1.3-16　四川巫山长江大桥

大跨度钢管混凝土拱桥($L>250$m)　　表 1.3-3

序号	桥　名	跨度(m)	结构形式	矢跨比	拱肋截面	管径(m)	建成年份(年)	地点
1	三岸邕江大桥	270	中承式	1:5.0	双管哑铃	1.02	1998	广西
2	武汉汉江三桥	280	下承式	1:5.0	四管桁式	1.00	2000	湖北
3	广州丫髻沙大桥	360	飞鸟式	1:4.5	六管桁式	0.75	2000	广东
4	奉节梅溪河桥	288	上承式	1:5.0	四管桁式	0.92	2001	四川
5	淳安南浦大桥	308	中承式	1:5.5	四管桁式	0.85	2003	浙江
6	金沙江戎州大桥	260	中承式	1:4.5	四管桁式	1.02	2004	四川
7	南宁永和大桥	335.4	中承式	1:4.5	双管哑铃	1.22	2004	广西
8	巫山长江大桥	460	中承式	1:3.8	四管桁式	1.22	2005	四川
9	东莞水道大桥	280	飞鸟式	1:5.0	双管哑铃	1.00	2005	广东
10	三门口北门大桥	270	中承式	1:5.0	四管桁式	0.80	2006	浙江
11	三门口中门大桥	270	中承式	1:5.0	四管桁式	0.80	2006	浙江
12	宜昌长江铁路桥	264	下承式	1:5.0	四管桁式	0.70	2009	湖北
13	千岛湖1号桥	252	上承式	1:6.5	双管哑铃	1.00	2004	浙江
14	茅草街大桥	368	飞鸟式	1:5.0	四管桁式	1.00	2006	湖南
15	黄山太平湖大桥	336	中承式	1:4.9	双管哑铃	1.28	2006	安徽
16	支井河大桥	430	上承式	1:5.5	八管桁式	1.20	2008	湖北
17	湘潭湘江四桥	400	飞鸟组合	1:5.2	六管桁式	0.85	2010	湖南
18	小河大桥	338	上承式	1:5	六管桁式	1.10	2008	湖北
19	合江长江一桥	518	中承式	1:4.5	四管桁式	1.32	2013	四川

钢管混凝土拱桥的主拱结构形式主要有三种，即上承式、下承式和中承式。其中，下承式又称为系杆拱，而中承式如果还有边拱跨，又称为飞鸟式(中承式)。目前上承式、下承式、中承式和飞鸟式四种主拱结构中，最大跨度的钢管混凝土拱桥分别是：上承式，跨度430m的湖北支井河大桥(图1.3-17)；下承式，跨度280m的湖北武汉汉江三桥(图1.3-18)；中承式，跨度518m的四川合江长江一桥(图1.3-19)；飞鸟式，跨度368m的湖南茅草街大桥(图1.3-20)。钢管混凝土拱桥中主拱结构为中承式的跨度最大、上承式的其次、飞鸟式的再次、下承式的最小[43,60~63]。

图1.3-17　湖北支井河大桥

图1.3-18　湖北武汉汉江三桥

图 1.3-19 四川合江长江一桥

图 1.3-20 湖南茅草街大桥

四、钢拱桥

自 1874 年第一座钢拱桥——美国 Eads 桥诞生之后，钢拱桥跨越能力崭露头角，特别是当 1898 年美国 Upper Steel 桥创造第一个钢拱桥跨度纪录之后，钢拱桥始终保持着拱桥的跨度世界纪录，如表 1.1-1 所示。

钢拱桥的主要拱肋形式有两种，即钢箱拱肋和钢桁拱肋。目前钢箱拱肋拱桥的跨度纪录和钢桁拱肋拱桥的跨度纪录都由我国保持，分别是 2003 年建成的上海卢浦大桥（图 1.2-12）和 2009 年建成的重庆朝天门大桥（图 1.2-13）。除此之外，我国还有 5 座跨度超过 400m 的大跨度钢拱桥，分别是重庆菜园坝长江大桥、广州新光大桥、巫山大宁河大桥、宁波明州甬江大桥和肇庆西江铁路桥[64~66]。国外 400m 以上跨度的钢拱桥共有 3 座，都是钢桁拱肋拱桥，分别是美国 Bayonne 桥和 New River Gorge 桥以及澳大利亚 Sydney Harbor 桥。

目前，全世界共有跨度 400m 以上的大跨度钢拱桥 10 座，基本信息如表 1.3-4 所示[41]。

大跨度钢拱桥（$L>400$m） 表 1.3-4

序号	桥　名	跨度(m)	结构形式	矢跨比	拱肋形式	宽(m)	建成年份(年)	国家
1	Bayonne 桥	504	中承式	1:6.6	钢桁拱肋	26	1931	美国
2	Sydney Harbor 桥	503	中承式	1:4.7	钢桁拱肋	48.8	1932	澳大利亚
3	New River Gorge 桥	518	上承式	1:5	钢桁拱肋	21.1	1977	美国
4	卢浦大桥	550	中承式	1:5.5	钢箱拱肋	30	2003	中国
5	菜园坝长江大桥	420	中承式	1:3.7	钢箱拱肋	30.5	2007	中国
6	广州新光大桥	428	中承式	1:4	钢箱拱肋	37.6	2008	中国
7	朝天门大桥	552	中承式	1:4.3	钢桁拱肋	30	2009	中国
8	巫山大宁河大桥	400	上承式	1:5	钢桁拱肋	24.5	2009	中国
9	宁波明州甬江大桥	450	中承式	1:5	钢箱拱肋	45.8	2011	中国
10	肇庆西江铁路桥	450	中承式	1:4	钢箱拱肋		2012	中国

本章参考文献

[1] 茅以升. 中国古桥技术史[M]. 北京:北京出版社, 1980.

[2] 项海帆,潘洪萱,张圣城,等. 中国桥梁史纲[M]. 上海:同济大学出版社, 2009.

[3] http://www. qdnrm. com/a/tebiebaodao/2013/0423/94786. html.

[4] http://webecoist. momtastic. com/2010/02/16/stone-of-arc-the-worlds-10-most-amazing-natural-arche.

[5] http://tech. sina. com. cn/d/2005-06-27/1106646583. shtml.

[6] 罗英,唐寰澄. 中国石拱桥研究[M]. 北京:人民交通出版社, 1999.

[7] 唐寰澄. 中国古代桥梁[M]. 北京:文物出版社, 2009.

[8] H G Tyrrell. History of Bridge Engineering [M]. Stubbe Press, 2008.

[9] R S Cortright. Bridging—Discovering the Beauty of Bridges [M]. Bridge Ink, 1998.

[10] http://en. wikipedia. org/wiki/Arkadiko_Bridge.

[11] http://structurae. net/structures/data/index. cfm? id = s0058195.

[12] http://en. wikipedia. org/wiki/Roman_aqueduct.

[13] http://zh. wikipedia. org/wiki/%E5%A1%9E%E5%93%A5%E7%BB%B4%E4%BA%9A%E8%BE%93%E6%B0%B4%E9%81%93.

[14] http://www. portofrome. it/bridge-emilio/.

[15] http://en. wikipedia. org/wiki/Ponte_Pietra_(Verona).

[16] http://en. wikipedia. org/wiki/List_of_Roman_bridges.

[17] http://en. wikipedia. org/wiki/Roman_bridge.

[18] http://en. wikipedia. org/wiki/Roman_Bridge_(Chaves).

[19] http://en. wikipedia. org/wiki/Alc%C3%A1ntara_Bridge.

[20] http://baike. baidu. com/link? url = cy48-bjjj4AVQnzioxlz4ViejxjgNP_2zQQVwDqGbGQ-AgqDDLcWPivL6T5s70nl3.

[21] http://baike. baidu. com/view/249373. htm.

[22] http://structurae. net/structures/data/index. cfm? id = s0000038.

[23] http://en. wikipedia. org/wiki/Wearmouth_Bridge.

[24] http://structurae. net/structures/data/index. cfm? id = s0000054.

[25] http://structurae. net/structures/data/index. cfm? id = s0000027.

[26] http://structurae. net/structures/data/index. cfm? id = s0000666.

[27] http://structurae. net/structures/data/index. cfm? id = s0000020.

[28] http://www. pinterest. com/WhiteBlackPhoto/niagara-falls-b-w-photography/.

[29] http://en. wikipedia. org/wiki/Hell_Gate_Bridge.

[30] 小西一郎[日]. 钢桥[M]. 米立冬,等译. 北京:中国铁道出版社, 1980.

[31] http://structurae. net/structures/data/index. cfm? id = s0000008.

[32] http://www. sydney. visitorsbureau. com. au/attractions/sydney-harbour-bridge. html.

[33] http://en. wikipedia. org/wiki/New_River_Gorge_Bridge.

[34] 曾宪武,王永珩. 桥梁建设的回顾和展望[J]. 公路,2002,1.

[35] http://scitech. people. com. cn/GB/25509/56813/213022/213258/13813102. html.

[36] http://www. chinadaily. com. cn/zgzx/2009-04/08/content_7657473_4. htm.

[37] http://structurae. net/structures/data/index. cfm? id = s0019531.

[38] http://structurae. net/structures/data/index. cfm? id = s0002640.

[39] http://en. wikipedia. org/wiki/Castelvecchio_Bridge.

[40] http://en. wikipedia. org/wiki/Trezzo_sull%27Adda_Bridge.

[41] http://en. wikipedia. org/wiki/List_of_longest_arch_bridge_spans.

[42] 刘杰. 中国古代桥梁(三)[J]. 交通与运输, 2009, 25(1).

[43] 陈宝春. 钢管混凝土拱桥[M]. 2 版. 北京:人民交通出版社,2007.

[44] http://baike. cnbridge. cn/index. php? pic-view-1889-22135. html.

[45] http://baike. baidu. com/link? url = mVvgjP1nesV10b3IhM0IHpQnSthKF22MRes2-E-0qqYr8g8j6VxB8rTmOVuqUjT2t.

[46] http://structurae. net/structures/data/index. cfm? id = s0000154.

[47] http://structurae. net/structures/data/index. cfm? id = s0000062.

[48] http://structurae. net/structures/data/index. cfm? id = s0000056.

[49] http://en. wikipedia. org/wiki/Portal: Trains/Selected_picture_candidates/RENFE_Class_730_Viaducto_Martin_Gil. jpg.

[50] http://structurae. net/structures/data/index. cfm? id = s0000668.

[51] http://structurae. net/structures/data/index. cfm? id = s0002216.

[52] http://structurae. net/structures/data/index. cfm? id = s0000488.

[53] http://structurae. net/structures/data/index. cfm? id = s0000139.

[54] http://baike. sogou. com/v72037. htm.

[55] http://www. soobb. com/Destination_Panoramio_18975091. html.

[56] http://baike. baidu. com/link? url = ANHh2jRLlICnRKIvnZMA4RKnKzo5hkuMOanfZ-C4QKbNynUfe0nudimGhnWT2G75Ey0yakD8LaJpmF1-oH8Zna.

[57] http://baike. baidu. com/view/1250449. htm? fromId = 328671&fr = wordsearch.

[58] http://baike. baidu. com/view/326293. htm.

[59] http://www. civilcn. com/luqiao/tuku/1353760798169773_5. html.

[60] http://news. c-cc. cn/t_news. asp? newsid = 62864.

[61] http://hb. ifeng. com/pic/detail_2013_07/05/966961_3. shtml.

[62] http://www. moc. gov. cn/huihuang60/difangzhuanti/sichuan/jinrixinmao/200908/t20090826_614300. html.

[63] http://www. nxkx168. com/kpdt/qxkjhd/2009/qxkjhd04. html.

[64] 李国豪. 中国桥梁[M]. 上海:同济大学出版社, 香港:建筑与城市出版社,1993.

[65] 项海帆,陈艾荣,葛耀君. 中国大桥[M]. 北京:人民交通出版社, 2003.

[66] 项海帆,葛耀君,肖汝诚. 中国桥梁[M]. 北京:人民交通出版社, 2013.

第二章 拱式桥抗风设计概念

第一节 结构风荷载

风是地球上一种空气流动的自然现象,是由太阳辐射热引起的,一般定义为空气相对于地面的水平运动,用风向和风速(或风级)表示。自古以来,风对人类活动造成了很大的影响,既有有利的一面,也有不利的一面。炎炎夏日中,树荫下的微风令人神往,而在寒冷的冬天,同样的微风有时会威胁到人的生命;如果没有自然风,人类的祖先不可能发明帆船进行海外贸易,但海上的风暴不知吞噬过多少船只和生命。空气流动所形成的动能一般称为风能,古代主要用于行船,现代则大量应用于发电,成为一种绿色能源。风能也可以转化为作用在物体上的外力,这种外力就是所谓的风荷载。作用在桥梁结构上的风荷载,是空气流动对桥梁结构所产生的压力,简称结构风荷载,人类能够定量地估算风荷载只有250多年的历史,期间经历了平均风荷载、静阵风荷载和动力风荷载三个历史转折点。

一、平均风荷载

风是空气相对于地球表面的流动,主要是由太阳对地球大气加热的时空不均匀性引起的。当空气变冷时,它的密度就会增加、往下沉;当空气变热时,密度就会减轻、往上升。热空气上升的地方,冷空气就会从周围流过来填补其空缺,由此就形成了风。当风受到结构物阻碍时,它的部分动能将转化为作用在结构物上的外力功,这种外力就是所谓的风荷载,当风绕过一般为非流线型(钝体)截面的桥梁结构时,会产生涡旋和流动的分离,形成复杂的空气作用力——风荷载。

图2.1-1 约翰·施密敦肖像

人类第一次定量估算风荷载的尝试可以追溯到公元1759年,全世界"第一位土木工程师"英国人约翰·施密敦(John Smeaton:1724~1792年)(图2.1-1)在历史上首次提出了风荷载估算公式[1],可以简单表达为1.2倍的风速平方,即:

$$P = 1.2U^2 \tag{2.1-1}$$

式中:P——结构表面风压引起的风荷载(Pa或N/m^2);

U——垂直于结构表面的风速(m/s)。

同时,Smeaton基于式(2.1-1),提出了风荷载计算表,给出了风速和风荷载的大小相关关系及描述名称,如表2.1-1所示[1]。

约翰·施密敦(John Smeaton)风荷载表　　表 2.1-1

风速 (mile/h)	风速 (ft/s)	表面垂直风力(lb/ft²)	风力等级通称
1	1.47	0.005	Hardly perceptible
2	2.93	0.020	Just perceptible
3	4.40	0.044	
4	5.87	0.079	Gentle pleasant wind
5	7.33	0.123	
10	14.67	0.492	Pleasant brisk gale
15	22.00	1.107	
20	29.34	1.968	Very brisk
25	36.67	3.075	
30	44.01	4.429	High winds
35	51.34	6.027	
40	58.68	7.873	Very high
45	66.01	9.963	
50	73.35	12.300	A storm or tempest
60	88.02	17.715	A great storm
80	117.36	31.490	A hurricane
100	146.70	49.200	A hurricane that tears up trees, carries buildings before it, etc.

注:1mile = 1 609.344m;1ft = 0.304 8m;1lb = 0.453 592 37kg。

1805 年,英国人弗兰西斯·蒲福(Francis Beaufort: 1774 ~ 1857 年)按照陆上地物、海面和渔船等特征以及 10m 高度处的风速、海面浪高等,详细划定了风力或风速等级,简称风级,共分为 0 ~ 12 级,这就是所谓的"蒲福风级"。1964 年又增加到 17 级,一直沿用到今天,如表 2.1-2所示[2]。

蒲福(Beaufort)风级　　表 2.1-2

风力等级	名称 中文	名称 英文	离地 10m 高度处相当风速(m/s) 范围	中值	陆上地物特征	海面和渔船特征	海面大概波浪高(m) 一般	最高
0	静风	calm	0.0 ~ 0.2	0	静,烟直上	海面平静	—	—
1	软风	light air	0.3 ~ 1.5	1	烟能表示风向,风向标不能转动	微波如鱼鳞状,没有浪花;一般渔船略觉摇动,正好能使舵	0.1	0.1
2	轻风	light breeze	1.6 ~ 3.3	2	人面感觉有风,风向标能转动	小波,波长尚短,但波形显著;渔船张帆速度可达 1 ~ 2nmile/h	0.2	0.3

续上表

风力等级	名称		离地10m高度处相当风速(m/s)		陆上地物特征	海面和渔船特征	海面大概波浪高(m)	
	中文	英文	范围	中值			一般	最高
3	微风	gentle breeze	3.4~5.4	4	树叶及小枝摇动不息，旗子展开	小波加大，波峰开始破裂；渔船张帆速度可达3~4nmile/h	0.6	1.0
4	和风	moderate breeze	5.5~7.9	7	能吹起地面灰尘和纸张，树枝动摇	小浪，波长变长；白浪成群出现；渔船满帆可使船身倾侧	1.0	1.5
5	清风	fresh breeze	8.0~10.7	9	有叶的小树摇摆，内陆的水面有小波	中浪，具有较显著的长波形状；渔船需缩帆一部分	2.0	2.5
6	强风	strong breeze	10.8~13.8	12	大树枝摇动，电线呼呼有声，撑伞困难	轻度大浪开始形成；渔船缩帆大部分	3.0	4.0
7	疾风	near gale	13.9~17.1	16	全树摇动，迎风步行感觉不便	轻度大浪，碎浪而成白沫沿风向呈条状；渔船不再出港	4.0	5.5
8	大风	gale	17.2~20.7	19	小枝折断，人迎风前行感觉阻力甚大	有中度的大浪，波长较长；所有近海渔船都要靠港	5.5	7.5
9	烈风	strong gale	20.8~24.4	22	建筑物有小毁，屋瓦被掀起，大树枝折断	狂浪，沿风向白沫呈浓密的条带状；机帆船航行困难	7.0	10.0
10	狂风	storm	24.5~28.4	26	树木可吹倒，一般建筑物遭破坏	狂涛，波峰长而翻卷；机帆船航行颇危险	9.0	1.5
11	暴风	violent storm	28.5~32.6	30	大树吹倒，一般建筑物遭严重破坏	异常狂涛；能见度受影响，机帆船遇之极危险	11.5	16.0
12	飓风	hurricane	32.6~36.9	34	陆上少见，摧毁力极大	海浪滔天，海面完全变白，能见度受到严重影响	14.0	≥16
13	台风	typhoon	37.0~41.4	38	陆上绝少，其摧毁力极大	海面巨浪滔天，不堪设想	≥14	≥16
14	台风	typhoon	41.5~46.1	43	陆上绝少，其摧毁力极大	海面巨浪滔天，不堪设想	≥14	≥16
15	强台风	strong typhoon	46.2~50.9	48	陆上绝少，其摧毁力极大	海面巨浪滔天，不堪设想	≥14	≥16
16	强台风	strong typhoon	51.0~56.0	53	陆上绝少，范围较大，摧毁力极大	海面巨浪滔天，不堪设想	≥14	≥16
17	超强台风	super typhoon	≥56	≥58	陆上绝少，范围最大，摧毁力超级大	海面巨浪滔天，不堪设想	14	16

众所周知，现有的结构风荷载阻力分量计算可以采用式(2.1-2)[3~5]。

$$P_D = \frac{1}{2}\rho U^2 C_D \tag{2.1-2}$$

式中：P_D——结构风荷载阻力分量(Pa 或 N/m^2)；

ρ——空气质量密度(kg/m^3)；

C_D——结构风荷载阻力系数，无量纲参数。

比较式(2.1-2)与施密敦风荷载估算式(2.1-1)，不难发现，当空气质量密度取 $1.2kg/m^3$，阻力系数取 2 时，式(2.1-2)就变成了式(2.1-1)。目前，全世界大多数国家的空气质量密度取 $1.2 \sim 1.25kg/m^3$，而平板的二维阻力系数相当于 1.9，从而证明 250 多年前施密敦风荷载估算公式对于二维结构不仅具有较高精度，而且还是偏于安全的。施密敦的开创性工作并没有得到足够的承认和重视，甚至不为现代抗风研究人员所熟知；但是，他的工作的确是结构风荷载的第一个历史转折点，即从无到有的定量计算风荷载。由于式(2.1-1)中的风速 U 一般是指平均风速，例如 10min 平均风速或每小时平均风速，故而式(2.1-1)也被称为平均风荷载计算公式。

二、静阵风荷载

在施密敦提出平均风荷载计算公式后的 100 多年时间里，虽然不像现在的结构风荷载规范那样被严格执行，但是绝大多数工程结构，特别是桥梁结构和房屋结构都参考了这一简单方法。然而 1879 年和 1889 年发生的两件大事，彻底改变了这种方法的命运。

1879 年 12 月 28 日晚上 7 点，英国一辆由爱丁堡(Edinburgh)驶往敦提(Dundee)的旅客列车在通过泰河湾大桥(Firth of Tay Bridge)时，因大风使桥梁坍塌导致列车坠河，造成车上 75 人全部遇难，震惊了英国和整个世界。泰河湾大桥全长 3.26km，由 72 孔最大跨度 44m 的非通航孔钢板梁和 13 孔最大跨度 75.3m 的通航孔钢桁架梁组成，是当时世界上最长的桥梁。当蒸汽机旅客列车(图 2.1-2)通过该桥通航孔所在桥面时，一阵狂风将全部 13 孔通航孔和旅客列车吹翻落水，如图 2.1-3 所示[6]。

图 2.1-2　经过泰河湾大桥的蒸汽机车

图 2.1-3　通航孔垮塌后的泰河湾大桥

泰河湾大桥的设计师是托马斯·邦奇爵士(Thomas Bouch：1822 ~ 1880 年)，当初该项目由于经费问题，桥梁设计一再被要求简化，因此安全度可能有所降低，成为导致该桥通车两年后毁于大风的原因之一。除了事故调查中发现的桥墩和桁梁等设计施工中的不足之外，与桥梁风毁事故直接相关的是通航孔结构风荷载的取值。当时邦奇爵士在咨询了有关专家后选定的结构风荷载是958～1 438pa(20～30psf)，按照施密敦风荷载估算公式推算得到的设计风速是28.3～34.6m/s。而事发当晚的实测风力在10～11级(26～30m/s)，虽临近结构极限状态，但由于结构安全度的存在，应不至于引起桥梁结构的整体垮塌。最大的可能性是没有考虑瞬时最大风，即阵风的影响，阵风风速 U_g 随时距的不同一般都要大于平均风速 U，两者之比称为阵风系数 G，可表示为[6]：

$$U_g = G \cdot U \tag{2.1-3}$$

大量的大风实测结果表明，阵风系数 G 的数值一般大于1.3，这样阵风风速就是平均风速的1.3倍，而用阵风风速代替平均风速后的阵风风荷载就是平均风荷载的 $1.3^2 \approx 1.7$ 倍。虽然没有事发当晚阵风系数的实测值，但即使按照最小的阵风系数1.3估算，泰河湾大桥也要承受比设计值高出70%的风荷载，这肯定超过了结构的安全冗余程度。

1889年3月31日，由亚历山大·古斯塔夫·埃菲尔(Alexandre Gustave Eiffel：1832～1923年，图2.1-4)设计的法国巴黎埃菲尔铁塔落成。为1889年巴黎世博会而建的埃菲尔铁塔(图2.1-5)，由4个水泥浇筑的塔墩支撑，塔身全部采用钢铁镂空结构，从塔座到塔顶共有1 711级阶梯，共用钢铁7 000t，金属部件12 000个，铆钉259万只，总高度325m，相当于100层楼高，是世界上第一座钢铁结构的高塔，就建筑高度来说，在当时是独一无二的。

图2.1-4　古斯塔夫·埃菲尔肖像

图2.1-5　埃菲尔铁塔

设计如此高耸的建筑结构，结构风荷载是关键。为此，埃菲尔提出了结构风荷载的两大创举：一是首次明确地提出按照阵风荷载设计；二是采用两种不同分布形式的阵风荷载模式。在阵风荷载设计方面，他通过不同离地高度的风速现场实测，包括铁塔建成后在塔顶的风速实测，首次明确提出了阵风系数应为1.4～1.7的结论，这一结论在100年后的加拿大多伦多CN电视塔的风速实测中得到验证。基于阵风系数值的阵风荷载，采用两种不同的沿高度分布的模式：第一种模式是沿塔高均匀分布的阵风荷载3 000Pa(61.5psf)，相当于设计平均风速32m/s、阵风系数1.55；第二种模式是塔底阵风荷载2 000Pa(41psf)，相当于设计平均风速24m/s、阵风系数1.7，沿塔高线性变化到塔顶阵风荷载达4 000Pa(82psf)，相当于设计平均风速41m/s、阵风系数1.4，如图2.1-6所示。埃菲尔铁塔经历120多年的风风雨雨，至今仍完好无损地屹立在巴黎市中心塞纳河畔，结构风荷载的合理取值是其成功的主要原因之一[6]。

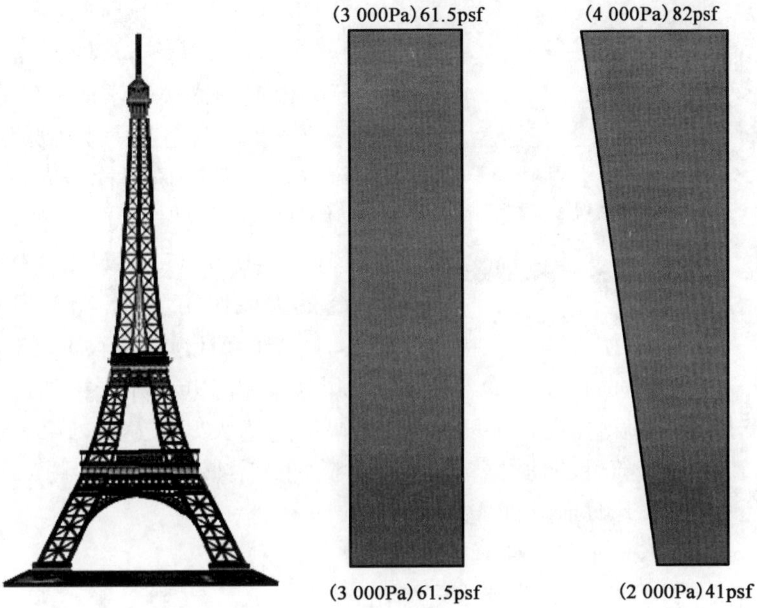

图 2.1-6　埃菲尔铁塔设计阵风荷载模式

1759 年平均风荷载估算公式问世以来，经过 130 多年实际工程结构抗风的失败教训和成功经验总结，到 19 世纪末结构风荷载迎来了第二个历史转折点，即从平均风荷载到阵风风荷载，由于在上述计算中并没有考虑阵风的动力作用，所以一般称为静阵风荷载，可以用升力、阻力和升力矩三个分量来表示：

$$L_g = \frac{1}{2}\rho U_g^2 B C_L \tag{2.1-4}$$

$$D_g = \frac{1}{2}\rho U_g^2 H C_D \tag{2.1-5}$$

$$M_g = \frac{1}{2}\rho U_g^2 B^2 C_M \tag{2.1-6}$$

式中：L_g、D_g、M_g——静阵风荷载升力分量、阻力分量和升力矩分量，简称静力三分力（N/m）；

B、H——结构竖向投影宽度和侧向投影高度（m）；

C_L、C_D、C_M——静阵风荷载静力三分力的升力系数、阻力系数和升力矩系数，简称静力三分力系数，无量纲参数。

三、动力风荷载

结构风荷载的第三个历史转折点出现在 1940 年秋天美国塔科马大桥（Original Tacoma Narrows Bridge）风毁以后。塔科马大桥位于美国华盛顿州的塔科马海峡上（图 2.1-7），是一座主跨 854m（2 000in）、两个边跨 335m 的三跨悬索桥，为当时世界第三大跨度桥梁。该桥由美国著名桥梁工程师列昂·莫伊塞夫（Leon Moisseiff：1872～1943 年）设计，采用了已流行四分之一世纪的挠度理论设计，加劲梁选用的是事后被证明直接导致风毁破坏的工字形钢板梁结

图 2.1-7　美国华盛顿州塔科马大桥(1940 年)

构(图 2.1-8)[6]。

1940 年 7 月 1 日建成通车的塔科马大桥,一开始就在 3～6m/s 的微风下经常出现桥面竖向弯曲振动,根据华盛顿大学法库哈森(F B Farquharson)教授的观察,主要表现为频率 0.13Hz 和最大振幅 0.6m 的第一阶对称竖向弯曲振动以及频率为 0.19Hz 和最大振幅 0.8m 的第二阶对称竖向弯曲振动。1940 年 11 月 7 日,塔科马大桥在 18～22m/s 的大风作用下,出现了第七阶对称竖向弯曲振动(f=0.6Hz)和第八阶反对称竖向弯曲振动(f=0.7Hz)。桥面竖向弯曲振动几个小时后,当风速达到 19m/s 时,突然出现了频率为0.23Hz 的第一阶反对称扭转振动(图 2.1-9),扭转振幅迅速增大几乎达到 ±45°,跨中连接主缆和加劲梁的吊杆首先断裂,随后加劲梁被撕裂,并导致加劲梁整体坍塌,如图 2.1-10 所示[6]。

事故发生后,美国联邦政府立即成立了由 Othmar Ammann、Theodore von Karman 和 G B Woodruff 组成的事故调查小组。一年后提交的调查报告指出,华盛顿州没有为建造大桥筹集到足够的资金,同时代理商以欺诈手段贪污了部分款项,是桥梁施工出现质量问题并最终引起桥梁风毁的原因之一。值得注意的是,两位著名桥梁专家和一位著名空气动力学专家将大桥风毁的直接原因归结为阵风引起的桥面竖向弯曲强迫振动——抖振,而不是现在大家所熟悉的桥面扭转自激振动——颤振,显然在那个时期还很难正确区分各种类型的桥梁风致振动。这份调查报告在历史上首次认定了桥梁风毁是由于风引起的动力作用而非静力作用——因为大桥可以承受几乎两倍于风毁时的静阵风荷载。塔科马大桥风毁事故引发了人们对于桥梁和结构动力风荷载的极大关注和高度重视[7]。

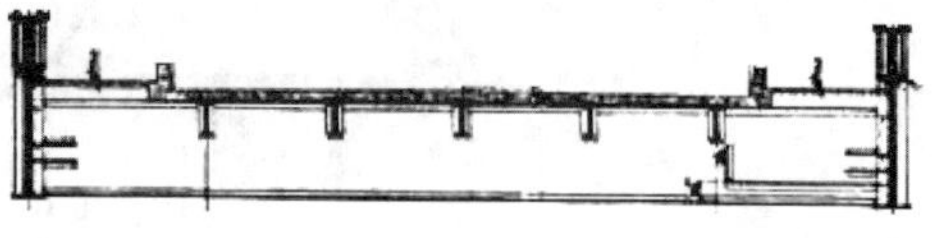

图 2.1-8　塔科马大桥加劲梁断面

图 2.1-9　塔科马大桥一阶反对称扭转振动

图 2.1-10　塔科马大桥坍塌

英国柯特·斯克滕(Kit Scruton：1911～1990 年)曾将塔科马大桥风毁之前发生的几座悬索桥的风毁也归因于风振破坏。例如,他提到的 1826 年由 Thomas Telford 设计的英国 Menai 海峡大桥,是一座跨度 183m 的悬索桥,通车 6 周后即遭风振破坏,重修后 15 年再遭风毁;1833

年建成的由英国人 Samuel Brown 设计的 Brighton Chain Pier 大桥,1836 年发生了反对称扭转颤振发散,与塔科马大桥风振非常类似,如图 2.1-11 所示[6]。

图 2.1-11　Brighton Chain Pier 大桥扭转风振示意

1940 年美国塔科马大桥风毁后,结构风荷载迎来了第三个历史转折点,即从静阵风荷载转向了动力风荷载,彻底结束了人类单纯考虑风荷载静力作用的时代,开启了桥梁和结构动力风荷载的新纪元[8]。

第二节　桥梁风致振动

当自然风绕过一般为非流线型的桥梁结构时,自然风中的脉动风和非流线体绕流涡旋会形成复杂的空气动力作用。当桥梁结构的刚度较大时,结构保持静止不动,这种空气动力作用只相当于静力作用,即可采用静阵风荷载计算;当桥梁结构的刚度较小时,结构振动得到激发,这时空气动力不仅具有静力作用,还具有动力作用,即桥梁风致振动。风的动力作用激发了桥梁结构振动,而振动起来的桥梁又可能反过来改变周围的风场,形成风与结构的相互作用。当风场受桥梁风振影响较小时,动力风荷载可以作为一种强迫力,主要导致桥梁结构的强迫振动——抖振;当风场受桥梁风振影响较大时,受振动结构反馈作用的风荷载则主要表现为特定风速下的限幅自激振动——涡激振动;当风场受桥梁风振影响很大时,这种自激振动的振幅会随着风速的增大不断增大直至发散,这就是发散性自激振动——颤振或驰振。桥梁风致振动一般可以分成四种形式,即桥梁抖振、桥梁涡振、桥梁驰振和桥梁颤振。拱桥上部结构一般由主拱肋、桥面系以及连接拱肋与桥面的吊杆或立柱等组成,当拱桥跨度较大、刚度较小时,在动力风荷载的作用下会产生风致振动。其中,主拱肋和桥面系的风振形式主要有抖振、涡振、驰振和颤振,而吊杆或立柱的风振主要是抖振和涡振[9]。

一、抖振分析

桥梁抖振是一种随机性的强迫振动,主要是由自然风中的脉动成分、桥梁结构自身绕流或其他结构物特征紊流等引起的。现有桥梁抖振分析理论主要针对脉动风引起的抖振，而风洞试验则可以包括桥梁结构自身绕流，或其他结构物特征紊流的影响。根据现有的研究成果，桥梁抖振虽然不会像桥梁颤振那样引起灾难性的失稳破坏，但是过大的抖振响应在桥梁施工期间可能危及施工人员和机械设备的安全，在成桥运营阶段则会带来结构刚度问题，影响行人和车辆的舒适性，并引起交变应力，缩短构件的疲劳寿命。桥梁抖振分析一般采用频域分析方法和时域分析方法，拱桥抖振分析不同于缆索桥梁，具有一定的特殊性[10]。

1. 频域分析方法

桥梁抖振频域分析早期主要借鉴了机翼抖振的分析方法，主要是 Liepmann 于 20 世纪 50 年代初开创的机翼抖振研究，他首先将概率统计方法引入到机翼在紊流中的抖振响应分析。60 年来，国内外学者对边界层脉动风引起的桥梁抖振响应进行了大量的研究，主要形成了三种桥梁抖振频域分析理论方法：Davenport 随机抖振理论、Scanlan 颤抖振理论和抖振反应谱理论[10]。

20 世纪 60 年代，加拿大埃伦·达文波特（Alan G Davenport：1932 ~ 2009 年）在 Liepmann 的影响下，将概率统计方法或 Liepmann 机翼抖振分析方法引入到桥梁抖振分析中，并且创造性地提出了桥梁抖振脉动风谱（也称 Davenport 脉动风谱）和修正定常气动力的气动导纳，基于脉动风水平分量和竖向分量完全独立的假定，建立了准定常抖振力模型及其傅立叶变换后的功率谱密度，采用随机振动频域求解方法，提出了抖振模态分析方法用于桥面抖振响应分析计算的理论。此后，为了反映自激气动力的影响，他又提出了简化的非耦合气动力模型用于考虑气动阻尼影响，使得桥梁抖振响应分析结果更加精确。

与此同时，美国罗伯特·斯坎伦（Robert H Scanlan：1914 ~ 2001 年）在颤振导数试验与脉动风谱统计的基础上，提出了脉动风作用下悬索桥和斜拉桥抖振响应分析的频域分析方法，该方法在气动力模型上直接采用颤振导数表示的自激气动力，从而同时考虑了气动阻尼和气动刚度的影响，因而称为颤抖振理论[11]；在随机振动方程频域求解方法上，提出了 Mode-by-Mode 方法，以后又经 Anurag Jain、Nicholas P Jones、Hiroshi Katsuchi 等将其发展为多振型耦合抖振理论。但是，Scanlan 没有考虑气动导纳的修正问题，后来 Hiroshi Katsuchi 采用气动导纳进行修正，并将其应用到日本明石海峡桥（Akashi Kaikyo Bridge）的抖振响应分析及现场实测的验证中。

20 世纪 90 年代，同济大学借鉴了地震分析中反应谱方法的思想，提出了桥梁抖振反应谱理论。该方法以 Scanlan 颤抖振理论为基础，在气动力模型上引入了 Davenport 气动导纳的准定常修正方法，在随机振动方程求解中采用地震反应谱类似方法[12]。可以说，这种方法既综合了 Davenport 和 Scanlan 的抖振频域分析理论和方法的优点，又因为采用反应谱分析方法而简化了计算，所以，适用于对桥梁抖振响应进行快速计算。现已编入《公路桥梁抗风设计指南》[13]，是一种满足工程实际需要的简化计算方法。但由于计算中简化较多，故计算结果不够精确。

这三种方法都是基于模态分解的频域分析方法，对于线性系统，这些方法都是简单实用而高效的，因而长期以来大跨度桥梁结构的抖振响应分析都是在频域内进行的。基于频域内的抖振响应方差具体求解方法有 CQC 法、SRSS 法以及虚拟激励法三种。

2. 时域分析方法

桥梁抖振时域分析方法最早是由美籍华人林幼堃(Y K Lin：1923 年至今)提出的，该方法以随机理论为基础，用 Ito 随机微分方程来研究桥梁结构在紊流作用下的随机稳定性问题，继而建立了桥梁抖振的随机分析方法。由于该方法的数学复杂性和对脉动风模型的过于简化处理，因而工程应用非常有限[14]。随着计算机软硬件技术的飞速发展，计算速度和计算量的问题将越来越容易解决，许多以前无法计算的问题现在也变得非常简单。在此形势下，时域分析方法的优势也就开始表现出来，从而成为各种工程领域研究中的新兴方向之一。

德国的 Kovacs 对挪威主跨为 425m 的 Helgeland 桥风振响应进行了时程分析，开辟了桥梁风振响应分析的新思路。日本的 Boonyapinyo 、Miyata 和 Chen、Matsumto 从时域分析的角度研究了大跨度桥梁颤振和抖振响应问题。Boonyapinyo 采用了 Roger 形式的非定常气动自激力模型，对主跨 1 990m 的明石海峡大桥(Akashi Kaikyo Bridge)进行了抖振时程分析。他应用了一种多维的自回归滑动平均(ARMA)模型模拟桥梁上的随机风速，综合了状态空间方法计算桥梁结构的抖振时程响应。由于基于结构的固有模态坐标，他忽略了结构非线性对动力响应的影响，仅考虑了该桥的静风非线性效应。Chen 采用了一种自回归模型(Li & Kareem)生成桥面主梁上的随机脉动风速，并将气动自激力、抖振力、气动导纳和联合接受函数都表示成有理函数形式。

国内同济大学的项海帆、刘春华、曹映泓、丁泉顺、张新军、张志田、胡晓伦等，西南交通大学的周述华、蒋永林、李永乐等，华南理工大学谭学民、邹小江等，都对桥梁抖振响应时域进行过研究与分析。

3. 拱桥抖振响应

基于 Scanlan 准定常气动力模型，拱桥抖振力可以表示如下：

$$L_b(t) = \frac{1}{2}\rho U(x)^2 B\left\{2C_L(\alpha)\frac{u(t)}{U(x)} + \left[\frac{dC_L}{d\alpha} + C_D(\alpha)\right]\frac{w(t)}{U(x)}\right\} \tag{2.2-1}$$

$$D_b(t) = \frac{1}{2}\rho U(x)^2 B\left[2C_D(\alpha)\frac{u(t)}{U(x)} + \frac{dC_D}{d\alpha}\frac{w(t)}{U(x)}\right] \tag{2.2-2}$$

$$M_b(t) = \frac{1}{2}\rho U(x)^2 B^2\left[2C_M(\alpha)\frac{u(t)}{U(x)} + \frac{dC_M}{d\alpha}\frac{w(t)}{U(x)}\right] \tag{2.2-3}$$

式中：L_b、D_b、M_b——抖振力升力分量、阻力分量和升力矩分量；

$U(x)$——跨度方向 x 处的平均风速；

u、w——脉动风速水平分量和竖直分量；

B——桥面特征宽度。

Scanlan 分析桥梁结构抖振响应主要是在频域中进行的，其中自激力处理为气动刚度和气动阻尼，其余的计算方法与 Davenport 基本相同，都是采用模态分解，求得各阶模态的响应谱，再叠加得到结构位移和内力的总响应谱。Scanlan 的抖振分析理论较为全面地考虑了自激力的作用，但是将气动导纳简化取值为 1。

如果在 Scanlan 准定常气动力模型中，同时引入 Davenport 的气动导纳修正，则拱桥抖振力可以表示如下：

$$L_b(t) = \frac{1}{2}\rho U(x)^2 B\left\{2C_L(\alpha)\chi_{Lu}\frac{u(t)}{U(x)} + \left[\frac{dC_L}{d\alpha} + C_D(\alpha)\right]\chi_{Lw}\frac{w(t)}{U(x)}\right\} \tag{2.2-4}$$

$$D_b(t) = \frac{1}{2}\rho U(x)^2 B\left[2C_D(\alpha)\chi_{Du}\frac{u(t)}{U(x)} + \frac{dC_D}{d\alpha}\chi_{Dw}\frac{w(t)}{U(x)}\right] \tag{2.2-5}$$

$$M_b(t) = \frac{1}{2}\rho U(x)^2 B^2\left[2C_M(\alpha)\chi_{Mu}\frac{u(t)}{U(x)} + \frac{dC_M}{d\alpha}\chi_{Mw}\frac{w(t)}{U(x)}\right] \tag{2.2-6}$$

式中：χ_{Lu}、χ_{Lw}、χ_{Du}、χ_{Dw}、χ_{Mu}、χ_{Mw}——气动导纳的六个分量，它反映了时域内脉动风荷载和抖振力之间的传递关系，由此得到考虑气动导纳修正的拱桥抖振力功率谱为：

$$S_L(\omega) = \rho^2 U(x)^2 B^2\left\{C_L^2(\alpha)S_u(\omega)\,|\chi_{Lu}(\omega)|^2 + \frac{1}{4}[C'_L(\alpha) + C_D(\alpha)]^2 S_w(\omega)\,|\chi_{Lw}(\omega)|^2\right\} \tag{2.2-7}$$

$$S_D(\omega) = \rho^2 U(x)^2 B^2\left[C_D^2(\alpha)S_u(\omega)\,|\chi_{Du}(\omega)|^2 + \frac{1}{4}C'^2_D(\alpha)S_w(\omega)\,|\chi_{Dw}(\omega)|^2\right] \tag{2.2-8}$$

$$S_M(\omega) = \rho^2 U(x)^2 B^4\left[C_M^2(\alpha)S_u(\omega)\,|\chi_{Mu}(\omega)|^2 + \frac{1}{4}C'^2_M(\alpha)S_w(\omega)\,|\chi_{Mw}(\omega)|^2\right] \tag{2.2-9}$$

其中，$|\chi_{Rs}(\omega)|^2$（$R=L,D,M;s=u,w$）表示水平、竖向脉动风对抖振升力、阻力和升力矩的气动导纳。

除了理论计算方法之外，拱桥抖振响应也可以采用节段模型风洞试验方法或全桥气弹模型风洞试验方法来确定。当采用节段模型试验法时，峰值因子可以通过测定抖振峰值响应的最大值 $P_{x,z,\theta}^{\max}$ 和最小值 $P_{x,z,\theta}^{\min}$ 以及均方根响应 $\sigma_{P_{x,z,\theta}}$ 来确定，计算公式如下：

$$g_{W_{x,z,\theta}} = \frac{|P_{x,z,\theta}^{\max} - P_{x,z,\theta}^{\min}|/2}{\sigma_{P_{x,z,\theta}}} \tag{2.2-10}$$

并且，要将节段模型试验实测的共振响应均方根 $\sigma_{W_{r_{x,z,\theta}}}^{SM}$ 转换成实际桥梁结构的共振响应均方根 $\sigma_{W_{r_{x,z,\theta}}}^{P}$，位移共振响应均方根 $\sigma_{D_{r_{x,z,\theta}}}$ 的三个分量按照抖振分析理论，通过模态分析的方法简化为广义单自由度体系来计算，$\sigma_{D_{r_{x,z,\theta}}}$ 的三个分量表达式如下：

$$\sigma_{D_{r_x}}^2 = \left(\frac{1}{2}\rho UB\right)^2\frac{\pi(\xi_x^a + \xi_x^s)n_{x0}}{M_x}|H_x(n_{x0})|^2|\chi_x(n_{x0})|^2|J_x(n_{x0})|^2[4C_D^2 S_u(n_{x0})] \tag{2.2-11}$$

$$\sigma_{D_{r_z}}^2 = \left(\frac{1}{2}\rho UB\right)^2\frac{\pi(\xi_z^a + \xi_z^s)n_{z0}}{M_z}|H_z(n_{z0})|^2|\chi_z(n_{z0})|^2|J_z(n_{z0})|^2\left[4C_L^2 S_u(n_{z0}) + \left(C'_L + \frac{H}{B}C_D\right)^2 S_w(n_{z0})\right] \tag{2.2-12}$$

$$\sigma_{D_{r_\theta}}^2 = \left(\frac{1}{2}\rho UB^2\right)^2\frac{\pi(\xi_\theta^a + \xi_\theta^s)n_{\theta 0}}{M_\theta^2}|H_\theta(n_{\theta 0})|^2|\chi_\theta(n_{\theta 0})|^2|J_\theta(n_{\theta 0})|^2[4C_M^2 S_u(n_{\theta 0}) + C'^2_M S_w(n_{\theta 0})] \tag{2.2-13}$$

式中：M_x、M_z、M_θ——x、z、θ 方向广义模态质量或质量惯性矩；

ξ_x、ξ_z、ξ_θ——x、z、θ 方向振动阻尼比，上标 a 表示气动阻尼，上标 s 表示结构阻尼；

H_x、H_z、H_θ——x、z、θ 方向振动频率响应函数；

J_x、J_z、J_θ——x、z、θ 方向联合接受函数。

根据式(2.2-11)～式(2.2-13)，容易得到由节段模型风洞试验实测的抖振响应转换为实际桥梁结构抖振响应的转换公式，为：

$$\sigma_{W_{r_x}}^{\mathrm{P}} = C_{I_\mathrm{u}} C_{\xi_x} C_{J_x} C_{S_\mathrm{u}} \sigma_{W_{r_x}}^{\mathrm{SM}} \tag{2.2-14}$$

$$\sigma_{W_{r_z}}^{\mathrm{P}} = C_{I_\mathrm{w}} C_{\xi_z} C_{J_z} C_{S_\mathrm{w}} \sigma_{W_{r_z}}^{\mathrm{SM}} \tag{2.2-15}$$

$$\sigma_{W_{r_\theta}}^{\mathrm{P}} = C_{I_\mathrm{w}} C_{\xi_\theta} C_{J_\theta} C_{S_\mathrm{w}} \sigma_{W_{r_\theta}}^{\mathrm{SM}} \tag{2.2-16}$$

$$C_{I_\mathrm{u}} = \frac{I_\mathrm{u}^{\mathrm{P}}}{I_\mathrm{u}^{\mathrm{SM}}} \tag{2.2-17}$$

$$C_{I_\mathrm{w}} = \frac{I_\mathrm{w}^{\mathrm{P}}}{I_\mathrm{w}^{\mathrm{SM}}} \tag{2.2-18}$$

$$C_{\xi_{x,z,\theta}} = \sqrt{\frac{(\xi_{x,z,\theta}^{\mathrm{s}} + \xi_{x,z,\theta}^{\mathrm{a}})^{\mathrm{SM}}}{(\xi_{x,z,\theta}^{\mathrm{s}} + \xi_{x,z,\theta}^{\mathrm{a}})^{\mathrm{P}}}} \tag{2.2-19}$$

$$C_{J_{x,z,\theta}} = \frac{|J_{x,z,\theta}^{\mathrm{P}}|}{|J_{x,z,\theta}^{\mathrm{SM}}|} \tag{2.2-20}$$

$$C_{S_\mathrm{u}} = \sqrt{\frac{\left[\frac{nS_\mathrm{u}(n)}{\sigma_\mathrm{u}^2}\right]^{\mathrm{P}}}{\left[\frac{nS_\mathrm{u}(n)}{\sigma_\mathrm{u}^2}\right]^{\mathrm{SM}}}} \tag{2.2-21}$$

式中：C_{I_u}、C_{I_w}——紊流强度修正系数；

$C_{\xi_{x,z,\theta}}$——阻尼比修正系数；

$C_{J_{x,z,\theta}}$——联合接受函数修正函数；

C_{S_u}、C_{S_w}——脉动风谱修正函数。

拱桥抖振响应必须考虑三分力系数沿跨度方向的变化、风速沿拱肋高度的变化以及脉动风水平分量和竖向分量的相关性。

二、涡振分析

桥梁涡振是一种确定性的风致振动，同时具有强迫振动和自激振动的特点，主要是由于自然风流经桥梁结构形成交替脱落的旋涡产生涡激力，而振动的结构反过来又影响旋涡的形成和脱落。当涡激力的频率接近或等于结构的某一阶固有频率的时候，将诱发结构的共振，也就是所谓的涡激共振。涡激共振虽然不像颤振和驰振那样会对结构产生毁灭性破坏，但是桥梁结构出现涡激共振的风速一般比较低，出现涡激共振的概率比颤振或驰振大得多，大振幅的涡激共振不仅会使人产生不适，也会影响行车安全和结构的抗疲劳性能。

早在 1898 年，斯托罗哈(Strouhal)就发现风吹竖琴所发出的声调和风速与琴弦直径的比值成正比，并且旋涡脱落频率 n、风速 U 和圆柱直径 D 之间存在一定的关系：

$$S_t = \frac{nD}{U} = f\left(\frac{\rho UD}{\mu}\right) = f(R_e) \quad (2.2\text{-}22)$$

式中：n——旋涡脱落频率（Hz）；

D——结构特征尺寸（m）；

U——来流速度；

μ——空气黏性系数；

R_e——雷诺数（R_e 数）。

对于桥梁这种钝体断面也有类似的旋涡脱落现象，人们沿用上面的公式来表示旋涡脱落的频率。

1911 年，Von Karman 研究了流体绕圆柱体流动的机理。他用复势理论导出了一个长圆柱体沿中轴的垂直方向以速度 v 在静止的无黏性理想流体中等速前进时，在物体后面的尾流中将产生一系列相隔固定距离 a 的单涡（被称为“卡门涡街”，Karman Vortex Street），并且以 $u<v$ 的速度沿几乎平行的两条直线（内距为 b）随物体前进。只有涡脱满足 $ch = 2\pi b/a = 3$，即两行涡列的行距 b 等于相邻涡距 a 的 0.280 6 倍时，涡街才是稳定的，此时旋涡脱落频率为 $f_v = (v-u)/a$。1941 年，Chr. Nokkentved 通过大量试验，测得了不同形状断面的 Strouhal 数，制成表格供后人研究。其中，圆柱的 Strouhal 数一般为 0.2 左右。近年来随着粒子成像（Particle Image Velocimetry）技术的发展，人们可以清晰地观察并记录下圆柱绕流的整个过程，从而为深入研究旋涡产生、移动、脱落的演化过程，提供有力的技术支持。

当被绕流的物体处于振动状态时，周期性的涡激力将引起体系的涡激振动，并且在旋涡脱落频率和结构自振频率接近时发生涡激共振。从式（2.2-22）来看，涡脱频率 n 与风速 U 呈线性关系，$f = f_s$ 的共振条件只在某一风速时得到满足。但以频率为 f_s 振动的体系将对涡旋的脱落产生反馈作用，使涡频 f 在相当长的风速范围内被 f_s 所“俘获”，产生一种“锁定”（Lock-in）现象，使得涡激共振的风速范围扩大。从涡激共振的表现形式来看，它是一种带有自激性质的强迫振动。涡激共振主要有五大特征[5]：①较低风速下发生的有限振幅振动。②只在某一风速区间内发生。③最大振幅对阻尼有很大的依赖性。④涡振响应对断面形状的微小变化很敏感。⑤涡激振动可以激起弯曲振动，也可以激起扭转振动。

工程应用中，除了以上有关涡激共振的特点外，人们更关心的是涡振振幅的计算问题。而解决涡振振幅计算的关键问题是确定涡激力的解析表达式。至今，涡激力的经典解析表达式主要有简谐力模型、升力振子模型、经验线性模型、经验非线性模型、广义经验非线性模型等。为了解释锁定区内振动变化规律，同济大学葛耀君和李永君建立了一种新的二维涡振计算模型，从锁定现象的机理入手，该模型认为在锁定区内涡脱频率锁定于结构的自振频率，不随风速而变化，但旋涡移动折算频率却随风速的增加而增大，这两个频率的几何平均值决定了涡激合力与涡激扭矩的作用频率。该模型通过引入“旋涡移动速度”这一概念对锁定现象的机理做出了较为合理的解释。

大跨度拱桥的主要受力构件——拱肋的截面一般较钝，这就很容易产生涡脱现象，进而引起涡激振动。涡振尽管是限幅振动，但由于涡振发生的风速较低，并且当涡振振幅较大时仍有可能对桥梁结构产生破坏，因此大跨度拱桥涡振响应是一个值得引起重视的问题。这是与以往在计算大跨度悬索桥和斜拉桥的等效风荷载时只考虑抖振响应所不同的。目前，桥梁涡激共振或锁定区响应的计算方法主要有两种，即通过建立并求解结构和流体耦合运动方程的方法以及将结构和流体耦合作用用自激力描述，直接求解结构在涡激力和自激力共同作用下的运动方程。当然，除了理论分析方法之外，还可以采用节段模型风洞试验或全桥气弹模型风洞试验的方法来实测涡振响应。前者完全可以参照拱桥抖振方法进行；后者可以采用与前者相同的方法，确定峰值因子和共振响应均方根，并采用类似方法换算得到实际桥梁结构的共振响应均方根，与抖振方法所不同的是联合接受函数修正系数取值为 1。无论是在节段模型试验法中还是在全桥模型试验法中，都必须测出模型在三个方向上的位移。

三、驰振分析

桥梁驰振是一种发散性自激振动，主要是由于桥梁振动过程中的结构位移始终与驰振力的方向一致，从而源源不断地在振动中吸收能量，导致振动发散。驰振一般发生在具有棱角的非流线型截面的柔性轻质结构中，这种非流线型截面一般具有负斜率的升力系数或升力矩系数。

1932 年，Den Hartog 在观察结冰电缆在大风中的大振幅弯曲振动现象时，首先将这一不稳定振动现象定义为驰振。他发现除了纯圆截面外，其他各种非流线型截面都有发生驰振的可能，他将驰振问题抽象成单自由度线性弯曲振动问题，采用以下线性驰振方程描述[5]：

$$m[\ddot{y} + 2\zeta\omega_1\dot{y} + \omega_1^2 y] = -\frac{1}{2}\rho U^2 B\left(\frac{dC_L}{d\alpha} + C_D\right)_0 \frac{\dot{y}}{U} \tag{2.2-23}$$

式中：m——单自由度质点质量；

y——质点振动位移；

ζ——质点阻尼系数；

ω_1——质点振动频率。

方程中的右端项可以看作是阻尼力，可与左端的阻尼力合并，由此得到系统总阻尼或表观阻尼，如下：

$$d = 2m\zeta\omega_1 + \frac{1}{2}\rho UB\left(\frac{dC_L}{d\alpha} + C_D\right)_0 \tag{2.2-24}$$

如果 d 大于零，表明系统总阻尼为正，系统振动是稳定的。如果 d 小于零，则表明系统阻尼为负，系统振动是不稳定的，振动结构将从气流中不断吸收能量，导致系统振动的振幅发散，现分两种情况进行讨论：①当 $\zeta = 0$，即理想结构无阻尼状态，总阻尼 $d < 0$，意味着 $\frac{dC_L}{d\alpha} + C_D < 0$，这就是著名的 Den Hartog 判别依据。由于阻尼系数 $C_D > 0$，因此 $\frac{dC_L}{d\alpha} < C_D < 0$，即升力系数具有负斜率的截面外形将有可能产生发散性驰振。②当 $\zeta \neq 0$，即普通阻尼状态，如果 $\frac{dC_L}{d\alpha} + C_D < 0$，且 $U \geqslant U_c = \frac{4m\zeta\omega_1}{\rho B}\left(\frac{dC_L}{d\alpha} + C_D\right)$ 时，结构产生发散性驰振，若 $U < U_c$，则结构是稳定的，U_c 称为驰振临界风速；如果 $\frac{dC_L}{d\alpha} + C_D > 0$，则结构始终是稳定的。

20 世纪 60 年代，G V Parkinson 和 Novak 等人分别从拟定常理论出发，解析地分析了单自由度非线性驰振的特性,这些研究对于理解结构驰振的非线性本质具有重要意义。Parkinson还对各种截面形式(包括D字形、正方形、各种长宽比的矩形等)做了系列试验,证明对D字形截面(裹冰线缆截面),只有当有效攻角 $\alpha>25°$ 时,才有可能发生驰振发散,并求出了矩形截面在微小攻角下发生驰振的长宽比范围。

70年代,Novak与Tanska以及后来的Laneville与Parkinson等人先后观察了紊流对驰振的影响,指出对于某些截面(例如矩形截面),其空气静力系数易受气流中紊流的影响,所以在采用拟定常假定分析实际结构的驰振稳定性时,必须引起注意。此外,Blevins在单自由度非线性驰振理论上,提出了弯扭两个自由度非线性驰振理论。C B Gurung、H Yamaguchi和T Yukino等人通过对现场实测数据进行分析来研究驰振的振动特性。

一般桥梁桥面的宽高比都在4以上,因而发生危险性的发散振动总是表现为扭转型,即扭转驰振(或扭转颤振)。Alam采用卡尔曼滤波法对桥塔断面的驰振进行了成功的控制,同济大学的葛耀君等学者则对桥面的驰振进行了数值模拟和试验研究,也找到了一些控制桥面发生驰振的措施。拱桥的拱肋截面虽然比较钝,由于刚度很大,一般不至于产生发散性驰振,但是,拱桥的吊杆或立柱不仅断面钝而且刚度小,需要进行驰振验算。

四、颤振分析

桥梁颤振是一种发散性的自激振动,主要是由于振动结构能够在流动的空气中不断吸收能量,而该能量又大于结构阻尼在振动中所耗散的能量。当气流经过流线型断面时,气流的流动速度主要影响或改变了流线型断面扭转和弯曲自由度运动之间的振幅以及相位关系,从而引起不同自由度之间的耦合振动和气动负阻尼,导致扭弯耦合颤振;当气流绕过钝体断面时,气流的流动速度主要影响或改变了钝体断面扭转自由度运动的振幅以及相位,从而引起扭转振动和气动负阻尼,导致扭转颤振。对于一般介于流线型和钝体之间的拱桥断面,有可能产生从扭转颤振到耦合颤振的各种情况。桥梁颤振物理关系复杂、振动形态多样、振动机理深奥,因而桥梁颤振理论也经历了由古典耦合颤振理论到分离流颤振理论,再到三维桥梁颤振分析理论的发展过程。

桥梁颤振分析是从古典耦合颤振理论开始的。1935年,Theodorsen采用势能原理第一次求得了作用于振动平板上的非定常气动升力 L_h 和升力矩 M_α 的表达式,建立了平板机翼颤振分析方法,也称为Theodorsen平板颤振理论。美国塔科马大桥风毁后,Bleich第一次提出采用Theodorsen平板气动力公式来解决悬索桥桁架式加劲梁的颤振分析,但是,由此计算得到的颤振临界风速远高于塔科马桥破坏当天的实际风速。为此,Bleich又尝试采用考虑加劲梁断面两边旋涡影响的附加升力项和升力矩项来修正Theodorsen平板气动力表达式,并通过逐次逼近方法计算出了较为合理的桁架加劲梁悬索桥颤振临界风速。由于Bleich悬索桥颤振分析过程是一个逐次逼近的计算过程,不仅要多次计算Bessel函数的值,而且还要求解两个联立方程的交点,计算工作量很大。1967年Klöppel和Thiele将上述解题步骤编制成计算机程序,采用无量纲参数计算编制了一套便于实用计算的诺模图,分别绘制出不同阻尼比条件下颤振方程实部和虚部为零的两条曲线,利用这个诺模图可以直接求解出颤振临界风速,并且揭示了各参数对颤振临界风速的影响。20世纪60年代末,Selberg在Bleich悬索桥颤振分析方法基础上提出了悬索桥颤振临界风速的实用计算公式。几乎与此同时,Van der Put在Klöppel和Thiele

诺模图方法的基础上,偏于安全地忽略了结构阻尼的影响,并且假定折算风速 $\frac{U}{B\omega}$ 和扭弯频率比 $\varepsilon=\frac{\omega_{\alpha}}{\omega_{h}}$ 之间具有近似线性关系,从而也提出了平板耦合颤振临界风速的实用计算公式。

以 Theodorsen 平板颤振理论为基础的 Bleich 古典耦合颤振理论忽视了流动的分离,正如 Pugsley 早先所预见的那样,如果将来能够用试验方法确定的气动参数来代替 Theodorsen 解析表达式,可能会从根本上解决这个问题。桥梁结构分离流颤振试验加理论方法的建立与完善是与著名空气动力专家 R H Scanlan 的贡献紧密联系在一起的[5]。1967 年,Scanlan 首先提出对 Theodorsen 平板气动力表达式进行修正的建议。Scanlan 认为,对于非流线型的钝体截面,不可能从基本的流体力学原理推导出类似于 Theodorsen 函数的气动函数,但可以通过专门设计的节段模型风洞试验来测定小振幅条件下的气动力参数——颤振导数(Flutter Derivatives),来建立线性非定常气动力计算模型。1974 年,Scanlan 利用节段模型风洞试验中实测的颤振导数反算出过渡函数(Indicial Function),并与 Theodorsen 函数进行了比较,结果发现两种函数曲线相差很大,从而找到了利用古典耦合颤振理论分析钝体桥梁颤振问题所造成的误差原因。Scanlan 还断言,从理论上找到适合于各种非流线型断面的过渡函数是不可能的。进入 90 年代后,Scanlan 等人又在非定常气动力计算模型中计入了各个自由度之间的耦合项,提出了用 H_i^*、A_i^* 和 P_i^* $(i=1,2,\cdots,6)$ 共 18 个颤振导数来表示更广义的耦合非定常气动力,将桥梁分离流颤振试验加理论方法提升到了新的高度。

$$L_{\mathrm{f}}=\frac{1}{2}\rho U^2B\left(KH_1^*\frac{\dot{h}}{U}+KH_2^*\frac{B\dot{\alpha}}{U}+K^2H_3^*\alpha+K^2H_4^*\frac{h}{B}+KH_5^*\frac{\dot{p}}{U}+K^2H_6^*\frac{p}{B}\right) \tag{2.2-25}$$

$$D_{\mathrm{f}}=\frac{1}{2}\rho U^2B\left(KP_1^*\frac{\dot{p}}{U}+KP_2^*\frac{B\dot{\alpha}}{U}+K^2P_3^*\alpha+K^2P_4^*\frac{p}{B}+KP_5^*\frac{\dot{h}}{U}+K^2H_6^*\frac{h}{B}\right) \tag{2.2-26}$$

$$M_{\mathrm{f}}=\frac{1}{2}\rho U^2B^2\left(KA_1^*\frac{\dot{h}}{U}+KA_2^*\frac{B\dot{\alpha}}{U}+K^2A_3^*\alpha+K^2A_4^*\frac{h}{B}+KA_5^*\frac{\dot{p}}{U}+K^2A_6^*\frac{p}{B}\right) \tag{2.2-27}$$

式中: K——折减风速,$K=B\omega/U$;

h、p、α——桥梁结构竖向位移、侧向位移和扭转位移;

H_i^*、P_i^*、A_i^* $(i=1,2,\cdots,6)$——试验实测的气动导数分量,折减频率 K 的函数。

三维桥梁颤振分析始于 20 世纪 70 年代,Scanlan、Béliveau 和 Budlong 采用飞行器设计中的传递函数首先提出了全时域分析方法,Bucher 和 Lin 将这种方法推广到了耦合模态颤振,Miyata 等人清楚地阐明了时域分析方法在桥梁颤抖振响应估计中的优越性,特别是在采用有限元结构计算模型时的优势;Kovacs 等人也曾提出过类似的方法,Diana 等人应用不同折算风速下的气动力系数等效线性化方法建立了一种所谓精确的准定常理论;另一种自激力模型是采用与 Laplace 变换相对应的有理函数来近似表示非定常气动力,实质上,这种思路与过渡函数是完全类似的。项海帆和谢霁明等人将这一思想完善成为状态空间法,用于对大跨度斜拉桥多模态三维颤振分析。

三维桥梁颤振分析更多的是采用频域分析方法,最简单的频域分析法是将各阶模态所对应的振动响应叠加起来，称为模态叠加法。最简单的模态叠加法就是由 Scanlan 提出的选取一阶竖弯振动模态和一阶扭转振动模态进行颤振分析；80 年代末，Agar 将系统颤振运动方程转化为一种不对称实矩阵的特征值求解问题，采用风速和频率两个参数按搜索的迭代方法，建立了较为完善的多模态两参数颤振分析方法；90 年代初，陈政清在 Agar 方法的基础上，将颤振分析转化为复矩阵的广义特征值问题，并建立了多模态单参数颤振分析方法；与此同时 Namini 将用于机翼颤振分析的 p-k 法推广到大跨度斜拉桥颤振分析中，并且提出了求解颤振后状态的 p-kF 模态方程求解法；此后 Jones 等人又提出了直接利用行列式搜索法求解广义特征值问题，简化了参与模态较少时的多模态颤振分析过程。

由于模态叠加法只是基于所选振动模态的一种近似的分析方法，所以一些学者想到了基于桥梁结构有限元模型的精确分析方法——直接计算法。直接计算法最早是由 Miyata 和 Yamada 提出的，他们将直接法归纳为用频域内气动导数所表示的一个复特征值问题，并且忽略了结构阻尼对颤振的影响，因而在颤振分析中不需要经历搜索和迭代过程，但即使这样仍需要大容量和高速度的计算机来完成全部复特征值的求解问题。此外，Dung 进一步改进了该直接颤振分析方法，在求解特征方程时采用模态追踪技术，这在一定程度上提高了该方法的计算效率，但仍不能有效地考虑结构阻尼的影响。20 世纪末，葛耀君等人提出了类似于直接计算法的三维桥梁颤振的全模态方法，该方法不是将 Scanlan 非定常气动力作为一种外力作用在桥梁结构上，而是把桥梁结构与绕流气体作为一个相互作用的系统整体，可以充分考虑对应的各种振动形式的结构阻尼，在系统非对称实数矩阵的复特征值求解中采用了矢量逆迭代和 QR 转换矩阵法，直接循环迭代求解结构——气流相互作用系统的部分广义特征值，极大地提高了计算效率，因而可以在普通计算机上实现分析计算。

拱桥一般可以根据拱肋与桥面的相对位置，分为上承式拱桥、下承式拱桥和中承式拱桥。上承式拱桥的桥面与拱肋拱顶基本连成整体，拱桥颤振主要是桥面和拱肋组合体颤振，即桥面颤振时，拱肋也发生了颤振；中承式拱桥的桥面穿过拱肋，一般可以把桥面看作是拱肋的连接或约束，而把拱肋看作是桥面的支撑，拱肋与桥面可以同时也可以独立发生颤振；下承式拱桥的桥面在拱肋的最底层，拱肋与桥面之间的连接相对比较薄弱，拱肋与桥面一般独立发生颤振。需要说明的是，尽管拱桥的拱肋或桥面都比较钝，但是，由于拱桥本身刚度很大，所以，发生颤振的可能性比缆索承重桥梁小得多。

第三节　拱式桥抗风性能

1931 年美国 Bayonne 钢拱桥的跨度已经突破了 500m，达到 504m，目前拱桥跨度的世界纪录是中国朝天门大桥，跨度为 552m，在 80 多年的时间里拱桥跨度的增长不到 50m，即不到十分之一的跨度。在相同的时间里，悬索桥的世界最大跨度纪录从美国 George Washington 桥的 1 067m，增加到目前悬索桥跨度的世界纪录——日本明石海峡大桥的 1 991m，几乎是前者的两倍；斜拉桥在这 80 多年的时间里，从无到有、从小到大，世界最大跨度纪录已经达到 1 104m（俄罗斯 Russky 大桥）。由此可见，相对于悬索桥和斜拉桥，拱桥的跨度相对增长较慢、结构刚度相对较大、风致效应相对较小。

一、国外拱桥抗风研究

瑞典的 Askeröfjord 桥是跨度 278.036m 的上承式管拱桥，为了合理确定其风荷载，在德国斯图加特大学进行了风洞试验，主要对高风速下大直径管拱肋的空气阻力系数以及钢管表面由于附着结冰增加粗糙度的情况，进行了试验研究。捷克兹达可夫桥是跨度 330m 的上承式钢拱桥，由于横向稳定性较差，设计要求桥面系结构应有利于风荷载的传递，为了检验桥面刚度，采用 1/50 缩尺的拱桥全桥模型进行了风洞试验，这是国外较早进行全桥气弹模型风洞试验的大跨度拱桥；此外，该桥为了防止管支柱在风荷载作用下发生振动，采取了简单的减振措施，即在可能发生风致振动的支柱中填以干沙。日本四德大桥是跨度 150m 的兰格尔体系桁式拱桥，其钢管吊杆进行了消除卡曼涡流现象的风洞试验。挪威的 Fredrikstad 桥采用了具有抗风效果的桥面系结构。《美国公路桥梁设计规范——荷载与抗力系数设计法》(SI 第一版 1994 年)[15] 对拱结构基本风压的规定是，上游弦杆平面内的风荷载不应小于 4.4kN/m，而下游弦杆平面内的风荷载则不应小于 2.2kN/m，并指出可通过风洞试验提供更精确的风压值。

从总体上来看，国外在大跨度拱桥设计中一般都会考虑结构风荷载、风载稳定问题和涡激振动控制问题等。但是，国外新建的大跨度拱桥数量不是很多，尤其是 20 世纪 90 年代以来，新建拱桥的数量远远少于我国。另外，国外大跨度拱桥大都采用了钢桁架拱形式，桁梁截面阻风率小、刚度大，一般没有风振问题，只需要计算静阵风荷载，抗风设计相对比较简单。因此，近年来国外大跨度拱桥抗风研究介绍较少、相关成果不多，没有特别突出的创新成果。

二、国内拱桥抗风设计

由于结构外形美观、材料指标经济、施工方法简单，拱桥特别是大跨度拱桥最近在国内桥梁建设中大显身手。从 20 世纪 90 年代修建贵州江界河大桥开始，拱桥建设单位和设计单位逐步开始重视大跨度拱桥抗风性能设计研究，在已经建成的大跨度拱桥中，贵州江界河大桥、宜宾岷江二桥、万县长江大桥等混凝土拱桥，广州丫髻沙大桥、巫山长江大桥、浙江三门口大桥、湖南茅草街大桥、杭州钱江四桥和四川合江长江大桥等钢管混凝土拱桥，以及上海卢浦大桥、重庆菜园坝长江大桥、广州新光大桥、广西南宁大桥、重庆朝天门大桥、南京大胜关大桥、柳州维义大桥和肇庆西江铁路桥等钢拱桥相继开展了抗风性能试验研究，取得了一批结合工程实践的拱桥抗风性能研究成果。其中，同济大学土木工程防灾国家重点实验室完成了大多数大跨度拱桥抗风性能风洞试验研究，研究对象覆盖了贵州江河界大桥、浙江三门口大桥、湖南茅草街大桥、上海卢浦大桥、广州新光大桥、肇庆西江铁路桥等多座大跨度拱桥，宜宾岷江二桥在施工期间连续出现两次风毁事故后，对该桥箱形拱肋施工阶段的等效风荷载及抗风稳定性开展了专项研究；此外，西南交通大学相继完成了广州丫髻沙大桥、杭州钱江四桥、广西南宁大桥、南京大胜关大桥和柳州维义大桥等抗风性能研究。

表 2.3-1 收集了国内 10 座典型大跨度拱桥的抗风研究情况。其中，贵州江界河大桥是当时世界跨度第二、国内跨度最大的钢筋混凝土箱形拱桥，采用节段模型测力和测振以及全桥气弹模型风洞试验方法，主要研究施工阶段的风载特性。研究成果包括抖振等效风荷载作用下施工阶段和成桥状态的稳定性、强度和刚度验算，这是国内最早开展的拱桥抗风研究项目。宜宾岷江二桥是一座三跨 160m 的钢筋混凝土多箱拱桥，当两片箱形拱肋架设完成以后，前后发

生了两次坍塌事故,最终导致三跨连拱全部垮塌。采用节段模型测力和测振以及全桥气弹模型风洞试验方法,主要研究两片拱肋施工阶段的风载特性,研究成果包括抖振等效风荷载作用下静力失稳和强度的验算。研究结果表明,抖振等效风荷载引起的拱肋静力失稳是导致两片拱肋施工阶段风毁的主要原因,这是国内最早开展施工阶段垮塌事故抗风原因分析研究的项目。2000 年建成的广州丫髻沙大桥、2006 年建成的湖南茅草街大桥和浙江三门口大桥都是当时世界上最大跨度的平行拱肋或提篮拱肋钢管混凝土拱桥,采用节段模型测力和测振以及全桥气弹模型风洞试验方法,全面研究了拱桥抗风性能,除了抖振之外没有出现其他风致振动,发现了静力三分力的雷诺数效应,验算了风荷载作用下施工阶段和成桥状态的拱桥稳定性、强度和刚度。上海卢浦大桥和广州新光大桥都采用了钢箱拱肋,前者是当时世界上跨度最大的拱桥。采用节段模型测力和测振以及全桥气弹模型风洞试验方法,全面研究了拱桥抗风性能,除了抖振之外,发现了在拱肋悬臂施工阶段、拱肋合龙阶段和成桥状态的拱肋涡激振动现象,提出了涡振控制措施,建立了涡振和抖振等效风荷载计算方法。重庆朝天门大桥、南京大胜关大桥和肇庆西江铁路桥都采用钢桁架拱肋,重庆朝天门大桥是目前世界上跨度最大的拱桥。采用节段模型测力和测振以及全桥气弹模型风洞试验方法,全面研究了拱桥抗风性能,除了抖振之外没有发现其他风致振动,验算了风荷载作用下施工阶段和成桥状态的拱桥稳定性、强度和刚度。

典型大跨度拱桥抗风性能研究结果 表 2.3-1

序号	桥　名	建成年份(年)	跨度(m)	桥 型 特 点	抗风研究内容	抗风研究结果
1	贵州江界河大桥	1995	330	世界第二跨度的钢筋混凝土箱形上承式拱桥	节段模型测力和测振,全桥气弹模型试验;施工阶段风荷载	风荷载作用下稳定性、强度和刚度验算
2	宜宾岷江二桥	2000	160	钢筋混凝土多箱拱桥;施工中两次风毁	节段模型测力、测振,全桥气弹模型试验;施工阶段风荷载	施工阶段风荷载作用下静力失稳
3	广州丫髻沙大桥	2000	360	最大跨度平行钢管混凝土中承式拱桥	节段模型测力、测振,全桥气弹模型试验;拱桥抗风性能	成桥状态抖振,风荷载作用验算
4	上海卢浦大桥	2003	550	最大跨度提篮式钢箱拱中承式拱桥	节段模型测力、测振,全桥气弹模型试验;抖振和涡振试验	涡激振动及控制,涡振和抖振等效风荷载
5	浙江三门口大桥	2006	270	最大跨度提篮式钢管混凝土中承式拱桥	节段模型测力、测振;拱桥抗风性能	风荷载控制钢管壁厚,静力三分力雷诺数效应
6	湖南茅草街大桥	2006	368	最大跨度平行钢管混凝土中承式拱桥	节段模型测力、测振,全桥气弹模型试验;拱桥抗风性能	抖振等效风荷载作用下稳定性、强度和刚度验算
7	广州新光大桥	2008	428	最大跨度钢箱桁拱中承式拱桥	节段模型测力、测振,全桥气弹模型试验;抖振和涡振试验	涡激振动及控制,涡振和抖振等效风荷载
8	重庆朝天门大桥	2009	552	最大跨度钢桁架拱中承式拱桥	节段模型测力、测振;静力风荷载	静力三分力系数,静阵风荷载
9	南京大胜关大桥	2011	336	大跨度钢桁架拱中承式拱桥	节段模型测力、测振;施工阶段风荷载	静力风荷载作用下稳定性和强度验算
10	肇庆西江铁路桥	2012	450	大跨度钢桁架拱中承式铁路拱桥	节段模型测力、测振,全桥气弹模型试验;抖振和涡振试验	涡激振动及控制,涡振和抖振等效风荷载

三、国内拱桥抗风研究

在拱桥抗风性能基础研究方面，同济大学胡晓红以上海卢浦大桥为背景，对大跨度拱桥风荷载特别是涡振等效风荷载进行了试验研究，提出了拱桥静阵风荷载、抖振等效风荷载和涡振等效风荷载等方法[16]；同济大学葛耀君等开展了上海卢浦大桥风荷载及抗风稳定性研究，首次提出了拱桥涡振概率性评价方法、涡振等效风荷载方法和涡激振动的控制措施[17]；西南交通大学罗雄探讨了利用非平稳随机过程理论和少量的实测风速记录模拟自然风，并以此作为基础，采用时域抖振分析方法对系杆拱桥进行了抖振分析[18]；同济大学程进等以上海卢浦大桥为对象，分析了静风荷载作用下大跨度拱桥极限承载力[19]；同济大学张志田在博士论文大跨度桥梁非线性抖振及其抗风稳定性研究中，提出了大跨度拱桥非线性抖振等效风荷载以及静风稳定性分析方法[20]；长安大学刘健新等以南昌生米大桥为工程背景，研究了气流干扰对大跨度钢管混凝土拱桥拱肋动力位移的影响[21]；张建民采用非线性有限元法（U. L 列式法）对钢管混凝土拱桥在静风荷载作用下的几何非线性行为进行了计算与分析，得出在风荷载作用下钢管混凝土的几何非线性因素不可忽略的结论[22]；同济大学王小松等基于全桥模型风洞试验结果，提出了钢桁架拱桥静风稳定性数值分析方法[23]；同济大学于洪刚等提出了大跨度钢管混凝土拱桥静风稳定性计算方法，考虑了钢管与填充混凝土之间的三种不同的约束关系[24]；同济大学于洪刚等提出了大跨度拱桥气动参数识别和非线性抖振时域分析方法，并应用于上海卢浦大桥工程实际等[25]。

从世界各国拱桥发展状况可以看出，大跨度拱桥主要集中在我国，而我国大跨度拱桥抗风设计的规范却依然滞后。《公路桥涵设计通用规范》（JTG D60—2004）只对基本风压的计算作出了简单的规定[26]；《公路桥梁设计抗风指南》[13]和《公路桥梁抗风设计规范》（JTG/T D60-01—2004）[27]主要适用于斜拉桥和悬索桥等大跨度缆索承重桥梁，并不针对大跨度拱桥；由项海帆院士和王光远院士主持的"九五"国家自然科学基金重大项目——"大型复杂结构的关键科学问题及设计理论研究"，把"大跨度桥梁的气动参数识别、风振及控制理论"作为专题研究，不具体针对大跨度拱桥的抗风问题；国家自然科学基金重大研究计划"重大工程的动力灾变"的集成项目（重大项目）——"重大建筑与桥梁结构强/台风灾变集成研究"，也几乎没有大跨度拱桥抗风研究的内容。因此，对大跨度拱桥抗风性能进行系统的研究分析，对确保大跨度拱桥在施工过程中和建成运营后的抗风稳定性和安全性，建立大跨度拱桥系统的抗风失效机理和风振控制方法，修订和完善拱桥抗风设计规范，具有重要的理论意义和实用价值[28,29]。

总结上述拱桥抗风性能基础研究进展和国内外研究现状，可以将拱桥抗风性能研究方向和热点归纳为以下三个方面[30~32]：

（1）拱桥风荷载：拱桥风荷载是大跨度拱桥抗风性能的关键和设计研究的热点，主要涉及拱桥的静力性能，拱桥风荷载的主要形式有平均风荷载、静阵风荷载、抖振等效静力风荷载、涡振等效静力风荷载等。为此，本书安排了良态气候条件和热带气旋条件下，拱桥静阵风荷载、等效静力风荷载和涡振等效静力风荷载等的理论计算方法和试验验证内容。

（2）拱桥稳定性：大跨度拱桥本身受力的关键问题就是稳定性，在静阵风荷载、抖振等效风荷载或涡振等效风荷载作用下的拱桥稳定性能将有所降低，因此，等效风荷载作用下的拱桥静力稳定性是设计研究的控制因素。为此，本书安排在各种等效风荷载条件下，大跨度拱桥在使用荷载和等效风荷载共同作用下的稳定性分析内容。

(3)拱桥的风振:在桥梁风致振动的四种形式——抖振、涡振、驰振和颤振中,目前大跨度拱桥的抗风性能研究结果表明,只出现过抖振和涡振,还没有出现过驰振和颤振。其中,抖振存在于几乎所有大跨度拱桥中,因此,上述拱桥抗风性能的基础研究中,较多地涉及了抖振分析,包括非平稳、非定常、非线性和干扰效应等影响;而涡激振动只有在箱形拱肋的大跨度拱桥抗风研究中出现过,需要引起高度重视。为此,本书在最后简单给出典型大跨度拱桥驰振和颤振的验算结果,以及由此得到的基本结论。

本章参考文献

[1] J Smeaton. Reports of the Late John Smeaton[R]. M. Taylor,1837.

[2] W J Saucier. Principles of Meteorological Analysis[M]. 1955.

[3] J M Biggs. Wind Forces on Structures: Final Report[C]// ASCE Task Committee on Wind Forces. 1961.

[4] C Scruton. Introductory Review of Wind Effects on Buildings and Structures[C]// Proceedings of the Conference held at the National Physical Laboratory, Teddington, UK. June 26-28,1963. HMSO, London,1965.

[5] E Simiu, R Scanlan. Wind Effects on Structures [M]. John Wiley & Sons,1986.

[6] H Tanaka. Wind Engineering, Prepared for CVG 5133[D]. Canada: University of Ottawa, 1998.

[7] O H Ammann, Th V Karman, G B Woodruff. The Failure of the Tacoma Narrows Bridge: Report to the Federal Works Agency[R]. March 28, 1941.

[8] 李国豪. 桥梁结构稳定与振动[M]. 北京:中国铁道出版社,1992.

[9] 项海帆. 现代桥梁抗风理论与实践[M]. 北京:人民交通出版社, 2000.

[10] Davenport A G. Buffeting of a Suspension Bridge by Storm Winds[J]. J. Struct Engrg. Div., ASCE,1962,88(6):233-264.

[11] R H Scanlan, J J Tomko. Airfoil and Bridge Deck Flutter Derivatives [J]. J. Eng. Mech., ASCE, Vol. 97(6): 1717-1737.

[12] 陈伟. 大跨度桥梁抖振反应谱研究[D]. 上海:同济大学, 1993.

[13] 项海帆,等. 公路桥梁抗风设计指南[M]. 北京:人民交通出版社, 1996.

[14] Y K Lin. Stochastic Analysis of Bridge Motion in Large-scale Turbulent Winds[C]// Proceedings of the 5th International Conference on Wind Engineering. J. E. Cermak (Ed.). Pergamon Press, New York, 1980.

[15] AASHTO. 美国公路桥梁设计规范—荷载与抗力系数设计法(SI 单位第一版 1994 年). 辛济平,等译. 北京:人民交通出版社, 1997.

[16] 胡晓红. 大跨度拱桥等效风荷载试验研究[D]. 上海:同济大学, 2002.

[17] 葛耀君,等. 上海卢浦大桥主桥超大跨度拱桥风荷载及抗风稳定性研究总报告[R]. 上海:同济大学土木工程防灾国家重点实验室, 2002.

[18] 罗雄. 大跨度钢管混凝土拱桥时域抖振分析[J]. 西南交通大学学报, 2000, 35(5): 475-479.

[19] 程进,江见鲸,肖汝诚,等.静风荷载作用下大跨度钢拱桥极限承载力分析[J].计算力学学报,2003,20(4):417-422.

[20] 张志田.大跨度非线性抖振及其对抗风稳定性影响的研究[D].上海:同济大学,2004.

[21] 刘健新,李加武,黄友钦.大跨度钢管混凝土拱桥风致干扰效应研究[C]//第十二届全国结构风工程学术会议论文集.西安,2005:580-586.

[22] 张建民,寇素霞.风荷载作用下钢管混凝土拱桥反应几何非线性有限元分析[J].东北林业大学学报,2005,33(5):120-122.

[23] 王小松,赵林,于洪刚,等.广州新光大桥静风稳定性风洞试验与数值分析[C]//第七届全国风工程与工业空气动力学学术会议论文集.北京,2006.

[24] 于洪刚,葛耀君,张伟,等.大跨度钢管混凝土拱桥静风稳定性计算分析[J].桥梁建设,2007,X(2):32-35.

[25] 于洪刚.大跨度拱桥气动参数识别及风致响应研究[D].上海:同济大学,2008.

[26] 中华人民共和国行业标准.JTG D60—2004　公路桥涵通用设计规范[S].北京:人民交通出版社,2004.

[27] 中华人民共和国推荐性行业标准.JTG/T D60-01—2004　公路桥梁抗风设计规范[S].北京:人民交通出版社,2004.

[28] 陈英俊.风荷载计算[M].北京:中国铁道出版社,1998.

[29] 陈政清.桥梁风工程[M].北京:人民交通出版社,2005.

[30] Y J Ge, H F Xiang. Recent Development of Bridge Aerodynamics in China[C]//Keynote Presentation at the 5th International Colloquium on Bluff Body Aerodynamics and Applications. Ottawa, Canada, 2004. Journal of Wind Engineering and Industrial Aerodynamic, 2008, 96(6-7):736-768.

[31] Y J Ge, Y X Yang, J B Pang, et al. Wind-induced Damages to a Three-span, Continuous, Concrete Arch Bridge under Construction[J]. Structural Engineering International, 2007, 17(2):141-150.

[32] Yaojun Ge, Haifan Xiang. Aerodynamic Challenges in Long-span Bridges[C]//Keynote paper in the Proceedings of the Centenary Conference of the Institution of Structural Engineers. Hong Kong, January 24-26, 2008.

第三章　拱式桥结构动力特性

桥梁结构的动力特性,即结构的固有振动特性,包括结构的自振频率和振型,是求解动力问题最基本的必要条件。大跨度桥梁的动力特性对其整体设计起着至关重要的作用,尤其在桥梁结构的抗风设计中,动力特性分析的误差可能导致最后抗风设计的误差甚至错误。拱桥结构动力特性可通过理论方法、有限元分析和现场实测来获得。

第一节　竖向弯曲自由振动解析解

一般的桥梁横截面都是左右对称的,也就是说,经过桥梁纵向对称轴线的竖平面是一个对称平面。因此,拱在这个竖平面内的挠曲振动和垂直于该平面的侧向弯曲——扭转振动就可以分开来处理[1]。

李国豪[2]和项海帆[1]等基于拱的平面挠曲弹性平衡微分方程,利用达朗贝尔原理,分别对圆弧拱和抛物线拱的自由振动特性进行了详细的推导求解,得到了精确解和近似解,并总结出拱结构的一般振型规律。一般第一阶振型总是反对称的,而第二、三阶振型都是对称的。为了本文内容的系统性,在此简要介绍一下两种拱轴线对应的自由振动解析解求解过程。

一、圆弧拱轴线

拱结构的平面挠曲及简单振型示意图如图 3.1-1 所示。

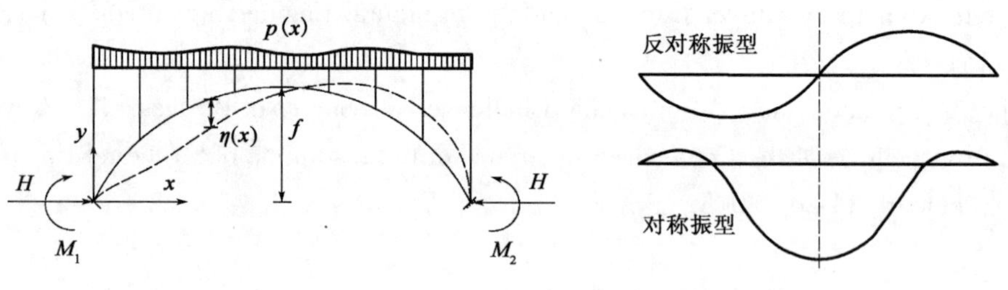

图 3.1-1　拱结构竖向挠曲及振型示意

拱的平面挠曲的弹性平衡方程为[1]:

$$\left.\begin{aligned}\left[EJ_x\left(v''+\frac{w'}{R}\right)\right]''-\frac{EF}{R}\left(w'-\frac{v}{R}\right)&=p_r\\\left[EF\left(w'-\frac{v}{R}\right)\right]'+\left[\frac{EJ_x}{R}\left(v''+\frac{w'}{R}\right)\right]'&=-p_s\end{aligned}\right\}\tag{3.1-1}$$

式中:v、w——径向位移和切向位移;

EJ_x、EF——拱截面在拱平面内的抗弯刚度和抗拉压刚度;

R——拱任意节点的曲率半径;

p_r、p_s——沿拱轴分布的径向荷载和切向荷载。

方程中右上角的"$'$"表示对曲线坐标 s 的微分。

对于等截面圆弧拱，EJ_x 和 EF 均为常数，R 也为常数，式(3.1-1)可简化为：

$$\left.\begin{aligned} EJ_x\left(v^{\mathrm{IV}}+\frac{w'''}{R}\right)-\frac{EF}{R}\left(w'-\frac{v}{R}\right)&=p_r \\ EF\left(w''-\frac{v'}{R}\right)+\frac{EJ_x}{R}\left(v'''+\frac{w''}{R}\right)&=-p_s \end{aligned}\right\} \tag{3.1-2}$$

在拱的平面挠曲弹性平衡方程(3.1-1)的基础上，引入达朗贝尔惯性力：

$$\left.\begin{aligned} p_r&=-m\frac{\partial^2 v}{\partial t^2} \\ p_s&=-m\frac{\partial^2 w}{\partial t^2} \end{aligned}\right\} \tag{3.1-3}$$

即得拱平面挠曲固有振动的基本方程。

利用线性振动方程具有简谐振动解，并消去式(3.1-1)中包含 EF 的项，结合 R 为常数，式(3.1-1)可化简为：

$$\left[EJ_x\left(v''+\frac{w'}{R}\right)\right]'''+\left[\frac{EJ_x}{R^2}\left(v''+\frac{w'}{R}\right)\right]'+m\omega^2\left(-v'+\frac{w}{R}\right)=0 \tag{3.1-4}$$

式中：ω ——固有频率。

对于等截面拱，式(3.1-4)可简化为：

$$EJ_x\left(v''+\frac{w'}{R}\right)'''+\frac{EJ_x}{R^2}\left(v''+\frac{w'}{R}\right)'+m\omega^2\left(-v'+\frac{w}{R}\right)=0 \tag{3.1-5}$$

若引入振动时拱轴不可伸缩的假定，即令：

$$\varepsilon=w'-\frac{v}{R}=0$$

由此将 $v=Rw'$ 代入式(3.1-5)消去 v，对于圆弧拱，$\mathrm{d}s=R\mathrm{d}\varphi$，则得等截面圆弧拱平面挠曲固有振动方程为：

$$\frac{\mathrm{d}^6 w}{\mathrm{d}\varphi^6}+2\frac{\mathrm{d}^4 w}{\mathrm{d}\varphi^4}+(1-\Omega)\frac{\mathrm{d}^2 w}{\mathrm{d}\varphi^2}+\Omega w=0 \tag{3.1-6}$$

式中：$\Omega=\dfrac{mw^2}{EJ_x}\cdot R^4$；

φ ——对应于曲线坐标 s 的圆心角。

如果在平衡方程中同时考虑径向外荷载 p 所产生的轴向压力 $N=pR$ 的二次影响，即令式(3.1-3)中的 p_r 变为：

$$p_r=-m\frac{\partial^2 v}{\partial t^2}=-pR\left(v''+\frac{w'}{R}\right) \tag{3.1-7}$$

则式(3.1-5)将改写成：

$$EJ_x\left(v''+\frac{w'}{R}\right)'''+\frac{EJ_x}{R^2}\left(v''+\frac{w'}{R}\right)'+pR\left(v''+\frac{w'}{R}\right)'+m\omega^2\left(-v'+\frac{w}{R}\right)=0 \tag{3.1-8}$$

代入 $v=Rw'$ 消去 v，得考虑轴向力影响的等截面圆弧拱平面挠曲的固有振动方程为：

$$\frac{d^6w}{d\varphi^6}+\left(2+\frac{pR^3}{EJ_x}\right)\frac{d^4w}{d\varphi^4}+\left(1+\frac{pR^3}{EJ_x}-\Omega\right)\frac{d^2w}{d\varphi^2}+\Omega w=0 \tag{3.1-9}$$

式中：p——径向外荷载，指向曲率中心并引起轴向压力为正。

令 $\nu^2=1+\dfrac{pR^3}{EJ_x}$，则式(3.1-9)改写为：

$$\frac{d^6w}{d\varphi^6}+(1+\nu^2)\frac{d^4w}{d\varphi^4}+(\nu^2-\Omega)\frac{d^2w}{d\varphi^2}+\Omega w=0 \tag{3.1-10}$$

微分方程的特征方程是：

$$n^6+(1+\nu^2)n^4+(\nu^2-\Omega)n^2+\Omega=0 \tag{3.1-11}$$

设 $z=n^2$ 作变量代换，式(3.1-11)改写为：

$$z^3+(1+\nu^2)z^2+(\nu^2-\Omega)z+\Omega=0 \tag{3.1-12}$$

式(3.1-12)有三个根：

$$z_1=n_1^2\quad z_2=n_2^2\quad z_3=n_3^2$$

按维特定理，方程的根与系数之间存在下列关系：

$$\left.\begin{aligned}&n_1^2+n_2^2+n_3^2=-(1+\nu^2)\\&n_1^2n_2^2+n_2^2n_3^2+n_3^2n_1^2=\nu^2-\Omega\\&n_1^2n_2^2n_3^2=-\Omega\end{aligned}\right\} \tag{3.1-13}$$

对于不计轴力影响的第一种情况，齐次方程的解为三角函数，可表示为：

$$w(\varphi)=A_1\cos n_1\varphi+B_1\sin n_1\varphi+A_2\cos n_2\varphi+B_2\sin n_2\varphi+A_3\cos n_3\varphi+B_3\sin n_3\varphi \tag{3.1-14}$$

式中，六个积分常数将由六个边界条件确定，由系数行列式等于0的条件解得 Ω，由此即可求得拱的固有频率 ω 及其相应振型的精确解。

二、抛物线拱轴线

抛物线拱轴线在实际拱桥中应用较多，如一般大跨度钢拱桥的拱轴线等。大跨度拱桥振动时的振幅较大，还有必要考虑轴压力的二次影响，即应当按二阶理论进行振动分析。对于抛物线拱，采用直角坐标可以推导出便于实际应用按二阶理论的固有振动方程和固有频率公式[1]。

抛物线拱轴方程为：

$$y=\frac{4f}{l^2}x(l-x) \tag{3.1-15}$$

式中：l——计算跨度；

f——矢高。

抛物线拱按二阶理论的平面挠曲的两个基本方程为[1]：

$$(EJ_x\eta''\cos\varphi)''-H(y''-\eta'')=p \tag{3.1-16}$$

$$H\int_0^l\frac{1}{EF\cos\varphi}dx=\int_0^l y'\eta'dx-\int_0^l\frac{Vy'}{EF\cos\varphi}dx \tag{3.1-17}$$

式中：η——竖向挠度；

H——水平推力；

V——竖向剪力；

$y' = \tan\varphi$ ——拱轴在任意点的斜率。

该基本方程适用于两端无相对水平位移的两铰拱或无铰拱。式(3.1-16)中左边第二项 $H\eta''$ 就是考虑拱的轴力二次影响的项。为了简化计算,近似地令 $EF\cos\varphi = EF_c$,$EJ_x\cos\varphi = EJ_c$ 均为常数,即截面按余弦规律从拱顶向拱脚逐渐增大,这样的假设是接近实际情况的,因而是合理的。

设拱桥绕着按式(3.1-16)表示的静力平衡位置 p_0、H_0 和 η_0 作小振幅的固有振动。振动时,水平推力增加 H,挠度增加 η,荷载项则增加惯性力项 $-m\ddot{\eta}$(η 上的点表示对时间 t 的微分)。写出上述两种情况下的平衡方程[1]:

$$EJ_c^{\mathrm{IV}}\eta_0 - H_0(y'' - \eta''_0) = p_0$$

$$EJ_c(\eta_0 + \eta)^{\mathrm{IV}} - (H_0 + H)(y'' - \eta''_0 - \eta'') = p_0 - m\ddot{\eta}$$

两式相减,并略去高阶微小量 $H\eta''$ 和 $H\eta''_0$,则可得拱绕 η_0 作固有振动的动力平衡方程,由于略去了非线性项 $H\eta''$,此时振动是简谐的,代入 $\eta'' = -\omega^2\eta$ 后即得抛物线拱固有振动的基本方程[1]:

$$EJ_c^{\mathrm{IV}}\eta + H_0\eta'' - Hy'' - m\omega^2\eta = 0 \tag{3.1-18}$$

其中,$H = \dfrac{EF_c}{\rho L}\displaystyle\int_0^l \eta\mathrm{d}x$;$L$ 为抛物线拱的拱弧全长。H 要从 η 积出,可见式(3.1-18)是一个关于 η 的微分—积分方程。

李国豪[2]和项海帆[1]等以简单的双铰拱为对象讨论了在全桥长度上具有均布质量 m 的情况,分别给出了反对称和对称模态的频率及振型的解析表达式。

三、基频近似公式

要精确求解拱的固有振型,即使对于圆拱或抛物线拱这样简单的拱轴线形也是很困难的。文献[1]采用瑞利—里兹法推导出各种不同拱轴线形的反对称基频的近似公式。

1. 拱的基频公式

用 R_0 表示拱顶的曲率半径,φ 表示拱上一点切线与水平向的夹角,则:

对于圆弧,$R = R_0 =$ 常数;

对于摆线,$R = R_0\cos\varphi$;

对于悬链线,$R = \dfrac{R_0}{\cos^2\varphi}$;

对于抛物线,$R = \dfrac{R_0}{\cos^3\varphi}$。

拱在面内振动时的位能 U 可用径向位移 v 和切向位移 w 表示为:

$$U = \frac{EJ_x}{2}\int_0^L \left(v'' + \frac{w'}{R}\right)^2 \mathrm{d}s \tag{3.1-19}$$

式中:L ——拱弧轴线的全长。

若引入振动时拱轴线不变形的假定,即令 $\varepsilon = w' - \dfrac{v}{R} = 0$,则式(3.1-19)可改为:

$$U = \frac{EJ_x}{2}\int_0^L \left(v'' + \frac{v}{R^2}\right)^2 \mathrm{d}s \tag{3.1-20}$$

拱在平面内振动时的动能 T 为：

$$T = \frac{m}{2}\int_0^L \left[\left(\frac{\partial v}{\partial t}\right)^2 + \left(\frac{\partial w}{\partial t}\right)^2\right]\mathrm{d}s \tag{3.1-21}$$

假定振动是简谐的，则有：

$$\left.\begin{aligned} v(s,t) &= v(s)\sin\omega t \\ w(s,t) &= w(s)\sin\omega t \end{aligned}\right\} \tag{3.1-22}$$

将式(3.1-22)代入式(3.1-20)和式(3.1-21)，根据瑞利法原理，由 $U_{\max} = T_{\max}$ 可得频率公式为：

$$\omega^2 = \frac{EJ_x\int_0^L \left(v'' + \frac{v}{R^2}\right)^2 \mathrm{d}s}{m\int_0^L (v^2 + w^2)\mathrm{d}s} \tag{3.1-23}$$

2. 两铰拱的情况

基频的计算公式为：

$$\omega^2 = \frac{EJ_x}{mR_0^4}F(\alpha) \tag{3.1-24}$$

式中：$F(\alpha) = \dfrac{R_0^4\left[1 - \left(\dfrac{\pi}{\varphi_0}\right)^2\right]^2\int_0^\alpha \dfrac{1}{R^3}\sin^2\dfrac{\pi\varphi}{\alpha}\mathrm{d}\varphi}{\int_0^\alpha R\left\{\sin^2\dfrac{\pi\varphi}{\varphi_0} + \left(\dfrac{\alpha}{\pi}\right)^2\left[\cos\dfrac{\pi\varphi}{\alpha} + 1\right]^2\right\}\mathrm{d}\varphi}$。

其中，$\varphi_0 = 2\alpha$ 为拱弧全长对应的全开角。

对于圆弧拱的特殊情况，$R = R_0 =$ 常数，式(3.1-24)简化为：

$$\omega^2 = \frac{EJ_x}{mR_0^4\alpha^4}\cdot\frac{\alpha^4 - 2\pi^2\alpha^2 + \pi^4}{1 + \dfrac{3\alpha^2}{\pi^2}} \tag{3.1-25}$$

式(3.1-25)可改写成周期的形式：

$$T = \frac{2\pi}{\omega} = \xi_T \cdot L^2\sqrt{\frac{m}{EJ_x}} \tag{3.1-26}$$

式中：ξ_T——周期系数，$\xi_T = \dfrac{\sqrt{4\pi^2 + 3\varphi_0^2}}{4\pi^2 - \varphi_0^2}$。

3. 无铰拱的情况

对于无铰拱，满足边界条件：

$$\left.\begin{aligned} \varphi &= 0 \\ \varphi &= \varphi_0 \end{aligned}\right\} v = v' = w = 0 \tag{3.1-27}$$

另外，还满足振动时拱轴不变形条件 $w' - \dfrac{v}{R} = 0$，即 $\left.\begin{aligned} \varphi &= 0 \\ \varphi &= \varphi_0 \end{aligned}\right\} w' = 0$ 的反对称近似振型函数

可取为下列幂函数形式：

$$\left.\begin{aligned}v(s)&=A\left[\left(1-\frac{2s}{L}\right)-3\left(1-\frac{2s}{L}\right)^3+2\left(1-\frac{2s}{L}\right)^4\right]\\w(s)&=A\frac{L}{2R}\left[\frac{3}{20}-\frac{1}{2}\left(1-\frac{2s}{L}\right)^2+\frac{3}{4}\left(1-\frac{2s}{L}\right)^4-\frac{2}{5}\left(1-\frac{2s}{L}\right)^5\right]\end{aligned}\right\}\tag{3.1-28}$$

式(3.1-28)仅适用于左边半个拱弧，即 $s=0\sim\frac{L}{2}$ 的范围内。在拱顶处 $\left(s=\frac{L}{2}\right)$ 有 $v\left(\frac{L}{2}\right)=0$，利用反对称性即可求得右边半个拱弧的表达式。$w(s)$则显然满足 $w'=\frac{v}{R}$ 的条件，并且在拱顶处有 $w'\left(\frac{L}{2}\right)=v\left(\frac{L}{2}\right)=0$，因此，$w(s)$是左右对称的。将式(3.1-28)代入式(3.1-23)即可求得无铰拱的 $F(\alpha)$，并换算成周期公式(3.1-26)中的 ξ_T。

对于圆弧拱，可导得周期系数：

$$\xi_T=2\pi\sqrt{\frac{1+0.0615\varphi_0^2}{3827-91\varphi_0^2+\varphi_0^4}}\tag{3.1-29}$$

第二节　侧向弯曲和扭转振动解析解

拱的侧向弯扭振动是一种空间振动现象。大跨度钢拱桥在重车尤其是拥挤的人群通过桥上时所发生的强烈晃动，或者拱桥在横桥向的地震波作用下所发生的横向地震振动都是侧向弯扭振动[1]。李国豪[2]和项海帆[1]等基于拱结构的面外侧向弯曲和扭转的弹性平衡方程，引入达朗贝尔惯性力，详细推导得出了拱结构侧向弯扭耦合振动方程，并利用伽辽金法进行近似求解。为了本文内容的系统性，这里仍然对弯扭耦合振动求解过程做简单介绍。

一、基本方程

拱结构的侧向弯曲和扭转变形以及弯扭耦合简单振型示意如图3.2-1所示。

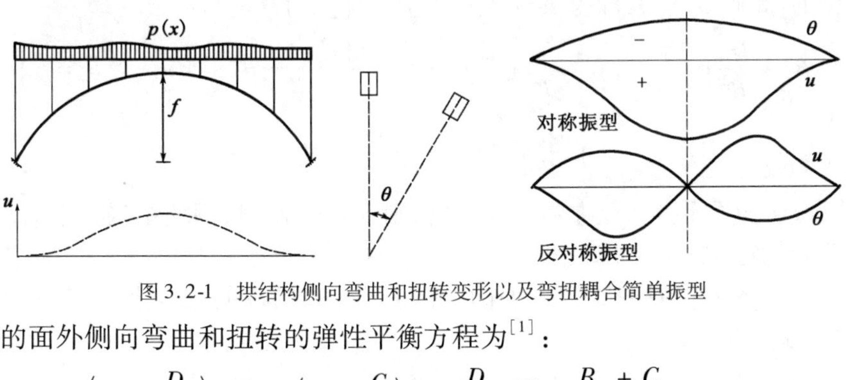

图3.2-1　拱结构侧向弯曲和扭转变形以及弯扭耦合简单振型

圆弧拱的面外侧向弯曲和扭转的弹性平衡方程为[1]：

$$\left.\begin{aligned}&\left(B_y+\frac{D_\omega}{R^2}\right)u^{(4)}+\left(N-\frac{C}{R^2}\right)u''+\frac{D_\omega}{R}\theta^{(4)}-\frac{B_y+C}{R}\theta''=p_n\\&D_\omega\theta^{(4)}-C\theta''+\frac{B_y}{R^2}\theta+\frac{D_\omega}{R}u^{(4)}-\frac{B_y+C}{R}u''=m\end{aligned}\right\}\tag{3.2-1}$$

式中： u、θ——侧向位移和扭转角；

$B_y = EJ_y$、$C = GJ_d$、$D_\omega = EJ_\omega$——拱截面侧弯刚度、自由扭转刚度和约束扭转刚度；

R——圆弧拱半径；

N——拱轴压力；

p_n、m——沿拱轴的侧向分布荷载和分布扭矩（其中由保向的恒载 q 在拱轴扭转时的侧向分量 $q\sin\theta \approx q\theta$ 正好抵消了原来方程中的轴力二次项 $N\theta/R$）。

其中，右上角一撇表示对曲线坐标 s 的微分。

以拱截面的扭转中心为原点，坐标轴与形心主轴平行。由于拱轴的侧向位移 u、径向位移 v 及扭转角 θ，拱截面上任意一点 (x_1, y_1) 的水平位移和径向位移分别为：

$$\left.\begin{aligned} u_1 &= u - y_1\theta \\ v_1 &= v + x_1\theta \end{aligned}\right\} \tag{3.2-2}$$

固有振动时，截面上所有质量 ρ 的惯性力将形成水平方向的惯性力和绕截面扭转中心的惯性矩，它们将组成平衡方程的荷载项：

$$\left.\begin{aligned} p_n &= -\int_F (\ddot{u} - y_1\ddot{\theta})\,\mathrm{d}\rho = -\widetilde{M}\ddot{u} + S_x\ddot{\theta} \\ m &= -\int_F [x_1(\ddot{v} + x_1\ddot{\theta}) - y_1(\ddot{u} - y_1\ddot{\theta})]\,\mathrm{d}\rho = -I_s\ddot{\theta} + S_x\ddot{u} - S_y\ddot{v} \end{aligned}\right\} \tag{3.2-3}$$

式中： $\widetilde{M} = \int_F \mathrm{d}\rho$——截面质量和；

$S_x = \int_F y_1\,\mathrm{d}\rho$——截面质量对 x 轴的静力矩；

$S_y = \int_F x_1\,\mathrm{d}\rho$——截面质量对 y 轴的静力矩；

$I_s = \int_F (x_1^2 + y_1^2)\,\mathrm{d}\rho$——截面质量对扭心的极惯性矩。

把式（3.2-3）的惯性力引入式（3.2-1），并注意到对于一般截面左右对称的桥梁，质量分布也是左右对称的，此时 $S_y = 0$，即得拱桥侧向弯扭固有振动方程为：

$$\left.\begin{aligned} &\left(B_y + \frac{D_\omega}{R^2}\right)u^{(4)} + \left(N - \frac{C}{R^2}\right)u'' + \frac{D_\omega}{R}\theta^{(4)} - \frac{B_y + C}{R}\theta'' + \widetilde{M}\ddot{u} - S_x\ddot{\theta} = 0 \\ &D_\omega\theta^{(4)} - C\theta'' + \frac{B_y}{R^2}\theta + \frac{D_\omega}{R}u^{(4)} - \frac{B_y + C}{R}u'' + I_s\ddot{\theta} - S_x\ddot{u} = 0 \end{aligned}\right\} \tag{3.2-4}$$

如果桥梁截面的质量分布是左右不对称的，则 $S_y \neq 0$，此时，即使结构是左右对称的，惯性力项 $S_y\ddot{v}$ 的存在将使侧向弯扭振动和竖平面的径向振动相耦合。

对于闭口截面的拱，约束扭转项的作用相对于自由扭转项是微小的，若令 $D_\omega = 0$，则式（3.2-4）可进一步简化为：

$$\left.\begin{aligned} &B_y u^{(4)} + \left(N - \frac{C}{R^2}\right)u'' - \frac{B_y + C}{R}\theta'' + \widetilde{M}\ddot{u} - S_x\ddot{\theta} = 0 \\ &-C\theta'' + \frac{B_y}{R^2}\theta - \frac{B_y + C}{R}u'' + I_s\ddot{\theta} - S_x\ddot{u} = 0 \end{aligned}\right\} \tag{3.2-5}$$

式(3.2-5)中与质量有关的$\widetilde{M}$、S_x和I_s,与拱的刚度有关的B_y、C以及轴向力N都是s的函数,因此式(3.2-5)是一个变系数方程组,只能用近似法求解,或用有限元法求数值解。

二、实用近似解

在侧向弯曲和扭转振动时,不论拱在平面内的支承条件是两端固支还是铰支,在侧向总可以看成是固支的,同时两端的扭转角也是等于零。所以微分方程的边界条件为:

$$\left.\begin{matrix} s = 0 \\ s = L \end{matrix}\right\} u = 0, u' = 0, \theta = 0$$

将$S_x(s)$和$I_s(s)$表达为多项圆函数的形式。令:

$$S_c = \widetilde{M}_c h_c \quad I_c = \widetilde{M} h_c^2$$

式中:h_c——选用的适当长度。

选用下列无量纲的近似函数形式:

$$\left.\begin{aligned} \mu(s) &= \frac{S_x(s)}{S_c} = \mu_0 - \mu_1 \sin\pi\zeta - \mu_3 \sin 3\pi\zeta \\ \nu(s) &= \frac{I_s(s)}{I_c} = \nu_0 - \nu_1 \sin\pi\zeta - \nu_3 \sin 3\pi\zeta \end{aligned}\right\} \tag{3.2-6}$$

并要求$\zeta = \dfrac{s}{L}$在0、0.25、0.5这三点的近似函数所给出的值μ和ν分别与实际值相同,即:

$$\left.\begin{aligned} \mu_0 &= \mu(0) \\ \mu_1 &= 1.207\mu(0) - 0.707\mu(0.25) - 0.5\mu(0.5) \\ \mu_3 &= 0.207\mu(0) - 0.707\mu(0.25) + 0.5\mu(0.5) \end{aligned}\right\} \tag{3.2-7}$$

同理可确定ν_0、ν_1和ν_3。

1. 侧向弯曲——扭转的对称固有振动

满足边界条件的对称近似振型函数取为:

$$\left.\begin{aligned} u(s,t) &= h_c \alpha_1 (1 - \cos 2\pi\zeta)(A\sin\omega t + B\cos\omega t) \\ \theta(s,t) &= \theta_1 \sin\pi\zeta (A\sin\omega t + B\cos\omega t) \end{aligned}\right\} \tag{3.2-8}$$

把式(3.2-8)代入微分方程,消去时间函数后,左边将不恒等于零。由伽辽金法原理,使两个方程左边的误差E_a和E_b(相当于荷载p_n和m)在以振型为可能位移的δg_a和δg_b上所做的功的总和等于零,即:

$$\left.\begin{aligned} \int_0^L E_a \delta g_a \mathrm{d}s &= \int_0^1 E_a (1 - \cos 2\pi\zeta) \mathrm{d}\zeta = 0 \\ \int_0^L E_b \delta g_b \mathrm{d}s &= \int_0^1 E_b \sin\pi\zeta \mathrm{d}\zeta = 0 \end{aligned}\right\} \tag{3.2-9}$$

由此得出关于系数α_1和θ_1的两个齐次方程:

$$\begin{bmatrix} a_{11} - wb_{11} & a_{12} - wb_{12} \\ a_{21} - wb_{21} & a_{22} - wb_{22} \end{bmatrix} \begin{bmatrix} \alpha_1 \\ \theta_1 \end{bmatrix} = 0 \tag{3.2-10}$$

式中：$a_{11}=1-\dfrac{N_c L^2}{4\pi^2 B_y}$，$N_c=N-\dfrac{C}{R^2}$；

$$a_{12}=a_{21}=\frac{1}{3\pi^3}\frac{L^2}{Rh_c}\left(1+\frac{C}{B_y}\right);$$

$$a_{22}=\frac{L^4}{16\pi^4R^2h_c^2}+\frac{1}{16\pi^2}\frac{L^2}{h_c^2}\frac{C}{B_y};$$

$$b_{11}=1\ ,\ b_{12}=b_{21}=-\frac{16}{9\pi}\mu_0+\frac{\mu_1}{2}-\frac{\mu_3}{6}\ ,\ b_{22}=\frac{\nu_0}{3}-\frac{8}{9\pi}\nu_1+\frac{8}{45\pi}\nu_3;$$

$$w=\frac{\omega^2}{\omega_y^2}。$$

式中，$\omega_y=\dfrac{4\pi^2}{\sqrt{3}L^2}\sqrt{\dfrac{B_y}{\widetilde{M}}}$相当于两端嵌固梁的最小$\omega$，其中的系数$\dfrac{4\pi^2}{\sqrt{3}L^2}$比精确值$(4.730)^2$仅大1.6%，可见$\alpha_1(1-\cos2\pi\zeta)$是一个良好的近似函数。

α_1和θ_1的非零解要求分母行列式等于零。由此得出求w的频率方程为：

$$C_2w^2-C_1w+C_0=0 \tag{3.2-11}$$

式中：$C_0=a_{11}a_{22}-a_{12}^2$；

$C_1=a_{11}b_{22}+b_{11}a_{22}-2a_{12}b_{12}$；

$C_2=b_{11}b_{22}+b_{12}^2$。

这样求得的其中较小的根w_1是一个良好的近似值，另一个根w_3的误差则较大。将w_1代回式(3.2-10)即得到与基频$\omega_1=\omega_y\sqrt{w_1}$相对应的近似振型函数式(3.2-13)中两个系数的α_1和θ_1的具体比例。

2. 侧向弯曲——扭转的反对称固有振动

满足边界条件的反对称近似固有振型函数可取为幂函数形式：

$$\left.\begin{aligned}u(s,t)&=h_c\alpha_2(\zeta_1-8\zeta_1^3+16\zeta_1^5)(A\sin\omega t+B\cos\omega t)\\ \theta(s,t)&=\theta_2\sin2\pi\zeta_1(A\sin\omega t+B\cos\omega t)\end{aligned}\right\} \tag{3.2-12}$$

式中：$\zeta_1=\zeta-\dfrac{1}{2}$，$\zeta=\dfrac{s}{L}$。

同理，由伽辽金法，可求得关于α_2和θ_2的齐次方程和频率方程，形式完全相同，仅其中的系数改为：

$$a_{11}=1-\frac{N_cL^2}{90B_y}\quad a_{12}=a_{21}=\frac{16L^2}{221Rh_c}\left(1+\frac{C}{B_y}\right)\quad a_{22}=\frac{7L^4}{512R^2h_c^2}+\frac{7\pi^2}{128}\frac{L^2}{h_c^2}\frac{C}{B_y}$$

$$b_{11}=1\quad b_{12}=b_{21}=-\frac{22}{3}\mu_0+\frac{94}{10}\mu_1-\frac{51}{5}\mu_3\quad b_{22}=54\nu_0-44\nu_1-41\nu_3$$

$$w=\frac{\omega^2}{\overline{\omega}_y^2} \tag{3.2-13}$$

式中，$\overline{\omega}_y = \dfrac{62.93}{L^2}\sqrt{\dfrac{B_y}{\widetilde{M}}}$相当于两端嵌固梁的反对称挠曲固有频率。

进一步可求得两个频率及相应的振型中 α_2 和 θ_2 的比例关系。

第三节　有限元自由振动分析

从拱振动的基本理论中可以看出，即使对于最简单的等截面双铰圆弧拱或无铰拱这样的单片裸拱体系，求解闭合解已经很不方便；而对于实际的拱桥，不但拱的截面是变化的，拱轴线也常常不是圆曲线，再加上复杂的拱上建筑的共同作用，使精确求解几乎不可能。目前，实用上都采用有限元法进行数值分析，即把拱结构离散成梁、杆、板等单元的集合，得出统一形式的多自由度体系的、以有限个节点位移自由度为未知量的运动方程，而且实践表明：对于拱的振动分析，把拱离散为折线形的直梁集合不但方便，而且已经足够精确[1]。

一、动力平衡方程

由于求解变系数偏微分方程的困难，把具有无限动力自由度的连续分布体系通过适当的方式离散化为有限自由度体系主要有以下三种途径：集中质量法、广义坐标法、有限单元法。其中有限单元法即用有限的离散节点位移坐标来表示结构总位移。它综合了上述集中质量法和广义坐标法的某些优点，此时节点位移成了特殊的广义坐标，它是节点间单元的代表，根据单元的位移函数（局部的，而非总体的），也称为插值函数，就可以从节点位移间接地确定单元中任意点的位移。由于单元很小，其位移函数可以近似取为相同的，并且每个节点位移仅影响相邻的单元，使矩阵方程呈带状，从而大大简化了计算。因此，有限元法提供了一条简化结构分析的最有效的离散化途径。

用有限元法来建立离散体系的运动方程，关键在于导引出等价的单元质量矩阵和单元刚度矩阵，并由此集成结构的总质量矩阵和总刚度矩阵，加上阻尼矩阵和荷载矩阵后，建立位移的矩阵方程，其规格化形式可写成：

$$\boldsymbol{M}\ddot{\boldsymbol{d}} + \boldsymbol{C}\dot{\boldsymbol{d}} + \boldsymbol{K}\boldsymbol{d} = \boldsymbol{P} \tag{3.3-1}$$

式中：$\boldsymbol{M}$、$\boldsymbol{K}$——等价质量矩阵和等价刚度矩阵；

$\boldsymbol{C}$——阻尼矩阵；

$\boldsymbol{d}$——选定的有限节点的位移自由度；

$\boldsymbol{P}$——外荷载向量。

二、质量矩阵和刚度矩阵

用虚位移原理来推导离散体系的运动方程。设体系中任意点的位移向量 $\boldsymbol{u}$ 可用选定的有限节点的位移自由度 $\boldsymbol{d}$ 来表示，即有[1]

$$\boldsymbol{u} = \boldsymbol{A}\boldsymbol{d} \tag{3.3-2}$$

式中：$\boldsymbol{u}$——任意点位移，$\boldsymbol{u} = [u_x \quad u_y \quad u_z]$；

$\boldsymbol{d}$——节点位移，$\boldsymbol{d} = [d_1 \quad d_2 \quad \cdots \quad d_n]$；

$\boldsymbol{A}$——动力位移函数矩阵,其中每一元素为 $a_{ij}(x,y,z,t)$。

由应变—位移方程,有:

$$\boldsymbol{\varepsilon} = \boldsymbol{L}\boldsymbol{u} \tag{3.3-3}$$

式中:$\boldsymbol{L}$——微分算子,表示应变和位移的关系,对于几何非线性问题,$\boldsymbol{L}$ 中包括二次以上的项。

进一步写成:

$$\boldsymbol{\varepsilon} = \boldsymbol{B}\boldsymbol{d} \tag{3.3-4}$$

式中:$\boldsymbol{B}$——根据应变和位移的关系 $\boldsymbol{L}$,由 $\boldsymbol{A}$ 的微分求得。

由虚位移原理,有:

$$\delta U = \delta W - \int_V \rho(\delta \boldsymbol{u})^{\mathrm{T}} \cdot \ddot{\boldsymbol{u}} \mathrm{d}V$$

式中:$\delta\boldsymbol{u} = \boldsymbol{A}\delta\boldsymbol{d}$;

ρ——密度。

注意到 $\delta\boldsymbol{\varepsilon} = \boldsymbol{B}\delta\boldsymbol{d}$ 并利用广义虎克定律 $\sigma = \boldsymbol{E}\boldsymbol{\varepsilon}$,对于弹性问题,$\boldsymbol{E}$ 为常矩阵。如果 δW 中暂不计阻尼力,可得:

$$\int_V \rho(\delta\boldsymbol{d})^{\mathrm{T}}\boldsymbol{B}^{\mathrm{T}}\boldsymbol{E}\boldsymbol{B}\boldsymbol{d}\mathrm{d}V = (\delta\boldsymbol{d})^{\mathrm{T}}\boldsymbol{p} - \int_V \rho(\delta\boldsymbol{d})^{\mathrm{T}}\boldsymbol{A}^{\mathrm{T}}\boldsymbol{A}\ddot{\boldsymbol{d}}\mathrm{d}V \tag{3.3-5}$$

由于虚位移是任意的,上式可改写为:

$$\boldsymbol{M}\ddot{\boldsymbol{d}} + \boldsymbol{K}\boldsymbol{d} = \boldsymbol{P} \tag{3.3-6}$$

$$\left.\begin{aligned} \boldsymbol{M} &= \int_V \rho\boldsymbol{A}^{\mathrm{T}}\boldsymbol{A}\mathrm{d}V \\ \boldsymbol{K} &= \int_V \rho\boldsymbol{B}^{\mathrm{T}}\boldsymbol{E}\boldsymbol{B}\mathrm{d}V \end{aligned}\right\} \tag{3.3-7}$$

$\boldsymbol{M}$ 和 $\boldsymbol{K}$ 分别称为等价质量矩阵和等价刚度矩阵,它适用于整个结构离散体系,也适用于一个单元。

三、特征方程求解

拱是一种受有较大轴力的结构,在进行大跨度拱桥的固有振动分析时应当考虑几何非线性的影响,至少要计及恒载轴力的二阶效应,即用线性二阶理论进行分析[1]。

1. 固有振动方程及特征值的解

用矩阵形式表示的多自由度体系的无阻尼固有振动方程为:

$$\boldsymbol{M}\ddot{\boldsymbol{d}} + \boldsymbol{K}\boldsymbol{d} = 0 \tag{3.3-8}$$

对于线性运动方程,固有振动是简谐的。有

$$\boldsymbol{d}(t) = \bar{\boldsymbol{d}}\sin(\omega t + \theta)$$

$$\ddot{\boldsymbol{d}} = -\omega^2\bar{\boldsymbol{d}}\sin(\omega t + \theta) = -\omega^2\boldsymbol{d}$$

将上式代入式(3.3-8)可得:

$$(\boldsymbol{K} - \omega^2\boldsymbol{M})\bar{\boldsymbol{d}} = 0 \tag{3.3-9}$$

式中:$\boldsymbol{M}$、$\boldsymbol{K}$——结构的总质量矩阵和总刚度矩阵。

式(3.3-9)必须经过边界条件的处理引入足够的位移约束条件才能使 $\boldsymbol{M}$ 和 $\boldsymbol{K}$ 成为实的、对称的、正定的矩阵。由于在固有振动时的位移向量不等于零,因此必须当

$$|\boldsymbol{K}-\omega^2\boldsymbol{M}|=0 \tag{3.3-10}$$

时,才能得到有限振幅的固有振动解。

式(3.3-10)称为结构的频率方程,展开行列式即可得到一个以 ω^2 为频率参数的 n 次代数方程。可以证明频率方程的 n 个根都是实的和正的。全部频率按次序排列组成频率向量 $\boldsymbol{\omega}$:

$$\boldsymbol{\omega}=\begin{bmatrix}\omega_1\\\omega_2\\\vdots\\\omega_n\end{bmatrix} \tag{3.3-11}$$

将频率向量 $\boldsymbol{\omega}$ 代入式(3.3-9)便可得相应的节点位移列向量,即固有振型。

2. 动力自由度的缩减和刚度矩阵的聚缩

实践经验表明,在结构动力特性求解时通常没有必要求解出全部特征值及相应特征向量,而是比较关注结构较低阶频率及振型。为了节约计算工作量,一种方法是从数学上发展一种部分特征值求解的技巧,例如常用的同时迭代法和子空间迭代法;另一种方法则是从力学模型上对动力自由度进行缩减。

缩减动力自由度的最常用方法就是"集中质量法",即把质量人为地集中到节点上,并且忽略集中质量的转动惯性。或者直接忽略影响较小的一些位移分量,例如在平坦拱中忽略水平的位移分量,使动力自由度数目比静力分析时所用的自由度数目大为减少[1]。

然而,表示结构的弹性特性(取决于位移的导数)比表示结构的惯性(取决于位移本身)需要更精确的模型。这就是说,为了建立结构的总刚度矩阵 $\boldsymbol{K}$ 应当按照静力分析所需要的包括较多静力自由度的模型,而建立总质量矩阵 $\boldsymbol{M}$ 则容许采用具有较少动力自由度的模型。这一矛盾可用对刚度矩阵的静力凝聚加以克服[1]。

现称动力自由度为动力分析的基本自由度,通过静力凝聚方式消去刚度矩阵中的非基本自由度(多余的静力自由度),使之协调起来,待完成动力分析之后,再通过逆运算求出非基本自由度的各动力位移解,进而由完整的位移向量通过包含所有静力自由度的刚度矩阵求出各部分的动内力。

设刚度矩阵可分割为如下形式:

$$\boldsymbol{K}=\begin{bmatrix}\boldsymbol{K}_{\Delta\Delta} & \boldsymbol{K}_{\Delta\varphi}\\\boldsymbol{K}_{\varphi\Delta} & \boldsymbol{K}_{\varphi\varphi}\end{bmatrix} \tag{3.3-12}$$

式中:脚标 Δ——存在惯性力的位移方向;

脚标 φ——没有惯性力的位移方向。

与此相对应,

$$\boldsymbol{M}=\begin{bmatrix}\boldsymbol{M}_{\Delta} & 0\\0 & 0\end{bmatrix}\quad \boldsymbol{d}=\begin{bmatrix}d_{\Delta}\\\vdots\\d\end{bmatrix} \tag{3.3-13}$$

在 $\boldsymbol{M}$ 中只是在存在惯性力的方向上才有值,其余都为零。因此矩阵是奇异的,如果不做凝聚处理,将不能求解特征值。

将式(3.3-12)和式(3.3-13)代入式(3.3-9),可得

$$(\boldsymbol{K}_c - \omega^2 \boldsymbol{M}_\Delta)\boldsymbol{d}_\Delta = 0 \tag{3.3-14}$$

式中:$\boldsymbol{K}_c = \boldsymbol{K}_{\Delta\Delta} - \boldsymbol{K}_{\Delta\varphi}\boldsymbol{K}_{\varphi\varphi}^{-1}\boldsymbol{K}_{\varphi\Delta}$——Δ 方向的聚缩刚度矩阵。

第四节　典型大跨度拱式桥动力特性

一、宜宾岷江二桥——钢筋混凝土拱肋[3,4]

1. 大桥概况

四川省宜宾市岷江二桥是一座三跨连续拱桥,每跨均为 160m 上承式钢筋混凝土箱形拱结构,如图 3.4-1 所示。桥面全宽 24.5m,包括双向三车道,支撑整个桥面的多室钢筋混凝土箱拱全宽 16m。箱型拱桥裸拱状态结构布置为:①立面布置:计算跨度为 161.727m,计算矢高为 40.372m,计算矢跨比为 1∶4。②拱轴方程:悬链线拱轴系数 $m = 1.6$。③裸拱尺寸:单肋宽 1.6m、双肋宽 3.2m、肋高 2.2m。④支撑条件:拱脚三个线位移和三个角位移均为固结,即按无铰拱计算。

图 3.4-1　宜宾市岷江二桥

2. 有限元计算模型

岷江二桥的主拱肋有三种截面形式:120m、160m 和 200m 的双拱肋,其截面尺寸和参数特性分别见图 3.4-2 和表 3.4-1。

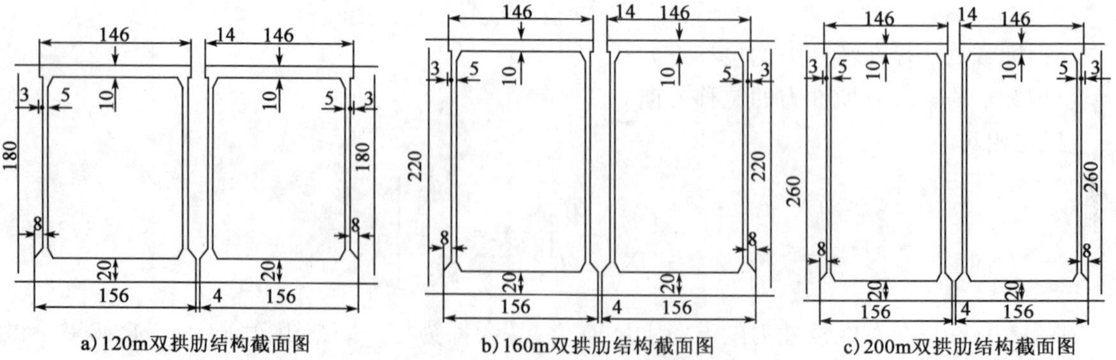

a)120m双拱肋结构截面图　b)160m双拱肋结构截面图　c)200m双拱肋结构截面图

图 3.4-2　双拱肋结构图(尺寸单位:mm)

拱肋截面参数特性　　表 3.4-1

截面特性	符号	单位	120m 双拱肋	160m 双拱肋	200m 双拱肋
面积	A	m^2	1.14	1.22	1.30
竖弯惯性矩	I_y	m^4	0.586	0.936	1.381
侧弯惯性矩	I_z	m^4	0.274	0.310	0.347
抗扭惯性矩	J_d	m^4	0.46	0.599	0.74
弹性模量	E_h	MPa	3.5×10^4	3.5×10^4	3.5×10^4
泊松比	ν	—	0.16	0.16	0.16
单位质量	m	kg/m	3 377	3 614	3 815
质量惯性矩	J_m	$kg\cdot m^2/m$	2 547	3 691	5 118

文献[3]仅对岷江二桥裸拱状态的动力特性进行了计算。结构动力特性分析采用离散结构的有限元方法，其中拱肋单元采用等截面空间梁单元，主拱肋的约束条件抽象为平面内的无铰拱和平面外的固端连接，即拱脚处三个线位移自由度和三个角位移自由度被刚性约束。特征方程求解采用子空间迭代法。整个结构动力特性分析采用 ANSYS5.5 通用计算软件。

双拱肋截面刚度主要与每个裸拱截面及其两片拱肋之间的连接方式有关，由于双拱肋实际截面刚度必然介于双裸拱肋作为整体截面和两个独立截面之和的两种极限情况之间，因此 160m 拱肋结构动力特性计算分别采用两种截面特性，即整体截面和独立截面。两者前 12 阶的动力特性计算结果列于表 3.4-2。

双拱肋自振频率及其振型描述　　表 3.4-2

阶数	独立截面		整体截面	
	频率(Hz)	振型描述	频率(Hz)	振型描述
1	0.158 3	一阶正对称侧弯	0.289 3	一阶正对称侧弯
2	0.460 1	一阶反对称侧弯	0.749 3	一阶反对称侧弯
3	0.749 3	一阶反对称竖弯	0.841 9	一阶反对称竖弯
4	0.927 4	二阶正对称侧弯	1.520 3	二阶正对称侧弯
5	1.520 3	一阶正对称竖弯	1.711 6	一阶正对称竖弯
6	1.554 4	二阶反对称侧弯	2.668 3	二阶反对称侧弯
7	2.338 3	三阶正对称侧弯	2.881 2	三阶正对称侧弯
8	2.668 3	二阶反对称竖弯	3.874 4	二阶反对称竖弯
9	3.278 6	三阶反对称侧弯	4.342 7	三阶反对称侧弯
10	3.874 4	二阶正对称竖弯	5.643 6	二阶正对称竖弯
11	4.853 3	一阶正对称扭转	5.786 6	一阶正对称扭转
12	8.321 7	一阶反对称扭转	8.954 0	一阶反对称扭转

二、象山三门口桥——提篮式钢管混凝土拱[5]

1. 大桥概况

浙江省象山县三门口跨海大桥的北门大桥和中门大桥是主跨为 270m 的钢管混凝土中承式拱桥，拱高 54m，矢跨比为 1:5，桥面全宽 12.5m，整体布置如图 3.4-3 所示。

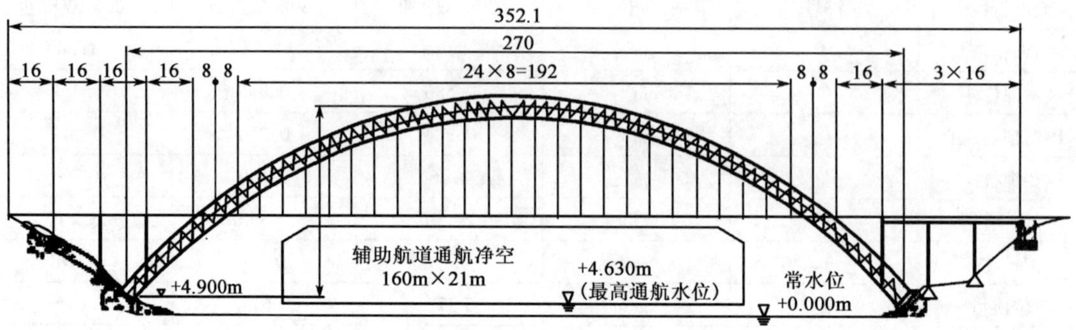

图3.4-3　三门口跨海大桥的整体图(尺寸单位:m)

2. 有限元计算模型

该桥主桥桥面系采用纵横梁体系。横梁采用倒"工"形预应力混凝土结构,跨中梁高1.59m,横向设双向坡,坡度1.5%,以利于及时排清桥面明水。上翼缘板宽0.8m,翼缘外边缘厚0.15m,与腹板相交处厚0.3m,腹板厚0.22m,下翼缘板宽0.55m,翼缘外边缘厚0.25m,与腹板相交处厚0.4m,横梁两端各2m为矩形实体截面,以满足端部吊杆及预应力锚固的需要;从距端部2m向中部倒"工"形截面过渡,过渡距离3.5m,以适应横梁的剪力变化。为了方便吊杆锚固操作,横梁两端各2m范围内底部设计成8°仰角。顺桥向每隔8m设一道横梁,横梁悬吊于吊杆上,以支承纵梁及桥面,并将其荷载通过吊杆传递给主桥拱肋。主梁截面图和参数分别如图3.4-4和表3.4-3所示。

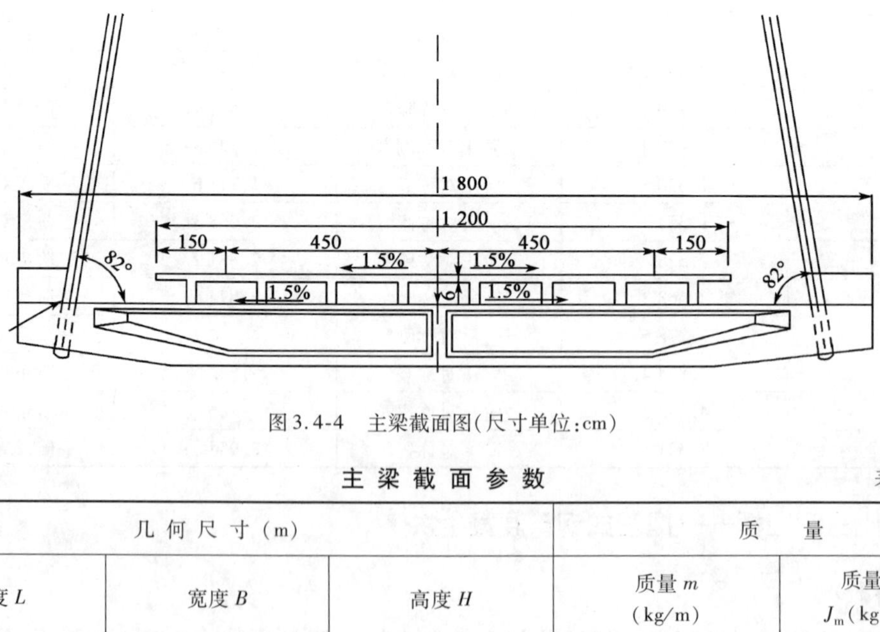

图3.4-4　主梁截面图(尺寸单位:cm)

主梁截面参数　　表3.4-3

几何尺寸(m)			质量	
长度 L	宽度 B	高度 H	质量 m (kg/m)	质量惯性矩 J_m(kg·m²/m)
48.8	18	2.31	1.66×10^4	2.57×10^5

三门口跨海大桥为钢管混凝土提篮式拱桥，桥面结构采用梁格体系。对于钢管混凝土结构，目前比较常用的计算方法有以下 3 种：①换算截面法。即将钢管混凝土整个截面换算成钢或混凝土来进行计算，主要适合于弹性阶段的结构分析。其主要缺点是不能考虑施工过程的影响，即将钢管与混凝土处理成完全变形协调受力，且不适合非线性状态下的结构分析。②双单元法。其原理是将钢管与混凝土处理成两个独立的但共节点的单元，共节点保证两种单元有共同的位移，且不增加计算自由度。在弹性受力时，双单元法能给出精确的动静力有限元计算结果，且能考虑施工过程的影响，即通过设定钢管单元初始应变的方法来考虑施工过程中恒载及活载的分配。进入非线性阶段后，由于双单元法忽略了钢与混凝土之间的三向约束作用，通常给出偏于保守的结果。③以试验为基础建立起来的钢管混凝土统一本构关系理论，其局限性是只适合于轴心受压构件，对于受拉或者大偏心压弯两种情况，目前尚无统一的本构关系。因此，对于承受侧向荷载（风荷载）的大跨度拱桥非线性静风稳定分析，不宜使用统一本构关系进行理论计算。有鉴于此，三门口跨海大桥主拱肋结构采用双单元法进行有限元计算，桥面与拱肋结构统一采用空间梁单元 Beam188 单元进行模拟，吊杆使用空间杆单元 Link10 进行模拟，拱肋上立柱及其立柱上简支混凝土梁的质量采用空间质量单元 Mass21 模拟。成桥状态拱脚固结，其有限元模型如图 3.4-5 所示。

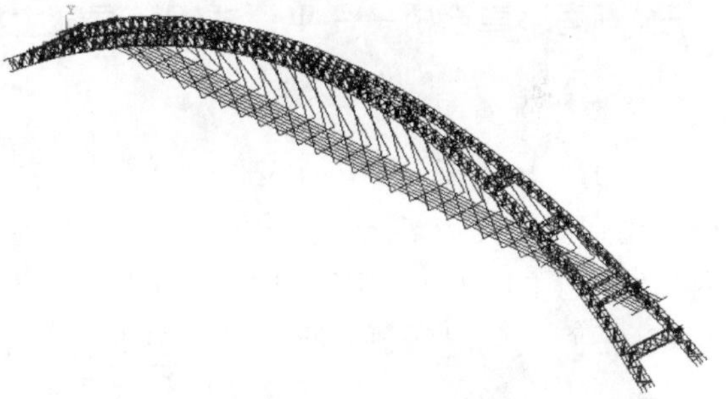

图 3.4-5　三门口大桥成桥状态有限元模型

整个结构动力特性分析采用通用计算软件——ANSYS，结构动力特性分析中的特征方程求解采用子空间迭代法。成桥状态前 20 阶自振频率和振型描述见表 3.4-4。

成桥状态主要自振频率　　表 3.4-4

阶次	频率(Hz)	周期(s)	振 型 描 述
1	0.118 1	0.742 3	主梁纵飘
2	0.235 2	1.477 9	一阶对称侧弯（拱梁同向）
3	0.441 2	2.772 1	一阶对称侧弯（拱梁反向）
4	0.479 6	3.013 4	一阶反对称侧弯
5	0.545 3	3.426 3	一阶反对称竖弯
6	0.773 2	4.858 5	二阶对称侧弯
7	0.867 7	5.451 9	二阶反对称侧弯
8	0.894 2	5.618 3	一阶对称竖弯
9	1.320 6	8.297 8	三阶对称侧弯
10	1.327 1	8.338 3	三阶反对称侧弯
11	1.462 4	9.188 6	二阶反对称竖弯
12	1.662 1	10.443 5	二阶对称竖弯
13	1.786 0	11.221 5	四阶反对称侧弯

续上表

阶次	频率(Hz)	周期(s)	振 型 描 述
14	1.895 3	11.908 2	一阶对称扭转
15	1.904 1	11.963 7	一阶反对称扭转
16	2.012 6	12.645 3	三阶对称竖弯
17	2.062 6	12.960 0	四阶对称侧弯
18	2.235 2	14.044 1	三阶反对称竖弯
19	2.310 5	14.517 4	五阶对称侧弯
20	2.394 2	15.043 4	五阶反对称侧弯

三、湖南茅草街桥——平行式钢管混凝土拱[6~8]

1. 大桥概况

茅草街大桥主桥为80m + 368m + 80m三跨连续自锚中承式钢管混凝土系杆拱桥。主拱轴线采用悬链线无铰拱,计算跨度为356m,矢跨比为1:5,拱轴系数 $m = 1.543$。每片拱轴由4根内灌混凝土的 ϕ1 000 钢管组成,上下弦杆间用钢管作腹杆组成桁式拱肋。两平行拱肋间距19.3m。桥面板采用预制钢筋混凝土Π形梁,通过横梁、吊杆及立柱与拱肋连成一体,桥面宽16m。在两边拱端横梁上锚固着柔性系杆以平衡拱的绝大部分水平推力。大桥的总体布置见图3.4-6。

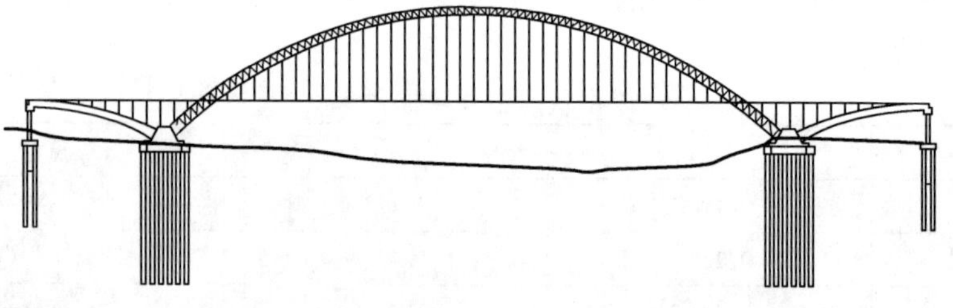

图3.4-6 茅草街大桥总体布置图

2. 有限元计算模型

茅草街大桥主要构件的截面特性如表3.4-5所示。

主要构件的几何特性 表3.4-5

部 位	规 格	截面面积 $A\times4$ (cm^2)	抗弯惯性矩 $I_{zz}\times16$ (cm^4)	抗扭惯性矩 $\times16$ (cm^4)
主拱弦杆	$\phi50\times1.5$	5.191×10^2	1.074×10^5	2.148×10^5
拱脚腹杆	$\phi32\times2$	2.916×10^2	2.635×10^4	5.271×10^4
吊杆处平连杆	$\phi30\times2$	2.648×10^2	2.108×10^4	4.217×10^4
主拱与边拱立柱	$\phi48\times1.5$	4.855×10^2	9.299×10^4	1.859×10^5

续上表

部　　位	规　　格	截面面积 $A\times4$ (cm^2)	抗弯惯性矩 $I_{zz}\times16$(cm^4)	抗扭惯性矩 $\times16$(cm^4)
普通腹杆	$\phi25\times2$	1.445×10^2	9.628×10^3	1.9256×10^4
主跨横撑直撑	$\phi40\times2$	2.388×10^2	4.322×10^4	8.643×10^4
主跨横撑斜撑	$\phi30\times2$	2.648×10^2	2.108×10^4	4.217×10^4
吊杆	1 根 $\phi5$	1.761×10^2	—	—
系杆	6 根 $\phi5$	1.178×10^2	—	—

茅草街大桥成桥状态结构动力特性如表 3.4-6 所示。

结构动力特性分析结果　　表 3.4-6

阶数	频率(Hz)	振 型 特 点
1	0.201 9	梁拱同向对称侧弯(以拱为主)
2	0.288 9	梁拱反向对称侧弯(以梁为主)
3	0.387 4	主拱反对称侧弯
4	0.394 5	梁拱同向反对称竖弯
5	0.621 1	梁拱同向对称竖弯
6	0.626 5	主梁反对称侧弯
7	0.673 4	主拱对称侧弯
8	0.929 2	梁拱同向反对称扭转
9	0.980 9	梁拱同向反对称竖弯
10	1.002 8	主梁对称侧弯
11	1.058 0	梁拱同向对称扭转

四、广州新光大桥——平行式钢桁架拱[9~11]

1. 大桥概况

跨越珠江的广州新光大桥，桥跨结构布置为 3×50m＋177m＋428m＋177m＋3×50m 三联连续结构，其中两边引桥为 3×50m 的预应力混凝土连续箱梁，主桥为 177m＋428m＋177m 中承式三跨连续钢桁拱桥。主跨为一孔，跨度为 428m，矢高为 104m，矢跨比为 1:4，拱轴线为 $m=1.2$ 的悬链线。变桁高拱肋的拱顶截面径向高为 7.5m，拱脚截面径向高为 12.0m；上、下弦箱形肋宽为 2.1m，箱形肋高为 1.5m。边跨钢桁拱跨度为 177m，拱轴线为不对称三次抛物线；变桁高拱肋的主墩侧拱脚截面径向高为 12.0m，拱顶截面径向高为 7.5m，矢高为 56m，交界墩侧拱肋截面径向高为 7.5m；上、下弦箱形肋宽为 2.1m，箱形肋高为 1.5m。主桥(含三角刚架)桥面结构，由钢横梁、钢纵梁、钢筋混凝土桥面板组成，为半漂浮桥面结构体系；主跨部分由吊杆支承钢横梁，其余钢横梁放在三角刚架桥面梁的槽口上，并在钢横梁下翼缘两端设置顺桥向活动球型支座；钢横梁、钢纵梁组成了桥面格子梁体系，在钢梁顶面上布置圆柱头焊钉与钢筋混凝土桥面板形成结合梁结构。边跨桥面结构，由预应力系杆和横梁、钢筋混凝土纵梁、钢筋混凝土桥面板组成。大桥的总体布置见图 3.4-7。

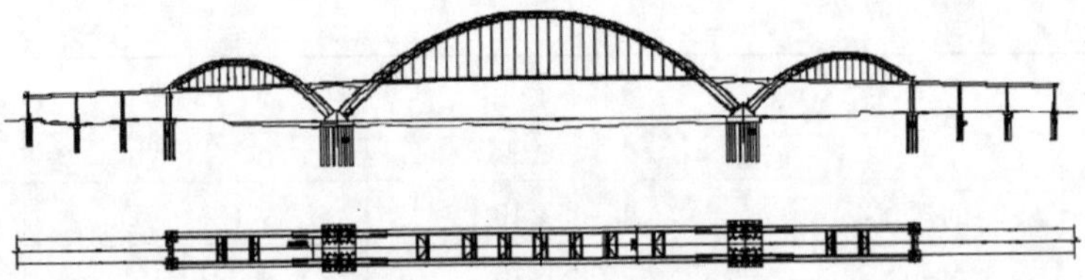

图 3.4-7　新光大桥总体布置图

2. 有限元计算模型

新光大桥的主梁是变截面形式的，总共有 6 种截面形式，具体的截面示意图和几何特性分别如图 3.4-8 和表 3.4-7 所示。

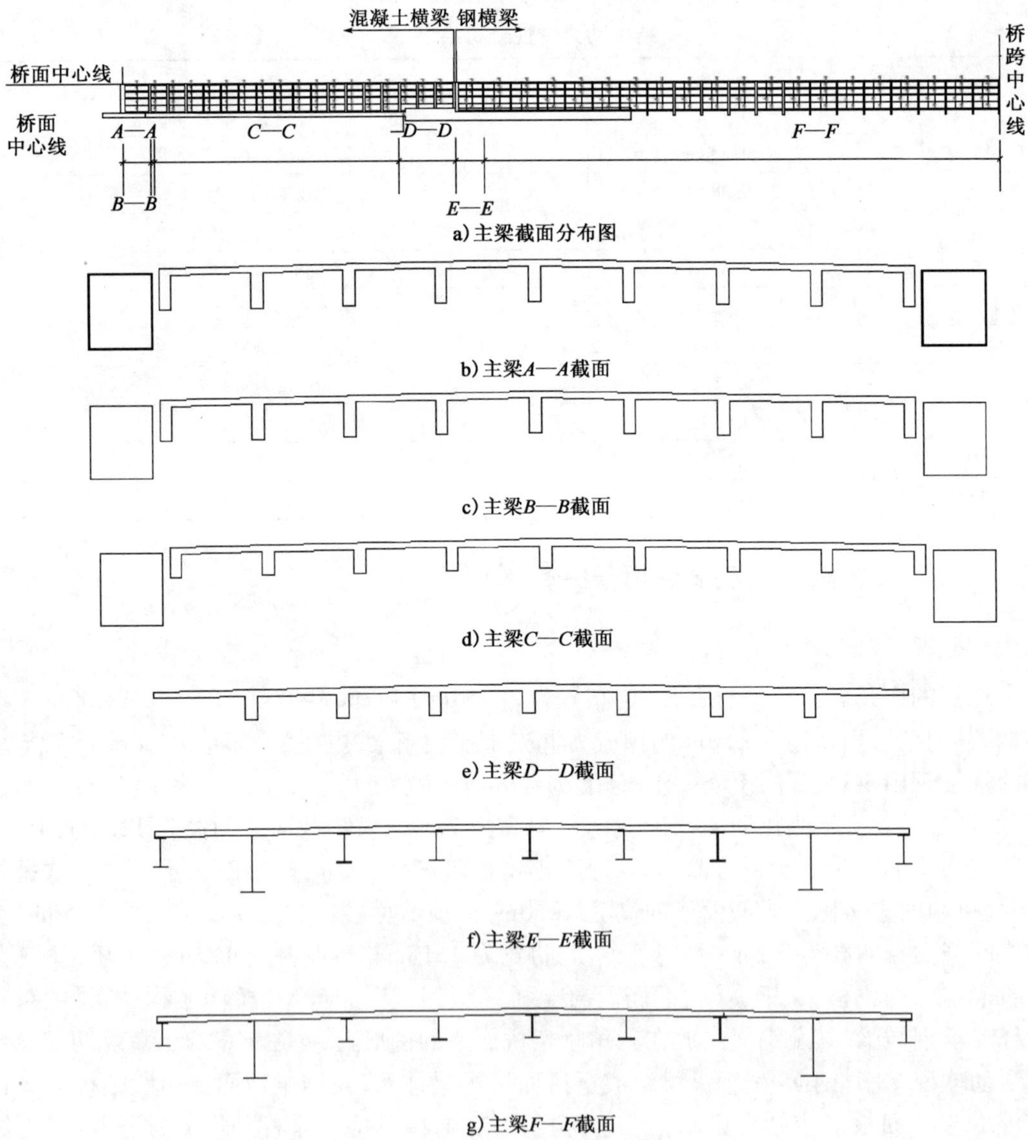

图 3.4-8　主梁截面示意

新光大桥主要构件截面特性　　表3.4-7

截面		面积 (m^2)	I_{zz} (m^4)	I_{yy} (m^4)	J (m^4)	E (MPa)	密度 (kg/m^3)	备注
主梁	A—A	24.922	19.769	3 554.766	18.281	3.5×10^4	2 600	截面均换算为C50混凝土
	B—B	20.430	14.007	2 664.000	8.031	3.5×10^4	2 600	
	C—C	19.452	14.108	2 596.000	7.979	3.5×10^4	2 600	
	D—D	8.271	0.596	412.180	0.201	3.5×10^4	2 600	
	E—E	7.045	1.822	410.226	0.068 34	3.5×10^4	2 243	
	F—F	6.917	1.600	402.655	0.068 32	3.5×10^4	2 261	
主拱拱肋	Ⅰ	0.302 8	0.128 5	0.188 9	0.210	2.1×10^5	7 850	钢截面
	Ⅱ	0.269 2	0.110 0	0.176 6	0.187	2.1×10^5	7 850	
	Ⅲ	0.448	0.173 7	0.299 1	0.300	2.1×10^5	7 850	
	腹杆截面	0.108 3	0.066 21	0.002 87	2.42×10^5	2.1×105	7 850	
边拱拱肋	Ⅰ	0.292 5	0.120 5	0.190 2	0.205 2	2.1×10^5	7 850	钢截面
	Ⅱ	0.241 8	0.100 9	0.151 5	0.163 0	2.1×10^5	7 850	
	Ⅲ	0.321 9	0.132 5	0.211 1	0.229 2	2.1×10^5	7 850	
	腹杆截面	0.092 8	0.0545 7	0.001 328	1.86×10^5	2.1×10^5	7 850	
横撑	1	0.202 6	0.088 6	0.211 8	0.176 4	2.1×10^5	7 850	钢截面
	2	0.136 8	0.050 3	0.041 5	0.064 2	2.1×10^5	7 850	
	3	0.048 8	0.004 48	0.001 08	1.25×10^5	2.1×10^5	7 850	
三角刚架	1	41.843	129.015	682.026	342.151	3.5×10^4	2 600	C50混凝土截面
	2	36.738	118.379	500.662	298.929	3.5×10^4	2 600	
	3	25.44	61.457	49.563	84.503	3.5×10^4	2 600	
	4	16.48	37.488	15.361	31.068	3.5×10^4	2 600	
	5	16.48	37.488	15.361	31.068	3.5×10^4	2 600	
	6	25.44	61.457	49.563	84.503	3.5×10^4	2 600	
	7	37.734	122.094	552.716	313.52	3.5×10^4	2 600	
	8	40.764	128.407	664.12	339.69	3.5×10^4	2 600	
	9	11.58	7.592	40.851	22.164	3.5×10^4	2 600	
吊杆	D1 ~ D2	0.012 046	$\varepsilon=0.00$			2.1×10^5	7 850	无预拉力
	D3 ~ D13	0.007 197	$\varepsilon=0.00$			2.1×10^5	7 850	
	D14 ~ D15	0.012 046	$\varepsilon=0.00$			2.1×10^5	7 850	
	D16 ~ D17	0.007 197	$\varepsilon=0.00$			2.1×10^5	7 850	
	D18 ~ D29	0.005 349	$\varepsilon=0.00$			2.1×10^5	7 850	
系杆	主跨	0.059 376	$\varepsilon=0.006\ 377$			2.1×10^5	7 850	有预拉力
	边跨	0.061 264	$\varepsilon=0.003\ 109$			2.1×10^5	7 850	

新光大桥结构动力特性分析采用离散结构的有限单元法，主梁、拱肋和三角刚构离散为空间梁单元，吊杆和系杆采用空间杆单元模拟。主梁采用单梁式力学模型，并通过近似刚性横梁同吊杆相连形成“鱼骨式”模型。成桥状态有限元模型如图 3.4-9 所示。

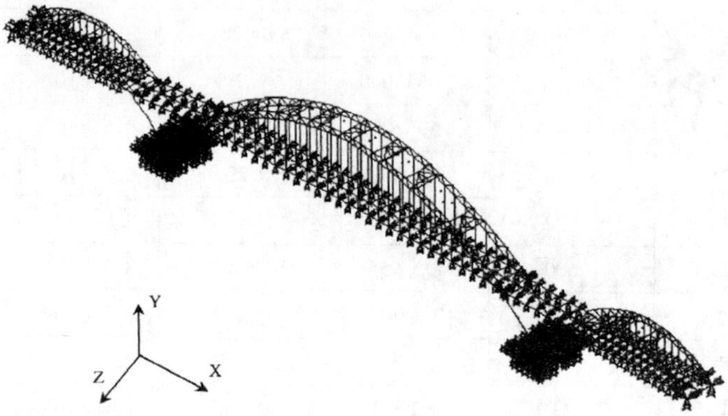

图 3.4-9　新光大桥成桥状态有限元模型

新光大桥成桥状态结构各振型的前两阶固有频率计算结果如表 3.4-8 所示。

成桥状态自振频率和振型　　表 3.4-8

阶数	频率(Hz)	振型特点
1	0.217 7	主拱拱肋一阶对称侧倾
2	0.412 5	主拱拱肋二阶反对称侧倾
3	0.418 2	主跨桥面系一阶对称侧弯
4	0.521 0	主跨桥面系 + 主拱拱肋同向对称竖弯
5	0.560 5	边拱反向侧倾 + 主拱拱肋二阶反对称侧倾
6	0.593 2	边拱同向侧倾 + 主跨桥面系一阶对称侧弯
7	0.619 0	边拱反向侧倾
8	0.663 4	边拱同向侧倾 + 主跨桥面系与主拱拱肋一阶对称侧弯
9	0.691 3	主跨桥面系 + 主拱拱肋同向反对称竖弯
10	0.726 5	边拱反向侧倾 + 主跨桥面系二阶反对称侧弯
11	0.753 9	主拱拱肋高阶对称侧倾
12	0.781 8	主跨桥面系 + 主拱拱肋高阶竖弯
13	0.811 4	边拱反向侧倾 + 主跨桥面系与主拱拱肋二阶反对称侧弯
14	0.850 1	全桥面系对称竖弯
15	0.914 3	主跨桥面系高阶竖弯
16	0.947 9	全桥面系对称侧弯 + 主拱与边拱对称同向侧倾
17	0.968 4	主拱拱肋高阶反对称侧倾
18	1.014 7	主跨桥面系高阶竖弯
19	1.059 7	主跨桥面系高阶竖弯
20	1.085 6	主跨桥面系高阶竖弯
21	1.154 5	主梁高阶反对称竖弯
22	1.160 4	主跨主梁一阶对称扭转
23	1.168 7	主跨主梁二阶反对称扭转

五、肇庆西江大桥——提篮式钢箱拱[12]

1. 大桥概况

跨越西江的肇庆西江特大桥，主桥为 32m + 386m + 32m 中承式钢箱提篮式拱桥，桥面距拱顶 73.5m，矢跨比为 1∶4，拱轴线为 $m=1.5$ 的悬链线。拱肋为箱形断面。拱座采用扩大基础，全桥共 4 个拱座。桥面为钢纵横梁 + 混凝土板，主纵梁为箱形结构，高度为 3m，宽度为 2m，两主纵梁中心距为 20m；横梁高 3m，支座处为箱形断面，其余为工字形断面；桥面板采用 40cm 厚的混凝土板。拱肋在与桥面系相交处设横梁，横梁与桥面系主纵梁通过支座连接，拱肋与拱座固结，吊杆与主纵梁进行连接。边跨桥面结构，由预应力系杆和横梁、钢筋混凝土纵梁、钢筋混凝土桥面板组成。肇庆西江大桥的总体布置见图 3.4-10。

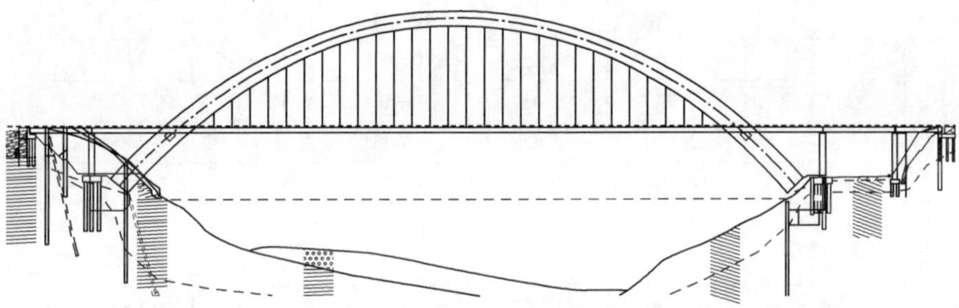

图 3.4-10　肇庆西江大桥总体布置图

2. 有限元计算模型

肇庆西江大桥的主梁截面示意图和拱肋的几何特性分别如图 3.4-11 和表 3.4-9 所示。

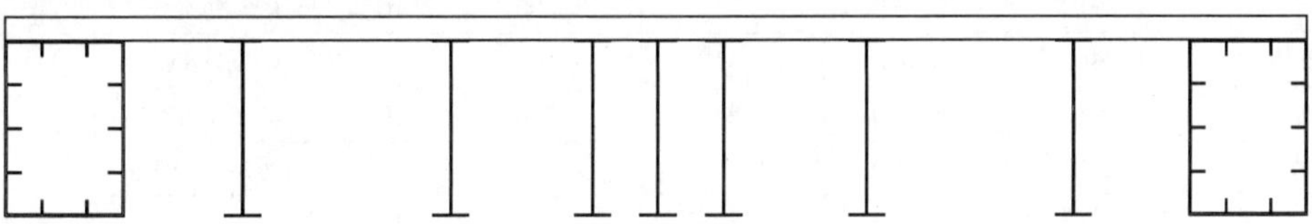

图 3.4-11　主梁截面示意图

肇庆西江特大桥主要构件截面特性　　表 3.4-9

截　面		面积 (m^2)	I_{zz} (m^4)	I_{yy} (m^4)	J (m^4)	E (MPa)	密度 (kg/m^3)	备　注
主梁		24.922	19.769	3 554.766	18.281	3.5×10^4	2 600	截面均换算为 C50 混凝土
主拱拱肋	1(拱脚)	1.773	48.400	6.624	14.480	2.10×10^5	7 850	
	2	1.732	45.000	6.395	13.980	2.10×10^5	7 850	
	3	1.713	42.060	6.277	13.510	2.10×10^5	7 850	
	4	1.694	39.220	6.156	13.040	2.10×10^5	7 850	
	5	1.678	36.990	6.058	12.660	2.10×10^5	7 850	

续上表

截面		面积（m^2）	I_{zz}（m^4）	I_{yy}（m^4）	J（m^4）	E（MPa）	密度（kg/m^3）	备注
主拱拱肋	6	1.661	34.630	5.950	12.230	2.10×10^5	7 850	钢截面
	7	1.634	33.650	5.804	12.060	2.10×10^5	7 850	
	8	1.603	32.320	5.637	11.820	2.10×10^5	7 850	
	9	1.593	31.070	5.575	11.580	2.10×10^5	7 850	
	10	1.583	29.870	5.514	11.340	2.10×10^5	7 850	
	11	1.574	28.730	5.455	11.110	2.10×10^5	7 850	
	12	1.565	27.650	5.398	10.890	2.10×10^5	7 850	
	13	1.556	26.620	5.342	10.670	2.10×10^5	7 850	
	14	1.547	25.650	5.287	10.460	2.10×10^5	7 850	
	15	1.538	24.720	5.234	10.250	2.10×10^5	7 850	
	16	1.530	23.850	5.183	10.050	2.10×10^5	7 850	
	17	1.502	22.930	5.029	9.856	2.10×10^5	7 850	
	18	1.473	22.130	4.878	9.668	2.10×10^5	7 850	
	19	1.466	21.400	4.832	9.489	2.10×10^5	7 850	
	20	1.459	20.710	4.787	9.319	2.10×10^5	7 850	
	21	1.452	20.070	4.745	9.154	2.10×10^5	7 850	
	22	1.445	19.430	4.703	8.994	2.10×10^5	7 850	
	23	1.439	18.860	4.664	8.842	2.10×10^5	7 850	
	24	1.433	18.310	4.626	8.697	2.10×10^5	7 850	
	25	1.302	17.440	4.419	8.528	2.10×10^5	7 850	
	26	1.296	16.950	4.384	8.392	2.10×10^5	7 850	
	27	1.291	16.490	4.351	8.266	2.10×10^5	7 850	
	28	1.286	16.070	4.319	8.143	2.10×10^5	7 850	
	29	1.281	15.660	4.289	8.026	2.10×10^5	7 850	
	30	1.276	15.280	4.259	7.916	2.10×10^5	7 850	
	31	1.251	14.890	4.128	7.808	2.10×10^5	7 850	
	32	1.247	14.560	4.101	7.706	2.10×10^5	7 850	
	33	1.243	14.250	4.076	7.609	2.10×10^5	7 850	
	34	1.239	13.960	4.053	7.520	2.10×10^5	7 850	
	35（拱顶）	1.236	13.690	4.030	7.434	2.10×10^5	7 850	
横撑	Ⅰ	0.582 4	2.049 5	0.945	1.572	2.10×10^5	7 850	
	Ⅱ	0.737	2.013	3.166	3.115	2.10×10^5	7 850	
	Ⅲ	0.347 2	0.438 7	0.245 1	0.403 3	2.10×10^5	7 850	
吊杆	D0	PESFD7 - 283	$\varepsilon=0.00$			2.10×10^5	7 850	无预拉力
	D1	PESFD7 - 253	$\varepsilon=0.00$			2.10×10^5	7 850	
	D2 ~ D14	PESFD7 - 211	$\varepsilon=0.00$			2.10×10^5	7 850	

肇庆西江大桥结构动力特性分析采用离散结构的有限单元方法，主梁、拱肋离散为空间梁单元，吊杆采用空间杆单元模拟。主梁采用单梁式力学模型，并通过近似刚性横梁同吊杆面相

连形成“鱼骨式”模型。拱肋在与桥面系相交处设横梁，横梁与桥面系主纵梁通过支座连接，拱肋与拱座固结，吊杆与主纵梁进行连接。边跨桥面结构，由预应力系杆和横梁、钢筋混凝土纵梁、钢筋混凝土桥面板组成。有限元计算模型的总体坐标系以顺桥向为 X 轴，以横桥向为 Z 轴，以竖向为 Y 轴。成桥状态的有限元计算模型如图 3.4-12 所示。

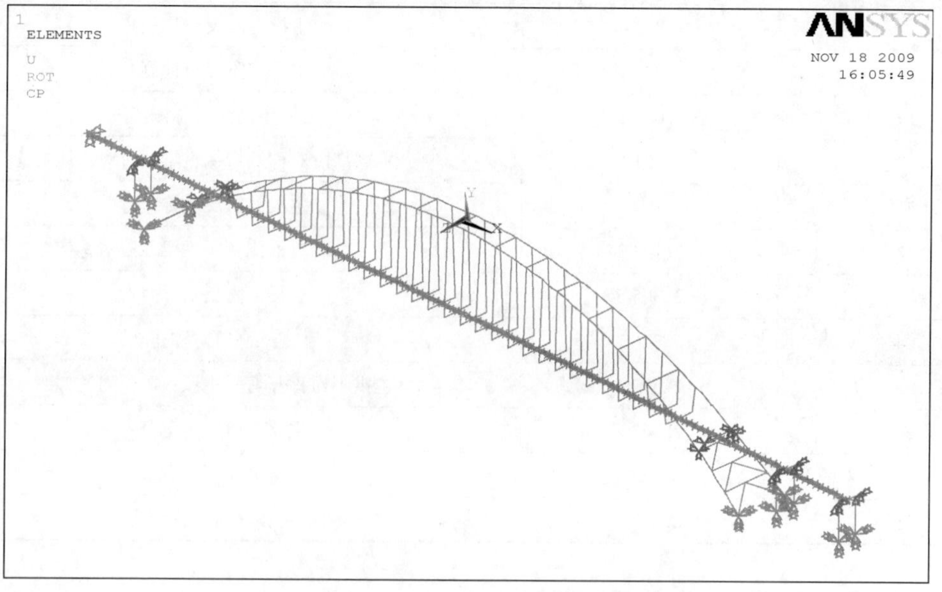

图 3.4-12　肇庆西江大桥成桥状态有限元模型

肇庆西江大桥成桥状态结构动力特性分析结果如表 3.4-10 所示。

成桥状态自振频率和振型　　表 3.4-10

阶数	频率(Hz)	振 型 特 点
1	0.384 37	一阶对称侧弯(梁拱同侧)
2	0.438 14	一阶反对称竖弯
3	0.489 89	一阶对称侧弯(梁拱反侧)
4	0.687 25	主拱一阶反对称侧弯
5	0.830 03	二阶对称竖弯
6	1.072 3	主梁一阶反对称侧弯
7	1.158 3	主拱一阶反对称侧弯 + 主梁二阶对称侧弯
8	1.169 3	梁拱二阶反对称竖弯
9	1.171 3	梁拱二阶对称竖弯
10	1.179	主拱二阶对称侧弯 + 主梁一阶反对称侧弯
11	1.549 4	主拱二阶反对称侧弯
12	1.686 1	主梁一阶对称扭转
13	1.723 2	主拱二阶反对称侧弯 + 主梁一阶反对称扭转
14	1.741 6	主梁二阶反对称竖弯

续上表

阶数	频率(Hz)	振 型 特 点
15	1.765 7	主拱高阶对称竖弯 + 主梁高阶对称竖弯
16	1.846 3	主拱高阶反对称侧弯 + 主梁二阶对称侧弯
17	1.848 4	主拱高阶反对称侧弯
18	1.936 9	主拱高阶反对称侧弯
19	2.004 7	主拱高阶对称侧弯
20	2.021 6	主拱高阶对称侧弯 + 主梁二阶对称侧弯
21	2.177 4	主梁高阶反对称竖弯
22	2.193 3	主拱高阶对称侧弯 + 主梁二阶对称侧弯
23	2.305 5	主梁高阶反对称竖弯
24	2.320 7	主梁高阶对称扭转
25	2.342 7	主拱不对称竖弯 + 主梁一阶反对称竖弯
26	2.363 2	主梁高阶反对称竖弯
27	2.534 1	主梁高阶反对称竖弯
28	2.579 7	主梁高阶对称侧弯

六、上海卢浦大桥——提篮式钢箱拱[13,14]

1. 大桥概况

卢浦大桥主桥是目前世界上最大跨度的钢拱、梁组合体系中承式系杆拱桥。跨度组合为100m + 550m + 100m = 750m,矢跨比为1∶5.5;桥面双向6车道,车行道宽24.5m,每侧观光人行道宽2m,桥面全宽41m。大桥主拱肋采用变高度箱形截面,上半箱为矩形截面,下半箱为倒梯形截面;中拱总高度6~9m,边拱总高度7~9m。加劲梁采用正交异性桥面板全焊钢箱梁,中跨为分离双箱,边跨为单箱多室,通过吊杆或立柱支撑于拱肋上。全桥共28对吊杆,顺桥向间距13.5m,为双吊杆;吊杆横桥向与拱肋在一个平面内对倾1∶5。全桥共布置两组水平拉索,每组由8根拉索组成,水平总索力170~180MN,用以平衡中跨拱肋的恒载水平推力。图3.4-13为上海卢浦大桥的结构布置。

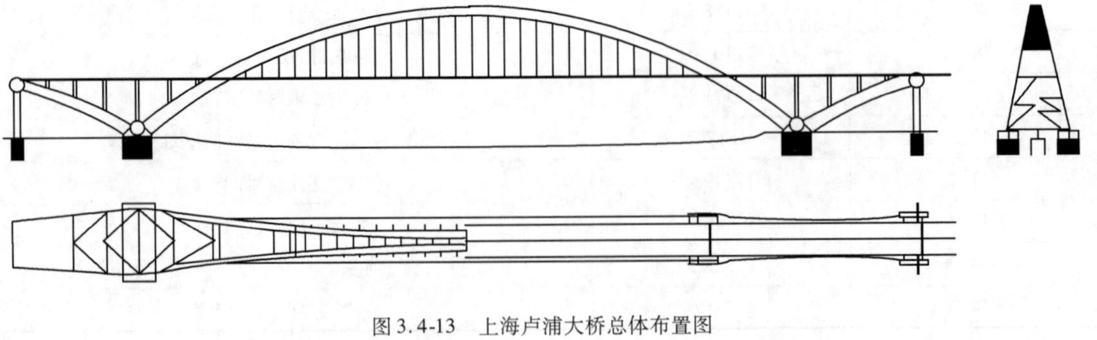

图3.4-13　上海卢浦大桥总体布置图

2. 动力特性计算

卢浦大桥主梁和拱肋的截面，中跨系梁为开口钢箱梁，即双主梁（箱梁）+横梁结构体系，其边跨三角区系梁截面为闭口钢箱梁，拱肋截面形状为陀螺形，其相应的截面和几何特性分别见图3.4-14和表3.4-11。

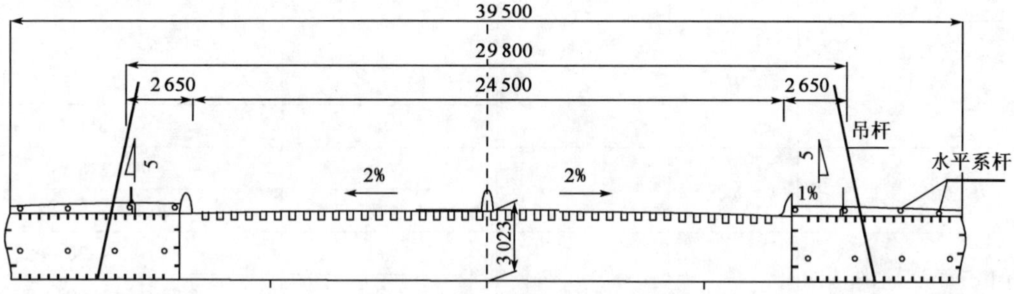

a）中跨系梁截面

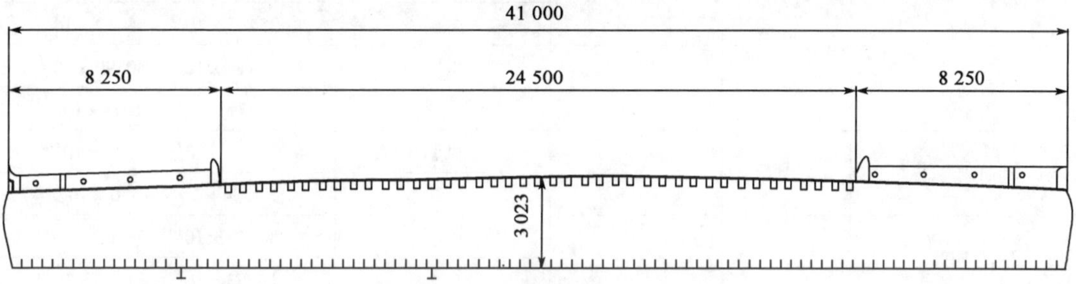

b）边跨系梁截面

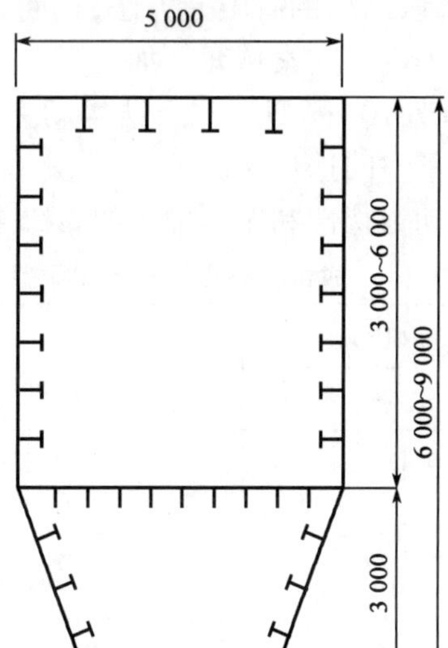

c）拱肋截面

图3.4-14　卢浦大桥的截面图（尺寸单位：mm）

卢浦大桥截面特性 表 3.4-11

参数	符号	单位	实桥值	
长度	L	m	100 + 550 + 100	
宽度	B	m	拱肋	5.0
			主梁	39.5 ~ 41.0
高度	H	m	拱肋	6 ~ 9(中跨) 7 ~ 9(边跨)
			主梁	2.613
单位长度质量	m	kg/m	拱肋	8 009 ~ 18 362
			主梁	20 444 ~ 40 688
单位长度质量惯性矩	J_m	kg · m²/ m	拱肋	67 542 ~ 230 499
			主梁	2 755 638 ~ 5 020 720
侧弯刚度	EI_y	N · m²	拱肋	5.314×10^{11} ~ 10.745×10^{11}
			主梁	354.5×10^{11} ~ 954.2×10^{11}
竖弯刚度	EI_z	N · m²	拱肋	8.414×10^{11} ~ 30.90×10^{11}
			主梁	2.79×10^{11} ~ 9.04×10^{11}
轴向刚度	EA	N	拱肋	1.68×10^{11} ~ 3.25×10^{11}
			主梁	2.34×10^{11} ~ 5.0×10^{11}
扭转刚度	GJ_d	N · m²	拱肋	30.14×10^{10} ~ 73.05×10^{10}
			主梁	12.53×10^{10} ~ 81.16×10^{10}

结构动力特性计算采用离散结构的有限元方法,拱肋、加劲梁、立柱和风撑等单元均采用空间梁单元,吊杆和水平拉索采用空间索单元。加劲梁采用单脊梁式计算模型,双索面吊杆通过刚性梁与加劲梁相连成“鱼骨式”模型。整个结构动力特性计算采用 ANSYS 通用计算软件,结构特征方程求解采用了子空间迭代法。

计算得到的结构前 20 阶动力特性和振型描述如表 3.4-12 所述。

成桥状态自振频率和振型 表 3.4-12

阶数	频率(Hz)	振型特点
1	0.368	拱梁一阶反对称竖弯
2	0.422	拱梁同向一阶对称侧弯,梁对称扭转
3	0.585	拱梁一阶对称竖弯
4	0.610	拱梁反向一阶对称侧弯,梁对称扭转
5	0.744	拱梁反向一阶对称侧弯,梁反对称扭转
6	0.922	拱梁二阶对称竖弯
7	1.041	拱梁一阶反对称竖弯
8	1.174	拱梁同向二阶对称侧弯,梁对称扭转

续上表

阶数	频率(Hz)	振 型 特 点
9	1.233	拱梁反向二阶对称侧弯,梁反对称扭转
10	1.252	拱梁一阶对称扭转
11	1.358	拱梁对称竖弯
12	1.530	拱梁三阶对称竖弯
13	1.585	拱梁一阶反对称扭转
14	1.637	拱梁反向三阶反对称侧弯,梁对称扭转
15	1.753	拱梁同向三阶对称侧弯,梁反对称扭转
16	1.765	拱梁四阶反对称竖弯
17	1.907	拱梁二阶对称扭转
18	2.034	拱梁五阶反对称竖弯
19	2.077	拱梁反向四阶反对称侧弯,梁反对称扭转
20	2.131	拱梁二阶反对称扭转

3. 动力特性现场实测

现场测试采用环境激励的方法,为了减少干扰因素,测得比较理想的天然脉动响应信号,实测安排在晚上进行。测点布置与此后数据处理分析期望得到的振型阶次有关,总的测点布置的原则是参照理论计算得到的振型特征并考虑现场测试条件的可操作性。最终测点布置如图 3.4-15 所示。其中①主拱:上游一片拱肋上桥面上 5 个断面各布置一个测点,每个测点上加速度计同时按横桥向和纵桥向布置,共 10 点。这里测点布置时假设两片拱肋在侧向和纵向均无相向或反向运动(即使有也是高阶次的)。②加劲梁:上下游桥面两侧各 9 点,共 18 点,每个测点上加速度计分别按竖桥向和横桥向布置。全桥共测 28 个二维测点(拱为侧向和纵向、梁为竖向和侧向)。所设两个参考测点,拱、梁各一,拱梁之间的联系是三维的。

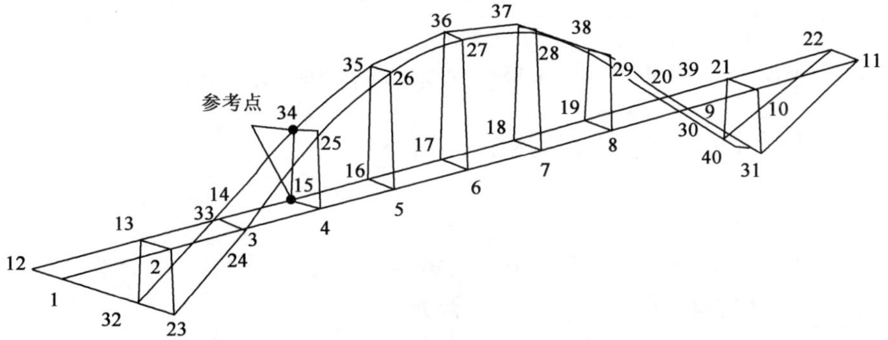

图 3.4-15　模态试验和分析节点、测点布置图

表3.4-13列出了卢浦大桥多种分析方法得到的实测动力特性参数以及与计算值的对比。

各种方法识别的结构动力特性参数　　表3.4-13

阶次	振型	频率(Hz)和阻尼比(%)						计算
		PPT	SSI	Poly LSCF	EFDD	PPM	PZM	
1	拱梁反对称竖弯1	0.361	0.362	0.362	0.363	0.362	0.361	0.368
		0.96	0.42	0.35	0.60	0.63	0.59	
2	拱梁对称侧弯1	0.400	0.401	0.402	0.402	0.402	0.402	0.422
		1.03	0.64	0.61	0.69	0.73	0.48	
3	拱梁对称竖弯1	0.599	0.600	0.598	0.601	0.599	0.598	0.585
		1.06	0.67	0.77	0.76	1.03	1.09	
4	拱梁反对称侧弯1	0.695	0.701	0.698	0.699	0.706	0.703	0.744
		1.43	1.57	1.22	0.50	1.26	1.12	
5	拱梁对称竖弯2	0.898	0.895	0.891	0.898	0.895	0.898	0.922
		1.72	1.79	1.16	1.85	1.65	1.29	
6	拱梁反对称竖弯2	0.986	0.980	0.989	0.991	0.990	0.987	1.041
		1.25	1.19	1.04	1.13	1.06	0.98	
7	拱梁对称侧弯2	1.113	1.117	1.104	1.111	1.118	1.110	1.174
		1.02	1.28	0.23	1.24	2.36	1.39	
8	拱梁反对称侧弯2	1.177	1.175	1.174	1.171	1.174	1.172	1.233
		0.38	0.27	0.33	1.22	0.39	0.40	
9	拱梁对称扭转1	1.338	1.339	1.338	1.340	1.339	1.335	1.252
		0.51	0.37	0.38	0.36	0.44	0.42	
10	拱梁对称竖弯3	1.466	1.478	1.481	NA	1.477	1.482	1.358
		NA	1.21	0.86	NA	1.41	0.55	
11	拱梁反对称扭转1	1.621	1.616	1.615	1.625	1.618	1.612	1.585
		0.55	1.18	0.56	1.18	1.28	0.85	
12	拱梁侧弯+竖弯	1.816	1.820	1.817	1.813	1.815	1.813	1.753
		NA	0.37	0.26	0.42	0.62	0.45	

注:1. 表中每阶振型对应第一行和第二行分别为频率和阻尼比估计值。

2. 其中PPT、SSI、PolyLSCF、EFDD、PPM、PZM表示不同的动力特性识别方法。

七、佛山东平大桥——连续梁和钢箱拱组合体系[15,16]

1. 大桥概况

佛山东平大桥主桥结构形式为连续梁——钢箱拱组合体系系杆拱桥,大桥主桥长578m,主跨跨度300m,边跨组合跨度95.5m,总体布置如图3.4-16所示。该桥主拱肋是净矢跨比为1:4.55、拱轴系数为1.1的三肋式悬链线拱肋,采用箱形截面,桥面以上主拱肋截面高3.0m,桥面以下截面高3.0~4.5m,宽1.2m;拱顶段主、副拱肋合并,截面高4.0~7.2m,肋宽1.2m;

副拱肋线形为直线和圆曲线的组合线形，拱肋截面高 2.0m、宽 1.2m。系杆采用 1.2m×2.2m 箱形截面，吊杆及上下立柱采用 H 形截面钢结构，与主、副拱肋及钢系杆同宽，并在腹板上设置了抗风孔洞。该桥是一座多重组合体系拱桥，不仅采用了组合结构体系，还采用了组合材料。其结构体系包括刚性系杆刚性拱并联组合，主、副拱并联组合和拱——边跨连续梁串联组合；其材料组合则包括拱脚处的预应力钢筋混凝土和带 PBL 剪力键的钢—混凝土组合桥面板。出于城市特宽桥梁设计的考虑，其横向布置采用三拱肋结构。

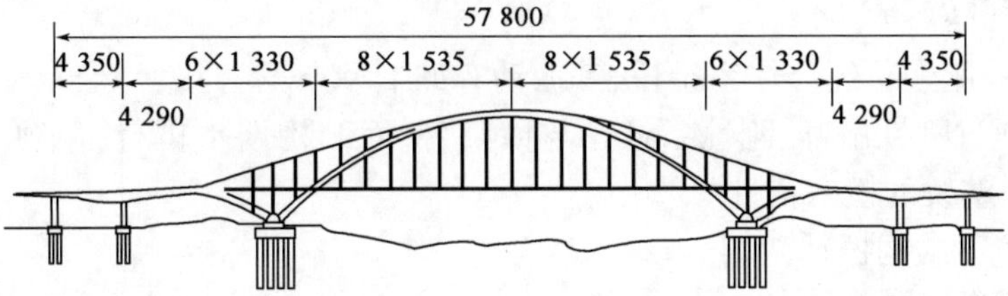

图 3.4-16　佛山东平大桥布置示意（尺寸单位：cm）

2. 有限元模型建立

东平大桥主桥的截面横向布置图如图 3.4-17 所示。

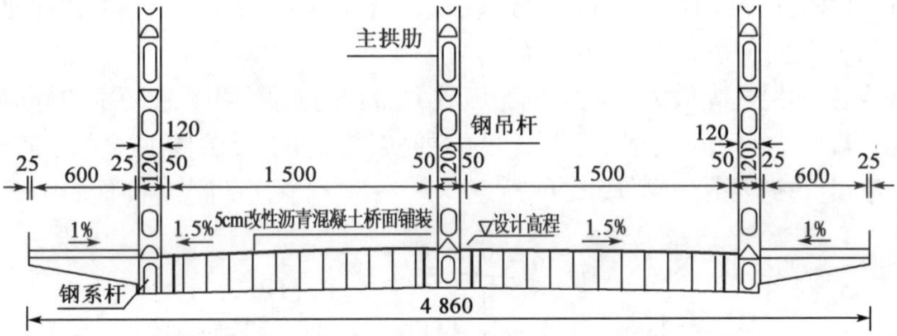

图 3.4-17　东平大桥主桥横向布置图（尺寸单位：cm）

桥面梁由三道主纵梁（即钢系杆）、次纵梁、主横梁、次横梁组成格子桥面梁，主纵梁间距为 17.2m，主纵梁间中心处，设置了一道次纵梁；吊杆或立柱处设置了主横梁，主横梁间设置了四道次横梁。桥面格子梁上铺设钢—混凝土组合正交异性桥面板，桥面板采用 8mm 厚钢底板，其桥纵向每隔 40cm 设置的带孔钢板抗剪器，再现浇厚 12cm 的 C40 钢筋混凝土。桥面板如图 3.4-18 所示。

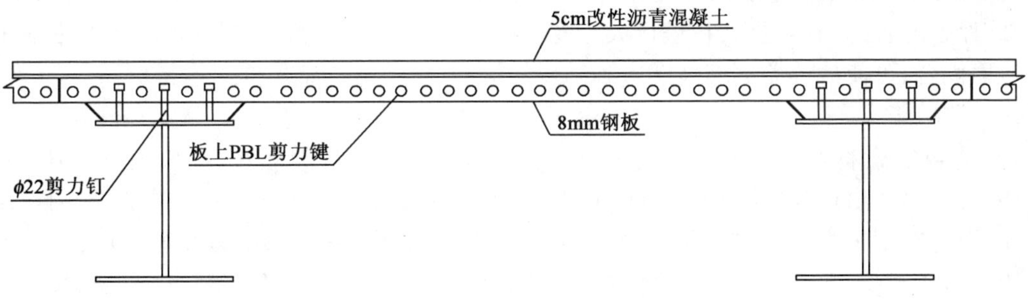

图 3.4-18　桥面板示意

采用有限元软件 ANSYS 建立全桥三维有限元模型，其中主拱肋、副拱、系杆箱采用空间梁单元 Beam188 模拟，利用自定义的带加劲肋的箱形截面，主拱肋、副拱、系杆箱的轴线分别取为各自的形心线；主拱肋、副拱、系杆箱间连接的节点刚域采用刚性材料法进行模拟，其刚性主要体现在拱肋平面内抗弯刚度和轴向刚度上；桥面纵横梁采用 Beam188 单元进行模拟，钢—混凝土组合桥面板采用层壳单元 Shell91 模拟，采用弹簧单元 Combin14 模拟桥梁下部桩土的共同作用。桥面铺装、防撞墙、检修钢梯等以集中质量的形式均布施加于所作用的结构单元。

3. 现场环境振动试验

东平大桥是一座多重组合体系拱桥，其振动有如下特点：

(1)拱结构通过刚性吊杆、刚性系杆箱与横梁、桥面结构严重耦合，单独考虑桥面模态是不够的，不能反映整桥的模态特性。

(2)自然环境下结构振动微弱。

(3)难以人为激励。

(4)运营环境变化较大，如不同的车流量、荷载及不同的风力对桥梁的振动都有较大的影响。

针对以上特点，对东平大桥进行基于环境激励的模态试验应注意以下几点：

(1)要求测量传感器具有很低的频响特性，试验时采用哈尔滨工程力学研究所生产的 941-B 型水平向、垂直向伺服加速度传感器。

(2)振动信号必须经过高放大倍数的低噪声放大器和高质量、低截止频率的低通抗混滤波器。

(3)为了获得比较可信的振型，要求有足够的实测自由度，试验时全桥三个主拱肋、副拱肋、桥面纵梁再加上边跨混凝土梁段共布置 50 × 3 = 150 个测点，测点布置如图 3.4-19 所示。

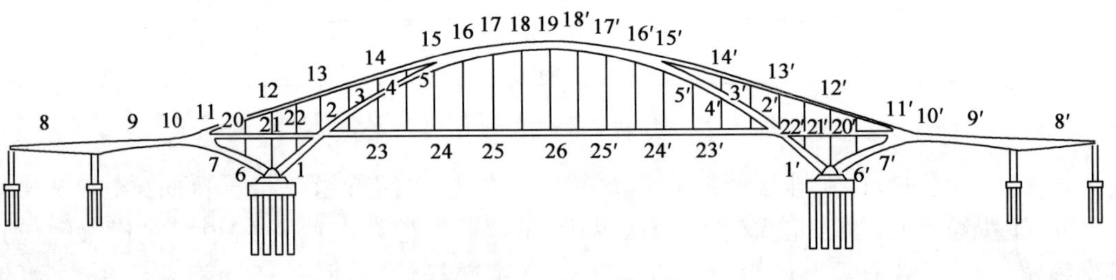

图 3.4-19 测点布置

(4)使用信噪比较好的导线。

(5)采取合适的传感器放置方法。传感器的底座总是以有限的刚度放置在被测试结构上，很难保证两者的一体振动，在进行大跨度桥梁模态试验时，以胶泥作为耦合介质，将传感器与结构面耦合，可使传感器更好地感应到结构的振动，且使得传感器连续运行更稳定、可靠，减少其维护调试工作。

(6)适当延长采样时间，提高采样频率。由于环境激励的能量较小，结构响应信号一般都比较弱，试验时如出现其他激励，如通过重型车辆、人为激励等，都会影响信号的平稳性，降低信噪比，因此在测试中，可适当延长采样时间，提高采样频率，选择影响较少的时段(如桥梁通车使用以前或者夜晚行人、车辆较少的时候)进行测试，尽量减少外界的影响。该桥采用固定参考点移动测点模态试验法进行模态识别。

4. 动力特性结果对比

模态试验与有限元计算的前8阶结果比较如表3.4-14和表3.4-15所示。从表中可以看出，实测频率与计算频率相差百分比基本小于8.1%，实测模态振型与有限元分析模态振型也吻合较好，验证了固定参考点移动测点模态试验法在大跨度组合体系拱桥中具有良好的适用性。

实测与有限元分析模态参数　　表3.4-14

阶次	实测频率(Hz)	有限元分析频率(Hz)	实测阻尼(%)	频率差值(%)	振型描述
1	0.361	0.356	0.83	1.39	拱肋对称横向弯曲
2	0.537	0.518	0.14	3.54	拱肋反对称横向弯曲
3	0.674	0.625	0.98	7.27	主拱及桥面反对称竖向弯曲
4	0.723	0.702	0.60	2.90	拱肋对称横向弯曲
5	0.898	0.828	0.33	7.80	拱肋对称横向弯曲
6	0.957	0.925	0.54	3.34	主拱及桥面对称竖向弯曲
7	1.084	0.997	0.57	8.03	主拱及桥面反对称扭转
8	1.318	1.212	0.38	8.04	主拱及桥面对称扭转

实测与有限元分析前8阶模态振型　　表3.4-15

阶次	实 测 振 型	有限元分析振型
1	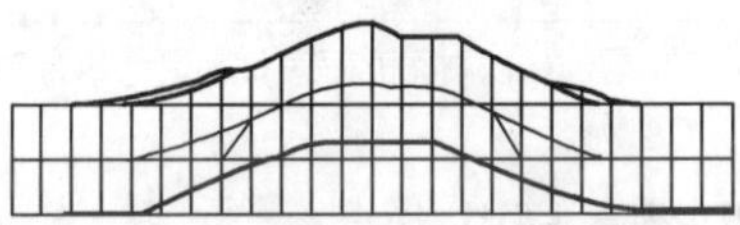	
	(拱肋对称横向弯曲，f=0.361Hz)	(拱肋对称横向弯曲，f=0.356Hz)
2	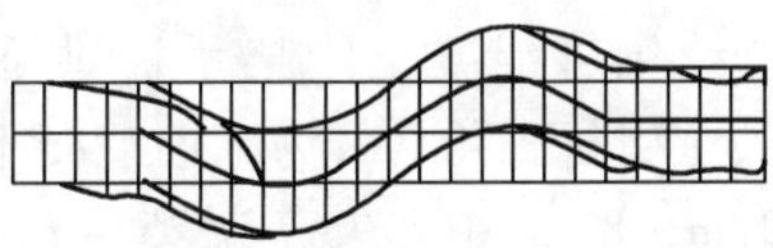	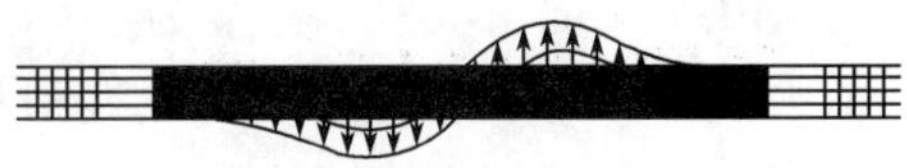
	(拱肋反对称横向弯曲，f=0.537Hz)	(拱肋反对称横向弯曲，f=0.518Hz)
3	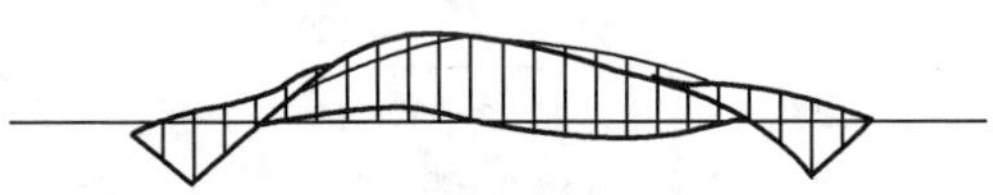	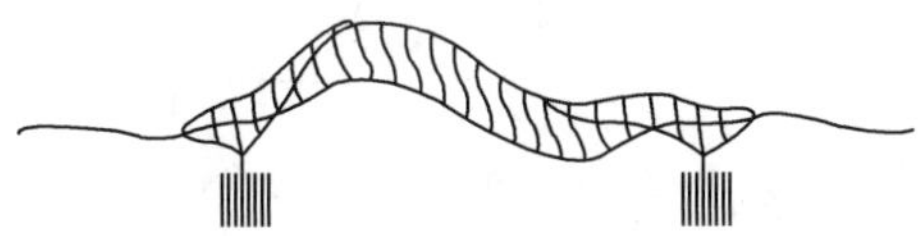
	(主拱及桥面反对称竖向弯曲，f=0.674Hz)	(主拱及桥面反对称竖向弯曲，f=0.625Hz)
4	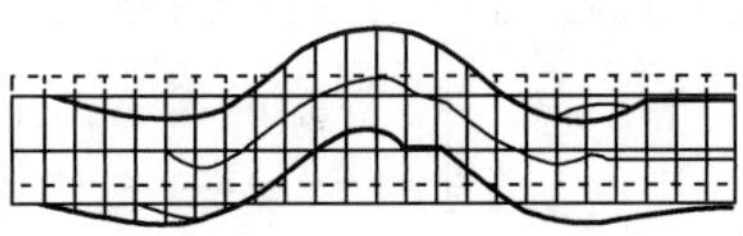	
	(拱肋对称横向弯曲，f=0.723Hz)	(拱肋对称横向弯曲，f=0.702Hz)

续上表

阶次	实测振型	有限元分析振型
5	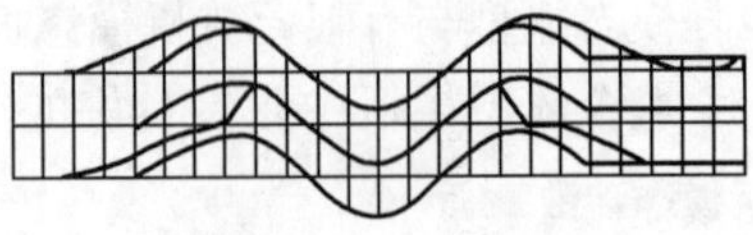	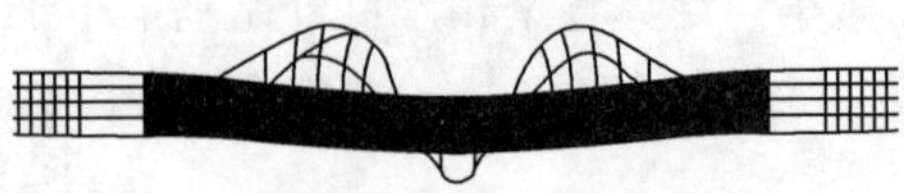
	（拱肋对称横向弯曲，$f=0.898$Hz）	（拱肋对称横向弯曲，$f=0.828$Hz）
6	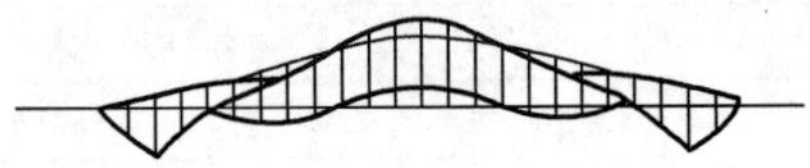	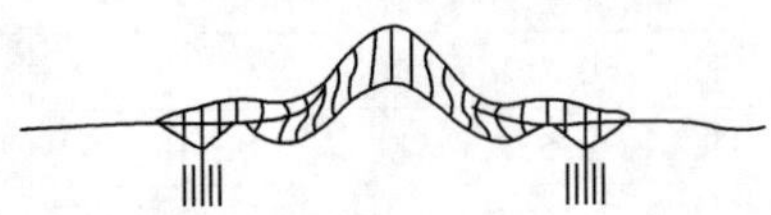
	（主拱及桥面对称竖向弯曲，$f=0.957$Hz）	（主拱及桥面对称竖向弯曲，$f=0.925$Hz）
7	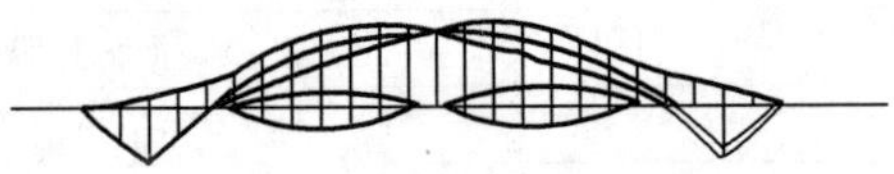	
	（主拱及桥面反对称扭转，$f=1.084$Hz）	（主拱及桥面反对称扭转，$f=0.997$Hz）
8	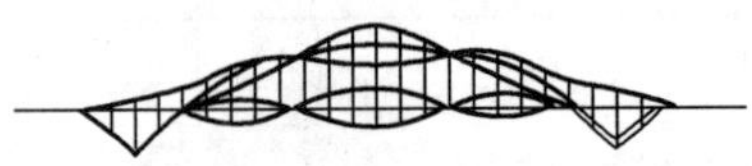	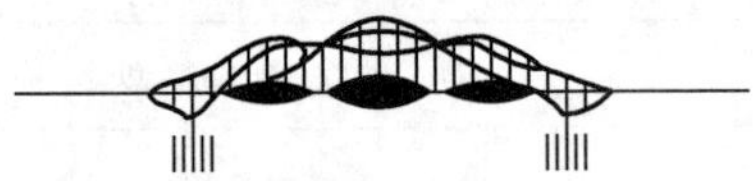
	（主拱及桥面对称扭转，$f=1.318$Hz）	（主拱及桥面对称扭转，$f=1.212$Hz）

八、雁滩黄河大桥——三跨连续钢管混凝土刚架系杆拱[17,18]

1. 大桥概况

兰州市雁滩黄河大桥，桥型为下承式三跨连续钢管混凝土刚架系杆拱桥，其立面见图3.4-20，全长816m，主桥长301m，西引桥长75m，东引桥长440m，为钢筋混凝土连续梁桥，由主桥、引桥、引道等组成。主跨跨度为87m+127m+87m，中孔矢高为25.4m，边孔矢高为17.0m，矢跨比为0.2，中拱拱圈计算跨度123m，边跨拱圈计算跨度81.5m，拱轴线均采用二次抛物线。

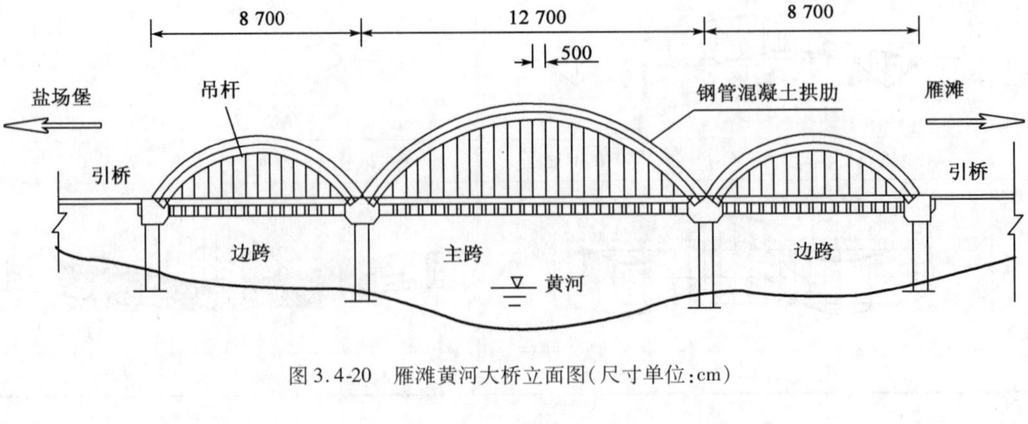

图3.4-20　雁滩黄河大桥立面图（尺寸单位：cm）

2. 有限元模型建立

雁滩黄河大桥拱肋的几何特性和材料参数见表 3.4-16。

拱肋的几何特性和材料参数 表 3.4-16

拱肋		复合弹性模量 (MPa)	复合截面面积 (m^2)	强轴截面惯性矩 (m^4)	弱轴截面惯性矩 (m^4)	复合重度 (N/m^3)	泊松比
中孔拱肋	空钢管	20 600	0.122 4	0.104	0.021	76 440	0.3
中孔拱肋	上下管充混凝土	36 740	2.854 4	2.536	0.314	23 088	0.2
中孔拱肋	全截面充混凝土	36 740	3.311 7	2.549	0.338	23 524	0.2
边孔拱肋	空钢管	20 600	0.102	0.603	0.012	76 440	0.3
边孔拱肋	上下管充混凝土	38 080	2.006	1.235	0.157	19 636	0.2
边孔拱肋	全截面充混凝土	38 080	2.328	1.242	0.171	23 977	0.2

用大型有限元软件 Midas/Civil 进行建模，全桥空间有限元模型主要以梁单元、杆单元和实体单元建模，用梁单元模拟钢管混凝土拱肋、钢管凝土横撑、横梁等，用实体单元模拟墩台、基础等，用杆单元模拟吊杆，用板单元模拟桥面板。该模型由一系列具有分布质量和刚度的离散单元组成，非结构构件的质量采用等效简化处理。图 3.4-21 为全桥三维有限元模型图。

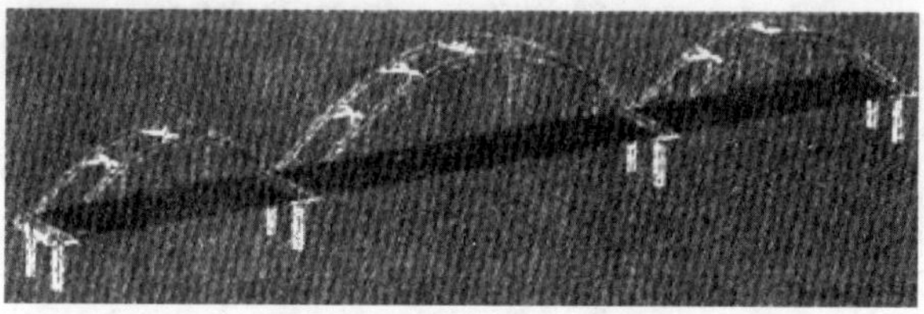

图 3.4-21 雁滩黄河大桥三维有限元模型图

3. 现场环境振动试验

现场环境激励测试内容包括全桥竖向、横向自振特性的测试，自振特性包括自振频率、阻尼比和振型。桥面竖向传感器测点共布置 108 个，上下游各 54 个，测点对称，在上游桥拱布置 15 个传感器测点。由于桥梁较长，试验采用分组的办法，试验时共设置了 1 个参考测点，参考点固定不动。参考点的选择由有限元分析的初步振型计算结果确定，尽量避开所有感兴趣振型的节点位置，其中 D25 号点作为参考点。桥面竖向加速度传感器测点布置平面图如图 3.4-22 所示。采集环境激励作用下结构的加速度响应信号，采样频率为 20.48Hz，采样时间为 30min。这里采用两种识别结构模态参数的方法：识别较快的频域识别的峰值法(Peak-picking)；现今常用的较先进的时域识别的随机子空间法(Stochastic Subspace Identification)。前者有些理论上的不足，却非常实用、简单和快捷，后者较费时，但识别精度高，可以用于弥补第一种方法的不足。

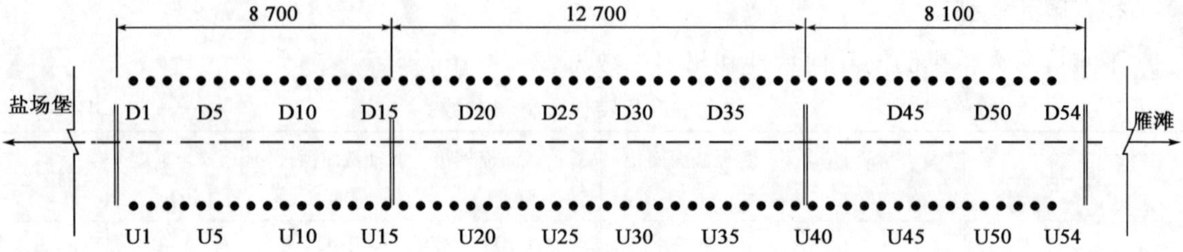

图 3.4-22　桥面测点布置图

注：U1 ~ U54 表示上游测点，D1 ~ D54 表示下游测点。

4. 动力特性结果对比

图 3.4-23 分别示出了有限元分析和实测主跨第一阶、第二阶竖向弯曲振型。基于环境响应加速度记录数据，用随机子空间法可识别出前两阶竖向的完整振型。

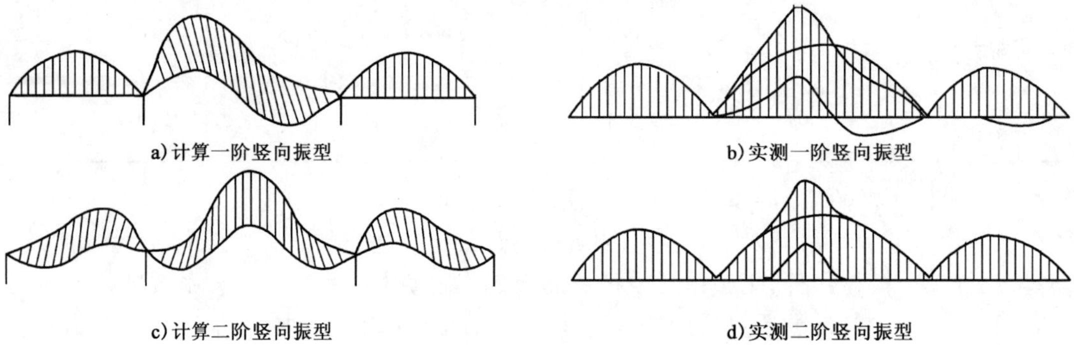

图 3.4-23　桥面实测振型与有限元振型比较

表 3.4-17 列出了频率的理论值与随机子空间法模态试验频率值的对比。表中频率的理论计算值采用 Midas/Civil 软件进行计算。采用有限元法计算时，对模型的支座部分进行了简化处理，采用有限元法（FE）所得到的竖向自振频率与随机子空间法（SSI）得到的竖向自振频率基本一致。

雁滩黄河大桥竖向自振频率实测和计算值比较　　　　表 3.4-17

阶数	有限元法	随机子空间法		误差	振 型 描 述
	f(Hz)	f(Hz)	阻尼比(%)	(%)	
1	0.654 6	0.694	1.23	5.68	主跨一阶竖弯
2	0.907 1	1.007	1.29	9.34	主跨一阶扭转
3	1.148 3	1.195	1.12	3.9	边跨一阶竖弯
4	1.194 2	1.257	1.18	4.9	主跨二阶竖弯
5	1.435 4	1.388	1.68	3.4	主跨二阶扭转
6	1.504 5	1.574	0.93	4.4	边跨一阶扭转

九、大跨度拱桥基本动力特性

大跨度拱桥的基本动力特性包括结构自振频率、振型及结构阻尼。对于拱桥结构，相比于大跨度缆索承重桥梁,具有一些不同的特性,下面分别从大跨度拱桥的自振频率、振型及相应模态阻尼方面来总结。

1. 大跨度拱桥自振频率

现将前述大跨度拱桥各方向自振基频汇总于表 3.4-18。为便于同缆索承重桥梁进行比较,将若干座典型大跨度斜拉桥的自振基频列于表 3.4-19[19~21]。

大跨度拱桥自振基频汇总表(Hz)　　表 3.4-18

大 桥 名 称	主跨(m)	一阶侧弯(梁拱同向对称)	一阶竖弯(梁拱同向反对称)	一阶对称扭转
象山三门口桥	270	0.235 2	0.545 3	1.895 3
佛山东平大桥	300	0.356 0	0.625 0	1.212 0
湖南茅草街桥	368	0.201 9	0.394 5	1.058 0
肇庆西江大桥	386	0.384 4	0.438 1	1.686 1
上海卢浦大桥	550	0.422 0	0.368 0	1.252 0

大跨度斜拉桥自振基频汇总表(Hz)　　表 3.4-19

大 桥 名 称	主跨(m)	一阶对称侧弯	一阶对称竖弯	一阶对称扭转
东海大桥颗珠山桥	332	0.769 0	0.338 0	0.529 0
巴东长江大桥	388	0.33	0.36	0.72
武汉长江二桥	400	0.31	0.27	0.701
润扬北汊斜拉桥	406	0.576 2	0.312 5	1.084 0
南浦大桥	423	—	0.36	0.525
香港汲水门大桥	430	0.49	0.39	0.83
辽河特大桥	436	0.54	0.37	1.1
香港汀九大桥	448 + 475	0.226	0.165	0.547
港珠澳大桥青州航道桥	458	0.287 3	0.251 1	0.872 7
安庆长江公路大桥	510	0.938	0.273	0.957
青州闽江斜拉桥	605	0.262	0.227	0.555
上海长江隧桥	730	0.23	0.24	0.7
鄂东长江公路大桥	926	0.18	0.24	—
苏通长江大桥	1 088	0.080	0.185	0.580

对比表 3.4-18 和表 3.4-19 可知,同等级跨度的大跨度拱桥和斜拉桥相比,拱桥的竖弯和扭转频率都明显较高,特别是扭转频率,这也是大跨度拱桥的颤振稳定性一般都较好的主要原因。需要注意的是,拱桥的最低阶振型一般都是侧弯振型,其对应的频率则往往低于跨度相似的斜拉桥。

2. 大跨度拱桥振型

通过比较表 3.4-18 和表 3.4-19 可知,对于大跨度拱桥,一般先出现“一阶梁拱同向对称侧弯”的振型(上海卢浦大桥除外),对于竖弯振型,先出现“一阶梁拱同向反对称竖弯”振型。而扭转振型则较为复杂,有的拱桥先出现“一阶对称扭转”振型,有的拱桥则先出现“一阶反对称扭转”振型,但频率都接近或超过1.0Hz。对于大跨度斜拉桥,则“一阶对称侧弯”和“一阶对称竖弯”振型均可能先出现,最后出现“一阶对称扭转”振型。

3. 大跨度拱桥阻尼比

结构阻尼比的取值对风洞试验结果的判断举足轻重,特别是针对桥梁涡振问题。由于桥梁结构的阻尼比一般只能通过现场实测获得,所以数据十分有限,此外,限于测量的精度,实测阻尼比的离散性通常较大。表3.4-20所列为三座大跨度拱桥的实测阻尼比数据,表3.4-21和表3.4-22所列为典型大跨度悬索桥和斜拉桥的实测阻尼比数据。

大跨度拱桥阻尼比实测值(%) 表3.4-20

大桥名称	主跨(m)	结构材料	一阶侧弯 (梁拱同向对称)	一阶竖弯 (梁拱同向反对称)	一阶对称扭转
雁滩黄河大桥	127	钢管混凝土拱、刚架系杆	—	1.23	1.29
佛山东平大桥	300	钢箱拱、钢混凝土组合桥面板	0.83	0.98	0.57
上海卢浦大桥	550	钢箱拱、钢梁	0.48~1.03	0.35~0.96	0.36~0.51

大跨度悬索桥阻尼比实测值(%) 表3.4-21

大桥名称	主跨(m)	结构材料	一阶对称侧弯	一阶反对称竖弯	一阶对称扭转
江阴长江大桥	1 385	钢箱梁、钢筋混凝土桥塔	1.26	1.46	0.6
润扬长江大桥	1 490	钢箱梁、钢筋混凝土桥塔	2.2	1.13	1.59
舟山西堠门大桥	1 650	分体式双钢箱梁、钢筋混凝土桥塔	1.42~2.60	1.12~2.64	0.27~0.94
明石海峡大桥	1 991	钢桁架梁、钢塔	—	0.64~0.80*	0.32~0.40

注:表中*表示该项阻尼比对应的振型为一阶对称竖弯。

大跨度斜拉桥阻尼比实测值(%) 表3.4-22

大桥名称	主跨(m)	结构材料	一阶对称侧弯	一阶对称竖弯	一阶对称扭转
巴东长江大桥	388	双塔双索面预应力混凝土斜拉桥	1.51	0.9	0.52
武汉长江二桥	400	双塔双索面混凝土斜拉桥	2.79	1.52	1.18
润扬北汊斜拉桥	406	钢箱梁、钢筋混凝土桥塔	—	—	—
南浦大桥	423	双塔双索面组合梁斜拉桥	2.3	1.27	1.13
香港汲水门大桥	430	组合钢混框架及混凝土箱梁、钢筋混凝土桥塔	2.1	2.8	1.5
辽河特大桥	436	双塔双索面钢箱梁斜拉桥	2.33	5.56	3.13
香港汀九大桥	448+475	三塔四索面组合梁斜拉桥	1.18	1.41	0.41
安庆长江公路大桥	510	空间双索面双塔连续钢箱梁斜拉桥	0.4	0.7	0.6

续上表

大桥名称	主跨(m)	结构材料	一阶对称侧弯	一阶对称竖弯	一阶对称扭转
青州闽江斜拉桥	605	双塔双索面钢混组合梁斜拉桥	1.0	0.7	0.4
上海长江隧桥	730	分体式钢箱梁斜拉桥	2.8	2.3	0.91
鄂东长江公路大桥	926	半漂浮体系双塔混合梁斜拉桥	0.73	0.77	—
苏通长江大桥	1 088	钢箱梁、钢筋混凝土桥塔	1.64	1.42	0.58

对比表3.4-20和表3.4-21中数据，所列两种大跨度桥梁选用的材料基本都以钢材为主，两者的阻尼比也较为接近，一般介于0.3% ~2%之间。日本明石海峡大桥的设计阻尼比为0.003，因此，对于大跨度钢悬索桥设计，可参考明石海峡桥的实测结果，阻尼比选用0.003。大跨度拱桥可参照上海卢浦大桥，设计阻尼比也可选用0.003，而对于跨度略小的拱桥，参考表3.4-13中的数据，阻尼比选用0.005，一般也可认为是安全的。表3.4-22所列大跨度斜拉桥的阻尼比实测数据则反映了结构阻尼比随材料等参数的变化，钢桥的阻尼比一般较低，设计阻尼比也可偏安全地选用0.003。

本章参考文献

[1] 项海帆，刘光栋. 拱结构的稳定与振动[M]. 北京：人民交通出版社，1991.

[2] 李国豪. 桥梁结构稳定与振动[M]. 北京：中国铁道出版社，1992.

[3] 葛耀君，庞加斌，等. 箱形拱桥裸肋状态等效风荷载及抗风稳定性研究总研究报告[R]. 同济大学土木工程防灾国家重点实验室(SLDRCE WT200004)，2001.

[4] 于洪刚. 大跨度拱桥气动参数识别及风致响应研究[D]. 上海：同济大学，2008.

[5] 葛耀君，等. 浙江省象山县环石浦港陆岛交通工程三门口跨海大桥抗风性能试验研究成桥状态研究报告[R]. 同济大学土木工程防灾国家重点实验室(SLDRCE WT200228)，2004.

[6] 宋锦忠，等. 湖南茅草街钢管拱桥等效风荷载及抗风稳定性研究(一)节段模型风洞试验[R]. 同济大学土木工程防灾国家重点实验室(SLDRCE WT200112)，2001.

[7] 宋锦忠，等. 湖南茅草街钢管拱桥等效风荷载及抗风稳定性研究(二)全桥气弹模型风洞试验研究[R]. 同济大学土木工程防灾国家重点实验室(SLDRCE WT200324)，2003.

[8] 陈明宪. 茅草街大桥的总体设计与创新技术[J]. 桥梁建设，2005，2：37-40.

[9] 葛耀君，等. 广州新光大桥设计与施工关键技术—新光大桥抗风性能风洞试验研究第一阶段研究报告[R]. 同济大学土木工程防灾国家重点实验室(SLDRCE WT200518)，2005.

[10] 葛耀君，等. 广州新光大桥设计与施工关键技术—新光大桥抗风性能风洞试验研究第二阶段研究报告[R]. 同济大学土木工程防灾国家重点实验室(SLDRCE WT200518)，2005.

[11] 葛耀君，等. 广州新光大桥设计与施工关键技术—新光大桥抗风性能风洞试验研究第三阶段研究报告[R]. 同济大学土木工程防灾国家重点实验室(SLDRCE WT200518)，2005.

[12] 葛耀君,等.肇庆西江特大桥抗风性能风洞试验研究报告[R].同济大学土木工程防灾国家重点实验室, 2010.

[13] 林元培,章曾焕,马周良.上海市黄浦江卢浦大桥设计[J].土木工程学报, 2005, 38(1): 71-77.

[14] 章关永,刘进明.上海卢浦大桥主桥动力特性测试研究[J].振动与冲击, 2008,27(9).

[15] 田仲初. 大跨度钢箱拱桥的施工控制关键技术与动力特性研究[D].长沙:中南大学,2007.

[16] 彭涛,田仲初,蒋田勇.大跨度组合体系拱桥模态试验方法的研究[J].中外公路,2009,29(3).

[17] 王立宪, 狄生奎, 刘云帅,等.环境振动下的钢管混凝土拱桥试验与分析[J].工程抗震与加固改造,2011,33(1).

[18] 朱鹏飞. 兰州雁盐黄河大桥施工全过程结构稳定仿真分析[D].成都:西南交通大学, 2007.

[19] Liu J F,Zhang Q W. Dynamic Characteristics of a Thousands-meter Scale Cable-stayed bridge [C]//Proceedings of SPIE -The International Society for Optical Engineering.

[20] Ding Youliang, Li Aiqun, Sun Jun,et al. Experimental and Analytical Studies on Static and Dynamic Characteristics of Steel Box Girder for Runyang Cable-stayed Bridge[J]. Advances in Structural Engineering,2008,11(4):425-438.

[21] Chang C C,Chang T Y P,Zhang Q W. Ambient Vibration of Long-Span Cable-Stayed Bridge [J]. Journal of Bridge Engineering, 2001,6(1):46-53.

第四章　良态气候风统计分析

地球上的一般气象现象包括风、云、雨、雪、雾和霾等，特殊气象现象主要是指气象灾害，例如龙卷风、飓风、台风和冰暴等。在结构风效应研究的风工程中，将一般气象现象下的自然风称为良态气候（Normal Weather）风，简称良态风。良态风一般可以通过气象台站的风速历史记录资料的统计分析，确定不同重现期和不同风向的最不利风速，有时为了方便起见，并不有意识地剔除由于气象灾害（例如台风或飓风）引起的极端大风记录数据。特殊气象下的自然风主要是指极端气候（Extreme Weather）风，简称极端风。作为太平洋西岸的国家——中国的主要极端气候风是台风，而位于太平洋和大西洋之间的国家——美国的主要极端气候风是飓风，由于同一地点台风和飓风的历史记录资料比较缺乏，一般采用基于相关历史资料的数值模拟的方法确定最不利风速。本章主要介绍良态气候风的统计分析理论和方法。

第一节　良态风基本特性

良态风一般是用风速来表示的，大量良态风风速实测记录表明[1]：风速时程曲线中包含两种成分，周期在 10 ~ 60min 的长周期成分和周期仅有几秒钟的短周期成分。根据这两种成分，统计分析中常把良态风区分为长周期的平均风和短周期的脉动风，其中，平均风随空间位置和时间序列的随机变化比较大，需要进行统计分析以确定空间特性和时间特性并最终确定最不利风速；脉动风虽然随空间位置和时间特性的变化也很大，但是，风工程研究中往往只考虑伴随最不利平均风速的脉动风，如果不考虑台风或飓风，良态风的脉动风对结构的影响相对较小，一般可以采用经验性的方法进行分析。

一、空间特性

大气边界层范围内，近地风中长周期（例如 10min 或 60min）的风速的时间平均值称为平均风速，平均风速在大气边界层的各个空间位置上是变化的，引起这一变化的主要因素有离地高度、粗糙长度和风场环境等空间特性。

1. 离地高度

由于地表摩阻力的影响，一般认为平均风速在地表处为零，并随离地高度的增加而增大，这种影响只有到离地面 300 ~ 800m 的梯度风高度时，才逐渐消失，平均风速趋于常量，描述这一变化规律的曲线称为风廓线或风剖面。目前常用的反映平均风速受离地高度影响的风速廓线模型主要有三种，即指数律模型[2]、对数律模型[3]以及复合律（对数 + 多项式）理论模型[4]。

2. 粗糙长度

在指数律风速廓线模型中，反映地表粗糙程度的参数是幂指数 α，在对数律风速廓线模型中,反映地表粗糙程度的参数是地面粗糙长度 z_0,如果忽略零平面位移的影响,两种模型中的粗糙度参数 α 和 z_0 可以互相换算[5],习惯上用粗糙长度来表示地表的粗糙程度。尽管各个国家和地区,甚至各项局部观测研究对不同地表性质的粗糙长度提出了许多不同的建议和规定,但以 Davenport 粗糙度分类方法[6]最为全面并被引用得最多。1992 年荷兰学者 Wieringa 总结归纳了世界各国 30 多年来 60 余项粗糙度观测结果,提出了修正的 Davenport 粗糙度分类方法[7]。

3. 风场环境

平均风速除了受到离地高度和地表粗糙度影响之外,还受到其他风场环境因素的影响,例如热力对流、地理位置和飓风气候等等。Simiu 认为:热力对流对强风风速的影响较小(≤4%),可以忽略不计,而对微风风速的影响较大(≥12%),一般不能忽略[8];地理位置对平均风速的影响主要包含两个方面,即坡度变化和粗糙度变化,坡度变化引起的风速变化一般称为风的越山流动[9],而不同粗糙度地形上的平均风速换算一般采用指数律方法[10]或对数律方法[11];至于飓风气候,目前尚未找到基于风流动模型的风速与粗糙度关系,上述结论能否用于飓风气候,还有待于进一步研究[9]。

二、时间特性

正如平均风速在大气边界层的各个空间位置上是变化的一样,平均风速在各个时间序列上也是变化的,影响平均风速的主要因素有平均时距、重现期或保证率、风速分布概型和风速风向联合分布等时间特性。

1. 平均时距

根据平均风速的定义,平均风速取决于所取的平均时距。世界各国对平均时距的取值标准不尽相同,很多国家(包括我国)采用 10min 作为平均风速的平均时距,也有一些国家(例如英国)采用 60min 作为平均风速的平均时距。1960 年,Durst 曾经提出了不同平均时距下平均风速的换算公式[12];张相庭根据国内外学者提出的各种不同时距的平均风速与 10min 时距的平均风速的比值,统计回归出平均时距比较表[13]。此外,1978 年屠向远等人在编制建筑结构风荷载规范时,提出 2min 人工定时记录与 10min 自动连续记录的相互换算方法,即次数时距换算法[14];1993 年,陈英俊等人又对该方法进行了修正,并纳入了公路桥梁可靠性规范[15]。

2. 重现期

根据气象台站观测得到的年最大平均风速,各年度的数值必然各不相同。设计风速的选取标准应是:大于该值的风速要间隔一定的时间后再出现,这个间隔的时间称为重现期,这个设计风速值称为该重现期内的风速期望值[13]。从概率意义而言,设计标准应理解为在重现期(结构使用期限)内不超过期望值的概率或保证率,从而体现结构的可靠度。这样,结构的重现期与不超过该设计值的保证率之间具有一一对应关系,即对应不同的设计基准期(重现期),设计风速不同,不超过设计风速的保证率也不同。

3. 风速分布概型

平均风速是一个随机变量,当平均风速统计得足够多时,其分布就呈现一定的规律性,这个规律性称为风速分布概率模型。能否用某种分布概型来准确描述实际观测数据，主要取决于四个方面，即分布概型、数据抽样、参数估计和统计检验。风速分布概型一般采用 Pickands 提出的广义越界分布（Generalized Pareto Distribution）[16]，可分为极值Ⅰ型（Gumble）分布、极值Ⅱ型（Frechet）分布和极值Ⅲ型（Weibull）分布三种形式，目前大多数国家采用极值Ⅰ型分布，但美国采用极值Ⅱ型分布、加拿大采用极值Ⅲ型分布；数据抽样中最简单且最常用的方法是年最大值方法[9]，较为精确的还有越界峰值方法[17]和阶段极值方法[18]；参数估计的方法很多，归纳起来主要有四种，即数字特征法（又称矩法）、最小二乘法、顺序统计量法和极大似然法，评价参数估计优劣的标准主要有三种，即一致性、无偏性和有效性[19]。分布概型的统计检验一般采用χ^2 检验、K-S 检验和广义似然比检验等，但在风速分布概型检验中，特别是当风速记录样本容量较小时，一般采用概率曲线相关系数方法（Probability Plot Correlation Coefficient）[20]。

4. 风速风向联合分布

平均风速对于结构的影响除了与风速有关之外，还与风向有关，任何地点极端风速沿各个方向一般都是不均匀的，而大多数工程结构，特别是大跨度桥梁结构在空间各个方位上的尺度具有显著差异，这就需要研究风速和风向的联合分布。目前对风速和风向联合分布主要采用三种方法，即平稳随机过程法[9]、最大风向系数法[21]和联合分布概型方法[22]。限于目前的技术水平，平稳随机过程法尚不能用于实际工程，最大风向系数法仅适用于刚度较大结构的静风荷载统计，而只有联合分布概型方法是一种精度高且又实用的方法。

第二节　风速记录数据处理

良态风统计分析的主要依据是风速测站原始风速记录资料。原始风速记录受各方面因素的影响往往缺乏足够的代表性和广泛的一致性，因此，在进行良态风统计分析之前，首先必须对原始风速记录资料进行必要的处理。根据国内外现有的实测资料和研究成果，影响原始风速记录数据的因素有很多，以下主要从四个方面对原始风速资料进行处理，即风速测站选取、原始资料收集、标准高度修正以及次数时距换算。

一、风速测站选取

我国现行的各种风荷载规范是以全国基本风压图为基础的，这种宏观性粗线条的风荷载规范只能用于一般结构的风荷载静力分析，很难用于精度要求很高的重要结构的风荷载动力分析，更不适用于精度要求很高的风荷载动力可靠性分析。因此，精确的良态风统计分析必须借助桥位现场相邻风速测站的原始风速记录资料。

由于受当地气候特征、地理位置、生态环境、人文建筑等多种因素的影响，即使处于相同宏观气候环境的两个风速测站的风速记录资料都可能存在很大的差异。正如前文所指出的，平均风速在大气边界层各个空间位置和各种时间序列上均是随机变化的，严格意义下的风荷载统计分析必须充分反映空间和时间的双重随机性。在通常的平均风速统计分析中，一般忽略平均风速的空间随机性，而用时间平均方法来体现平均风速的时间随机性，例如各种随机变量的分布概型都属于这种方法。

从理论上讲,要正确反映平均风速的双重随机性,只有采用随机过程模型,为了避免由此而造成的困难,可以采用时间平均方法来反映时间随机性,采用样本平均方法来近似反映平均风速的空间随机性,即在桥址周围选取环境相同的多个风速测站,用相关性较弱的多个风速测站的原始风速记录的加权平均值来描述桥址的设计风荷载。由于风速测站的布点与桥址之间并无直接联系,因此,只能视具体情况来选取风速测站,有条件时应选取三个或三个以上相邻风速测站进行统计分析。

二、原始资料收集

我国的原始风速记录资料往往由于风仪形式、观测方法、极值条件等因素的改变而缺乏统一性。为了充分利用现有的原始风速记录资料,在收集原始风速记录数据的同时,必须了解相应的观测条件,以便对原始风速记录进行归一化处理。原始风速观测条件包括风仪类型和测风原理、风仪高度和地表粗糙度、记录方式和平均时距、极值数据和计算精度等。

1. 风仪类型

我国风速测站所用的测风仪,有达因风压式测风仪、电接风向风速自记仪、电传风速仪和风压板风速仪等几种。其中,达因风压式测风仪和风压板风速仪是利用风压测风的,而电接风速仪和电传风速仪是利用风杯转速来测风的。由于风速与风压的关系是靠风压系数联系的,而风压系数又与空气密度有关,因此,按标准空气密度设计的风压式测风仪,其风速观测值要根据实际空气密度进行修正,具体方法可参考文献[15]。

2. 风仪高度

我国风速测站的风仪标准高度为10m。但是,由于客观原因,某些风仪高度可能与标准高度有一定差异。为了对原始记录资料进行归一化处理,必须将不同高度风仪的记录数据换算到标准高度(10m)风仪的记录数据。在大气边界层内不同高度的风速换算与地面粗糙度有关,一般采用指数律或对数律换算方法,原始风速记录的标准高度修正将在下面章节中详细讨论。

3. 记录方式

我国的风速记录方式因记录仪器的不同可以分成两类,即早期的人工定时记录和现行的自动连续记录,且人工定时记录又有每天 3 次、4 次、8 次和 24 次之分。人工定时记录的风速平均时距为 2min,自动连续记录的风速平均时距为 10min。目前能够收集到的原始风速记录资料来源于国家气象局“地面气象月报表”,该表中风速记录数据包括两张报表,即人工定时记录表和自动连续记录表,前表记录了每天数次(定时)风仪测得的风速和风向,后表记录了每天 24 次每个小时风仪测得的最大风速和相应风向。有关人工定时记录与自动连续记录的换算将在下面章节中讨论。

4. 极值数据

风荷载统计分析中收集的原始风速记录一般都取极值风速记录,而风速极值的采样与采样周期有关,采样周期越长、相同时间跨度内的风速极值数量越少、数值越大;反之,风速极值数量越多、数值越小。从统计理论角度来看,样本越多,统计精度越高。因此,为了提高统计分析精度,在现有条件下,采用日最大风速记录样本是可行的,也是足够精确的。

三、标准高度修正

大气边界层内平均风速沿高度的变化规律一般称为风速廓线或风剖面，风速廓线或风剖面主要取决于计算模型和地面粗糙度。描述风速廓线的常用计算模型有两种，即指数律模型和对数律模型，相应的修正标准也有两种，即指数律修正方法和对数律修正方法，而这两种方法的共同点是建立在粗糙度参数的相互换算之上的。

1. 指数律修正方法

风速记录数据的标准高度修正方法之一，是指数律修正方法，该方法来源于风速廓线的经验模型——指数律模型[2]。

$$\frac{U}{U_s} = \left(\frac{z}{z_s}\right)^{\alpha} \tag{4.2-1}$$

式中：U、z——任意高度的平均风速和相应高度；

U_s、z_s——标准高度处的平均风速和相应高度；

α——地表粗糙度参数，幂指数。

2. 对数律修正方法

另一种风速记录数据的标准高度修正方法是对数律修正方法，该方法来源于风速廓线的理论模型——对数律模型[3]。

$$\frac{U}{U_s} = \frac{\ln z - \ln z_0}{\ln z_s - \ln z_0} \tag{4.2-2}$$

式中：z_0——地面粗糙度参数，地面粗糙度。

3. 粗糙度参数

风速记录数据的标准高度修正无论采用哪种方法，都含有反映地表粗糙程度的影响参数，在指数律修正公式(4.2-1)中，采用幂指数 α；在对数律修正公式(4.2-2)中，采用地面粗糙度 z_0。不同的计算模型和粗糙度参数，必然导致不同的计算结果。国内外大量试验研究结果表明：指数律适合于离地较近的较大范围大气边界层[23]。目前，大部分国家采用指数律方法，少数国家采用对数律方法，还有一些国家按高度不同分别采用指数律方法或对数律方法[24]。

为了兼顾这两种不同的修正方法，减小两种不同方法的计算差异，可采用 Wieringa 的粗糙度换算方法[5]。该方法认为：如果忽略零平面位移的影响，两种计算模型中的粗糙度参数 α 和 z_0 具有下列近似关系：

$$\alpha = \frac{1}{\ln\left(\frac{\sqrt{zz}}{z_0}\right)} \tag{4.2-3}$$

当粗糙度参数 α 和 z_0 满足式(4.2-3)时，两种修正方法的计算结果相同。

四、次数时距回归

我国的风速观测有人工定时记录和自动连续记录之分。显然，人工定时观测记录会漏掉很多极值风速，并且人工定时记录一般采用 2min 平均时距，而自动连续记录则采用 10min 平均时距。为了利用早期的这部分人工定时记录资料，必须进行不同记录方式和不同平均时距的两种风速记录数据的回归，即将2min平均时距的人工定时记录数据回归成10min平均时距的自动连续记录数据。

1. 线性回归方法

设x为10min平均时距的自动连续记录极值风速，y为2min平均时距的人工定时记录相应极值风速，假定两者之间存在线性关系，则有下列线性回归方程：

$$x = ay + b + e \tag{4.2-4}$$

式中：a、b ——回归参数；

e——回归误差。

根据数理统计理论可用$\hat{x}$来估计x，即：

$$\hat{x} = ay + b \tag{4.2-5}$$

按最小二乘法原理，可以确定线性回归参数a和b为：

$$a = \frac{\sum_{i=1}^{n} x_i y_i - n\overline{xy}}{\sum_{i=1}^{n} y_i^2 - n\bar{y}^2} \tag{4.2-6}$$

$$b = \bar{x} - a\bar{y} \tag{4.2-7}$$

式中：$\bar{x}$、$\bar{y}$——表示样本$\{x_1,x_2,\cdots,x_n\}$和$\{y_1,y_2,\cdots,y_n\}$的均值。

2. 回归误差分析

根据数理统计理论，当估计误差充分小时，可用估计值$\hat{x}$代替随机变量x，在风速数据时距换算中，由于人工定时记录的数据太过稀疏，回归误差一般不能忽略，如果仍用回归误差较大的估计值$\hat{x}$代替x势必造成很大的误差。因为次数时距换算的最终目的是为了研究随机变量x，即寻求x的分布概型和数字特征，因此，必须建立随机变量x与其估计值$\hat{x}$之间的数字特征关系和误差消除方法。

从数理统计原理出发，随机变量x与其估计值$\hat{x}$的数字特征之间具有下列关系：

均值
$$E(x) = E(\hat{x} + e) = E(\hat{x}) + E(e) = E(\hat{x}) \tag{4.2-8}$$

方差
$$\begin{aligned}\sigma^2(x) &= E[\hat{x} + e - E(\hat{x} + e)]^2 \\ &= E[\hat{x} - E(\hat{x}) + e] \\ &= E[\hat{x} - E(\hat{x})]^2 + 2E(e)E[\hat{x} - E(\hat{x})] + E(e^2) \\ &= \sigma^2(\hat{x}) + \sigma^2(e)\end{aligned} \tag{4.2-9}$$

式中：$\sigma^2(e)$ ——回归剩余方差，可按式(4.2-10)计算：

$$\sigma^2(e) = \sigma^2(x - \hat{x}) = \frac{1}{n-2}\sum_{i=1}^{n}(x_i - \hat{x}_i)^2 \tag{4.2-10}$$

3. 回归误差消除

根据上述回归误差分析，次数时距回归运算对样本均值无误差影响，但将引起回归剩余方差。为了在样本方差中计入回归剩余方差，必须按样本容量大小，加权计算样本实际方差。

设风速记录样本的总容量为N，不计回归剩余方差的样本方差为$\sigma^2(\hat{x})$，其中需要进行次数时距回归的风速的记录样本容量为 n，回归剩余方差为 $\sigma^2(e)$，假定样本变量与回归误差是相互独立的，因此，考虑回归剩余方差的样本实际方差 $\sigma^2(x)$ 为：

$$\sigma^2(x) = \frac{N^2\sigma^2(\hat{x}) + n^2\sigma^2(e)}{N^2} = \sigma^2(\hat{x}) + \left(\frac{n}{N}\right)^2\sigma^2(e) \tag{4.2-11}$$

4. 回归显著性检验

为了检验上述线性回归方法的正确性，必须对用线性回归方法求得的 x 与数据样本 y 的回归显著性进行检验。回归显著性检验采用相关系数法，定义 x 与 y 的相关系数为：

$$\gamma_{xy} = \frac{l_{xy}}{\sqrt{l_{xx}l_{yy}}} \tag{4.2-12}$$

$$l_{fh} = \sum_{i=1}^{n}(f_i - \bar{f})(h_i - \bar{h}) \quad (f、h = x、y) \tag{4.2-13}$$

根据不同样本容量与相关系数的对应关系，可以确定回归显著性置信度 α。当 $\alpha < 0.01$ 时，一般认为回归显著性充分；而当 $\alpha > 0.05$ 时，则回归显著性不足。

按照原始风速资料处理步骤，编制了计算机原始风速数据处理程序 OWDPP（Original Wind Data Processing Program），OWDPP 程序框图如图 4.2-1 所示[25]。

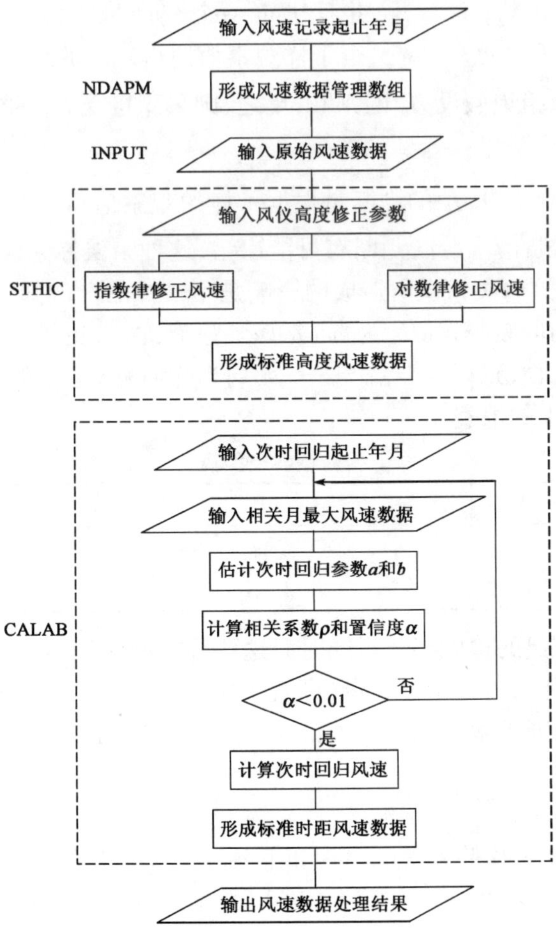

图 4.2-1 OWDPP 程序框图

第三节　极值样本渐近检验

平均风速的描述一般采用随机变量模型,当风速记录数据统计得足够多时,其分布将呈现一定的规律性,这个规律就称为风速分布概率模型,简称分布概型。风速记录数据能否拟合为某一种特定的分布概型,主要依赖于统计检验理论和方法。

一、统计检验原理

一种分布概型能否真正代表随机变量的分布规律以及在几种分布概型中判定哪种拟合度最优的问题,实质上是对原分布概型假设进行检验的问题,一般称为统计检验或显著性检验。统计检验主要包括三个方面:检验步骤、检验错误和检验方法。

1. 检验步骤

假设母体分布具有连续函数形式,其中可能包含有未知参数。母体的真实分布完全由未知函数 $F(x)$ 决定。对未知函数 $F(x)$ 提出某种假设 $H_0: F(x) = F_0(x)$,从该母体中抽取一个容量为 n 的子样 $X = \{X_1, X_2, \cdots, X_n\}$,并且决定一个统计量 U(或决定一个拒绝域 W),使 $P_{\theta_0}(|U| > u_0) = \alpha$ [或 $P_{\theta_0}(W) = \alpha$],当子样观察值使得对应的统计量 U 的观察值 $|u| > u_0$(或 $x \in W$)时,我们采取拒绝假设 H_0 的判断;反之,则采用接受 H_0 的判断[26]。

2. 检验错误

由于采取接受或拒绝假设 H_0 的判断是根据子样的观察值得出的,而子样是随机变量,子样观察值的出现带有随机性。因此,判断有可能出错,这种错误称为检验错误。检验错误可以分成两类(表 4.3-1),犯这两类错误所造成的影响是不一样的。例如,我们要求检验病人是否患有某种疾病,一般我们取原假设(H_0 为真)是该人患有此病,犯第一类错误——有病当作无病时,就可能导致病人死亡;犯第二类错误——无病当作有病,造成的只是使用不必要的药品引起病人的痛苦和经济上的浪费。

检验错误类型表　　表 4.3-1

判　断	H_0 为真	H_0 为假
接受 H_0	正　确	第二类错误
拒绝 H_0	第一类错误	正　确

当然,我们希望所作出的检验能使得同时犯这两种类型错误的概率尽可能地小,最好全为零。但实际上这是不可能的。当子样容量(即观察个数)确定后,犯这两种类型错误的概率不能同时被控制,所以我们通常限制犯第一类错误的概率,这就是统计检验的主要目的[26]。

二、概率曲线相关系数检验

概率曲线相关系数统计检验方法的原理如下。

1. 顺序统计量

所谓顺序统计量 $\xi_k^{(n)}$ 是指样本随机矢量 $(X_1, X_2, \cdots, X_n)$ 的函数,它是 $(X_1, X_2, \cdots, X_n)$ 的实

现值$(x_1,x_2,\cdots,x_n)$中按从小到大排列后的第k个数为函数实现值。顺序统计量$\xi_k^{(n)}$的分布函数可以表示为：

$$f_{kn}(x) = P(\xi_k^{(n)} < x) \tag{4.3-1}$$

若以$x_{s1},x_{s2},\cdots,x_{sn}$表示随机变量$X_1,X_2,\cdots,X_n$的观察值$x_1,x_2,\cdots,x_n$按从小到大排列的序列。假定各个变量$x_{sk}(k=1,2,\cdots,n)$是相互独立且具有连续的分布函数,任意两个$x_{sk}$和$x_{s(k+1)}$相等的概率为零,结合顺序统计量的特点$x_{s1}<x_{s2}<\cdots<x_{sn}$,随机变量的经验分布函数可以表示成下列形式：

$$S_n(x) = \begin{cases} 0 & x \leqslant x_{s1} \\ \dfrac{k}{n} & x_{sk} < x \leqslant x_{s(k+1)} \\ 1 & x > x_{sn} \end{cases} \tag{4.3-2}$$

对于任一x,设$P(x_s<x)=F(x)=P$为常数(即与s无关)。则对于固定的x,$S_n(x)$是一个贝努利试验中出现的频率,即在n次相互独立试验中,一个随机事件的实现频率,因此,YK Wen 认为[27]：

$$P\left[S_n(x) = \frac{m}{n}\right] = \frac{n!}{m!(n-m)!}[F(x)]^m[1-F(x)]^{n-m} \tag{4.3-3}$$

因为$\xi_k^{(n)}<x$意味着:在n个观测值中(顺序统计量)第k个观测值小于x,这等价于观测频率$S_n(x)$不小于$\dfrac{k}{n}$,因此可得：

$$\begin{aligned} f_{kn}(x) &= P(\xi_k^{(n)} < x) = P\left[S_n(x) \geqslant \frac{k}{n}\right] = \sum_{m=k}^{n} P\left[S_n(x) = \frac{m}{n}\right] \\ &= \sum_{m=k}^{n} \frac{n!}{m!(n-m)!}[F(x)]^m[1-F(x)]^{n-m} \end{aligned} \tag{4.3-4}$$

2. β 函数计算

运用多次分部积分,式(4.3-4)所表示的分布函数可以用积分形式来表示：

$$f_{kn}(x) = \frac{n!}{(k-1)!(n-k)!}\int_0^{F(x)} t^{k-1}(1-t)^{n-k}\mathrm{d}t \tag{4.3-5}$$

YK Wen 已经证明[28]:顺序统计量第m个值x_m是下列两个方程的解：

$$\frac{\int_0^{\lambda} t^{m-1}(1-t)^{n-m}\mathrm{d}t}{\int_0^{1} t^{m-1}(1-t)^{n-m}\mathrm{d}t} = \frac{1}{2} \tag{4.3-6}$$

$$F(x_m) = \lambda(m,n) \tag{4.3-7}$$

式中,$F(\cdot)$表示需作检验的分布函数。式(4.3-6)左边的分子和分母分别表示不完全β函数和完全β函数,λ是不完全β函数的积分上限,与m和n的值有关,一般可由 Pearson 不完全β函数表查得[29],但表中$\Delta\lambda$的步长($\Delta\lambda=0.005$)太大,查表又不适合于计算机程序处理,文献[25]建议采用计算机直接求解,并取计算步长$\Delta\lambda=0.001$进行计算。

3. λ 值计算

针对风速分布概型统计检验中的实际情况,可以将不完全β函数改写成$\int_0^{\lambda} x^{p-1}(1-$

$x)^{q-1}\mathrm{d}x$，其中参数 p 和 q 均为正整数，完全 β 函数也可改写成 $\int_0^1 x^{p-1}(1-x)^{q-1}\mathrm{d}x$ 。记不完全 β 函数与完全 β 函数的比值为 $I_\lambda(p,q)$，则有：

$$I_\lambda(p,q)=\frac{\int_0^\lambda x^{p-1}(1-x)^{q-1}\mathrm{d}x}{\int_0^1 x^{p-1}(1-x)^{q-1}\mathrm{d}x} \tag{4.3-8}$$

因此，式(4.3-6)可以表示为：

$$\begin{cases} I_\lambda(p,q)=\dfrac{1}{2} & (4.3\text{-}9)\\ p=m & (4.3\text{-}10)\\ q=n-m+1 & (4.3\text{-}11)\end{cases}$$

为了由式(4.3-9)求 λ 值，一般采用 Pearson 递推公式：

$$\begin{cases} I_\lambda(p,q)=\lambda I_\lambda(p-1,q)+(1-\lambda)I_\lambda(p,q-1) & (4.3\text{-}12)\\ I_\lambda(p,1)=\lambda^p & (4.3\text{-}13)\\ I_\lambda(1,q)=1-(1-\lambda)^q & (4.3\text{-}14)\end{cases}$$

在应用上述 Pearson 递推公式(4.3-12)时，如果样本容量 n 增加，递推次数就增加，递推误差也会相应增加。为了减小这种递推误差，也为了简化逐次递推过程，文献[25]从基本 Pearson 递推公式出发，推导得出下列计算公式：

$$\begin{aligned} I_\lambda(p,q)=&\lambda^{p-1}\sum_{i=1}^{q-1}A(p-1,j)(1-\lambda)^{j+1}I_\lambda(1,q-j+1)+\\ &(1-\lambda)^{q-1}\sum_{i=1}^{p-1}A(q-1,i)\lambda^{i-1}I_\lambda(p-i+1,1) \end{aligned} \tag{4.3-15}$$

式中，$A(p-1,\ j)$ 和 $A(q-1,\ i)$ 是常数矩阵 $\boldsymbol{A}_{(q-1)\times(q-1)}$ 中的两个元素，常数矩阵 $\boldsymbol{A}_{(q-1)\times(q-1)}$ 中的元素经推导，可以用下列公式计算：

$$A(1,1)=A(1,2)=\cdots=A(1,q-10)=1.0 \tag{4.3-16}$$

$$A(2,1)=A(3,1)=\cdots=A(q-1,1)=1.0 \tag{4.3-17}$$

$$A(k,l)=A(k,l-1)+A(k-1,l)\quad(l,k=2,3,\cdots,q-1) \tag{4.3-18}$$

由于常数矩阵 $\boldsymbol{A}_{(q-1)\times(q-1)}$ 中的第一行和第一列均为常数 1，所以由式(4.3-18)计算出的其他矩阵元素均是自然数，几乎没有计算误差。

4. 概率曲线相关系数

统计检验最常用的方法有三种，即 χ^2 检验、K-S 检验和广义似然比检验。但是这些方法都是以大样本(即要求样本量很大)为前提的，而风速观测数据一般年代较短，特别是采用年最大值方法抽样时，样本容量很小，因此，采用这三种方法进行统计检验均不适合。1975 年，Simiu 等人提出了采用概率曲线相关系数检验方法[30]。

概率曲线相关系数 PPCC(Probability Plot Correlation Coefficient)定义为：

$$\gamma_D=\frac{\sum(X_i-\bar{X})[M_i(D)-\overline{M(D)}]}{\sqrt{\sum(X_i-\bar{X})^2\sum[M_i(D)-M(D)]^2}} \tag{4.3-19}$$

$$\overline{X} = \frac{1}{n}\sum X_i \quad \overline{M(D)} = \frac{1}{n}\sum M_i(D) \tag{4.3-20}$$

式中：n——样本容量；

D——要检验的概率分布；

X_i——原样本的重新按序排列（顺序统计量），X_1 最小，X_2 其次……X_i 是样本观测值中第 i 个最小数据。

给定一种概率分布 D 的随机变量 X 和样本大小 n，可以从概率论角度导出样本中 X 值的最小值分布、第二最小值分布，以致一般的第 i 个最小值分布，这些分布中每一分布的中值就是 $M_i(D)$。

如果样本数据是由分布 D 产生的，那么除了位置（与均值有关）和尺度（与方差有关）因子之外，对于所有 i 值，X_i 近似等于理论值 $M_i(D)$，因此 X_i-$M_i(D)$ 曲线（称作概率曲线）近似为直线。这个线性性质，使 γ_D 接近等于1。所以分布 D 越接近于样本数据的真实规律，则 γ_D 越接近于1，这就是 PPCC 方法的原理。

根据概率曲线相关系数统计检验方法原理，编制了计算机概率曲线相关系数检验程序 PPCCP（Probability Plot Correlation Coefficient Program），PPCCP 程序框图如图 4.3-1 所示[25]。

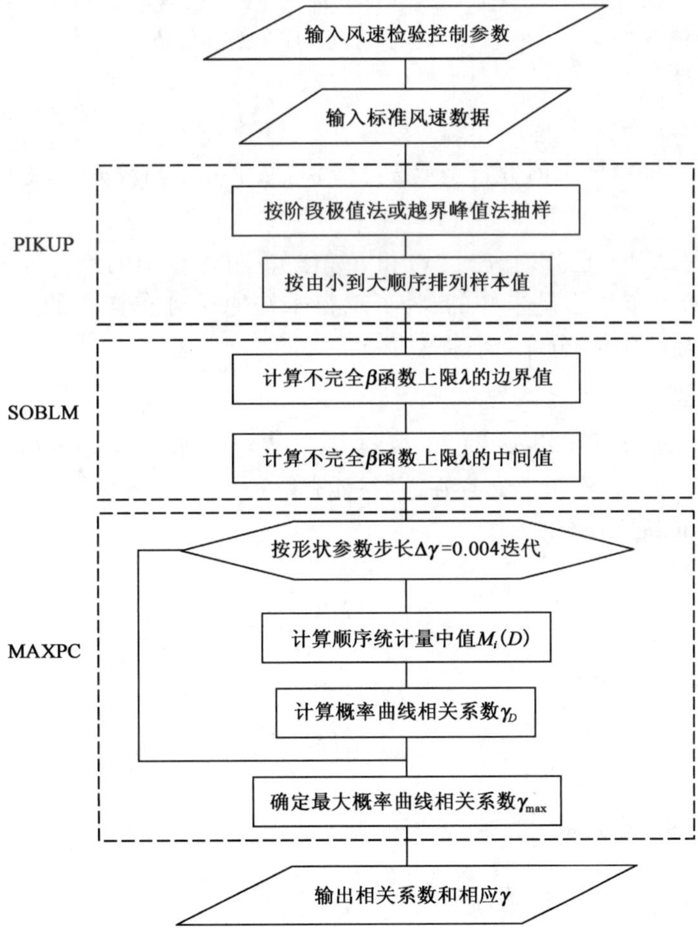

图 4.3-1　PPCCP 程序框图

三、极值分布理论

在平均风统计分析中,主要关心和抽取的一般都是极值风速记录数据,而最终要求计算的也是重现期内的(最大)期望风速,即 N 年一遇风速。因此,从数理统计理论上讲,采用极值分布概型和 Pearson-Ⅲ分布概型是最合理的。由于 Pearson-Ⅲ分布不涉及观测变量的性质,完全由经验点来拟合,因而只有当资料不全或观测变量的性质不明确时才用,而在风速观测资料比较齐全且风速数据性质比较明确的情况下,应当采用极值分布概型。

1. 极值渐近分布

设 $X_1, X_2, \cdots, X_n$ 为随机变量 ξ 的一个简单随机变量,则样本的最大值 $X_{\max} = \max\{X_1, X_2, \cdots, X_n\}$ 及最小值 $X_{\min} = \min\{X_1, X_2, \cdots, X_n\}$ 都是随机变量,设样本极大值的分布函数为 $F_{\max}(x)$,则:

$$F_{\max}(x) = P(X_{\max} < x) \tag{4.3-21}$$

$$\begin{aligned} P(X_{\max} < x) &= P(X_1 < x, X_2 < x, \cdots, X_n < x) \\ &= P(X_1 < x)P(X_2 < x)\cdots P(X_n < x) \end{aligned} \tag{4.3-22}$$

当所有原始变量 $X_i(i=1,2,\cdots,n)$ 具有相同的原始分布 $F(x)$ 时,式(4.3-22)具有下列形式[31]:

$$F_{\max}(x) = [F(x)]^n \tag{4-3-23}$$

类似地可以导出样本极小值分布函数 $F_{\min}(x)$ 与原始分布函数 $F(x)$ 之间的关系式[31]:

$$F_{\min}(x) = 1 - [1 - F(x)]^n \tag{4.3-24}$$

当原始分布函数 $F(x)$ 已知时,$F_{\min}(x)$ 和 $F_{\max}(x)$ 是样本极值的确切分布。但在实际应用中,随机变量的原始分布往往是未知的,为了求得未知原始分布样本的极值分布,必须考虑 $n \to \infty$ 时的情况,即极值渐近分布,简称极值分布。

2. 极值分布类型

统计数学家和力学专家 Shinozuka 和 Pickands 等人已经证明,无论随机变量的原始分布具有何种形式,如果其极大值渐近分布存在,则只能有三种类型:

(1)极值Ⅰ(Gumbel)分布

$$F_{\mathrm{G}} = \exp\left[-\exp\left(-\frac{x-b}{a}\right)\right] \tag{4.3-25}$$

(2)极值Ⅱ(Frechet)分布

$$F_{\mathrm{F}} = \exp\left[-\left(\frac{x-b}{a}\right)^{-\gamma}\right] \tag{4.3-26}$$

(3)极值Ⅲ(Weibull)分布

$$F_{\mathrm{W}} = \exp\left[-\left(-\frac{x-b}{a}\right)^{-\gamma}\right] \tag{4-3-27}$$

以上三式中,a 称为尺度参数,b 称为位置参数,γ 称为形状参数。

3. 三种类型比较

上述三种极值分布类型是目前世界各国普遍采用的描述极值风速的概率模型，尽管都是原始分布的极值渐近分布，但却反映了三种不同极值数据样本各自的统计特性。现从五个方面对三种极值分布类型作比较[25]。

(1)从变量范围来看，极值Ⅰ型分布为 $-\infty < x < +\infty$，极值Ⅱ型分布为 $0 < x < \infty$，极值Ⅲ型分布为 $0 < x < u$，而风速负值是没有意义的，因此极值Ⅱ型和Ⅲ型更能正确反映风速数据的物理意义。

(2)从模型参数来看，极值Ⅰ型分布只有两个参数，而极值Ⅱ型和Ⅲ型都有三个参数，因此，极值Ⅱ型和Ⅲ型在适应统计数据方面具有更大的灵活性。

(3)从极端风速来看，实际极端风速不可能无界，而极值Ⅰ型和Ⅱ型所反映的极端风速是无界的，唯有极值Ⅲ型的变量才是有界的。

(4)从计算结果来看，按形状参数 $\gamma \geqslant 2$ 的极值Ⅲ型估算的期望风速小于极值Ⅰ型的相应值，并且这种差距将随着 γ 的增加而增大；对于重现期超过50年的期望风速估算，极值Ⅲ型的估算值又大于极值Ⅰ型的相应值，并且这种差距将随着 γ 的增大而减少，当 $\gamma \to \infty$ 时，两种估算结果相等。由此可以推论，极值Ⅱ型的估算值最大($T \geqslant 50$ 年)，极值Ⅰ型的估算值次之，极值Ⅲ型的估算值最小($\gamma \geqslant 2$)。

(5)从实际应用来看，目前大多数国家(包括我国)都采用极值Ⅰ型分布，即安全性居中的分布类型，而美国等少数国家采用偏于安全的极值Ⅱ型分布，基本不用偏于危险的极值Ⅲ型分布。究竟哪种极值分布类型更为合适，一方面取决于统计理论的精确性，另一方面有赖于收集和利用更丰富的风速原始数据。

4. 极值样本采样

目前国内外常用的风速数据采样方法可以归纳为两种，即阶段极值方法和越界峰值方法。前一种采样方法与样本观测值的大小无关，采样的唯一依据是采样时间间隔，例如，年最大值、月最大值、日最大值等；后一种方法则与采样时间间隔无关，采样的标准是样本观测值的相对大小，例如，前 n 个极大值、前 $p\%$ 的极大值、超过 x 的极大值等。一般说来，前一种方法适合于各种极值分布概型的统计检验，而后一种方法具有一定的局限性。

从统计理论上讲，尽管统计检验的依据是样本，而样本又是随机变量，样本观察值的出现带有随机性，但是用同一种采样方法得到的不同容量的样本观测值的检验结论应当是一致的，否则统计检验结论就不是唯一的；从实际应用来看，对应于几种不同分布函数(特别是极值分布函数)，其概率曲线相关系数 γ_D 的差异可能很小，有时只有不到5%的相对误差。用如此之小的差异来作出接受或拒绝某种分布概型的假设，很容易发生第二类错误。

为了减小发生第二类错误的概率，为了充分反映样本观测值的随机性，也为了降低采样方法对检验结论的影响程度，文献[25]提出了用相同采样方法抽取 S 组不同容量的样本观测值，分别采用概率曲线相关系数法进行统计检验，当 S 组样本的统计检验结论相同时，直接作出接受或拒绝某种分布概型的结论，而当 S 组样本的统计结论相异时，进一步考察样本容量对检验结论的影响。

四、渐近检验原理

目前常用的风速分布概型检验方法,无论采用哪种采样方法,都是基于某一特定样本容量的,即认为该子样唯一反映母体样本特征。但是,由于子样的随机性,当采用概率曲线相关系数法进行统计检验时,不同容量的子样的值一般是不同的。鉴于上述原因,文献[25]提出:不但可以对不同分布概型的概率曲线相关系数 γ_D 进行横向比较(不同分布概型比较),以确定出最优分布概型;而且还可以对同一种分布概型的不同容量的子样(包括观测值)所对应的概率曲线相关系数 γ_D 进行纵向比较(不同容量样本比较),以便确定相关系数 γ_D 随样本容量(包括观测值)渐近变化的规律。

在同一风速记录数据母体样本中,采用阶段极值法抽取两组按序排列的子样 $\{X_1, X_2, \cdots, X_n\}$ 和 $\{Y_1, Y_2, \cdots, Y_m\}$,假定 $n > m$。根据阶段极值法的抽样特点,不难发现 $X_{n-m+1} = Y_1$, $X_{n-m+2} = Y_2$, $\cdots$, $X_n = Y_m$, 所以对于 $\overline{X} = \frac{1}{n}\sum_{i=1}^{n} X_i$ 和 $\overline{Y} = \frac{1}{m}\sum_{i=1}^{m} Y_i$ 有 $\overline{X} < \overline{Y}$。

子样 $\{X_1, X_2, \cdots, X_n\}$ 和 $\{Y_1, Y_2, \cdots, Y_m\}$ 的概率曲线相关系数分别为:

$$\gamma_{Dn} = \frac{\sum_{i=1}^{n}(X_i - \overline{X})[M_i(D) - \overline{M_n(D)}]}{\sqrt{\sum_{i=1}^{n}(X_i - \overline{X})^2 \sum_{i=1}^{n}[M_i(D) - \overline{M_n(D)}]^2}} = \frac{\sum_{i=1}^{n}(X_i - \overline{X})[M_i(D) - \overline{M_n(D)}]}{\sqrt{n\sigma_{xn}^2 n\sigma_{Mn}^2}}$$

$$= \frac{1}{n}\frac{\sum_{i=1}^{n}(X_i - \overline{X})[M_i(D) - \overline{M_n(D)}]}{\sigma_{xn}\sigma_{Mn}} \tag{4.3-28}$$

$$\gamma_{Dm} = \frac{\sum_{i=1}^{m}(Y_i - \overline{Y})[M_i(D) - \overline{M_m(D)}]}{\sqrt{\sum_{i=1}^{m}(Y_i - \overline{Y})^2 \sum_{i=1}^{m}[M_i(D) - \overline{M_m(D)}]^2}} = \frac{\sum_{i=1}^{m}(Y_i - \overline{Y})[M_i(D) - \overline{M_m(D)}]}{\sqrt{m\sigma_{ym}^2 m\sigma_{Mm}^2}}$$

$$= \frac{1}{m}\frac{\sum_{i=1}^{m}(Y_i - \overline{Y})[M_i(D) - \overline{M_m(D)}]}{\sigma_{ym}\sigma_{Mm}} \tag{4.3-29}$$

式中:σ_{xn}、σ_{ym}——表示子样 $\{X_1, X_2, \cdots, X_n\}$ 和 $\{Y_1, Y_2, \cdots, Y_m\}$ 的均方差;

σ_{Mn}、σ_{Mm}——$\{M_1(D), M_2(D), \cdots, M_n(D)\}$ 和 $\{M_1(D), M_2(D), \cdots, M_m(D)\}$ 的均方差。

因此,

$$\frac{\gamma_{Dn}}{\gamma_{Dm}} = \frac{\frac{1}{n}\sum_{i=1}^{n}(X_i - \overline{X})[M_i(D) - \overline{M_n(D)}]}{\frac{1}{m}\sum_{i=1}^{m}(Y_i - \overline{Y})[M_i(D) - \overline{M_m(D)}]} \cdot \frac{\sigma_{ym}\sigma_{Mm}}{\sigma_{xn}\sigma_{Mn}} \geqslant \frac{\overline{X}\,\overline{M_n(D)}}{\overline{Y}\,\overline{M_m(D)}} \cdot \frac{\sigma_{ym}\sigma_{Mm}}{\sigma_{xn}\sigma_{Mn}}$$

$$= \frac{\overline{X}}{\sigma_{xn}} \cdot \frac{\overline{M_n(D)}}{\sigma_{Mn}} \cdot \frac{\sigma_{ym}}{\overline{Y}} \cdot \frac{\sigma_{Mm}}{\overline{M_m(D)}} = \frac{\delta_y \delta_{Mm}}{\delta_x \delta_{Mn}} \tag{4.3-30}$$

式中:δ_x、δ_y——表示两个子样的偏差系数;

δ_{Mm}、δ_{Mn}——表示两个子样中值的偏差系数。

对于 $n > m$ 的两个顺序统计量,应有 $\frac{\delta_y}{\delta_x} \geqslant 1$ 和 $\frac{\delta_{Mm}}{\delta_{Mn}} \geqslant 1$,

故
$$\frac{\gamma_{Dn}}{\gamma_{Dm}} \geqslant 1 \tag{4.3-31}$$
或
$$\gamma_{Dn} \geqslant \gamma_{Dm} \tag{4.3-32}$$

利用这一性质,可以采用阶段极值法抽取样本容量分别为 $n_1 < n_2 < \cdots < n_s$ 的 S 组按序排列的子样,对此检验概率曲线相关系数是否具有渐近关系:$\gamma_{Dm1} < \gamma_{Dm2} < \cdots < \gamma_{Dms}$,并以此来判断是拒绝还是接受原分布概型假设。

五、数值模拟证明

为了检验极值样本渐近检验法的有效性和正确性,采用 Monte-Carlo 数值模拟方法予以证明[25]。具体步骤为:首先用 Monte-Carlo 法产生三组分别满足极值Ⅰ型、极值Ⅱ型和极值Ⅲ型的伪随机数母样;然后,从每一组母样中分别采用阶段极值法和越界峰值法抽取 S 组子样,计算概率曲线相关系数 γ_D;最后,用极值样本渐近检验法确定最优拟合分布函数是否与原伪随机数母样的分布函数一致。如果两者一致,证明极值样本渐近检验法是正确有效的,反之,则说明方法无效。

1. Monte-Carlo 样本模拟

为了简化起见,以日最大风速记录数据作为母样的一个样本值,一年按 360 天计算,30 年共有母样样本值 30×360=10 800 个。首先,用乘同余法产生 10 800 个[0,1]区间均匀分布的伪随机数 ξ_i;然后,根据三种极值分布函数,按下列公式将[0,1]区间均匀分布的伪随机数 ξ_i 分别转换成满足极值Ⅰ型、极值Ⅱ型和极值Ⅲ型的伪随机数 x_i。

极值Ⅰ型
$$x_i = b - a\ln(-\ln\xi_i) \tag{4.3-33}$$
极值Ⅱ型
$$x_i = b + a\exp[\ln(-\ln\xi_i)/(-\gamma)] \tag{4.3-34}$$
极值Ⅲ型
$$x_i = b - a\exp[\ln(-\ln\xi_i)/\gamma] \tag{4.3-35}$$

不失一般性,取三种极值母样的总体均值为 $\mu = 20\text{m/s}$,总体方差 $\sigma = 7\text{m/s}$;极值Ⅰ型的模型参数 $a = 5.458\text{m/s}$,$b = 16.85\text{m/s}$;极值Ⅱ型的模型参数 $\gamma = 8.0$,$a = 35.88\text{m/s}$ 和 $b = -19.10\text{m/s}$;极值Ⅲ型的模型参数 $\gamma = 8.0$,$a = 50.14\text{m/s}$ 和 $b = 67.22\text{m/s}$。

2. 阶段极值法采样检验

按阶段极值法采样时,将阶段长度分别取为 $t_1 = 360\text{d}$,$t_2 = 180\text{d}$,$t_3 = 90\text{d}$,$t_4 = 30\text{d}$,$t_5 = 15\text{d}$,$t_6 = 8\text{d}$ 共 6 种,相应的样本容量为 $n_1 = 30$,$n_2 = 60$,$n_3 = 120$,$n_4 = 360$,$n_5 = 720$ 和 $n_6 = 1\,350$。分别在极值Ⅰ型分布、极值Ⅱ型分布、极值Ⅲ型分布三种模拟样本中各抽取 6 组子样,计算按三种分布的 3×3×6=54 个概率曲线相关系数 γ_D 和相应状态参数 γ。具体计算结果如表 4.3-2 ~ 表 4.3-4 所示[25]。

极值Ⅰ型模拟母样的计算结果 表 4.3-2

阶段长度	$t_1=360\text{d}$		$t_2=180\text{d}$		$t_3=90\text{d}$		$t_4=30\text{d}$		$t_5=15\text{d}$		$t_6=8\text{d}$	
检验分布	γ_D	γ	γ_D	γ	γ_D	γ	γ_D	γ	γ_D	γ	γ_D	γ
极值Ⅰ型	0.990 2	1.0	0.991 9	1.0	0.996 8	1.0	0.998 9	1.0	0.998 8	1.0	0.999 0	1.0
极值Ⅱ型	0.990 9	20.736	0.995 8	10.772	0.996 8	29.116	0.997 8	29.116	0.996 7	29.112	0.996 9	29.112
极值Ⅲ型	0.988 9	29.048	0.988 8	29.056	0.995 7	29.080	0.998 7	29.116	0.999 4	28.692	0.999 6	28.876

极值Ⅱ型模拟母样的计算结果　　表 4.3-3

阶段长度	$t_1=360\mathrm{d}$		$t_2=180\mathrm{d}$		$t_3=90\mathrm{d}$		$t_4=30\mathrm{d}$		$t_5=15\mathrm{d}$		$t_6=8\mathrm{d}$	
检验分布	γ_D	γ	γ_D	γ	γ_D	γ	γ_D	γ	γ_D	γ	γ_D	γ
极值Ⅰ型	0.980 4	1.0	0.977 0	1.0	0.987 1	1.0	0.991 7	1.0	0.994 3	1.0	0.994 4	1.0
极值Ⅱ型	0.990 4	6.212	0.995 3	5.556	0.996 0	8.028	0.998 2	10.092	0.998 8	12.276	0.999 2	12.360
极值Ⅲ型	0.976 5	29.112	0.971 0	29.088	0.982 5	29.076	0.987 2	29.116	0.990 3	29.116	0.990 2	29.116

极值Ⅲ型模拟母样的计算结果　　表 4.3-4

阶段长度	$t_1=360\mathrm{d}$		$t_2=180\mathrm{d}$		$t_3=90\mathrm{d}$		$t_4=30\mathrm{d}$		$t_5=15\mathrm{d}$		$t_6=8\mathrm{d}$	
检验分布	γ_D	γ	γ_D	γ	γ_D	γ	γ_D	γ	γ_D	γ	γ_D	γ
极值Ⅰ型	0.989 7	1.0	0.996 1	1.0	0.993 6	1.0	0.991 8	1.0	0.988 4	1.0	0.988 3	1.0
极值Ⅱ型	0.987 8	29.116	0.995 5	29.116	0.990 2	29.116	0.986 8	29.116	0.982 2	29.116	0.981 9	29.116
极值Ⅲ型	0.991 5	12.996	0.995 8	29.056	0.997 2	11.424	0.999 3	8.596	0.999 6	7.316	0.999 7	7.376

3. 越界峰值法采样检验

按越界峰值法采样时，将峰值数量分别取为 $p_1=0.002\,8$，$p_2=0.005\,6$，$p_3=0.011\,1$，$p_4=0.033\,3$，$p_5=0.066\,7$，$p_6=0.125\,0$ 共 6 种，相应的样本容量与阶段极值法相同。分别在极值Ⅰ型分布、极值Ⅱ型分布、极值Ⅲ型分布三种模拟样本中，各抽取 6 组子样，计算按三种分布的 $3\times3\times6=54$ 个概率曲线相关系数 γ_D 和相应状态参数 γ。具体计算结果如表 4.3-5 ~ 表 4.3-7 所示[25]。

极值Ⅰ型模拟母样的计算结果　　表 4.3-5

阶段长度	$p_1=0.002\,8$		$p_2=0.005\,6$		$p_3=0.011\,1$		$p_4=0.033\,3$		$p_5=0.066\,7$		$p_6=0.125\,0$	
检验分布	γ_D	γ	γ_D	γ	γ_D	γ	γ_D	γ	γ_D	γ	γ_D	γ
极值Ⅰ型	0.954 8	1.0	0.972 5	1.0	0.970 8	1.0	0.985 8	1.0	0.983 9	1.0	0.984 1	0
极值Ⅱ型	0.993 7	3.744	0.994 2	5.252	0.993 8	5.696	0.995 4	8.940	0.993 1	9.624	0.993 3	9.972
极值Ⅲ型	0.947 2	29.096	0.965 9	29.116	0.963 1	29.092	0.980 1	29.116	0.977 9	29.116	0.977 9	29.116

极值Ⅱ型模拟母样的计算结果　　表 4.3-6

阶段长度	$p_1=0.002\,8$		$p_2=0.005\,6$		$p_3=0.011\,1$		$p_4=0.033\,3$		$p_5=0.066\,7$		$p_6=0.125\,0$	
检验分布	γ_D	γ	γ_D	γ	γ_D	γ	γ_D	γ	γ_D	γ	γ_D	γ
极值Ⅰ型	0.932 2	1.0	0.950 6	1.0	0.948 7	1.0	0.967 5	1.0	0.966 8	1.0	0.966 3	1.0
极值Ⅱ型	0.994 2	3.132	0.994 4	3.960	0.994 7	4.308	0.996 2	5.676	0.994 8	6.060	0.994 7	6.252
极值Ⅲ型	0.922 9	29.096	0.941 7	29.116	0.938 4	29.092	0.958 4	29.116	0.957 3	29.116	0.956 4	29.116

极值Ⅲ型模拟母样的计算结果　　表 4.3-7

阶段长度	$p_1=0.002\,8$		$p_2=0.005\,6$		$p_3=0.011\,1$		$p_4=0.033\,3$		$p_5=0.066\,7$		$p_6=0.125\,0$	
检验分布	γ_D	γ	γ_D	γ	γ_D	γ	γ_D	γ	γ_D	γ	γ_D	γ
极值Ⅰ型	0.971 5	1.0	0.985 4	1.0	0.983 1	1.0	0.992 7	1.0	0.989 9	1.0	0.990 7	1.0
极值Ⅱ型	0.993 0	4.736	0.993 5	7.984	0.992 3	8.416	0.994 1	21.796	0.991 3	23.296	0.991 9	25.192
极值Ⅲ型	0.965 7	29.088	0.981 1	29.116	0.978 0	29.112	0.990 1	29.116	0.987 1	29.116	0.987 9	29.116

4. 检验结果分析

对于按阶段极值法和越界峰值法采样的 6 组子样,概率曲线相关系数计算结果表明[25]:

(1)对于任意一种极值分布模拟母样,随着样本容量的增加,按该种极值分布计算的概率曲线相关系数 γ_D,当用阶段极值法采样时,呈明显的渐近增加趋势;而当用越界峰值法采样时,无此规律,并一致趋向于满足极值Ⅱ型分布。

(2)对于任意一种极值分布模拟母样,无论采用哪种采样方法,在某种或几种特定子样中,按该种极值分布计算的概率曲线相关系数可能小于按另两种极值分布计算的结果。

(3)对于任意一种极值分布模拟母样,按该种极值分布计算的概率曲线相关系数与按另两种极值分布计算的差异,当用阶段极值法采样时,相对误差很小,最大不超过 3%;而当采用越界峰值法采样时,最大相对误差也仅有 7%。因此,用单个样本相关系数这么小的差异来确定极值分布概型是很不慎重的。

(4)当按极值Ⅱ型或极值Ⅲ型分布估计的形状参数 $\gamma>25$ 时,根据统计理论,该极值分布已经蜕变为极值Ⅰ型分布。因此当 $\gamma>25$ 时,γ 的估计值已无实际意义,文献[25]中设定的 γ 最大值为 29.116。

上述 Monte-Carlo 模拟分析证明,按阶段极值法采样,并以概率曲线相关系数计算为基础的极值样本渐近检验方法,是一种比单样本概率曲线相关系数法更加有效和合理的极值分布概型的检验方法。

六、渐近检验步骤

在平均风速统计分析中,主要关心和采集的一般都是极值风速记录数据,即极值样本,而极值样本的产生与采样方法和样本容量有关。文献[25]提出的极值样本渐近检验方法是指,采用阶段极值采样方法,按照一定的采样标准或采样间隔(例如 365d, 182d, 90d, 30d 等等),在同一风速记录数据母样中,分别抽取 S 组子样,计算每组子样按三种极值分布计算的概率曲线相关系数 γ_D 值,确定随着样本容量增加,相关系数 γ_D 同时渐近增加的一种极值分布概型,作为风速记录数据母体最优拟合分布概型。

采用概率曲线相关系数进行极值样本渐近检验的具体步骤如下:

(1)在日风速记录数据母样中,按阶段极值法分别抽取 $t_1=365\text{d}$,$t_2=182\text{d}$, $t_3=90\text{d}$,$t_4=30\text{d}$ 等 S 组极值样本。

(2)对于三种极值分布函数,分别计算 $3S$ 个概率曲线相关系数 γ_D 值。

(3)确定随着样本容量增加相关系数 γ_D 同时渐近增加的一种极值分布函数作为最优拟合分布函数。

在概率曲线相关系数检验程序 PPCCP 的基础上,增加一组对 S 组样本的循环,即可得到极值样本渐近检验程序 ESCEP(Extreme Sample Convergence Examination Program)[25]。

第四节 风速风向联合分布

从气候学、空气动力学和结构动力学各方面考虑,风对于结构的影响除了与风速有关之外,还与风向有关。通常情况下,由于不同的基本大气环流形式或局部障碍物的存在,任何地方的极端风气候沿各方向是不均匀的,并可用风玫瑰图来表示。因此有必要建立风速风向联合分布概型来描述风荷载的统计特性。

一、独立参数概率模型

下面提到的所谓独立参数联合分布概型是在极值分布理论的基础上,考虑了风速风向联合作用而建立起来的一种联合分布概型方法[25]。

1. 基本假定

独立参数联合分布概型基于下列基本假定:

(1)同一地点不同方向(方位)的平均风速服从同一种类型的极值分布,并且由该地点所有各个方向(方位)上的风速记录数据样本来拟合最优极值分布概型,即极值Ⅰ型、Ⅱ型或Ⅲ型。

(2)同一地点不同方向(方位)的模型参数是相互独立的,并且由该方向的风速记录数据样本来独立估计模型参数 γ、a 和 b。

2. 分布概型

联合分布Ⅰ型
$$F_{Gd}(x) = \exp\left[-\exp\left(-\frac{x-b_d}{a_d}\right)\right] \tag{4.4-1}$$

联合分布Ⅱ型
$$F_{Fd}(x) = \exp\left[-\left(\frac{x-b_d}{a_d}\right)^{-\gamma_d}\right] \tag{4.4-2}$$

联合分布Ⅲ型
$$F_{Wd}(x) = \exp\left[-\left(-\frac{x-b_d}{a_d}\right)^{\gamma_d}\right] \tag{4.4-3}$$

式中,下标 d 表示风向,现有风速记录数据一般将360°平面圆周角分成16 等分,从而给出16 个方向的风速记录,因此,$d=1°,2°,3°,\cdots,16°$或 $d=0,\frac{\pi}{8},\frac{\pi}{4},\cdots,\frac{15\pi}{8}$。

3. 概型建立

独立参数联合分布概型的建立必须经历下面三个步骤:

(1)原始风速记录资料的收集处理:包括风速测站选取、原始资料收集、标准高度修正以及次数时距换算。

(2)独立参数联合分布概型的统计检验:利用各个风向的全部风速记录数据样本,按照极值样本渐近检验法确定分布概型。

(3)独立参数联合分布概型的参数估计:利用对应风向 d 的风速记录数据样本,估计相应方向 d 的模型参数。

二、概型参数优化估计

根据极值分布理论文献[25]所提出的独立参数联合分布概型,将采用分布参数优化估计方法,即在条件许可的情况下,采用估计效率最高的极大似然法进行参数估计,当极大似然法估计失效时,采用与经验概率曲线拟合的最小二乘法。

1. 参数估计理论

设风速数据总体 X 的分布函数的形式为独立参数联合分布概型三种形式之一,但它的2

个或3个参数为未知,如果得到了X的一组样本观测值$\{X_1,X_2,\cdots,X_n\}$,很自然会用这组数据来估计总体分布概型的参数值,这个问题称为参数估计问题。参数估计问题一般可以分成两类,即参数的点估计问题和参数的区间估计问题,前者是对参数取值某一点的估计,后者是对参数可能取值区间的估计。下面主要探讨参数的点估计问题。

(1)参数估计

设θ为总体X的待估计的参数,一般用样本$X_1,X_2,\cdots,X_n$构成的一个统计量$\hat{\theta}=\hat{\theta}(X_1,X_2,\cdots,X_n)$来估计$\theta$,我们就称$\hat{\theta}$为$\theta$的估计量。对应子样本的一个实现$\{x_1,x_2,\cdots,x_n\}$,估计量$\hat{\theta}$的值$\hat{\theta}(x_1,x_2,\cdots,x_n)$称为$\theta$的估计值。对于样本的不同实现,估计值是不同的。由于各个方向d的风速数据样本是不同的,因此模型参数的估计值是不同的,并且是相互独立的。

参数的点估计方法很多,归纳起来常用的主要有四种方法,即数字特征法(也称矩法)、最小二乘法、顺序统计法和极大似然法。数字特征法直观意义最明显,但要估计3个参数,相应分布概型必须存在三阶矩;最小二乘法需要确定经验重现期,与概率曲线相关系数检验方法对应,是基于同经验概率曲线相拟合的最小二乘法;顺序统计法计算简单,适合于样本容量较小的问题,对于样本容量较大的问题,不同的数据分组往往会得出不同的估计结果;极大似然法是一种理论性最强的方法,计算方法比较繁复,但适合于计算机处理,同时,对分布函数具有一定要求,并不能适用于各种情况。

尽管参数估计方法很多,但每种方法都有其适用条件,在几种适用方法中又有优劣之分。

(2)估计效率

衡量一种估计方法的优劣,主要有三项标准,即一致性标准、无偏性标准和有效性标准。所谓一致性估计是指估计量$\hat{\theta}$依概率收敛于总体参数θ;所谓无偏性估计是指估计量$\hat{\theta}$的期望值等于θ,即$E(\hat{\theta})=0$;对于两个无偏估计量$\hat{\theta}_1$和$\hat{\theta}_2$,若$\hat{\theta}_1$的方差$\sigma(\hat{\theta}_1)$小于$\hat{\theta}_2$的方差$\sigma(\hat{\theta}_2)$,则称$\hat{\theta}_1$比$\hat{\theta}_2$更有效。

从统计方法来看,我们要求一个估计量具有一致性,然而用一致性来衡量估计方法的好坏时,要求样本容量适当大,这在实际使用中往往很难实现;无偏性在直观上比较合理,但并不是每一个参数都存在无偏估计量;有效性无论在直观上还是理论上都是一种比较合理的标准,所以在实际使用中,这是用得较多的一个衡量标准。

当用有效性标准来衡量参数估计方法的优劣时,必然会用到Rao-Cramer定量[26]。Rao-Cramer认为,在一定条件下,无偏估计量$\hat{\theta}$的方差$D(\hat{\theta})$永远不会小于一个正数,即估计误差$\sigma(\hat{\theta})$有一个下界,可以表示为:

$$D(\hat{\theta}) \geqslant \frac{1}{nE\left\{\left[\frac{\partial}{\partial\theta}\ln f(x,\theta)\right]^2\right\}} \tag{4.4-4}$$

式中,$f(x,\theta)$表示随机变量x是含有未知参数的密度函数。当无偏估计量$\hat{\theta}$的方差$D(\hat{\theta})$恰好等于它的下界时,便称它是达到方差下界的无偏估计量,即误差最小的无偏估计量。

设无偏估计量 $\hat{\theta}$ 的方差的下界为 $D_c(\hat{\theta})$，则对于任一无偏估计量 $\hat{\theta}$ 的方差 $D(\hat{\theta})$，可以定义估计效率为：

$$\eta = D_c(\hat{\theta})/D(\hat{\theta}) \tag{4.4-5}$$

η 介于0到1之间。η 值越大，估计效率越高，误差越小；反之，误差越大。

(3)效率比较

为了对上述四种方法进行比较，现以 P 分位函数作为估计量 $\hat{\theta}=G(\hat{P})$，对按四种方法进行估计的估计效率作比较(表4.4-1)，表中数字是对极值Ⅰ型伪随机数的估计[9]，样本容量为 $n=50$，其中极大似然法估计效率结果来自菊地原英和的研究[32]。

估计效率比较　　　　表4.4-1

估计方法	$P=0.98$	$P=0.99$	$P=0.999$	平均值
数字特征法	0.68	0.71	0.80	0.730
最小二乘法	0.86	0.86	0.85	0.857
顺序统计法		0.89	0.88	0.885
极大似然法		≈1.0		1.0

从表4.4-1的估计效率比较中不难发现：极大似然法是一种达到方差下界的无偏估计方法，即误差最小的无偏估计方法；而最小二乘法和顺序统计法的估计效率稍低 $\eta=0.85\sim0.89$；数字特征法的估计效率最低 $\eta=0.68\sim0.80$。

2. 参数估计步骤

分布参数优化估计步骤如下：

(1)形状参数 γ 估计：对于Ⅱ型和Ⅲ型分布估计的形状参数 γ，采用最大概率曲线相关系数迭代计算方法来估计，即迭代计算出与概率曲线相关系数 γ_D 的最大值相对应的形状参数 γ，作为估计值 $\hat{\gamma}$。

(2)分布概型调整：当形状参数 γ 的估计值 $\hat{\gamma}$ 满足 $0<\hat{\gamma}<25$ 时，分布概型不作调整；当 $\hat{\gamma}\geq25$ 或 $\hat{\gamma}\leq0$ 时，将原确定的分布概型(Ⅱ型或Ⅲ型)调整为Ⅰ型。

(3)尺度参数 a 和位置参数 b 的估计：对于Ⅰ型参数 a 和 b，直接采用极大似然法估计；对于Ⅱ型参数 a 和 b，在 $-200<b<0$ 范围内，采用极大似然法估计，当极大似然法估计失效时，采用与经验概率曲线拟合的最小二乘法估计；对于Ⅲ型参数 a 和 b，在 $50<b<250$ 范围内，采用极大似然法估计，当极大似然法估计失效时，采用与经验概率曲线拟合的最小二乘法估计。

3. 参数估计公式

按极大似然法和最小二乘法进行参数估计的计算公式推导如下：

(1)联合分布Ⅰ型的极大似然法参数估计公式

样本似然函数

$$\begin{aligned} L(a,b) &= \prod_{i=1}^{n}\frac{1}{a}\exp\left(-\frac{x_i-b}{a}\right)\exp\left[-\exp\left(-\frac{x_i-b}{a}\right)\right] \\ &= \frac{1}{a^n}\exp\sum_{i=1}^{n}\left(-\frac{x_i-b}{a}\right)\exp\sum_{i=1}^{n}\left[-\exp\left(-\frac{x_i-b}{a}\right)\right] \end{aligned} \tag{4.4-6}$$

极大似然原理

$$\frac{\partial}{\partial a}\ln L(a,b) = -\frac{n}{a} - \frac{1}{a^2}\left(-\sum_{i=1}^{n}x_i + nb\right) - \sum_{i=1}^{n}\exp\left(-\frac{x_i - b}{a}\right)\frac{x_i - b}{a^2} = 0 \tag{4.4-7}$$

$$\frac{\partial}{\partial b}\ln L(a,b) = \frac{n}{a} - \sum_{i=1}^{n}\exp\left(-\frac{x_i - b}{a}\right)\frac{1}{a} = 0 \tag{4.4-8}$$

参数估计公式

$$\sum_{i=1}^{n}x_i\exp\left(-\frac{x_i}{\hat{a}}\right) - (\bar{x} - \hat{a})\sum_{i=1}^{n}\exp\left(-\frac{x_i}{\hat{a}}\right) = 0 \tag{4.4-9}$$

$$\hat{b} = -\hat{a}\ln\left[\frac{1}{n}\sum_{i=1}^{n}\exp\left(-\frac{x_i}{\hat{a}}\right)\right] \tag{4.4-10}$$

(2)联合分布Ⅱ型的极大似然法参数估计公式

样本似然函数

$$L(a,b) = \prod_{i=1}^{n}\frac{\gamma}{a}\exp\left(-\frac{x_i - b}{a}\right)^{-(\gamma+1)}\exp\left[-\left(\frac{x_i - b}{a}\right)^{-\gamma}\right]$$

$$= \left(\frac{\gamma}{a}\right)^n\left[\exp\sum_{i=1}^{n}\left(-\frac{x_i - b}{a}\right)^{-(\gamma+1)}\right]\exp\left[-\sum_{i=1}^{n}\left(\frac{x_i - b}{a}\right)^{-\gamma}\right] \tag{4.4-11}$$

极大似然原理

$$\frac{\partial}{\partial a}\ln L(a,b) = \frac{n\gamma}{a} - \frac{\gamma}{a}\sum_{i=1}^{n}\left(\frac{x_i - b}{a}\right)^{-\gamma} = 0 \tag{4.4-12}$$

$$\frac{\partial}{\partial b}\ln L(a,b) = (\gamma + 1)\sum_{i=1}^{n}\left(\frac{1}{x_i - b}\right) - \frac{\gamma}{a}\sum_{i=1}^{n}\left(\frac{x_i - b}{a}\right)^{-(\gamma+1)} = 0 \tag{4.4-13}$$

参数估计公式

$$\sum_{i=1}^{n}(x_i - \hat{b})^{-(\gamma+1)} - \frac{\gamma + 1}{n\gamma}\sum_{i=1}^{n}\left(\frac{1}{x_i - b}\right) - \frac{\gamma}{a}\sum_{i=1}^{n}\left(\frac{x_i - b}{a}\right)^{-(\gamma+1)} = 0 \tag{4.4-14}$$

$$\hat{a} = \left[\frac{1}{n}\sum_{i=1}^{n}(x_i - \hat{b})^{-\gamma}\right]^{-\frac{1}{\gamma}} \tag{4.4-15}$$

(3)联合分布Ⅲ型的极大似然法参数估计公式

样本似然函数

$$L(a,b) = \prod_{i=1}^{n}\frac{\gamma}{a}\left(-\frac{x_i - b}{a}\right)^{\gamma-1}\exp\left[-\left(-\frac{x - b}{a}\right)^{\gamma}\right]$$

$$= \left(\frac{\gamma}{a}\right)^n\left[\prod_{i=1}^{n}\left(-\frac{x_i - b}{a}\right)^{\gamma-1}\right]\exp\left[-\sum_{i=1}^{n}\left(-\frac{x_i - b}{a}\right)^{\gamma}\right] \tag{4.4-16}$$

极大似然原理

$$\frac{\partial}{\partial a}\ln L(a,b) = -\frac{n\gamma}{a} + \frac{\gamma}{a}\sum_{i=1}^{n}\left(\frac{b - x_i}{a}\right)^{\gamma} = 0 \tag{4.4-17}$$

$$\frac{\partial}{\partial b}\ln L(a,b) = -(\gamma - 1)\sum_{i=1}^{n}(x_i - b)^{-1} + \frac{\gamma}{a}\sum_{i=1}^{n}\left(\frac{b - x_i}{a}\right)^{\gamma-1} = 0 \tag{4.4-18}$$

参数估计公式

$$\sum_{i=1}^{n}(\hat{b} - x_i)^{\gamma-1} - \frac{\gamma - 1}{n\gamma}\sum_{i=1}^{n}(\hat{b} - x_i)^{\gamma}\sum_{i=1}^{n}(\hat{b} - x_i)^{-1} = 0 \tag{4.4-19}$$

$$\hat{a} = \left[\frac{1}{n}\sum_{i=1}^{n}(\hat{b} - x_i)^{\gamma}\right]^{\frac{1}{\gamma}} \tag{4.4-20}$$

(4)联合分布Ⅱ型的最小二乘法参数估计公式

$$\hat{a} = \frac{\sum_{i=1}^{n}(X_i - \bar{X})[M_i(D) - \overline{M(D)}]}{\sum_{i=1}^{n}[M_i(D) - \overline{M(D)}]^2} \tag{4.4-21}$$

$$\hat{b} = \bar{X} - \hat{a}\,\overline{M(D)} \tag{4.4-22}$$

(5)联合分布Ⅲ型的最小二乘法参数估计公式

$$\hat{a}=\frac{\sum_{i=1}^{n}(X_i-\overline{X})[M_i(D)-\overline{M(D)}]}{\sum_{i=1}^{n}[M_i(D)-\overline{M(D)}]^2} \tag{4.4-23}$$

$$\hat{b}=\overline{X}+\hat{a}\,\overline{M(D)} \tag{4.4-24}$$

三、概型参数估计步骤

根据上述参数估计步骤和参数估计公式,编制了计算机极值分布独立参数估计程序 EDICEP(Extreme Distribution Independent Coefficient Estimation Program),EDICEP 程序框图如图4.4-1所示[25]。

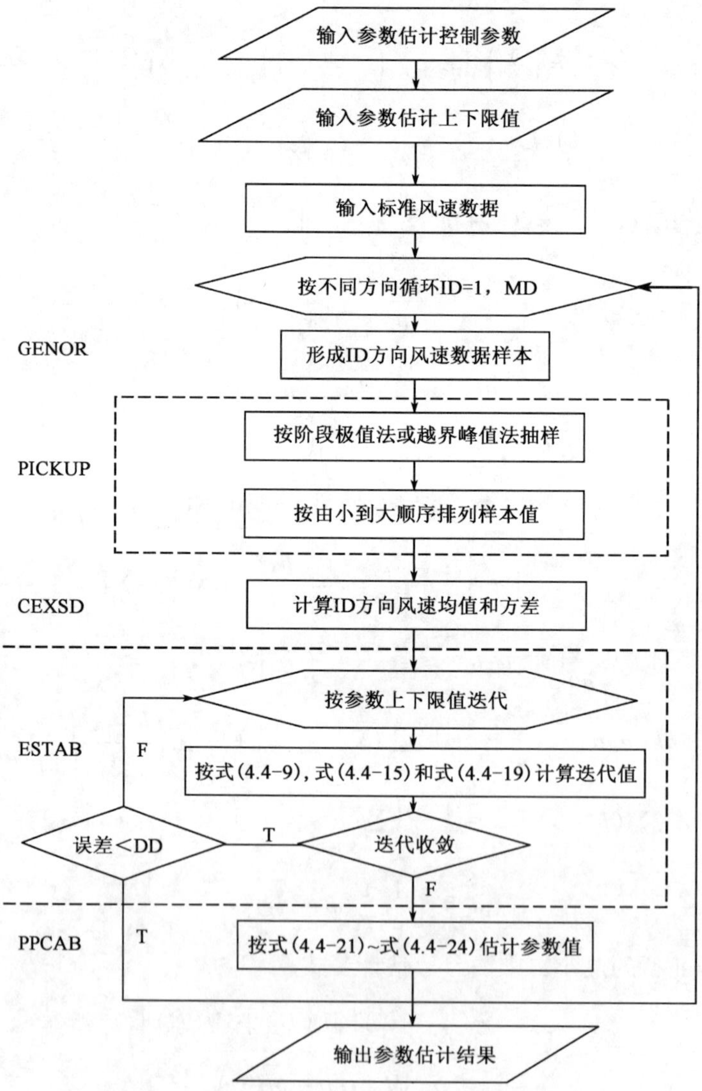

图4.4-1　EDICEP 程序框图

第五节 设计风速统计推断

设计风速包括风速的均值、方差和 T 年期望值三个统计量，这三个统计量的统计推断主要包括三个环节，首先根据独立参数联合分布概型的极值分布密度函数积分求得风速测站标准高度（例如 10m）的风速均值和方差，并根据重现期与期望值的关系推算 T 年期望值，形成测站基本风速；然后将测站基本风速等效换算成桥位地表上基准高度处的测站基准风速；最后将各个风速测站的基准风速加权平均成桥位基准高度处的设计基准风速。

一、测站基本风速

对于桥位良态风决定的设计风速主要包括三项指标：总体均值、总体方差和 T 年期望值。

1. 均值和方差

根据极值分布密度积分，不难求得三种独立参数联合分布概型的总体均值和总体方差。

联合分布Ⅰ型

$$E(X)=a\gamma+b\quad(\gamma=0.5772)\tag{4.5-1}$$

$$\sigma^2(X)=\frac{\pi}{6}a^2+\left(\frac{n}{N}\right)^2\sigma^2(e)\tag{4.5-2}$$

联合分布Ⅱ型

$$E(X)=b+a\Gamma\left(1-\frac{1}{\gamma}\right)\tag{4.5-3}$$

$$\sigma^2(X)=a^2\left[\Gamma\left(1-\frac{2}{\gamma}\right)-\Gamma^2\left(1-\frac{1}{\gamma}\right)\right]+\left(\frac{n}{N}\right)^2\sigma^2(e)\tag{4.5-4}$$

联合分布Ⅲ型

$$E(X)=b-a\Gamma\left(1+\frac{1}{\gamma}\right)\tag{4.5-5}$$

$$\sigma^2(X)=a^2\left[\Gamma\left(1+\frac{2}{\gamma}\right)-\Gamma^2\left(1+\frac{1}{\gamma}\right)\right]+\left(\frac{n}{N}\right)^2\sigma^2(e)\tag{4.5-6}$$

式中：$\Gamma(\cdot)$——γ 函数；

$\sigma^2(e)$——回归剩余误差方差。

2. 重现期与期望值

如果年最大风速 x 超过 x_T 的强风平均 T 年发生一次，则 T 称为风速 x_T 的重现期，而 x_T 称为 T 年期望值。设年最大风速的分布函数为 $F(x)$，则对于某一给定的 x_N，风速 x 的非超越概率为：

$$q=P(x\leqslant x_N)=F(x_N)\tag{4.5-7}$$

而超越概率为：

$$p=1-q=1-F(x_N)\tag{4.5-8}$$

由于年最大风速相互独立，因此 $x\geqslant x_N$ 事件的发生可看作为贝努利试验，T 年内有 r 年发生 $x\geqslant x_N$ 的概率密度函数为：

$$f_R(r,t)=P_T(R=r)=\binom{t}{r}p^r(1-p)^{t-r}\tag{4.5-9}$$

当 $r=0$ 和 $t=n-1$ 时,表示在 $n-1$ 年内 $x \geqslant x_N$ 没有发生,但在第 n 年发生,则 N 的概率密度函数:

$$f_N(0,n-1) = \binom{n-1}{0} p^0 (1-p)^{n-1-0} p = p(1-p)^{n-1} \tag{4.5-10}$$

由于风速重现期 T 是 N 的期望值,故:

$$T = E(N) = \sum_{n=1}^{\infty} n f_N(0,n-1) = \frac{1}{p} \tag{4.5-11}$$

即

$$T(x_T) = \frac{1}{1-q} = \frac{1}{1-F(x_T)} \tag{4.5-12}$$

或

$$F(x_T) = 1 - \frac{1}{T(x_T)} \tag{4.5-13}$$

式(4.5-12)和式(4.5-13)表示了风速重现期 T 与风速期望值 x_T 的关系。由此可知,如果已知分布函数 $F(x_r)$,则可求得对应于任意风速重现期 T 的风速期望值 x_T。

3. *T* 年期望值

对于三种独立参数联合分布概型,可以分别求得对应于任意风速重现期 T 或分位数 $p=\frac{1}{T}$ 的风速期望值 x_T。

联合分布 Ⅰ 型

$$x_T = b - a\ln\left[-\ln\left(1-\frac{1}{T}\right)\right] = b - a\ln[-\ln(1-p)] \tag{4.5-14}$$

联合分布 Ⅱ 型

$$\begin{aligned} x_T &= b + a\exp\left\{\frac{\ln\left[-\ln\left(1-\frac{1}{T}\right)\right]}{-\gamma}\right\} \\ &= b + a\exp\left\{\frac{\ln[-\ln(1-p)]}{-\gamma}\right\} \end{aligned} \tag{4.5-15}$$

联合分布 Ⅲ 型

$$\begin{aligned} x_T &= b - a\exp\left\{\frac{\ln\left[-\ln\left(1-\frac{1}{T}\right)\right]}{\gamma}\right\} \\ &= b - a\exp\left\{\frac{\ln[-\ln(1-p)]}{\gamma}\right\} \end{aligned} \tag{4.5-16}$$

值得注意的是:当采用式(4.5-14)~式(4.5-16)计算风速期望值时,T 的取值单位是年,即以年最大风速进行统计分析。为了提高统计分析的精度,往往采用更小时间单位的最大风速,例如季、月、旬等的最大风速,来进行统计分析,为此必须对重现期 T 的单位进行修正。设重现期为 N 年,若以季最大风速进行统计分析,$T=4N$,$p=\frac{1}{4N}$;若以月最大风速进行统计分析,$T=12N$,$p=\frac{1}{12N}$;若以旬最大风速进行统计分析,$T=36N$,$p=\frac{1}{36N}$,以此类推。

二、桥位基准风速

由于风速测站的地表粗糙度与桥位现场的地表粗糙度不尽相同,而风速测站的标准高度与桥位现场的基准高度也存在一定的差异,因此,有必要将各个风速测站的测站基本风速等效换算成桥位地表上基准高度处的测站基准风速,这种不同场地条件和不同离地高度的风速换算包括两个方面，即一阶矩（均值和期望值）的换算和二阶矩（方差）的换算。

1. 一阶矩换算

相邻两个不同粗糙度且不同离地高度的风速均值或 T 年期望值的换算，一般可以采用两种方法，即指数律方法[10]和对数律方法[11]。

指数律方法

$$\frac{U}{U_s} = \left(\frac{z}{z_g}\right)^{a}\left(\frac{z_{sg}}{z_s}\right)^{a_s} \tag{4.5-17}$$

式中：z、z_s——桥位现场的基准高度和风速测站的标准高度；

a、a_s——桥位现场的幂指数和风速测站的幂指数；

z_g、z_{sg}——桥位现场边界层厚度和风速测站的边界层厚度。

对数律方法

$$\frac{U}{U_s} = \frac{u_*}{u_{s*}}\frac{\ln z - \ln z_0}{\ln z - \ln z_{s0}} \tag{4.5-18}$$

式中：z_0、z_{s0}——桥位现场粗糙度和风速测站的粗糙度；

u_*、u_{s*}——桥位现场的剪切速度和风速测站的剪切速度。

2. 二阶矩换算

文献[25]提出了采用不同场地的风速偏差系数在相等的条件下进行风速二阶矩的换算方法。假设风速测站标准高度处的风速均值和方差分别为 $\overline{U}_s$ 和 σ_s，桥位现场基准高度处的风速均值和方差分别为 $\overline{U}$ 和 σ，则风速偏差系数分别为：

$$\delta_s = \frac{\sigma_s}{\overline{U}_s} \tag{4.5-19}$$

$$\delta = \frac{\sigma}{\overline{U}} \tag{4.5-20}$$

令 $\delta_s = \delta$，可以求得桥位现场基准高度处的风速方差为：

$$\sigma = \frac{\overline{U}}{\overline{U}_s}\sigma_s \tag{4.5-21}$$

式中，$\overline{U}$ 与 $\overline{U}_s$ 的比值 $\overline{U}/\overline{U}_s$，可以采用指数律方法或对数律方法进行计算。

三、桥位加权风速

当相邻风速测站的记录数据相关性较弱时，可以利用相邻几个测站基准风速的加权平均来计算桥位现场基准高度处的设计基准风速。由于加权因素比较复杂，为了简单起见，仅考虑桥位现场与风速测站之间的距离加权因素，文献[25]建议采用下列加权平均方法。

$$x = \eta_1 x_1 + \eta_2 x_2 + \cdots + \eta_m x_m = \sum_{i=1}^{m}\eta_i x_i \tag{4.5-22}$$

式中：m——相邻风速测站个数；

x_i——第 i 个风速测站基准风速值；

η_i——第 i 个风速测站加权值，设第 i 个风速测站与桥位现场之间的距离为 d_i（$i=1,2,\cdots,m$），文献[25]建议采用下列公式计算 3 个或 4 个风速测站的加权值。

3 个测站

$$\eta_1 = \frac{d_2 d_3}{d_1 d_2 + d_2 d_3 + d_3 d_1} \tag{4.5-23}$$

$$\eta_2 = \frac{d_3 d_1}{d_1 d_2 + d_2 d_3 + d_3 d_1} \tag{4.5-24}$$

$$\eta_3 = \frac{d_1 d_2}{d_1 d_2 + d_2 d_3 + d_3 d_1} \tag{4.5-25}$$

4 个测站

$$\eta_1 = \frac{d_2 d_3 d_4}{d_1 d_2 d_3 + d_2 d_3 d_4 + d_4 d_1 d_2 + d_1 d_3 d_4} \tag{4.5-26}$$

$$\eta_2 = \frac{d_1 d_3 d_4}{d_1 d_2 d_3 + d_2 d_3 d_4 + d_4 d_1 d_2 + d_1 d_3 d_4} \tag{4.5-27}$$

$$\eta_3 = \frac{d_4 d_1 d_2}{d_1 d_2 d_3 + d_2 d_3 d_4 + d_4 d_1 d_2 + d_1 d_3 d_4} \tag{4.5-28}$$

$$\eta_4 = \frac{d_1 d_2 d_3}{d_1 d_2 d_3 + d_2 d_3 d_4 + d_4 d_1 d_2 + d_1 d_3 d_4} \tag{4.5-29}$$

上述加权值 η_i 满足两个必要条件：①归一化条件，$\sum_{i=1}^{m}\eta_i = 1$；②重合性条件，当 $d_i = 0$ 时，$\eta_i = 1$ 和 $\eta_j = 0(j \neq i)$。

综上所述，本章平均风统计分析与概率描述主要包括下列四个基本步骤：

(1)原始风速数据处理(OWDPP 程序)。

(2)风速分布概型检验(ESCEP 程序)。

(3)极值分布参数估计(EDICEP 程序)。

(4)设计基准风速推断[式(4.5-22)~式(4.5-29)]。

四、设计风速确定

我国幅员辽阔，气候特征主要可以划分为三种类型，即东南沿海受台风影响的海洋性气候(例如广东、福建、浙江和上海等省市)，北部边疆受西伯利亚寒潮影响的大陆性气候(例如新疆、青海、内蒙古和黑龙江等省)，内陆省份受局部地区大气环流影响的风气候。上海位于东南沿海地区，具有海洋性气候的基本特征，极端风速主要是由秋季台风引起，但是，由于崇明岛和黄浦江的存在，台风登陆上海后明显减弱，因此，台风型气候特征的显著性要比其他沿海城市低得多。

尽管上海地区面积不大，对于主要受台风影响的极端风速，全市各气象站的风速记录仍有较大差异。为此，选取上海市区北面的宝山气象站、东南的川沙气象站和西南面的龙华气象站等三个相邻风速测站，作为上海市区风速统计分析的采样测站。上海杨浦大桥地处上海市区东北部黄浦江下游，正好处于三个风速测站所构成的三角网形心位置上，用这三个相邻风速测站的风速记录样本来推断杨浦大桥的设计风速，从地理位置上是非常合理的。三个风速测站与杨浦大桥的相对位置可用图 4.5-1 来描述，其位置参数汇总如表 4.5-1 所示。

杨浦大桥和风速测站位置参数表 表 4.5-1

位置参数	宝山气象站	川沙气象站	龙华气象站	杨浦大桥
北纬	31°24′30″	31°12′30″	31°10′30″	N + 132.968 4°
东经	121°29′30″	121°42′30″	121°26′30″	N − 47.031 6°
城市坐标 x(m)	18 255.570	−3 895.931	−7 615.262	2 409.355
城市坐标 y(m)	1 618.535	22 270.233	−3 144.930	7 074.813

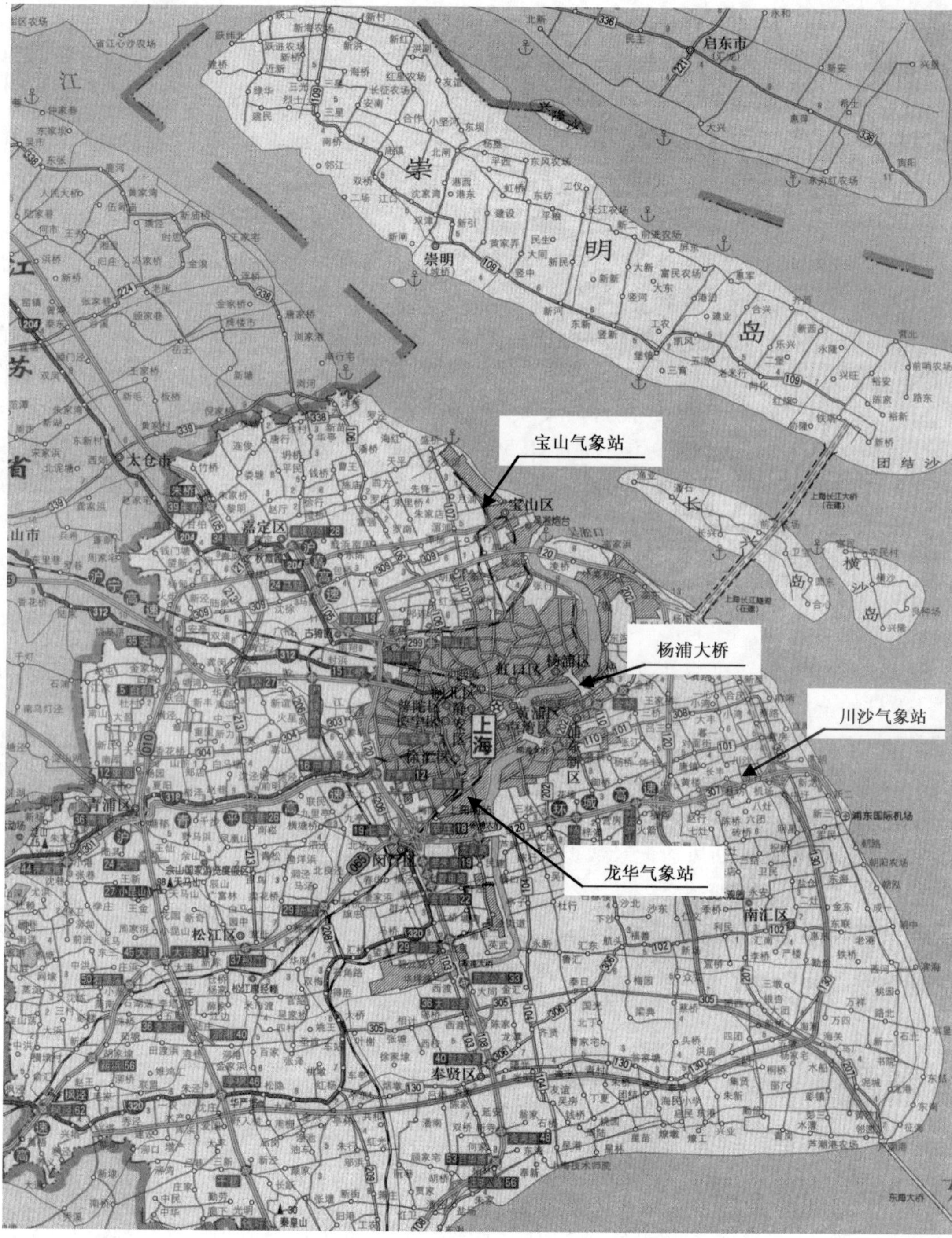

图 4.5-1　杨浦大桥和风速测站相对位置图

1. 测站原始风速数据处理

宝山气象站、川沙气象站和龙华气象站原始风速记录数据采样和数据处理说明如下。

(1)宝山气象站

采集到宝山气象站原始风速记录样本共2×13 880个,覆盖了1959年1月1日至1996年12月31日的全部13 880天的日最大风速值和相应风向[33],其中风速值为瞬时风速记录,采用折算系数$\eta=\frac{1}{1.5}$,将瞬时风速换算为10min平均时距风速。宝山气象站的风仪高度为标准高度$z_s=10\text{m}$。

(2)川沙气象站

采集到川沙气象站原始风速记录样本共2×13 514个,覆盖了1959年1月1日至1995年12月31日的全部13 514d的日最大风速值和相应风向,其中1959年1月1日至1979年12月31日的7 670个日最大风速值为2min平均时距的人工定时记录,其余5 844个日最大风速值为10min平均时距的自动连续记录[34],为了进行次时换算,附加采集了1980年1月至1995年12月的192个2min平均时距的月最大风速值,作为次时换算的平行观测样本。川沙气象站的风仪离地高度分别为,1959年1月至1959年3月$z_s=10.3\text{m}$,1959年4月至1982年9月$z_s=15.9\text{m}$,1982年10月至1995年12月$z_s=12.0\text{m}$。采用OWDPP程序对川沙气象站13 514个日最大风速数据进行了处理。其中风仪高度修正采用指数律方法,并取幂指数$a_s=0.14$;次数时距回归的主要结论为,回归参数$a=0.860\,5\text{m/s}$和$b=3.038\text{m/s}$,相关系数$\gamma_{kg}=0.757\,4$,剩余误差$\sigma(e)=1.357\text{m/s}$,全部样本总量$N=13\,514$,人工定时记录样本数量$n=7\,670$。

(3)龙华气象站

采集到龙华气象站原始风速记录样本共2×12 772个,覆盖了1959年1月1日至1990年12月31日的全部12 784d中的12 772个日最大风速值和相应风向[35]。龙华气象站的全部风速记录数据均为10min平均时距的自动连续记录,并且风仪离地高度均已修正为标准高度$z_s=10\text{m}$。但是,龙华气象站的风速数据是以频度方式提供的,因而无法与具体日期相对应,从而也限制了阶段极值抽样法的应用。由于风仪离地高度为标准高度,风速记录方式为标准方式,因此,龙华气象站原始风速记录数据不需要进行处理。

2. 测站风速分布概型检验

采用ESCEP程序对三个风速测站的标准风速数据进行了测站风速分布概型的极值样本渐近检验。按阶段极值抽样法和越界峰值抽样法的极值样本渐近检验计算结果汇总如表4.5-2~表4.5-4所示[25]。

宝山气象站风速分布概型检验结果 表4.5-2

抽样方法	抽样容量	$NS=38$		$NS=76$		$NS=152$		$NS=456$		$NS=912$		$NS=1\,735$	
	检验分布	γ_D	γ	γ_D	γ	γ_D	γ	γ_D	γ	γ_D	γ	γ_D	γ
阶段极值	极值Ⅰ型	0.971 8	1.0	0.954 9	1.0	0.943 5	1.0	0.952 5	1.0	0.953 8	1.0	0.950 9	1.0
	极值Ⅱ型	0.971 4	29.116	0.950 5	29.116	0.936 3	29.116	0.946 7	29.116	0.951 4	29.116	0.952 8	21.076
	极值Ⅲ型	0.971 5	28.928	0.966 1	5.712	0.967 9	4.492	0.961 7	8.264	0.954 5	28.924	0.947 6	29.116
越界峰值	极值Ⅰ型	0.871 8	1.0	0.951 8	1.0	0.952 3	1.0	0.954 1	1.0	0.935 9	1.0	0.939 5	1.0
	极值Ⅱ型	0.955 7	3.044	0.967 6	5.828	0.968 0	6.744	0.976 8	6.516	0.929 9	29.116	0.939 3	29.116
	极值Ⅲ型	0.860 2	29.096	0.946 3	29.112	0.945 8	29.116	0.945 4	29.116	0.946 5	7.384	0.938 0	29.116

川沙气象站风速分布概型检验结果　　表 4.5-3

抽样方法	抽样容量	NS = 37		NS = 74		NS = 148		NS = 444		NS = 888		NS = 1 689	
	检验分布	γ_D	γ	γ_D	γ	γ_D	γ	γ_D	γ	γ_D	γ	γ_D	γ
阶段极值	极值Ⅰ型	0.988 7	1.0	0.991 1	1.0	0.992 2	1.0	0.993 3	1.0	0.993 5	1.0	0.992 2	1.0
	极值Ⅱ型	0.990 5	14.636	0.990 7	29.116	0.992 2	29.116	0.993 4	29.116	0.992 5	29.116	0.990 1	29.116
	极值Ⅲ型	0.986 6	29.072	0.990 5	29.084	0.991 2	29.116	0.992 0	29.116	0.993 2	29.008	0.992 9	26.896
越界峰值	极值Ⅰ型	0.970 9	1.0	0.982 9	1.0	0.951 9	1.0	0.939 2	1.0	0.955 6	1.0	0.962 8	1.0
	极值Ⅱ型	0.985 5	5.520	0.987 9	9.696	0.971 1	6.412	0.969 2	5.992	0.982 9	6.296	0.985 0	6.940
	极值Ⅲ型	0.966 1	29.116	0.979 5	29.116	0.944 4	29.116	0.929 0	29.116	0.945 9	29.116	0.953 9	29.116

龙华气象站风速分布概型检验结果　　表 4.5-4

抽样方法	抽样容量	NS = 37		NS = 74		NS = 148		NS = 444		NS = 888		NS = 1 689	
	检验分布	γ_D	γ	γ_D	γ	γ_D	γ	γ_D	γ	γ_D	γ	γ_D	γ
越界峰值	极值Ⅰ型	0.914 6	1.0	0.893 3	1.0	0.897 7	1.0	0.932 6	1.0	0.935 5	1.0	0.964 0	1.0
	极值Ⅱ型	0.990 7	3.104	0.993 1	3.084	0.995 1	3.340	0.994 4	4.212	0.994 6	4.528	0.994 3	5.860
	极值Ⅲ型	0.903 5	29.112	0.879 7	29.112	0.883 5	29.112	0.920 4	29.112	0.922 8	29.112	0.954 6	29.112

采用阶段极值抽样法的极值样本渐近检验结果表明：宝山气象站和川沙气象站的风速分布均服从极值Ⅰ型，而龙华气象站由于风速资料方面的原因，无法实施阶段极值抽样；采用越界峰值抽样法的极值样本渐近检验结果表明：三个气象站的风速分布均不拒绝极值Ⅰ型。因此，测站风速分布概型检验的最终结论为：宝山气象站、川沙气象站和龙华气象站的风速分布均服从极值Ⅰ型(Gumbel)分布[36,37]。

3. 测站极值分布参数估计

按照极值Ⅰ型分布概型，采用 EDICEP 程序对三个风速测站 16 个方向以及不计方向全部风速的极值Ⅰ型独立参数 a 和 b($r = 1.0$)进行了估计。为了确定控制(最大)参数，选用了三组样本进行参数估计，即样本Ⅰ为年最大风速样本($\hat{a}_{\mathrm{I}}$ 和 $\hat{b}_{\mathrm{I}}$)、样本Ⅱ为季最大风速样本($\hat{a}_{\mathrm{II}}$ 和 $\hat{b}_{\mathrm{II}}$)和样本Ⅲ为月最大风速样本($\hat{a}_{\mathrm{III}}$ 和 $\hat{b}_{\mathrm{III}}$)。

宝山气象站三个样本的参数估计表明：SSW 方向和不计方向全部数值用样本Ⅱ——季最大风速样本的参数估计结果 $\hat{a}_{\mathrm{II}}$ 和 $\hat{b}_{\mathrm{II}}$ 推算的 N 年期望值 x_N 最大，其余方向用样本Ⅰ——年最大风速样本的参数估计结果 $\hat{a}_{\mathrm{I}}$和 $\hat{b}_{\mathrm{I}}$推算的 N 年期望值 X_N 最大。根据 $T_1 = 100$ 年和 $T_1 = 100 \times 4 = 400$ 季的期望值 x_{T1} 相等以及 $T_2 = 1\,000$ 年和 $T_2 = 1\,000 \times 4 = 4\,000$ 季的期望值 x_{T2} 相等的等效条件，可以将按季最大风速估计的参数 $\hat{a}_{\mathrm{II}}$ 和 $\hat{b}_{\mathrm{II}}$ 换算成按年最大风速估计的基本参数 $\hat{a}_{\mathrm{I}}$ 和 $\hat{b}_{\mathrm{I}}$。

川沙气象站三个样本的参数估计表明：16 个方向以及不计方向全部数值用样本Ⅱ——季最大风速样本的参数估计结果 $\hat{a}_{\mathrm{II}}$和 $\hat{b}_{\mathrm{II}}$推算的 N 年期望值 x_N 最大。根据 $T_1 = 100$ 年和 $T_1 = 100 \times 4 = 400$ 季的期望值 x_{T1} 相等以及 $T_2 = 1\,000$ 年和 $T_2 = 1\,000 \times 4 = 4\,000$ 季的期望值 x_{T2} 相等的等效条件，可以将按季最大风速估计的参数 $\hat{a}_{\mathrm{II}}$ 和 $\hat{b}_{\mathrm{II}}$ 换算成按年最大风速估计的基本参数 $\hat{a}_{\mathrm{I}}$ 和 $\hat{b}_{\mathrm{I}}$。

龙华气象站三个样本的参数估计表明：SW 方向用样本Ⅱ——季最大风速样本的参数估计结果 $\hat{a}_{\text{Ⅱ}}$ 和 $\hat{b}_{\text{Ⅱ}}$ 推算的 N 年期望值 x_N 最大，其余方向用样本Ⅰ——年最大风速样本的参数估计结果 $\hat{a}_{\text{Ⅰ}}$ 和 $\hat{b}_{\text{Ⅰ}}$ 推算的 N 年期望值 x_N 最大。根据 $T_1 = 100$ 年和 $T_1 = 100 \times 4 = 400$ 季的期望值 x_{T1} 相等以及 $T_2 = 1\,000$ 年和 $T_2 = 1\,000 \times 4 = 4\,000$ 季的期望值 x_{T2} 相等的等效条件，可以将按季最大风速估计的参数 $\hat{a}_{\text{Ⅱ}}$ 和 $\hat{b}_{\text{Ⅱ}}$ 换算成按年最大风速估计的基本参数 $\hat{a}_{\text{Ⅰ}}$ 和 $\hat{b}_{\text{Ⅰ}}$。

三个气象站的参数估计结果 $\hat{a}_{\text{Ⅰ}}$ 和 $\hat{b}_{\text{Ⅰ}}$，$\hat{a}_{\text{Ⅱ}}$ 和 $\hat{b}_{\text{Ⅱ}}$ 以及基本（最大）参数 $\hat{a}$ 和 $\hat{b}$ 汇总如表4.5-5 ~ 表4.5-7 所示[38,39]。

宝山气象站参数估计结果　　表4.5-5

序号	罗盘方向	样本Ⅰ		样本Ⅱ		基本参数	
		$\hat{a}_{\text{Ⅰ}}$	$\hat{b}_{\text{Ⅰ}}$	$\hat{a}_{\text{Ⅱ}}$	$\hat{b}_{\text{Ⅱ}}$	$\hat{a}$	$\hat{b}$
1	N	2.140 9	6.511 5	1.827 6	4.539 5	2.140 9	6.511 5
2	NNE	3.732 5	8.874 4	2.828 1	5.785 4	3.732 5	8.874 4
3	NE	2.590 3	6.969 1	1.851 4	4.832 6	2.590 3	6.969 1
4	ENE	2.178 3	7.644 4	1.597 6	5.308 4	2.178 3	7.644 4
5	E	1.861 3	6.916 8	1.440 5	4.980 0	1.861 3	6.916 8
6	ESE	3.610 8	8.397 2	2.343 4	5.331 8	3.610 8	8.397 2
7	SE	2.272 3	6.293 0	1.970 2	4.283 3	2.272 3	6.293 0
8	SSE	2.561 3	7.490 3	1.978 6	4.999 4	2.561 3	7.490 3
9	S	1.907 9	5.979 3	1.665 8	3.734 5	1.907 9	5.979 3
10	SSW	1.391 6	5.393 0	1.791 2	3.332 9	1.788 3	5.836 7
11	SW	1.748 4	4.907 9	1.237 2	3.154 6	1.748 4	4.907 9
12	WSW	2.595 7	6.490 3	1.978 6	3.833 9	2.595 7	6.490 3
13	W	2.971 8	6.222 7	1.810 0	3.887 2	2.971 8	6.222 7
14	WNW	3.633 7	7.931 1	2.809 1	4.947 2	3.633 7	7.931 1
15	NW	3.658 9	7.333 7	2.585 9	4.519 2	3.658 9	7.333 7
16	NNW	3.321 7	9.071 8	2.921 0	5.762 8	3.321 7	9.071 8
17	全部	2.600 6	13.398 0	3.354 5	10.274 1	3.349 5	14.960 0

川沙气象站参数估计结果　　表4.5-6

序号	罗盘方向	样本Ⅰ		样本Ⅱ		基本参数	
		$\hat{a}_{\text{Ⅰ}}$	$\hat{b}_{\text{Ⅰ}}$	$\hat{a}_{\text{Ⅱ}}$	$\hat{b}_{\text{Ⅱ}}$	$\hat{a}$	$\hat{b}$
1	N	2.200 6	8.967 8	2.332 6	7.080 0	2.331 8	10.323 5
2	NNE	1.782 7	10.693 9	2.014 3	8.498 3	2.011 1	11.308 7
3	NE	1.679 3	9.943 6	1.808 2	8.270 3	1.807 4	10.785 8
4	ENE	1.539 7	9.854 1	1.633 2	7.768 0	1.629 7	10.053 2
5	E	1.615 3	8.786 4	1.533 4	7.082 2	1.530 0	9.231 8
6	ESE	1.880 1	9.317 5	1.892 3	7.501 1	1.889 7	10.147 2
7	SE	1.827 2	9.533 8	2.407 8	7.036 8	2.405 5	10.394 5
8	SSE	1.358 3	9.999 3	1.964 2	7.650 2	1.959 1	10.407 9

续上表

序号	罗盘方向	样　本　Ⅰ		样　本　Ⅱ		基本参数	
		$\hat{a}_{\mathrm{I}}$	$\hat{b}_{\mathrm{I}}$	$\hat{a}_{\mathrm{II}}$	$\hat{b}_{\mathrm{II}}$	$\hat{a}$	$\hat{b}$
9	S	1.309 0	9.592 8	2.247 4	7.208 5	2.245 1	10.342 3
10	SSW	1.027 3	8.520 0	1.756 6	6.168 3	1.755 4	8.615 0
11	SW	1.260 3	6.935 8	1.922 4	4.220 8	1.915 7	6.927 6
12	WSW	1.370 1	7.946 7	1.915 9	5.115 3	1.915 7	7.777 6
13	W	1.720 9	9.292 3	2.065 0	6.221 6	2.063 1	9.099 5
14	WNW	1.686 3	10.615 2	2.532 5	7.490 8	2.531 2	11.016 2
15	NW	2.328 1	9.804 5	2.630 4	7.356 2	2.626 6	11.027 4
16	NNW	1.969 1	9.292 7	2.822 0	6.578 6	2.817 3	10.520 1
17	全部	1.601 2	13.439 5	1.648 9	11.542 6	1.647 0	13.843 6

龙华气象站参数估计结果　　表 4.5-7

序号	罗盘方向	样　本　Ⅰ		样　本　Ⅱ		基本参数	
		$\hat{a}_{\mathrm{I}}$	$\hat{b}_{\mathrm{I}}$	$\hat{a}_{\mathrm{II}}$	$\hat{b}_{\mathrm{II}}$	$\hat{a}$	$\hat{b}$
1	N	0.555 7	9.224 1	0.669 3	7.591 9	0.555 7	9.224 1
2	NNE	0.880 3	9.713 9	0.823 8	7.751 5	0.880 3	9.713 9
3	NE	1.404 8	10.352 8	0.990 7	8.431 9	1.404 8	10.352 8
4	ENE	1.063 5	10.552 0	0.944 7	8.694 1	1.063 5	10.552 0
5	E	1.279 7	10.334 6	0.966 4	8.257 8	1.279 7	10.334 6
6	ESE	0.835 7	10.358 0	0.915 4	8.325 7	0.835 7	10.358 0
7	SE	0.825 0	10.371 5	0.873 4	8.673 6	0.825 0	10.371 5
8	SSE	0.777 4	10.219 9	0.815 4	8.660 8	0.777 4	10.219 9
9	S	1.068 9	8.799 7	0.949 6	6.865 1	1.068 9	8.799 7
10	SSW	0.732 8	7.184 5	0.857 2	5.238 5	0.732 8	7.184 5
11	SW	0.880 9	6.195 5	1.257 2	3.980 1	1.256 9	5.728 1
12	WSW	1.067 0	7.362 2	1.102 7	5.036 6	1.067 0	7.362 2
13	W	1.121 5	10.014 7	1.294 8	6.968 6	1.121 5	10.014 7
14	WNW	0.842 4	12.129 6	0.988 3	10.013 5	0.842 4	12.129 6
15	NW	0.720 3	11.465 2	0.887 4	9.408 4	0.720 3	11.465 2
16	NNW	0.687 8	9.734 4	0.791 9	7.955 3	0.687 8	9.734 4
17	全部	1.516 2	14.461 8	1.027 8	12.293 9	1.516 2	14.461 8

4. 测站设计基准风速推断

根据三个风速测站 16 个方向以及不计方向全部数值的参数估计值 $\hat{a}$ 和 $\hat{b}$，利用式(4.5-1)~式(4.5-3)可以推算出三个测站的基本风速，包括基本风速均值，基本风速方差和 100 年期望值。然后，采用指数律方法[式(4.5-17)和式(4.5-21)]，并取风速测站为Ⅱ类场地，$z_s=10\text{m}$，$\alpha_s=0.16$ 和 $z_{sg}=600\text{m}$，桥位现场为Ⅲ类场地 $z=60\text{m}$，$\alpha=0.22$ 和 $z_g=700\text{m}$，进一步推算出测站基准参数(a 和 b)和基准风速(均值 μ_x、方差 σ_x 和 100 年期望值 x_{100})。三个测站的基准参数和基准风速的计算结果汇总如表 4.5-8 和表 4.5-9 所示，其中，川沙气象站的计算结果中已经计入了回归剩余方差 $\sigma^2(e)$ 的影响[40,41]。

三个测站基准参数统计结果 表 4.5-8

序号	罗盘方向	宝山气象站		川沙气象站		龙华气象站	
		a	b	a	b	a	b
1	N	2.400 8	7.302 0	2.820 8	11.576 8	0.623 2	10.343 9
2	NNE	4.185 6	9.951 8	2.491 1	12.681 6	0.987 2	10.893 2
3	NE	2.904 8	7.815 1	2.286 3	12.095 2	1.575 3	11.609 6
4	ENE	2.442 7	8.572 4	2.111 7	11.273 7	1.192 6	11.833 0
5	E	2.087 3	7.756 5	2.015 7	10.352 5	1.435 1	11.589 2
6	ESE	4.049 2	9.416 6	2.368 5	11.379 1	0.937 2	11.615 5
7	SE	2.548 2	7.057 0	2.897 6	11.656 4	0.925 2	11.630 6
8	SSE	2.872 2	8.399 6	2.438 4	11.671 4	0.871 8	11.460 6
9	S	2.139 5	6.705 2	2.731 0	11.597 9	1.198 7	9.868 0
10	SSW	2.005 4	6.545 3	2.234 8	9.660 9	0.821 8	8.056 7
11	SW	1.960 7	5.503 7	2.394 7	7.768 6	1.409 5	6.423 5
12	WSW	2.910 8	7.278 2	2.394 7	8.721 8	1.196 5	8.256 0
13	W	3.332 6	6.978 1	2.544 0	10.204 2	1.257 7	11.230 5
14	WNW	4.074 8	8.893 9	3.029 3	12.353 6	0.944 7	13.602 1
15	NW	4.103 1	8.224 0	3.129 8	12.366 1	0.807 7	12.857 1
16	NNW	3.725 0	10.173 1	3.331 7	11.797 2	0.771 3	10.916 2
17	全部	3.756 1	16.776 1	2.128 5	15.524 2	1.700 3	16.217 4

三个测站基准风速统计结果 表 4.5-9

序号	罗盘方向	宝山气象站			川沙气象站			龙华气象站		
		μ_x	σ_x	x_{100}	μ_x	σ_x	x_{100}	μ_x	σ_x	x_{100}
1	N	8.69	3.08	18.35	13.20	3.62	24.55	10.70	2.00	13.21
2	NNE	12.37	5.37	29.21	14.12	3.19	24.14	11.46	2.58	15.43
3	NE	9.49	3.73	21.18	13.41	2.93	22.61	12.52	2.32	18.86
4	ENE	9.98	3.13	19.81	12.49	2.71	20.99	12.52	2.09	17.32
5	E	8.96	2.68	17.36	11.52	2.59	19.62	12.42	1.96	18.19
6	ESE	11.75	5.19	28.04	12.75	3.04	22.27	12.16	2.42	15.93
7	SE	8.53	3.27	18.78	13.33	3.72	24.99	12.16	3.09	15.89
8	SSE	10.06	3.68	21.61	13.08	3.13	22.89	11.96	2.51	15.47
9	S	17.94	2.74	16.55	13.17	3.50	24.16	10.56	2.88	15.38
10	SSW	7.70	2.67	15.77	10.95	2.87	19.94	8.53	2.25	11.84
11	SW	6.64	2.51	14.52	9.15	3.07	18.78	7.24	2.46	12.91
12	WSW	8.96	3.73	20.67	10.10	3.07	19.74	8.95	2.46	13.76
13	W	8.90	4.27	22.31	11.67	2.65	21.91	11.96	2.65	17.02
14	WNW	11.25	5.23	27.64	14.10	3.25	26.29	14.15	3.25	17.95
15	NW	10.59	5.26	27.10	14.17	3.37	26.76	13.32	3.37	16.57
16	NNW	12.32	4.78	27.31	13.72	3.62	27.12	11.36	3.61	14.46
17	全部	18.94	4.82	34.05	16.75	2.11	25.32	17.20	2.11	24.04

5. 桥位设计基准风速确定

根据三个风速测站和杨浦大桥的位置参数，可以计算出两两相对的空间直线距离 d_i 和加权值 η_i，如表4.5-10所示。采用式(4.5-23)～式(4.5-25)可以加权计算出桥位风速基准参数和桥位设计基准风速。现将桥位基准高度16个方向和不计方向全部数据的基准参数 a 和 b、基准风速均值 μ_x、基准风速方差 σ_x、50年期望值 x_{50}、100年期望值 x_{100}、200年期望值 x_{200} 和1 000年期望值 $x_{1\,000}$ 的结果汇总如表4.5-11所示。

空间直线距离和加权值(km)　　表4.5-10

直线距离	宝山气象站	川沙气象站	龙华气象站	杨浦大桥
宝山气象站	0.0	30.29	26.31	$d_1=16.76$
川沙气象站	30.29	0.0	25.69	$d_2=16.45$
龙华气象站	26.31	25.69	0.0	$d_3=14.32$
风速加权值	$\eta_1=0.313\,5$	$\eta_2=0.319\,5$	$\eta_3=0.367\,0$	$\Sigma\eta_i=1.0$

桥位设计基准风速（m/s）　　表4.5-11

序号	罗盘方向	基准参数		基准风速		N年期望值			
		a	b	μ_x	σ_x	x_{50}	x_{100}	x_{200}	$x_{1\,000}$
1	N	1.882 6	9.784 2	10.87	2.41	17.13	18.44	19.75	22.79
2	NNE	2.470 4	11.169 4	12.60	3.17	20.81	22.53	24.25	28.23
3	NE	2.219 3	10.575 2	11.86	2.85	19.23	20.78	22.33	25.90
4	ENE	1.878 2	10.632 1	11.72	2.41	17.96	19.27	20.58	23.61
5	E	1.825 1	9.992 5	11.05	2.34	17.11	18.39	19.66	22.60
6	ESE	2.370 1	10.850 6	12.22	3.04	20.10	21.75	23.40	27.22
7	SE	2.064 2	10.205 0	11.40	2.65	18.26	19.70	21.14	24.46
8	SSE	1.999 5	10.568 3	11.72	2.56	18.37	19.77	21.16	24.38
9	S	1.983 2	9.429 2	10.57	2.54	17.17	18.55	19.93	23.13
10	SSW	1.644 3	8.095 4	9.04	2.11	14.51	15.66	16.80	19.45
11	SW	1.897 1	6.564 9	7.66	2.43	13.97	15.29	16.61	19.67
12	WSW	2.116 8	8.098 3	9.32	2.71	16.36	17.84	19.31	22.72
13	W	2.319 2	9.569 5	10.91	2.97	18.62	20.24	21.85	25.59
14	WNW	2.592 0	11.727 2	13.22	3.32	21.84	23.65	25.45	29.63
15	NW	2.582 7	11.247 7	12.74	3.31	21.33	23.13	24.93	29.09
16	NNW	2.515 3	10.964 7	12.42	3.23	20.78	22.54	24.29	28.34
17	全部	2.481 6	16.171 1	17.60	3.18	25.85	27.59	29.31	33.31

图4.5-2所示为百年一遇桥位设计基准风速玫瑰图，该图不仅给出了16个方向的风速大小——期望值，而且描述了16个方向的风速变异——方差值。

根据上海杨浦大桥桥位设计基准风速推断结果表4.5-11和图4.5-2，可以得出下列结论[42～44]：

(1) WNW、NW和NNW三个方向的百年一遇风速较大。其中，WNW方向与SW方向的百年一遇风速的比值为1.585，而不计方向全部数据百年一遇风速与WNW方向和SW方向的相应风速的比值分别为1.17和1.80。

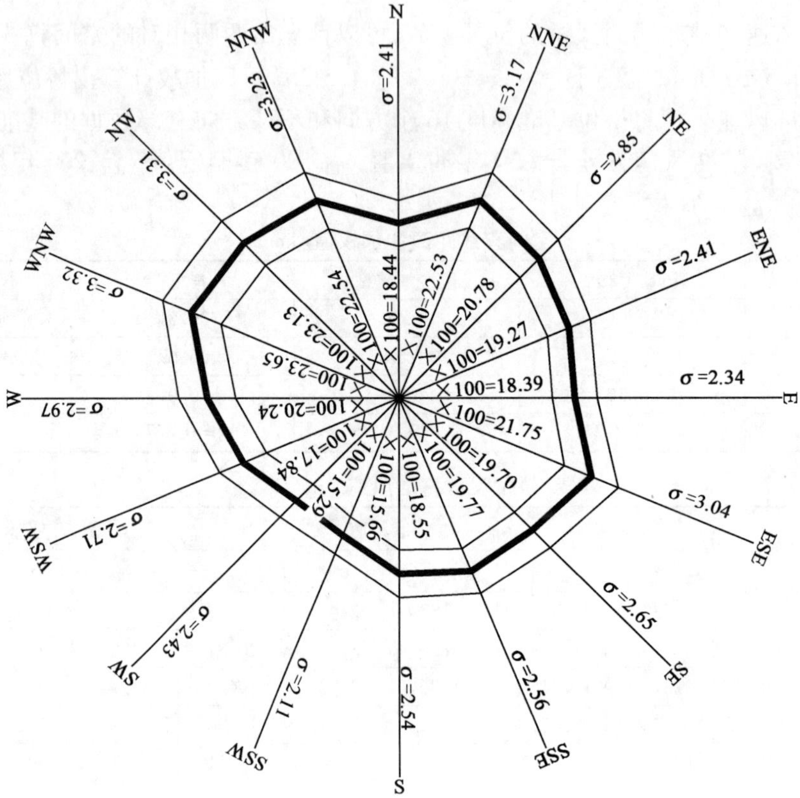

图 4.5-2　杨浦大桥百年一遇设计基准风速玫瑰图

(2)各个方向风速变异的程度是不均匀的,并且随着均值的增大而趋于减小。其中,不计方向全部数据的基准风速均值最大,且偏差系数最小,$\frac{\sigma_x}{\mu_x}=18.1\%$;SW 方向的基准风速均值最小,且偏差系数最大,$\frac{\sigma_x}{\mu_x}=31.7\%$;其余方向基准风速偏差系数介于 18.1% ~31.7%之间。

(3)根据《公路桥涵设计通用规范》(JTG D60—2004)规定,上海地区的基本风压 $W_0=800p_a$ 或基本风速 $U_0=\sqrt{\frac{2W}{\rho}}=36.14\text{m/s}$,相应的场地条件为 $z_s=20\text{m}$, $\alpha_s=0.14$ 和 $z_{sg}=600\text{m}$,由此,可以推算出杨浦大桥百年一遇风速为 $x_{100}=\left(\frac{z}{z_g}\right)^{\alpha}\left(\frac{z_{sg}}{z_s}\right)^{\alpha s}U_0=33.89\text{m/s}$。这个数值是表 4.5-11 中不计方向的相应结果的 1.23 倍,如果按安全系数 $k=1.20$ 考虑,上述推算结果与规范规定值仅相差 3%。

本章参考文献

[1] 李国豪. 桥梁结构稳定与振动[M]. 北京:中国铁道出版社,1992.

[2] G Hellman. Uber die Bewegung der Luft in den untersten Schichten der Atmosphare Meteorol [J]. Z. , 1916,34.

[3] H Schlichting. Boundary Layer Theory[M]. New York:Mc Graw-Hill,1960.

[4] D M Deaves,R I Harris. A Mathematical Model of the Structure of Strong Winds[J]. CIRIA Rep. , 1978,76.

[5] J Wieringa. Representative Roughness Parameters for Homogeneous[M]. Boundary Layor Meteor. , 1992.

[6] A G Davenport. Rational for Determining Design Wind Velocities[J]. Journal of Structural Engineering Division, ASCE, 1960,86.

[7] J Wieringa. Updating the Davenport Roughness Classification[J]. Journal of Wind Engineering and Industrial Aerodynamics, 1992:41-44.

[8] E Simiu. Thermal Convection and Design Wind Speeds[J]. Journal of Structural Division, ASCE, 1982,108.

[9] E Simiu , R H Scanlan. Wind Effects on Structures[M]. 2nd Edition. John Wiley & Sons, 1986.

[10] A G Davenport. The Relationship of Wind Structure to Wind Loading[C]//Proceedings of International Symposium on Wind Effects on Building and Structures. UK:London, 1965.

[11] E Simiu. Logarithmic Profiles and Design Wind Speeds[J]. Journal of Engineering Mechanics Division, ASCE, 1973,99.

[12] C S Durst. Wind Speeds over Short Periods of Time[J]. Meteorol. Mag. ,1960,89.

[13] 张相庭.工程结构风荷载理论和抗风计算手册[M].上海:同济大学出版社,1990.

[14] 屠向远,等.基本风压统计分析,建筑结构安全度及荷载组合课题研究报告[R].1978.

[15] 陈英俊,等.公路桥梁风荷载研究,《公路桥梁可靠度研究》专题研究之五[R].1993.

[16] J Pickands. Statistical Inference Using Extreme Order Statistics[J]. Annals of Statistics, 1975,3.

[17] J Gross, A Heckert, J A Lechner,et al. Novel Extreme Value Procedures:Application to Extreme Wind Data[J]. Extreme Value Theory and Applications,1994,1.

[18] E Simiu,N A Heckert. Extreme Wind Distribution Tails: a Peaks over Threshold Approach [J]. Journal of Structural Engineering, ASCE,1996,122.

[19] 浙江大学数学系高等数学教研组.概率论与数理统计[M].北京:人民教育出版社,1979.

[20] E Simiu,J J Filliben. Probability Distributions of Extreme Wind Speeds[J]. Journal of Structural Engineering, ASCE,1976,102.

[21] E Simiu,J J Filliben. Wind Direction Effects on Cladding and Structural Loads[J]. Journal of Engineering Structures,1981,3.

[22] P Sparis, J Antonogiannakis, D Papadopulos. Markov Matrix Coupled Approach to Wind Speed and Direction Simulation[J]. Wind Engineering,1995,19.

[23] J Hinze. Turbulence[M]. New York:Mc Graw-Hill, 1975.

[24] A G Davenport. The Dependence of Wind Load upon Meteorological Parameters[C]//Proceedings of International Research Seminar on Wind Effects on Buildings and Structures. University of Toronto Press, 1968.

[25] 葛耀君.桥梁结构风振可靠性理论及其应用研究[D].上海:同济大学,1997.

[26] 复旦大学.概率论(第二册),数理统计(第二分册)[M].北京:人民教育出版社,1980.

[27] Y K Wen. Wind Direction and Structural Reliability[J]. Journal of Structural Engineering, ASCE,1983,109(4).

[28] Y K Wen. Wind Direction and Structural Reliability[J]. Journal of Structural Engineering, ASCE, 1984,110(6).

[29] K Pearson. Tables of Incomplete Beta Function[M]. Cambridge University Press, London, UK, 1934.

[30] E Simiu,J J Filliben. Statistical Analysis of Extreme Winds[M]. Technical Note 868, National Bureau of Standards, Washington D. C. ,1975.

[31] B Epstein. Elements of the Theory of Extreme Values[J]. Technometrics, 1960,2(1).

[32] 菊地原英和.风速再现期间计算法比较考察[J].天气, 1971,18(1).

[33] 同济大学土木工程防灾国家重点实验室.宝山气象站风速记录数据[R].1997.

[34] 同济大学土木工程防灾国家重点实验室.川沙气象站风速记录数据[R].1997.

[35] 同济大学土木工程防灾国家重点实验室.龙华气象站风速记录数据[R].1997.

[36] 葛耀君,林志兴,项海帆.极值风速分布概型的渐近检验方法[C]//第五届全国风工程及工业空气动力学学术会议论文集,湖南张家界,1998:30-38.

[37] 葛耀君,林志兴,项海帆,等.极值风速分布概型的渐近检验及其在上海地区的应用[C]//国家自然科学基金"九五"重大项目——大型复杂结构的关键科学问题及设计理论研究1999年论文集,大连:大连理工大学出版社,2000:54-61.

[38] 葛耀君,林志兴,项海帆.风速风向联合分布概型及其在极端风速估计中的应用[C]//第九届全国结构风效应学术会议论文集,浙江温州,1999:301-309.

[39] 葛耀君,林志兴,项海帆.上海地区风速风向联合分布概型的统计分析[C]//国家自然科学基金"九五"重大项目——大型复杂结构的关键科学问题及其设计理论研究1999年论文集.大连:大连理工大学出版社,2000:45-53.

[40] 赵林,葛耀君.平均风极值分布模型及其工程应用[C]//第十届全国结构风工程学术会议论文集.广西龙胜,2001:392-398.

[41] Yaojun Ge,Haifan Xiang. Statistical Study for Mean Wind Velocity in Shanghai Area[J]. Journal of Wind Engineering and Industrial Aerodynamics, 90(12-15):1585-1600.

[42] 赵林,葛耀君,项海帆.极值风速拟合优化策略[J].同济大学学报,2003,4.

[43] 赵林,葛耀君.平均风极值分布极大似然求解及其应用[J].土木工程学报,2004,6.

[44] 项海帆,等.现代桥梁抗风理论与实践[M].北京:人民交通出版社,2005.

第五章　热带气旋数值模拟

大气层边界层的自然风主要与短周期的天气(Weather)条件或长周期的气候(Climate)条件有关,从气象学角度,又可以将天气条件区分为良态天气(Normal Weather)和极端天气(Extreme Weather),相对于前者,后者一般是指不寻常的、严重的或反季节的天气条件,并且发生的频率低于5%,极端天气风主要包括强热带气旋、龙卷风、飑线风、下击暴流等,其中尤以生成于西太平洋的台风(Typhoon)和生成于大西洋或东太平洋的飓风(Hurrican)发生频度最高、破坏力最强且波及范围最广,这两种极端天气风就是热带气旋。本章主要介绍热带气旋(特别是台风)的工程数值模拟理论和方法,其中包括确定性的台风数值模型与Monte-Carlo可靠度分析方法,非确定性的台风风场模型、台风风场的分布特点、数值化台风基本结构[1];借助敏感性分析技术,计算了台风风场多个随机参数对于极值风速的贡献程度,并采用台风基础资料,对上海和广州周边沿海海域台风风场参数的合理取值进行优化,基于越界峰值法和阶段极值法探讨了沿海地区工程场地目标重现期内极值风速预测分析过程,阐明了本文非确定性台风风场模型的工程适用性和必要性。

第一节　热带气旋近地层特性

极端天气风或热带气旋经过同一地点的频度较低、次数较少,历史记录资料比较缺乏,如果与良态天气风一样采用气象台站的风速历史记录资料进行统计推断,势必由于样本数量太少会造成很大的统计误差,影响统计分析精度,因此,一般改用数值模拟方法对热带气旋进行数值计算并进行设计风速的统计推断。对于风工程关注的最不利风况,良态天气风或季风以最大平均风速为主,相应的脉动风速具有低紊流度和稳态特点,在设计风速确定中可以采用近似经验风谱拟合模型;极端天气风或台风,不仅最大平均风速非常重要,而且伴随着脉动风速也很大且非稳态特性明显,对于特定工程场址的随机性和强变异性不容忽略,例如台风移动路径、中心强度、最大风速半径等都是随机的,这就需要在设计风速推断时同时考虑平均风速和脉动风速沿高度和水平距离的场分布特点,并基于建筑结构的不同重现期采用概率统计分析方法推算设计风速,因此基于概率性的数值模拟方法进行热带气旋风环境评估是十分必要的。

一、台风基本特性

台风实质上是一种源自海洋的强烈涡旋风暴,它的全部能量来源于水汽冷凝所释放的潜热。这种风暴在全球三个海区上影响最大,即西北太平洋(包括南海)、西北大西洋(包括加勒海和墨西哥海湾)和孟加拉湾。对全球八大洋区台风的发生次数做过统计,统计表明西北太平洋(包括南海)是全球台风发生最多的地区,其发生次数是其他洋区发生次数的几倍;全球台风的36%集中于此,台风和强台风的年平均发生次数为28.8个;各月发生数呈单峰型分布,极值出现在8月,平均出现6.1个;2月最小,平均出现0.4个。我国是全世界少数几个受台风影响最严重的国家之一。从北到南漫长的海岸线和沿海地区都可能有台风登陆,袭击沿海的台风风速可达40~60m/s以上,对邻海区域的生命财产安全构成严重威胁[2,3]。

台风是在比较均匀的热带海洋气团中发展起来的,所以气压、温度、风场的分布常常具有对称性,对于成熟的台风尤其如此,因此可以近似地把台风看作圆对称的涡旋。圆形涡旋的半径一般在500~1 000km。台风的垂直范围一般到对流层顶(15~20km),台风的垂直尺度与水平尺度比值约为1∶50,因而台风是一个扁平的气旋性涡旋且具有5~50km/h的整体移动速度。

二、台风基本结构

图5.1-1给出的台风垂直结构图是把垂直尺度放大后的结果,这样可以更加详细地说明垂直方向上各物理量的分布情况。沿着垂直方向,台风可分为三个层次。低层从地面到3km是气流的流入层,这一层的空气强烈向中心辐合,最强的流入主要出现在1km以下的边界层中(Ⅴ区)。从3~7.6km是中间层(Ⅳ区),这一层主要是切向风分量,径向风分量很小或没有径向风分量。在这层中垂直气流很强,从低层流入的大量暖湿空气通过这一层向高层输送。从7.6km到台风顶部是流出层(Ⅲ区)。在这一层中气流从中心向外流出,最大的流出出现在12km附近。流出的空气和四周空气混合又下沉到低层,于是组成了台风的径向—垂直环流圈。

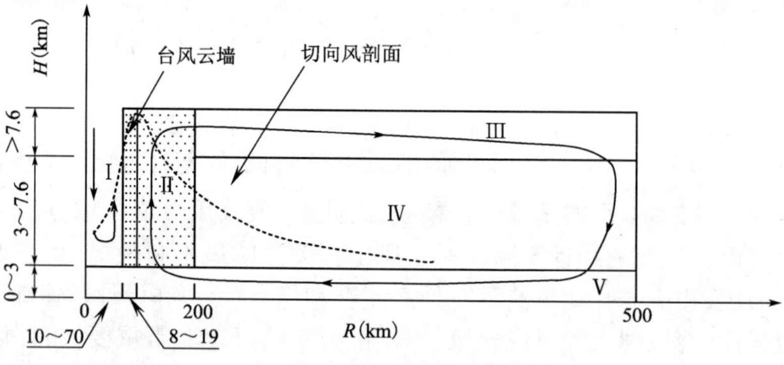

图5.1-1　成熟阶段台风垂直剖面图

Ⅰ-风眼区;Ⅱ-涡旋区;Ⅲ-外流层;Ⅳ-涡状区;Ⅴ-边界层

沿着半径方向上,台风分为三个部分:①风眼区Ⅰ:在风暴的最里面,一般范围为10~70km。这里风弱、干暖、少云。②最大风速区:构成涡旋区Ⅱ的最里层部分且围绕着眼区的环状区域,这是成熟台风最明显的标志,其宽度平均为8~19km。最大风速区一般与台风云墙一致。风暴中最强烈的对流和降水就发生在这个地区。台风云墙又称眼壁,由一些高大对流云组成,其高度常在15km以上,台风风场中最大风力也在云墙区内或离云墙不远的地方。巨大的台风破坏力常常由云墙区的强风引起。在云墙区内有强烈的对流活动,曾观测到5~13m/s的上升气流。③外层区:从风暴边缘向内到最大风速区之间的范围。主要由Ⅳ区和部分Ⅱ区构成,风速向中心增加,但常常达不到最大台风风速。

三、台风平面特征

观测结果表明，风场中某一位置的风速依赖许多因素。其中台风的总体强度和距台风中心的距离是两个最重要的因素。首先，台风的总体强度通常表达为台风中心与台风边缘的压力差，又称中心低压差ΔP。其次，目标位置的高度、相对台风整体移动的方位角和移动速度共同决定了某位置的实际风速。总之，一点的风速依赖其相对于旋转中心的空间位置、台风强度和整体移动速度。图5.1-2中虚线示意性地刻画了台风风速沿径向分布变化的规律。图5.1-2给出一般台风的典型平面特征（风速等值线图）台风平面为一个尺度巨大的涡旋，且不完全中心对称。

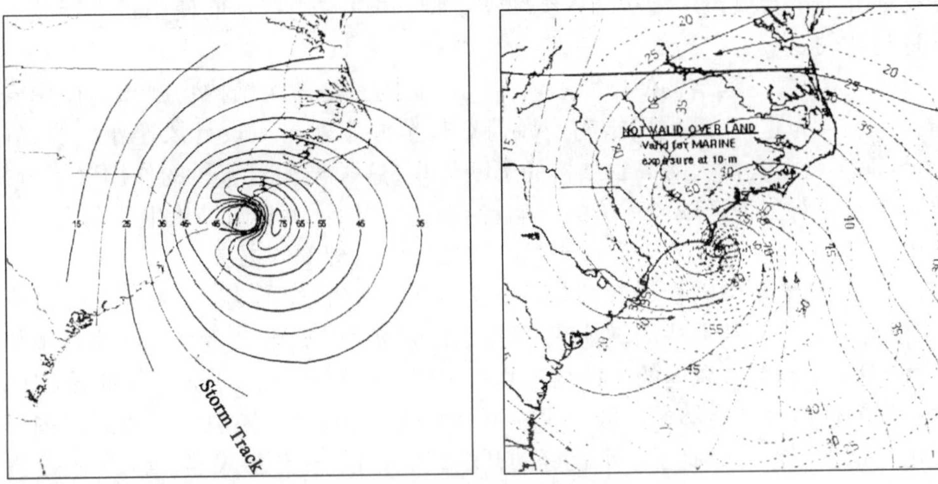

图5.1-2　一般台风的典型平面特征

我国沿海大部分区域处于西太平洋台风多发区，常面对强台风登陆的严峻考验，强大的热带风暴已经对大跨高耸等柔性结构构成了施工和使用中的安全隐患。随着我国跨海连岛工程的蓬勃发展，而我们对于这一问题的认识仍显得不足，抗风指南[4]和风荷载规范（JTJ 021—89[5]和GBJ 68—84[6]）并未对此作出相应的规定。国外从20世纪70年代起，一些学者在台风模拟与预测方面作出了有益的探索与尝试。在我国，尽管已经积累了多年的台风实测数据，但对于台风的工程模拟尚未有可借鉴的经验，这一领域的空白仍有待填补。目前，应用于气象学中的台风数值模型，是以流体动力学和热力学为基础的台风风场模拟，主要模拟台风的一些基本特征，如演变过程、流场、温度场、雨带、台风眼、能量平衡等，目的在于研究制约台风形成和发展的各种物理因素的作用，并为将来台风形成和发展的数值预报作准备[2,7]。显然，这种模型用于工程区域风速的统计与预测过于宏观与复杂且计算量极大，并不适用，更应该发展一种计算简便但具有足够精度的台风模型，而这种模型仅需模拟大气边界层内风速场的分布与变化。台风风场是尺度巨大的气旋性结构，其中一些重要参数，如中心压差ΔP、最大风速半径R_m等，不仅是时变的且具有较大变异性，因此预测台风极值风速时有必要充分考虑这种变化，那么对于台风问题的研究更有理由采用概率性的评价方法与准则[1]。

对于平均风或台风，其极值风速样本的选取为阶段极值采样法[8~10]或为越界峰值法[11]。阶段极值采样法适合样本数量较多的情况，当有较长时段每天极值风速记录时，可以考虑运用该方法，为克服样本数目不足，可结合概率曲线相关系数方法充分挖掘阶段采样法的效率。当极值样本较少时，如台风等偶发事件中仅有短时间的地面风速记录，运用越界峰值法可以有效地保留一次台风记录中较大风速样本，使以较少风速采样样本预测极值风速成为可能。

第二节　热带气旋工程模型

在沿海台风多发地区，高耸及长大建筑结构对于极值风速的作用非常敏感，因此在结构的设计、施工与使用期间有必要合理地估算结构设计使用期限内可能遭遇的台风极值风速。台风极值风速的估算不仅涉及台风风场的数值模拟，也包括风速样本的采集与统计分析过程。本节较系统地介绍了台风风场结构的各类数学模型，并对它们在不同使用目的背景下的适用性作了评述与比较。

在台风多发地区，工程结构使用期限内台风极值风速是影响结构物施工与使用安全的重要设计指标。迄今为止，我国抗风指南与风荷载规范并未对台风设计风速作出明确的规定。然而，随着沿海台风多发区大跨高耸结构的不断涌现，这类结构对于风的作用又十分敏感，因而有必要研究台风对工程区域风环境的影响特点并合理地预测建筑结构生命期内可能出现的台风极值风速，为工程结构的安全设计与风险评估提供合理的依据。

目前，应用于气象学中的台风数值模型，是以流体动力学和热力学为基础的台风风场模拟，主要模拟台风的一些基本特征，如演变过程、流场、温度场、雨带、台风眼、能量平衡等。显然，这种模型用于工程区域风速的统计与预测过于宏观与复杂且计算量极大而不适用，更应该发展一种计算简便但具有足够精度的台风模型，而这种模型仅需模拟大气边界层内风速场的分布与变化。这项工作已经有了一个良好的开端，从20世纪70年代起，国外一些学者在这方面作出了有益的探索与尝试。Chow[12]、Gomes 和 Vickery[13]、Batts 等[14]、Shapiro[15]、Georgiou[16]、Vickery 和 Twisdale[17]、Yan Meng 等[18]、Vickery 等[19]先后建立了工程适用的台风分析模型。Russell[20]、Tryggrason[21]、Fuji[22]、Matsui[23]提出并发展了基于 Monte-Carlo 模拟方法的台风数值分析方法。赵林、葛耀君和朱乐东等[24~27]结合中国沿海台风实测数据提出并发展了基于多种场参数优化的台风风环境预测与分析方法，提出了利用台风实测历史数据反演推算最优场参数算法，并建议了由台风过程中近地面多点实测风压、台风中心压差及最大风速半径等参数拟合的概率相关曲线。Vickery 等[28,29]基于北大西洋台风记录拟合了美国东海岸台风运动、衰减及强度变化的概率模型。Wills 等[30]和葛耀君等[31]对部分台风模型做了详尽的比较与总结。Sharma[32]、Amano[33]、宋丽莉等[34]和李秋胜等[35]基于实测探讨了台风气候下风速剖面、阵风因子、紊流度、积分尺度和风谱函数之间的关系，并得出了一般性的规律。更多的学者通过台风实测拟合了工程模型中的各类参数曲线（李鹏飞等[36]，Cao 等[37]，武占科等[38~40]），为改善模型的精度及其实用化作出了积极的贡献。

一个完整的台风模型应能描述台风五个方面的特征：①风场内空气微团的运动平衡方程；②台风风场风压分布；③边界层内的风速剖面；④边界层紊流特性；⑤登陆台风衰减模型。

一、气团运动平衡方程

目前存在三种运动平衡方程：一种是建立于梯度层中力的平衡方程，不考虑台风实际转移速度和边界层内剪切风速的影响(Gray[41])[式(5.2-1)];另一种是关于风速的动量方程(Chow[12],Georgiou[16],Shapiro[15],Vickery[17,19])[式(5.2-2)和式(5.2-3)],解中不包含边界层内风剖面信息,需要经验修正以吻合台风实际观测结果;最后一种平衡方程可同时适用梯度层和边界层,可以考虑台风实际转移速度和剪切风速的影响(Meng 等[42,43])[式(5.2-4)]。

1. 径向压力梯度平衡方程

$$\frac{\partial P_r}{\partial r} = \rho\left(\frac{v^2}{r} + 2v\Omega\sin\Psi\right) \tag{5.2-1}$$

式中:P_r——风场压力分布函数;

r——距台风中心的半径;

ρ——空气密度;

v——空气微团的切向速度;

Ω——地球转动速度(rad/s);

Ψ——空气微团所处的纬度。

由于此公式不考虑台风实际转移速度和剪切风速的影响,这类模型在计算边界层内风速的分布时需要附加的修正公式。

2. 径向和切向动量平衡方程

$$v_r\frac{\partial v_r}{\partial r} - \frac{v_\theta^2}{r} - fv_\theta + \frac{v_\theta}{r}\frac{\partial v_r}{\partial \theta} + \frac{\partial P_r}{\partial r} - K\left(\nabla^2 v_r - \frac{v_r}{r^2} - \frac{2}{r^2}\frac{\partial v_\theta}{\partial \theta}\right) + F(c,v_r) = 0 \tag{5.2-2a}$$

$$v_r\left(\frac{\partial v_\theta}{\partial r} + \frac{v_\theta}{r}\right) + fv_\theta + \frac{v_\theta}{r}\frac{\partial v_\theta}{\partial \theta} + \frac{\partial P_r}{\partial r} - K\left(\nabla^2 v_\theta - \frac{v_\theta}{r^2} + \frac{2}{r^2}\frac{\partial v_r}{\partial \theta}\right) + F(c,v_\theta) = 0 \tag{5.2-2b}$$

式中:　θ——自正东方向逆时针转动的角度;

v_r、v_θ——空气微团沿台风圆周径向和切向平均速度;

c——台风的移动速度;

f——Coriolis 参数,$f = 2\Omega\sin\Psi$;

K——涡旋扩散常量;

$F(c,v)$——摩擦阻力。

在地面固定坐标系中,空气微团的平衡方程为:

$$\frac{\mathrm{d}v}{\mathrm{d}t} + f|k \times v| = -\frac{1}{\rho}\nabla P_r + \nabla\cdot(k_{\mathrm{m}}\nabla v) - \frac{C_{\mathrm{D}}}{h}|v|v \tag{5.2-3}$$

式中:$\frac{\mathrm{d}}{\mathrm{d}t} = \frac{\partial}{\partial t} + v\cdot\nabla$;

t——时间;

v——空气微团的平均速度;

k——水平向的单位矢量;

ρ——空气密度;

C_{D}——摩擦阻力系数;

k_{m}——涡旋黏度。

式(5.2-2)和式(5.2-3)建立于不同的坐标系中,Shapiro[15]和 Vickery 等[19]分别以截断谱和全非线性有限差分方法求得其数值解。

3. 考虑边界层摩擦力修正的压力梯度平衡方程

$$\frac{\partial v}{\partial t} + v \cdot \nabla v = -\frac{1}{\rho}\nabla p - fk \times v + F \tag{5.2-4}$$

式中：k——拟合参数；

v——空气微团的运动速度；

F——边界层摩擦力。

式(5.2-4)较好地表达了台风风场中力的关系，并由此演化出完整的解析解，但是台风本身是一种变异性较强的系统，为使解析解与实际观测数据很好地吻合，有必要在方程中使用经验修正项。

二、梯度风压径向分布

关于 $P_r(r)$ 的最简单形式由 Schloemer[44] 提出：

$$P = P_c + \Delta P \exp\left[-\left(\frac{R_m}{r}\right)\right] \tag{5.2-5}$$

式中：P_c——台风中心压力；

ΔP——中心低压差；

R_m——最大风速半径。

基于台风实测记录数据拟合结果，Holland[45]（1980 年）又提出 $P_r(r)$ 的改进模型，认为半径压力分布关系可表达为：

$$P = P_c + \Delta P \exp(-A/r^{\beta}) \tag{5.2-6}$$

式中，A 和 β 是由经验确定的常量。当 $\beta = 1$ 时，这个模型等同于 Schloemer 模型，此时 $A = R_m$。然而，根据 Holland 分析的台风数据，β 的最优值在 1.05 ~ 1.5 之间，其他研究结果表明 β 也可能取值 1.5 ~ 2.5 之间。显然，当 β 接近于 1 时，A 的值近似等于 R_m，但是在总体上 $R_m = A^{1/\beta}$。

Shapiro[15] 提出一个更加简化的台风风压分布模型，认为在台风中心处，气流类似于"刚体"作整体运动；在中心外层，台风风速以 $r^{-0.6}$ 幂指数形式衰减分布。

比较以上三个模型，Schloemer 和 Shapiro 模型简单适用，适合台风风场的快速估算；Holland 台风风压分布模型含有参数拟合项，可适时地针对具体台风作调整，在适应台风风压数据方面有更大的灵活性，可用于台风风场的精确求解及可靠性分析。

一般需要附加表达式确定 R_m。通常假定 R_m 与 ΔP 相关，然而观测结果表明这种相关关系存在相当程度的离散性（Yasui 等[46]）。而后，Zhao 等[27] 和卢安平[47] 采用台风登陆过程近地面数百个气象站实测大气压力连续变化过程，提出适用于中国沿海地区的 β 与 ΔP 概率拟合关系，其中又引入了台风径向压力剖面系数 R_m 的影响效应。

三、边界层风速剖面

在大气边界层内，摩擦阻力会使梯度风速逐渐衰减，因此必须给出随高度变化的风速垂直变化关系。Gomes 和 Vickery[13]分两个步骤描述了风速剪切变化。第一步假定一个固定的因子 c_0,可转换梯度风速 U_g 到 10m 的高度风速 U_{10};第二步依据地表粗糙度选取另外一个因子 c_1,转换 10m 高度风速至任意高度设计风速。考虑风场的非均匀性,最后叠加 0.5 倍的台风整体移动速度来确定实际风速。

Shapiro 通过定义摩擦阻力系数描述边界层内风速剖面特征:

$$C_D = (1.1 + 0.04|u + U_{tr}|) \times 10^{-3} \tag{5.2-7}$$

式中:u ——台风梯度风速;

U_{tr} ——台风移动速度。

由式(5.2-7)可知,Shapiro 定义的边界层内台风风场为非中心对称且是 r/R_m 的函数,这与实际观测情况较一致。

Georgiou 定义经验函数 ϕ_ω 来描述 500m 高度与 10m 高度风速之间的比例关系[式(5.2-8)],然后以经验公式(5.2-9)换算至 0 ~ 500m 之间任意高度的风速值(Georgiou[16])。

$$\phi_\omega = \begin{cases} 1.0 & \dfrac{r}{R_m} = 0 \\ 0.825 & 0.5 < \dfrac{r}{R_m} < 2.0 \\ 0.750 & \dfrac{r}{R_m} > 5.0 \end{cases} \tag{5.2-8}$$

$$U(z) = U_{10} + (U_{500} - U_{10})\ln(az^2 + bz + c) \tag{5.2-9}$$

式(5.2-9)中系数 a、b 和 c 可由基于实际观测的补充关系式(5.2-10)确定。

$$U(150) = U(10) + U(500) \tag{5.2-10}$$

Georgiou 又提出了边界层风速流入角的近似处理方法:假定风速流入角随高度线性地衰减,10m 高度的流入角等于 500m 高度处流入角的 1/3。

由以上基于实测的经验模型所建立的边界层风速剖面实质上是关于 r/R_m 的函数,并没有考虑边界层特征和场地粗糙度的影响。

Meng 等[43]针对上述问题提出"等效粗糙长度"概念,可以更加真实地模拟边界层风速剖面,并定义摩擦阻力系数如下:

$$C_D = \frac{\kappa^2}{\left[\ln\left(\dfrac{z_{10} + h - d}{z_0}\right)\right]^2} \tag{5.2-11}$$

式中:κ——Karman 常量,取 $\kappa = 0.4$;

h——平均粗糙单元高度;

z_{10}——$z_{10} = 10\text{m} + h$;

d——零平面位移,取 $d = 0.75h$(Holland[45]);

z_0——等效粗糙长度。

一般情况下,h 可表达为 $h = Az_0^{0.86}$(Lettau[48]),其中常数 A 由实测确定为 11.4(Helliwell[49],Kondo 等[50])。如果建立方向相关的地表粗糙特征描述(Lin 等[51],Kristensen 等[52]),Meng 模型的边界层内台风风场具有非中心对称性。

Meng 等[42,43](1993 年, 1995 年)基于式(5.2-4)解析地推导了梯度层和边界层内关于地表粗糙长度和 r/R_{m} 的风速分布关系。由此建立的风速剖面与台风(Mireille T9119)实测结果吻合较好。

$$v_{\theta g} = \frac{1}{2}(c_\theta - fr) + \left[\left(\frac{c_\theta - fr}{2}\right)^2 + \frac{r}{\rho}\frac{\partial P}{\partial r}\right]^{\frac{1}{2}} \tag{5.2-12}$$

$$v_{rg} = -\frac{1}{r}\int_0 \frac{r\partial v_{\theta g}}{\partial \theta}\mathrm{d}r \tag{5.2-13}$$

$$-\left(2\frac{v_{\theta g}}{r} + f\right)v'_\theta = k_{\mathrm{m}}\frac{\partial^2 v'_r}{\partial z^2} \tag{5.2-14}$$

$$\left(\frac{\partial v_{\theta g}}{\partial \mathrm{r}} + \frac{v_{\theta g}}{r} + f\right)v'_r = k_{\mathrm{m}}\frac{\partial^2 v'_\theta}{\partial z^2} \tag{5.2-15}$$

式中:$v_{\theta g}$、v_{rg}——梯度风速切向和径向分量;

v'_θ、v'_r——摩擦风速 v' 切向和径向分量。

四、边界层紊流特性

台风风场的紊流强度具有较大的离散性,由实际观测经验来看,近地台风的紊流度和阵风因子较高(Sharma 等[53],庞加斌等[54])。台风紊流谱亦不足以描述实际台风风速能量分布情况。尽管澳大利亚风荷载规范 AS1170.2-1989[55]对于台风紊流度与紊流风谱提出了特别规定,Sharma[53]认为当考虑台风风场流动不稳定性时,该规范仍有修正的必要,并建议作如下修正:

$$I_{\mathrm{u}}(TC) = \alpha \times I_{\mathrm{u}}(Non\text{-}TC) \tag{5.2-16}$$

$$\gamma_{\mathrm{G}}(TC) = 1 + 3.7I_{\mathrm{u}}(TC) \tag{5.2-17}$$

式中:TC——台风区域;

$Non\text{-}TC$——非台风区域;

α——对于 A～D 类场地,α 可分别取值为:1.60、1.48、1.36、1.24;

γ_{G}——阵风因子。

既然台风风场本身具有非平稳性,其紊流风谱应可以描述附加的涡旋特征,因此 Sharma 建议采用如下形式的风谱方程:

$$\frac{fS_{\mathrm{u}}(f)}{u_*^2} = 0.5n_\delta(1 + 2.2n_\delta^{\frac{5}{3}})^{-1}\left(-\frac{\delta}{l_0}\right)^{\frac{2}{3}} + 105n(1 + 33n)^{-\frac{5}{3}} \tag{5.2-18}$$

$$n = \frac{fz}{U} \quad n_\delta = \frac{f\delta}{U} \quad u_* = \frac{KU(z)}{\ln\dfrac{z - z_{\mathrm{d}}}{z_0}} \quad z_{\mathrm{d}} = \overline{H} - \frac{z_0}{K} \tag{5.2-19}$$

其中,$\delta = 500\mathrm{m}$;$l_0 = -100\mathrm{m}$;n 为折算频率;f 为频率(Hz);$S_{\mathrm{u}}(f)$ 为风谱函数;u_* 为气流摩阻速度;K 为无纲量常数($K \approx 0.4$);z_0 为地面粗糙长度。

五、登陆台风衰减模型

当台风登陆后,随着中心低压差的减小,台风强度逐渐降低,许多学者建立了相应的台风强度衰减模型。

Batts 等[14]提出台风衰减仅与登陆时间有关,即:

$$\Delta P(t) = \Delta P_0 - 0.675(1 + \sin\varphi)t \tag{5.2-20}$$

式中:$\Delta P(t)$ ——台风登陆 t 时刻后的中心压差;

ΔP_0——台风登陆前的中心压差;

φ——在台风登陆点,海岸线与台风运动方向的夹角。

Georgiou[16](1985 年)在北美四种类型的沿海区域、海滨、海湾建立了台风强度衰减模型,认为台风的填充效应依赖登陆的距离,而与台风的强度及登陆时间无关。

Vickery 和 Twisdale[17]在美国东南海岸由实测台风数据拟合了与地理位置有关的台风强度衰减关系,见式(5.2-21)。

$$\Delta P(t) = \Delta P_0 \exp(-at) \tag{5.2-21}$$

式中:$a = a_0 + a_1\Delta P_0 + \varepsilon$;

ε——零均值的正态标准偏差;

a_0、a_1——取值与地理位置有关。

比较现有的各种台风模型,依据台风风场空气微团平衡方程形式及求解方法,可以将台风模型分为三大体系:①基于实测与经验拟合的 Gomes & Vickery 模型;②基于假定的梯度压力场和动量方程的 Chow、Shapiro、Georgiou 和 Vickery 等模型;③基于扰动平衡方程的 Meng 解析模型。

1. Gomes & Vickery 模型

Gomes & Vickery 分两个步骤描述了风速剪切变化。该模型计算简便,但精度稍差,适用于台风风场的初步简化分析。

2. Chow、Shapiro、Georgiou 和 Vichery 等模型

Shapiro 依据台风实测资料指出,即便以台风运动中心为参照系,台风观测风速也并非圆周对称。他把这种现象归因于与方向相关的地表阻力差异而导致的台风圆周不均匀变化,并接受了 Chow 最初提出的台风建模方法。Shapiro 模型假定了 1km 厚的板状边界层,板状边界层上作用圆周对称的压力场,在地表附近根据 Deacon 公式由阻力系数确定阻力[式(5.2-7)]。由式(5.2-7)可知,既然台风圆周各点风速 u 不断变化而 U_{tr}保持为常量,这样地表阻力在径向或切向都是不断变化的。Shapiro 假定台风压力场在靠近中心处作刚体运动,并通过一个三次样条拟合分布与外层结合,外层风速以 $r^{-0.6}$幂函数衰减。Shapiro 计算了与时间相关的解并且可以过渡到稳定状态。在具有移动速度 c 的情况下,动量方程可以在二维网格中求解,Chow 已在 Cartesian 网格中完成了这部分工作。Shapiro 的简化计算模型使用了极坐标网格,并且以傅立叶拟合方法表达了台风风速的变化规律,其中仅保留了傅立叶变换的第零项、第一项和第二项谐函数。这样无需在二维网格中求解动量方程,问题被简化至在一维径向网格坐标中求解 6 个参数的动量方程。Shapiro 模型的理论计算值与实际台风观测结果具有良好的相关性。

Georgiou 使用 Shapiro 模型计算了 500m 高度的风场速度分布,并假定压力场作用在 2.5km(700mb)高度的水平上。当选取绝对参照坐标系时,风场模型可包含移动效果,并且风场具有非对称性质。Georgiou 指出,Shapiro 模型假定固定高度(1km)的板状边界层与实际情况不符,因此理论计算结果与实测情况很难等同起来。依据 Georgiou 的求解,在 500m 与

2.5km 高度之间可以观察到计算风速在台风眼壁周围近似为常量，这与实际情况相吻合；Georgiou 在给定的情况下，以梯度平衡风与 Shapiro 模型中最大风速半径处按方位角平均的风速相等，这样使中心压力与 Shapiro 风场中的任意点风速作了必要的联结，例如，风场在 500m 与 2.5km 之间独立于高度，但是依赖半径与方位角。Georgiou 通过空间分析表明 Shapiro 模型的风场仅仅依赖四个非尺度量值：中心压差 ΔP、移动速度 c、紊态涡旋黏度系数 k_m 和地表阻力系数 C_D。其中风场对于 k_m 和 C_D 的变化相对不敏感，仅与 ΔP 和 c 的变化相关，这表明地表粗糙度和扰流结构独立于台风强度。

Vichery 和 Twisdale 最初在 1995 年使用 Shapiro 的截断谱模型来表达风场中方位角的变化，而不是使用完全的 Georgiou 非线性求解方法，这样可以大大减少计算代价；此时，Vichery & Twisdale 模型和 Shapiro 模型之间仅存的略微差异在于阻力系数 C_D 的修正、转换 U_{500} 到 U_{10} 风速的 Φ_ω 参数选取及描述外部风场区域梯度风速变化的指数值。Vichery 等又在 2000 年推导了基于有限差分法的完全非线性 Chow 台风模型解并使用完全的谱模型表达式，其中考虑了海洋表面粗糙度和大气海洋温度对于台风风速的影响。

3. Meng 解析模型

Meng 解析模型基于径向压力梯度、向心力、Coriolis 力及摩擦力建立了扰动平衡方程，在二维极坐标网格内推导了可分别用于梯度层和边界层的风速分布关系，并且简化了解析结果的复杂程度。该方法即可用于描述整个风场的风速分布，亦可计算风场局部位置的风速变化规律，与上述 Shapiro、Vickery 等人的台风模型相比更适用于描述边界层内台风风场，且具有较高的计算精度。

综上所述，表 5.2-1 总结了各种台风模型的特点。

几种台风模型之比较 表 5.2-1

台 风 模 型	整体移动	地表粗糙度	压力分布	风速剖面	阵风因子	填充效应	计算特点
Chow,1971 年	解析叠加	考虑	指数形式	不全面	未描述	未考虑	很复杂
Gomes & Vickery,1976 年	经验修正	未考虑	指数形式	过于简单	简单描述	未考虑	简单
Batts 等,1980 年	简单修正	未考虑	未描述	过于简单	未描述	考虑	最简单
Shapiro,1983 年	解析叠加	考虑	指数形式	不全面	未描述	未考虑	较复杂
Georgiou,1985 年	解析叠加	未考虑	指数形式	不全面	未描述	考虑	较复杂
Vickery & Twisdale,1995 年	解析叠加	经验修正	幂函数	经验修正	较合理	考虑	复杂
Yan Meng 等,1995 年	解析叠加	考虑	指数形式	较合理	未描述	未考虑	适用于边界层
Vickery 等,2000 年	解析叠加	经验修正	幂函数	经验修正	较合理	考虑	适用于梯度层

第三节　模型参数变异性与敏感性

基于 Holland[45] 台风风场径向风压分布和 Meng[43] 台风风场风速分布理论模型，对于 2005 年对上海有强烈影响的两次台风（麦莎 0509 和卡努 0515）进行案例分析。首先选取麦莎台风对上海崇明岛气象站风速作用最强时刻（8 月 8 日 2 时）进行瞬态仿真计算，此时气象站记录到的瞬时最大风速为23.8m/s(离地10m高度),风向SE,卫星云图记录的该时刻台风中心位置为(34.3°,119.0°),台风整体移动速度6.3m/s,移动方向SSW,中心气压995hPa。气象站按标准B类场地,地表粗糙高度取$z_0=0.05$m,Holland风压分布系数β分别取其建议值的下限1.05和上限2.5,本文采用台风确定性数值方法计算分别得到侯家镇气象站位置瞬时风速值14.59m/s和19.30m/s,风向SE,尽管风向与实测结果吻合较好,风速值相差-38.7%和-18.9%。绘制了上述两种不同Holland风压分布系数β取值时,麦莎台风在10m高度瞬态风速分布等压线(图5.3-1),可见两种状态风速分布有较大差别,这种情况来自Holland风压分布系数取值偏差造成的,另一方面台风中心定位及中心气压差由于变异性较强,都存在准确取值的困难,因此,以目前的工程台风数值模型分析理论完成一次高精度的台风确定性算法计算跟踪过程几乎是不可能的。

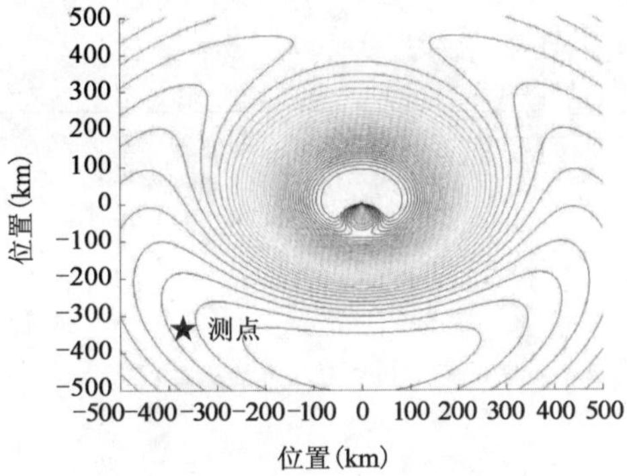

a) Holland风压分布系数β=1.05

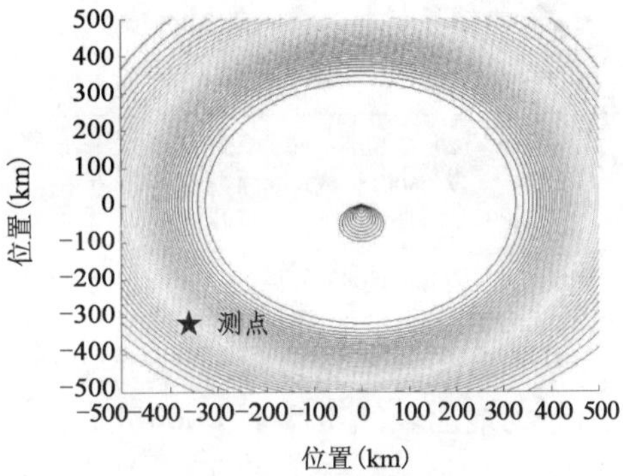

b) Holland风压分布系数β=2.50

图5.3-1　麦莎台风离地10m高度瞬态风速等压线分布图

考虑到台风中心定位误差通常介于100~200km之间,假定台风中心位置定位服从正态分布,均值取为实测值,定位误差换算得到中心经纬度定位变异系数为6.7%和1.54%,引入这一随机因素,进行两次对上海有影响台风全过程跟踪的分析(图5.3-2),结果表明无论哪一种确定性参数取值的计算结果都难于与现场观测值完全吻合,但采用随机参数多种取值结果却可以形成台风观测值包络范围,由此可以在一定程度上掌握台风发展历程趋势性的特点,从这一角度,也可以很好地解释观测与理论计算两者之间的差异。这提示我们,一方面台风具有强变异性的特点,另一方面台风确定性算法中有必要引入概率性分析理论。

一、台风场随机变量

结合台风过程压力场分布关系[式(5.2-5)或式(5.2-6)]和边界层内空气微团动量守恒方程,引入近地面及近梯度层边界条件[式(5.2-11)],可以计算在台风梯度层与边界层内任意一点的风速,限于篇幅具体内容参见相关文献(赵林[1],2003年)。由上述推导可知,在台风数值模拟中涉及以下几个主要随机量:中心压差ΔP、最大风速半径R_m、Holland风压分布系数β、台风中心定位坐标(北纬L_a、东经L_0)、台风整体移动速度c、地表粗糙高度z_0。

1. 最大风速半径R_m

由于热带气旋年鉴(1949~2012年)[56]并未提供台风最大风速半径R_m实测值,可参考

Yasui[46]由台风风速记录拟合得到的台风中心压差与最大风速半径之间的经验函数关系，确定 R_m 的取值，并给出了经验公式的适用条件：

(1)台风中心气压低于980hPa；

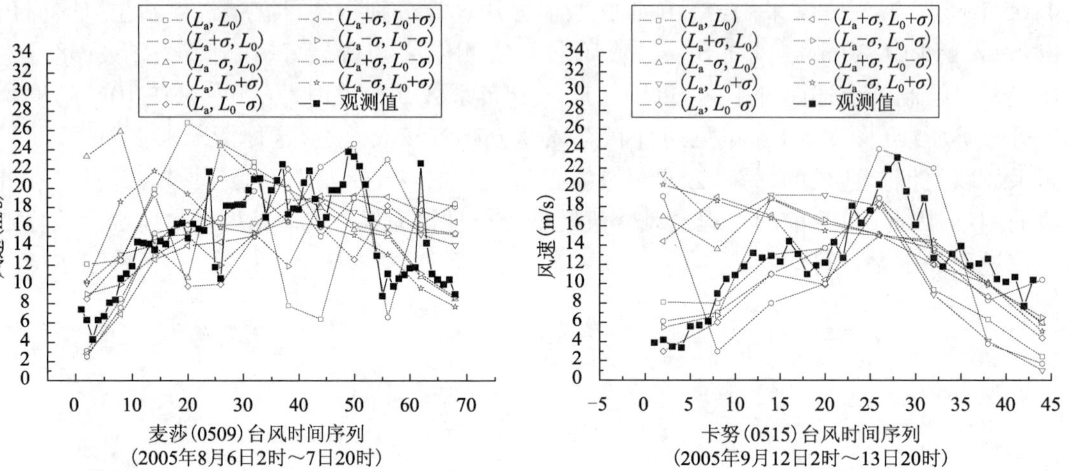

图 5.3-2　麦莎(0509)和卡努(0515)台风考虑台风中心定位不确定性数值计算结果与观测值比较

(2)台风中心距离工程场地 100～500km；

(3)工程场地地表气压低于 1 000hPa。

$$E(r_m) = 2.06 \times 10^4 \Delta P^{-1.27} \tag{5.3-1}$$

$$\sigma(r_m) = 4.4 \times 10^4 \Delta P^{-1.76} \tag{5.3-2}$$

式中，$E(\cdot)$、$\sigma(\cdot)$代表 R_m 的均值与方差。由式(5.3-1)和式(5.3-2)可知，R_m 平均变异系数可取为40%。

Yasui 进一步证明了在两种不同中心压力(ΔP = 33hPa、48hPa)的作用下，最大风速半径 R_m 服从正态分布或对数正态分布。

2. 台风中心坐标定位误差

由热带气旋年鉴统计可知，台风中心位置定位误差介于 20～200km 之间。根据上海沿海的经纬度坐标(31.4°,121.7°)，可假定台风中心位置定位服从正态分布，均值取为实测值，变异系数分别取为 6.7%、1.54%。

3. Holland 经验系数 β

根据 Holland 分析的台风数据，β 的最优值在 1.05～1.5 之间，其他的研究结果也可能把 β 置于 1.5～2.5 之间。然而计算表明，风速计算结果对于不同的 β 取值变化较大。有必要根据我国沿海实测台风风速记录重新界定 β 的取值。

4. 地表粗糙高度 z_0

各国规范和不同学者对场地地表粗糙高度的研究结果略有差异(Counihan[57]，Choi 等[58]，项海帆等[4]，GBJ 68—84[6])，本文对 A、B 类场地的 z_0 界定一个区间。A 类场地：0.000 5～0.02m；B 类场地：0.05～0.2m。

5. 其他参数

对中心压差 ΔP、整体移动速度 c 等台风参数的取值，由于目前尚未有相关研究，可由中心极限定理假定服从以实测值为均值的正态分布，变异系数可分别取为 20%、50%。

二、变量敏感性分析

借助可靠度理论中敏感性分析技术（Haldar 等[59]）可了解结构或系统相对于基本变量的敏感性。如果一个变量的不确定性对于结构或系统的响应结果有很大影响，就有必要收集附加的变量信息，借此可以改善预测结果的可靠性。敏感性分析也可以忽略那些对于系统可靠性影响不大的随机变量，节省了大量的计算时间，而不会对预测结果有较大的影响。

响应的敏感性分析可由三种方法实现：①有限差分法；②基于传递法则的经典摄动法；③迭代摄动法。经典摄动法和迭代摄动法一般用于具有显式闭合表达的解析式，如果显式闭合表达的解析式形式复杂且具有多个随机变量时，摄动法的解析推导过程仍然是一项极其复杂的工作。有限差分法作为一种数值求解算法具有思路简明、计算迭代收敛速度快等优点。下面简单介绍其基本表达式和计算步骤。

对于解析表达式 $Z=g(X)$，变量 Z 对 X 的导数定义为：

$$\frac{\mathrm{d}Z}{\mathrm{d}X}=\lim_{\Delta X\to 0}\frac{\Delta Z}{\Delta X}\tag{5.3-3}$$

如果式 $g(X)$ 的解析差分求解困难，那么最简单的计算导数的数值近似方法是比较微小扰动作用下响应变量的变化率（ $\Delta Z/\Delta X, \Delta X\to 0$ ）。对于更一般的情况，当 Z 为 n 个变量的函数 $Z=g(X_1,X_2,\cdots,X_n)$ ，那么在点 $(X_1^0,X_2^0,\cdots,X_n^0)$ 计算偏导数 $\frac{\partial Z}{\partial X_1},\frac{\partial Z}{\partial X_2},\cdots,\frac{\partial Z}{\partial X_n}$ 的步骤如下所示：

（1）计算 $(X_1^0,X_2^0,\cdots,X_n^0)$ 点的响应：$Z_0=g(X_1^0,X_2^0,\cdots,X_n^0)$ 。

（2）变量 X_1 作微小扰动，$X_1^0+\Delta X_1$，其他变量 $X_2^0,\cdots,X_n^0$ 保持为原值，计算该点 $(X_1^0+\Delta X_1, X_2^0,\cdots,X_n^0)$ 的响应：$Z_1=g(X_1^0+\Delta X_1,X_2^0,\cdots,X_n^0)$。

（3）计算扰动后与扰动前的差值，$\Delta Z=Z_1-Z_0$，可进一步计算在 $(X_1^0,X_2^0,\cdots,X_n^0)$ 点响应 Z 对于变量 X_1 的近似偏导数：$\frac{\Delta Z}{\Delta X_1}$。

（4）重复（2）、（3）步，分别计算响应对于变量 $X_2^0,\cdots,X_n^0$ 的近似偏导数。

比较响应对于每个变量的近似偏导数并判断响应变化的敏感程度，在随后的系统可靠性分析中忽略敏感程度较小变量的随机性，即将其看作确定性的量值，通过这一技术手段可以大大地简化可靠性分析的计算量，而不会对最终结果造成较大的影响。另一方面可以强化研究敏感性较大的随机量，提高分析结果的精度。

参考热带气旋年鉴（1949～2012 年）[56]，选用 1949～2001 年对上海有明显作用的 75 个台风记录。图 5.3-3 描绘了 75 个台风发生、移动、消失的运动路线。其中，1949～1984 年，年鉴提供了 6h 间隔的中心位置资料表，含中心气压和台风中心经纬度，台风整体移动速度和方向可由经纬度及记录时间间隔换算得到；1985～2001 年，年鉴补充了 3h 间隔的热带气旋卫星云图分析记录，包含台风中心位置的定位误差、整体移动速度和方向记录。由于年鉴并未提供台风最大风速半径 R_m 的实测值,可参考式(5.3-1)和式(5.3-2)由台风中心低压统计换算得到最大风速半径取值。

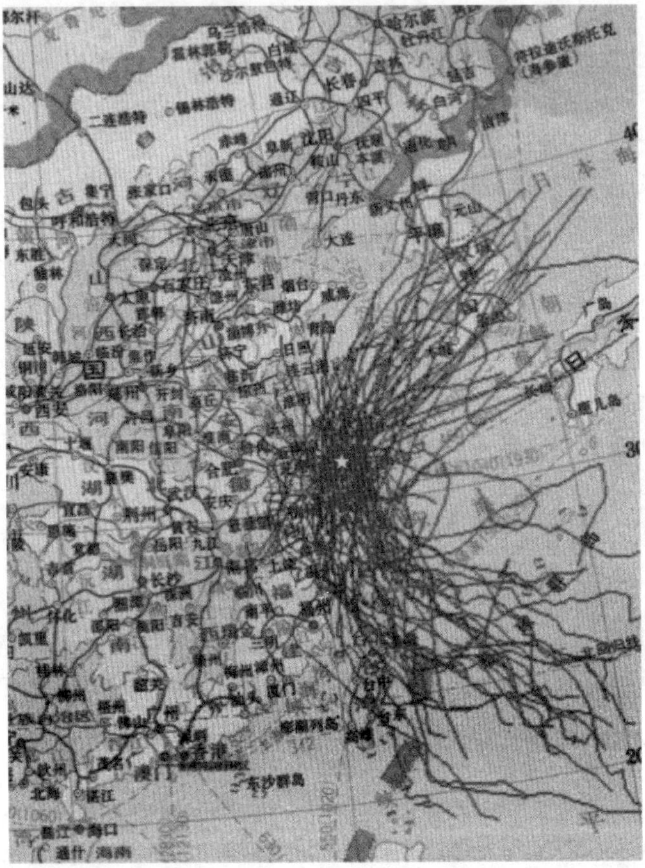

图 5.3-3　1949 ~ 2001 年对上海地区有影响的台风移动路径[56]

1972 ~ 2000 年,上海崇明岛侯家镇气象站实时采集了对上海地区有影响的 34 个台风每小时间隔 10min 和瞬时风速风向记录数据。以此可以检验本文随机台风模型的计算分析结果,优化台风风场随机参数的取值,并提供诸如台风风场阵风因子等实测信息。

对于具有较高敏感性的变量 X,按照其概率分布函数生成一定数量的随机值,由文献(Batts 等[14],Simiu 等[60])可知预测长重现期内(如 10^4 年以下)风速期望值,在模拟次数分别为 10^3 次和 10^4 次时,最大模拟误差可控制在 3.5% ~ 5% 之间,此时由台风较短观测期限产生的气候特征采样误差为 10% ~ 25%,因此台风模拟的总体误差主要取决于一定观测时间内气候特征采样误差,更多的台风参数模拟次数($>10^5$)对精度的改善非常有限。

以 100 年重现期内极值风速作为敏感性分析目标量值,工程场地选用上海崇明岛侯家镇气象站和上海越江通道工程南港桥位处(表 5.3-1)。对于 A 类场地粗糙高度 z_0 进行敏感度分析,以上海越江通道工程南港桥位为目标场地,其余参数的分析基于崇明岛侯家镇气象站工程场地。表 5.3-2 列举了随机参量分布类型及相应参数取值。

工程场地有关信息　　表 5.3-1

目标场地	北纬(°)	东经(°)	测风高度(m)	场地类别	极值风速(m/s)
侯家镇气象站	31.62	121.46	10.0	B 类	39.69
南港桥位	31.37	121.60	10.0	A 类	62.28

台风风场随机参量分布与取值　　表 5.3-2

编号	变量	单位	变异系数	上界/下界	分布类型
1	ΔP	hPa	0.2	—	正态分布
2	R_m	km	0.4	—	正态分布
3	c	m/s	0.5	—	正态分布
4	β	无量纲	—	1.0～2.5	均匀分布
5	L_a	(°)	0.067	—	正态分布
6	L_0	(°)	0.015 4	—	正态分布
7	z_0(A)	m	—	0.000 5～0.02	均匀分布
8	z_0(B)	m	—	0.05～0.2	均匀分布

表 5.3-3 给出了基于 Monte-Carlo 随机台风模型的敏感度分析结果。由此可知，台风中心位置 L_a 和 L_0、B 类场地地表粗糙高度 z_0 对极值风速预测结果具有最大的敏感性，在分析中其随机性不可忽略。台风移动速度 c、A 类场地地表粗糙高度 z_0 对极值风速预测结果敏感性最小，在分析中可近似地假定为定值。对于具有较大敏感性的 Holland 剖面参数 β 和最大敏感性的 B 类场地地表粗糙高度 z_0，由于分布在一个较宽的范围内，有必要结合实测数据进行合理优化。台风模拟的总体误差主要取决于一定观测时间内气候特征采样误差，更多的台风参数模拟次数（$>10^5$ 次）对精度

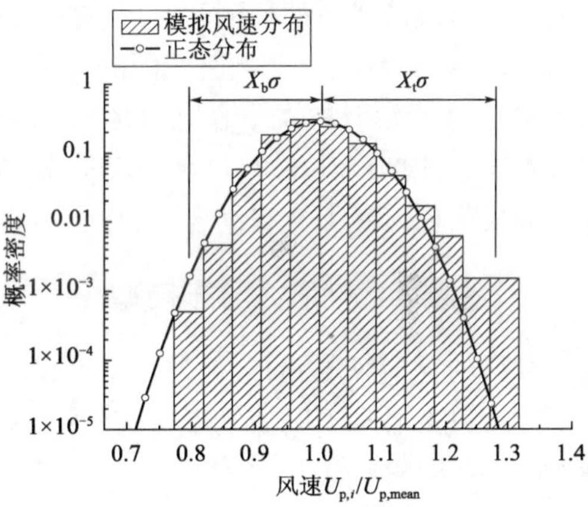

图 5.3-4　Monte-Carlo 随机模拟样本分布的偏态特征

台风风场基本随机变量敏感性分析结果　　表 5.3-3

编号	变量	分布类型	预测值(m/s)	敏感度	编号	变量	分布类型	预测值(m/s)	敏感度
1	ΔP	$N(\mu-\Delta,\ \sigma)$	39.51	1.83	5	L_a	$N(\mu-\Delta,\ \sigma)$	38.86	8.25
		$N(\mu+\Delta,\ \sigma)$	39.93	2.44			$N(\mu+\Delta,\ \sigma)$	40.16	4.75
2	R_m	$N(\mu-\Delta,\ \sigma)$	39.93	2.45	6	L_0	$N(\mu-\Delta,\ \sigma)$	40.45	7.57
		$N(\mu+\Delta,\ \sigma)$	39.44	2.45			$N(\mu+\Delta,\ \sigma)$	38.95	7.40
3	c	$N(\mu-\Delta,\ \sigma)$	39.73	0.40	7	z_0(A)	$U(u-\Delta,\ b-\Delta)$	62.25	0.32
		$N(\mu+\Delta,\ \sigma)$	39.74	0.54			$U(u+\Delta,\ b+\Delta)$	62.21	0.68
4	β	$U(u-\Delta,\ b-\Delta)$	39.57	1.23	8	z_0(B)	$U(u-\Delta,\ b-\Delta)$	40.46	7.72
		$U(u+\Delta,\ b+\Delta)$	39.92	2.29			$U(u+\Delta,\ b+\Delta)$	38.88	8.10

注：$\Delta=0.1\times\sigma$。

的改善非常有限。基于上述模拟次数原则和GPD极值风速预测方法，本文进行 10^4 次 Monte-Carlo 台风随机模拟，统计得出模拟样本的频度分布关系(图5.3-4)，图中 $U_{p,i}$ 为模拟样本序列，$U_{p,mean}$ 为模拟样本序列均值，分布曲线具有明显的偏态性，相当于正态分布3.0倍方差保证率时，X_b 和 X_t 取值如式(5.3-4)所示。

$$X_b \sim N(2.58, 0.35^2) \quad X_t \sim N(4.85, 0.65^2) \tag{5.3-4}$$

第四节　热带气旋参数实测

在台风的数值模拟过程中，台风的风场或台风沿着径向的风速分布(也称台风径向风剖面)的模拟和计算扮演着重要的角色。基于敏感度分析方法的研究结果表明，台风风压分布系数 β 对于确定工程场地重现期设计风速具有较大的影响。为此，本研究利用东南沿海几百个近地站点实测气压数据，研究和对比了采用不同计算台风风压分布系数 β 的公式计算出系数 β 值的大小和对台风径向风压分布计算结果的影响，并与近地站点实测气压数据拟合结果进行比较。

对台风极值风速的预测和台风灾害的评估，台风径向风速剖面的精确计算至关重要。为此，众多学者对台风径向风速剖面的计算提出了各自的模型，而之前的大多数学学者都是基于实测数据进行统计拟合，给出台风径向风速剖面的经验公式，如 Schloemer[44]，Atkinson 等(1977年)。1980年，Holland 将 Atkinson 和 Dvorak[61] 得出的台风风压分布经验函数与台风气旋径向压力梯度平衡方程结合，得出台风径向风速分布函数解析模型。

一、台风场径向压力分布模型

台风的径向风压分布，国外较早就做了大量的实测，得到了较多的实测数据资料。为了消除不同台风中心和不同大气压对实测结果的变异性影响，对台风风压实测数据进行标准化处理，如下式：

$$(P_r - P_c)/(P_a - P_c) \tag{5.4-1}$$

式中：P_r——距离台风中心 r 处的风压；

P_c——台风中心气压；

P_a——自然大气压，理论上是 r 无穷大处的气压。

在实测的数据基础上，许多学者如 Depperman[62]、Schloemer[44] 的研究结果表明台风的径向风压分布服从负指数关系，Holland 统一用如下函数式表示。

$$\frac{P_r - P_c}{P_a - P_c} = \exp\left[-\left(\frac{R_{max}}{r}\right)^{\beta}\right] \quad 即\ P_r = P_c + \Delta P\exp\left[-\left(\frac{R_{max}}{r}\right)^{\beta}\right] \tag{5.4-2}$$

式中：ΔP——台风中心低压差，$\Delta P = P_a - P_c$；

R_{max}——最大风速半径；

β——风压分布系数，也即 Holland 参数，可知，当 $\beta = 1$ 时，就是 Schloemer 等式。

由台风气旋径向压力梯度平衡方程：

$$\frac{1}{\rho_A} \cdot \frac{\partial P_r}{\partial r} = \frac{v^2}{r} + fv \tag{5.4-3}$$

式中：ρ_A——空气密度（kg/m^3）；

P_r——风场压力分布函数（hPa）；

r——距离台风中心的半径（km）；

v——空气微团距离台风中心 r 处的切向平均风速（m/s）；

f——Coriolis 参数，$f = 2\Omega \sin \Psi$；

Ω——地球转动速度（rad/s），Ψ 表示空气微团所处的纬度。

由式（5.4-3）得到：

$$v = \sqrt{\frac{r}{\rho_A} \cdot \frac{\partial P_r}{\partial r} + \frac{1}{4} f^2 r^2} - \frac{1}{2} fr \tag{5.4-4}$$

在台风的最大风速区，Coriolis 力远小于气旋梯度压力和气旋离心力，即 Coriolis 力忽略不计，由式（5.4-2）和式（5.4-3）得距离台风中心 r 处的切向平均风速 v 的函数表达式，且 $\partial v / \partial r = 0$ 得 $r = R_{max}$ 时，切向平均风速取最大值：

$$v = \sqrt{\frac{\beta}{\rho_A} \cdot \left(\frac{R_{max}}{r}\right)^B \cdot 100 \cdot (P_r - P_c)} \tag{5.4-5}$$

$$v_{max} = \sqrt{\frac{\beta \Delta P}{e \rho_A}} \tag{5.4-6}$$

式中，e = 2.718 28，为自然对数的底数；100 是为了将 hPa 转换成 Pa。

由上述可知，取台风中心气压 P_c = 950hPa，自然大气压 P_a = 1 010hPa，最大风速半径 R_{max} = 20km 时，绘制台风径向气压分布和径向风速分布随参数 β 变化图，如图 5.4-1 所示。由图5.4-1a）可知，随着参数 β 取值的逐渐变大，台风风眼逐渐变大，风压分布曲线在最大风速半径处相交。由图 5.4-1b）可知，随着参数 β 取值的逐渐变大，风剖面变化激烈，风速在最大风速半径内迅速变强，在最大风速半径外迅速衰减。Holland 根据实测和大气边界层上限确定风压分布系数 β 取值在 1 ~2.5 之间。由于 Holland 数值模型引入的风压分布系数 β 取值范围较宽，因此 Holland 数值模型适用范围较广，对不同台风都能得到较好的模拟结果，得到学者的普遍认可。

二、径向压力分布系数 β 取值

由于风压分布系数 β 的取值影响台风的数值模拟计算精度，国外学者对系数 β 的取值做了大量的研究工作，而国内学者较少。估计风压分布系数 β 主要由两种方法：一种方法是对地面气压数据进行回归分析得到参数的估计值，另一种方法是通过气压梯度平衡方程得到梯度风速，再通过与上部摩擦层的风速数据进行比较。Vickery 等[28] 对这两种方法进行了比较。采用第一种方法，在台风发展的不同阶段，风场的不同地点，发现参数 β 都是变化的，因此很难获得 Holland 参数 β 的确定值，但是这种方法却在一定程度上反映了 Holland 参数 β 的变化规律。采用另一种方法，Holland 参数β可以表示为中心气压差和最大风速半径的函数。目前众多学者提出的计算台风风压分布系数β的公式简单介绍如下。

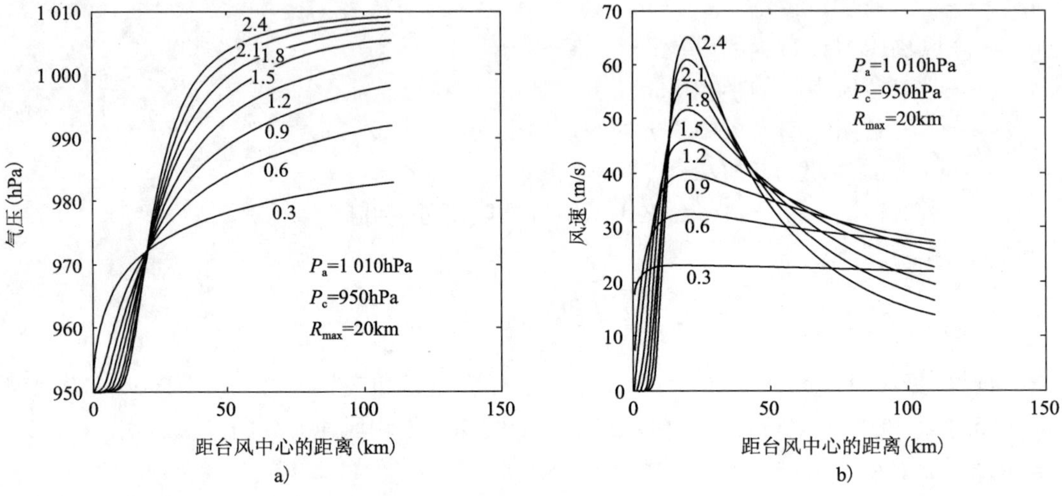

图 5.4-1　台风径向风压分布和风速分布随β值变化示意

1. Love&Murphy

Love 和 Murphy[63]根据澳大利亚北部实测的台风气压数据提出：

$$\beta = 0.25 + 0.3\ln(\Delta P) \tag{5.4-7}$$

式中：ΔP——中心压差(Pa)。

2. Hubbert 等

Hubbert 等[64]在对袭击澳洲海岸的台风进行分析时，认为风压分布系数参数β与台风中心最低气压P_c服从线性关系，表达式为：

$$\beta = 1.5 + \frac{980 - P_c}{120} \tag{5.4-8}$$

式中：P_c——中心气压(hPa)。

3. Holland&Harper

Holland 和 Harper[65]指出，对于澳大利亚热带气旋，参数β是关于中心压差的线性函数，并提出经验公式：

$$\beta = 2.0 - \frac{P_c - 900}{160} \tag{5.4-9}$$

式中：P_c——中心气压(hPa)。

4. Jakobsen 等

Jakobsen 等[66]利用最大风速和中心压差的经验关系，根据运动方程，同时考虑 Coriolis 力的影响，提出了计算 Holland 参数β的计算公式：

$$\beta = \frac{e}{r_2^2}\frac{\rho_A}{100\Delta P}(v_{max})^2 \tag{5.4-10}$$

$$v_{max} = \frac{1}{3.6}K_p(\Delta P)^{\gamma} \tag{5.4-11}$$

式中：$r_2 = 1.05$；

ρ_A——空气密度，$\rho_A = 1.15\text{kg/m}^3$；

e——自然对数的底，e = 2.718 28；

ΔP——中心压差（hPa）；

100——将中心压差的单位 hPa 转换为 Pa；

v_{max}——海平面 500m 高度处 1min 最大风速（km/h）；

K_p、γ——回归参数，$K_p = 12.36$，$\gamma = 0.73$。

5. FEMA

在美国联邦紧急事务署（FEMA[67]）的 Hazus 台风灾害分析软件的技术手册中也提到了关于参数 β 的计算方法。它给出的计算公式是关于中心压差和最大风速半径的一次关系式：

$$\beta = 1.38 + 0.001\,84\Delta P - 0.003\,09R_{max} \tag{5.4-12}$$

式中：ΔP——中心压差（hPa）；

R_{max}——最大风速半径（km）。

6. Holland

2008 年，Holland[68] 提出新的计算公式风压分布系数 β，认为影响参数 β 的因素很多，包括台风中心气压及其随时间的变化、台风移动速度、台风风速剖面、台风中心经纬度，其计算表达式如下：

$$\beta = b_s\left(\frac{v_{mg}}{v_m}\right)^2 \rightarrow 1.6b_s \tag{5.4-13}$$

$$b_s = -4.4\times10^{-5}(\Delta P)^2 + 0.01\Delta P + 0.03\frac{\partial p_c}{\partial t} - 0.014\psi + 0.15v_T^x + 1.0 \tag{5.4-14}$$

$$x = 0.6\left(1 - \frac{\Delta P}{215}\right) \tag{5.4-15}$$

式中 ΔP——中心压差（hPa）；

$\frac{\partial p_c}{\partial t}$——中心气压强度的变化（hPa/h）；

ψ——台风中心纬度绝对值；

v_T——气旋移动速度（m/s）；

$\frac{v_{mg}}{v_m}$——梯度风到海面风的转换因子。

三、径向压力分布系数 β 实测与拟合

为了研究和验证 Holland 提出的台风径向风压和风速分布解析模型，比较上述各学者提

出的计算台风风压分布系数 β 的计算函数式，研究采用不同计算函数式算法对台风径向风压分布计算结果的影响以及与近地站点实测气压数据拟合结果进行比较，需收集大量的近地观测站的台风风压数据。现收集到浙江省内大量近地观测站点对2009年第8号热带风暴莫拉克实测到的风压数据，先简单介绍如下。

2009年第8号热带风暴莫拉克于8月2日在菲律宾东边约1 000km处生成，最低中心气压为945hPa，最大平均风速为43.1m/s(10min)，台风强度历史罕见，台风莫拉克对穿浙江省，台风路径如图5.4-2所示，对莫拉克台风，观测站实测的大量气压资料具有较强的典型性和代表性。浙江省内共有1 000多个近地观测站点，在台风莫拉克的登陆过程中，最多时刻有270多个站点近地观测记录较完整，这些站点的地理位置分布图如图5.4-3所示。每个站点记录的时间是8月8日21时到8月11日20时，每个小时记录一组数据，每组数据包括：日期和时间、站点编号、站名、纬度(°)、经度(°)、海拔高度(0.1m，-9 999表示高度未测)、10min平均风向(0~359°)、10min平均风速(m/s)、1小时内最大风速(m/s)、1小时内极大风速(m/s)、本站气压(-9 999表示高度未测)。根据热带气旋年鉴(1949~2012年)[56]资料，获得台风莫拉克8月6日11时到8月11日20时时间内，每小时的台风中心经纬度、台风中心气压数据。

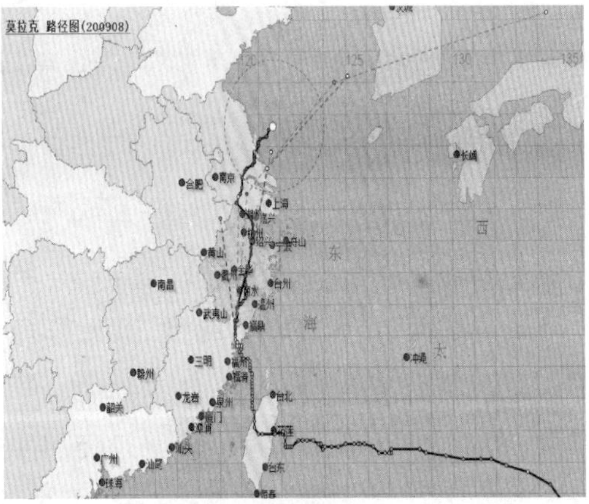

图5.4-2 台风莫拉克的路径图

图5.4-3 浙江省有观测记录的观测站点地理位置分布图

在运用上述不同方法计算台风风压分布系数 β 的值和比较上述不同方法对台风径向风压分布计算结果的影响时，需引入台风最大风速半径 R_{max} 的值，而实测资料和热带气旋年鉴资料并未提供台风最大风速半径 R_{max} 的实测值，因此可参考Yasui等[46]由台风实测记录拟合得到的台风中心压差与最大风速半径之间的经验函数关系式，参见式(5.3-1)和式(5.3-2)。

在Holland台风风速和风压分布函数、Yasui确定 R_{max} 的经验函数和热带气旋年鉴资料基础上，运用各学者提出的台风风压分布系数 β 计算函数式计算系数 β 的值和比较 β 值大小，莫拉克台风整个过程中不同算法得到的风压分布系数 β 值示意图，如图5.4-4所示。由图可知，Jakobsen和Holland[68]两种方法在台风整个过程中得到的风压分布系数 β 值变化幅度大，而Love&Murphy、Hubbert等、Holland&Harper和FEMA四种方法计算得到的 β 值相对平稳；8月10日3时之前，台风中心压差较大，Jakobsen方法计算得到的 β 值是几种方法中最大的，而在台风整个过程中，FEMA算法得到的 β 值都是最小的，Jakobsen方法计算得到的 β 值是FEMA算法得到的 β 值的将近2倍；在台风整个过程中，随着台风强度的衰减，中心压差的减小，6种算法得到的β值都有减小的趋势。

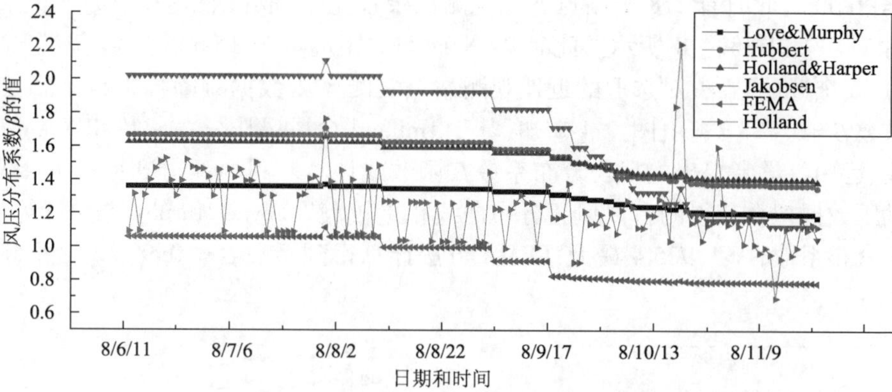

图5.4-4　莫拉克台风整个过程中不同算法得到的风压分布系数β值示意

注：X轴表示日期和时间，8/6/11表示8月6日11时，24小时制。

台风的径向风压和风速分布是指过台风中心某一剖面上的风压和风速与离台风中心距离的函数关系，台风的三维风场和径向风速剖面如图5.4-5所示。实际上，由于近地观测站点不可能分布或集中在台风空间结构中的一个径向剖截面上，考虑到台风空间结构，其圆形涡旋的半径一般在500～1 000km，台风的垂直范围一般到对流层顶（15～20km），台风是一个垂直尺度与水平尺度比值约为1∶50，体型巨大的扁平形气旋性涡旋的气团。因而在近地观测站点风压数据处理过程中，认为距离比较近的两个平面间区域的近地观测站点风压数据是台风一个径向剖截面上的点风压数据，如图5.4-6所示，实点代表近地观测站点，两斜线中间的实斜线表示台风径向风剖面，两斜线间的圈点表示选取的近地观测站点，中间正方框表示台风中心，这些圈点所对应的近地观测站风压数据为实斜线所表示的径向风剖面上的风压数据，上下两点画曲线表示距台风中心距离最大站点并以此距离为半径的圆。本研究在近地观测站点风压数据处理和计算过程中，两个平面间的距离即两直线间的距离都取为15km。考虑台风登陆、台风中心气压和台风强度等因素，本研究选取8月9日00时（登陆前）、8月9日16时（正登陆）和8月10日16时（登陆后）三个时刻进行台风径向风压分布的研究。本研究根据台风气压不小于台风中心气压，不大于大气压的原则剔除近地观测站点异常风压数据。

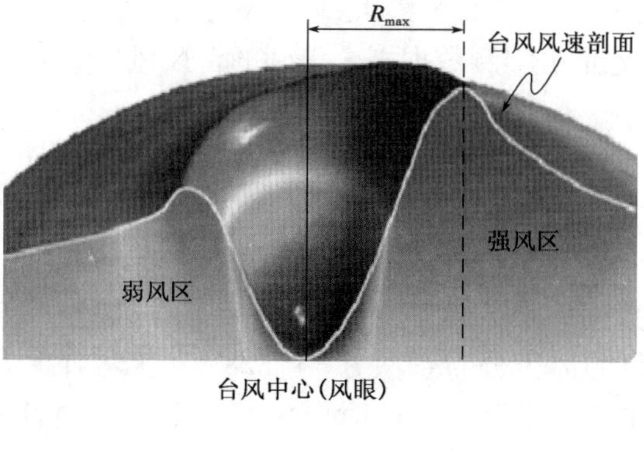

图5.4-5　台风风场截面示意

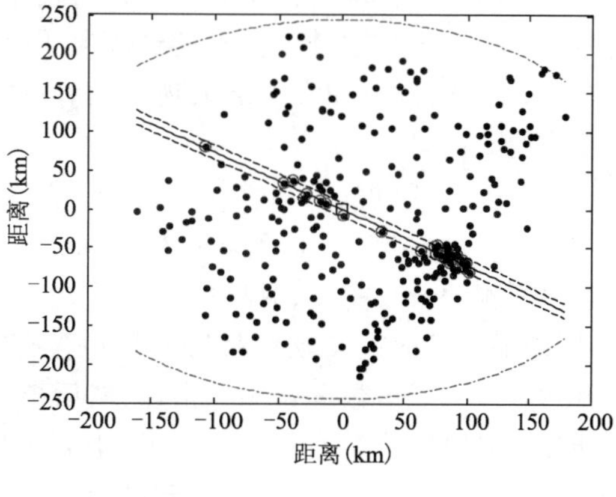

图5.4-6　站点位置选取和处理示意

8 月 9 日 00 时,莫拉克台风临近即将登陆,台风中心位置北纬 25.5°、东经 120.5°,台风中心气压 P_c =965hPa,此时有 278 个站点近地观测记录较完整,取自然大气压 P_a =1 010hPa,计算结果如图 5.4-7 和图 5.4-8 所示。此时,两平面间的距离取为 15km 时,包含有实测数据站点数最多为 26 个近地站点,对选取的近地观测站点实测风压数据剔除异常点,然后拟合获得风压分布系数 β =0.723 7。由图 5.4-8 知,基于 Holland 台风风压分布函数和 Yasui 确定 R_{max} 的经验函数,运用各学者提出的风压分布系数 β 函数式计算获得风压分布曲线和由剔除异常点后实测风压数据拟合获得的台风风压分布曲线相差较大。Love&Murphy 方法计算得到的此时台风风压分布系数 β =1.925 4 最大;FEMA 方法计算得到系数 β = 0.996 2 最小,和实测结果吻合得较好。

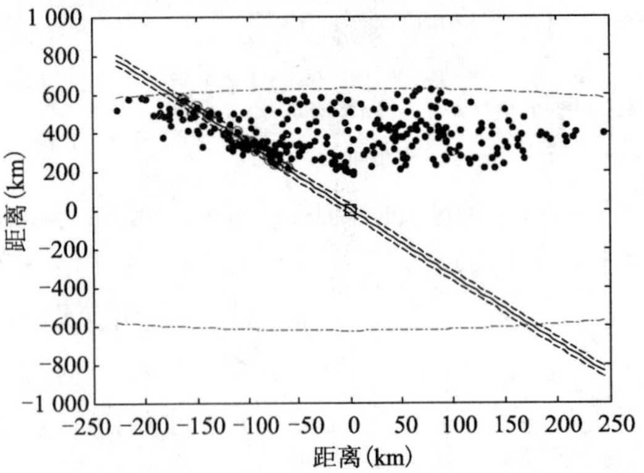

图 5.4-7　站点位置选取示意

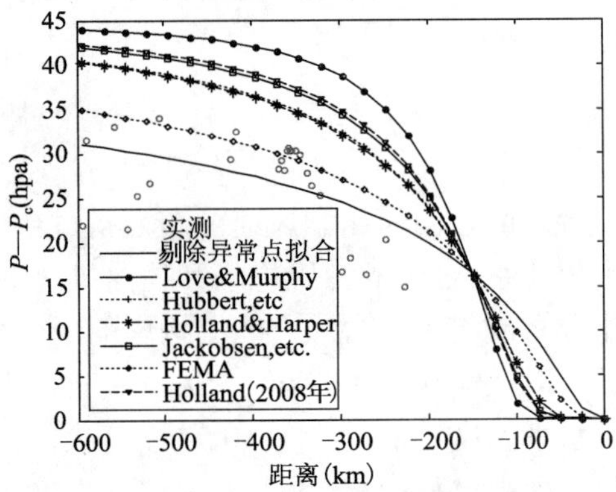

图 5.4-8　系数 β 不同算法对台风径向风压分布影响

8 月 9 日 16 时,莫拉克台风正在登陆过程中,台风中心位置北纬 26.5°、东经 119.9°,台风中心气压 P_c =970hPa,此时有 252 个站点近地观测记录较完整,取自然大气压 P_a =1 010hPa,计算结果如图 5.4-9 和图 5.4-10 所示。此时,两平面间的距离取为 15km 时,包含有实测站点数最多为 90 个站点,对选取的近地观测站点实测风压数据剔除异常点,然后拟合获得风压分布系数 β =0.428 6。由图 5.4-10 知,基于 Holland 台风风压分布函数和 Yasui 确定 R_{max} 的经验函数,运用各学者提出的风压分布系数 β 函数式计算获得风压分布曲线和由剔除异常点后实测风压数据拟合获得的台风风压分布曲线相比较,和台风登陆前一样,相差都较大。此时,仍是 Love&Murphy 方法计算得到的台风风压分布系数 β =1.823 8 最大;FEMA 方法计算得到系数 β =0.865 8最小,和实测结果吻合相对较好,但还是由实测数据拟合得到的台风风压分布系数 β 值的 2 倍多。

8 月 10 日 16 时,台风莫拉克已经登陆,台风中心位置北纬 29.1°、东经 120.3°,接近浙江省中心处,台风中心气压 P_c =992hPa,此时莫拉克台风已经衰减为热带风暴,此时有 275 个站点近地观测记录较完整,取自然大气压 P_a =1 010hPa,计算结果如图 5.4-11 和图 5.4-12所示。此时,两平面间的距离取为 15km 时,包含有实测数据站点数最多为 25 个站点,对选取的近地观测站点实测风压数据剔除异常点,然后拟合获得的风压分布系数 β =1.328 1。各学者提出的计算台风风压分布系数 β 方法中,Holland[56] 方法计算得到的此时台风风压分布系数 β = 1.659 1最大;FEMA 方法计算得到系数 β = 0.795 1 仍是最小,实测结果介于两者之间。

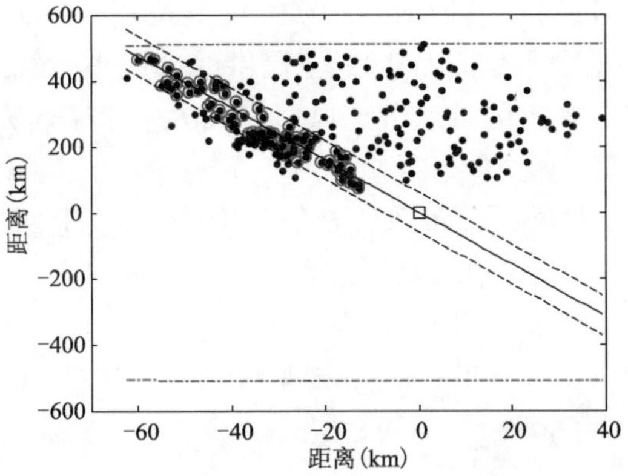

图 5.4-9　站点位置选取示意

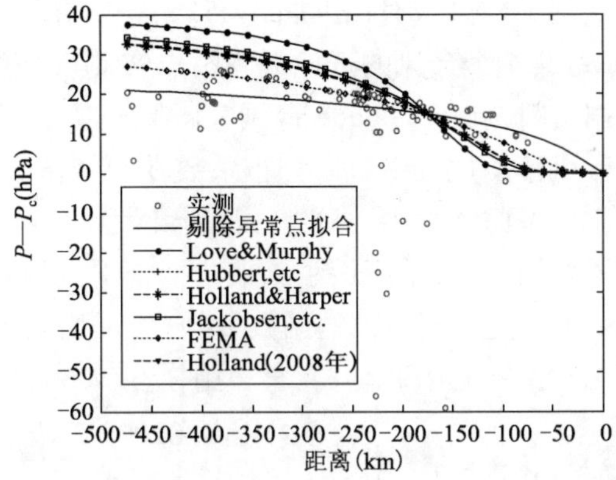

图 5.4-10　系数 β 不同算法对台风径向风压分布影响

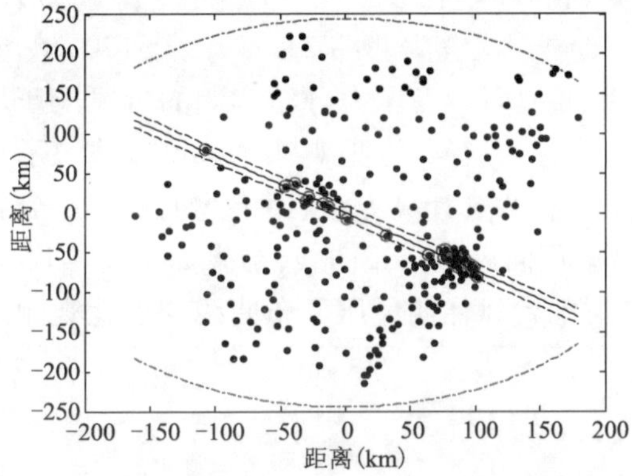

图 5.4-11　站点位置选取示意

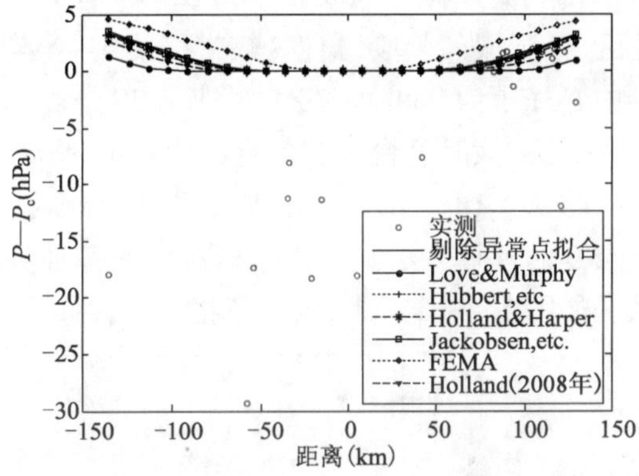

图 5.4-12　系数 β 不同算法对台风径向风压分布影响

通过剖析 Holland 台风径向风速和风压分布函数模型和基于 Holland 台风风速和风压分布函数、Yasui 确定 R_{max} 的经验函数和实测数据基础上，对比研究目前各学者提出的台风风压分布系数 β 计算函数式对台风径向风压分布的影响，得到以下结论：

(1) Holland 模型引入的台风风压分布系数 β 的取值对计算结果影响较大，有必要根据实测数据统计和分析出工程场地处台风径向风压分布系数 β 的取值。

(2) 由各个计算台风风压分布系数 β 的函数式计算得到系数 β 的值结果相差较大，不同方法计算出系数 β 的值，最大值可能是最小值的 2 倍多。

(3) 基于 Holland 台风风压分布函数和 Yasui 确定 R_{max} 的经验函数，运用各学者提出的风压分布系数 β 函数式计算获得风压分布曲线和由剔除异常点后实测风压数据拟合获得的台风风压分布曲线相差较大，有必要根据实测风压数据拟合得到适合我国沿海地区的风压分布系数 β 的计算函数式。

通过和实测数据比较发现，在缺乏气压径向剖面数据的情况下，可以考虑用美国联邦紧急事务署(FEMA)的 Hazus 台风灾害分析软件的技术手册中提到的关于参数 β 的计算方法，采用这种方法计算获得风压分布曲线和由实测数据拟合得到的风压分布曲线相对误差较小，这一结论还需进一步研究和验证。

基于台风卡努(Khanun 0515)、韦帕(Wipha 0713)、罗莎(Krosa 0716)、莫拉克(Morakot 0908)共4个台风的近地观测站点实测气压数据,结合《热带气旋年鉴》提供的台风中心气压数据资料,利用 Holland 台风气压场分布模型和本文提出的台风最大风速半径 R_{max} 计算方法,对台风移动过程中风压分布系数 β 的变化进行研究。

只考虑台风中心压差 ΔP 和最大风速半径 R_{max} 对风压分布系数 β 值的影响,对以上四次台风登陆过程,采用最小二乘法拟合得到风压分布系数 β 值及其标准差 ΔP 与台风中心压差和最大风速半径 R_{max} 的函数关系式,平均结果如式(5.4-16)和式(5.4-17)所示。

$$\beta = 4.1025 \times 10^{-5}\Delta P + 0.0293\Delta P + 0.7959\ln(R_{max}) - 4.6010 \tag{5.4-16}$$

$$\sigma(\beta) = -0.0027\Delta P - 0.1311\ln(R_{max}) + 0.8815 \tag{5.4-17}$$

式中:ΔP——中心压差(hPa);

R_{max}——最大风速半径(km)。

台风莫拉克(Morakot 0908)2009 年 8 月 8 日 04 时,该时刻台风还没有登陆我国内地沿海地区,处于成熟阶段,根据《热带气旋年鉴》资料,台风中心位置为北纬 24.1°、东经 120.6°,台风中心气压为 960hPa,最大风速为 38m/s。同样采用近地面多点压力分布实测的台风风压场研究方法,该时刻台风莫拉克(Morakot 0908)的中心位置、路径与近地观测站点位置选取示意图如图 5.4-13 所示。基于本文提出的台风最大风速半径 R_{max} 计算方法,用上述七种分压分布系数 β 的计算方法获得该时刻对应的各种算法的台风径向风压分布曲线,结果如图 5.4-14 所示。如图 5.4-14 所示,由本章推荐实测拟合方法获得的台风径向风压分布曲线与近地观测站

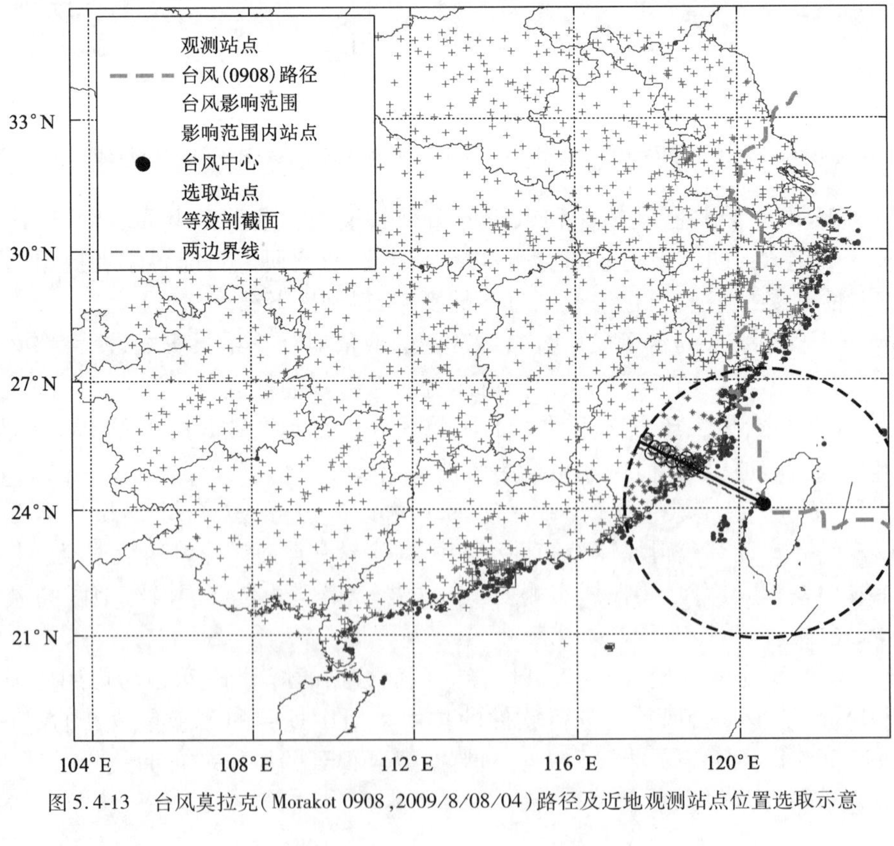

图 5.4-13 台风莫拉克(Morakot 0908,2009/8/08/04)路径及近地观测站点位置选取示意

点实测气压数据拟合曲线较接近，由国外学者提出的风压分布系数 β 值计算方法获得台风径向风压分布曲线与实测气压数据拟合曲线差距较大，国外学者提出的风压分布系数 β 值的计算方法中，FEMA 方法得到的径向风压分布曲线与实测气压数据拟合曲线相对较接近，表明强台风在世界不同位置影响过程的区域性特点。限于篇幅，更加详细地分析与研究结论参见 Zhao 等[27]和卢安平[47]的相关文献。

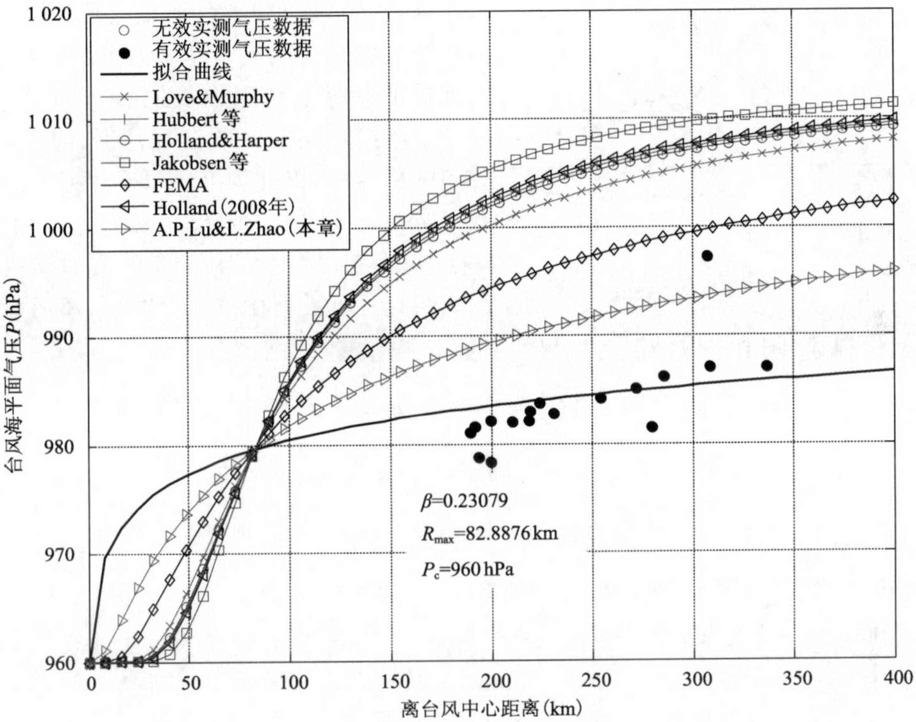

图 5.4-14　台风莫拉克(Morakot 0908,2009/8/08/04)β 值不同算法得到的风压分布曲线示意

第五节　基于 Monte-Carlo 数值模拟的风速预测

一、跨阈极值估算方法

由于台风的观测数据量较少且分布极不均匀，在极值渐近拟合中，阶段极值采样法难于取得满足要求的风速样本，因此需要利用仅需要较小样本数量的跨阈值方法，这样在降低了最大风速的权重的同时，有可能保留一年中较多的次最大风速，使在较短风速序列基础上估计极值风速成为可能。

与跨阈值方法关联的概率分布模型一般采用 GPD 模型[式(5.5-1)]。

$$G(x) = 1 - \left(1 + c\frac{x-u}{b}\right)^{-\frac{1}{c}} \tag{5.5-1}$$

式中：u——阈值；

b、c——尺度参数和形状参数，且满足 $b>0$、$\left(1 + c\frac{x-u}{b}\right)>0$，$c>0$、$c=0$、$c<0$ 分别对应极

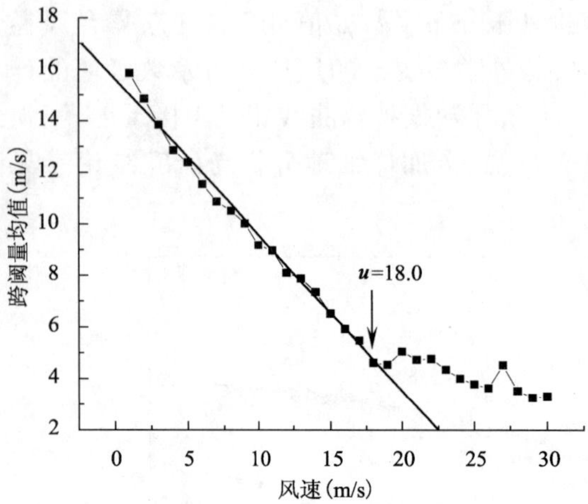

图 5.5-1　跨阈量均值与阈值关系

值Ⅱ型、极值Ⅰ型和极值Ⅲ型吸引域。

跨阈值采样法在于确定适当的阈值。对于取自风速母体的子样$\{v_1,v_2,\cdots,v_n\}$,选取足够高的阈值u,使$\{v_i,i=1,2,\cdots,m\leqslant n|v_i>u\}$满足独立性要求,使风速超越阈值成为泊松事件,则当$n\to\infty$时,跨阈值风速样本分布渐近于GPD。确定阈值的原则就是在满足跨越阈值次数服从泊松分布的前提下保留尽可能多的独立子样个体。

对于给定阈值u的合理范围,GPD具有跨阈分布的稳定性,以此为准则可确定GPD的分布参数(Palutiko等[69],Simiu等[70]),亦可由变量$y=x-u$的矩特征确定GPD分布的其他参数估计值。图5.5-1刻画了利用本文选用的75个台风预测重现期内极值风速、阈值选取情况等。尺寸参数b、形状参数c计算如下:

$$b=\frac{1}{2}E(Y)\left\{1+\left[\frac{E(Y)}{s(Y)}\right]^2\right\}\qquad c=\frac{1}{2}\left\{1-\left[\frac{E(Y)}{s(Y)}\right]^2\right\} \tag{5.5-2}$$

若计算重现期T内的极值风速x,首先确定相应极值风速分布的分位点概率:

$$G(x)=1-\frac{1}{[\lambda(u)T]} \tag{5.5-3}$$

式中:$\lambda(u)$——台风风速每年平均跨越阈值率。

一般情况下,$\lambda(u)$可表达为:

$$\lambda(u)=\frac{\mu_0 n(u)}{N} \tag{5.5-4}$$

式中:μ_0——台风平均每年发生率;

$n(u)$——超越阈值u的台风极值风速平均发生次数;

N——模拟的台风平均风速次数。

将式(5.5-1)代入式(5.5-3),可得:

$$1-\left[1+\frac{c(x_{\max}-u)}{b}\right]^{-\frac{1}{c}}=1-\frac{1}{[\lambda(u)T]} \tag{5.5-5}$$

因此,

$$x_{\max}=u-b\frac{\left\{1-\left[\frac{\mu_0 n(u)T}{N}\right]^c\right\}}{c} \tag{5.5-6}$$

二、上海地区台风风环境

根据热带气旋年鉴,有针对性地选择1949~2001年间对上海有较大影响的75次台风作为本项研究的基础资料。图5.3-3描述了不同时间年代75次台风的移动路径,其中1949~1984年,年鉴提供了6h间隔的台风记录信息,含中心气压差ΔP和台风中心经纬度(L_a,L_0);

1985～2001 年，年鉴补充了 3h 间隔的热带气旋卫星云图分析记录，包含台风中心位置定位误差、整体移动速度 c 和方向记录。1971～2005 年，崇明岛侯家镇气象站实时采集了对上海地区有影响的 40 个台风定点逐时风速风向记录，可以优化台风风场随机参数概率分布取值，提供诸如台风风场阵风因子等实测信息，检验台风随机模型计算结果。

对侯家镇场地风压参数 β 和地表粗糙高度 z_0 取值进行细化，并假定 β 和 z_0 在其每一小段取值内分别服从均匀分布和变异系数为 20% 的正态分布，其他风场参数保持原分布及取值（表 5.3-2）。定义式（5.5-7）衡量不同 β 和 z_0 取值时，40 个实测台风极值风速与台风随机模拟结果偏差，1971～2005 年上海侯家镇气象站 35 年间实际发生的最大瞬时风速（29.0m/s）与台风随机模拟预测结果偏差。

$$D_1 = \left[\frac{1}{n}\sum_{i=1}^{n}\left(\frac{v_{c,i} - v_{o,i}}{v_{o,i}}\right)^2\right]^{0.5} \tag{5.5-7a}$$

$$D_2 = \frac{1}{n}\sum_{i=1}^{n}\frac{v_{c,i} - v_{o,i}}{v_{o,i}} \tag{5.5-7b}$$

$$D_3 = \frac{v_{c,35} - v_{o,35}}{v_{o,35}} \tag{5.5-7c}$$

式中：$n = 40$；

$v_{o,i}$——工程场地第 i 次台风观测极值风速；

$v_{c,i}$——台风随机模拟结果；

$v_{o,35}$——上海侯家镇 35 年间工程场地风速测站观测得到的极值风速；

$v_{c,35}$——台风随机模型预测的 35 年间极值风速。

图 5.5-2 描绘了不同 β 和 z_0 取值时，气象站 40 次台风逐次观测值与台风随机模拟结果偏差情况；图 5.5-3 描绘了不同 β 和 z_0 取值时，场地测站实测 35 年间极值风速与随机台风模型预测结果偏差。

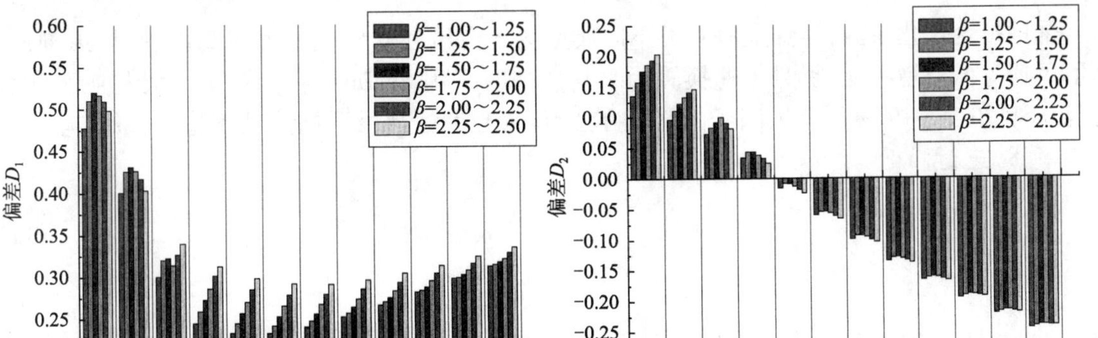

图 5.5-2　40 次台风观测与数值模拟逐次比较结果

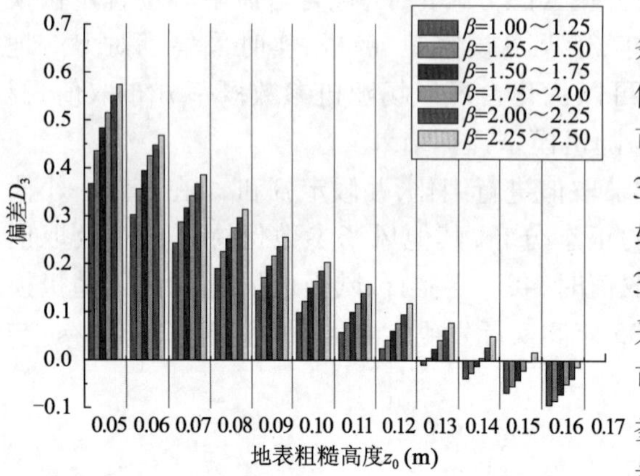

图5.5-3　年台风观测最大值与数值预测结果比较结果

分析上述结果可知：对于侯家镇测站场地条件，当参数β取值介于1.00～1.25，且z_0取值为0.09(m)时，随机台风模型逐次比较标准可以得到最优的计算结果，均方偏差D_1为23.3%，平均偏差D_2为-1.6%，此时按重现期比较标准平均偏差D_3亦可控制为14.4%，考虑35年内实测极值风速具有相当的不确定性，故采用稳定性较好的逐次比较标准，以此为依据可确定上海沿海周边地区台风风场压力分布参数β介于1.00～1.25。采用台风风场优化参数，图5.5-4比较了40个实测台风极值风速与随机模拟结果，表明本文概率性的台风分析方法基本能再现台风历史发展趋势，同时有较高的数值精度。

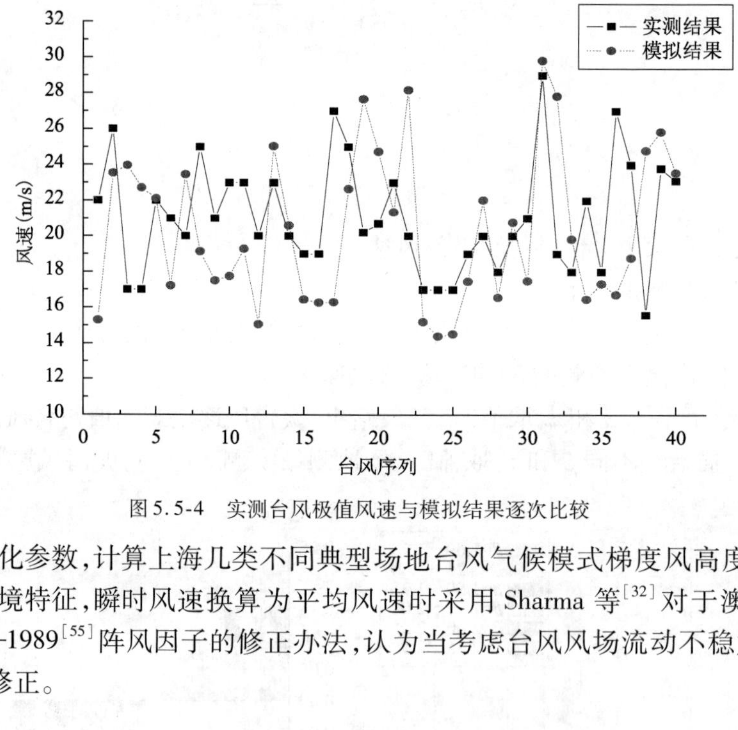

图5.5-4　实测台风极值风速与模拟结果逐次比较

采用拟合优化参数，计算上海几类不同典型场地台风气候模式梯度风高度、平均风剖面、极值风速等风环境特征，瞬时风速换算为平均风速时采用Sharma等[32]对于澳大利亚风荷载规范AS1170.2—1989[55]阵风因子的修正办法，认为当考虑台风风场流动不稳定性时，建议如式(5.5-8)进行修正。

$$I_u(TC) = \alpha \times I_u(Non\text{-}TC) \tag{5.5-8a}$$

$$\gamma_G(TC) = 1 + 3.7 I_u(TC) \tag{5.5-8b}$$

式中：TC——台风区域；

$Non\text{-}TC$——非台风区域；

α——对于A～D类场地，α可分别取值为1.60、1.48、1.36、1.24；

γ_G——阵风因子。

图 5.5-5 为本章台风数值随机模拟方法得到的上海地区几类典型场地条件下风速分布特点。

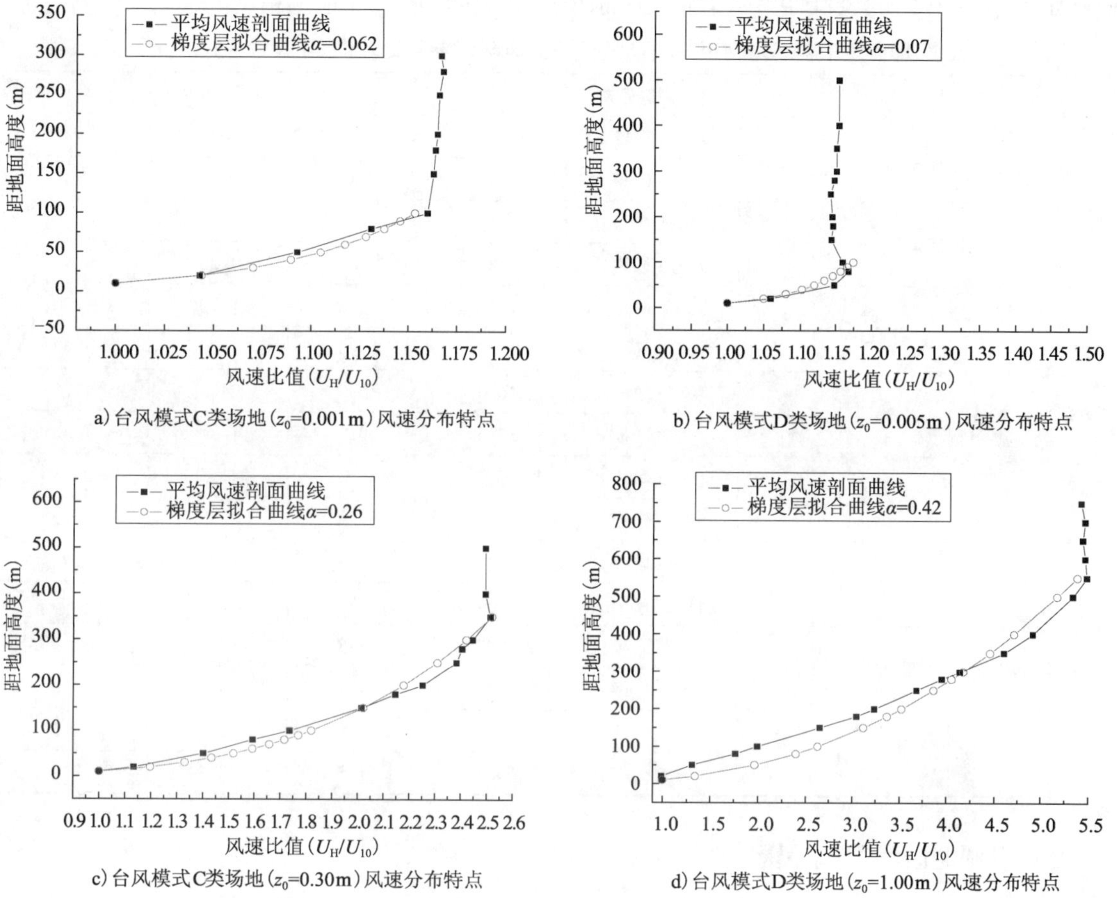

图 5.5-5　四类典型工程场地台风条件风剖面分布特征

为便于比较台风气候模式和良态气候模式风环境特征的差异，总结图 5.5-5 中上海地区四种不同场地条件下 Monte-Carlo 模拟结果，表 5.5-1 比较了台风气候模式 Monte-Carlo 模拟结果与按良态气候建筑结构荷载规范中对于风环境定义的差别。由比较可知，两类风环境在梯度风高度、风剖面幂指数、阵风因子、重现期设计风速等方面均有显著差异。表中加背景色的部分为台风气候模式风环境特征值大于良态气候模式的情况。

台风气候模式平均风梯度高度普遍低于良态气候值，台风气候模式中阵风因子大于良态气候模式值。除在 B 类场地 10m 高度台风气候模式平均风速略大于良态气候值外，其他多种情况，无论平均风速还是瞬时风速，良态气候风速取值结果往往起控制作用。如果认定某地区极值风速通常由台风登陆所造成的，则简单采用良态气候模式会得到相当保守的结论，风速误差可达 20% ~150%；而台风条件脉动风增强效应可能对风敏性较强的柔性结构构成潜在隐患。从这一意义上讲，完全有必要在沿海台风多发地区有针对性地严格区分两类气候模式。考虑到复杂地形工程场地（C、D 类场地）地表粗糙高度 z_0 取值对于重现期设计风速影响较大，其取值与来流风向有关，且易受气候特征的影响，具有相当的不确定性，各国风荷载规范建议取值亦有较大的差别，因此对于重要工程的风环境问题，有必要在现场开展实测研究，精细化地确定包括 z_0 在内的风特性参数取值，进而改善台风风环境特征预测精度。

几种典型工程场地台风与良态气候模式风环境参数比较（百年设计风速） 表 5.5-1

风环境指标		风环境模式	A 类场地	B 类场地	C 类场地	D 类场地
梯度高度（m）		良态气候模式	300	350	400	450
		台风气候模式	100	100	350	550
风剖面幂指数		良态气候模式	0.12	0.16	0.22	0.30
		台风气候模式	0.062	0.07	0.26	0.42
离地高度 10m	阵风因子	良态气候模式	1.38	1.38	1.70	1.70
		台风气候模式	1.83	1.93	2.26	2.33
	平均风速（m/s）	良态气候模式	36.4	31.0	24.3	17.5
		台风气候模式	32.5	32.0	14.4	7.0
	瞬时风速（m/s）	良态气候模式	50.2	45.3	41.3	29.8
		台风气候模式	59.5	61.8	32.5	16.2
离地高度 100m	阵风因子	良态气候模式	1.38	1.38	1.70	1.70
		台风气候模式	1.59	1.71	1.86	2.00
	平均风速（m/s）	良态气候模式	48.0	44.8	40.4	34.9
		台风气候模式	37.8	37.1	24.9	13.9
	瞬时风速（m/s）	良态气候模式	66.2	61.8	68.7	59.3
		台风气候模式	60.1	61.5	43.8	27.9

三、广州地区台风风环境

广州位于我国南部，紧临南海，具有典型海洋性气候的基本特性，夏秋季受台风直接影响很大。据热带气旋年鉴，1949 ~ 2003 年间影响广州地区的热带气旋次数多达 165 次，平均每年 3.0 次，该区域的极值风速往往由台风控制。随着近年来广州地区珠江流域大跨、高耸结构的不断涌现，这类结构对于使用寿命期内的极大风作用十分敏感，因此有必要分析台风作用下场地风环境特点，并合理地预测目标重现期内可能出现的台风极值风速，为建筑结构的安全设计与风险评估提供合理的依据。我国风荷载设计规范并未对台风设计风速作出明确的规定，本研究主要针对广州地区几类典型的工程场地，分析了场地类别对于台风风环境梯度高度、平均风剖面、极值风速和阵风因子取值的影响，并与良态气候模式的规范结果进行了对比，以期明确沿海地区台风气候模式作用特点。

本项研究调查和收集了影响广州地区 1949 ~ 2003 年间所有的台风中心探测记录及卫星云图分析记录（含移动路径、中心压差、最大风速半径和台风整体移动速度等）等宏观观测数据，并汇总了广州气象站 1962 ~ 2003 年定点逐时风速风向记录资料。

对于台风气候模式，首先定义台风风场随机参数并确定其概率分布关系，基于近地实测数据优化台风风场相关参数。依据 Monte-Carlo 模拟方法，采用台风风场的非确定性模型，以越界峰值法和广义 Pareto 分布方法拟合出适合于工程场地的风速分布概率模型，并按不同的使用期限或保证率推算出对应不同重现期和高度的基准风速。对于良态气候模式，参考我国基本风压分布图，广州地区基本风压为 0.6kPa，结合建筑结构荷载规范对风剖面的描述方法，可以换算不同场地不同高度设计基本风速。

根据热带气旋年鉴，有针对性地选择 1949～2003 年间对广州有较大影响的 165 次台风作为本项研究的基础资料。图 5.5-6 描述了不同时间年代 165 次台风的移动路径和发生次数统计，其中 1949～1984 年，年鉴提供了 6h 间隔的台风记录信息，含中心气压差 ΔP 和台风中心经纬度（L_a，L_0）；1985～2001 年，年鉴补充了 3h 间隔的热带气旋卫星云图分析记录，包含台风中心位置定位误差、整体移动速度 c 和方向记录。由于年鉴并未提供台风最大风速半径 R_m 的实测值，可由台风中心压差统计换算得到最大风速半径。1962～2003 年，广州气象站实时采集了对广州地区有影响的 39 个台风定点逐时瞬时风速风向记录，以此可以优化台风风场随机参数取值，提供诸如台风风场阵风因子等实测信息，检验台风随机模型计算结果。

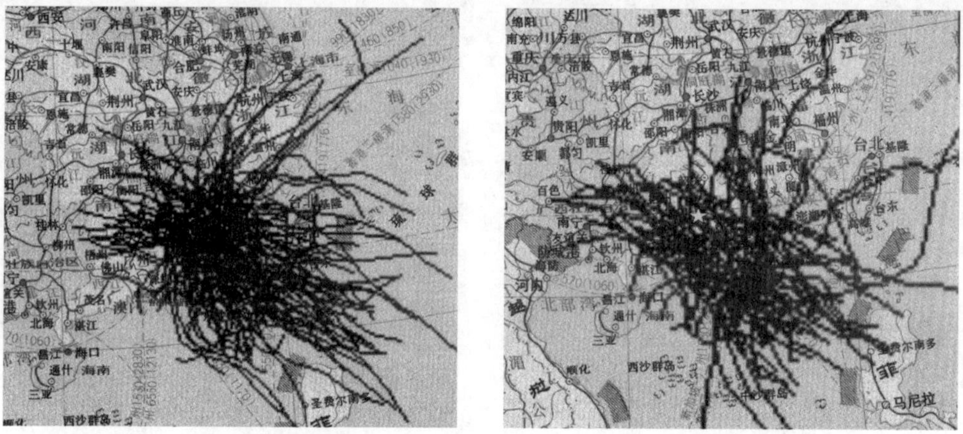

a) 1949～1984年共计106次台风　　b) 1985～2003年共计59次台风

图 5.5-6　1949～2003 年对广州有影响的台风移动路径

对风压参数 β 和 B、C 类场地地表粗糙高度 z_0 的取值进行细化，并假定 β 和 z_0 在其每一小段取值内分别服从均匀分布和变异系数为 20% 的正态分布，其他风场参数保持原分布及取值（表 5.3-2）。定义式（5.5-7a）和式（5.5-7b）衡量不同 β 和 z_0 取值时，39 个近地实测台风极值风速与台风随机模型计算结果偏差；定义式（5.5-7a）衡量不同 β 和 z_0 取值时，1962～2003 年广州气象站 42 年间实际发生的最大风速与台风随机模型预测结果偏差。

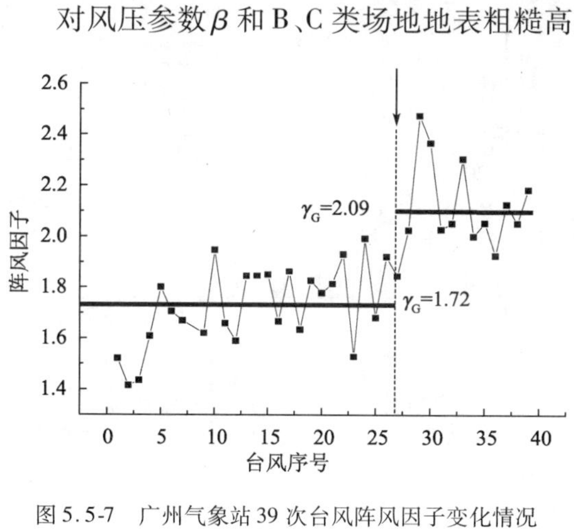

图 5.5-7　广州气象站 39 次台风阵风因子变化情况

图 5.5-7 描绘了 39 次台风广州测站阵风因子逐次变化情况，可以发现在 1984 年前后阵风因子有明显的变化，由最初的均值 1.72 变化为

2.09，这一情况可能来自广州气象站周边建筑物对于风环境的影响，在1984年左右达到顶峰，基于这一思路，以1984年为分界线分别对气象站场地的风环境参数进行拟合。图5.5-8和图5.5-9描绘了不同β和z_0取值时，气象站实测值与台风随机模型计算结果偏差情况；图5.5-8描绘了不同β和z_0取值时，场地测站实测42年间极值风速与随机台风模型预测结果偏差。分析上述结果可知：在1984年以前，场地z_0取值为0.125m时（近于B类场地取值），β取值介于1.00～2.50时，可以达到最优的拟合效果，均方偏差$D_1=0.30\sim0.33$，平均偏差$D_2=-0.05\sim0.01$；在1984年以后（图5.5-9），场地z_0取值为0.25m时（近于Ⅲ类场地取值），β取值介于1.00～2.50时，可以达到最优的拟合效果，均方偏差$D_1=0.19\sim0.24$，平均偏差$D_2=-0.02\sim0.01$。采用拟合优化后的风场参数，可以比较42年间极值风速与Monte-Carlo估算结果（图5.5-10），平均偏差为$D_3=-0.02\sim0.05$，效果较好。以此为依据可确定广州沿海周边地区台风风场压力分布参数β介于1.00～2.50，z_0取值应该考虑广州气象站周边建筑物变化情况。

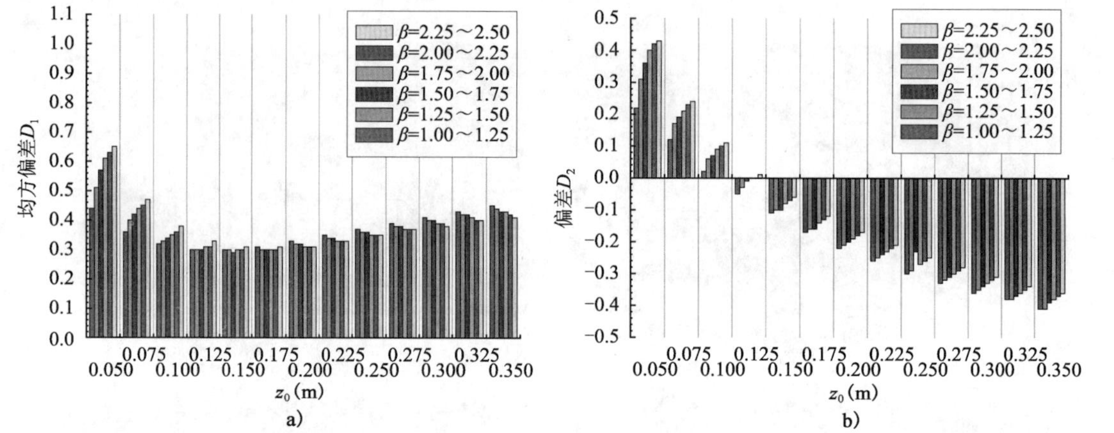

图5.5-8 广州气象站1984年以前台风实测值与模拟结果误差比较

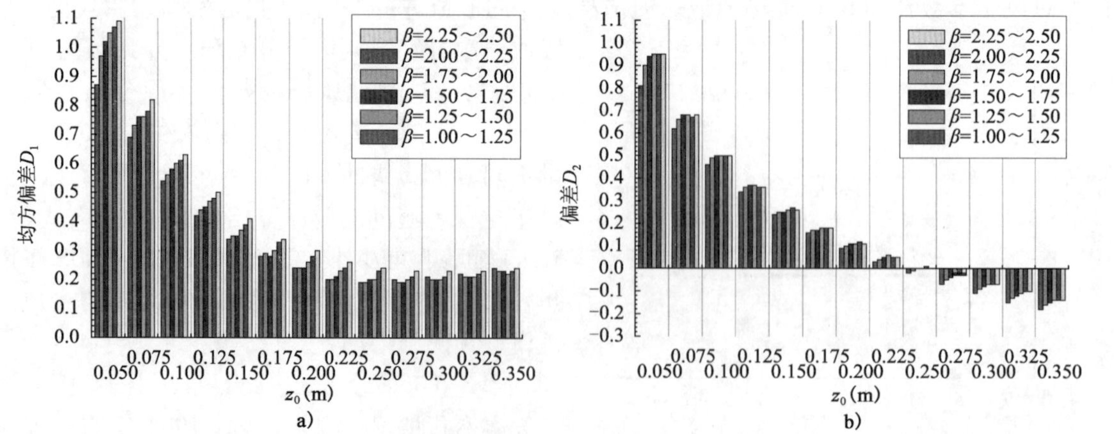

图5.5-9 广州气象站1985年以后台风实测值与模拟结果误差比较

进一步比较当不采用拟合优化措施与采用拟合优化措施后，逐一采用 Monte-Carlo 数值方法计算 1962 ~ 2003 年广州气象站 42 年间 39 次台风与实测结果情况：完全按照 B 类场地采用 $z_0 = 0.05$，计算结果如图 5.5-11a）所示，均方偏差 $D_1 = 0.72$，平均偏差 $D_3 = 0.53$；完全按照 C 类场地采用 $z_0 = 0.3$，计算结果如图 5.5-11b）所示，均方偏差 $D_1 = 0.34$，平均偏差 $D_2 = -0.25$。采用分时间段拟合计算结果如图 5.5-12 所示，精度大大改善，均方偏差 $D_1 = 0.27$，平均偏差 $D_3 = -0.02$。

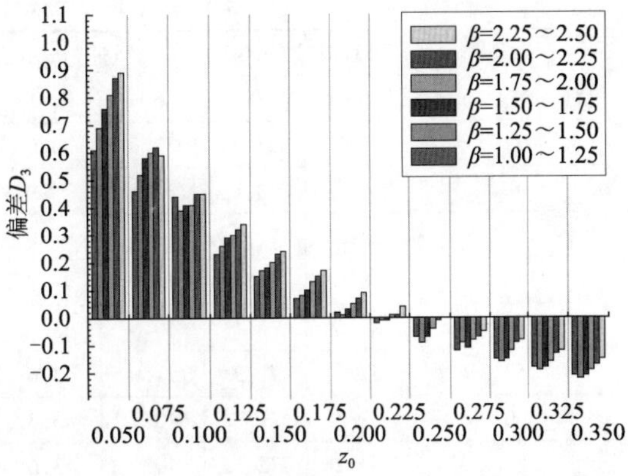

图 5.5-10　广州气象站实测极值风速与模拟结果误差比较

采用拟合优化参数，计算广州几类不同典型场地台风气候模式梯度风高度、平均风剖面、极值风速，瞬时风速换算为平均风速时采用 Sharma[32] 对于澳大利亚风荷载规范 AS1170.2-1989[55] 阵风因子修正的办法［式(5.5-8a)和式(5.5-8b)］。表 5.5-2 ~ 表 5.5-4 为采用 Monte-Carlo 台风数值随机模拟方法得到的广州地区不同场地条件下的风速分布特点[71]。

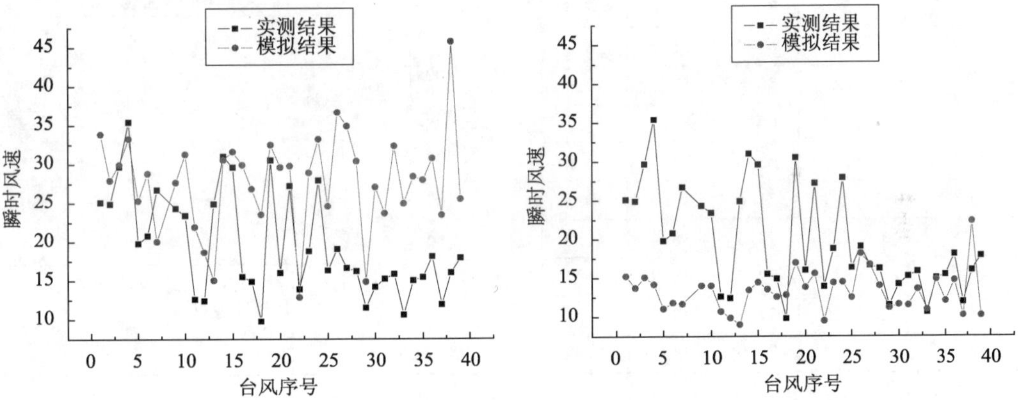

a) z_0=0.05　　b) z_0=0.30

图 5.5-11　按 B、C 类场地计算 39 次台风极值风速与实测结果比较

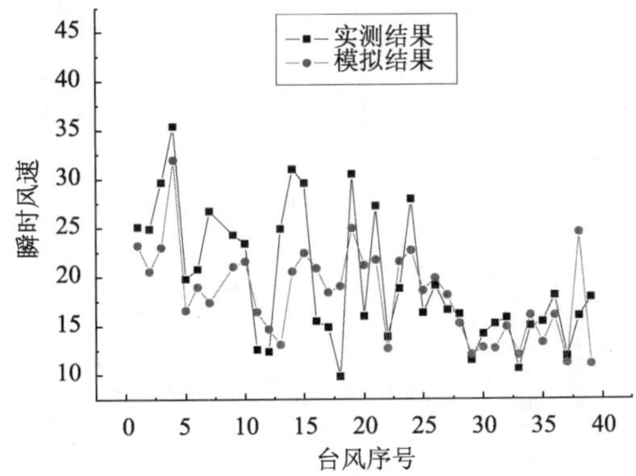

图 5.5-12　分时间段 39 次台风极值风速与实测结果

台风模式 B 类场地($z_0=0.05$m)风速分布特点 表 5.5-2

重现期(年) \ 高度(m)	瞬时风速(m/s)		平均风速(m/s)	
	50	100	50	100
10	62.4	67.3	32.3	34.9
50	66.2	70.8	36.3	38.9
100	67.5	71.9	39.4	42.0
150	68.0	72.6	41.0	43.8
200	67.6	72.1	40.8	43.5
250	67.9	72.2	41.0	43.6
300	67.5	71.8	40.7	43.3
350	67.7	72.3	40.9	43.6
400	67.3	71.8	40.6	43.3
500	67.9	72.4	41.0	43.7

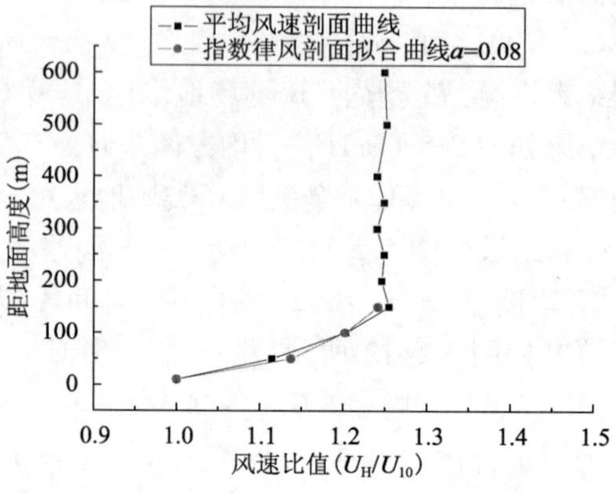

台风模式广州气象站场地($z_0=0.25$m)风速分布特点 表 5.5-3

重现期(年) \ 高度(m)	瞬时风速(m/s)		平均风速(m/s)	
	50	100	50	100
10	36.0	39.6	15.9	17.5
50	42.4	47.0	21.1	23.4
100	50.2	55.5	27.1	29.9
150	57.3	63.3	31.7	35.1
200	62.5	68.0	35.6	38.8
250	65.7	71.0	37.4	40.5
300	67.3	72.3	38.4	41.2
350	68.0	72.3	38.8	41.2
400	67.6	72.1	38.5	41.1
500	67.4	71.9	38.4	41.0

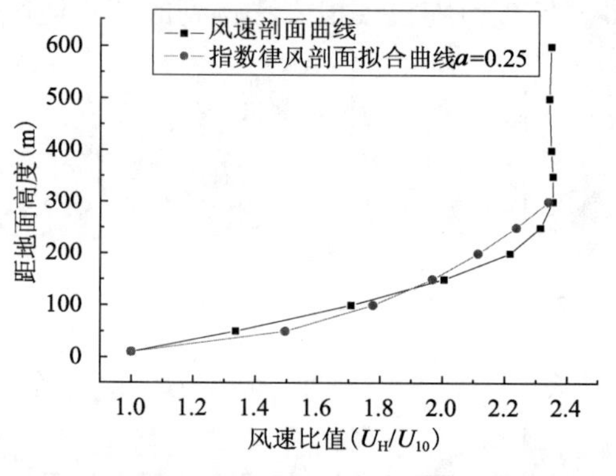

台风模式 C 类场地($z_0=0.30$m)风速分布特点 表 5.5-4

重现期(年) \ 高度(m)	瞬时风速(m/s)		平均风速(m/s)	
	50	100	50	100
10	31.3	34.4	13.9	15.2
50	37.2	41.1	18.5	20.5
100	45.8	50.7	24.7	27.3
150	52.8	58.6	29.3	32.5
200	58.9	65.0	33.6	37.0
250	63.3	69.1	36.1	39.4
300	66.4	72.0	37.8	41.0
350	67.2	72.1	38.3	41.1
400	68.0	72.5	38.8	41.3
500	67.7	72.1	38.6	41.1

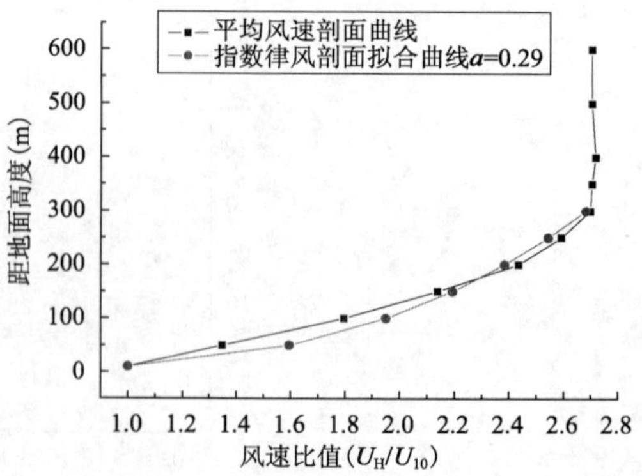

为便于比较台风气候模式和良态气候模式风环境特征的差异，基于表 5.5-2 ~ 表 5.5-4 广州地区三种不同场地条件下 Monte-Carlo 模拟结果，表 5.5-5 比较了台风气候模式 Monte-Carlo 模拟结果与按良态气候建筑结构荷载规范中对于风环境定义的差别，其中广州气象站场地特点介于 B、C 类场地之间，更近于 C 类场地。由比较可知两类风环境在梯度高度、风剖面幂指数、阵风因子、设计风速等方面均有显著差异。表中加背景色的部分为台风气候模式风环境特征值大于良态气候模式的情况。

由 Monte-Carlo 模拟结果可知，台风气候模式平均风梯度高度普遍低于良态气候值，台风气候模式中阵风因子大于良态气候模式值。在 B 类场地中，台风气候模式不同高度瞬时风速一般起控制作用，近地平均风速（约 10m 高度风速）台风气候模式取值也大于良态气候值，随着离地高度增加，良态气候模式平均风速增加更快，在离地 100m 高度的位置，良态气候模式平均风速大于台风气候模式结果。在 C 类场地中，无论是平均风速还是瞬时风速，良态气候模式往往起控制作用，如果认定某地区极值风速由台风登陆所造成，则简单采用良态气候模式会得到相当保守的结论，平均风速误差达 49% ~62%，瞬时风速误差达 21% ~36%。

几种典型工程场地台风与良态气候模式风场参数比较 表 5.5-5

风环境指标		风环境模式	B 类场地	气象站场地	C 类场地
梯度高度(m)		良态气候模式	350	350 ~400	400
		台风气候模式	150	300	300
风剖面幂指数		良态气候模式	0.16	0.16 ~0.22	0.22
		台风气候模式	0.08	0.25	0.29
离地高度 10m	阵风因子	良态气候模式	1.38	1.38 ~1.70	1.70
		台风气候模式	1.93	2.09	2.26
	平均风速(m/s)	良态气候模式	31.3	31.3 ~24.6	24.6
		台风气候模式	34.9	17.5	15.2
	瞬时风速(m/s)	良态气候模式	43.2	43.2 ~41.8	41.8
		台风气候模式	59.8	39.6	34.4
离地高度 100m	阵风因子	良态气候模式	1.38	1.38 ~1.70	1.70
		台风气候模式	1.71	1.71 ~1.86	1.86
	平均风速(m/s)	良态气候模式	45.2	45.2 ~40.7	40.7
		台风气候模式	42.0	29.9	27.3
	瞬时风速(m/s)	良态气候模式	62.3	62.3 ~69.2	69.2
		台风气候模式	71.9	55.5	50.7

第六节 基于线性回归的复杂场地台风参数

浙江省台州市椒江口地处我国东南部沿海地区，夏季受台风直接影响、冬季受寒潮大风影响很大，是我国东南沿海地区强台风经常登陆地点。该区域设计风速受台风登陆过程衰减和周边入海口和丘陵地貌影响，多处气象站之间统计风速差异极大，如何由气象站设计风速推算工程场址设计风速是亟待解决的问题。在该区域规划了多个大跨度桥梁(现已建成椒江大桥、椒江二桥等),桥位附近分布有多个气象水文观测站,台州市专业气象局提供了《洪家国家气象观象台、大陈气象站、椒江口和涛江闸气象自动站风速风向观测数据汇编》。本节研究主要基于以上四个气象站风速资料统计分析及规范《公路桥涵设计通用规范》(JTJ 021—89)[5]确定与之相距不同距离的桥位工程场地边界层风特性参数,分析过程首先利用阶段极值预测方法获得主要气象站重现期设计风速,并采用气象站之间同步观测数据的线性回归拟合方法获得桥位处可能的设计风速。

本项目研究调查和收集了工程场地附近(≤10km)洪家国家气象观象台、椒江口和涛江闸气象自动站风速记录数据,和包括距离工程场地较远(≈50km)宽阔海平面上的大陈气象站风速记录数据,四个气象站概况和相对地理位置如图5.6-1和表5.6-1所示。洪家国家气象观象台覆盖了1971年1月至2007年12月间共计37年444个月的全部月极值风速数据。大陈气象站覆盖了1975年4月至2007年12月间(除1978年全年数据空缺)共计32年381个月的全部月极值风速数据。椒江口气象自动站和涛江闸气象自动站覆盖了2003年11月至2007年12月间共计5年间50个月的全部月极值风速数据。椒江口和涛江闸气象自动站分别位于桥位的南北两岸。以上四个气象站采集的风速数据均包括实际台风风速记录结果。

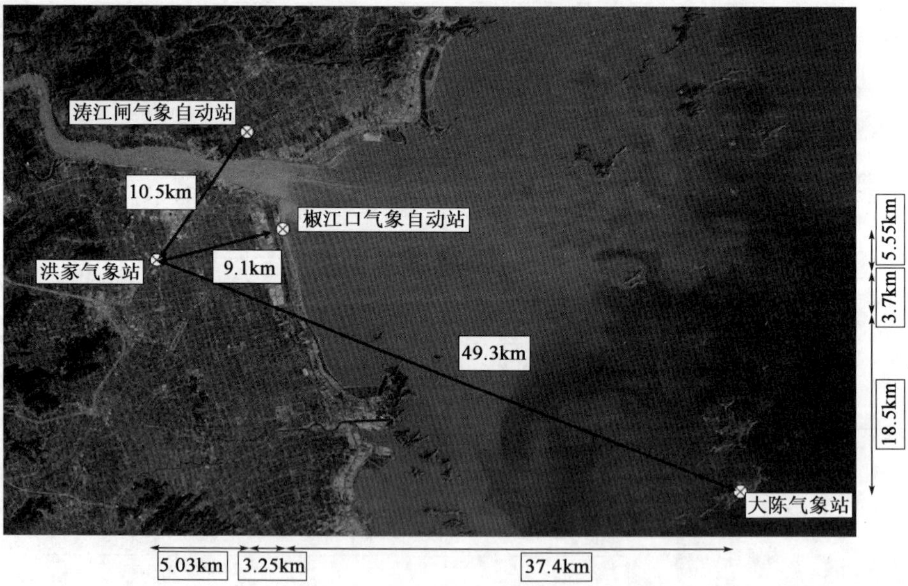

图5.6-1 桥位周围风速测站地理位置

桥位周围风速测站概况 表5.6-1

测站名称	洪家气象站	大陈气象站	椒江口气象站	涛江闸气象站
观测时次	每小时1次,每次10min,同步记录风速风向			
风仪高度	10.0m	10.0m	10.0m	6.0m
测站经纬度	28.37N,121.25E	28.27N,121.54E	28.39N,121.31E	28.42N,121.29E
海拔高度	5.3m	84.4m	13.0m	30.0m
测站场地类别	B类	A类	B类	B类

首先将上述四个气象站风速记录资料结合气象站场地风剖面幂指数全部转换为标准 10m 高度，而后采用数理统计方法拟合出适用于洪家国家气象观象台和大陈气象站的风速分布概率模型，并按不同使用期限推算出对应不同重现期内的基本风速。考虑到大陈气象站处于宽阔海平台上，易受台风影响且风速较大，采用次数时距回归算法建立起大陈气象站与其他三个临近工程场地的气象站的风速数据线性回归关系，然后分别换算大陈气象站不同重现期最大风速至工程场地附近设计风速。

一、极值风速风向分布

图 5.6-2～图 5.6-5，分别给出了洪家气象站、大陈气象站、椒江口气象站和涛江闸气象站风速、风向分布，由此可知，月极值风速相应风向并非 16 个方位的均匀分布。洪家气象站主要集中在 WNW、NW 和 NNW 方向，占总风速记录的 33.0%，其他方向分布相对较为均匀，分别约占总风速记录的 5.0%；大陈气象站主要集中在 N、NNE、NE 和 SSW 方向，占总风速记录的 65.0%；椒江口气象站主要集中在 NNE、NW 和 NNW 方向，占总风速记录的 29.0%；涛江闸气象站主要集中在 WNW、NW 和 NNW 方向，占总风速记录的 31.0%，其他方向分布相对较为均匀，分别约占总风速记录的 5.0%。由于风速和风向在 16 个方位分布的不均匀性，无法对每个方向进行独立的参数估计。因此采用不计方位角风速的分布概型检验与拟合方法，并依据风向分布频度估算最大可能出现的极值风向。

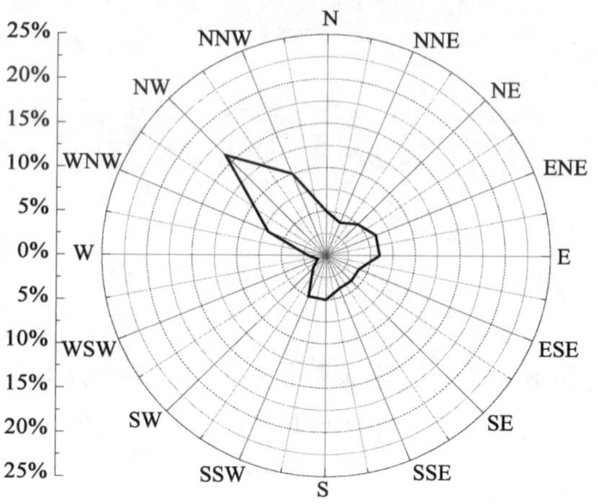

图 5.6-2　洪家气象站 10m 高度风向分布频度玫瑰图

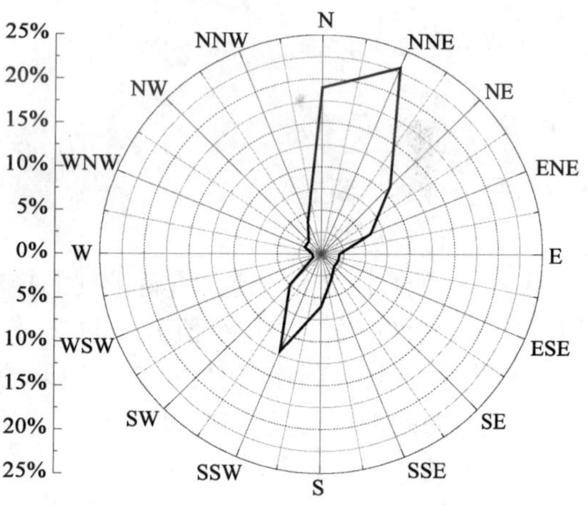

图 5.6-3　大陈气象站 10m 高度风向分布频度玫瑰图

二、风速分布概型检验

平均风概率描述一般采用随机变量模型，当风速记录数据统计得足够多时，其分布将呈现一定的规律性，这个规律就称为风速分布概率模型，简称分布概型。风速记录数据能否拟合为某一种特定的分布概型，主要依赖于统计检验。

由于风速观测数据数量较少，采用适合于较小样本检验的概率曲线相关系数方法（PPCC）进行风速分布概型检验。概率曲线相关系数定义为：

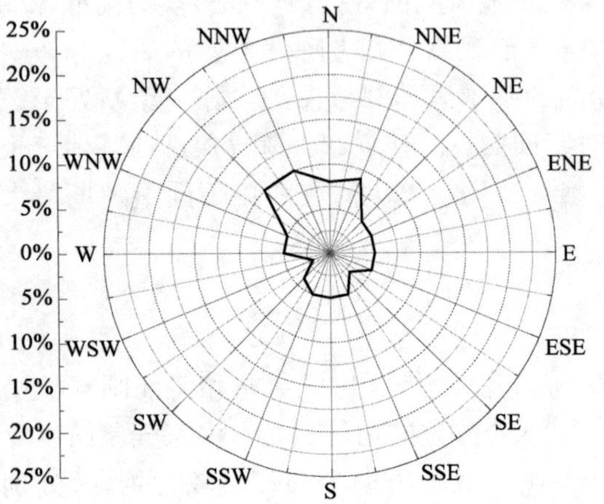

图 5.6-4　椒江口气象站 10m 高度风向分布频度玫瑰图

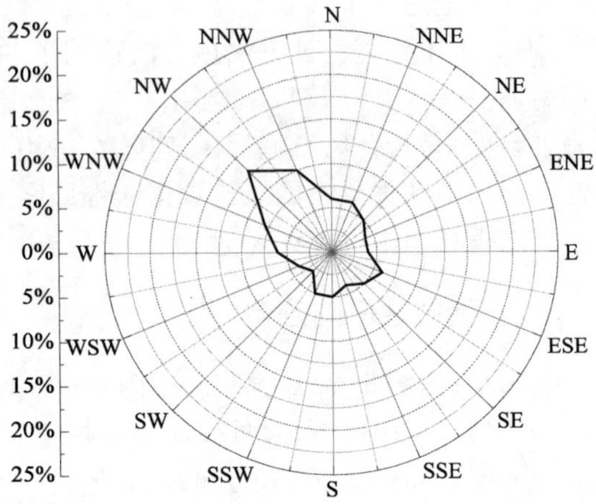

图 5.6-5　涛江闸气象站 10m 高度风向分布频度玫瑰图

$$\gamma_D = \frac{\sum (X_i - \overline{X})[M_i(D) - \overline{M(D)}]}{\sqrt{\sum (X_i - \overline{X})^2 \sum [M_i(D) - \overline{M(D)}]^2}} \tag{5.6-1}$$

式中：$\overline{X} = \frac{1}{n}\sum X_i$；

$\overline{M(D)} = \frac{1}{n}\sum M_i(D)$；

n——样本容量；

D——待检验的概率分布；

X_i——原样本按从小到大重新排列的样本；

$M_i(D)$——序列中第 i 个最小值分布的中值。

在平均风统计分析中，主要关心和抽取的一般都是极值风速记录数据，而最终要求计算的也是重现期内的期望极值风速，即 N 年一遇风速。因此，从数理统计理论上讲，采用极值分布概型是合理的。

无论随机变量的原始分布具有何种分布，如果抽取的子样为极大值，只要极大值渐近分布存在，总可用下列三种极值分布进行描述：

（1）极值Ⅰ型（Gumbel）分布

$$F_G = \exp\left[-\exp\left(-\frac{x-b}{a}\right)\right] \tag{5.6-2}$$

（2）极值Ⅱ型（Frechet）分布

$$F_F = \exp\left[-\left(\frac{x-b}{a}\right)^{-\gamma}\right] \tag{5.6-3}$$

（3）极值Ⅲ型（Weibull）分布

$$F_W = \exp\left[-\left(-\frac{x-b}{a}\right)^{\gamma}\right] \tag{5.6-4}$$

式中：a——尺度参数；

b——位置参数；

γ——形状参数。

按阶段极值法和越界峰值法采样，以一年、半年、一季、一月最大子样对极值Ⅰ、Ⅱ、Ⅲ型分布概型分别进行检验，其结果汇总见表5.6-2。不同抽样的概型检验结果介于0.9364～0.9954之间，因此仅从抽样的角度，可以采用表5.6-2所列举的任何采样方法。

风速时程并非严格意义上的平稳过程，现有的平均风概率分析研究成果表明，无论风速母样为何种类型分布，以极值Ⅱ型按一年、半年抽样或极值Ⅲ型按一月、一季抽样均可能给出较好的期望风速估算结果，其他几种情况组合对于期望风速估算可能具有较大偏差（赵林等[9,10]）。

综上所述，表5.6-3列举了考虑概型检验结果和极值分布抽样数量组合效果时不同抽样对不同拟合概型的接受程度。

不同抽样方法检验结果 表5.6-2

抽样方法		洪家气象站							
		一年抽样		半年抽样		一季抽样		一月抽样	
		相关系数	形状参数	相关系数	形状参数	相关系数	形状参数	相关系数	形状参数
阶段极值	Ⅰ型	0.9855	1.000	0.9888	1.000	0.9877	1.000	0.9770	1.000
	Ⅱ型	0.9825	28.123	0.9886	28.123	0.9918	11.324	0.9800	13.284
	Ⅲ型	0.9894	9.268	0.9879	28.024	0.9839	28.115	0.9739	28.115
越界峰值	Ⅰ型	0.9712	1.000	0.9674	1.000	0.9614	1.000	0.9833	1.000
	Ⅱ型	0.9735	13.032	0.9791	6.444	0.9826	5.283	0.9954	7.236
	Ⅲ型	0.9687	28.084	0.9618	28.115	0.9535	28.123	0.9770	28.115
抽样方法		大陈气象站							
		一年抽样		半年抽样		一季抽样		一月抽样	
		相关系数	形状参数	相关系数	形状参数	相关系数	形状参数	相关系数	形状参数
阶段极值	Ⅰ型	0.9818	1.000	0.9748	1.000	0.9766	1.000	0.9440	1.000
	Ⅱ型	0.9814	28.123	0.9830	7.460	0.9905	6.136	0.9459	14.624
	Ⅲ型	0.9814	28.032	0.9702	28.123	0.9703	28.119	0.9418	28.115
越界峰值	Ⅰ型	0.9726	1.000	0.9543	1.000	0.9464	1.000	0.9758	1.000
	Ⅱ型	0.9776	8.508	0.9772	4.596	0.9827	4.004	0.9930	5.868
	Ⅲ型	0.9691	28.115	0.9468	28.123	0.9364	28.119	0.9688	28.115

极值分布检验结论 表5.6-3

极值分布	一年抽样	半年抽样	一季抽样	一月抽样
极值Ⅰ型	排斥	排斥	不排斥	不排斥
极值Ⅱ型	不排斥	不排斥	排斥	排斥
极值Ⅲ型	排斥	排斥	不排斥	不排斥

三、极值分布参数估计

依据极大似然原理,可推导三种极值分布极大似然参数估计公式,如下:

(1)极值Ⅰ型极大似然参数估计公式

$$\sum_{i=1}^{n} x_i \exp\left(-\frac{x_i}{\hat{a}}\right) - (\bar{x} - \hat{a})\sum_{i=1}^{n}\exp\left(-\frac{x_i}{\hat{a}}\right) = 0 \tag{5.6-5a}$$

$$\hat{b} = -\hat{a}\ln\left[\frac{1}{n}\sum_{i=1}^{n}\exp\left(-\frac{x_i}{\hat{a}}\right)\right] \tag{5.6-5b}$$

(2)极值Ⅱ型极大似然参数估计公式

$$\sum_{i=1}^{n}(x_i - \hat{b})^{-(\gamma+1)} - \frac{\gamma+1}{n\gamma}\sum_{i=1}^{n}(x_i - \hat{b})^{-\gamma}\sum_{i=1}^{n}(x_i - \hat{b})^{-1} = 0 \tag{5.6-6a}$$

$$\hat{a} = \left[\frac{1}{n}\sum_{i=1}^{n}(x_i - \hat{b})^{-\gamma}\right]^{-\frac{1}{\gamma}} \tag{5.6-6b}$$

(3)极值Ⅲ型极大似然参数估计公式

$$\sum_{i=1}^{n}(\hat{b} - x_i)^{\gamma-1} - \frac{\gamma-1}{n\gamma}\sum_{i=1}^{n}(\hat{b} - x_i)^{\gamma}\sum_{i=1}^{n}(\hat{b} - x_i)^{-1} = 0 \tag{5.6-7a}$$

$$\hat{a} = \left[\frac{1}{n}\sum_{i=1}^{n}(\hat{b} - x_i)^{\gamma}\right]^{\frac{1}{\gamma}} \tag{5.6-7b}$$

极值Ⅰ型由式(5.6-5)可直接进行参数估计;对于极值Ⅱ、Ⅲ型,应先确定形状参数γ,而γ取值应满足概率曲线相关系数γ_D渐近于1的原则,最优的$\hat{\gamma}$值应使γ_D取得最大值,即:

$$\gamma_{D,\max} = f(\hat{\gamma}) \tag{5.6-8}$$

如果年最大风速x超过x_T的强风平均T年发生一次,则T称为风速x_T的重现期。由于年最大风速相互独立,因此$x \geqslant x_N$事件的发生可看作为贝努力试验,那么当$n-1$年未发生强风,但在第n年发生时,则事件的概率密度函数为:

$$f_N(1, n-1) = p(1-p)^{n-1} \tag{5.6-9}$$

由于风速重现期T是N的期望值,故:

$$T = E(N) = \sum_{n=1}^{\infty} n f_N(1, n-1) = \frac{1}{p} = \frac{1}{1 - F(x_T)} \tag{5.6-10}$$

式(5.6-10)表明对于确定的极值分布函数$F(x_T)$,可求得任意重现期T内的风速期望值x_T。

选用具有较高拟合优度的极大似然参数估计方法,建立风速风向联合分布概型。但在求解极值Ⅱ、Ⅲ型参数时(特别是形状参数γ),估计较困难,有时很难找到稳定的解。而采用逐步迭代估计法可以很好地解决上述问题,既充分发挥极大似然法的高效性又可发挥概率曲线相关系数可用于较小样本数的优点,同时避免了极大似然法应用于极值分布时不能得到极大似然估计或得到非一致估计的问题(赵林等[9,10])。

借鉴椒江口桥位周围四个气象站平均风检验分析结果(表5.6-3),以极值Ⅱ型按年、半年抽样或极值Ⅰ、Ⅲ型按较小样本时段抽样(一月或一季抽样)预测不同重现期内极值风速。表5.6-4和表5.6-5给出了观测时间较长的洪家气象站和大陈气象站分别按三种极值分布概型计算时的基准参数均值μ_x和均方差σ_x、极值分布参数a、b和γ以及N年期望风速。

洪家气象站10m高度基本风速(m/s)　　表5.6-4

拟合方法	基准参数		极值分布参数			N年期望值		
	μ_x	σ_x	a	b	γ	10年	37年	100年
一月Ⅰ型	10.052	3.007	2.792	8.694	1.000	22.1	25.7	28.5
一季Ⅰ型	12.156	3.457	2.353	10.676	1.000	19.3	22.4	24.8
半年Ⅱ型	13.638	3.929	13.092	-1.504	5.500	21.0	27.1	32.8
一年Ⅱ型	15.646	4.078	15.165	-1.765	5.250	21.5	28.3	34.7
一月Ⅲ型	10.052	3.007	21.640	30.533	8.400	18.3	20.1	21.2
一季Ⅲ型	12.156	3.457	19.687	30.636	7.300	18.7	20.7	22.0

大陈气象站10m高度基本风速(m/s)　　表5.6-5

拟合方法	基准参数		极值分布参数			N年期望值		
	μ_x	σ_x	a	b	γ	10年	33年	100年
一月Ⅰ型	19.758	4.916	5.728	17.367	1.000	44.8	51.6	58.0
一季Ⅰ型	23.059	5.367	3.455	20.861	1.000	33.6	37.7	41.6
半年Ⅱ型	25.203	6.144	23.526	-1.253	7.200	30.9	36.9	43.3
一年Ⅱ型	28.564	6.805	26.227	-1.211	6.150	36.6	45.0	54.2
一月Ⅲ型	19.758	4.916	32.520	50.329	6.850	34.2	36.7	38.8
一季Ⅲ型	23.059	5.367	29.164	50.537	6.700	33.7	36.5	38.6

已知洪家风速测站37年间出现的最大风速为23.0m/s和25.0m/s，比较表5.6-4中结果，可知按一月抽样极值Ⅰ型拟合结果25.7m/s较为接近，因此本文选用一月抽样极值Ⅰ型拟合方法来估算洪家气象站N年期望风速，由此推算的100年一遇的期望风速为28.5m/s。

已知大陈风速测站33年间出现的最大风速为35.3m/s和44.1m/s，比较表5.6-5中结果，可知按一年抽样极值Ⅱ型拟合结果45.0m/s最为接近，因此本文选用一年抽样极值Ⅱ型拟合方法来估算大陈气象测站N年期望风速，由此推算的100年一遇的期望风速为54.2m/s。

定义相对误差：

$$\mathrm{err} = \frac{1}{n}\sum_{i}^{n}\left|\frac{(x_{i:n} - \hat{x}_{i:n})}{x_{i:n}} \times 100\%\right| \tag{5.6-11}$$

衡量拟合方法对实测结果的拟合优度。式中$x_{i:n}$为排序后的第i个观察值，$\hat{x}_{i:n}$为由估计参数推算的相应于第i点经验概率的风速值。图5.6-6比较了洪家气象站10m高度一月抽样风速分布频度直方图与极值Ⅰ型拟合结果曲线。图5.6-7比较了大陈气象站10m高度一年抽样风速分布频度直方图与极值Ⅱ型拟合结果曲线。洪家站风速分布拟合相对误差为6.0%，基本满足工程应用精度；大陈站风速拟合相对误差为11.2%，考虑到该气象站位于海平面上，易受台风影响，在风速分布频度曲线的尾部存在多个高风速样本，是导致误差较大的主要原因。

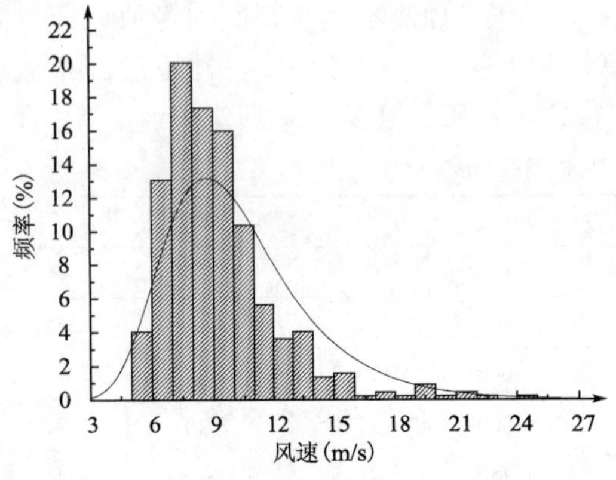

图 5.6-6　洪家站 10m 高度月抽样风速分布频度直方图与拟合结果

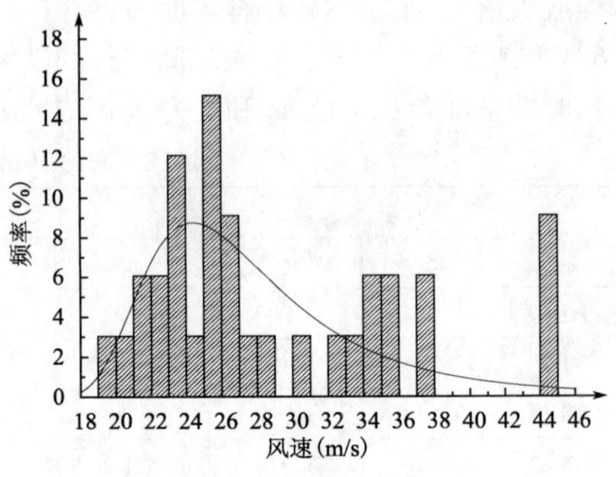

图 5.6-7　大陈气象站 10m 高度一年抽样风速分布频度直方图与拟合结果

四、测站风速线性回归

为了有效地利用远离工程场地的大陈气象站风速统计计算资料,有必要结合次数时距回归算法,建立起大陈气象站与工程场地附近洪家气象站、椒江口和涛江闸自动气象站之间风速线性回归关系。图 5.6-8 描述了四个气象站同步逐月 10min 时距风速变化曲线。

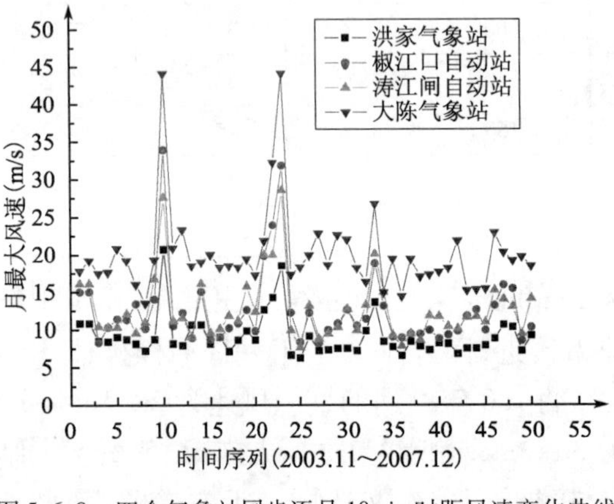

图 5.6-8　四个气象站同步逐月 10min 时距风速变化曲线

设 x 为工程场地附近洪家气象站、椒江口和涛江闸自动气象站月最大风速记录,y 为大陈气象站月最大风速记录,假定两者之间存在线性关系,则有下列线性回归方程:

$$y = ax + b + e \tag{5.6-12}$$

式中:a、b——回归参数;

e——回归误差。

根据数理统计可用 $\hat{y}$ 来估计 y,即:

$$\hat{y} = ax + b \tag{5.6-13}$$

按最小二乘法原理,可以确定线性回归参数 a 和 b 分别为:

$$a = \frac{\sum_{i=1}^{n} x_i y_i - n\overline{x}\overline{y}}{\sum_{i=1}^{n} x_i^2 - n\overline{x}^2} \qquad b = \overline{y} - a\overline{x} \tag{5.6-14}$$

式中:$\overline{x}$、$\overline{y}$——表示样本$\{x_1, x_2, \cdots, x_n\}$和$\{y_1, y_2, \cdots, y_n\}$的均值;

n——样本数量。

定义式(5.6-15)和式(5.6-16)衡量线性回归算法平均误差与均方偏差。

$$\mathrm{err}_1 = \frac{1}{n}\sum_{i=1}^{n} \frac{y_i - \hat{y}_i}{y_i} \tag{5.6-15}$$

$$\mathrm{err}_2 = \left[\frac{1}{n}\sum_{i=1}^{n}\left(\frac{y_i - \hat{y}_i}{y_i}\right)^2\right]^{\frac{1}{2}} \tag{5.6-16}$$

表5.6-6给出了大陈站与其他三个气象站之间同步观测风速线性回归拟合结果,最大平均偏差为2.37%,最大均方偏差为17.91%,图5.6-9~图5.6-14分别给出了椒江口站、涛江闸站、洪家站与大陈站同步观测风速线性回归关系,表明线性回归结果可以较好地再现同步观测风速序列之间的变化趋势,回归误差相对较小。根据大陈气象站月极值风速记录,由线性回归方法换算得到工程场地临近气象站风速结果,而后结合洪家气象站拟合优化结果按一月抽样极值Ⅰ型和一年抽样极值Ⅱ型分别估算的工程场地临近位置设计风速,参见表5.6-7和表5.6-8。比较两表中极值风速预测结果,分别选取表5.6-7和表5.6-8中大陈站与椒江口站线性回归极值风速预测结果,即10年重现期设计风速为28.3m/s和30.0m/s,100年重现期设计风速为37.1m/s和51.2m/s。

四个气象站同步观测风速线性回归结果　　表5.6-6

y	x	时间范围	n	a	b	Err1	Err2
大陈站	洪家站	1975.4~1977.12 1979.1~2007.12	381	1.0381	9.6285	-0.24%	15.98%
	椒江口	2003.11~2007.12	50	0.9529	8.1857	-1.87%	17.91%
	涛江闸	2003.11~2007.12	50	1.0426	6.8587	-2.37%	17.90%
洪家站	椒江口	2003.11~2007.12	50	0.4884	2.9812	-1.19%	12.02%
	涛江闸	2003.11~2007.12	50	0.5850	1.6548	-0.93%	12.06%

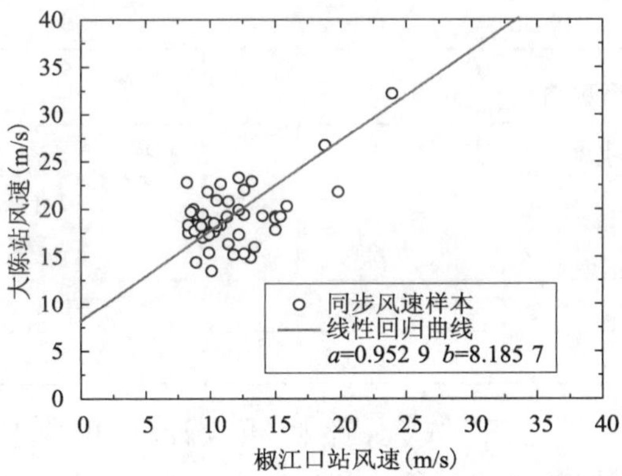

图5.6-9　椒江口站与大陈站同步观测风速线性回归关系

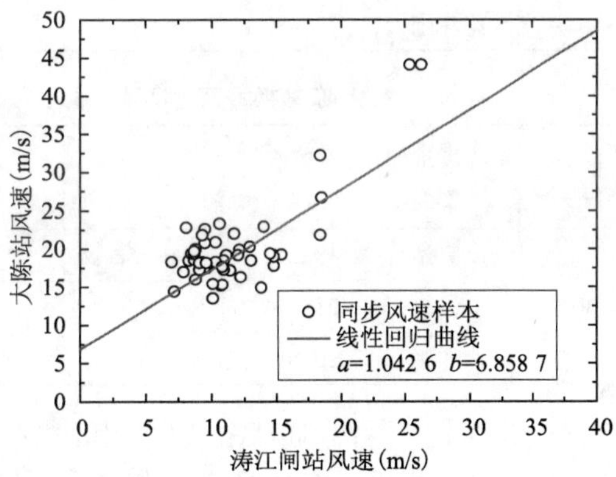

图5.6-10　涛江闸站与大陈站同步观测风速线性回归关系

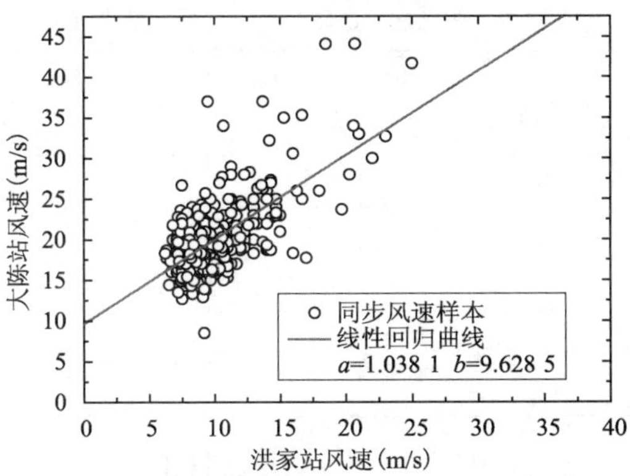

图5.6-11　洪家站与大陈站同步观测风速线性回归关系

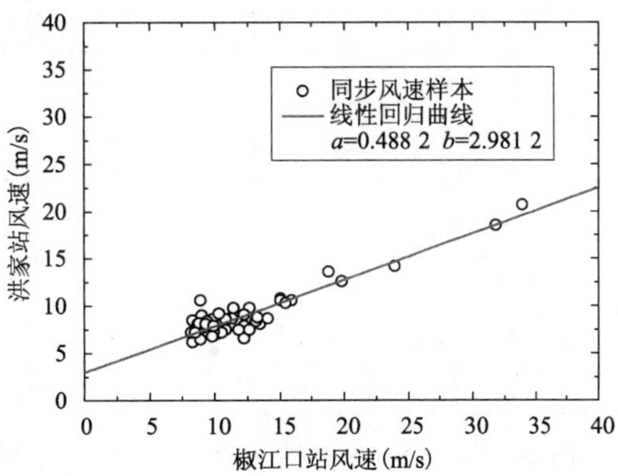

图5.6-12　洪家站与椒江口站同步观测风速线性回归关系

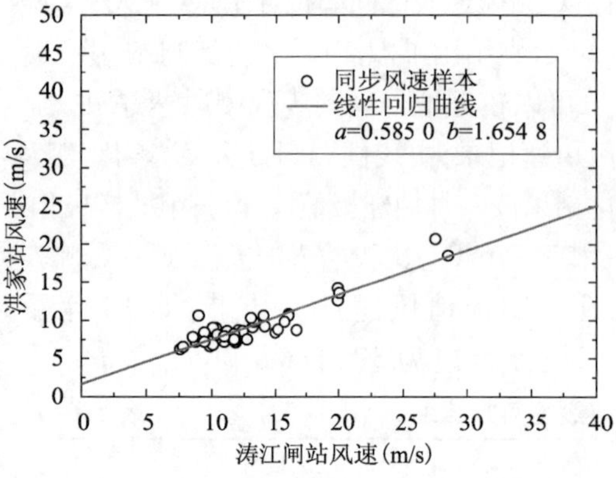

图 5.6-13　洪家站与涛江闸站同步观测风速线性回归关系

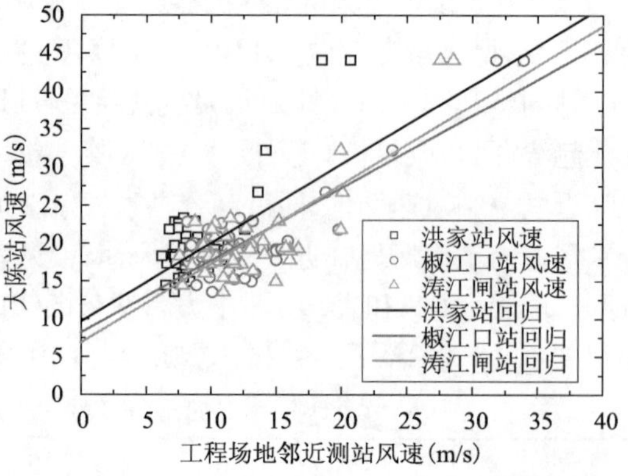

图 5.6-14　大陈站与邻近测站同步观测风速线性回归关系

由大陈站换算工程场地邻近位置风速预测结果(一月Ⅰ型抽样,m/s)　　表 5.6-7

远距离测站 y	工程场地邻近位置 x	基准参数		极值分布参数			N 年期望值	
		μ_x	σ_x	a	b	γ	10 年	100 年
大陈站	洪家站	9.926	4.278	3.189	8.123	1.000	23.4	30.7
	椒江口	12.284	4.721	3.780	10.258	1.000	28.3	37.1
	涛江闸	12.489	4.360	3.702	10.588	1.000	28.3	36.8

由大陈站换算工程场地邻近位置风速预测结果(一年Ⅱ型抽样,m/s)　　表 5.6-8

远距离测站 y	工程场地邻近位置 x	基准参数		极值分布参数			N 年期望值	
		μ_x	σ_x	a	b	γ	10 年	100 年
大陈站	洪家站	18.242	6.552	18.343	-3.642	4.650	26.1	45.7
	椒江口	21.376	7.146	19.962	-2.452	4.650	30.0	51.2
	涛江闸	20.818	6.521	18.296	-1.003	4.650	28.7	48.2

椒江口桥位所处浙江省椒江市洪家与下大陈之间,按《公路桥涵设计通用规范》(JTJ 021—89)中设计基本风速的规定,与工程场地临近洪家气象站和较远距离的大陈气象站线性回归风速统计结果比较如表 5.6-9 所示。

不同分析方法风速重现期设计风速结果对比(m/s)　　表 5.6-9

分析方法	说　明	10 年重现期等	100 年重现期等
规范结果	浙江椒江市洪家基本风速	23.9	32.6
规范结果	浙江椒江市下大陈基本风速	38.5	52.1
洪家气象站统计结果	一月Ⅰ型抽样	22.1	28.5
大陈气象站统计结果	一年Ⅱ型抽样	36.6	54.2
大陈气象站线性回归统计结果	一月Ⅰ型抽样	28.3	37.1
大陈气象站线性回归统计结果	一年Ⅱ型抽样	30.0	51.2

由表可 5.6-9 可知,按大陈气象站基本风速资料统计分析结果,10 年重现期和 100 年重现期的设计风速 36.6m/s 和 54.2m/s 起到控制作用。

运用极值风速拟合优化策略对浙江台州市椒江口桥位处极值风速进行预测,可以发现依据工程场地周围风速测站采样数据预测的极值风速结果,常常与规范规定值有一定差异;且考虑到工程场地位于我国东南沿海台风多发区,气象站实测风速极值样本多为台风条件极值风速所控制,不符合规范要求的风速母样满足平稳性假定,如大陈站实测分布频度曲线(图5.6-7)难于采用如式(5.6-5)~式(5.5-7)所示的三种极值分布拟合,因此我们对于此类由于复杂地形地貌效应和明显台风登陆衰减效应影响的区域,有针对性地进行定点风速同步观测和相关性换算,并实施台风气候条件极值风速随机模拟预测工作。

本章参考文献

[1] 赵林.风场模式数值模拟与大跨桥梁抖振概率评价[D].上海:同济大学,2003.

[2] 陈联寿,丁一汇.西太平洋台风概论[M].北京:科学出版社,1979.

[3] 欧进萍,段忠东,常亮.中国东南沿海重点城市台风危险性分析[J].自然灾害学报,2002,11(4):917.

[4] 项海帆,等.公路桥梁抗风设计指南[M].北京:人民交通出版社,1996.

[5] 中华人民共和国国家标准.JTJ 021—89 公路桥涵设计通用规范[S].北京:人民交通出版社,1989.

[6] 中华人民共和国国家标准.GBJ 68—84 建筑结构设计统一标准[S].北京:中国建筑工业出版社,1985.

[7] 谭晓伟.台风低层风场的高分辨率数值模拟研究[R].国家气候中心博士后学位研究工作报告,2011.

[8] 葛耀君.桥梁结构风振可靠性理论及其用研究[D].上海:同济大学,1998.

[9] 赵林,葛耀君,项海帆.极值风速拟合优化策略[J].同济大学学报,2003,3(4):383-388.

[10] 赵林,葛耀君,项海帆.平均风极值分布极大似然求解及其应用[J].土木工程学报,2004,37(6):41-46.

[11] 段忠东,欧进萍,周道成.极值风速最优概率模型[J].土木工程学报,2002,35(5).

[12] Chow S. A Study of the Wind Field in the Planetary Boundary Layer of a Moving Tropical Cyclone[D]. MS Thesis, Dept. Meteor. Oceanogr, New York Univerisity, 1971.

[13] Gomes L, Vickery B J. On the Prediction of Tropical Cyclone Gust Speeds along the Northern Coast[J]. Inst. Eng. Aust. C. E. Trans. CE18, 1976, 2:40-49.

[14] Batts ME, Cordes MR, Russell CR, et. al. Hurricane Wind Speeds in the United States[J]. Nat, Bureau of Standards Rep, No. BSS-124, U. S. Dept. of Commerce, Washington, D. C. 1980.

[15] Shapiro L J. The Asymmetric Boundary Layer Flow under a Translating Hurricane[J]. J. Atmos. Sci. 1983, (40):1984-1998.

[16] Georgiou P N. Designing Wind Speeds in Cyclone-prone regions[D]. Ph. D Thesis, University of Western Ontario, London, Ontario, Canada, BLWT2, 1985.

[17] Vickery P J, Twisdale LA. Wind-field and Filling Models for Hurricane Wind-speed Predictions[J]. ASCE J. Struct. Engrg 121, 1995, 11: 1700-1709.

[18] Yang Meng, Masahiro Matsui, Kazuki Hibi. An Analytical Model for Simulation of the Wind

Field in Typhoon Boundary Layer[J]. Journal of Wind Engineering and Industrial Aerodynamics,1995,56: 291-310.

[19] Vickery P J,Skerlj P F,Steckley A C,et al. Hurricane Wind Field Model for Use in Hurricane Simulations[J]. J Struct Engrg. 2000,126(10):1203-1221.

[20] Russell L R. Probability Distributions for Hurricane Effects[J]. J. of the Waterways,Harbor and Coastal Engineering Division,1971,97(ww1):139-154.

[21] Tryggvason B V,Surry D,Davenport A G. Predicting Wind Induced Response in Hurricane Zones[J]. J. of the Structural Division,ASCE,1992,102(ST12):2333-2350.

[22] Fuji T,Mitsuta Y. On Prediction of Occurrence Probability of Severe Wind by a Typhoon—Prediction of the Sea-surface Wind[J]. J. JSNDS,1992,102,11-3:125-144.

[23] Matsui M,Meng Y,Hibi K. Extreme Typhoon Wind Speeds Considering Differences in the Average time Between Full-scale Observations And Typhoon Model[J]. J. Struct. Constr. Eng., AIJ,1998,506:67-74.

[24] 赵林,葛耀君,项海帆. 台风随机模拟与极值风速预测应用[J]. 同济大学学报,2005,33(7):885-889.

[25] 赵林,葛耀君,项海帆. 台风风场随机参数敏感性分析[J]. 同济大学学报,2005,33(6):727-731.

[26] Zhu L D,Zhao L,GeY J,et al. Validation of Numerical Typhoon Model Using both Near-ground and Aerial Elevation Wind Measurements[J]. Disaster Advances,2012,5(1): 14-23.

[27] Lin Zhao,Anping Lu,Ledong Zhu,et al. Radial Pressure Profile of Typhoon Field Near Ground Surface Observed by Distributed Meteorologic Stations[J]. J. Wind Eng. Ind. Aerodyn. 2013,122: 105-112.

[28] Vickery P J,Twisdale L A. Prediction of Hurricane Wind Speeds in the United States[J]. J. Struct. Engrg. 1995,121(11):1691-1699.

[29] Vickery P J,Skerlj P F,Twisdale L A. Simulation of Hurricane Risk in the U. S. Using Empirical Ttrack Model[J]. J. Struct. Engrg. 2000,126(10):1222-1237.

[30] Wills J A B,Lee B E,Wyatt T A. A Review of Typhoon Wind Field Models[J]. Wind Engineering into the 21st Century,Larsen,Larose&Livesey(eds),Balkema,1999:377-383.

[31] 葛耀君,赵林,项海帆. 基于极值风速预测的台风数值模型评述[J]. 自然灾害学报,2003,6.

[32] Sharma R N,Richards P J. A Re-examination of the Characteristics of Tropical Cyclone Winds[J]. Journal of Wind Engineering and Industrial Aerodynamics,1999,83: 21-33.

[33] Amano T,Fukushima H,Ohkuma T,et al. The Observation of Typhoon Winds in Okinawa by Dopler Soder[J]. Journal of Wind Engineering and Industrial Aerodynamics,1999,83:11-20.

[34] 宋丽莉,毛慧琴,汤海燕,等. 广东沿海近地层大风特性的观测分析[J]. 热带气象学报,2004,20(6).

[35] 李秋胜,戴益民,李正农,等. 强台风"黑格比"登陆过程中近地风场特性[J]. 建筑结构学报,2010,31(4):54-61.

[36] 李鹏飞,赵林,葛耀君.上海崇明越江通道工程场地脉动风特性分析[J].结构工程师,2007,23(01).

[37] Shuyang Cao,Yukio Tamura,Naoshi Kikuchi,et al. Wind Characteristics of a Strong Typhoon [J]. Journal of Wind Engineering And Industrial Aerodynamics,2009.

[38] 武占科,赵林,朱乐东.上海市环球金融中心工程场地良态风环境特性观测分析[J].结构工程师,2009,25(2):98-103.

[39] 武占科,赵林,朱乐东,等."罗莎"(0716)台风高空实测脉动风特性分析[J].空气动力学学报,2010,28(3):291-296.

[40] 武占科,赵林,朱乐东,等.上海地区台风条件风速和雨强联合概率分布统计[J].空气动力学学报.2010,28(4):393-399.

[41] Gray W M. Global View of the Origin of Tropical Disturbances and Storms[J]. Mon Wea. Rew,1968,96:669-700.

[42] Meng Y,Matsui M,Hibi K. A Theoretical Analysis of the Wind Field in the Typhoon Boundary Layer[J]. J. Wind Engrg. ,1993,55.

[43] Yang Meng,Masahiro Matsui,Kazuki Hibi. An Analytical Model for Simulation of the Wind Field in Typhoon Boundary Layer[J]. Journal of Wind Engineering and Industrial Aerodynamics,1995,56:291-310.

[44] Schloemer R W. Analysis and Synthesis of Hhurricane Wind Patterns Over Okeechobee. Florida,Hydrometeorological Report,1954,49(31) .

[45] Holland G J. An Analytical Model of the Wind and Pressure Profiles in Hurricanes[J]. Mon. Weather Rev,1980,108:1212-1218.

[46] Hachinori Yasui,Takeshi Ohkuma,Hisao Marukawa,et al. Study on Evaluation Time in Typhoon Simulation Based on Monte Carlo Method[J]. Journal of Wind Engineering and Industrial Aerodynamics,2002,90:1529-1540.

[47] 卢安平.登陆台风近地风压场实测重构及其对工程场地极值风速影响分析[D].上海:同济大学,2012.

[48] Lettau H H. Physical and Meterorological Basis for Mathematical Models of Urban Diffusion Processes[C]//Proc. Symp. on Multiple-Source Urban Diffusion Models. U. S. EPA, Publ. AP – 86 Research Triangle Park,N. C. ,1970:2. 1-2,26.

[49] Helliwell N C. Wind over London[C]//Wind Effects on Buildings And Structures. Tokyo, 1971:23-32.

[50] Kondo J,Yamazawa H. Aerodynamic Roughness over an Inhomogeneous Ground Surface[J]. Bound. -Layer Meteorol. (1986)35:331-348.

[51] Jaw-Guei Lin,John Z Yim,Wei-Po Huang. Correlations of the Wind Field Data At Taichung Harbour[C]//Taiwan Wind Engineering into 21st Century. Larsen & Livesey,1999:251-255.

[52] Kristensen L,Rathmann O,Hansen S O. Extreme Winds in Denmark[C]//Wind Engineering into 21st Century,Larsen & Livesey,1999,243-250.

[53] Sharma R N,Richards P J. A Re-examination of the Characteristics of Tropical Cyclone Winds

[J],Journal of Wind Engineering and Industrial Aerodynamics,1999,83:21-33.

[54] 庞加斌,林志兴,葛耀君.浦东地区近地强风特性观测研究[J].流体力学实验与测量,2002,16(3).

[55] Standards Association of Australia. Minimum Design Loads on Structures (The SAA Loading Code)[S],Australian Standard AS1170.2-1989,1989.

[56] 中国气象局.热带气旋年鉴[M].北京:气象出版社,2012.

[57] Counihan J. Adiabatic Atmospheric Boundary Layers[J]. A review and analysis of data from the Period 1880-1972,Atmos,Environ. 1975,9:871-905.

[58] Choi H,Kanda J. Characteristics of the Vertical Wind Profile for Wind load Estimation[J]. J. Wind Eng,1990,45:23-43.

[59] Achintya Haldar, Sankaran Mahadevan. Reliability Assessment Using Stochastic Finite Element Analysis[M]. John Wiley & Sons,inc.,2000.

[60] Simiu E,Scanlan R H. Wind effects on structures[M],3rd Ed. New York:Wiley-Interscience,1996.

[61] Dvorak V F,Tropical Cyclone Intensity Analysis and Forecasting from Satellite Imagery[J]. Mon. Wea. Rev.,1975,103:420-430.

[62] Depperman C E. Notes on the Origin and Structure of Philippine Typhoons[J]. Bull. Amer. Meteor. Soc.,1947,28:399-404.

[63] Love G,Murphy K. The Operational Analysis of Tropical Cyclone Wind Fields in the Australian Northern Region[J]. Bureau of Meteorology,1985:44-51.

[64] G D Hubbert,G J Holland,L M Leslie ,et al,A Real-time System for Forecasting Tropical Cyclone Storm Surges[J]. Weather Forecast. 1991,6:86-97.

[65] Holland G J,Harper B A. An Updated Parametric Model of the Tropical Cyclone[J]. Hurricanes and Tropical Meteorology,American Meteorological Society,Dallas,Texas,Jan.,1999:10-15.

[66] Jakobsen F,Madsen H. Comparison and Further Development of Parametric Tropical Cyclone Models for Storm Surge Modelling[J]. Journal of Wind Engineering and Industrial Aerodynamics. 2004,92(5):375-391.

[67] FEMA. HAZUS-MH MR1:Technical Manual[M]. 2003.

[68] Holland G J,A Revised Hurricane Pressure-Wind Model[J],Monthly Weather Review,2008:3432-3445.

[69] Palutiko J P, Brabson B B, Lister D H. A Review of Methods to Calculate Extreme Wind Speeds[J]. Meteorol. Appl,1999(6):119-132.

[70] Simiu E,Heckert N A. Extreme Wind Distribution Tails:a "Peaks over Threshold" Approach [J]. NIST Tech. Note 1416,NIST,Gaithersburg,Md,1995.

[71] 赵林,朱乐东,葛耀君.广州地区台风极值风特性 Monte-Carlo 随机模拟研究[J].同济大学学报,2007,35(8):1034-1038.

第六章　阵风静力风荷载

风是空气相对于地球表面的流动,浸没在空气中的结构都会受到风的作用,这就是风荷载,结构风荷载是风工程研究中最基本也是最重要的研究对象,主要取决于风的特性和结构的特性。在风工程研究中,通常将大气边界层中的自然风分解成长周期的平均风和短周期的脉动风,当桥梁结构刚度很大时,风荷载作用下的结构振动可以完全忽略,此时的风荷载只相当于一种静力作用,并主要取决于自然风的特性。因此,对于刚度很大的桥梁结构,风荷载作用只需要考虑风的静力作用,并偏于安全地将平均风静力荷载叠加上脉动风最大荷载,这就是阵风静力风荷载,简称为静阵风荷载。本章主要介绍阵风静力风荷载的计算方法。

第一节　风荷载链模型

人类历史上第一个风荷载的数学表达式是由全世界第一位土木工程师——英国人 John Smeaton 在 1759 年提出的:

$$P = 1.2U^2 \tag{6.1-1}$$

式中:U——平均风速;

P——顺风方向(线)风荷载大小,如果平均风速的单位为 m/s,则风荷载的单位为 kN/m。

大约一百年后,人们依据 Bernoulli 方程第一次得到了顺风方向风荷载的精确表达式:

$$P = \frac{1}{2}\rho U^2 C_D \tag{6.1-2}$$

式中:ρ——空气密度(kg/m^3);

C_D——顺风方向风荷载系数,为无量纲参数。

在公式(6.1-2)中,如果取 $\rho = 1.2\text{kg/m}^3$ 和 $C_D = 2.0$,便可以获得式(6.1-1)。对于二维平板结构,最大顺风方向风荷载系数 $C_D = 1.9$,从这个意义上来看,式(6.1-1)是偏于安全的。

上述两个公式都是平均风风荷载的计算公式,如果要考虑脉动风的作用,显然是不够的。目前,同时包含平均风和脉动风作用的风荷载计算模型很多,其中,最著名的要数 Davenport 风荷载链模型,如图 6.1-1[1] 所示。

$$W = qC_eC_pC_g \tag{6.1-3}$$

式中:q——参考风压或动态风压(N/m^2);

C_e——场地修正系数,用于不同场地粗糙度和高度的修正;

C_p——风压系数,与结构体形有关的风荷载系数;

C_g——阵风系数,由短周期的脉动风所引起的平均风荷载修正系数,对于不考虑振动的刚性结构,可取阵风荷载系数(Gust Loading Factor,简称 GLF),对于需要考虑振动的柔性结构，可取动力响应系数（Dynamic Response Factor，简称 DRF）；

W——风荷载（N/m^2）。

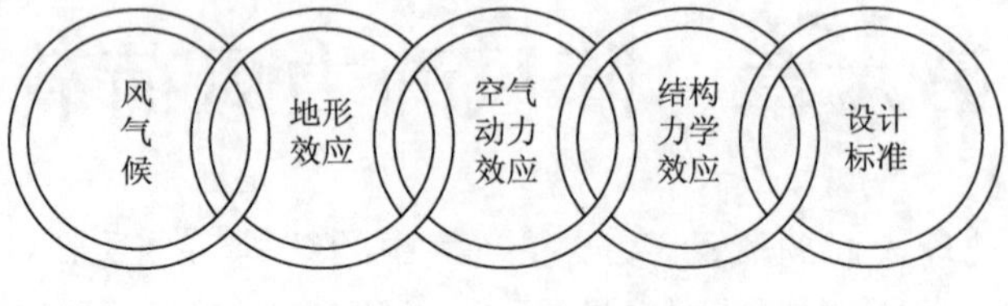

图 6.1-1　Davenport 风荷载链模型

从理论上来讲，风荷载 W 及其相关的四个参数都是随机的，Davenport 建议采用不同的概率分布函数表示。从实际应用来看，各个国家或地区往往采用各自的风荷载规范，所以在这四个参数的取值上有一定的差别。下面将结合比较亚太地区 15 个国家或地区（澳大利亚/新西兰[2]、加拿大[3]、中国[4]、中国香港[5]、印度[6]、印度尼西亚[7]、日本[8]、韩国[9]、马来西亚[10]、菲律宾[11]、新加坡、中国台湾[12]、泰国[13]、美国[14]和越南[15]）的风荷载规范，说明基于 Davenport 风荷载链方法的阵风静力风荷载计算方法[16]。

一、参考风压

参考风压 q 一般可以简单表示为参考风速 U 的函数：

$$q = \frac{1}{2}\rho U^2 \tag{6.1-4}$$

式中：ρ——空气密度，在 15 个国家或地区规范中的取值范围为 1.16 ~ 1.25kg/m^3，平均值为 1.217kg/m^3，标准差仅为 2.2%，如表 6.1-1[17]所示；

U——参考风速，主要取决于三个条件，即参考高度、平均时距和重现期。

参考风速和参考风压取值的比较　　表 6.1-1

国家或地区	ρ (kg/m^3)	参考高度 (m)	平均时距		重现期		风压系数
			时距	系数	年	系数	η_q
澳大利亚/新西兰*	1.20	10	3s	1.5	500	1.22	3.349
加拿大	1.25	10	1h	0.92	50	1.0	0.882
中国	1.25	10	10min	1.0	50	1.0	1.042
中国香港	1.20	10	1h	0.92	50	1.0	0.846
印度	1.20	10	1h	0.92	50	1.0	0.846
印度尼西亚	1.20	10	3s	1.5	50	1.0	2.250
日本	1.22	10	10min	1.0	100	1.07	1.164
韩国	1.25	10	10min	1.0	100	1.07	1.193
马来西亚	1.20	10	3s	1.5	50	1.0	2.250
菲律宾	1.22	10	3s	1.5	50	1.0	2.288
新加坡	1.20	10	3s	1.5	50	1.0	2.250

续上表

国家或地区	ρ (kg/m^3)	参考高度 (m)	平均时距		重现期		风压系数 η_q
			时距	系数	年	系数	
中国台湾	1.16	10	10min	1.0	50	1.0	0.967
泰国	1.25	10	1h	0.92	100	1.07	1.009
美国	1.25	10	1h	0.92	50	1.0	0.882
越南	1.20	10	10min	1.0	50	1.0	1.000
平均值	1.217	10		1.140		1.011 *	1.347 *
标准差	0.022	0.00		0.225		0.022 *	0.434 *

注：* 澳大利亚/新西兰规范的数据没有包含在平均值和标准差计算内。

1. 参考高度

大气边界层中的平均风速是随高度变化的，一般可以采用指数律和对数律风剖面模型进行描述，在15个规范中，除了澳大利亚/新西兰和新加坡之外，都是采用指数律风剖面模型。由于不同高度的平均风速大小不同，所以，必须按照参考高度或者称为基本高度的风速进行换算。表6.1-1给出的15个国家或地区所采用的参考高度都是10m，无一例外[17]。

2. 平均时距

大气边界层中的自然风是随时间随机变化的，风速平均值的大小取决于平均时距的长短。一般而言，由于风速统计中总是选取极值风速作为研究对象，所以平均时距越短，平均风速就越大，反之，则越小。在15个规范中，主要有三种不同的平均时距，即3s、10min和1h。3s时距的平均风速应当适用于风暴和下击暴流的统计分析，10min时距的平均风速应当适用于热带气旋、台风或飓风的统计分析，1h距的平均风速应当适用于高纬度地区大风的统计分析。大量研究表明，三种不同平均时距得到的平均风速的最大值之间存在一定的比例关系，比较一致的三者比例关系是1.5∶1.0∶0.92，因此，我们可以分别确定各个规范的平均时距修正系数。如表6.1-1所示，除了澳大利亚/新西兰规范之外的14个规范的平均时距修正系数的统计平均值为1.14，标准差为22.5%，较为离散[16]。

3. 重现期

设计期望风速确定还取决于重现期，显然重现期取得越大，设计期望风速就越大，反之，则越小。在15个规范中，主要有三种不同的重现期，分别是50年、100年和500年。尽管各个国家地区的规范都有足够的理由采纳各自的重现期，但是较为普遍采用的还是50年重现期。为此，我们设法将100年和500年两种重现期换算到50年，换算中假定所有风速服从极值Ⅰ型分布，即R年重现期到L年重现期可以采用下列公式换算：

$$\frac{U_R}{U_L} = a_L - b_L \ln\left[-\ln\left(1 - \frac{1}{R}\right)\right] \tag{6.1-5}$$

式中：U_R、U_L——R年重现期期望风速和L年重现期期望风速；

a_L、b_L——按照L年重现期进行统计分析的参数；

R——重现期。

假定采用参考文献[18]中的参数，即$a_L = 0.625$和$b_L = 0.096$进行换算，50年一遇、100

年一遇和500年一遇期望风速的修正系数分别为1、1.07和1.22，相应规范的系数如表6.1-1所示，由此可以计算出重现期修正系数平均值为1.011，标准差为2.2%，其中没有包括澳大利亚/新西兰规范的数据[16]。

4. 参考风压修正系数

综合考虑空气密度、参考高度、平均时距和重现期四个方面的差别，可以定义参考风压的修正系数如下：

$$\eta_q = \frac{q}{q_0} = \frac{\rho U^2}{\rho_0 U_0^2} \tag{6.1-6}$$

式中：ρ_0——基本空气密度，取1.20kg/m³，这是15个规范中最普遍的取值；

U_0——基本参考风速，取10m高度、10min平均时距和50年一遇期望风速。

根据式(6.1-6)确定各个国家或地区的参考风压修正系数η_q如表6.1-1最后一列所示，不包括澳大利亚/新西兰规范的参考风压修正系数平均值为1.347，标准差为43.4%，离散性很大，在上述提到的四个参数中，平均时距造成的离散性最大[16]。

二、场地修正

众所周知，平均风速随离地高度发生变化，可以用风剖面表示，风剖面与来流场地上风所受到的阻力直接相关。由于场地阻力主要取决于来流场地的粗糙程度，因此场地的粗糙程度一般需要用不同的场地类别来表示。为了表达这种场地粗糙程度的变化情况，各国规范采用不同的风剖面分类方法和场地种类。在指数律、对数律和复合律三种风剖面模型中，15个国家或地区规范中的13个采用了指数律模型，只有澳大利亚/新西兰规范采用了复合律模型，新加坡规范采用了对数律模型，如表6.1-2所示。最常用的指数律模型可以表示为：

$$U_z = U_0\left(\frac{z}{z_0}\right)^{\alpha} \tag{6.1-7}$$

式中：U_0——参考高度z_0处的参考风速；

U_z——基准高度z处的基准风速；

α——指数律风剖面模型中的幂指数，与来流场地的粗糙程度有关。

在13个采用指数律风剖面模型的规范中，场地类别的总数是不同的，例如，中国香港只有一种，日本分成了五种等，如表6.1-2所示。幂指数α和相应梯度风高度δ的最大值、最小值也不尽相同，如表6.1-2所示。为了比较和对比各个规范之间在场地修正方面的差别，还列出了标准场地上的幂指数和梯度风高度，这样可以定义参考风速和对最小值和最大值场地进行风速换算，这种换算是在梯度风高度处风速相等的前提下进行的，从而可以定义场地修正系数η_e如下[16]：

$$\eta_e = \frac{C_{e0}}{C_e} = \left(\frac{\delta_b}{z_0}\right)^{2\alpha_b}\left(\frac{z_0}{\delta_s}\right)^{2\alpha_s} \tag{6.1-8}$$

式中：α_b、δ_b——基本场地上的幂指数和梯度风高度；

α_s、δ_s——特定场地上的幂指数和梯度风高度；

z_0——参考高度，在表6.1-2中取10m。

上述15种规范在最大或最小场地条件下的场地修正系数η_e计算如表6.1-2所示，最小

场地条件下 η_e 的平均值为 1.23、标准差为 14%；最大场地条件下 η_e 的平均值为 0.356、标准差为 65%。显然，最大场地上的离散程度要比最小场地上的大得多，这主要归咎为最大场地幂指数要比最小场地幂指数离散得多，详见表 6.1-2[16]。

场地类别和场地修正系数取值的比较　　表 6.1-2

国家或地区	风剖面	种类	最小值		基本值		最大值		η_e	
			α_{min}	δ_{min}	α_b	δ_b	α_{max}	δ_{max}	最小	最大
澳大利亚/新西兰*	复合律	4	0.12	300	0.15	350	0.29	500	1.28	0.300
加拿大	指数律	3	0.14	270	0.14	270	0.36	400	1.00	0.177
中国	指数律	4	0.12	300	0.16	350	0.30	450	1.38	0.318
中国香港	指数律	1	0.11	500	0.11	500	0.11	500	1.00	1.000
印度**	指数律	4	0.10	250	0.14	270	0.34	500	1.32	0.176
印度尼西亚	指数律	4	0.09	213	0.11	274	0.20	457	1.19	0.449
日本	指数律	5	0.10	250	0.15	350	0.35	650	1.53	0.156
韩国	指数律	4	0.10	250	0.15	300	0.33	500	1.46	0.210
马来西亚	指数律	4	0.12	250	0.15	300	0.30	500	1.28	0.265
菲律宾	指数律	4	0.09	213	0.11	274	0.20	457	1.19	0.449
新加坡***	对数律	2								
中国台湾	指数律	3	0.15	300	0.15	300	0.32	500	1.00	0.227
泰国**	指数律	3	0.14	270	0.14	270	0.36	600	1.00	0.132
美国	指数律	3	0.11	210	0.15	270	0.25	360	1.38	0.448
越南	指数律	3	0.07	250	0.09	300	0.14	400	1.18	0.679
平均值			0.111	273	0.136	313	0.275	484	1.23	0.356
标准差			0.19	0.25	0.15	0.19	0.29	0.15	0.14	0.65

注：1. * 澳大利亚/新西兰规范采用的是复合律模型，但还是找到了按指数律换算的数据[19]。

2. ** 印度和泰国规范中的梯度风高度是按照其他国家规范换算的。

3. *** 新加坡规范没有包含在统计分析中。

三、风压系数

在结构风工程中，一般需要考虑两种形式的断面，即流线体和钝体。流线体周围的流线一般有规律地围绕着流线体的外轮廓，如图 6.1-2 所示，自由流动仅仅在流线体表面很薄的边界层内出现，主要原因是切线流受到流线体表面摩擦的阻碍。钝体周围的流动与流线体有很大的不同，以典型钝体的矩形为例，周围流体的流动是以前端角点的分离为特征的，如图 6.1-3 所示。钝体周围的分离流动可以分成两个区域，紧靠钝体表面的自由剪切流，类似于流线体表面的边界层流动，但是并不附着在边界上；外层高剪切和旋转的流动。这两层流体是非稳定的，会相互混合流向尾部，聚集形成涡旋，并在尾部脱落。对于沿着流动方向很长的钝体或矩形，分离剪切层会“再附”于钝体表面。然而，由于剪切层是非完全稳定的，钝体表面会形成涡旋,并沿着钝体表面发展,如图 6.1-3 所示。

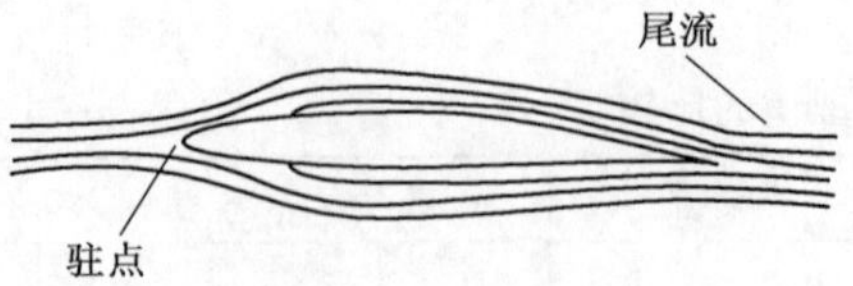

图 6.1-2　流线体周围绕流[20]

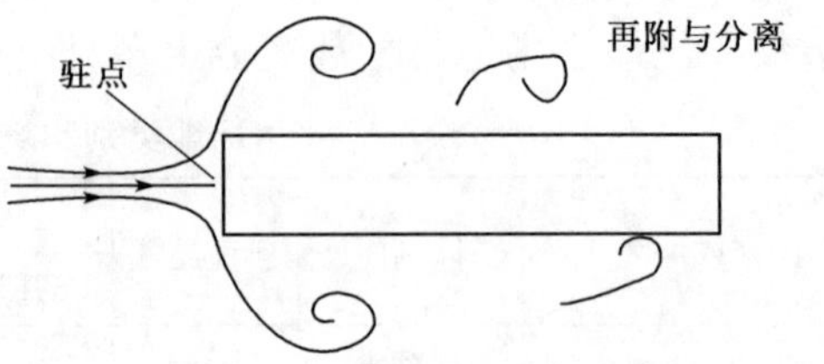

图 6.1-3　钝体周围绕流[20]

流线体边界层以外可以用流线表示的流体和钝体外层流体以外的流体都属于一种无黏(Inviscid)和无旋(Irrotational)的流动,根据 Bernoulli 方程,可以建立风压 p 和风速 U 之间的关系如下:

$$p + \frac{1}{2}\rho_a U^2 = a(\text{常数}) \tag{6.1-9}$$

假定不受流线体或钝体流动影响的无穷远处的风压为 p_o、风速为 U_o,我们可以得到:

$$p + \frac{1}{2}\rho_a U^2 = p_o + \frac{1}{2}\rho_a U_o^2 \tag{6.1-10}$$

因此,

$$p - p_o = \frac{1}{2}\rho_a (U_o^2 - U^2) \tag{6.1-11}$$

结构表面的风压一般采用无量纲风压系数 C_p 表示:

$$C_p = \frac{p - p_o}{\frac{1}{2}\rho_a U_o^2} = \frac{\frac{1}{2}\rho_a (U_o^2 - U^2)}{\frac{1}{2}\rho_a U_o^2} = 1 - \left(\frac{U}{U_o}\right)^2 \tag{6.1-12}$$

从严格意义上来说,Bernoulli 方程不适合于分离流动和涡流区,但如果风速 U 取在分离流动或涡流区之外,仍然可以作为一种非常好的近似结果。

亚太地区 15 个国家或地区的风荷载规范主要是针对建筑结构的,从对典型低矮建筑、多层建筑和高层建筑的风压系数计算结果来看,离散性也是非常大的,在此不再一一列举[16]。

四、阵风荷载系数

在 Davenport 风荷载链模型中,考虑风脉动和结构振动影响的结构响应系数称为阵风响应系数 C_g(Gust Response Factor,简称 GRF),对于忽略振动影响的刚性结构,只需要考虑风脉动作用就可以了,相应的荷载系数称为阵风荷载系数(Gust Loading Factor,简称 GLF),实际上就是最大阵风风速作用在结构上所引起的风荷载。

上面我们已经定义了 10min 平均时距的平均风速 U,假定来流脉动风速服从高斯分布,阵风峰值风速 U_g 可以近似表示为:

$$U_g = U + g\sigma_u \tag{6.1-13}$$

式中：g——峰值因子，一般可取3.5；

σ_u——脉动风湍流风速方差。

从理论上来说，对于不同场地上的不同湍流强度σ_u，可以采用式(6.1-13)计算出峰值风速。但需要注意的是，峰值风速不会在整个高度或整个跨度上同时出现，因此，式(6.1-13)给出的只是最不利峰值风速的包络线，而不是实际峰值风速。

用于长期风速测量的测风仪器一般可以感受的采样频率并不十分高，而所测量的峰值风速又直接依赖于采样频率，对于大多数风杯式或皮托管测风仪，平均采样频率为2～3s一次，只有采用比较先进的超声风速仪或雷达测风仪才有可能达到比较高的采样频率，例如每秒钟1次到几百次。基于这种比较高采样频率的风速仪的测量结果，我们可以定义阵风风速系数G如下：

$$G = \frac{U_g}{U} = 1 + g\sigma_u \tag{6.1-14}$$

Durst[21]和Deacon[22]等人对高纬度地区大风的10min平均时距风速到峰值风速的换算进行了大量的研究，给出了在"空旷农场上少有树木"场地的阵风风速系数为1.45、"郊区"场地的阵风风速系数为1.96。另外一些学者则对热带气旋或飓风进行了研究，例如，根据日本台风观测结果，Ishizaki[23]建议采用以下公式进行阵风风速系数计算：

$$G = \frac{U_{gt}}{U_T} = 1 + 0.5I_u \ln\frac{T}{t} \tag{6.1-15}$$

式中：I_u——脉动风湍流强度；

T——平均风时距；

t——脉动风时距。

如果取$I_u = 0.2$，$T = 600\text{s}$，$t = 2\text{s}$，则可以得到$G = 1.57$。这个结果与美国四个飓风的统计结果$G = 1.55$非常接近[24]。

由于亚太地区15个国家或地区的风荷载规范主要是针对建筑结构的，因此，以下仅给出我国《公路桥梁抗风设计规范》(JTG/T D60-01—2004)[25]对阵风风速系数的取值规定，如表6.1-3所示。表中阵风风速系数取值主要取决于两个因数，即地表类别和水平加载长度，其中，地表类别越高，阵风风速系数值就越大，水平加载长度越大，阵风风速系数值就越小。

阵风风速系数取值 表6.1-3

地表类别 \ 水平加载长度(m)	<20	60	100	200	300	400	500	650	800	1 000	1 200	>1 500
A	1.29	1.28	1.26	1.24	1.23	1.22	1.21	1.20	1.19	1.18	1.17	1.16
B	1.35	1.33	1.31	1.29	1.27	1.26	1.25	1.24	1.23	1.22	1.21	1.20
C	1.49	1.48	1.45	1.41	1.39	1.37	1.36	1.34	1.33	1.31	1.30	1.29
D	1.56	1.54	1.51	1.47	1.44	1.42	1.41	1.39	1.37	1.35	1.34	1.32

由于风荷载定义为风速平方的函数，因此，还需要将阵风风速系数按照平方关系换算成阵风荷载系数，计算如下：

$$C_g = G^2 = \left(\frac{U_g}{U}\right)^2 = (1 + g\sigma_u)^2 \tag{6.1-16}$$

因此,结构阵风静力风荷载可以表示为平均风静力风荷载乘以阵风荷载系数或阵风风速系数的平方。

对于振动影响不能够忽略的弹性结构,Davenport 风荷载链模型中的阵风响应系数 C_g,不仅需要考虑风脉动作用,而且还要考虑结构风致振动的影响。就拱桥结构而言,需要考虑的风致振动主要有抖振和涡振,相应的阵风响应系数称为动力响应系数(Dynamic Response Factor,简称 DRF)。基于拱桥抖振和涡振的动力响应系数将分别在相应章节中进行讨论。

第二节　平均风静力风荷载

在风荷载链模型式(6.1-3)中,如果不计阵风响应系数 C_g,将场地修正系数 C_e 反映到平均风速 U 中间,并将式(6.1-4)中的 q 代入,我们可以得到简化的平均风静力风荷载模型如下:

$$W = \frac{1}{2}\rho U^2 C_p \tag{6.2-1}$$

在桥梁构件风荷载计算中,一般采用线荷载,而不采用面荷载,因此,可以在等式(6.2-1)两边同时乘以一个长度单位,例如,桥梁构件宽度 B(或高度 H),这样就可以得到桥梁构件平均风静力风荷载模型如下:

$$P_f = WB = \frac{1}{2}\rho U^2 B C_f \tag{6.2-2}$$

$$C_f = C_p = \frac{(p - p_o)B}{\frac{1}{2}\rho U^2 B} = \frac{f}{\frac{1}{2}\rho U^2 B} \tag{6.2-3}$$

式中:f——气动力,对于拱桥的拱肋断面或主梁断面,可以采用节段模型风洞试验的方法来确定。

一、静力三分力模型

浸没在气流中的任何物体,都会受到气流的作用,气流绕过一般三维结构物时,会在结构物表面产生风压,对表面风压进行积分一般可以得到风压的六个合力,其中包括三个力的分量和三个力矩的分量,如图 6.2-1 所示。

三个力分量:

F_D——阻力;

F_S——侧向力;

F_L——升力。

三个力矩分量:

M_R——摇摆力矩;

M_P——升力矩;

M_Y——旋转力矩。

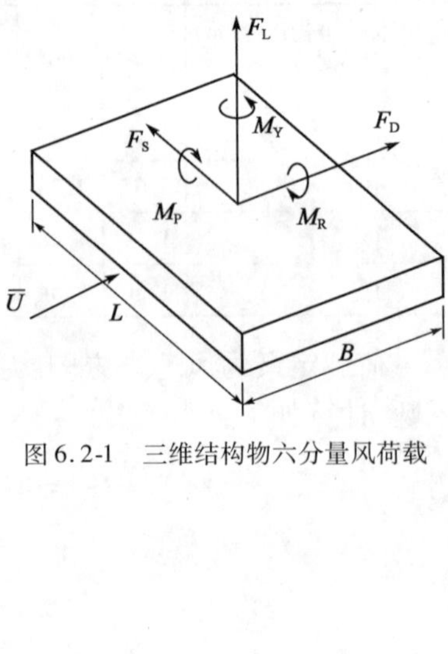

图 6.2-1　三维结构物六分量风荷载

在三个力分量中，水平线状桥梁结构一般考虑阻力 F_D 和升力 F_L 两个分量，垂直线状建筑结构一般考虑阻力 F_D 和侧向力 F_S 两个分量；在三个力矩分量中，水平线状桥梁结构一般只考虑升力矩 M_P 一个分量，垂直线状建筑结构则一般考虑旋转力矩 M_Y 一个分量。由此可以定义桥梁构件断面上的静力三分力为静风阻力 F_D（风轴坐标）或 F_H（体轴坐标）、静风升力 F_L（风轴坐标）或 F_N（体轴坐标）和静风升力矩 M_T，如图 6-2-2 所示，并根式（6.2-2）和式（6.2-3）推导得出计算模型如下：

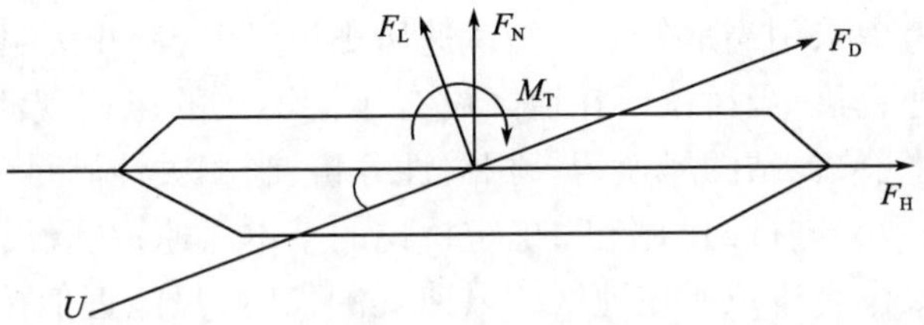

图 6.2-2　风轴和体轴坐标下的静力三分力

$$F_D = \frac{1}{2}\rho U^2 HC_D \tag{6.2-4a}$$

或

$$F_H = \frac{1}{2}\rho U^2 HC_H \tag{6.2-4b}$$

$$F_L = \frac{1}{2}\rho U^2 BC_L \tag{6.2-5a}$$

或

$$F_N = \frac{1}{2}\rho U^2 BC_N \tag{6.2-5b}$$

$$M_L = \frac{1}{2}\rho U^2 B^2 C_M \tag{6.2-6}$$

式中：U——指定高度的平均风速，一般可取 10min 平均时距下的风速值（m/s）；

B、H——桥梁构件断面的竖向投影宽度和水平投影高度（m）；

C_L、C_D——风轴方向的升力系数和阻力系数；

C_N、C_H——体轴方向的升力系数和阻力系数；

C_M——升力矩系数。

所有这些静力三分力系数都可以通过节段模型测力风洞试验来识别。

在桥梁构件静力三分力模型中，拱桥的拱肋构件与普通缆索承重桥梁的主梁有所不同，拱肋静力三分力风荷载计算有两大特点：

（1）拱肋轴线的高度一般随着跨径变化，因此，平均风速是随着跨径变化的，相应的静力三分力也是变化的。

（2）拱肋截面沿着跨径方向一般也是变化的，因此，拱肋截面三分力系数也是沿着跨径变化的，同样引起静力三分力的变化。

综合以上两点，拱桥拱肋断面的静力三分力表达式（6.2-4）~式（6.2-6）中，各有两个变量，即平均风速和三分力系数。

二、基准风速确定

根据《公路桥梁抗风设计规范》(JTG/T D60-01—2004)[25]的规定，桥位指定高度的平均风速一般都是通过基本风速来换算的。所谓基本风速是指：开阔平坦地貌条件下，地面以上10m 高度处，100 年重现期的 10min 平均时距最大风速。

目前确定基本风速的方法主要有三种：当桥位周边地区的气象台站具有足够的连续风速观测数据时，首先应当考虑采用当地气象台站风速历史记录资料，并按照第四章中介绍的统计分析方法，确定基本风速数值；当桥位所在地区设有年代不久的风速观测仪时，可以进行该风速仪的记录数据与周边气象台站的风速记录相关性分析，当相关性满足一定要求时，可以对周边气象台站的风速记录数据进行回归修正，确定桥位的基本风速；在既没有桥位周边地区的气象台站风速记录资料，又没有桥位所在地区的风速观测仪时，只能近似按照《公路桥梁抗风设计规范》(JTG/T D60-01—2004)[25]附录 A“全国基本风速分布图”或附表 A“全国各气象台站的基本风速值”选取基本风速。

从理论上讲，基本风速确定后，就可以根据风剖面模型确定桥位任意高度处的平均风速，通常称为基准风速。但在实际计算中，必须分两步来实现，即将基本风速换算成桥位基本风速，再将桥位基本风速换算为桥位基准风速。

首先，必须把基本风速换算到桥位基本风速，即同样是 10m 高度、10min 平均时距和 100 年一遇的平均风速，由于基本风速特指的场地类别是 B 类，而桥位处的场地类别可以是 A、B、C、D 四种场地类别中任意一种，甚至多种(指不同的风向)，因此，需要将基本风速 U_0 换算为桥位基本风速 U_{b0}。

$$U_{b0} = K_1 U_0 = \sqrt{\eta_e} U_0 = \left(\frac{\delta_B}{10}\right)^{\alpha_B} \left(\frac{10}{\delta_b}\right)^{\alpha_b} U_0 \tag{6.2-7}$$

式中：α_B、α_b——基本风速场地类别(B 类)和桥位场地类别的风剖面指数律模型中的幂指数，可按照表 6.2-1取值；

δ_B、δ_b——基本风速场地类别(B 类)和桥位场地类别的风剖面梯度风高度，可按照表 6.2-1取值；

K_1——基本风速到桥位基本风速的换算系数，根据表 6.2-1 中的数值，可以计算得到 A 类场地桥位 $K_{1A}=1.174$、B 类场地桥位 $K_{1B}=1.0$、C 类场地桥位 $K_{1C}=0.785$ 和 D 类场地桥位 $K_{1D}=0.564$。

场地粗糙度参数取值 表 6.2-1

场地类别	地表状况	幂指数 α	梯度风高度 δ(m)
A	海面、海岸、开阔水面、沙漠	0.12	300
B	田野、乡村、丛林、平坦开阔地及低层建筑物稀少地区	0.16	350
C	树木及低层建筑物等密集地区、中高层建筑物稀少地区、平缓的丘陵地带	0.22	400
D	中高层建筑物密集地区、起伏较大的丘陵地	0.30	450

然后，还需要将桥位基本风速换算到桥位指定高度处的平均风速——桥位基准风速，由于拱肋高度是变化的，不可能像缆索承重桥梁的主梁一样换算出一个指定高度——桥面高度的基准风速。为此，一般可以将拱桥的最大高度——拱顶高度作为基准高度，通过桥位基本风速确定出拱顶高度 z_c 的基准风速 U_{bc}。

$$U_{bc} = U_{b0}\left(\frac{z_c}{10}\right)^{\alpha_b} = K_1 U_0\left(\frac{z_c}{10}\right)^{\alpha_b} \tag{6.2-8}$$

据此根据桥位场地类别，确定出任意高度处 z（小于或等于拱顶高度）的基准风速 U。

$$U = U_{bc}\left(\frac{z}{z_c}\right)^{\alpha_b} = U_{b0}\left(\frac{z_c}{10}\right)^{\alpha_b}\left(\frac{z}{z_c}\right)^{\alpha_b} = K_1 U_0\left(\frac{z}{10}\right)^{\alpha_b} \tag{6.2-9}$$

第三节　拱肋三分力系数

由式(6.2-4)～式(6.2-6)定义的主梁或拱肋的静力三分力，是用静力三分力系数表示的，三分力系数一般可以采用节段模型测力风洞试验的方法进行测量识别。节段模型测力风洞试验的基本原理是采用高频测力天平，测量节段模型在不同风速下所受到的气动力或称为静力三分力。高频测力天平大都采用底支的方式安装在节段模型的底部，用于测量模型底部各个方向的剪力和弯矩，然后转换成节段模型所受到的静力三分力，并将三分力推算到三分力系数。图6.3-1给出了节段模型测力系统的示意图。

图6.3-1　测力节段模型和高频测力天平示意（尺寸单位：cm）

假定已经通过高频测力天平的内部转换得到了节段模型的静力三分力测量采样样本 F_{Ii}（$i=1, 2, \cdots, n$），节段模型的静力三分力 F_I 可取采样样本的平均值，即：

$$F_I = \frac{1}{n}\sum_{i=1}^{n}(F_{Ii}^{U} - F_{Ii}^{0}) \tag{6.3-1}$$

式中：n——静力三分力采样样本总数；

F_{Ii}^{U}、F_{Ii}^{0}——试验风速为 U 和零时的静力三分力第 i 个样本点；

F_I——阻力 F_D、升力 F_L 和升力矩 M_T，可采用式(6.3-2)计算：

$$C_I = \frac{F_I}{\frac{1}{2}\rho U^2 A} = \frac{F_I}{\frac{1}{2}\rho U^2 BL} \tag{6.3-2}$$

U——试验风速；

A——节段模型投影面积；

B、L——节段模型宽度和长度，也可采用节段模型高度 H 代替宽度 B。

根据拱肋截面的特殊性，以下主要给出几种典型拱肋截面的三分力系数风洞试验结果，其中包括矩形截面拱肋（宜宾岷江二桥）、双矩形截面拱肋（上海卢浦大桥）、四矩形截面拱肋（广州新光大桥）、八圆柱截面平行拱肋（湖南茅草街大桥）和八圆柱截面提篮拱肋（浙江北门大桥）五种。

一、矩形截面拱肋

首先介绍最简单的拱肋断面——矩形截面，作为节段模型测力风洞试验的对象。为此，选取四川宜宾岷江二桥拱桥裸肋状态作为模拟对象。岷江二桥是一座三跨连续无铰拱桥，拱肋计算跨度 $l = 161.727\text{m}$，计算矢高 $f = 40.372\text{m}$，计算矢跨比 $f/l = 1/4$，拱肋高度 2.2m，双拱肋宽度 3.2m，如图 6.3-2 所示[26]。

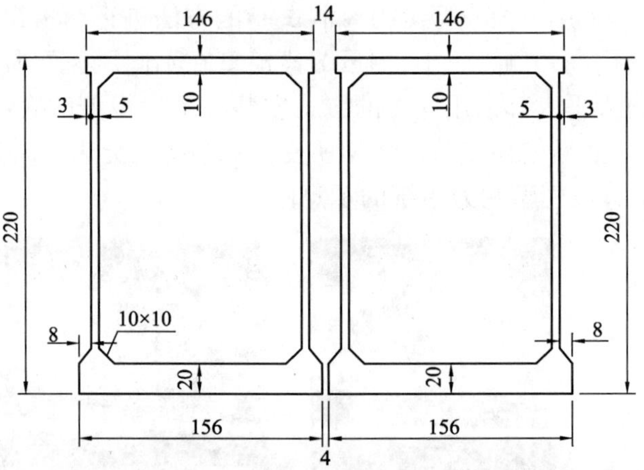

图 6.3-2 矩形截面拱肋结构横截面（尺寸单位：cm）

拱肋轴线为悬链线，悬链线方程为：

$$y_1 = \frac{f}{m-1}[\text{ch}(\kappa\xi) - 1] \tag{6.3-3}$$

式中：m——拱轴系数，取 $m = 1.6$；

ξ——无量纲坐标，取 $\xi = 2x/l$；

κ——无量纲系数，按式（6.3-4）计算：

$$\kappa = \text{ch}^{-1}m = \ln(m + \sqrt{m^2 - 1}) \tag{6.3-4}$$

为了在测力节段模型中模拟拱肋的弯曲轴线，首先，将悬链线拱轴等效成圆弧拱轴，其等效半径 R 和圆心角 γ 分别为[26]：

$$R = \frac{f^2 + l^2/4}{2f} = 101.169\text{m} \tag{6.3-5}$$

$$\gamma = \frac{l}{R} = 1.598\ 6\text{rad} = 91.6° \tag{6.3-6}$$

然后，将圆弧对称等分为 19 段，每段圆弧所对应的圆心角 $\Delta\gamma \approx 5°$，相应的圆弧长度为 $\Delta S = 8.829\text{m}$，如图 6.3-3 所示[26]。

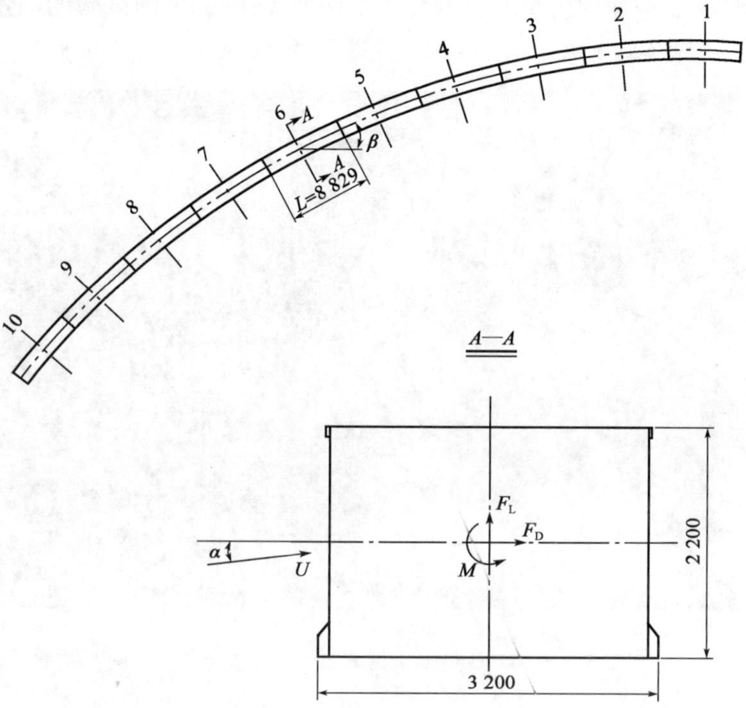

图 6.3-3　矩形截面拱肋测力节段模型分段示意（尺寸单位：mm）

考虑到高频测力天平的测量精度，测力节段模型选用 $\lambda_L = 1/12.5$ 的几何相似比，测力节段模型主要参数如表 6.3-1 所示。

矩形截面拱肋测力节段模型主要参数　　表 6.3-1

模型参数	符号	单位	实桥值	相似比	模型值	说　明
拱肋高度	h	m	2.200	1∶12.5	0.176	裸拱高度
拱肋宽度	b	m	3.200	1∶12.5	0.256	双肋宽度
节段夹角	$\Delta\lambda$	(°)	5.000	1∶1	5.00	节段模型对应圆心角
节段弧长	ΔS	m	8.829	1∶12.5	0.706	节段模型弧长
补偿模型	ΔS	m	4.375	1∶12.5	0.350	取测力模型的一半

测力节段模型由型钢框架外覆有机玻璃板制成，其外形与实桥拱肋完全相似。风洞试验时将测力节段模型通过可转动的支杆连接到高频测力天平上，而上、下两个补偿模型则单独固定在与高频测力天平分离的转盘上，如图 6.3-4 所示。

节段模型测力风洞试验是在同济大学土木工程防灾国家重点实验室 TJ-2 边界层风洞中进行的。该风洞试验段宽 3m、高 2.5m、长 15m，最大试验风速 60m/s。高频测力天平为外支浮框六分量应变式天平，测力系统由浮框式天平、偏转角（α 角）转盘、天平放大器、A/D 转换器及数据采集处理计算机等组成。由于节段模型采用立式底支测量，通过 α 偏角转盘的角度变换，就可得到拱肋的不同风攻角，风洞试验的攻角 α 变化范围为 $-10° \sim +10°(\Delta\alpha = 1°)$。节段模型模拟不同拱肋截面倾角是通过可转动支杆来实现的，风洞试验的倾角 β 变化范围为 $0° \sim 45°(\Delta\beta = 5°)$。风洞试验流场为均匀流 $I_u \leqslant 1\%$，试验风速 $U = 15\text{m/s}$。

图 6.3-4　矩形截面拱肋节段模型测力系统

节段模型测力风洞试验对拱肋在不同倾角 $\beta = 0°$、$5°$、$10°$、$15°$、$20°$、$25°$、$30°$、$35°$、$40°$、$45°$下的静力三分力系数 C_D、C_L和 C_M 进行了识别，拱肋倾角 $\beta = 0°$和 $\beta = 45°$的三分力系数识别结果如表 6.3-2 和表 6.3-3 所示[26]，主要结果分析如下。

（1）侧向力系数 C_D：由于拱肋截面接近矩形，截面高宽比（$h/b = 0.6875$）较大，因此，在三分力系数中阻力系数的值较大，全部试验结果表明，阻力系数在 1.3210 ~ 1.3469 范围内，变化不大。0°攻角处的阻力系数变化范围为 1.3469 ~ 1.2613，相对偏差 6.0%。静力三分力计算时的侧向阻力系数可偏安全地取 $C_D = 1.3469$。

（2）法向力系数 C_L：实测升力系数的变化范围为 $-0.0549 \sim 0.0802$，在数值上仅为阻力系数的 4% ~6%，几乎可以忽略，考虑到静风荷载各个分量计算的完整性，沿拱轴线法线方向的法向力系数采用 $\alpha = 0°$和 $\beta = 0°$时的试验结果，即 $C_N = -0.0371$。

（3）升力矩系数 C_M：实测扭转系数的变化范围为 0.0164 ~ 0.0390，在数值上与升力系数同一量级，因此与法向力系数一样，在静风荷载的计算中，采用 $\alpha = 0°$和 $\beta = 0°$时的试验结果，即 $C_M = 0.0164$。

（4）三分力系数的导数：在准定常气动力模型中需要用到三分力系数的导数，例如 $\frac{\mathrm{d}C_D}{\mathrm{d}\alpha}$ 和 $\frac{\mathrm{d}C_M}{\mathrm{d}\alpha}$，为此，采用相应于 $\alpha = -1°$和 $\alpha = 1°$处三分力系数值来差分计算 $\alpha = 0°$处的导数，由此可得 $\frac{\mathrm{d}C_D}{\mathrm{d}\alpha} = 0.3839$，$\frac{\mathrm{d}C_L}{\mathrm{d}\alpha} = -0.2750$，$\frac{\mathrm{d}C_M}{\mathrm{d}\alpha} = -0.1261$。

0°风偏角矩形截面拱肋三分力系数风洞试验识别结果 表 6.3-2

三分力系数曲线

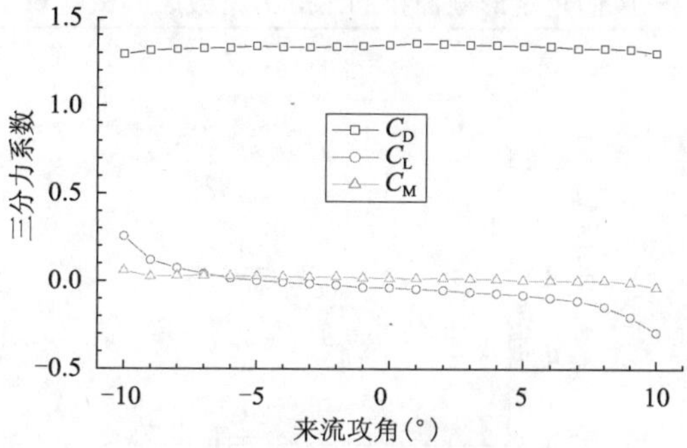

三分力系数结果

双拱肋,均匀流($U=15\text{m/s}$),拱肋倾斜角 $\beta=0°$

来流攻角(°)	阻力系数 C_D	升力系数 C_L	升力矩系数 C_M
-10	1.291 8	0.253 3	0.058 7
-9	1.314 1	0.118 7	0.024 6
-8	1.321 1	0.072 5	0.029 3
-7	1.325 7	0.041 5	0.030 9
-6	1.329 5	0.016 8	0.027 0
-5	1.339 0	0.001 8	0.027 4
-4	1.333 2	-0.006 7	0.024 7
-3	1.331 6	-0.016 4	0.022 9
-2	1.335 7	-0.022 4	0.023 6
-1	1.340 5	-0.035 5	0.019 6
0	1.346 9	-0.037 1	0.016 4
1	1.353 9	-0.045 1	0.015 3
2	1.350 9	-0.051 3	0.016 8
3	1.345 8	-0.064 2	0.013 1
4	1.345 1	-0.070 7	0.010 8
5	1.340 1	-0.079 1	0.003 0
6	1.338 9	-0.095 1	0.003 8
7	1.327 3	-0.112 1	0.001 9
8	1.327 4	-0.145 6	0.003 2
9	1.321 5	-0.203 4	-0.009 3
10	1.300 3	-0.292 8	-0.034 2

45°风偏角矩形截面拱肋三分力系数风洞试验识别结果 表 6.3-3

三分力系数曲线

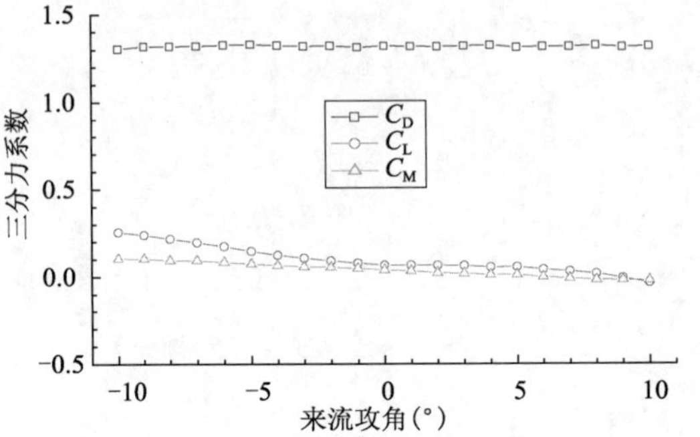

双拱肋，均匀流($U = 15$m/s)，拱肋倾斜角 $\beta = 45°$

	来流攻角(°)	阻力系数 C_D	升力系数 C_L	升力矩系数 C_M
三分力系数结果	-10	1.303 4	0.255 5	0.104 7
	-9	1.319 7	0.239 3	0.103 5
	-8	1.318 7	0.216 5	0.093 2
	-7	1.320 4	0.195 9	0.093 1
	-6	1.325 2	0.173 7	0.083 3
	-5	1.329 7	0.145 6	0.073 4
	-4	1.323 4	0.123 2	0.065 4
	-3	1.318 9	0.106 8	0.058 7
	-2	1.321 7	0.091 5	0.054 8
	-1	1.313 2	0.077 7	0.047 7
	0	1.321 0	0.065 8	0.039 0
	1	1.317 5	0.065 8	0.032 8
	2	1.316 6	0.065 2	0.021 4
	3	1.320 2	0.064 2	0.018 7
	4	1.323 8	0.054 7	0.010 5
	5	1.311 6	0.055 3	0.010 7
	6	1.316 1	0.040 7	-0.002 0
	7	1.317 1	0.030 4	-0.010 0
	8	1.323 1	0.017 4	-0.017 3
	9	1.314 5	-0.006 9	-0.019 2
	10	1.319 2	-0.035 0	-0.021 5

二、双矩形截面拱肋

第二种研究的拱肋断面形式为双矩形。为此，选用当时世界上最大跨度的拱桥——上海卢浦大桥提篮式双箱拱肋断面作为模拟对象。卢浦大桥是一座中承式无铰拱桥，中跨拱肋计算跨度 $l=550\text{m}$，计算矢高 $f=100\text{m}$，计算矢跨比 $f/l=1/5.5$，两片拱肋在拱脚处的截面高度9m、拱顶处的高度6m，每片拱肋的顶面宽度5m、底面宽度3m，如图6.3-5所示。卢浦大桥是提篮拱桥，拱肋的几何形状比较复杂，立面内的拱肋轴线为悬链线，拱轴系数 $m=1.6$；平面内的两片拱肋是倾斜的，拱顶最小间距11m、拱脚最大间距51m[27]。

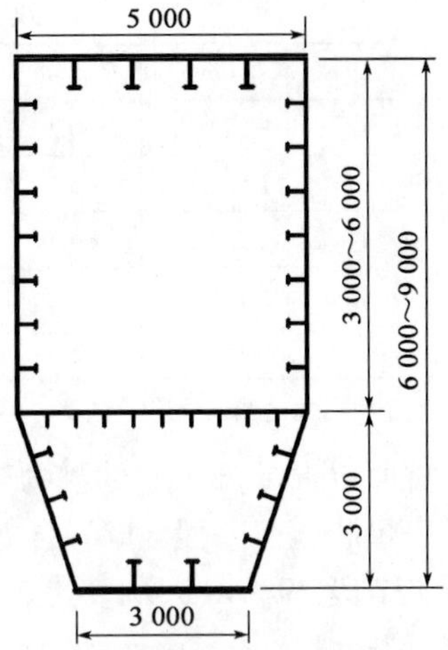

图6.3-5　双矩形截面拱肋结构横截面（尺寸单位：mm）

为了简化中跨拱肋节段模型设计制作和风洞试验，利用对称性将中跨拱肋的一半分成 A、B、C、D、E 共5段，每段轴线均以直代曲，即在立面内以折线代替曲线，每段拱肋高度由两个端面控制，中间按直线连接。中跨拱肋测力节段模型采用几何相似比 $\lambda_L=1:100$，拱肋节段模型设计如图6.3-6和表6.3-4所示[27]。

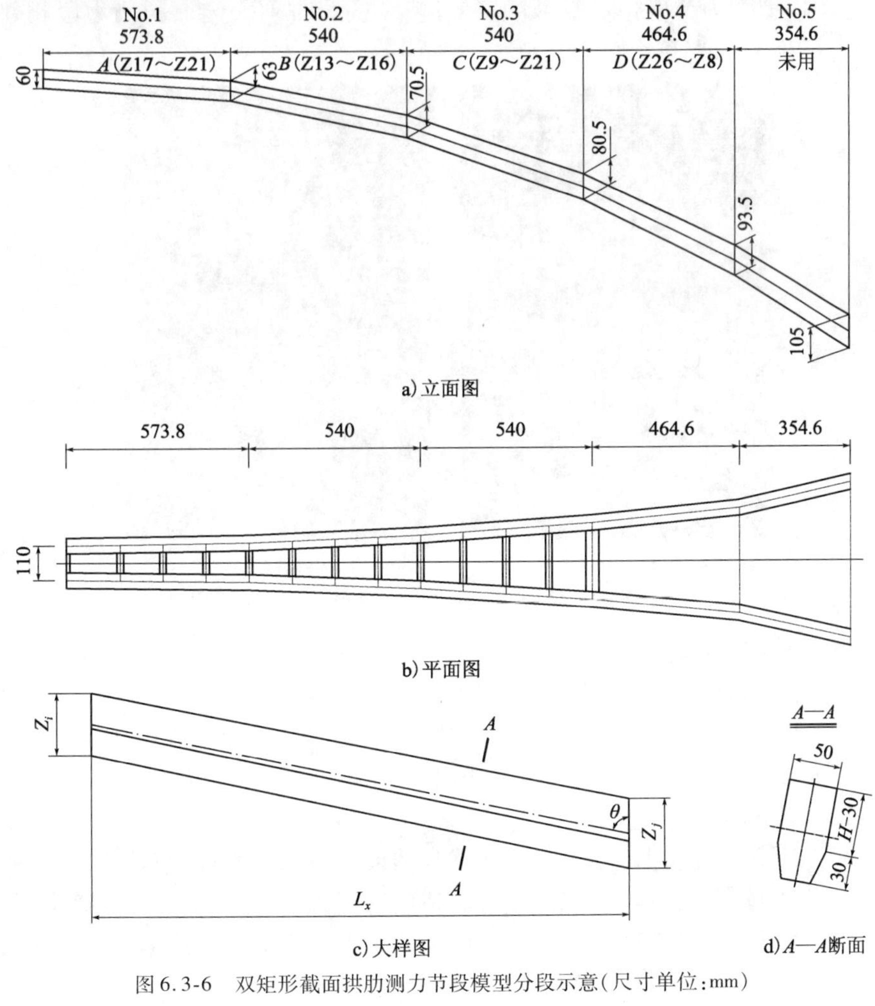

图6.3-6　双矩形截面拱肋测力节段模型分段示意（尺寸单位：mm）

双矩形截面拱肋测力节段模型分段参数表　　表6.3-4

节　段	L_x(mm)	H_i(mm)	H_j(mm)	θ_i(°)	θ_j(°)	Z_i(mm)	Z_j(mm)	S_0(mm^2)	S_1(mm^2)
A	572.3	60.0	62.8	90.0	86.0	60.0	63.0	352.9	352.3
B	537.0	62.8	69.0	86.0	78.2	63.0	70.5	360.5	360.9
C	537.0	69.0	75.9	78.2	70.6	70.5	80.5	407.7	407.9
D	461.6	75.9	83.7	70.6	63.5	80.5	93.5	404.3	404.1
E	353.1	83.7	88.8	63.5	57.7	93.5	105.0	351.9	351.7

注：S_0 表示理论侧向投影面积；S_1 表示模型侧向投影面积。

桥面以上部分拱肋的静力三分力系数比较重要，因此分四段测量，从拱顶开始依次为：A 段代表拱肋施工节段 Z17～合龙段 Z21 的中部，B 段代表拱肋施工节段 Z13～Z16，C 段代表拱肋施工节段 Z9～Z12，D 段代表拱肋施工节段 Z6b～Z8；桥面以下部分拱肋节段模型测力试验比较复杂，既要考虑桥面和水面的边界干扰影响，又要考虑多根立柱和风撑的绕流干扰影响，因此试验误差会比较大，而这部分风载的作用又较为次要，为此将整个桥面以下部分拱肋分成一段 E，仅作为测力时的补偿模型，不作具体测力用，而 E 段静力三分力系数近似采用 D 段的试验结果。为了模拟测力节段模型端部的真实流动，试验时须安装上与测力段相邻的非测力段，这些非测力段模型称为补偿段，如图 6.3-7 所示[27]。

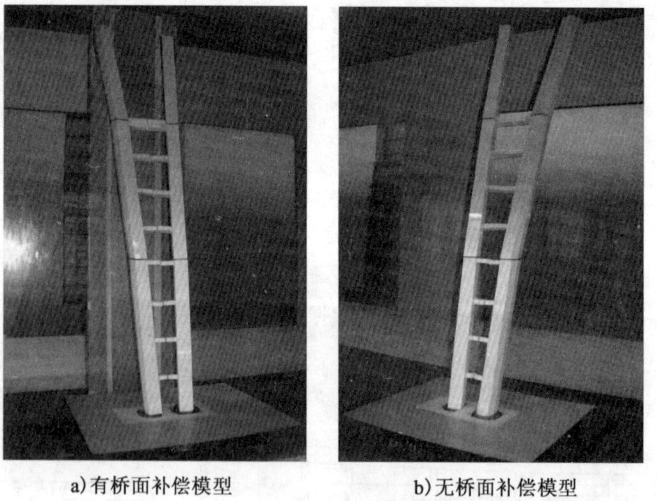

a）有桥面补偿模型　　b）无桥面补偿模型

图 6.3-7　双矩形截面拱肋节段模型测力系统

节段模型测力风洞试验是在同济大学土木工程防灾国家重点实验室 TJ-1 边界层风洞中进行的，TJ-1 边界层风洞高 1.8m、宽 1.8m、长 14m，试验风速为 1～26m/s。全部测力节段模型风洞试验都是在均匀流场中进行的。中跨拱肋节段模型采用五种节段组合工况，实测了 A、B、C、D 四段的静力三分力系数；试验内容包括阻力和阻力系数、升力和升力系数以及升力矩和升力矩系数；吹风试验模拟了从 −6°～+6°共 13 个整数度风攻角；为了比较有无桥面的影响，还增加了有无桥面的九种节段组合工况，试验结果表明，对于拱肋节段 A，有无桥面对其静力三分力系数的影响较大，其他拱肋节段，有无桥面对阻力系数和升力系数影响不大，但对升力矩系数有一定的影响。考虑桥面影响的卢浦大桥主桥拱肋节段 A～D 的三分力系数风洞试验识别结果如表 6.3-5～表 6.3-8 所示，攻角 0°时的拱肋节段静力三分力系数及其导数的风洞试验识别结果汇总如表6.3-9所示[27]。

节段A双矩形截面拱肋三分力系数风洞试验识别结果　　表6.3-5

角度—静力三分力系数及三分力	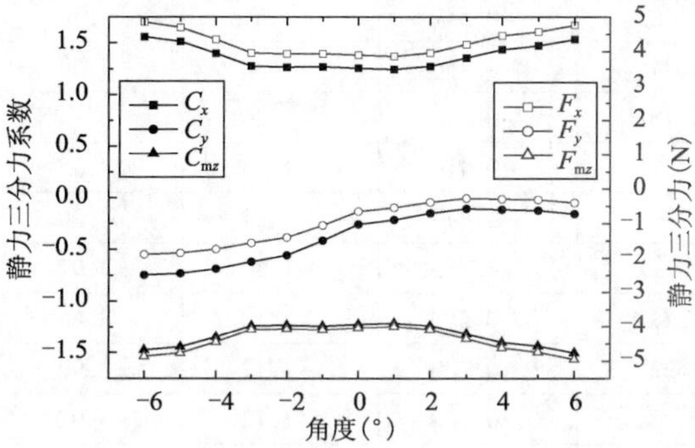

考虑桥面影响的拱肋节段A(上游+下游)静力三分力系数及三分力

	角度(°)	C_x	C_y	C_{mz}	F_x(N)	F_y(N)	F_{mz}(N)
静力三分力系数及三分力结果	-6	1.56	-0.747	-1.48	4.85	-1.89	-4.86
	-5	1.51	-0.731	-1.45	4.70	-1.85	-4.76
	-4	1.40	-0.687	-1.35	4.35	-1.74	-4.44
	-3	1.28	-0.618	-1.24	3.96	-1.56	-4.07
	-2	1.27	-0.555	-1.23	3.93	-1.40	-4.06
	-1	1.27	-0.414	-1.24	3.94	-1.05	-4.09
	0	1.26	-0.258	-1.23	3.90	-0.65	-4.04
	+1	1.24	-0.214	-1.21	3.86	-0.54	-4.00
	+2	1.27	-0.150	-1.24	3.96	-0.38	-4.09
	+3	1.36	-0.107	-1.32	4.21	-0.27	-4.35
	+4	1.44	-0.115	-1.40	4.46	-0.29	-4.62
	+5	1.47	-0.124	-1.44	4.57	-0.31	-4.74
	+6	1.53	-0.157	-1.50	4.76	-0.40	-4.95

节段B双矩形截面拱肋三分力系数风洞试验识别结果　　表6.3-6

角度—静力三分力系数及三分力	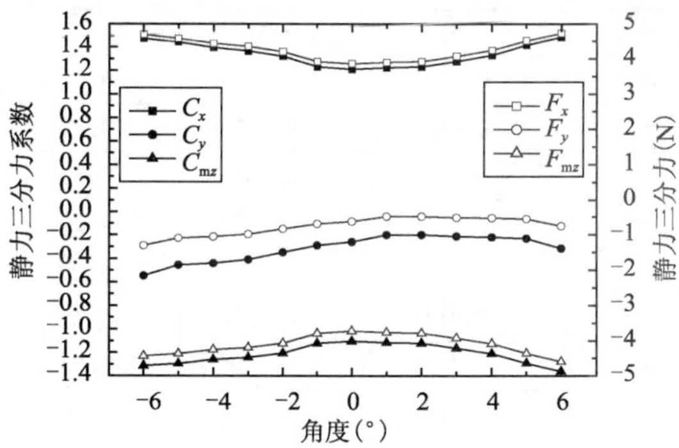

续上表

	考虑桥面影响的拱肋节段 B(上游+下游)静力三分力系数及三分力						
	角度(°)	C_x	C_y	C_{mz}	F_x(N)	F_y(N)	F_{mz}(N)
静力三分力系数及三分力结果	-6	1.48	-0.547	-1.31	4.70	-1.30	-4.43
	-5	1.44	-0.456	-1.30	4.59	-1.09	-4.37
	-4	1.40	-0.441	-1.26	4.44	-1.05	-4.25
	-3	1.37	-0.410	-1.24	4.35	-0.98	-4.19
	-2	1.32	-0.349	-1.21	4.20	-0.83	-4.07
	-1	1.23	-0.289	-1.12	3.92	-0.69	-3.79
	0	1.21	-0.259	-1.10	3.86	-0.62	-3.72
	+1	1.22	-0.200	-1.12	3.90	-0.48	-3.76
	+2	1.23	-0.200	-1.12	3.92	-0.48	-3.78
	+3	1.28	-0.212	-1.16	4.07	-0.51	-3.93
	+4	1.33	-0.220	-1.21	4.24	-0.52	-4.08
	+5	1.42	-0.231	-1.29	4.51	-0.55	-4.36
	+6	1.48	-0.315	-1.36	4.72	-0.75	-4.59

节段 C 双矩形截面拱肋三分力系数风洞试验识别结果 表 6.3-7

角度—静力三分力系数及三分力

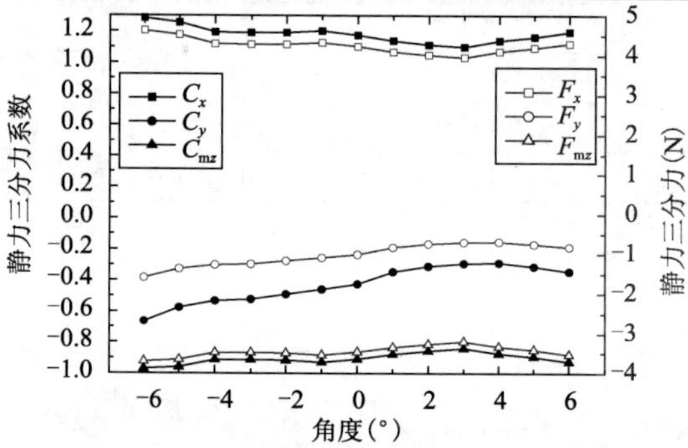

	考虑桥面影响的拱肋节段 C(上游+下游)静力三分力系数及三分力						
	角度(°)	C_x	C_y	C_{mz}	F_x(N)	F_y(N)	F_{mz}(N)
静力三分力系数及三分力结果	-6	1.28	-0.665	-0.971	4.62	-1.59	-3.70
	-5	1.26	-0.576	-0.960	4.52	-1.37	-3.66
	-4	1.19	-0.533	-0.914	4.29	-1.27	-3.48
	-3	1.19	-0.523	-0.913	4.28	-1.25	-3.48
	-2	1.19	-0.491	-0.917	4.28	-1.17	-3.50
	-1	1.20	-0.459	-0.930	4.32	-1.09	-3.55
	0	1.18	-0.425	-0.909	4.23	-1.01	-3.47
	+1	1.14	-0.347	-0.879	4.09	-0.83	-3.35
	+2	1.11	-0.311	-0.857	4.01	-0.74	-3.27
	+3	1.10	-0.293	-0.840	3.95	-0.70	-3.21
	+4	1.14	-0.289	-0.874	4.10	-0.69	-3.34
	+5	1.16	-0.313	-0.895	4.19	-0.75	-3.42
	+6	1.20	-0.345	-0.926	4.30	-0.82	-3.53

节段 *D* 双矩形截面拱肋三分力系数风洞试验识别结果　　表 6.3-8

角度—静力三分力系数及三分力

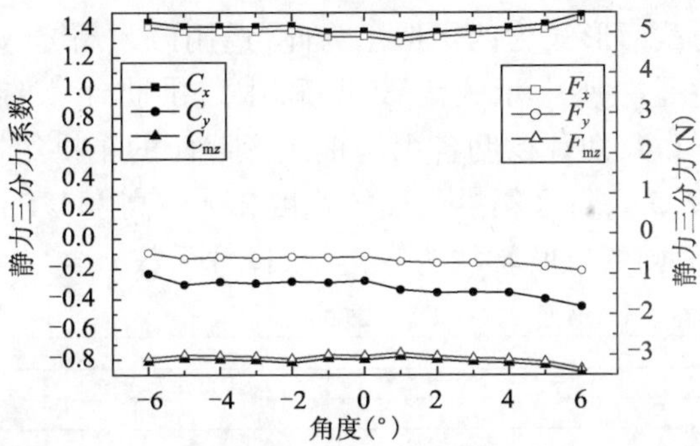

考虑桥面影响的拱肋节段 *D*(上游+下游)静力三分力系数及三分力

静力三分力系数及三分力结果	角度(°)	C_x	C_y	C_{mz}	F_x(N)	F_y(N)	F_{mz}(N)
	−6	1.440	−0.232	−0.815	5.14	−0.48	−3.081
	−5	1.409	−0.304	−0.794	5.03	−0.62	−3.002
	−4	1.407	−0.285	−0.800	5.02	−0.58	−3.025
	−3	1.407	−0.296	−0.805	5.02	−0.60	−3.045
	−2	1.415	−0.284	−0.820	5.05	−0.58	−3.102
	−1	1.370	−0.290	−0.792	4.89	−0.59	−2.995
	0	1.374	−0.279	−0.799	4.90	−0.57	−3.201
	+1	1.342	−0.337	−0.780	4.79	−0.69	−2.949
	+2	1.370	−0.356	−0.801	4.89	−0.73	−3.029
	+3	1.387	−0.354	−0.814	4.95	−0.73	−3.079
	+4	1.399	−0.357	−0.821	4.99	−0.73	−3.103
	+5	1.421	−0.398	−0.837	5.07	−0.82	−3.164
	+6	1.487	−0.449	−0.884	5.30	−0.92	−3.342

0°攻角双矩形截面拱肋三分力系数及其导数的风洞试验识别结果　　表 6.3-9

结构构件	阻力系数		升力系数		升力矩系数	
	C_D	$\frac{dC_D}{d\alpha}$	C_L	$\frac{dC_L}{d\alpha}$	C_M	$\frac{dC_M}{d\alpha}$
拱肋节段 *A*	1.26	−0.859	−0.258	5.73	−1.230	0.859
拱肋节段 *B*	1.21	−0.286	−0.259	2.55	−1.100	0
拱肋节段 *C*	1.18	−1.720	−0.425	3.21	−0.909	1.460
拱肋节段 *D*	1.37	−0.859	−0.279	−1.35	−0.799	0.343

三、四矩形截面拱肋

第三种研究的拱肋截面形式为四矩形。为此，选用广州新光大桥平行式四箱拱肋截面作为模拟对象。新光大桥是一座中承式无铰拱桥，中跨拱肋计算跨度 $l=428\text{m}$，计算矢高 $f=104\text{m}$，计算矢跨比 $f/l=1/4$，两片拱肋各由两根矩形截面的箱拱组成，在拱脚处的两根箱拱总高 12m、拱顶处的总高 7.5m，每根箱拱截面的宽度 2.1m、高度 1.5m，如图 6.3-8 所示。新光大桥是平行拱肋拱桥，立面内的拱肋轴线为悬链线，拱轴系数 $m=1.2$[28]。

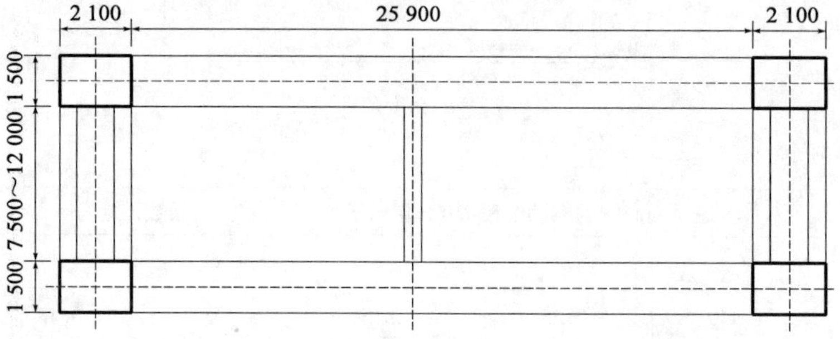

图 6.3-8　四矩形截面拱肋结构横截面（尺寸单位：mm）

主拱肋由四个钢箱组成，钢箱根据主拱位置的不同有三种不同的断面形式，为了简化拱肋设计制作和风洞试验，利用对称性将中跨拱肋一半分成五段，选取拱肋节段 1、拱肋节段 2、拱肋节段 3、拱肋节段 5 进行节段模型测力风洞试验，几何缩尺比为 $\lambda_L=1:20$，拱肋节段模型设计如图 6.3-9 所示[28]。

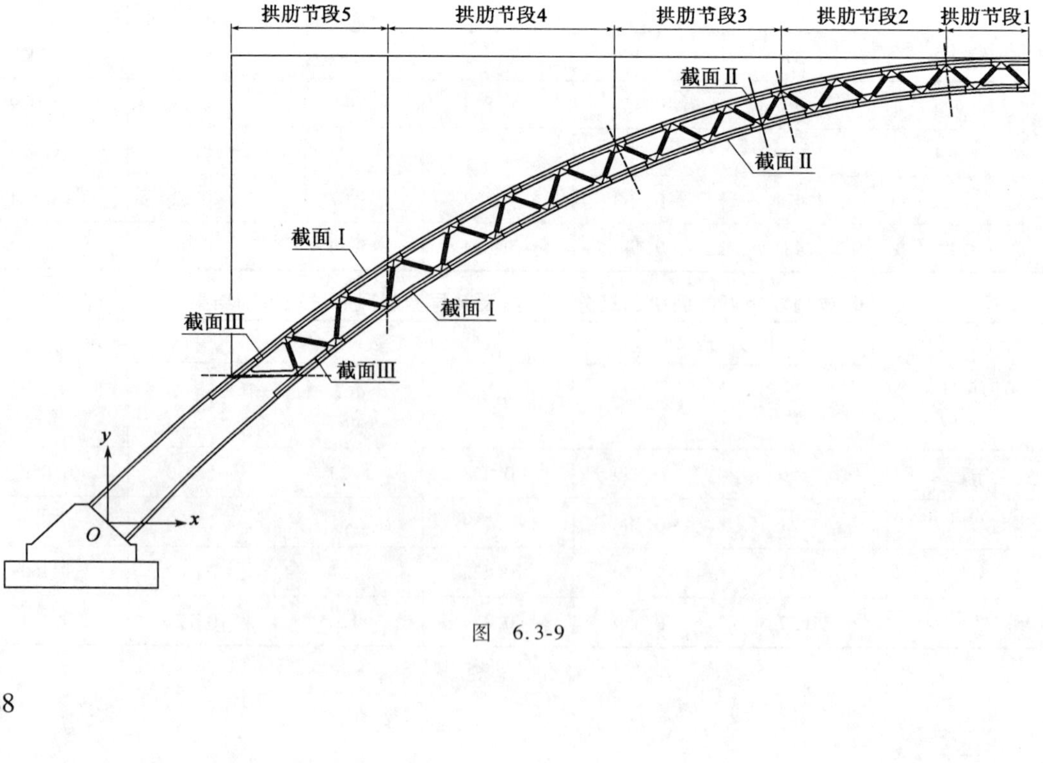

图　6.3-9

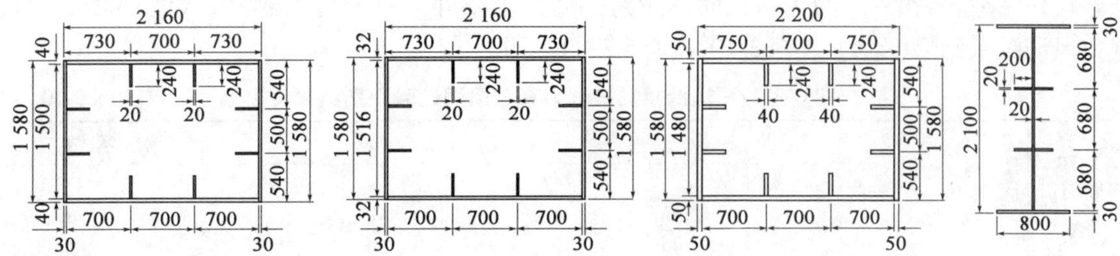

截面Ⅰ　　截面Ⅱ　　截面Ⅲ　　腹杆截面

图 6.3-9　四矩形截面拱肋测力节段模型分段示意(尺寸单位:mm)

节段模型测力风洞试验是在同济大学土木工程防灾国家重点实验室 TJ-2 边界层风洞中进行的,全部测力节段模型风洞试验都是在均匀流场中进行的。拱肋节段模型风洞试验内容包括阻力系数、升力系数以及升力矩系数;吹风试验模拟了从 $-6° \sim +6°$ 共 13 个整数度风攻角。节段模型测力系统如图 6.3-10 所示[28]。

a) 边跨拱肋拱脚　　b) 边跨拱肋拱顶

c) 中跨拱肋拱脚　　d) 中跨拱肋拱顶

图 6.3-10　四矩形截面拱肋节段模型测力系统

攻角 -3°、0°和 +3°的边跨拱肋和中跨拱肋的主要静力三分力系数及其导数的节段模型测力风洞试验结果汇总如表 6.3-10 和表 6.3-11 所示[28]。

四矩形截面边跨拱肋三分力系数风洞试验识别结果 表 6.3-10

断面形式	攻角(°)	阻力系数		升力系数		升力矩系数	
		C_D	$\frac{dC_D}{d\alpha}$	C_L	$\frac{dC_L}{d\alpha}$	C_M	$\frac{dC_M}{d\alpha}$
边拱	-3	1.024 1	-0.002 4	-0.002 4	0.003 2	-0.067 9	-0.001 0
拱脚	0	1.028 5	0.012 0	0.009 8	0.002 8	-0.071 9	-0.001 8
节段	+3	1.026 2	0.008 4	0.014 5	0.002 7	-0.076 1	-0.001 8
边拱	-3	1.021 9	-0.015 0	0.007 1	0.001 3	0.006 6	-0.002 4
拱顶节段	0	0.994 8	-0.007 3	0.006 6	-0.002 3	-0.000 5	-0.003 8
	+3	1.005 8	0.006 7	0.003 6	-0.002 0	-0.005 6	-0.001 8

四矩形截面中跨拱肋三分力系数风洞试验识别结果 表 6.3-11

断面形式	攻角(°)	阻力系数		升力系数		升力矩系数	
		C_D	$\frac{dC_D}{d\alpha}$	C_L	$\frac{dC_L}{d\alpha}$	C_M	$\frac{dC_M}{d\alpha}$
拱脚部分(下游)	-3	0.362 0	-0.013 3	0.007 5	0.000 2	-0.004 1	0.000 6
	0	0.347 4	0.015 9	0.003 5	-0.001 9	-0.003 6	-0.000 6
	+3	0.342 3	0.006 4	0.003 8	-0.002 1	-0.001 1	-0.000 1
拱脚部分(上游)	-3	0.724 8	-0.006 3	0.040 5	0.001 5	0.001 6	-0.000 4
	0	0.720 5	0.002 3	0.042 7	0.000 1	0.000 4	0.000 1
	+3	0.723 5	-0.003 9	0.034 4	-0.003 8	0.001 7	-0.000 1
倾角10°(下游)	-3	0.389 8	-0.022 0	-0.014 2	0.003 0	0.002 4	0.000 2
	0	0.338 1	-0.009 2	-0.005 7	0.001 2	0.002 5	0.000 4
	+3	0.368 0	0.018 3	-0.006 1	0.001 5	0.000 2	-0.000 5
倾角10°(上游)	-3	0.465 2	-0.015 9	0.081 5	0.002 2	-0.003 8	0.000 5
	0	0.438 3	-0.008 7	0.086 0	-0.000 4	0.000 6	0.002 9
	+3	0.437 6	0.002 7	0.089 8	0.000 0	-0.002 6	0.000 6
倾角20°(下游)	-3	0.333 6	0.023 6	0.014 1	-0.022 3	-0.004 5	0.001 2
	0	0.352 2	0.006 1	-0.003 3	-0.000 2	-0.004 5	-0.001 2
	+3	0.337 7	0.011 7	0.005 4	0.004 1	-0.004 5	-0.000 6
倾角20°(上游)	-3	0.701 7	0.007 6	-0.009 9	0.001 6	0.011 3	-0.0002
	0	0.702 6	0.006 8	-0.000 9	0.002 9	0.012 2	0.000 7
	+3	0.705 1	-0.010 0	0.005 9	0.004 7	0.012 6	0.000 4

续上表

断面形式	攻角(°)	阻力系数		升力系数		升力矩系数	
		C_D	$\frac{dC_D}{d\alpha}$	C_L	$\frac{dC_L}{d\alpha}$	C_M	$\frac{dC_M}{d\alpha}$
拱顶（下游）	-3	0.3691	-0.0008	-0.0015	-0.0040	0.0017	0.0003
	0	0.3463	-0.0078	-0.0032	0.0046	0.0011	-0.0005
	+3	0.3764	0.0010	-0.0139	0.0016	0.0015	0.0002
拱顶（上游）	-3	0.6994	0.0052	-0.0067	0.0020	-0.0017	0.0006
	0	0.7064	-0.0053	0.0014	0.0029	-0.0002	-0.0002
	+3	0.7087	-0.0024	0.0088	0.0019	0.0001	0.0001

四、八圆形截面平行拱肋

第四种研究的拱肋截面形式为八圆形，分别由四个圆钢管组成一组，目前这种断面形式主要用于钢管混凝土拱桥中。为此，选用曾经是世界上最大跨度的钢管混凝土平行式拱桥——湖南茅草街大桥平行八圆形拱肋截面为模拟对象。茅草街大桥是一座中承式无铰拱桥，中跨拱肋计算跨度 $l=356\text{m}$，计算矢高 $f=71\text{m}$，计算矢跨比 $f/l=1/5$，两片拱肋各由四根圆钢管内填充混凝土组成，钢管外直径 1m，上下两根钢管外轮廓高度在拱顶处是 4m、在拱脚处是 8m，左右两根钢管外轮廓宽度 3.2m，每片平行拱肋的间距 19.3m，如图 6.3-11 所示。茅草街大桥是平行拱肋拱桥，立面内的拱肋轴线为悬链线，拱轴系数 $m=1.543$[29]。

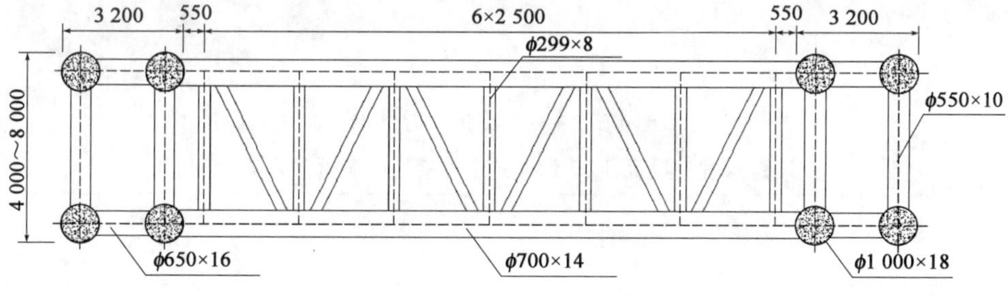

图 6.3-11　八圆形截面平行拱肋结构横截面（尺寸单位：mm）

茅草街大桥每片主拱肋由四根 ϕ1 000 钢管组成。为了简化拱肋节段模型设计制作和风洞试验，利用对称性将桥面以上部分拱肋的一半分成七段，进行节段模型测力风洞试验，几何缩尺比为 1∶20，拱肋节段模型设计如图 6.3-12 所示[29]。

节段模型测力风洞试验是在同济大学土木工程防灾国家重点实验室 TJ-1 边界层风洞中进行的，全部测力节段模型风洞试验都是在均匀流场中进行的。拱肋节段模型风洞试验共模拟了七种节段和三种有无桥面及有无端板等工况，风洞试验还模拟了从 $-6°\sim+6°$ 共 13 个整数度风攻角 α。考虑桥面影响拱肋节段 1（$\beta=0°$）上、下游的三分力系数风洞试验结果如图 6.3-13所示，$\alpha=0°$ 风攻角下七个拱肋节段模型三分力系数如表 6.3-12 所示[29]。

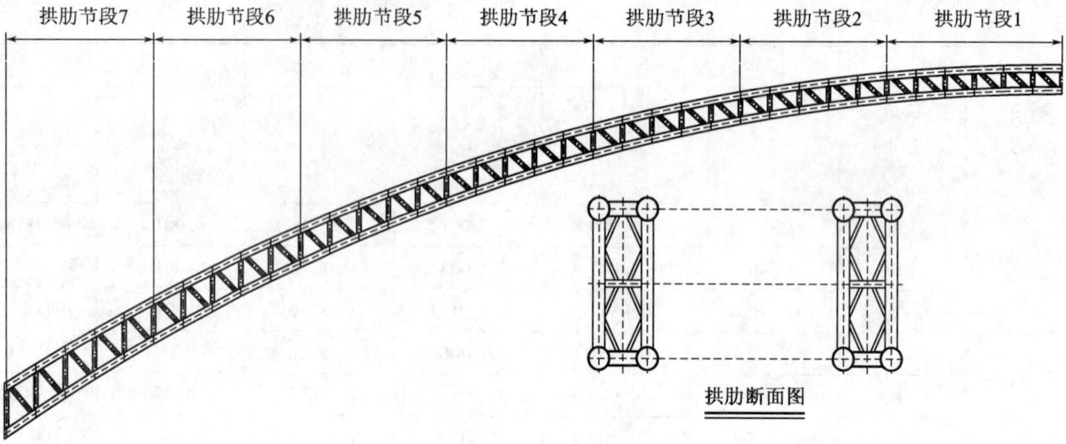

图 6.3-12　八圆形截面平行拱肋测力节段模型分段示意

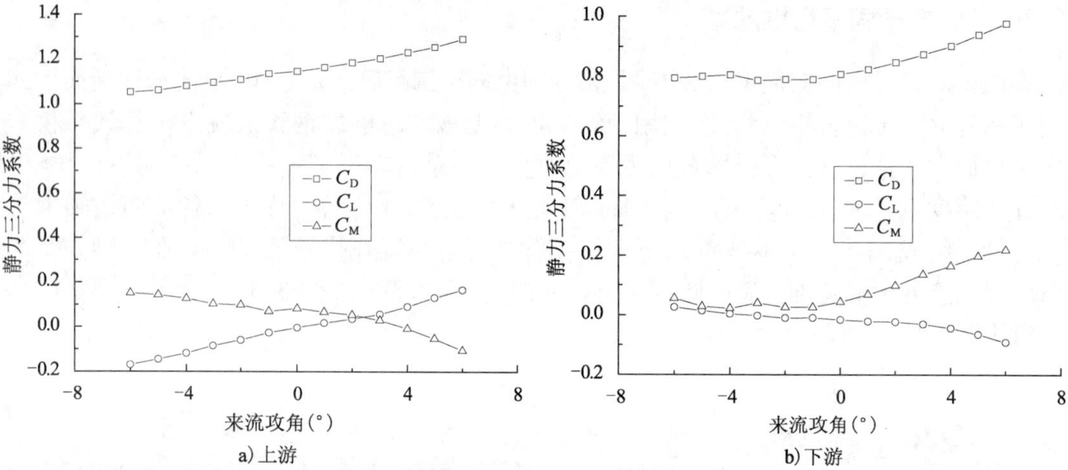

图 6.3-13　节段 1 八圆形截面平行拱肋三分力系数风洞试验识别结果

0°攻角八圆形截面平行拱肋三分力系数风洞试验识别结果　　表 6.3-12

位置 \ 系数	上游			下游		
	C_D	C_L	C_M	C_D	C_L	C_M
拱肋 1	1.147	-0.003	0.083	0.808	-0.016	0.044
拱肋 2	1.014	-0.055	0.091	0.581	0.020	0.159
拱肋 3	0.936	-0.028	-0.126	0.602	-0.004	-0.039
拱肋 4	0.877	0.006	0.039	0.488	-0.018	0.082
拱肋 5	0.866	-0.003	-0.078	0.545	-0.013	-0.041
拱肋 6	0.811	0.016	-0.004	0.425	0.001	0.039
拱肋 7	0.823	0.013	-0.083	0.433	0.004	-0.034

五、八圆形截面提篮拱肋

第五种研究的拱肋截面形式仍然是八圆形，但是四个圆钢管一组的双拱肋是提篮式的，该断面形式也主要用于钢管混凝土拱桥中。为此,选用曾经是世界上最大跨度的钢管混凝土提篮式拱桥——浙江三门口北门大桥提篮八圆形拱肋截面为模拟对象。北门大桥是一座中承式无铰拱桥,中跨拱肋计算跨度 $l=270$m,计算矢高 $f=54$m,计算矢跨比 $f/l=1/5$,两片拱肋各由四根圆钢管内填充混凝土组成组成,钢管外直径 0.8m,上下两根钢管外轮廓高度 5.3m,左右两根钢管外轮廓宽度 2.4m,两片提篮拱肋的间距是变化的,中到中间距从拱顶处的 6.969m 变化到拱脚处的 22m,如图 6.3-14 所示。立面内的拱肋轴线为悬链线,拱轴系数 $m=1.543$[30]。

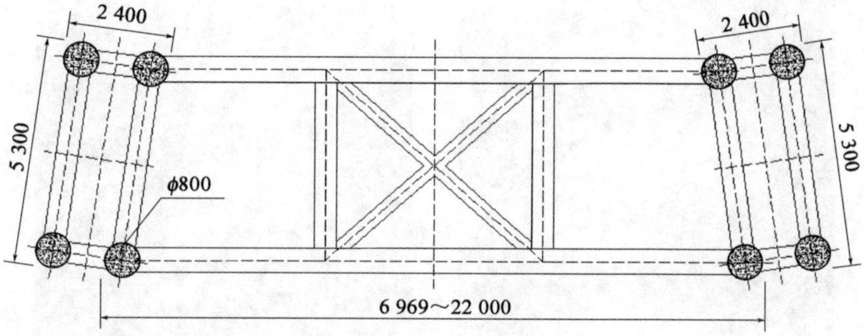

图 6.3-14　八圆形截面提篮拱肋结构横截面(尺寸单位:mm)

三门口大桥每片主拱肋由 4 根 ϕ800 钢管组成。为了简化拱肋节段模型设计制作和风洞试验,利用对称性将桥面以上部分拱肋的一半分成七段,并对节段 1、2、4、7 分别进行了节段模型测力风洞试验,几何缩尺比为 1∶20,拱肋节段模型设计如图 6.3-15 所示[30]。

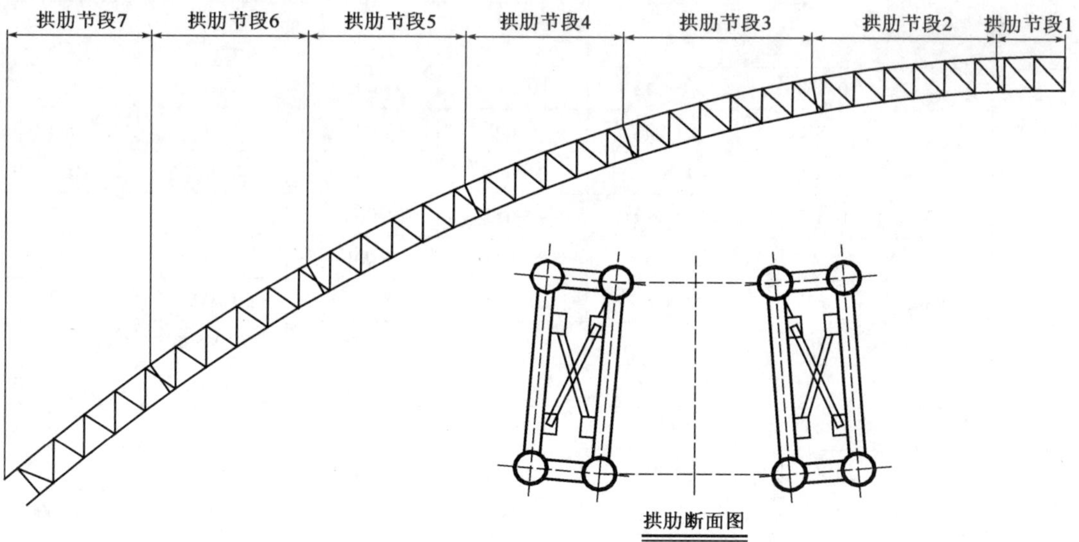

图 6.3-15　八圆形截面提篮拱肋节段模型分段示意

节段模型测力风洞试验是在同济大学土木工程防灾国家重点实验室 TJ-1 边界层风洞中进行的,全部测力节段模型风洞试验都是在均匀流场中进行的。拱肋节段模型风洞试验共模拟了节段 1、2、4、7 四种模型和从 $-12°\sim+12°$共 25 个整数度风攻角 α。由于横梁对风偏角作用下的三分力系数影响较大,因而考虑风偏角0°、5°、10°、15°、20°、25°共六种情况。节段模型测力系统如图6.3-16所示。0°风偏角下四个拱肋节段的静力三分力系数及其导数风洞试验实测结果汇总如表6.3-13所示[30]。

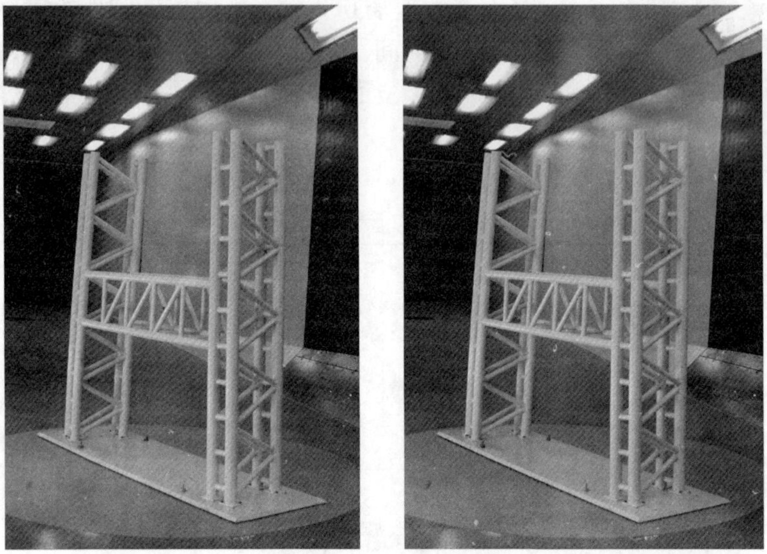

图6.3-16　八矩形截面提篮拱肋节段模型测力系统

0°偏角八圆形截面提篮拱肋三分力系数风洞试验识别结果　　表6.3-13

拱肋	攻角(°)	阻力系数		升力系数		升力矩系数	
		C_D	$\frac{dC_D}{d\alpha}$	C_L	$\frac{dC_L}{d\alpha}$	C_M	$\frac{dC_M}{d\alpha}$
第1段	-3	0.8648	-0.0223	-0.0175	0.0022	0.0022	-0.0023
	0	0.8125	-0.0062	-0.0052	0.0008	-0.0077	-0.0008
	+3	0.8198	0.0083	0.0094	0.0030	-0.0076	-0.0009
第2段	-3	0.8270	-0.0190	-0.0131	0.0029	0.0050	-0.0036
	0	0.8059	0.0058	0.0020	0.0014	0.0033	0.0006
	+3	0.8472	0.0185	0.0150	0.0011	-0.0024	-0.0040
第4段	-3	0.8478	-0.0250	-0.0197	0.0030	0.0086	-0.0028
	0	0.7941	-0.0064	-0.0053	0.0020	-0.0026	-0.0015
	+3	0.8023	0.0125	0.0100	0.0027	-0.0097	-0.0033
第7段	-3	0.7493	-0.0116	-0.0163	0.0015	0.0027	-0.0021
	0	0.7249	-0.0038	-0.0041	0.0008	-0.0015	-0.0008
	+3	0.7222	0.0043	0.0081	0.0014	-0.0024	-0.0005

六、圆形截面雷诺数修正

由于每片拱肋由4根ϕ800的圆形钢管组成,两片拱肋共有8根圆管。圆形截面的风洞试验结果受雷诺数影响很大,特别是阻力系数C_D。拱肋节段模型风洞试验时的雷诺数R_{em}和实际拱肋桥位风速作用下的雷诺数 R_{ep} 分别计算如下：

$$R_{em} = \frac{U_m D_m}{\nu} = \frac{10 \times \dfrac{0.8}{20}}{1.46 \times 10^{-5}} = 2.74 \times 10^4 \tag{6.3-7}$$

$$R_{ep} = \frac{U_p D_p}{\nu} = \frac{40 \times 0.8}{1.46 \times 10^{-5}} = 2.19 \times 10^6 \tag{6.3-8}$$

上述计算结果表明，模型风洞试验和桥梁桥位风速的雷诺数相差大约两个数量级，并且正好跨越了临界雷诺数区 $2 \times 10^5 \sim 5 \times 10^5$[30]。

大量风洞试验研究结果表明，当雷诺数为 4×10^4 和 1×10^6 时，圆形截面的尾流分布是不相同的，图 6.3-17 给出了两种雷诺数下圆柱周围瞬时流速分布的试验结果，而图 6.3-18 则给出了两种雷诺数下圆柱表面平均风压系数分布的试验结果。显然跨临界雷诺数区间时，雷诺数的影响是不可忽略的，而在节段模型测力风洞试验中又无法将雷诺数提高两个数量级，以达到实际桥梁的水平，因此，有必要对节段模型风洞试验得到的小雷诺数条件下的拱肋三分力系数，特别是阻力系数进行修正[30]。

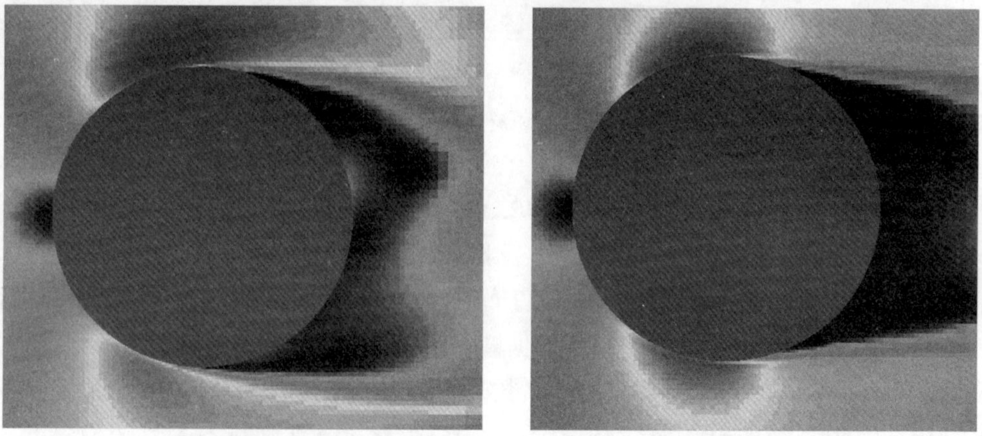

a) $R_e=4\times10^4$　　b) $R_e=1\times10^6$（右）

图 6.3-17　两种雷诺数下圆柱周围瞬时流速分布试验结果

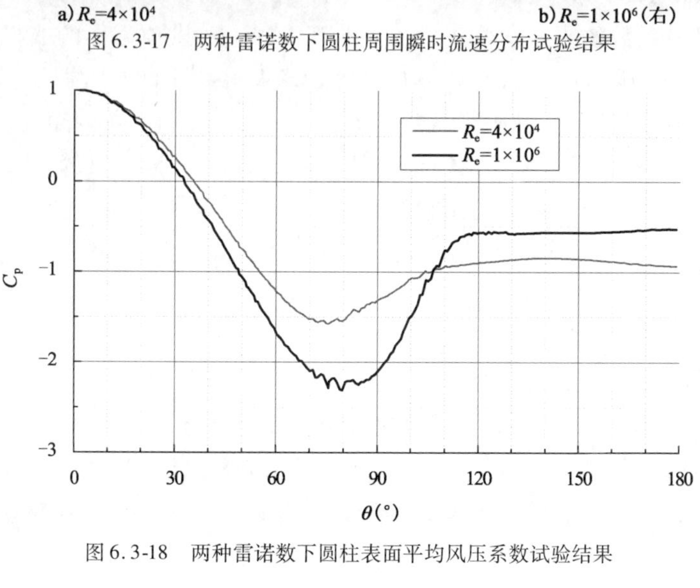

图 6.3-18　两种雷诺数下圆柱表面平均风压系数试验结果

节段模型测力风洞试验识别的拱肋三分力系数的雷诺数修正，采用计算流体动力学(Computational Fluid Dynamics)方法，并具体采用了 Lattice-Boltzeman 方法来模拟高雷诺数效应的影响。基于 Lattice-Boltzeman 方法分别计算不同大小的雷诺数下的单根圆柱的阻力系数，其计算结果与试验值和其他计算结果比较如图 6.3-19 所示[30]。

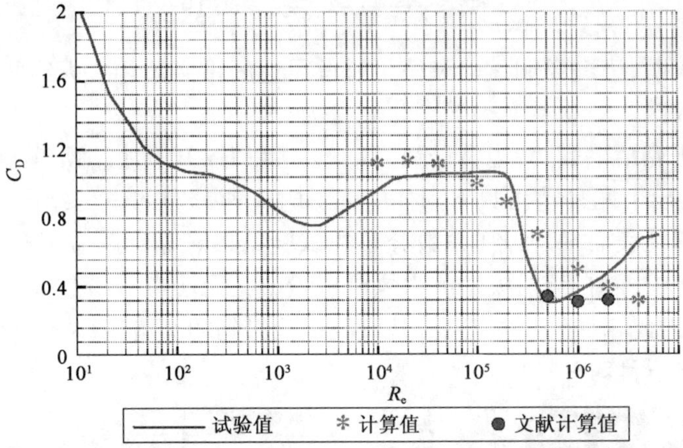

图 6.3-19　不同雷诺数下单圆柱阻力系数比较

图 6.3-18 中的计算结果和试验结果比较表明：当雷诺数为 $2\times10^4 < R_e < 1\times10^5$ 时，计算结果基本能反映试验结果；当 $R_e > 2\times10^5$ 时，阻力系数的计算值随雷诺数的增大单调下降，但试验值在 $R_e = 5\times10^5$ 时减小到最小值($C_D = 0.3$ 左右)后，开始单调上升，并且在 $R_e = 2\times10^6$ 附近逼近计算值。根据上述 CFD 计算结果，可以得到模型雷诺数 $R_e = 2.74\times10^4$ 时的单圆柱阻力系数 $C_{Dmc}^1 = 1.12$ 和实桥雷诺数 $R_e = 2.19\times10^6$ 时的单圆柱阻力系数 $C_{Dpc}^1 = 0.384$，后者与前者的比值为 $\eta_c^1 = 0.384/1.12 = 0.343$。根据图 6.3-18 中的试验值，也可以得到模型雷诺数时的单圆柱阻力系数 $C_{Dmt}^1 = 1.04$ 和实桥雷诺数时的单圆柱阻力系数 $C_{Dpt}^1 = 0.500$，后者与前者的比值为 $\eta_t^1 = 0.500/1.04 = 0.481$。

为了确定出阻力系数的雷诺数修正值，采用 CFD 方法对拱顶截面的八根圆柱进行了模型雷诺数和实桥雷诺数的阻力系数计算，其中 $R_e = 2.74\times10^4$ 时的八圆柱阻力系数为 $C_{Dmc}^8 = 0.652$，$R_e = 2.19\times10^6$ 时的八圆柱阻力系数为 $C_{Dpc}^8 = 0.329$，后者与前者的比值为 $\eta_c^8 = 0.329/0.652 = 0.505$。因此，可以根据上述单根圆柱的计算结果与试验结果的比值以及八根圆柱的计算结果比值来确定拱肋阻力系数雷诺数修正值：

$$C_D = C_{D0}\cdot\eta_c^8\cdot\eta_t^1/\eta_c^1 = C_{D0}\cdot\eta_t^8 \tag{6.3-9}$$

式中：C_D——修正后的阻力系数；

C_{D0}——修正前的阻力系数；

η_t^8——八根圆柱阻力系数试验结果的修正值，按式(6.3-10)计算：

$$\eta_t^8 = \eta_c^8\eta_t^1/\eta_c^1 = 0.505\times0.481/0.343 = 0.708 \tag{6.3-10}$$

将表 6.3-13 中与阻力系数相关的数值乘以 $\eta_t^8 = 0.708$ 以后，就可以得到考虑雷诺数效应修正的拱肋阻力系数。而拱肋的升力系数和升力矩系数一般不需要考虑雷诺数修正。雷诺数修正后的拱肋三分力系数主要结果汇总如表 6.3-14 所示[30]。

0°偏角八圆形截面提篮拱肋三分力系数雷诺数修正后结果　　表6.3-14

拱　肋	攻角(°)	阻力系数		升力系数		升力矩系数	
		C_D	$\frac{dC_D}{d\alpha}$	C_L	$\frac{dC_L}{d\alpha}$	C_M	$\frac{dC_M}{d\alpha}$
第1段	-3	0.6123	-0.9025	-0.0175	0.3266	0.0022	-0.1318
	0	0.5753	-0.2494	-0.0052	0.2235	-0.0077	-0.0430
	+3	0.5804	0.3366	0.0094	0.3553	-0.0076	-0.0516
第2段	-3	0.5855	-0.7686	-0.0131	0.3581	0.0050	-0.2034
	0	0.5706	0.2352	0.0020	0.2550	0.0033	0.0315
	+3	0.5998	0.7483	0.0150	0.2550	-0.0024	-0.2292
第4段	-3	0.6002	-1.0120	-0.0197	0.3725	0.0086	-0.1576
	0	0.5622	-0.2576	-0.0053	0.2865	-0.0026	-0.0860
	+3	0.5680	0.5070	0.0100	0.3352	-0.0097	-0.1862
第7段	-3	0.5305	-0.4685	-0.0163	0.2579	0.0027	-0.1175
	0	0.5132	-0.1521	-0.0041	0.2034	-0.0015	-0.0430
	+3	0.5113	0.1724	0.0081	0.2349	-0.0024	-0.0287

第四节　拱肋阵风静力风荷载

拱桥阵风静力风荷载包括主梁上的阵风静力风荷载和拱肋上的阵风静力风荷载，后者就是拱肋阵风静力三分力，可以表示为平均风静力三分力乘以阵风荷载系数，也可以表示为在平均风静力三分力表达式中用阵风风速 U_g 代替平均风速 U，因此，可以通过拱肋平均风静力三分力表达式(6.2-4)～式(6.2-6)得到拱肋阵风静力三分力(体轴坐标)：

$$F_{gH} = \frac{1}{2}\rho U_g^2 H C_H \tag{6.4-1}$$

$$F_{gN} = \frac{1}{2}\rho U_g^2 B C_N \tag{6.4-2}$$

$$M_{gL} = \frac{1}{2}\rho U_g^2 B^2 C_M \tag{6.4-3}$$

式中：U_g——指定高度 z 处的阵风风速，且根据式(6.2-9)可得：

$$U_g = U_{g0}\left(\frac{z}{z_0}\right)^{\alpha} \tag{6.4-4}$$

B、H——拱肋截面的竖向投影宽度和水平投影高度，一般情况下沿桥梁跨度方向是变化的，所以应当取：

$$B = B(x) \tag{6.4-5}$$

$$H = H(x) \tag{6.4-6}$$

C_H、C_N、C_M——拱肋截面的阻力系数、升力系数和升力矩系数，一般情况下沿桥梁跨度方向也是变化的，所以也应当取：

$$C_{\mathrm{H}} = C_{\mathrm{H}}(x) \tag{6.4-7}$$

$$C_{\mathrm{N}} = C_{\mathrm{N}}(x) \tag{6.4-8}$$

$$C_{\mathrm{M}} = C_{\mathrm{M}}(x) \tag{6.4-9}$$

为了便于拱桥风荷载的计算，一般按照拱桥的总体坐标轴给出水平方向（y 轴）、竖直方向（z 轴）和扭转方向（θ 轴）的拱肋阵风静力三分力，将式(6.4-4)～式(6.4-9)代入式(6.4-1)～式(6.4-3)，就可以得到拱桥阵风静力风荷载的三个分量，即水平分量 $\overline{W}_y$、竖向分量 $\overline{W}_z$ 和扭转分量 $\overline{W}_\theta$：

$$\overline{W}_y(x) = \overline{W}_{y0}(x)\alpha_{y0}(x) = \frac{1}{2}\rho U_{\mathrm{g0}}^2\left(\frac{z}{z_0}\right)^{2\alpha} H(x)C_y(x) \tag{6.4-10}$$

$$\overline{W}_z(x) = \overline{W}_{z0}(x)\alpha_{z0}(x) = \frac{1}{2}\rho U_{\mathrm{g0}}^2\left(\frac{z}{z_0}\right)^{2\alpha} B(x)C_z(x) \tag{6.4-11}$$

$$\overline{W}_\theta(x) = \overline{W}_{\theta0}(x)\alpha_{\theta0}(x) = \frac{1}{2}\rho U_{\mathrm{g0}}^2\left(\frac{z}{z_0}\right)^{2\alpha} B^2(x)C_\theta(x) \tag{6.4-12}$$

式中：$\overline{W}_{y0}$、$\overline{W}_{z0}$、$\overline{W}_{\theta0}$——阵风静力风荷载水平、竖向和扭转分量的最大值；

$\alpha_{y0}(x)$、$\alpha_{z0}(x)$、$\alpha_{\theta0}(x)$——阵风静力风荷载水平、竖向和扭转分量的分布函数；

U_{g0}——基准高度 z_0 处的阵风风速；

$C_y(x)$、$C_z(x)$、$C_\theta(x)$——水平方向、竖直方向和扭转方向的三分力系数，一般等于体轴坐标下的三分力系数或者可以通过体轴坐标下的三分力系数进行换算。

一、宜宾岷江二桥阵风三分力

宜宾岷江二桥以拱顶高度作为基准高度，即 $z_0 = z_c = 60\mathrm{m}$，拱脚高度 $h_0 = 20\mathrm{m}$，基准高度处的阵风风速为 $U_{\mathrm{g0}} = GU_0 = 1.38 \times 29.0 = 40.0\mathrm{m/s}$；拱肋的宽度为 $B = 3.2\mathrm{m}$，高度为 $H = 2.2\mathrm{m}$；采用拱肋节段 1 在 $\alpha = 0°$ 攻角下的静力三分力系数，可以求出阵风静力荷载的水平分量、竖向分量和扭转分量的最大值如下[26]：

$$\overline{W}_{y0}(x) = \frac{1}{2}\rho U_{\mathrm{g0}}^2 HC_y = 2.10\mathrm{kN/m} \tag{6.4-13}$$

$$\overline{W}_{z0}(x) = \frac{1}{2}\rho U_{\mathrm{g0}}^2 BC_z = -0.0840\mathrm{kN/m}\text{（“-”表示向下）} \tag{6.4-14}$$

$$\overline{W}_{\theta0}(x) = \frac{1}{2}\rho U_{\mathrm{g0}}^2 B^2 C_\theta = 0.120\mathrm{kN\cdot m/m} \tag{6.4-15}$$

宜宾岷江二桥桥位场地类别定义为 B 类，幂指数 $\alpha = 0.16$；拱肋矢高为 $f = z_0 - h_0 = 40\mathrm{m}$，跨径为 $l = 160\mathrm{m}$，近似采用抛物线拱轴代替悬链线拱轴，可以求出阵风静力荷载的水平分量、竖向分量和扭转分量的分布函数如下[26]：

$$\alpha_{y0}(x) = \alpha_{z0}(x) = \alpha_{\theta0}(x) = \left(\frac{z}{z_0}\right)^{2\alpha} = \left(1 - 2.667\frac{x^2}{l^2}\right)^{0.32} \tag{6.4-16}$$

其中 x 的取值范围为 $\left[-\frac{l}{2},\frac{l}{2}\right]$。

宜宾岷江二桥拱肋阵风静力荷载的水平分量、竖向分量和扭转分量可以表达如下[25]：

$$\overline{W}_y(x) = \overline{W}_{y0}(x)\alpha_{y0}(x) = 2.11 \times \left(1 - 2.677\frac{x^2}{l^2}\right)^{0.32} \quad (6.4\text{-}17)$$

$$\overline{W}_z(x) = \overline{W}_{z0}(x)\alpha_{z0}(x) = -0.0840 \times \left(1 - 2.677\frac{x^2}{l^2}\right)^{0.32} \quad (6.4\text{-}18)$$

$$\overline{W}_\theta(x) = \overline{W}_{\theta0}(x)\alpha_{\theta0}(x) = 0.120 \times \left(1 - 2.677\frac{x^2}{l^2}\right)^{0.32} \quad (6.4\text{-}19)$$

二、上海卢浦大桥阵风三分力

上海卢浦大桥取拱顶高度作为基准高度，即 $z_0 = z_c = 100\text{m}$，拱脚高度 $h_0 = 0$；基准高度的阵风风速为 $U_{g0} = GU = 1.25 \times 43\text{m/s} = 53.75\text{m/s}$；拱肋的宽度为 $B = 5.0\text{m}$，高度 H 随截面位置离开跨中的水平距离 x 变化，分段取值如表 6.4-1 所示；双拱肋静力三分力系数也随 x 变化，$\alpha = 0°$ 攻角下的分段取值如表 6.4-1 所示[27]。

上海卢浦大桥拱肋节段尺寸及三分力系数　　表 6.4-1

拱肋节段	x 取值范围(m)	$H(x)$	$C_y(x)$	$C_z(x)$	$C_\theta(x)$
1	$0.00 < x < 57.38$	6.150	1.255	−0.258	0.505
2	$57.38 < x < 111.38$	6.675	1.211	−0.259	1.705
3	$111.38 < x < 165.38$	7.550	1.175	−0.425	3.120
4	$165.38 < x < 219.38$	8.700	1.374	−0.279	6.372
5	$219.38 < x < 275.00$	9.925	1.374	−0.279	6.372

拱肋节段 1 的阵风等效静力荷载的水平分量、竖向分量和扭转分量的最大值计算如下：

$$\overline{W}_{y0} = \frac{1}{2}\rho U_{g0}^2 HC_y = 13.66\text{kN/m} \quad (6.4\text{-}20)$$

$$\overline{W}_{z0}(x) = \frac{1}{2}\rho U_{g0}^2 BC_z = -2.28\text{kN/m} \quad (6.4\text{-}21)$$

$$\overline{W}_{\theta0}(x) = \frac{1}{2}\rho U_{g0}^2 B^2 C_\theta = 22.34\text{kN} \cdot \text{m/m} \quad (6.4\text{-}22)$$

五个拱肋节段阵风静力荷载的三个分量的最大值如表 6.4-2 所示[27]。

上海卢浦大桥阵风静力荷载的最大值及分布　　表 6.4-2

拱肋节段	x 取值范围(m)	$\overline{W}_{y0}$	$\overline{W}_{z0}$	$\overline{W}_{\theta0}$	α_0
1	$0.00 < x < 57.38$	13.66	−2.28	22.34	1.000
2	$57.38 < x < 111.38$	14.34	−2.31	75.52	0.988
3	$111.38 < x < 165.38$	15.70	−3.77	137.9	0.954
4	$165.38 < x < 219.38$	21.17	−2.47	282.0	0.890
5	$219.38 < x < 275.00$	24.17	−2.47	282.0	0.769

上海卢浦大桥场地类别由地形模型风环境风洞试验确定，幂指数 $\alpha = 0.13$；拱肋矢高为 $f = z_0 - h_0 = 100\text{m}$，跨径为 $l = 550\text{m}$，近似采用抛物线拱轴代替悬链线拱轴，可以求出阵风静力荷载的水平分量、竖向分量和扭转分量的分布函数如下：

$$\alpha_{y0}(x) = \alpha_{z0}(x) = \alpha_{\theta0}(x) = \alpha_0(x) = \left(\frac{z}{z_0}\right)^{2\alpha} = \left(1 - \frac{4x^2}{l^2}\right)^{0.26} \tag{6.4-23}$$

三、象山三门口大桥阵风三分力

浙江象山三门口大桥取拱顶高度作为基准高度，即 $z_0 = z_c = 54\text{m}$，拱脚高度 $h_0 = 0\text{m}$；基准高度的阵风风速为 $U_{g0} = 1.38 \times 57.7\text{m/s} = 79.63\text{m/s}$；拱肋的宽度 $B = 12.5\text{m}$，高度 $H = 5.3\text{m}$；$\alpha = 0°$ 攻角下的分段取值如表 6.4-3 所示[30]。

浙江三门口大桥拱肋截面各分段三分力系数　　表 6.4-3

拱肋节段	x 取值范围(m)	$C_y(x)$	$C_z(x)$	$C_m(x)$
1～2	$0 < x < 34$	0.724 9	-0.004 1	-0.001 5
2～4	$34 < x < 98$	0.794 1	-0.005 3	-0.002 6
4～6	$98 < x < 118$	0.805 9	0.002	0.003 3
6～7	$118 < x < 135$	0.812 5	-0.005 2	-0.007 7

拱肋节段 1 的阵风静力荷载的水平分量、竖向分量和扭转分量的最大值计算如下：

$$\overline{W}_{y0} = \frac{1}{2}\rho U_{g0}^2 HC_y = 14.934\text{kN/m} \tag{6.4-24}$$

$$\overline{W}_{z0}(x) = \frac{1}{2}\rho U_{g0}^2 BC_z = -0.199\text{kN/m} \tag{6.4-25}$$

$$\overline{W}_{\theta0}(x) = \frac{1}{2}\rho U_{g0}^2 B^2 C_\theta = -0.911\text{kN}\cdot\text{m/m} \tag{6.4-26}$$

四个拱肋节段阵风静力荷载的三个分量的最大值如表 6.4-4 所示[30]。

浙江三门口大桥阵风静力荷载的最大值及分布　　表 6.4-4

拱肋节段	x 取值范围(m)	$\overline{W}_{y0}$	$\overline{W}_{z0}$	$\overline{W}_{\theta0}$	α_0
1～2	$0 < x < 34$	14.934	-0.199	-0.911	1.000
2～4	$34 < x < 98$	14.834	-0.234	-1.432	0.987
4～6	$98 < x < 118$	14.359	0.084	1.733	0.861
6～7	$118 < x < 135$	12.603	-0.19	-3.521	0.749

浙江三门口大桥桥位场地类别定义为 A 类，幂指数 $\alpha = 0.10$；拱肋矢高为 $f = z_0 - h_0 = 54\text{m}$，跨径为 $l = 270\text{m}$，可以求出阵风静力荷载的水平分量、竖向分量和扭转分量的分布函数如下：

$$\alpha_{y0}(x) = \alpha_{z0}(x) = \alpha_{\theta0}(x) = \alpha_0(x) = \left(\frac{z}{z_0}\right)^{2\alpha} = \left(1 - \frac{4x^2}{l^2}\right)^{0.20} \tag{6.4-27}$$

本章参考文献

[1] A G Davenport. The Wind Loading Chain——2004 Update[C]//Proceedings of the International Workshop on Wind Engineering and Science. New Delhi, India, 2004.

[2] Standards Australia, Standards New Zealand. Structural Design Actions, Part 2 Wind Actions

[S]. AS/NZS1170.2:2002.

[3] National Research Council of Canada. National Building Code of Canada [S]. NRCC, Ottawa, 2005.

[4] 中华人民共和国国家标准. GB 50009—2001　建筑结构荷载规范[S]. 北京:中国建筑工业出版社, 2012.

[5] Buildings Department. Code of Practice for Wind Effects in Hong Kong[S]. Buildings Department of Hong Kong, 2004.

[6] Bureau of Indian Standards. Indian Standard Code of Practice for Design Loads (other than Earthquake) for Buildings and Structures, Part 3: Wind Loads[S]. IS: 875 (Part 3), 1987.

[7] Agency for National Standardization (BSN). Standard National Indonesia[S]. SNI 03-1727, BSN, Jakarta, 2003.

[8] Architectural Institute of Japan. Recommendations for Loads on Buildings[S]. AIJ-RLB-2004, Tokyo, 2004.

[9] Korean Government Guidelines of Korean Building Code——Structures [S]. KGG-KBCS-05, 2005.

[10] Department of Standards. Code of Practice on Wind Loading for Building Structures[S]. Malaysian Standard, MS 1553, 2002.

[11] Association of Structural Engineers of the Philippines. National Structural Code of the Philippines[S]. 5th Edition. NSCP-2001, 2001.

[12] Taiwan Architecture and Building Research Institute. Specifications for Building Wind-Resistant Design[S]. Wind Load Provisions of Taiwan Building Code, 2006.

[13] Engineering Institute of Thailand. Wind Loading Code for Building Design[S]. EIT Standard 1018-46, 2003.

[14] ASCE. Minimum Design Loads for Buildings and Other Structures[S]. Reston, VA, ASCE/SEI 7-05, New York, 2006.

[15] Tieu Chuan Viet Nam. Loads and Actions Norm for Design[S]. TCVN 2737-1995, 1995.

[16] Yaojun Ge, Xinyang Jin, Shuyang Cao. Comparison and Harmonization of Wind Loading Codification in the Asia-Pacific Region[C]//Proceedings of Joint IABSE-fib Conference on Codes in Structural Engineering. Cavtat, Croatia, 2010.

[17] A Gairola, A Mittal. Part 2: Work Examples[C]//Proceedings of the 3rd APEC – WW Workshop. New Delhi, India, 2006.

[18] Y J Ge, H F Xiang. Statistical Study for Mean Wind Velocity in Shanghai Area [J]. Journal of Wind Engineering and Industrial Aerodynamics, 2002, 90: 1585-1599.

[19] J C K Cheung, J D Holmes. APEC-WW Australia 2010 Report: Codes/Specifications[C]// Proceedings of the 6th APEC-WW Workshop. Kwandong, Korea, 2010.

[20] J D Holmes. Wind Loading of Structures[M]. 2nd Edition. Taylor & Francis, 2007.

[21] C S Durst. Wind Speeds over Short Periods of Time[J]. Meteorological Magazine, 1960, 89: 181-186.

[22] E L Deacon. Gust Variation with Height up to 150 Metres[J]. Quarterly Journal of the Royal Meterological Society ,1955,81:562-573.

[23] H Ishizaki. Wind profiles, Turbulence Intensities and Gust Factors for Design in Typhoon-prone Regions[J]. Journal of Wind Engineering and Industrial Aerodynamics, 1983, 13: 55-66.

[24] W R Krayer, R D Marshall. Gust Factors Applied to Hurricane Winds[J]. Bulletin, American Meteorological Society, 1992,101:929-955.

[25] 中华人民共和国行业标准. JTG/T D60-01—2004 公路桥梁抗风设计规范[S]. 北京:人民交通出版社,2004.

[26] 葛耀君,庞加斌. 箱形拱桥裸肋状态等效风荷载及抗风稳定性研究(总研究报告)[R]. 同济大学土木工程防灾国家重点实验室研究报告(SLDRCE WT200004),2001.

[27] 葛耀君. 超大跨度拱桥风荷载及抗风稳定性研究(总研究报告)[R]. 同济大学土木工程防灾国家重点实验室研究报告(SLDRCE WT200103),2002.

[28] 葛耀君,赵林. 新光大桥抗风性能风洞试验研究(研究报告)[R]. 同济大学土木工程防灾国家重点实验室研究报告(SLDRCE WT200518),2006.

[29] 宋锦忠. 湖南茅草街钢管拱等效风荷载及抗风稳定性研究(研究报告)[R]. 同济大学土木工程防灾国家重点实验室研究报告(SLDRCE WT200318),2003.

[30] 葛耀君. 三门口跨海大桥抗风性能试验研究(研究报告)[R]. 同济大学土木工程防灾国家重点实验室研究报告(SLDRCE WT200318),2005.

第七章　抖振等效风荷载

当桥梁结构刚度较小时，在风荷载的作用下，结构会产生小幅强迫振动，即随机抖振，此时风荷载不仅具有静力作用，而且具有动力作用，主要是抖振作用，相应的风荷载不仅取决于自然风特性，而且依赖于结构动力特性。其中，自然风中长周期的平均风不仅产生静力风荷载，并且引起振动体系的刚度和阻尼的变化，这就是气动刚度和气动阻尼；自然风中短周期的脉动风将激起结构的抖振响应，包括背景响应和共振响应，从而产生结构振动惯性力。为了方便结构设计计算，往往需要基于某种等效原则将振动惯性力的动力荷载转换成与某种响应效果相等的静力荷载形式，这种等效原则一般是基于实际风荷载作用（振动惯性力）下的最大响应值等于某种静力风荷载所引起的相应响应值。由此得到的风荷载称为抖振等效风荷载，应当包括平均风静力荷载、脉动风背景响应和共振响应等效静力荷载三个部分。本章主要介绍抖振等效风荷载理论和方法，及其涉及的桥梁结构风振分析算法、效应和试验验证过程。

第一节　非定常气动力模型

一、自激力模型及参数

Scanlan[1~3]建立了桥梁结构的分离流扭转颤振理论，建议用六个实函数的颤振导数表示钝体气动自激力的公式。近几年来，人们逐渐注意到桥梁断面侧向位移对其气动性能的影响。为此，Sarkar[4]和 Jain 等[5]将该气动力模型予以推广，考虑了桥梁断面侧向位移对其气动性能的影响，提出了用 18 个颤振导数表示的气动力公式：

$$L_{se} = \frac{1}{2}\rho U^2(2B)\left(KH_1^*\frac{\dot{h}}{U} + KH_2^*\frac{B\dot{\alpha}}{U} + K^2H_3^*\alpha + K^2H_4^*\frac{h}{B} + KH_5^*\frac{\dot{p}}{U} + K^2H_6^*\frac{p}{B}\right) \tag{7.1-1a}$$

$$D_{se} = \frac{1}{2}\rho U^2(2B)\left(KP_1^*\frac{\dot{p}}{U} + KP_2^*\frac{B\dot{\alpha}}{U} + K^2P_3^*\alpha + K^2P_4^*\frac{p}{B} + KP_5^*\frac{\dot{h}}{U} + K^2P_6^*\frac{h}{B}\right) \tag{7.1-1b}$$

$$M_{se} = \frac{1}{2}\rho U^2(2B^2)\left(KA_1^*\frac{\dot{h}}{U} + KA_2^*\frac{B\dot{\alpha}}{U} + K^2A_3^*\alpha + K^2A_4^*\frac{h}{B} + KA_5^*\frac{\dot{p}}{U} + K^2A_6^*\frac{p}{B}\right) \tag{7.1-1c}$$

上述公式中包括竖向 h、侧向 p、扭转 α 三个方向的位移和速度，共六个分量。L_{se}、D_{se}、M_{se} 为升力、阻力和扭矩气动自激力，U 为来流平均风速，ρ 为空间密度，B 为桥梁断面宽度，K 为折算频率。按照与位移和速度的关系，将六个分量分成两部分，则：

$$L_{se} = \frac{1}{2}\rho U^2(2B)(K^2H_4^*\ \frac{h}{B} + K^2H_6^*\ \frac{p}{B} + K^2H_3^*\alpha + KH_1^*\ \frac{\dot{h}}{U} + KH_5^*\ \frac{\dot{p}}{U} + KH_2^*\ \frac{B\dot{\alpha}}{U}) \tag{7.1-2a}$$

$$D_{se} = \frac{1}{2}\rho U^2(2B)(K^2P_6^*\ \frac{h}{B} + K^2P_4^*\ \frac{p}{B} + K^2P_3^*\alpha + KP_5^*\ \frac{\dot{h}}{U} + KP_1^*\ \frac{\dot{p}}{U} + KP_2^*\ \frac{B\dot{\alpha}}{U}) \tag{7.1-2b}$$

$$M_{se} = \frac{1}{2}\rho U^2(2B^2)(K^2A_4^*\ \frac{h}{B} + K^2A_6^*\ \frac{p}{B} + K^2A_3^*\alpha + KA_1^*\ \frac{\dot{h}}{U} + KA_5^*\ \frac{\dot{p}}{U} + KA_2^*\ \frac{B\dot{\alpha}}{U}) \tag{7.1-2c}$$

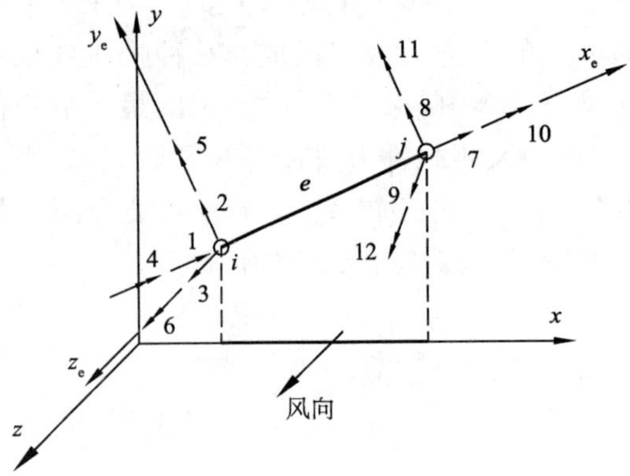

图 7.1-1　单元空间坐标系

以上是结构在单位展长上的气动自激力。将气动力施加到有限元模型上时，需要计算结构单元的自激力，然后转换到节点上，称为等效自激节点力(图 7.1-1)。目前，计算单元上的等效自激力主要有两种方法。一是利用有限单元的概念，用与计算单元刚度矩阵一致的方法计算每个单元上的等效节点力，称为一致法；另一种是将作用在单元上的自激力平分到两端节点上，称为集中法。集中法与有限元法中施加荷载矢量的做法一致，易于计算施加。本文选用集中法，利用虚功原理，将作用在单元上的自激力简单地堆集到两端节点上。

作用在第 i 个主梁单元上的气动自激力可表示为如下矩阵形式：

$$\boldsymbol{F}_{se}^{i} = \boldsymbol{K}_{se}^{i}\boldsymbol{X} + \boldsymbol{C}_{ae}^{i}\dot{\boldsymbol{X}} \tag{7.1-3}$$

式中：$\boldsymbol{X}$、$\dot{\boldsymbol{X}}$——位移矢量和速度矢量；

$\boldsymbol{K}_{se}^{i}$、$\boldsymbol{C}_{se}^{i}$——气动刚度矩阵、气动阻尼矩阵。

首先讨论气动刚度矩阵：

$$\boldsymbol{K}_{ae}^{i} = \begin{bmatrix} \boldsymbol{K}_{ae1}^{i} & \boldsymbol{0} \\ \boldsymbol{0} & \boldsymbol{K}_{ae1}^{i} \end{bmatrix}_{12\times 12} \tag{7.1-4a}$$

$$\boldsymbol{K}_{ae1}^{i} = \rho U^2 L_e \begin{bmatrix} 0 & 0 & 0 & 0 & 0 & 0 \\ 0 & K_h^2H_4^* & K_p^2H_6^* & K_\alpha^2BH_3^* & 0 & 0 \\ 0 & K_h^2P_6^* & K_p^2P_4^* & K_\alpha^2BP_3^* & 0 & 0 \\ 0 & K_h^2BA_4^* & K_p^2BA_6^* & K_\alpha^2B^2A_3^* & 0 & 0 \\ 0 & 0 & 0 & 0 & 0 & 0 \\ 0 & 0 & 0 & 0 & 0 & 0 \end{bmatrix} \tag{7.1-4b}$$

上面矩阵可简写为：

$$\boldsymbol{K}_{ae}^{i} = \rho U^2 L_e \boldsymbol{K}^2 \cdot \boldsymbol{H}_K \cdot \boldsymbol{B} \tag{7.1-5}$$

式中：$\boldsymbol{K}$——第 i 个单元上的折算频率矩阵，无量纲；

$\boldsymbol{H}_K$——与气动刚度有关的气动导数矩阵；

$\boldsymbol{B}$——主梁断面几何特征矩阵；

L_e——第 i 个单元的长度；

B——主梁断面全宽。

其中，$\boldsymbol{K}$、$\boldsymbol{H}_K$、$\boldsymbol{B}$ 三者之间是点乘关系。

折减频率是风速和频率的函数，因此，可从上式中消除风速 U，得到更为简洁的表达式：

$$\boldsymbol{K}_{ae}^{i} = \rho B^2 L_e \boldsymbol{f}^2 \cdot \boldsymbol{H}_K \cdot \boldsymbol{B} \tag{7.1-6}$$

式中：$\boldsymbol{f}$——频率矩阵，包括以主梁振型为主的一阶竖弯、一阶侧弯和一阶扭转频率(Hz)。

从式(7.1-5)可以发现，除了气动导数矩阵与风速 U 有关以外，其余量只与结构固有特性有关，在有限元中运用较为方便。

同理，可得到第 i 个主梁单元上的气动阻尼矩阵：

$$\boldsymbol{C}_{ae}^{i} = \begin{bmatrix} \boldsymbol{C}_{ae1}^{i} & \boldsymbol{0} \\ \boldsymbol{0} & \boldsymbol{C}_{ae1}^{i} \end{bmatrix}_{12\times 12} \tag{7.1-7a}$$

$$\boldsymbol{C}_{ae1}^{i} = \rho UBL_e \begin{bmatrix} 0 & 0 & 0 & 0 & 0 & 0 \\ 0 & K_h H_1^* & K_p H_5^* & K_\alpha B H_2^* & 0 & 0 \\ 0 & K_h P_5^* & K_p P_1^* & K_\alpha B P_2^* & 0 & 0 \\ 0 & K_h B A_1^* & K_p B A_5^* & K_\alpha B^2 A_2^* & 0 & 0 \\ 0 & 0 & 0 & 0 & 0 & 0 \\ 0 & 0 & 0 & 0 & 0 & 0 \end{bmatrix} \tag{7.1-7b}$$

上面矩阵可简写为：

$$\boldsymbol{C}_{ae}^{i} = \rho UBL_e \boldsymbol{K} \cdot \boldsymbol{H}_C \cdot \boldsymbol{B} \tag{7.1-8}$$

式中：$\boldsymbol{K}$——折减频率矩阵，无量纲；

$\boldsymbol{H}_C$——与气动阻尼有关的气动导数矩阵。

从式(7.1-6)中消除风速 U 后，得到更为简洁的表达式：

$$\boldsymbol{C}_{ae}^{i} = \rho B^2 L_e \boldsymbol{f} \cdot \boldsymbol{H}_C \cdot \boldsymbol{B} \tag{7.1-9}$$

比较式(7.1-6)～式(7.1-9)，可发现气动刚度矩阵和气动阻尼矩阵的形式非常相似，只是 $\boldsymbol{f}$ 相差平方关系。在任何风速下，桥梁结构的抖振响应客观存在，抗风设计一般选取设计基准风速进行抖振分析。此时，静风荷载和抖振力是主要荷载，自激力量值不大，气动刚度对结构动力特性影响不大。因此，频率矩阵 $\boldsymbol{f}$ 可以取用结构第一阶频率，即首先检验设计基准风速下的静风稳定性，计算该状态下的结构动力特性，将主梁振型为主的一阶竖弯频率、一阶侧弯频率和一阶扭转频率代入频率矩阵 $\boldsymbol{f}$。

以上是气动自激力的一般表达式，当桥梁结构处于颤振临界状态时，参与颤振的主要模态频率汇集在一起，以某个颤振频率振动。在该状态下，气动刚度矩阵和气动阻尼矩阵可表示为：

$$\boldsymbol{K}_{\mathrm{ae\,1}}^{i} = \rho U^2 L_{\mathrm{e}} K_{\mathrm{cr}}^2 \begin{bmatrix} 0 & 0 & 0 & 0 & 0 & 0 \\ 0 & H_4^* & H_6^* & BH_3^* & 0 & 0 \\ 0 & P_6^* & P_4^* & BP_3^* & 0 & 0 \\ 0 & BA_4^* & BA_6^* & B^2A_3^* & 0 & 0 \\ 0 & 0 & 0 & 0 & 0 & 0 \\ 0 & 0 & 0 & 0 & 0 & 0 \end{bmatrix} \tag{7.1-10}$$

$$\boldsymbol{C}_{\mathrm{ae\,1}}^{i} = \rho UBL_{\mathrm{e}} K_{\mathrm{cr}} \begin{bmatrix} 0 & 0 & 0 & 0 & 0 & 0 \\ 0 & H_1^* & H_5^* & BH_2^* & 0 & 0 \\ 0 & P_5^* & P_1^* & BP_2^* & 0 & 0 \\ 0 & BA_1^* & BA_5^* & B^2A_2^* & 0 & 0 \\ 0 & 0 & 0 & 0 & 0 & 0 \\ 0 & 0 & 0 & 0 & 0 & 0 \end{bmatrix} \tag{7.1-11}$$

引入式(7.1-10)、式(7.1-11)的目的在于：颤振分析中需要通过双参数（风速 U 和频率 f）搜索颤振临界状态，在不同的风速 U 和频率 f 下，气动自激力各不相同。为了搜索出颤振临界状态那一个"点"，在对风速 U 和频率 f 进行双重循环搜索时，每次假定一个频率，并视为"颤振频率"，代入自激力公式中，求解系统等效阻尼比，当等效阻尼比小于或等于 0 且系统频率等于假定频率时，则达到颤振临界状态。换言之，引入式(7.1-10)、式(7.1-11)是便于在搜索颤振临界状态过程中表示自激力。

对于非流线型的桥梁断面，颤振导数可通过主梁节段模型试验测定，可识别出颤振导数 H_i^* 和 A_i^*（$i=1\sim4$）。气动阻力和与侧弯振动相关的颤振导数一般被忽略。但有研究表明，它们可能对某些主梁截面形状的桥梁有较大的影响（Namini 等[6]）。在无风洞试验结果的情况下，为考虑这种影响引入拟静力理论得（Chen 等[7]）：

$$P_1^* = -\frac{1}{K}C_{\mathrm{D}} \quad P_2^* = \frac{1}{2K}C_{\mathrm{D}}' \quad P_3^* = \frac{1}{2K^2}C_{\mathrm{D}}' \tag{7.1-12a}$$

$$P_5^* = \frac{1}{2K}C_{\mathrm{D}}' \quad H_5^* = \frac{1}{K}C_{\mathrm{L}} \quad A_5^* = -\frac{1}{K}C_{\mathrm{M}} \tag{7.1-12b}$$

$$P_4^* = P_6^* = H_6^* = A_6^* = 0 \tag{7.1-12c}$$

式中：C_{L}、C_{D}、C_{M}——桥梁断面升力、阻力和扭矩的静风力系数（参考长度均为桥面宽度 B）；

C_{D}'——$C_{\mathrm{D}}' = \dfrac{\mathrm{d}C_{\mathrm{D}}}{\mathrm{d}\alpha}$。

以上讨论了自激力的理论公式，是描述自激力的第一步，如何在有限元软件中表示自激力则是第二步。ANSYS 软件提供了用户自定义的 Matrix27 单元，可以输入任意形式的质量、刚度和阻尼矩阵。利用这一功能，在主梁节点处添加一对 Matrix27 单元（图 7.1-2），单元的刚度矩阵和阻尼矩阵分别用气动刚度矩阵和气动阻尼矩阵来表示。这样，主梁的自激力得以体现，这种考虑方法比较方便，并得到理论和应用验证。

Matrix27 单元是一种没有定义几何形状的任意单元，用户可用于自定义刚度、阻尼、质量矩阵。刚度、阻尼和质量矩阵常数作为实常数来输入。刚度常数的单位是力/长度或力×长度/弧度，阻尼常数的单位是力×时间/长度和力×长度×时间/弧度。质量常数的单位是力×时间^2×长度/弧度。

如图 7.1-3 所示，该单元有两个节点，每个节点自由度依次是 U_X、U_Y、U_Z、ROT_X、ROT_Y、ROT_Z，如果其中的一个节点不使用，与之相关的行和列全部默认为零。矩阵都是 12×12 阶，ANSYS 提供了对称和非对称矩阵两种形式。气动自激力属于非保守力，即不满足作用力互动定理，因此选用非对称矩阵，形式如下：

$$
\begin{bmatrix}
C_1 & C_2 & C_3 & C_4 & C_5 & C_6 & C_7 & C_8 & C_9 & C_{10} & C_{11} & C_{12} \\
C_{79} & C_{13} & C_{14} & — & — & — & — & — & — & — & C_{22} & C_{23} \\
C_{80} & C_{81} & C_{24} & — & — & — & — & — & — & — & — & C_{33} \\
C_{82} & C_{83} & C_{84} & C_{34} & — & — & — & — & — & — & — & C_{42} \\
C_{85} & C_{86} & — & C_{88} & C_{43} & — & — & — & — & — & — & C_{50} \\
C_{89} & — & — & — & C_{93} & C_{51} & — & — & — & — & — & C_{57} \\
C_{94} & — & — & — & — & C_{99} & C_{58} & — & — & — & — & C_{63} \\
C_{100} & — & — & — & — & — & C_{106} & C_{64} & — & — & — & C_{68} \\
C_{107} & — & — & — & — & — & — & C_{114} & C_{69} & — & — & C_{72} \\
C_{115} & — & — & — & — & — & — & — & C_{123} & C_{73} & — & C_{75} \\
C_{124} & — & — & — & — & — & — & — & C_{132} & C_{133} & C_{76} & C_{77} \\
C_{134} & C_{135} & C_{136} & C_{137} & C_{138} & C_{139} & C_{140} & C_{141} & C_{142} & C_{143} & C_{144} & C_{78}
\end{bmatrix}_{12\times 12}
$$

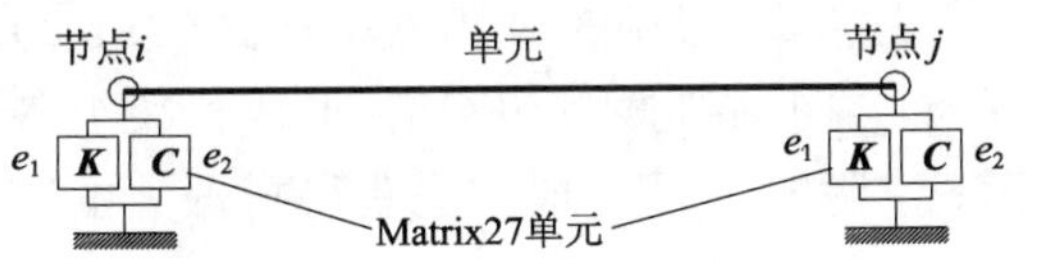

图 7.1-2　自激力用 Matrix27 单元考虑

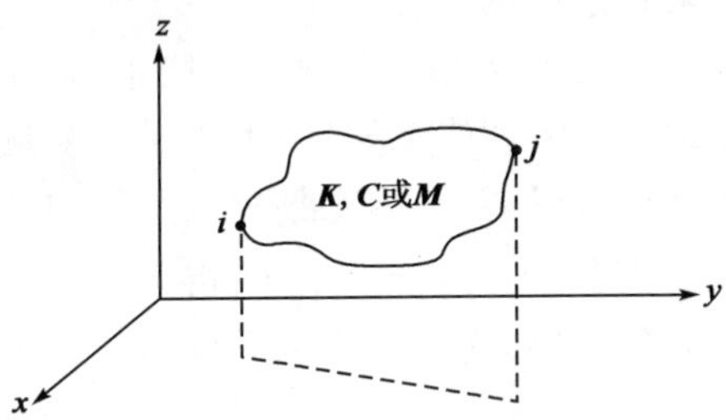

图 7.1-3　Matrix27 单元

二、强迫力模型及参数

抖振力是由脉动风引起的，按通常做法，抖振力按 Scanlan 的准定常气动力公式计算，同时采用 Davenport[8,9] 引入的气动导纳函数的概念进行修正。作用桥梁结构单位展长的抖振力可以表示为：

$$L_{\rm b}(t) = \frac{1}{2}\rho U^2 B\left[2C_{\rm L}\chi_{\rm Lu}\frac{u(t)}{U} + (C'_{\rm L} + C_{\rm D})\chi_{\rm Lw}\frac{w(t)}{U}\right] \tag{7.1-13a}$$

$$D_{\rm b}(t) = \frac{1}{2}\rho U^2 B\left[2C_{\rm D}\chi_{\rm Du}\frac{u(t)}{U} + (C'_{\rm D} - C_{\rm L})\chi_{\rm Dw}\frac{w(t)}{U}\right] \tag{7.1-13b}$$

$$M_b(t) = \frac{1}{2}\rho U^2 B^2\left(2C_M\chi_{Mu}\frac{u(t)}{U} + C'_M\chi_{Mw}\frac{w(t)}{U}\right) \quad (7\text{-}13c)$$

式中：χ_{Lu}、χ_{Lw}、χ_{Du}、χ_{Dw}、χ_{Mu}、χ_{Mw}——气动传递函数，反映时域内脉动风荷载和抖振力之间的传递关系。

根据以上的抖振力公式，可以得出考虑气动导纳修正的抖振力功率谱密度为：

$$S_L(\omega) = \rho^2U^2B^2\left\{C_L^2(\alpha)S_u(\omega)|\chi_{Lu}(\omega)|^2 + \frac{1}{4}[C'_L(\alpha) + C_D(\alpha)]^2S_w(\omega)|\chi_{Lw}(\omega)|^2\right\} \quad (7.1\text{-}14a)$$

$$S_D(\omega) = \rho^2U^2B^2\left\{C_D^2(\alpha)S_u(\omega)|\chi_{Du}(\omega)|^2 + \frac{1}{4}C'^2_D(\alpha)S_w(\omega)|\chi_{Dw}(\omega)|^2\right\} \quad (7.1\text{-}14b)$$

$$S_M(\omega) = \rho^2U^2B^4\left\{C_M^2(\alpha)S_u(\omega)|\chi_{Mu}(\omega)|^2 + \frac{1}{4}C'^2_M(\alpha)S_w(\omega)|\chi_{Mw}(\omega)|^2\right\} \quad (7.1\text{-}14c)$$

式中：$|\chi_{Rs}(\omega)|^2(R = \text{L,D,M}; s = \text{u,w})$——水平和竖向脉动风谱对抖振升力、阻力和扭矩的气动导纳。

为了简便起见，以上公式暂时没有包括水平和竖向脉动交叉风谱的影响。

Sears[10]导出了平板气动导纳的复变函数表达式。但由于 Sears 的函数表达非常复杂，不便应用。为此，Liepmann[11]给出了一个简化的表达式来足够精确地表示平板的气动导纳：

$$|\varphi(k)|^2 = \frac{1}{1 + 2\pi k} = \frac{1}{1 + \frac{\pi\omega B}{U}} \quad (7.1\text{-}15)$$

目前在没有适用于桥梁断面的气动导纳情况下，研究人员暂时取平板的 Liepmann 近似公式来做粗略估计。

如果不考虑气动导纳的修正，抖振力可以用模拟的脉动风速代入式(7.1-1)中直接计算。但如果要考虑气动导纳，由于没有时域的气动导纳表达式，必须转到频域中按式(7.1-2)才能计算。这时，一种做法是根据式(7.1-2)先得出三个方向的抖振力功率谱，形成桥梁上各点之间抖振力的互谱密度矩阵，再运用前面所述的多变量随机过程模拟方法获得抖振力的时程样本进行分析，这种方法可以称为抖振力谱法。

如果在式(7.1-2)中引入如下变换：

$$S_u^*(\omega) = \frac{1}{1 + \frac{\pi\omega B}{U}}S_u(\omega) \quad (7.1\text{-}16a)$$

$$S_w^*(\omega) = \frac{1}{1 + \frac{\pi\omega B}{U}}S_w(\omega) \quad (7.1\text{-}16b)$$

现将 $S_u^*(\omega)$和 $S_w^*(\omega)$分别定义为等效水平脉动风速谱和等效竖向脉动风速谱。对功率谱为 $S_u^*(\omega)$和 $S_w^*(\omega)$的随机过程进行模拟，其样本 $u^*(\omega)$和 $w^*(\omega)$则可以称为等效水平脉动风速和等效竖向脉动风速。用 $u^*(\omega)$和 $w^*(\omega)$代入式(7.1-1)进行计算可以得出考虑气动导纳后的抖振响应。其结果应该与抖振力谱法的结果等价，因而称之为等效风谱法。

抖振力谱法和等效风谱法虽然等价,但在应用上还是有区别的。抖振力的功率谱随静力三分力系数变化而变化,而静力三分力系数又与攻角相关。因此,如果需要考虑攻角效应,则抖振力谱法应用起来就很不方便。等效风谱法就不存在这样的问题。

三、抖振力谐波合成模拟

获得作用于桥梁上的脉动风速信息是对桥梁进行风振分析的首要要件。由于获得现场实测多点脉动风速的数据非常困难,有必要借助计算机模拟技术来仿真脉动风速时程信号。目前发展的 Monte-Carlo 随机变量模拟技术可以有效地解决脉动风波模拟问题。

运用 Monte-Carlo 方法模拟多变量随机过程主要有两类方法。一类是谐波合成法(WAWS),另一类是基于线性滤波器转换随机数的模拟方法(AR、ARMA)。本文采用精度较高、稳定性较强的 WAWS 方法。WAWS 方法的发展经历以下几个阶段,Shinozuka 等人[12]将 WAWS 方法从最初仅能模拟一维单变量平稳高斯随机过程,发展至可模拟多变量、非平稳高斯过程;Yang[13,14]把快速 FFT 变换技术融入模拟过程,大大地提高了模拟效率;Deodatis[15]提出了频率双索引的概念,改善了模拟精度,并模拟了各态历经的多变量平稳高斯随机过程。

对于 n 维零均值的平稳高斯随机过程向量:

$$\boldsymbol{f}(t) = [f_1(t) \quad f_2(t) \quad \cdots \quad f_n(t)]^{\mathrm{T}} \tag{7.1-17}$$

其互功率谱密度矩阵(简称"互谱密度矩阵")为:

$$S^0(\omega) = \begin{bmatrix} S_{11}^0(\omega) & S_{12}^0(\omega) & \cdots & S_{1n}^0(\omega) \\ S_{21}^0(\omega) & S_{22}^0(\omega) & \cdots & S_{2n}^0(\omega) \\ \vdots & \vdots & \ddots & \vdots \\ S_{n1}^0(\omega) & S_{n2}^0(\omega) & \cdots & S_{nn}^0(\omega) \end{bmatrix} \tag{7.1-18}$$

式中: $S_{jj}^0(\omega)$——自谱密度函数,其中,$j=1,2,\cdots,n$;

$S_{jm}^0(\omega)(j\neq m)$——互谱密度函数,其中 j、$m=1,2,\cdots,n$。

显然,该互谱密度矩阵是对称的,将该互谱密度矩阵进行 Cholesky 分解:

$$\boldsymbol{S}^0(\omega) = \boldsymbol{H}(\omega)\boldsymbol{H}^*(\omega) \tag{7.1-19}$$

$$\boldsymbol{H}(\omega) = \begin{bmatrix} H_{11}(\omega) & 0 & \cdots & 0 \\ H_{21}(\omega) & H_{22}(\omega) & \cdots & 0 \\ \vdots & \vdots & \ddots & \vdots \\ H_{n1}(\omega) & H_{n2}(\omega) & \cdots & H_{nn}(\omega) \end{bmatrix} \tag{7.1-20}$$

式中:$\boldsymbol{H}^*(\omega)$——$\boldsymbol{H}(\omega)$的共扼转置矩阵。

由于 $\boldsymbol{S}^0(\omega)$通常情况下为复矩阵,且不一定正定,因此 $\boldsymbol{H}(\omega)$通常也是复矩阵,其对角元素为实数,非对角元素为复数。$\boldsymbol{H}(\omega)$中元素之间有如下关系成立:

$$H_{jj}(\omega) = H_{jj}(-\omega) \qquad (j = 1,2,\cdots,n) \tag{7.1-21}$$

$$H_{jm}(\omega) = |H_{jm}^*(-\omega)|\mathrm{e}^{i\theta_{jm}(\omega)} \qquad (j = 1,2,\cdots,n;m = 1,2,\cdots,j-1;j > m) \tag{7.1-22}$$

$$\theta_{jm} = \tan^{-1}\left\{\frac{I_{\mathrm{m}}[H_{jm}(\omega)]}{R_{\mathrm{e}}[H_{jm}(\omega)]}\right\} \tag{7.1-23}$$

式中：I_m、R_e——分别表示取虚部和实部。

根据 Shinozuka 理论，随机过程向量 $\boldsymbol{f}(t)$ 的样本可以由下式来模拟：

$$f_j(t) = \sqrt{2(\Delta\omega)}\sum_{m=1}^{j}\sum_{l=1}^{N}|H_{jm}(\omega_{ml})|\cos[\omega_{ml}t-\theta_{jm}(\omega_{ml})+\Phi_{ml}] \quad (j=1,2,\cdots,n) \tag{7.1-24}$$

式中：N——充分大的正整数；

$\Delta\omega$——频率增量，$\Delta\omega=\dfrac{\omega_{up}}{N}$；

ω_{up}——截止圆频率，即当 $\omega>\omega_{up}$ 时，$S^0(\omega)=0$；

Φ_{ml}——均匀分布于 $[0,2\pi]$ 区间的随机相位。

$H_{jm}(\omega_{ml})$ 是矩阵 $\boldsymbol{H}(\omega)$ 中的元素。$\boldsymbol{H}(\omega)$ 是 $\boldsymbol{S}^0(\omega)$ 的 Cholesky 分解，即有：

$$\boldsymbol{S}^0(\omega) = \boldsymbol{H}(\omega)\boldsymbol{H}^{T*}(\omega) \tag{7.1-25}$$

$$\boldsymbol{H}(\omega) = \begin{bmatrix} H_{11}(\omega) & 0 & \cdots & 0 \\ H_{21}(\omega) & H_{22}(\omega) & \cdots & 0 \\ \vdots & \vdots & \ddots & \vdots \\ H_{n1}(\omega) & H_{n2}(\omega) & \cdots & H_{nn}(\omega) \end{bmatrix} \tag{7.1-26}$$

$\boldsymbol{H}(\omega)$ 中的元素之间有如下关系成立：

$$H_{jj}(\omega) = H_{jj}(-\omega) \quad (j=1,2,\cdots,n) \tag{7.1-27}$$

$$H_{jm}(\omega) = |H_{jm}^{*}(-\omega)|e^{i\theta_{jm}(\omega)} \quad (j=1,2,\cdots,n;m=1,2,\cdots,j-1;j>m) \tag{7.1-28}$$

$\theta_{jm}(\omega)$ 为 $H_{jm}(\omega)$ 的复角，由下式给出：

$$\theta_{jm}(\omega) = \tan^{-1}\left\{\frac{l_m[H_{jm}(\omega)]}{R_e[H_{jm}(\omega)]}\right\} \tag{7.1-29}$$

根据 Shinozuka 等人的研究，推荐 ω_{ml} 按下式取值：

$$\omega_{ml} = (l-1)\Delta\omega+\frac{m}{n}\Delta\omega \tag{7.1-30}$$

由中心极限定理，只有当 $N\to\infty$，式(7.1-24)模拟的随机过程才能满足式(7.1-17)的渐近零均值高斯过程。

为了避免模拟结果失真，Δt 必须满足以下条件：

$$\Delta t \leqslant \frac{2\pi}{2\omega_{up}} \tag{7.1-31}$$

式(7.1-31)模拟的随机过程周期为：

$$T_0 = \frac{2\pi n}{\Delta\omega} = \frac{2\pi nN}{\omega_{up}} \tag{7.1-32}$$

综上所述，只要已知 $\boldsymbol{S}^0(\omega)$，恰当选择了 N、ω_{up} 和 Δt，就可以获得好的随机过程样本。由于 $\boldsymbol{H}(\omega)$ 是 ω 的函数，由式(7.1-19)可知，对每个频率点 ω_{ml} 都要进行 $\boldsymbol{S}^0(\omega)$ 的 Cholesky 分解，其计算量相大，且需要太多的内存。通过对 $\boldsymbol{H}(\omega)$ 的分析发现，$\boldsymbol{H}(\omega)$ 的各元素均随频率连续变化，这样可以选取适当的插值近似来减少对 $\boldsymbol{S}^0(\omega)$ 的分解次数。目前，有多种插值方法可以

选择，如拉格朗日插值方法。拉格朗日插值方法是数值分析中最基本的插值方法，也是数值积分和求常微分方程数值解的重要工具。该方法是用一个 n 次多项式去拟合一个函数 $f(x)$，随着多项式方次 n 的增加，不仅增加了计算量，而且又会带来很大的误差，如“龙格(Runge)”现象。因此 n 不宜太大，使用时常以不超过五六次为宜。为了避免这种振荡误差，可选择诸如分段低次插值、样条函数插值和有理逼近等插值函数。通常情况，在插值节点相同的条件下，利用有理分式逼近 $f(x)$ 要比插值多项式逼近的精度高一些。有理函数插值方法的详细推导过程可参见数值方法有关文献（何光渝[16]）。当模拟结构有限元多个节点($n>1\,000$)的脉动风速时，对于每个频率间隔$(l-1)\Delta\omega$，可以进行完全的 Cholesky 分解。对于频率间隔间的分量$\left(\frac{m}{n}\right)\Delta\omega$ 的 Cholesky 分解，可以对其进行适当的插值拟合来提高运算速度和减少储存空间的占用。

$$\widetilde{H}_{jk}(\omega) = \sum_{l=i-1}^{i+2} H_{jk}(\omega_l) R_l(\omega) \tag{7.1-33}$$

式中：$R_l(\omega)$——插值有理函数。

为提高模拟效率，当 N 足够大时，也可采用线性插值。这样脉动风速样本的模拟公式变为：

$$f_j(t) = \sqrt{2(\Delta\omega)} \sum_{m=1}^{j} \sum_{l=1}^{N} \widetilde{H}_{jm}(\omega_{ml}) \cos(\omega_{ml} t + \Phi_{ml}) \tag{7.1-34}$$

运用 FFT 技术可以大大地减少脉动风场模拟的计算量。为此我们可以将式(7.1-34)写成如下形式：

$$f(p\Delta t) = R_e\left\{\sum_{m=1}^{j} h_{jm}(p\Delta t) \exp\left[i\frac{m\Delta\omega}{3}(p\Delta t)\right]\right\} \tag{7.1-35}$$

式中 $h_{jm}(p\Delta t)$ 由式(7.1-36)给出：

$$h_{jm}(p\Delta t) = \sum_{l=0}^{2N-1} B_{jm}(l\Delta\omega) \exp\left(i\frac{\pi lp}{N}\right) \tag{7.1-36}$$

其中

$$B_{jm}(l\Delta\omega) = \begin{cases} \sqrt{2(\Delta\omega)} H_{jm}\left(l\Delta\omega + \dfrac{m\Delta\omega}{n}\right) \exp(i\Phi_{ml}) & (0 \leqslant l \leqslant N) \\ 0 & (N \leqslant l \leqslant 2N) \end{cases} \tag{7.1-37}$$

观察式(7.1-37)可知，$h_{jm}(p\Delta t)$ 即 $B_{jm}(l\Delta\omega)$ 的傅立叶变换，因此可用 FFT 来计算。以上的目标功率谱均为单边功率谱，与实际风工程中给出的功率谱形式保持一致。

利用 Deodatis's 方法模拟某大跨度桥梁节点处水平脉动风速时程，可以计算得到目标谱曲线及不同位置脉动风速的相关函数（图 7.1-4）。与其他研究者脉动风模拟的结果比较，本章在模拟过程中，采用了频率等分点内的线性插值方法，这样可能带来模拟结果与目标函数的一些局部差异，但大大提高了计算效率，通常按传统的 Deodatis's 方法模拟大规模样本点($n>1\,000$)几乎是不可想象的。

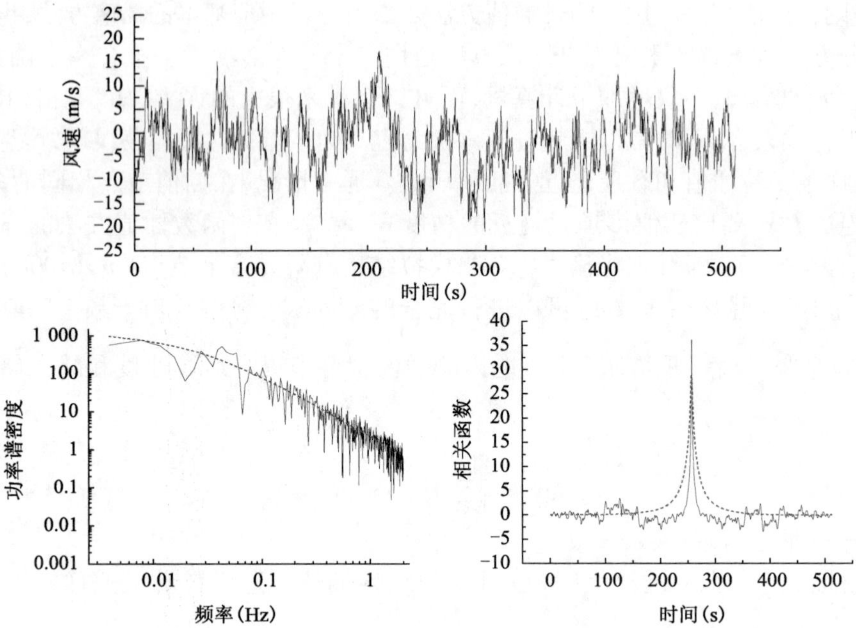

图 7.1-4　桥面某点处功率谱密度函数、自相关函数与目标函数比较

第二节　气动导纳识别

一、传统方法及评价

气动导纳是计算大跨度桥梁风致抖振必不可少的基本依据。但是,在实际工程应用中发现,真实的抖振响应与预测值之间存在无法忽视的误差。Sears 函数是薄机翼在各向同性流场中推导得出的,但实际结构大多具有钝体结构性质,源自于流线型结构的 Sears 函数对桥梁构件钝体结构的适用性值得怀疑,有必要对气动导纳进行重新认识。当大跨度桥梁抖振响应分析正朝越来越精细化的方向发展的时候,在钝体桥梁断面气动导纳试验识别理论和技术方法研究方面所取得的进展至今还较少,在实际抖振分析中,气动导纳或者取 1.0(即忽略流动非定常特性和截面方向不完全相关性),或者近似使用基于势流理论的薄机翼气动导纳 Sears 函数及其 Liepmann 简化表达式或 Davenport 经验公式等,从而降低了大跨度桥梁抗风设计中抖振响应预测的精度。

随着桥梁跨度的不断增加,桥梁结构变得越来越柔,对风的敏感性也越来越强,抗风问题已成为决定现代大跨度桥梁建造成功与否的关键问题之一。研究表明,在各种气动措施中,采用开槽分离箱形主梁断面、附加中央稳定板是非常有效地提高大跨度桥梁颤振临界风速的措施,必将在台风频袭地区的大跨度桥梁的设计中被越来越多地采用。但是,这些能有效提高气动稳定性的措施却使桥梁断面的流线性变差,流动分离加剧,基于势流理论的气动参数公式与实际偏差已非常显著。因此,对钝体桥梁断面的气动参数(包括颤振导数和气动导纳)风洞试验识别理论和技术方法的研究,已成为大跨度桥梁抗风性能研究的关键环节,气动参数的识别精度将对大跨度桥梁颤振稳定性能和抖振性能预测结果的可靠性产生显著影响。

气动导纳可以通过节段模型风洞试验同步测量抖振力和来流风脉动风速的方法来确定。根据抖振力测量方法的不同,气动导纳的识别方法分为刚体节段模型高频天平测力法、刚体节段模型表面风压测量积分法和气动弹性节段模型紊流场随机响应系统辨识法。其中,前两种统称为直接测量法,后一种称为间接测量法。识别方法又可分为确定性和随机系统辨识法两种,所谓随机系统辨识法即在识别振动系统参数后,根据响应谱推算抖振力谱。

1984 年,谢霁明[17~19]较早地开展了桥梁主梁断面气动导纳识别方法的研究工作。由于在桥梁断面三个抖振力方程中有六个气动导纳分量,而一般的节段模型试验都是采用被动的格栅紊流装置来产生紊流场,从而不能分离顺风向和竖向脉动风速,一次试验所能建立的方程数小于未知数而不能求解。为此,谢霁明在假设气动导纳与紊流特性无关的基础上,提出了在多种紊流场进行试验并运用最小二乘原理对气动导纳进行识别的方法,但他只是在理论上进行了公式推导,并未有试验数据,从而无法验证其假设。

1994 年,Sarker 利用高频测力天平和热线风速仪测量抖振力谱和风速谱,假定了以二次多项式表达的气动导纳函数关系式,而事实上,气动导纳函数关系可能远非简单的二次多项式所能描述,容易证明对于流线型断面的 Liepmann 导纳函数的非二次项性。而后顾巍[20]、靳欣华[21]沿用同样的试验手段,进一步研究了气动导纳函数的多种影响因素。Larose 等[22]采取节段模型测压的方式,直接测得表面力和力矩,结合 Davenport 抖振升力谱公式计算得出了横风向气动导纳函数,Larose 未对关于气动力矩的导纳函数进行测试。赵林等[23,24]和李鹏飞[25]采用测压法和互谱方法针对三种典型桥梁主梁断面,即类平板、流线和钝体断面,识别出全部的六个导纳函数分量。陈斌[26]针对类平板断面,同时采用节段模型测压法和高频天平测力法结合零点分离法分步识别出六个导纳函数分量,识别过程近似采用导纳函数与模型来流攻角无关的假定。韩艳[27]采用主动格栅技术及高频天平测力法,利用单一来流脉动风频率识别桥梁断面的六个复气动导纳。马存明[28]考虑桥梁断面来流脉动风三维流动效应采用节段模型测压法识别出全部的六个导纳函数分量。李丽[29]推导了可反映紊流各脉动分量对非定常气动力荷载影响的气动导纳函数识别公式,结合高频动态天平技术完善了包含六个气动导纳函数的非定常气动荷载模型。

1998 年,张若雪[30]采用紊流场节段模型试验和确定性系统辨识总体最小二乘法相结合的方法识别了江阴大桥主梁断面的等效气动导纳函数。2004 年,秦仙蓉[31]采用紊流场节段模型试验和随机系统辨识法,即基于输出协方差估计的随机子空间法相结合的方法对类平板断面和柳州红光大桥桥梁断面的等效气动导纳进行了识别。上述两种导纳函数间接测量识别法受试验精度影响较大,结果稳定性难于保证。

1992 年,Kawatani 等[32]利用可以产生任意紊流的主动紊流发生器,通过隔离紊流的竖向脉动风速分量和顺风向脉动风速分量,测出了顺风向和竖向脉动风速引起的升力气动导纳。这种方法虽然分别测出了不同脉动风速分量对应的气动导纳,但试验过程甚为复杂,并且需要一个特殊主动紊流发生器,因此不能得到广泛应用。然而,目前还没有一种成熟可靠的基于被动格栅紊流风场模型试验的方法,可以识别各紊流脉动分量对应的气动导纳函数。

以上各类风洞试验和识别理论方法得出的导纳结果既不同于 Sears 函数,也不为 1.0,而且略有差异,某些结论甚至彼此矛盾,在一定程度上限制了导纳函数结果的实际工程应用。综上所述,对于气动导纳研究开展的工作远不能达到对于桥梁进行精确抖振分析的需要,即在通常的抖振分析中,导纳函数取为 1.0 或者取 Sears 函数的 Liepmann 简化表达式都不能反映实际情况。

现存的各种导纳函数识别方法几乎都是基于两点假定:其一,忽略脉动风速水平和竖向分量的互功率谱,即 $S_{uw}=S_{wu}=0$;再者,假定脉动风速水平和竖向分量对抖振力导纳函数分量作用等效,即:

$$\chi_{Fu}=\chi_{Fw}=\chi_F \qquad (F=\mathrm{L,D,M}) \tag{7.2-1}$$

对于第一点假设,可以实际考查风洞试验室和现场实测风速结果,如图 7.2-1 所示。

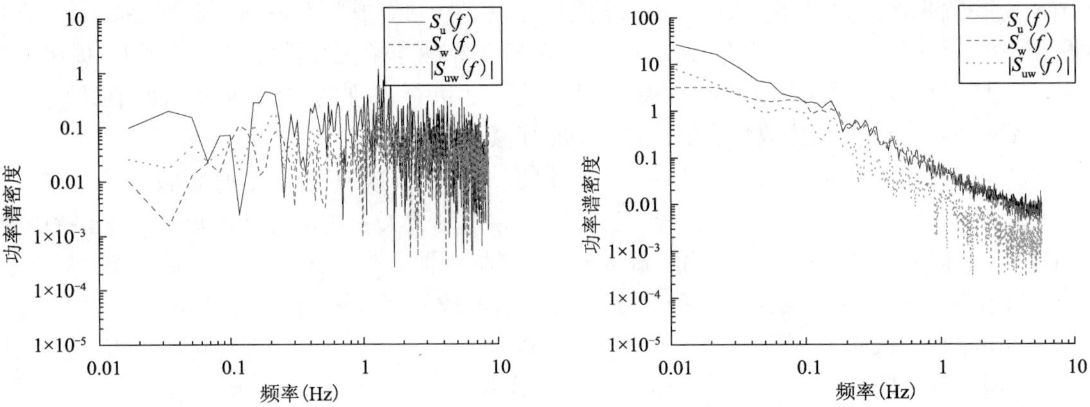

a) 同济大学TJ-1风洞模拟风谱

b) 上海崇明岛侯家镇气象站实测风谱

图 7.2-1　脉动风速水平与竖向分量的自谱与互谱函数

可知,互谱函数与脉动风速的自谱函数有相近的分布形式和量值,对于抖振力谱的贡献有待进一步确定。对于第二项假定,实际衡量 χ_{Fu}、χ_{Fw},如果两者对于抖振力谱贡献相同,由于三分力系数导数 C_F' 常为 C_F 的数倍至数十倍,可以确认在抖振力表达式中来流竖向脉动分量对于抖振力起到了绝对主导的贡献作用,这一点也是值得商榷的地方。

除了试验识别方法的差异,上述各类导纳函数识别结果差异较大,即便对于非常相似的桥梁断面形式,在较低的折算频率区段差别亦非常明显,导致差别的原因可能在于识别方法系统误差没有准确标定,试验测量误差对于识别结果精度的影响缺少验证。

无论是系统识别或者是直接测量的多种导纳函数识别方法,为了便于导纳函数求解忽略了脉动风速互谱的作用,并且假定脉动风速的水平和竖向分量对抖振力的互功率谱函数作用等效。上述两点假定对于识别结果、识别算法系统和试验采样误差的影响,是否为导致实测结果与 Sears 函数差异的主要原因有待证明。本项研究摒弃上述两点假定,选取了大跨度桥梁九种典型构件断面形式,利用互谱导纳识别方法,实际考虑了多种因素的共同作用,基于测量稳定性和精度较高的脉动风谱和节段模型高频天平测力方法识别了全部的导纳函数分量,比较了与最初假定分析结果的异同,进一步系统研究了来流平均风速、紊流度、模型气动外形等参数对于识别结果的影响。以上过程,详细标定了识别方法和试验测量误差的影响,而后由多种导纳函数识别结果进行二维结构抖振响应计算,与气动弹性节段模型紊流场风洞试验测振结果比较,充分验证了本文导纳识别结果的正确性。在此基础上,采用敏感性分析技术讨论了气动力荷载和导纳函数等参数对于抖振响应的贡献率。本项研究详细流程如图 7.2-2 所示。

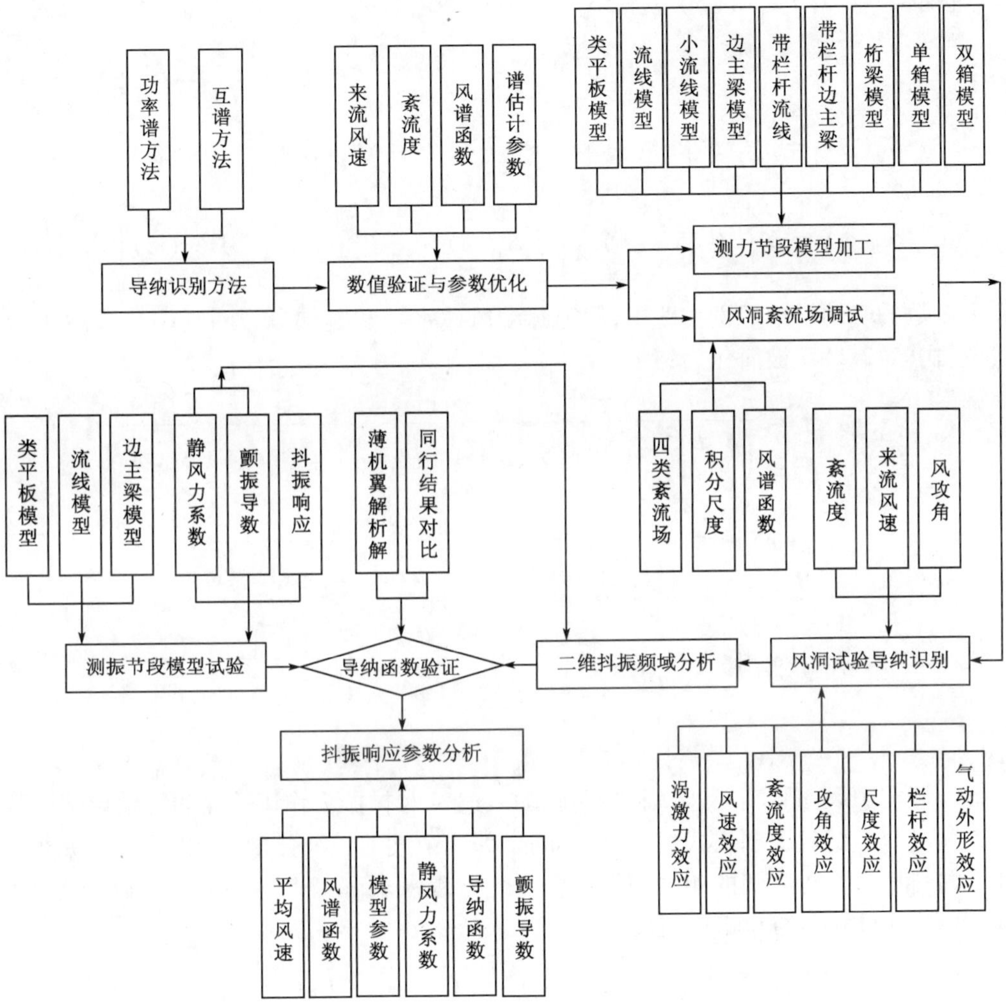

图 7.2-2　典型桥梁构件气动导纳函数识别研究流程

二、全分量互谱识别法

从以上 Sears 函数的推导过程可知，该函数主要针对流线型的机翼断面，并假定了可能的机翼运动形式。在气动导纳的概念被引入到桥梁抖振问题中时，由于桥梁断面的钝体性质和边界层大气紊流的复杂性，气动导纳不再有类似于机翼的理论解，需要通过试验确定。由于获取导纳函数的复杂性，在实际计算中主要有两种近似值可以选择，即取 1.0 或者取 Sears 函数的 Liepmann 的简化表达式，然而两类导纳取值的抖振响应计算结果差别会达到一倍以上，导致对桥梁的抖振计算精度大为下降。

对于 Scanlan 建议的抖振力关系[式(7.2-2)],当忽略脉动风速互谱影响时,功率谱表达式为:

$$S_{L}(\omega)=\rho^{2}U^{2}B^{2}\left\{C_{L}^{2}(\alpha)|\chi_{Lu}|^{2}S_{u}(\omega)+\frac{1}{4}[C'_{L}(\alpha)+C_{D}(\alpha)]^{2}|\chi_{Lw}|^{2}S_{w}(\omega)\right\} \tag{7.2-2a}$$

$$S_{D}(\omega)=\rho^{2}U^{2}B^{2}\left[C_{D}^{2}(\alpha)|\chi_{Du}|^{2}S_{u}(\omega)+\frac{1}{4}C'^{2}_{D}(\alpha)|\chi_{Dw}|^{2}S_{w}(\omega)\right] \tag{7.2-2b}$$

$$S_{M}(\omega)=\rho^{2}U^{2}B^{4}\left[C_{M}^{2}(\alpha)|\chi_{Mu}|^{2}S_{u}(\omega)+\frac{1}{4}C'^{2}_{M}(\alpha)|\chi_{Mw}|^{2}S_{w}(\omega)\right] \tag{7.2-2c}$$

在大多数的气动导纳识别实践中,假定脉动风速水平和竖向分量对抖振力导纳函数分量作用等效,式(7.2-2)又被简化为:

$$|\chi_{LL}(\omega)|^{2}=\frac{S_{L}(\omega)}{\left(\frac{\rho UB}{2}\right)^{2}\{4C_{L}^{2}(\alpha)S_{u}(\omega)+[C'_{L}(\alpha)+C_{D}(\alpha)]^{2}S_{w}(\omega)\}} \tag{7.2-3a}$$

$$|\chi_{DD}(\omega)|^{2}=\frac{S_{D}(\omega)}{\left(\frac{\rho UB}{2}\right)^{2}[4C_{D}^{2}(\alpha)S_{u}(\omega)+C'^{2}_{D}(\alpha)S_{w}(\omega)]} \tag{7.2-3b}$$

$$|\chi_{MM}(\omega)|^{2}=\frac{S_{M}(\omega)}{\left(\frac{\rho UB}{2}\right)^{2}[4C_{M}^{2}(\alpha)S_{u}(\omega)+C'^{2}_{M}(\alpha)S_{w}(\omega)]} \tag{7.2-3c}$$

即有 $|\chi_{LL}|^{2}=|\chi_{Lu}|^{2}=|\chi_{Lw}|^{2}$,$|\chi_{DD}|^{2}=|\chi_{Du}|^{2}=|\chi_{Dw}|^{2}$ 和 $|\chi_{MM}|^{2}=|\chi_{Mu}|^{2}=|\chi_{Mw}|^{2}$,可以被理解为假定顺风向脉动风速 u 和竖向脉动风速 w 对抖振力作用等效的气动导纳函数。

为了通过一次试验识别出式(7.2-2)中的全部六个气动导纳分量,可以利用脉动风速两向分量和三向抖振力方程之间的相关函数建立六组方程来求解六个导纳分量。以升力为例,求 $L(t)$、$u(t)$ 和 $w(t)$ 之间的互相关函数得:

$$R_{Lu}(\tau)=\rho UB\left\{C_{L}(\alpha)\chi_{Lu}(\omega)R_{u}(\tau)+\frac{1}{2}[C'_{L}(\alpha)+C_{D}(\alpha)]\chi_{Lw}(\omega)R_{wu}(\tau)\right\} \tag{7.2-4a}$$

$$R_{Lw}(\tau)=\rho UB\left\{C_{L}(\alpha)\chi_{Lu}(\omega)R_{uw}(\tau)+\frac{1}{2}[C'_{L}(\alpha)+C_{D}(\alpha)]\chi_{Lw}(\omega)R_{w}(\tau)\right\} \tag{7.2-4b}$$

对式(7.2-4)两端进行傅立叶变换得升力和脉动风速两分量之间的互功率谱方程为:

$$S_{Lu}(\omega)=\rho UB\left\{C_{L}(\alpha)\chi_{Lu}(\omega)S_{u}(\omega)+\frac{1}{2}[C'_{L}(\alpha)+C_{D}(\alpha)]\chi_{Lw}(\omega)S_{wu}(\omega)\right\} \tag{7.2-5a}$$

$$S_{Lw}(\omega)=\rho UB\left\{C_{L}(\alpha)\chi_{Lu}(\omega)S_{uw}(\omega)+\frac{1}{2}[C'_{L}(\alpha)+C_{D}(\alpha)]\chi_{Lw}(\omega)S_{w}(\omega)\right\} \tag{7.2-5b}$$

联立式(7.2-5a)与式(7.2-5b),可求解升力气动导纳的两个分量:

$$\chi_{\mathrm{Lu}}(\omega)=\frac{S_{\mathrm{w}}(\omega)S_{\mathrm{Lu}}(\omega)-S_{\mathrm{wu}}(\omega)S_{\mathrm{Lw}}(\omega)}{\rho UBC_{\mathrm{L}}(\alpha)[S_{\mathrm{u}}(\omega)S_{\mathrm{w}}(\omega)-S_{\mathrm{wu}}(\omega)S_{\mathrm{uw}}(\omega)]} \tag{7.2-6a}$$

$$\chi_{\mathrm{Lw}}(\omega)=\frac{S_{\mathrm{u}}(\omega)S_{\mathrm{Lw}}(\omega)-S_{\mathrm{uw}}(\omega)S_{\mathrm{Lu}}(\omega)}{\frac{1}{2}\rho UB[C'_{\mathrm{L}}(\alpha)+C_{\mathrm{D}}(\alpha)][S_{\mathrm{u}}(\omega)S_{\mathrm{w}}(\omega)-S_{\mathrm{uw}}(\omega)S_{\mathrm{wu}}(\omega)]} \tag{7.2-6b}$$

式中:S_{u}、S_{w}——脉动风速水平和竖向分量自谱函数;

S_{wu}、S_{uw}——互为共轭复数,为脉动风速水平和竖向分量的互功率谱;

S_{Lu}、S_{Lw}——脉动升力和脉动风速水平、竖向两分量之间的互功率谱。

同理,可以求得阻力和扭矩气动导纳的两个分量:

$$\chi_{\mathrm{Du}}(\omega)=\frac{S_{\mathrm{w}}(\omega)S_{\mathrm{Du}}(\omega)-S_{\mathrm{wu}}(\omega)S_{\mathrm{Dw}}(\omega)}{\rho UBC_{\mathrm{D}}(\alpha)[S_{\mathrm{u}}(\omega)S_{\mathrm{w}}(\omega)-S_{\mathrm{wu}}(\omega)S_{\mathrm{uw}}(\omega)]} \tag{7.2-7a}$$

$$\chi_{\mathrm{Dw}}(\omega)=\frac{S_{\mathrm{u}}(\omega)S_{\mathrm{Dw}}(\omega)-S_{\mathrm{uw}}(\omega)S_{\mathrm{Du}}(\omega)}{\frac{1}{2}\rho UBC'_{\mathrm{D}}(\alpha)[S_{\mathrm{u}}(\omega)S_{\mathrm{w}}(\omega)-S_{\mathrm{uw}}(\omega)S_{\mathrm{wu}}(\omega)]} \tag{7.2-7b}$$

$$\chi_{\mathrm{Mu}}(\omega)=\frac{S_{\mathrm{w}}(\omega)S_{\mathrm{Mu}}(\omega)-S_{\mathrm{wu}}(\omega)S_{\mathrm{Mw}}(\omega)}{\rho UB^{2}C_{\mathrm{M}}(\alpha)[S_{\mathrm{u}}(\omega)S_{\mathrm{w}}(\omega)-S_{\mathrm{wu}}(\omega)S_{\mathrm{uw}}(\omega)]} \tag{7.2-8a}$$

$$\chi_{\mathrm{Mw}}(\omega)=\frac{S_{\mathrm{u}}(\omega)S_{\mathrm{Mw}}(\omega)-S_{\mathrm{uw}}(\omega)S_{\mathrm{Mu}}(\omega)}{\frac{1}{2}\rho UB^{2}C'_{\mathrm{M}}(\alpha)[S_{\mathrm{u}}(\omega)S_{\mathrm{w}}(\omega)-S_{\mathrm{uw}}(\omega)S_{\mathrm{wu}}(\omega)]} \tag{7.2-8b}$$

基于上述推导过程,可以采用两种途径(随机振动识别法和离散频率测量法)识别导纳函数。离散频率测量法结果比较准确,但是需要精度极高的紊流发生装置,投资代价过高;随机振动测量法更适合于普通的风洞条件,但是测量精度稍差。在理论上,离散频率测量法认为结构表面的压力脉动是来流紊流脉动线性作用的结果,而忽略了绕流的非线性效应,特别是非流线型的钝体绕流,这明显是不合理的;随机振动测量法将脉动风场所激发的所有形态的流动都计算在内,在理论上比较合理,而且从这一角度来讲,有利于建立包含抖振、涡振等所有形态风致振动的一体化的气动导纳理论。

为了与 Sears 函数导纳理论解进行比较,本文根据导纳函数与抖振力谱的换算关系将识别的六个导纳函数等效地换算为等效导纳函数的表达形式:

$$|\phi_{\mathrm{LL}}(K)|^{2}=\frac{4C_{\mathrm{L}}^{2}(\alpha)|\chi_{\mathrm{Lu}}|^{2}S_{\mathrm{u}}(K)+[C'_{\mathrm{L}}(\alpha)+C_{\mathrm{D}}(\alpha)]^{2}|\chi_{\mathrm{Lw}}|^{2}S_{\mathrm{w}}(K)}{4C_{\mathrm{L}}^{2}(\alpha)S_{\mathrm{u}}(K)+[C'_{\mathrm{L}}(\alpha)+C_{\mathrm{D}}(\alpha)]^{2}S_{\mathrm{w}}(K)} \tag{7.2-9a}$$

$$|\phi_{\mathrm{DD}}(K)|^{2}=\frac{4C_{\mathrm{D}}^{2}(\alpha)|\chi_{\mathrm{Du}}|^{2}S_{\mathrm{u}}(K)+C'^{2}_{\mathrm{D}}|\chi_{\mathrm{Dw}}|^{2}S_{\mathrm{w}}(K)}{4C_{\mathrm{D}}^{2}(\alpha)S_{\mathrm{u}}(K)+C'^{2}_{\mathrm{D}}S_{\mathrm{w}}(K)} \tag{7.2-9b}$$

$$|\phi_{\mathrm{MM}}(K)|^{2}=\frac{4C_{\mathrm{M}}^{2}(\alpha)|\chi_{\mathrm{Mu}}|^{2}S_{\mathrm{u}}(K)+C'^{2}_{\mathrm{M}}|\chi_{\mathrm{Mw}}|^{2}S_{\mathrm{w}}(K)}{4C_{\mathrm{M}}^{2}(\alpha)S_{\mathrm{u}}(K)+C'^{2}_{\mathrm{M}}S_{\mathrm{w}}(K)} \tag{7.2-9c}$$

式中:$|\phi_{F}^{2}(K)|(F=\mathrm{LL},\mathrm{DD},\mathrm{MM})$——等效导纳函数表达式。

三、数值试验检验

获得作用于桥梁上的脉动风速信息是对桥梁进行风振分析的首要要件。由于获得现场实测多点脉动风速的数据非常困难,有必要借助计算机模拟技术来仿真脉动风速时程信号。目前发展的 Monte-Carlo 随机变量模拟技术可以有效地解决脉动风波模拟问题。

若已知 $\boldsymbol{S}^0(\omega)$,恰当选择了 N、ω_{up} 和 Δt 就可以获得好的随机过程样本。采用上述模拟方法,以《公路桥梁抗风设计规范》(JTG/T D60-01—2004)[33] 水平风谱为模拟目标,生成 600s 时间长度 5Hz 频率模拟结果,自功率谱与互相关函数比较验证过程如图 7.1-4 所示,表明本书脉动风模拟结果的正确性。

数值检验过程中,导纳函数暂取 Sears 函数,以 $|\phi_{sears}|^2 S_u(\omega)$ 和 $|\phi_{sears}|^2 S_w(\omega)$ 为目标谱生成导纳函数修正后的脉动风速时程两向分量 $\chi_{Fu} u(t)$ 和 $\chi_{Fw} w(t)$ 时间历程,结合表 7.2-1 虚拟节段模型参数和式(7.1-13)生成抖振力气动力时程,再由功率谱[式(7.2-3)]和互谱方法[式(7.2-4)~式(7.2-8)]识别导纳函数分量及其等效导纳函数[式(7.2-9)],与预期导纳函数比较验证识别方法的正确性及标定识别系统误差。

虚拟节段模型参数 表 7.2-1

模型宽度(m)	0.30	模型厚度(m)	0.03	截止频率(rad/s)	50×2π
阻力系数	0.134	阻力系数导数	3.324	采样时距	0.01s
升力系数	0.290	升力系数导数	5.026	频率等分数	16 384
扭矩系数	0.012	扭矩系数导数	0.729	采样时间(s)	600

对于 100Hz 采样频率和 60s 采样时间,由功率谱和互谱识别方法,比较了来流风速 5~10m/s、紊流度 10%~30%、规范风谱和风洞实测谱、谱密度估计重叠点数 512~1536(FFT 变换总点数取 4096)等参数取值时,标定系统误差。导纳函数离散频率点数值识别结果 $F(\omega)$ 采用双对数 4 阶多项式拟合:

$$\lg F(\omega) = \sum_{i=0}^{3} a_i \lg^i(\omega B/U) \tag{7.2-10}$$

式中:a_i——拟合参数。

对于脉动风速和抖振力时程,采用不同的随机种子分别进行了 10 次随机过程模拟和导纳函数识别。限于文章篇幅,以 10.2m/s 来流风速和 10.2% 紊流度为例,表 7.2-2~表 7.2-4 列举了不同功率谱密度估计重叠点数导纳识别结果验证过程。

总点数/重叠数取值为 4 096/1 024 时识别结果验证 表 7.2-2

识别方法	数 值 识 别 值	对 数 拟 合 值
互谱方法	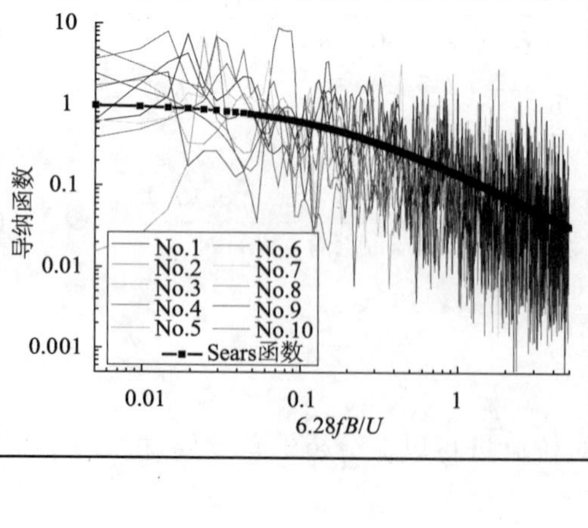	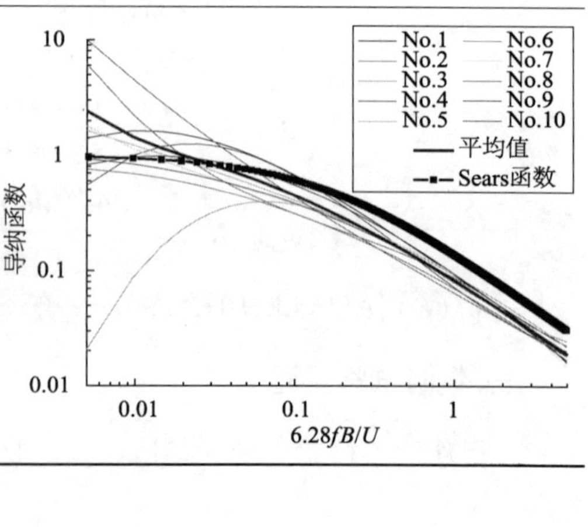

续上表

识别方法	数值识别值	对数拟合值
功率谱法	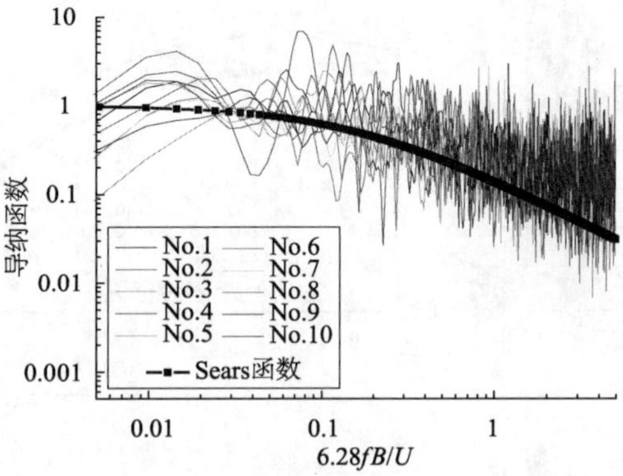	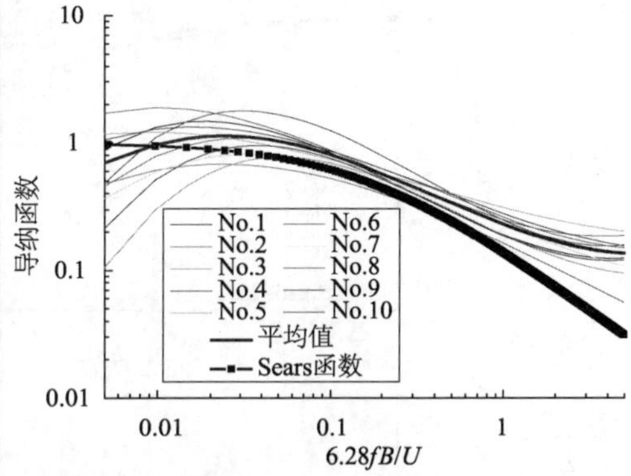

总点数/重叠数取值为 4 096/1 280 时识别结果验证　　表 7.2-3

识别方法	数值识别值	对数拟合值
互谱方法	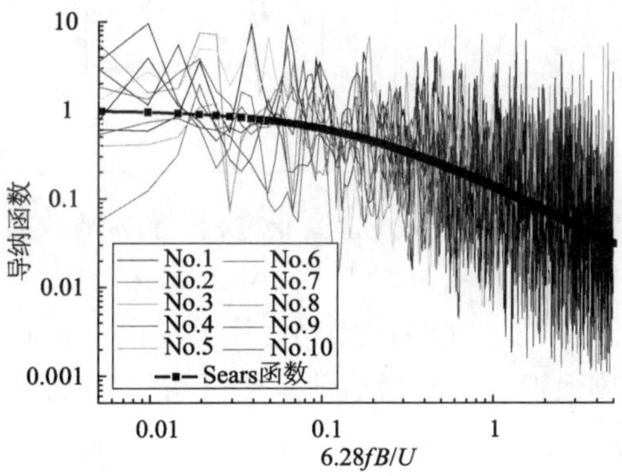	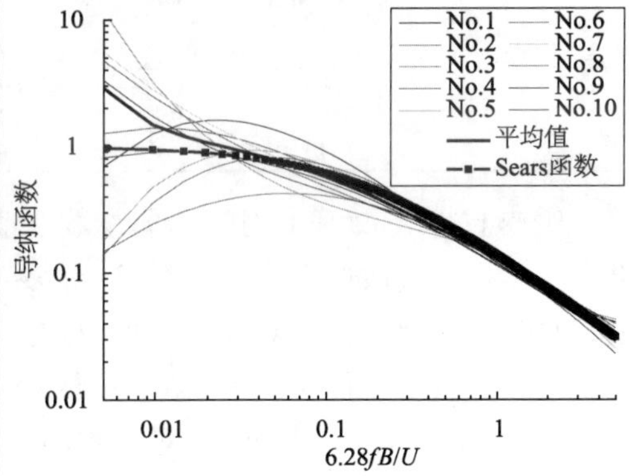
功率谱法	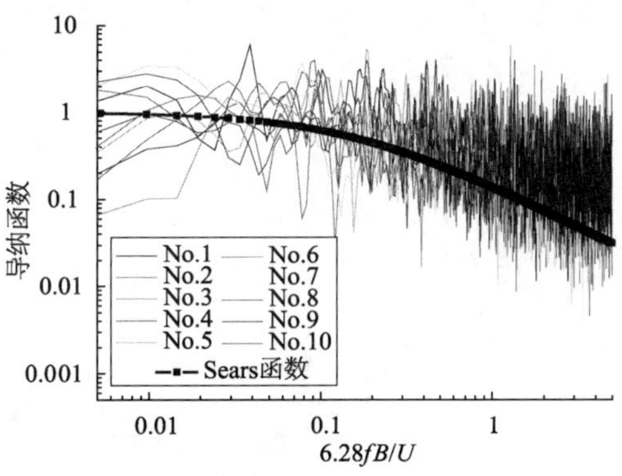	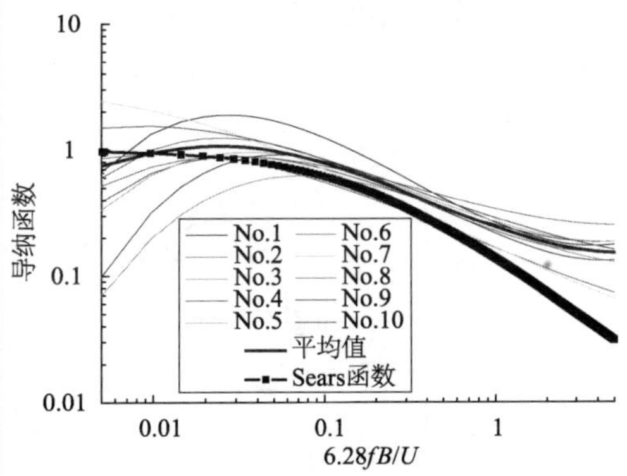

总点数/重叠点数取值为 4 096/1 536 时识别结果验证　　表 7.2-4

识别方法	数值识别值	对数拟合值
互谱方法	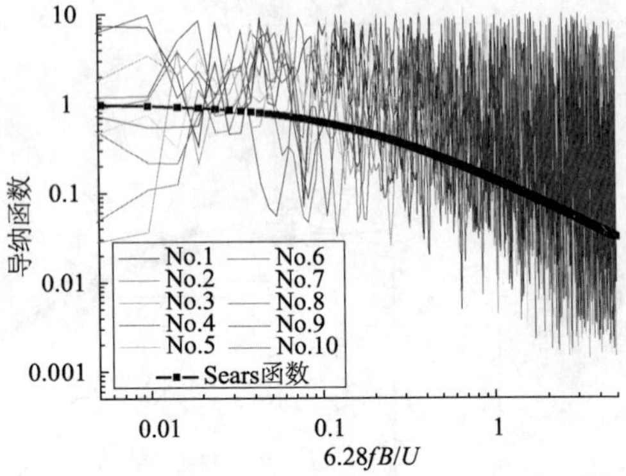	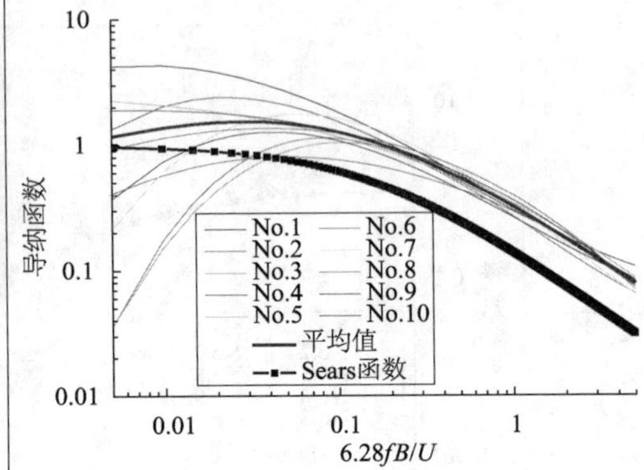
功率谱法	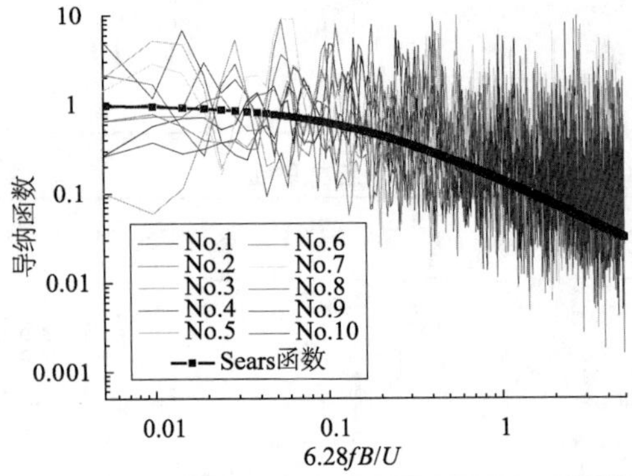	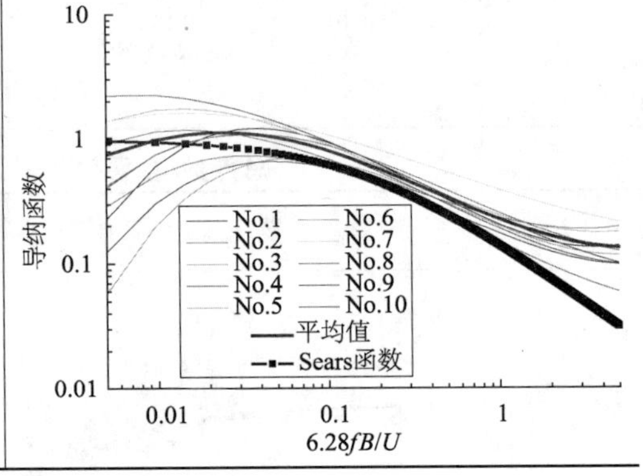

比较上述结果可知，对于不同参数取值条件下的导纳识别验证过程，导纳函数数值识别结果在整体频段离散性较大，双对数坐标多项式拟合结果在低频段（$6.28fB/U<0.1$）变异性较大，而在较高的频段，双对数坐标多项式拟合结果变异性相对较小，其中互谱法识别拟合结果稳定性和精度普遍优于功率谱方法；导纳函数识别结果与谱估计参数密切相关，随重叠点数的增加，导纳函数识别结果递增；对于相同的重叠点数，互谱方法优于功率谱法；比较不同的重叠点数、互谱方法对数多项式导纳拟合曲线可知，1 280 重叠点数拟合平均结果与目标值 Sears 函数在较高频段吻合较好（$6.28fB/U\geqslant0.1$），综合考虑识别结果的离散性和与目标值接近程度，当 $6.28fB/U\geqslant0.1$ 拟合结果最优。优化识别结果如图 7.2-3 所示。

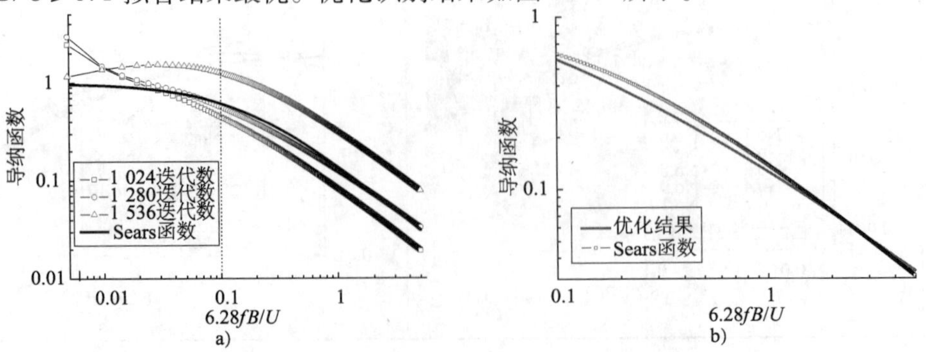

图 7.2-3　10.2m/s 来流风速和 10.2% 紊流度互谱法优化识别结果

表7.2-5中详细列举了五种不同参数取值方案采用互谱识别方法优化参数取值，表中风洞实测谱与规范谱函数形式如图7.2-4所示，数值结果和拟合结果变异系数定义为式(7.2-11)。

基于100Hz和60s采样参数导纳函数互谱方法识别优化方案　　表7.2-5

方案编号	平均风速(m/s)	紊流度(%)	风谱函数	谱估计参数总点数/重叠点数	数值结果变异系数	拟合结果变异系数
1	10.0	10.2	规范谱	4 096/1 280	1.72	0.11
2	5.0	9.4	规范谱	4 096/1 280	1.83	0.12
3	10.0	33.6	规范谱	4 096/768	1.03	0.08
4	10.0	22.2	规范谱	4 096/1 024	1.36	0.10
5	10.0	14.3	风洞实测值	4 096/1 280	1.54	0.09

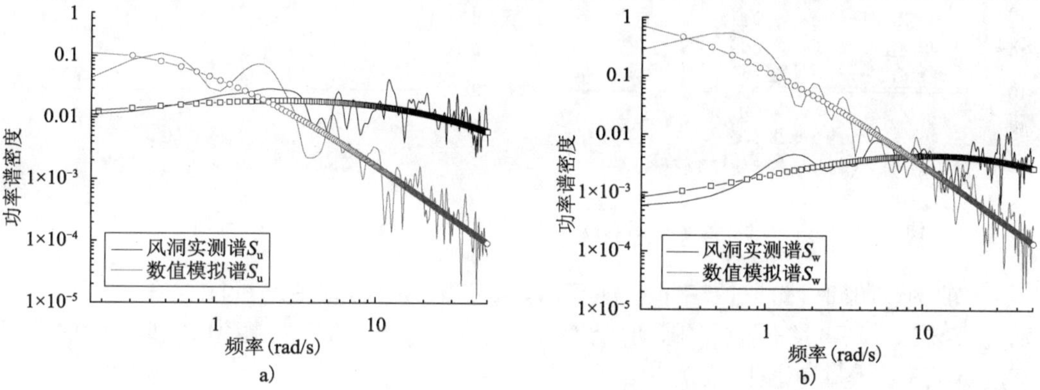

图7.2-4　风洞实测谱与规范谱函数比较

$$\delta_{\text{Discrete}} = \underset{i=1,K=0}{\overset{i=\text{Times},K=\text{Fre}}{\text{COV}}}\left[\frac{F_{\text{Discrete}}(i,K)}{F_{\text{Fitting,mean}}(K)}\right] \tag{7.2-11a}$$

$$\delta_{\text{Fitting}} = \underset{i=1,K=0}{\overset{i=\text{Times},K=\text{Fre}}{\text{COV}}}\left[\frac{F_{\text{Fitting}}(i,K)}{F_{\text{Fitting,mean}}(K)}\right] \tag{7.2-11b}$$

式中：COV——计算变异系数的数学符号；

Times——试验重复次数；

Fre——折算频率K上限；

F_{Discrete}、F_{Fitting}、$F_{\text{Fitting,mean}}$——离散频率点数值结果、对数多项式拟合结果及拟合结果均值。

图7.2-5给出了五种方案优化参数导纳函数识别结果与目标函数比较结果。图7.2-6给出了基于优化参数导纳函数分量与两向抖振气动力贡献率比较结果。

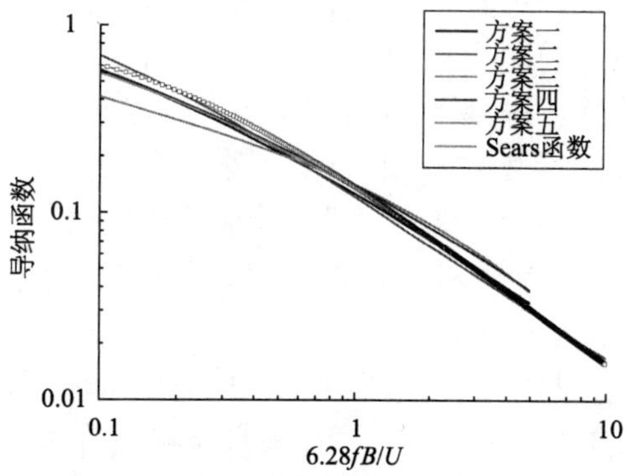

图7.2-5　基于优化参数等效导纳函数识别结果与目标值比较

综合数值验证结果，可以得出以下结论：

(1)导纳函数数值识别结果在整体频段不同频率点离散性较大，数值结果平均变异系数介于

1.03 ~1.83 之间;对数拟合结果($6.28fB/U \geq 0.1$)相对比较稳定,拟合结果平均变异系数介于0.08 ~0.12 之间。功率谱与互谱方法导纳函数识别结果与基本参数取值密切相关,有必要标定不同参数取值条件下系统识别误差;对于相同的参数取值,互谱方法普遍优于功率谱方法,且互谱方法可方便给出导纳函数的全部六个分量。

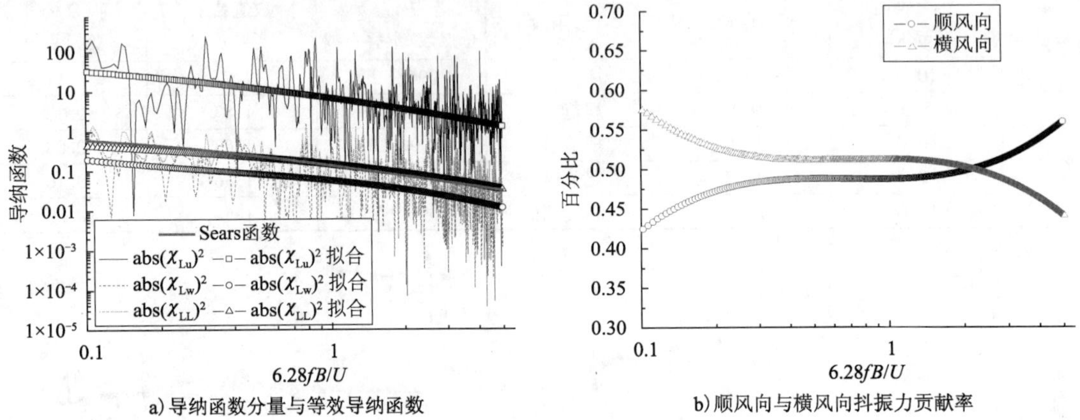

图 7.2-6　基于优化参数导纳函数分量与两向抖振气动力贡献率比较(以升力项为例)

(2)导纳函数两向分量取值结果差别较大,与等效导纳函数结果可能存在数倍至数十倍的差别;结合式(7.1-13)综合考虑脉动风分量和三分力系数取值,抖振力 u 和 w 两向分量功率谱密度贡献率在整个频段比较接近。

四、气动导纳敏感性

气动导纳函数的物理意义是桥梁断面对来流风速不同频率成分有选择地放大,或者说对抖振气动力准定常表达式的数学修正。抖振分析中的抖振力模型一般采用 Scanlan 准定常理论再引入气动导纳表示对静力系数随频率变化的修正。本文结合高频天平测力风洞试验和互谱识别方法得到桥梁断面三分力相关的全部六项导纳函数分量,摒弃了传统导纳函数识别过程的简化假定:近似认为来流脉动风速水平和竖向分量对抖振力导纳函数分量作用等效。在此基础之上,针对类流线型箱梁桥梁断面,利用二维抖振频域分析方法和气动弹性节段模型测振风洞试验,初步验证了互谱法识别的多分量气动导纳函数结果的正确性;结合可靠度理论敏感性算法,系统评价了来流风速参数、模型参数、静风力系数、导纳函数和颤振导数等对于二维节段模型抖振响应的贡献率分布关系。

利用二维频域抖振响应分析理论,评价了来流风速参数、模型参数、静风力系数、导纳函数和颤振导数对于二维节段模型抖振响应的贡献程度。以流线型断面为例,比较了基于导纳函数 u 和 w 分量 $\chi_{Fu}=\chi_{Fw}=\chi_F$ ($F=$L,D,M)假定的功率谱方法识别结果和可识别全部导纳分量互谱方法两类条件下,多参数的敏感度指标[参见式(7.2-12)]。表 7.2-6 列举了共计 33 个基本计算参数分别对于竖弯和扭转抖振响应结果的敏感度分析结果,计算中考虑了自激力气动力荷载。

$$\gamma_{Y,i=1\cdots N}(x_i) = \frac{\Delta_{Y,i=1\cdots N}(x_i)}{\left[\sum_{i=1}^{N}\Delta_{Y,i=1\cdots N}^2(x_i)\right]^{0.5}} \tag{7.2-12a}$$

$$\Delta_{Y,i=1\cdots N}(x_i)=\frac{Y(x_i+\sigma_i)-Y(x_i-\sigma_i)}{2.0} \tag{7.2-12b}$$

式中：γ——敏感度指数；

N——基本参数数目；

Δ——增量数学符号；

Y——分别代入竖向和扭转抖振响应值。

表7.2-6中加阴影结果为绝对值较大的敏感度结果（≥0.10）。比较可知，平均风速、振动频率、三分力系数导数具有最大的敏感度指标绝对值（0.40～0.60），导纳函数分量敏感度指标次之（0.16～0.39），结构质量项、阻尼比和颤振导数敏感度指标最小（0.11～0.20）。图7.2-7和图7.2-8详细比较了基于功率谱方法和互谱方法导纳函数抖振响应敏感度分布关系。

流线箱梁模型抖振响应敏感度分析结果（表中M1为功率谱方法，M2为互谱方法）　表7.2-6

编号	随机参数	符号	单位	均值 M1/M2	变异系数（%）	M1 敏感度		M2 敏感度	
						γ_H	γ_α	γ_H	γ_α
1	平均风速	U	m/s	5.37	5.0	0.40	0.42	0.48	0.41
2	模型宽度	D	m	0.46	2.0	-0.04	0.05	-0.05	0.05
3	集中质量	m	kg	5.458	5.0	-0.15	-0.01	-0.18	0.00
4	质量惯性矩	I	kg·m²	0.139 7	5.0	0.00	-0.20	0.00	-0.19
5	竖弯阻尼比	ξ_h		0.004 9	10.0	-0.03	0.00	-0.03	0.00
6	扭转阻尼比	ξ_α		0.005 2	10.0	0.00	-0.12	0.00	-0.13
7	竖弯频率	ω_h	rad	2.23	5.0	-0.53	0.01	-0.67	0.01
8	扭转频率	ω_α	rad	4.47	5.0	0.00	-0.60	-0.01	-0.59
9	阻力系数	C_D		0.056 9	5.0	0.00	0.00	0.00	0.00
10	升力系数	C_L		0.012 9	5.0	0.00	0.00	0.19	0.00
11	升力系数导数	C'_L	rad^{-1}	4.451 3	10.0	0.52	0.00	0.21	0.00
12	扭矩系数	C_M		0.052 4	5.0	0.00	0.01	0.00	0.01
13	扭矩系数导数	C'_M	rad^{-1}	1.031 9	10.0	0.00	0.47	0.01	0.47
14	水平风谱密度	$S_{uu}(\omega_h)$	$(m/s)^2/rad$	3.54×10^{-3}	10.0	0.00	0.00	0.18	0.00
15		$S_{uu}(\omega_\alpha)$	$(m/s)^2/rad$	2.14×10^{-3}	10.0	0.00	0.01	0.00	0.01
16	竖向风谱密度	$S_{ww}(\omega_h)$	$(m/s)^2/rad$	8.13×10^{-4}	10.0	0.26	0.02	0.11	0.00
17		$S_{ww}(\omega_\alpha)$	$(m/s)^2/rad$	7.03×10^{-4}	10.0	0.00	0.22	0.00	0.24
18	升力等效导纳	$\chi_{Lu}(\omega_h)$		0.19/574.0	15.0	0.39	0.00	0.28	0.00
19		$\chi_{Lu}(\omega_\alpha)$		0.08/241.4	15.0	0.00	0.00	0.00	0.00
20		$\chi_{Lw}(\omega_h)$		0.19/0.05	15.0	0.39	0.00	0.16	0.00
21		$\chi_{Lw}(\omega_\alpha)$		0.08/0.02	15.0	0.00	0.00	0.00	0.00
22	扭矩等效导纳	$\chi_{Mu}(\omega_h)$		0.22/2.11	15.0	0.00	0.02	0.00	0.01
23		$\chi_{Mu}(\omega_\alpha)$		0.09/0.89	15.0	0.00	0.35	0.00	0.36
24		$\chi_{Mw}(\omega_h)$		0.22/0.06	15.0	0.00	0.02	0.00	0.00
25		$\chi_{Mw}(\omega_\alpha)$		0.09/0.02	15.0	0.00	0.35	0.00	0.00

续上表

编号	随机参数	符号	单位	均值 M1/M2	变异系数(%)	M1 敏感度		M2 敏感度	
						γ_H	γ_α	γ_H	γ_α
26	颤振导数	H_1^*		-1.350 8	10.0	-0.21	0.00	-0.22	0.00
27		H_2^*		-0.323 5	10.0	0.00	-0.01	0.01	-0.01
28		H_3^*		-0.330 3	10.0	-0.01	0.02	-0.01	0.02
29		H_4^*		-0.250 4	10.0	0.00	0.00	-0.01	0.00
30		A_1^*		0.347 1	10.0	-0.01	0.02	-0.01	0.02
31		A_2^*		-0.026 8	10.0	0.00	-0.12	0.00	-0.13
32		A_3^*		0.054 2	10.0	0.00	0.01	0.00	0.01
33		A_4^*		-0.197 5	10.0	0.00	0.00	0.00	-0.01

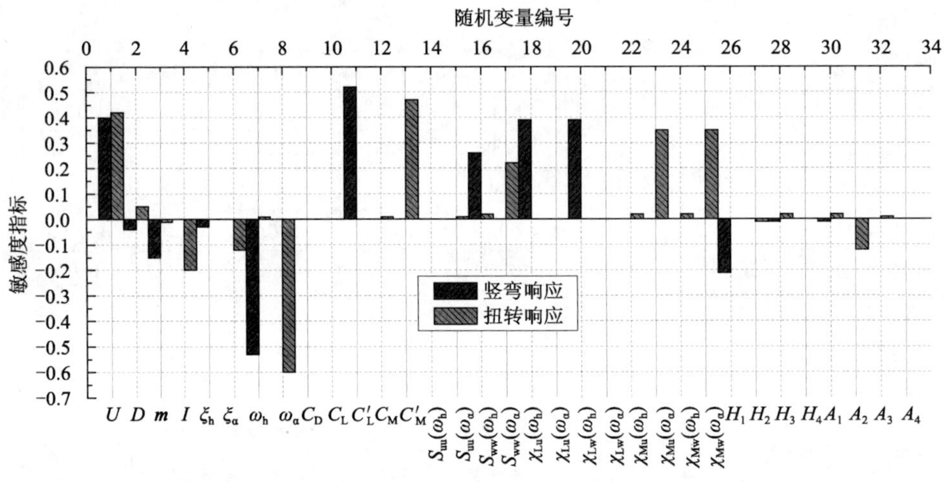

图 7.2-7　流线箱梁模型抖振响应敏感度(基于功率谱方法导纳函数结果)

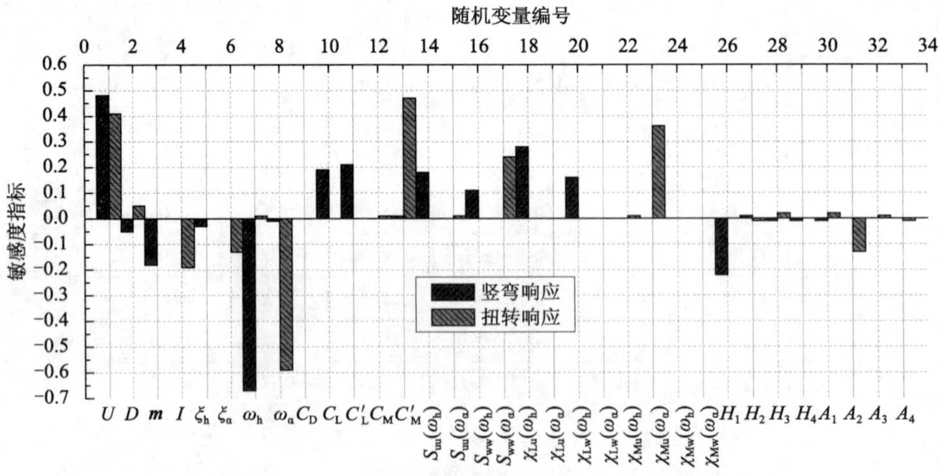

图 7.2-8　流线箱梁模型抖振响应敏感度(基于互谱方法导纳函数结果)

图 7.2-9 给出基于不同导纳函数识别假定条件下的抖振响应敏感度,可知对于不同导纳函数分量处理方法,与此相关的静力三分力系数和导纳函数抖振响应敏感度指标完全不相同。假定导纳函数两向分量作用等效过度地强调了来流脉动风 w 的作用,可忽略式(7.1-13)中 u 向气动力分量作用,导致 Scanlan 抖振力公式物理意义不明确;若充分考虑导纳函数两向分量效应,可知抖振力公式中 u 和 w 向气动力作用等效,此时,C_L 和 C'_L 具有相近的敏感度指标。

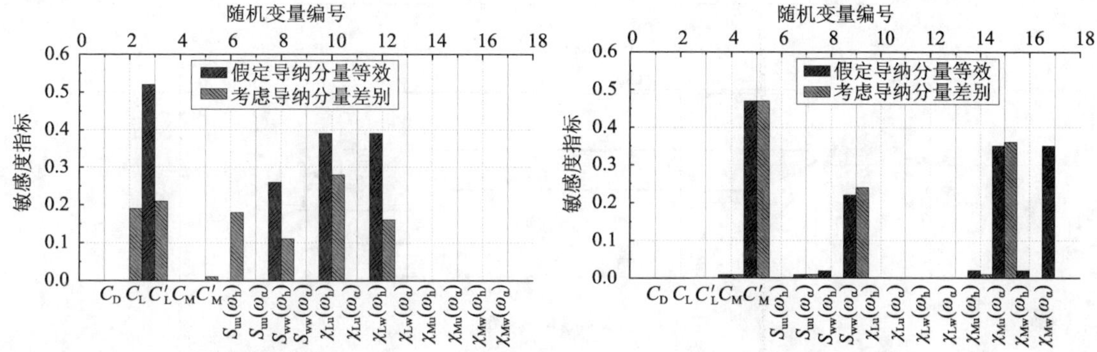

a) 竖弯响应敏感度　　b) 扭转响应敏感度

图 7.2-9　不同导纳函数识别方法结果敏感度比较

五、风洞试验识别

设计一组具有代表性的桥梁主梁断面、桥塔断面和拱肋断面二维节段模型,如图 7.2-10 所示,包括:类平板模型、流线箱梁模型、小流线箱梁模型、流线箱梁模型 + 栏杆、双边主梁模型、双边主梁模型 + 栏杆、桁梁模型、单箱模型和分离双箱模型,全部模型采用轻质薄壁木质材料加工,具有足够的刚度,在试验风速作用下不会出现明显变形和振动。

试验在同济大学土木工程防灾国家重点实验室 TJ-1 边界层风洞试验室中进行,测力设备采用底支式五分量应变天平,力量程为 100N、弯矩量程为 50N · m、扭矩量程为 10N · m,气动力测量系统静态校准的准度为 0.3%。节段模型包括被测量段(长 25 ~ 30cm),上补偿段(长 30cm)和下补偿段(长 15cm),节段模型分段拼装及在风洞中安装情况如图7.2-11 所示,测力系统固有频率为 25 ~ 30Hz,远大于测量关心频段,满足高频测力试验要求,气动力及脉动风速测量采用参数为 100Hz 和 60s。

九种模型首先在均匀流场中进行了 $-9° \sim +9°$ 以 $1°$ 为增量的静风三分力系数识别。采用被动格栅共模拟了四类均匀紊流场,紊流场风谱函数特征如图 7.2-12 所示,紊流场脉动特性均值参见表 7.2-7。对于全部节段模型进行了多种来流风速、紊流度和风攻角工况下导纳函数识别试验,如表 7.2-8 所示,共计 615 组导纳函数识别风洞试验工况。

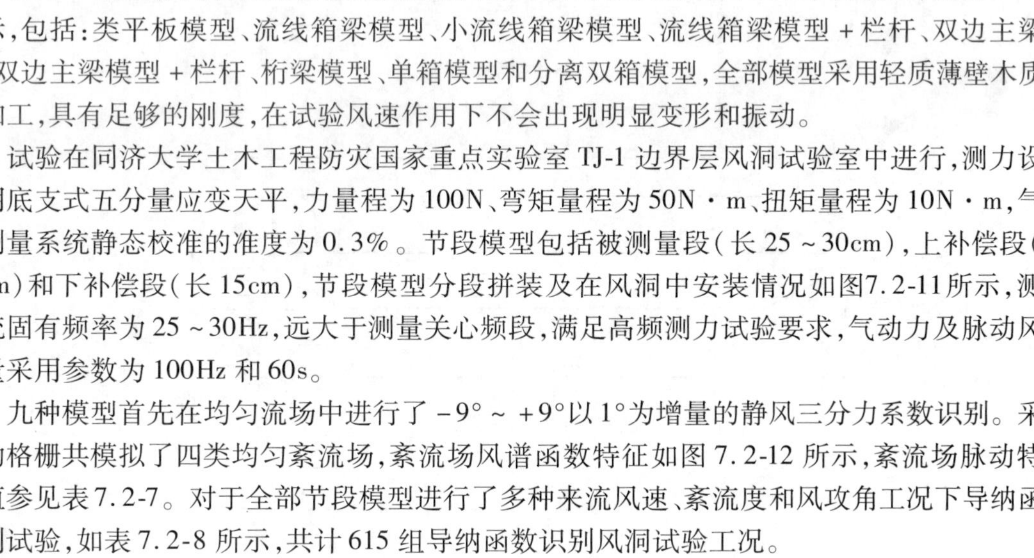

a) 类平板模型

图　7.2-10

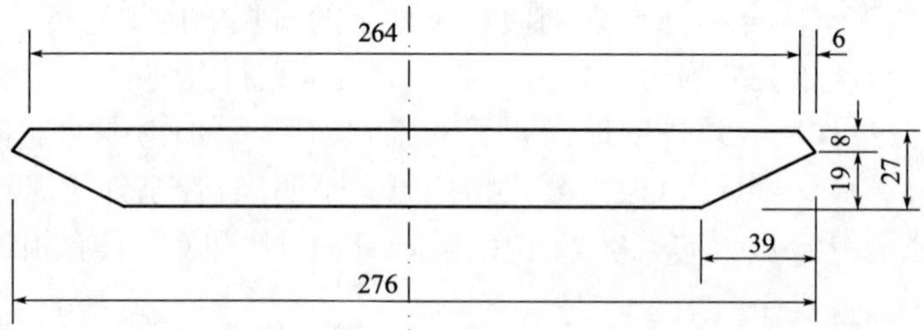

b) 流线箱梁模型

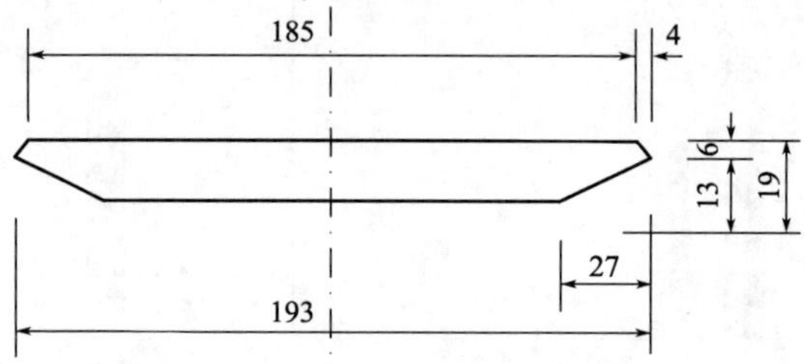

c)小流线箱梁模型

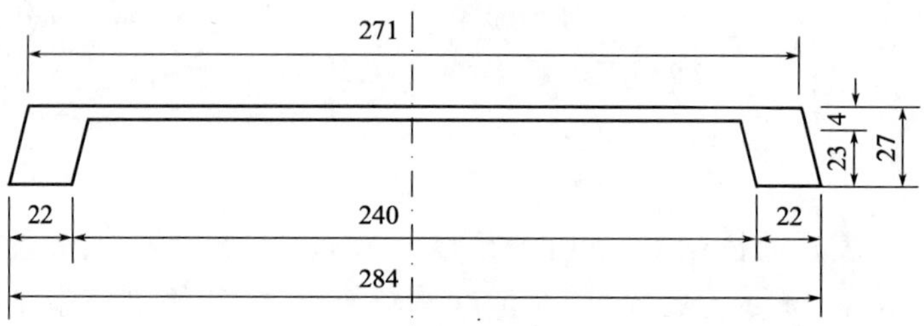

d) 双边主梁模型

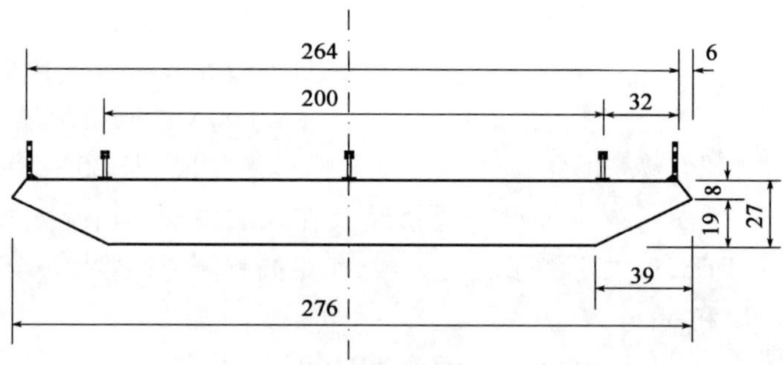

e) 流线箱梁模型+栏杆

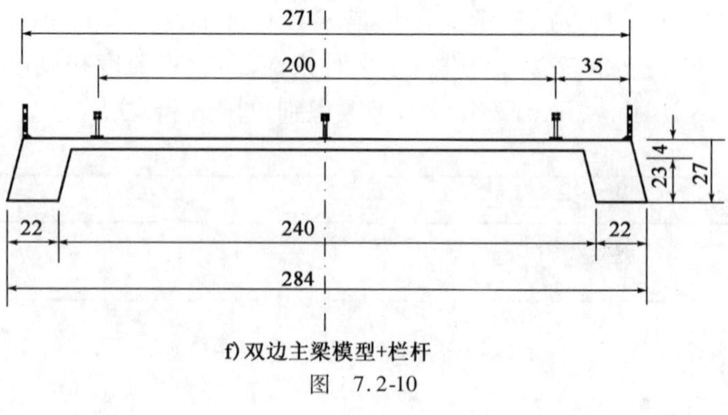

f) 双边主梁模型+栏杆

图 7.2-10

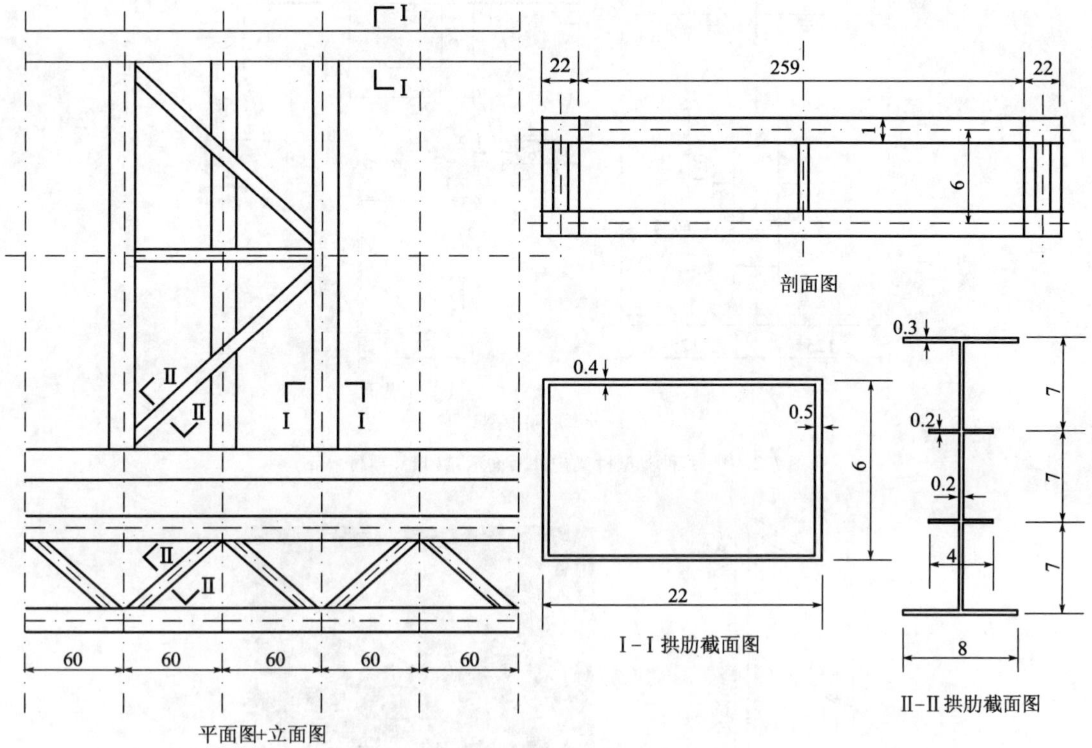

g)桁梁模型

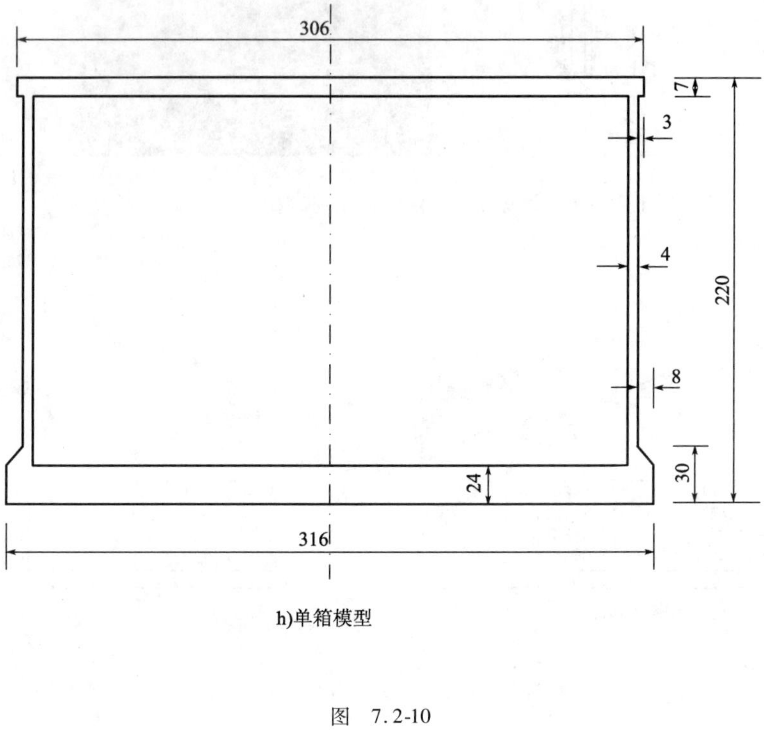

h)单箱模型

图　7.2-10

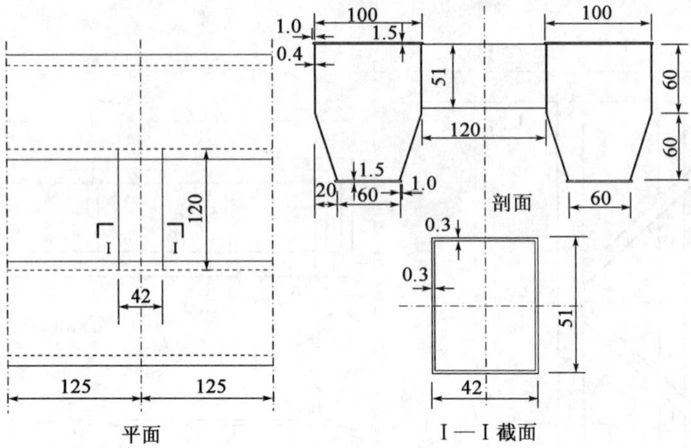

i)分离双箱模型

图 7.2-10　九种典型桥梁构件断面示意(尺寸单位:mm)

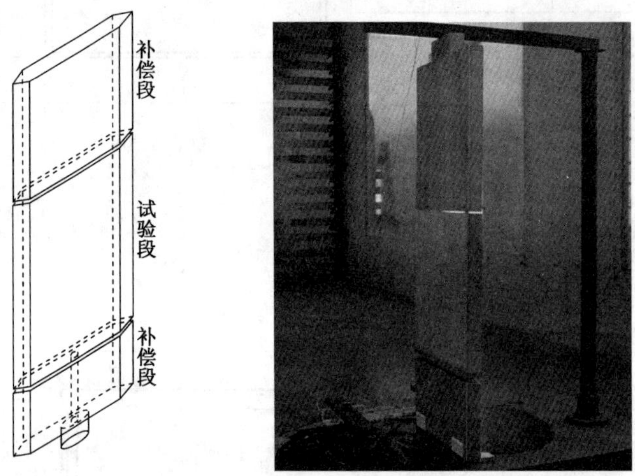

图 7.2-11　节段模型拼装及在 TJ-1 风洞中安装情况示意

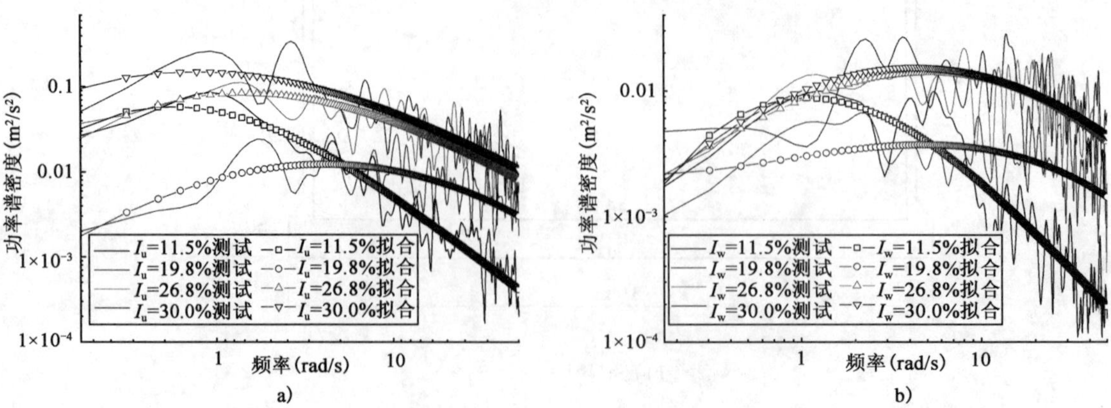

图 7.2-12　四类紊流场风谱函数特征(以 5.3m/s 来流平均风速为例)

四类紊流场脉动特性均值(4～9m/s 来流风速)　　表 7.2-7

编号	I_u(%)	I_w(%)	L_u^x(cm)	L_w^x(cm)
1	11.5	6.5	20.17	11.97
2	19.8	13.9	25.52	17.45
3	26.8	14.9	30.61	14.51
4	30.0	17.2	34.98	16.25

导纳函数识别风洞试验工况列表　　表 7.2-8

编号	节段模型	来流风速(m/s)	紊流度	模型攻角	工况数
1	类平板模型	4.0～10.0	11%～30%	0°～+3°	93
2	流线箱梁模型	4.0～10.0	11%～30%	-3°～+3°	141
3	小流线箱梁模型	5.0、10.0	11%、19%	-3°～+3°	60
4	流线箱梁模型+栏杆	5.0、10.0	11%、19%	-3°～+3°	60
5	双边主梁模型	4.0～10.0	11%～30%	-3°～+3°	141
6	双边主梁模型+栏杆	5.0、10.0	11%、19%	-3°～+3°	60
7	桁梁模型	5.0、8.0、10.0	11%、19%	-3°～+3°	24
8	单箱模型	5.0、10.0	11%	-3°～+3°	18
9	双箱模型	5.0、10.0	11%	-3°～+3°	18

1. 试验误差分析

以流线断面模型[图 7.2-10b)]试验为例，在 9.62m/s 平均风速和 11.5% 紊流度条件下，比较 10 次试验等效导纳函数结果(图 7.2-13)。参考式(7.2-11)，汇总拟合结果变异系数和数值结果变异系数如表 7.2-9 所示。数值结果在各个频率点离散度较大，最大变异系数 1.49；拟合结果相对比较稳定，最大变异系数为 0.13，比较表 7.2-5 数值模拟验证结果，与预期值较为接近。

风洞试验等效导纳函数误差分析　　表 7.2-9

等效导纳	拟合结果变异系数	数值结果变异系数
阻力导纳项	0.10	1.49
升力导纳项	0.12	1.46
扭矩导纳项	0.13	1.48

实际结构的抖振力与来流的风谱特性、结构外表及结构的动力特性均有关系，在实际结构运动形态中，抖振、涡振和颤振难以孤立分解，即经典理论的气动力线性叠加理论不尽合理，在某些特殊状态下甚至是完全不合理的。本项研究被测节段模型具有刚体性质，自激力效应可有效地被屏蔽；参考图 7.2-14 流线箱梁模型在不同风速条件下涡脱频率随风速的变化关系，可知涡激力分量随风速递增逐渐向高频段偏移，且在总体气动力中占有较大比例，气动力成分中涡激力无法忽略，因此有必要重新理解气动导纳的概念。本文所研究气动导纳为包括涡激力效应的导纳函数。

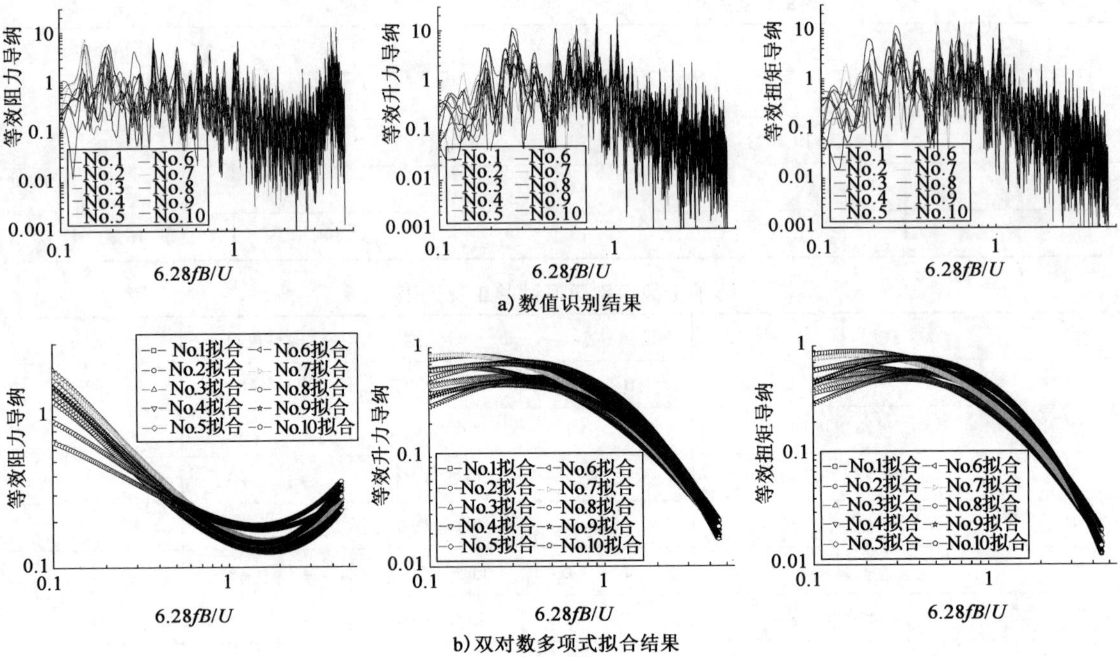

图 7.2-13　10 次试验等效导纳函数结果比较

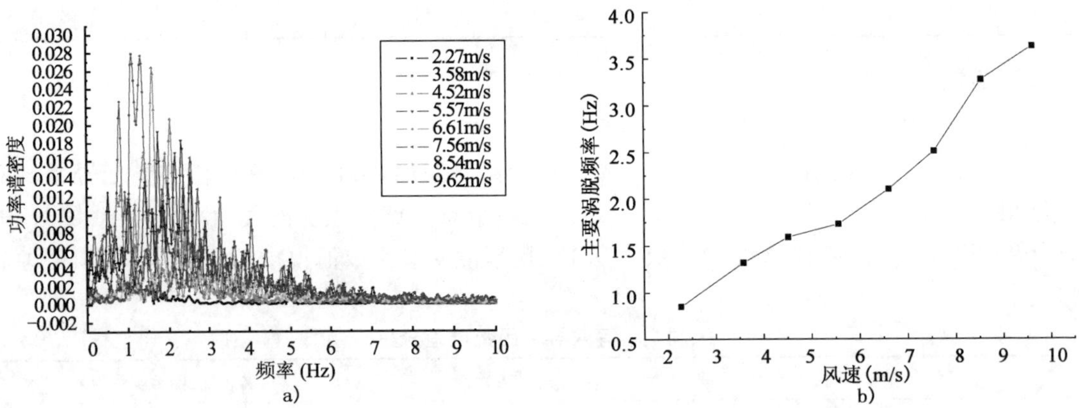

图 7.2-14　流线箱梁模型在不同风速条件下主要涡脱频率随风速变化关系

2. 参数效应分析

1) 风速效应

以双边主梁模型[图 7.2-10d)]为例比较不同风速条件下试验结果。考虑到节段模型导纳函数拟合识别结果尚具有一定的变异性,宜首先对双边主梁模型进行误差分析。图 7.2-15 给出了双边主梁模型 10 次等效导纳函数结果比较,以阻力等效导纳函数变异系数 0.10 最大,总体上,导纳函数识别拟合结果较为稳定。图 7.2-16 给出了双边主梁模型不同风速条件下等效导纳函数结果比较,可知导纳函数识别结果随风速有明显改变,以扭矩等效导纳函数变异系数 0.32 最大,但导纳函数并不随风速有明显趋势性的变化。

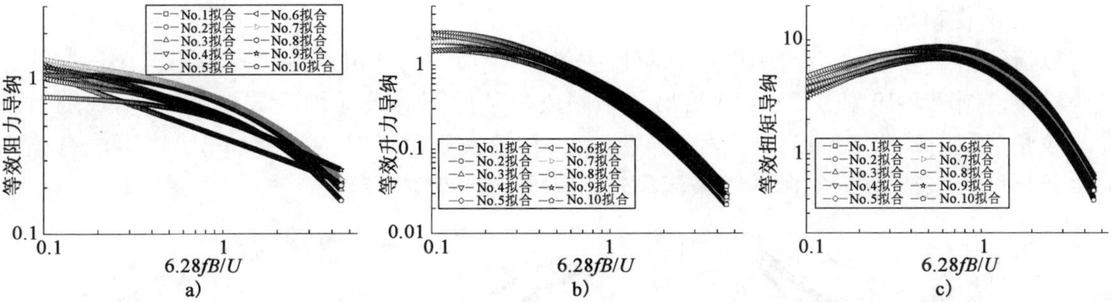

图 7.2-15　双边主梁模型 10 次试验等效导纳函数结果比较(0°攻角,9.62m/s 风速,11.5% 紊流度)

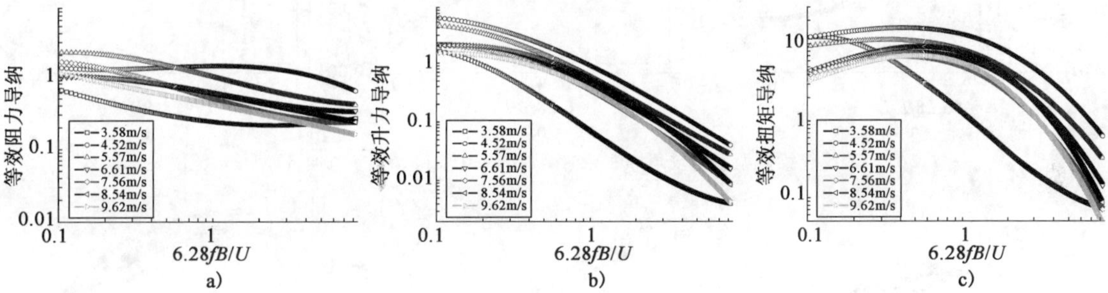

图 7.2-16　双边主梁模型不同风速条件下等效导纳函数结果比较(0°攻角,11.5% 紊流度)

2)紊流度效应

以类平板模型[图 7.2-10a)]和流线箱梁模型[图 7.2-10b)]为例比较不同紊流度条件下导纳函数试验结果。图 7.2-17 和图 7.2-18 给出了不同紊流度条件下等效导纳函数结果,可知识别结果随紊流度有明显改变,试验中未发现导纳函数随紊流度有明显趋势性的变化。

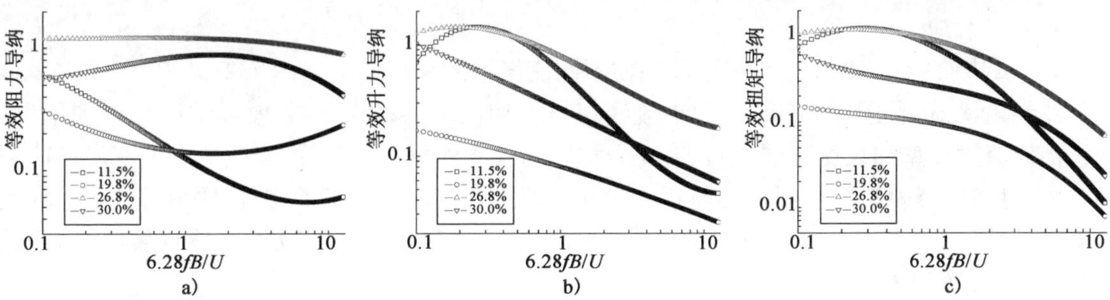

图 7.2-17　类平板模型不同紊流度等效导纳函数结果比较(0°攻角,4.6 ~ 5.6m/s 风速)

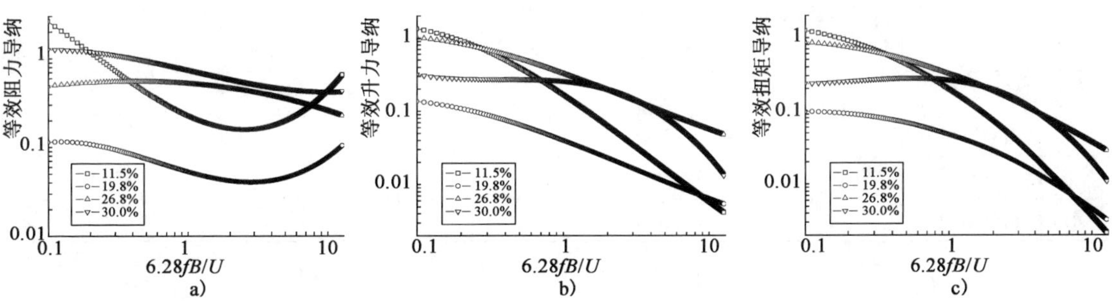

图 7.2-18　流线箱梁模型不同紊流度等效导纳函数结果比较(0°攻角,4.6 ~ 5.6m/s 风速)

3)攻角效应

以流线箱梁模型[图 7.2-10b)]和双边主梁模型[图 7.2-10d)]为例比较不同攻角条件下试验结果。图 7.2-19 和图 7.2-20 给出了不同攻角条件下等效导纳函数结果,可知识别结果在小攻角范围内(-1°~+1°)一般差异性较小,在较大攻角工况(-3°和+3°)中可能有较大的变化,试验中未发现导纳函数随来流风攻角有明显趋势性的变化。

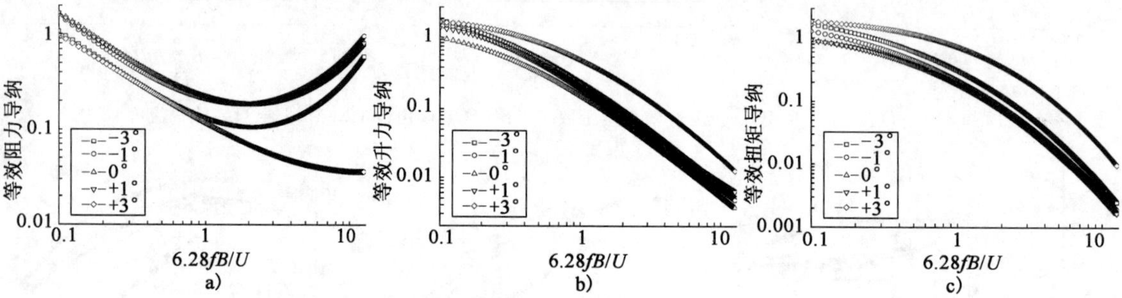

图 7.2-19　流线箱梁模型不同攻角等效导纳函数结果比较(5.6m/s 风速,11.5% 紊流度)

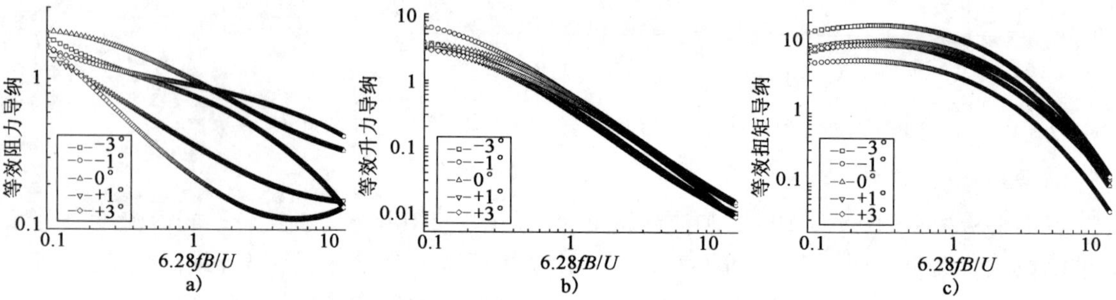

图 7.2-20　双边主梁模型不同攻角等效导纳函数结果比较(5.6m/s 风速,11.5% 紊流度)

4)尺度效应

表 7.2-10 列举了两种流线箱梁模型在不同流场中的尺度参数。图 7.2-21 和图 7.2-22 给出了流线箱梁模型[图 7.2-10b)]和小流线箱梁模型[图 7.2-10c)]等效导纳函数识别结果。两种流线箱梁模型缩尺比不同,但具有完全相同的气动外形,考虑与两类紊流场紊流尺度比例的差别,可知两类模型当特征尺度与紊流积分尺度之比接近或小于 1.0 时,导纳函数受尺度效应影响较小(图 7.2-21);若特征尺度与紊流积分尺度之比远大于 1.0 时,导纳函数受尺度效应影响较大(图 7.2-22)。

两种流线箱梁模型在不同紊流场尺度参数(9.62m/s 风速)　　表 7.2-10

断面类型	来流紊流度(%)	模型宽度(cm)	L_u^x(cm)	L_w^x(cm)	B/L_u^x	B/L_w^x
流线箱梁模型	11.5	27.60	19.90	12.53	1.39	2.04
小流线箱梁模型		19.30			0.97	1.54
流线箱梁模型	19.8	27.60	26.35	21.77	1.05	1.27
小流线箱梁模型		19.30			0.73	0.89

5)栏杆效应

在图 7.2-23 和图 7.2-24 中比较了流线箱梁模型[图 7.2-10b)和图 7.2-10e)]和双边主梁

模型[图7.2-10e)和图7.2-10f)]在相同试验条件下栏杆对于等效导纳函数识别结果的影响。比较可知,两类工况导纳函数存在交叉情况,带栏杆模型导纳函数取值在整体频段大多数情况大于不带栏杆导纳函数。

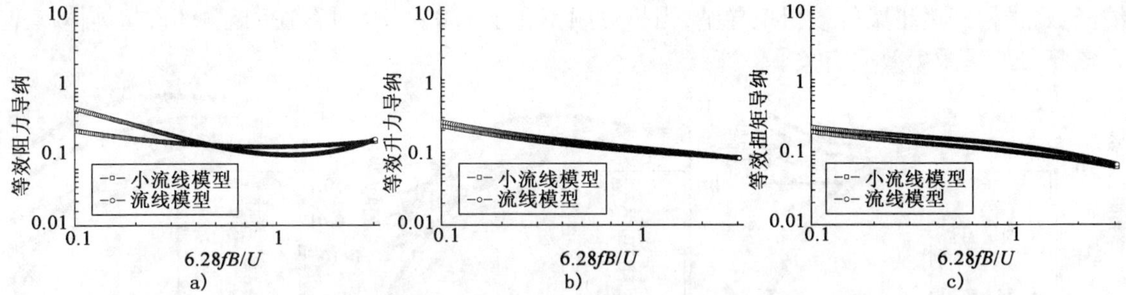

图7.2-21　不同尺寸流线箱梁模型等效导纳函数结果比较(0°攻角,9.62m/s风速,19.8%紊流度)

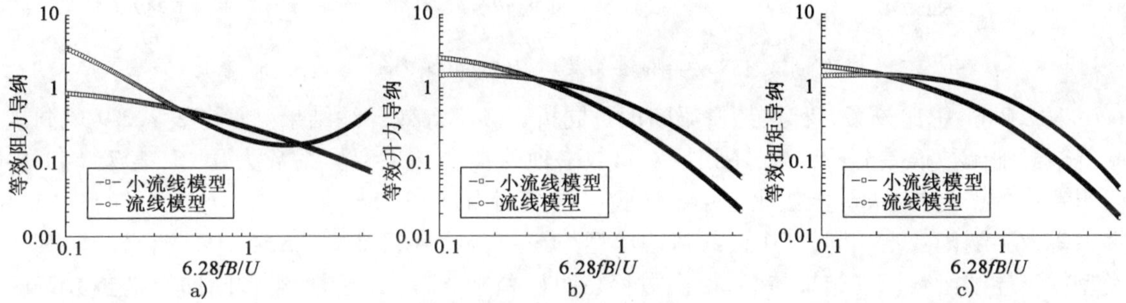

图7.2-22　不同尺寸流线箱梁模型等效导纳函数结果比较(0°攻角,9.62m/s风速,11.5%紊流度)

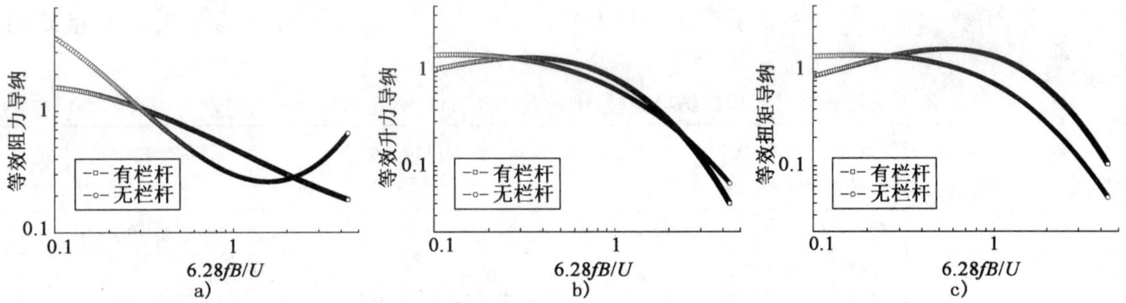

图7.2-23　流线箱梁模型栏杆对于等效导纳函数结果影响(0°攻角,9.62m/s风速,11.5%紊流度)

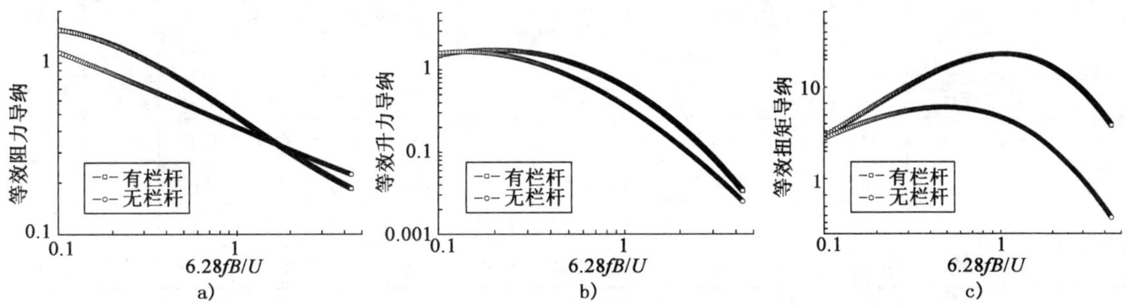

图7.2-24　双边主梁模型栏杆对于等效导纳函数结果影响(0°攻角,9.62m/s风速,11.5%紊流度)

6)气动外形效应

在图7.2-25中比较了全部九种模型不同气动外形在相同试验条件下等效导纳函数识别

结果。比较可知,不同气动外形导纳函数结果差别较大,存在明显交叉现象。升力和扭矩等效导纳总体上呈现随折算频率递增而衰减的趋势;阻力导纳在整个频段范围除桁梁、单箱和分离双箱节段模型外均存在明显上翘现象。其中,单箱和分离双箱节段模型的三向气动力等效导纳函数,带栏杆边主梁等效扭矩导纳,当折算频率介于 1.0 ~ 3.0 时存在明显峰值,与钝体模型在该频段的涡激力效应有关。

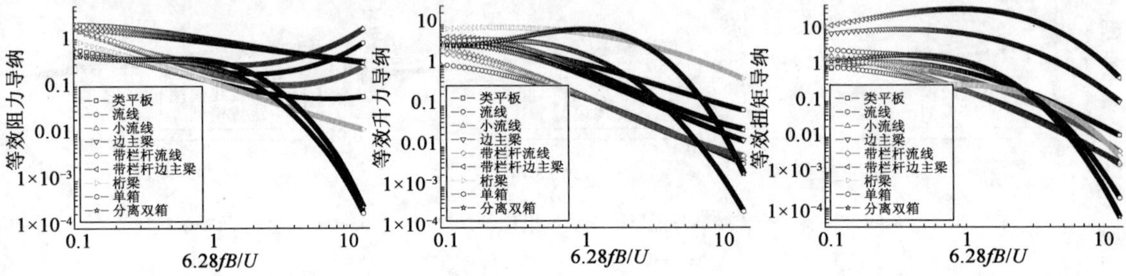

a)　　b)　　c)

图 7.2-25　气动外形对于等效导纳函数结果影响(0°攻角,5.60m/s 风速,11.5% 紊流度)

表 7.2-11 中比较了九种典型桥梁断面不同折算频率等效导纳结果。参考表 7.2-9 风洞试验等效导纳函数误差分析结果,不妨取双对数多项式拟合结果变异系数为 0.15,表 7.2-11 中阴影背景数据为与 Sears 函数比较小于试验误差范围内($\pm 2.0\sigma$)的结果。比较可知,三向抖振力等效导纳函数不相同,其中流线节段模型与 Sears 函数在低频段($K \leqslant 1.0$)吻合较好,其他类型模型导纳函数识别结果与 Sears 函数存在明显差别。带栏杆两种类型断面导纳函数普遍大于不带栏杆节段模型试验结果。具有钝体性质的节段模型(边主梁、流线箱梁 + 栏杆、边主梁 + 栏杆、桁梁、单箱、分离双箱)等效升力和扭矩导纳均出现远大于 Sears 函数和 1.0 试验识别结果。

不同折算频率等效导纳结果比较(0°攻角,5.60m/s 风速,11.5% 紊流度)　　表 7.2-11

编号	节段模型	折算频率 $K=0.2$ Sears(K) = 0.61			折算频率 $K=0.5$ Sears(K) = 0.38			折算频率 $K=1.0$ Sears(K) = 0.24			折算频率 $K=3.0$ Sears(K) = 0.09		
		$\|\Phi_{DD}\|^2$	$\|\Phi_{LL}\|^2$	$\|\Phi_{MM}\|^2$	$\|\Phi_{DD}\|^2$	$\|\Phi_{LL}\|^2$	$\|\Phi_{MM}\|^2$	$\|\Phi_{DD}\|^2$	$\|\Phi_{LL}\|^2$	$\|\Phi_{MM}\|^2$	$\|\Phi_{DD}\|^2$	$\|\Phi_{LL}\|^2$	$\|\Phi_{MM}\|^2$
1	类平板	0.40	1.36	1.17	0.20	1.11	1.07	0.12	0.56	0.64	0.06	0.13	0.15
2	流线	0.80	0.73	0.70	0.34	0.34	0.37	0.22	0.15	0.18	0.19	0.03	0.03
3	小流线	0.80	1.51	1.20	0.39	0.47	0.47	0.29	0.16	0.18	0.31	0.03	0.03
4	边主梁	1.87	2.90	9.82	1.38	1.36	10.54	1.01	0.57	8.07	0.59	0.11	2.53
5	流线 + 栏杆	0.89	1.24	1.19	0.34	0.43	0.73	0.18	0.16	0.40	0.10	0.03	0.09
6	边主梁 + 栏杆	1.41	4.29	20.53	1.05	1.91	34.38	0.83	0.76	37.91	0.55	0.14	17.4
7	桁梁	0.52	8.55	0.23	0.23	7.86	0.26	0.12	6.15	0.28	0.04	2.87	0.14
8	单箱	0.39	4.22	2.28	0.34	3.47	1.73	0.25	1.83	1.05	0.05	0.17	0.13
9	分离双箱	0.36	3.48	1.65	0.38	6.04	1.89	0.33	7.53	1.25	0.08	2.31	0.12

3. 与前人结果对比及结论

气动导纳的理论研究与试验识别工作已经开展多年,目前可以达成一些共同的认识,即在模拟近于 Sears 理论推导的条件时(刚性机翼 + 正弦阵风及谐波组合阵风),在高频段(折算频率 6.28fB/U≤0.6)，理论值与试验值具有较好的吻合，而在低频段试验值则低于 Sears 函数理论值，可能的原因为波的形式为非正弦形式(Kawashima 等[34])。而后，Larose[22]、Matsuda[35]、蒋永林[36]、靳欣华[21]和陈斌[26]等人在识别桥梁断面气动导纳函数时，同样发现在低频段，试验值较 Sears 函数偏低情况。参考图 7.2-26 类平板断面本书互功率谱(赵林等[23])与秦仙蓉[31](2004 年)随机子空间导纳函数识别结果对比，本书基于数值验证优化参数的导纳函数互谱方法识别结果可有效地克服上述问题，进一步将类平板断面等效导纳识别结果识别精度扩展到 6.28fB/U≥0.1 的范围内。与此同时，具有钝体性质桥梁断面导纳函数识别结果也存在另外一种趋势，认为在箱形桥梁断面中采用 Sears 函数修正抖振力将低估测量的响应值，即 Sears 函数不一定是钝体气动导纳的保守估计(Holmes[37]，Wlshe 等[38])。本书具有钝体性质节段模型(边主梁、流线箱梁 + 栏杆、边主梁 + 栏杆、桁梁、单箱、分离双箱)在等效升力和扭矩导纳识别结果均出现远大于 Sears 函数和 1.0 识别结果，亦可充分证明上述结论。

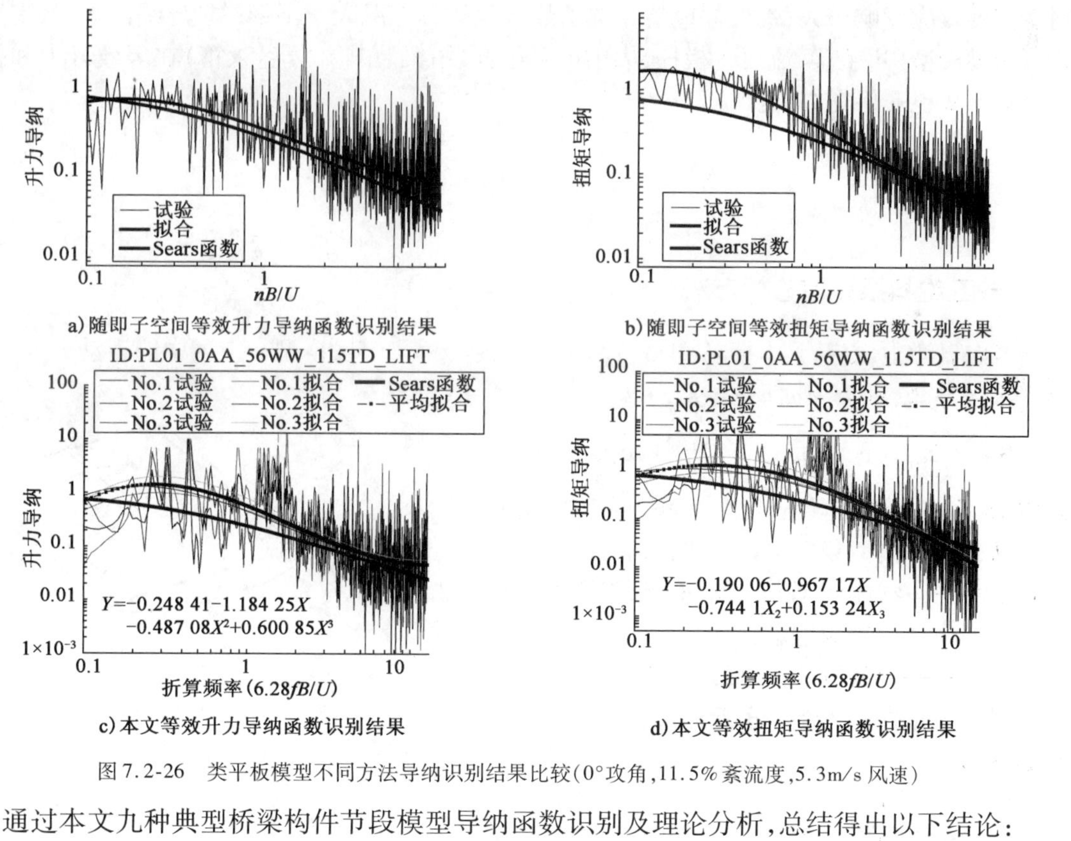

a)随即子空间等效升力导纳函数识别结果　b)随即子空间等效扭矩导纳函数识别结果

c)本文等效升力导纳函数识别结果　d)本文等效扭矩导纳函数识别结果

图 7.2-26　类平板模型不同方法导纳识别结果比较(0°攻角，11.5%紊流度，5.3m/s 风速)

通过本文九种典型桥梁构件节段模型导纳函数识别及理论分析，总结得出以下结论：

(1)对于不同导纳函数识别方法，识别结果精度受到采样频率、来流紊流度和谱估计参数等影响，有必要首先采用数值验证进行参数优化，标定不同参数取值条件下系统识别误差；导纳函数识别结果双对数坐标多项式拟合结果具有较高的稳定性，拟合结果平均变异系数介于 0.08 ~0.15 之间。

(2)功率谱与互谱方法导纳函数识别结果对于相同的参数取值，互谱方法普遍优于功率谱方法，且互谱方法方便给出三向抖振力气动力导纳函数的全部六个分量。

(3)尽管导纳函数两向分量取值结果差别较大,与等效导纳函数结果可能存在数倍至数十数倍的差别,但综合考虑脉动风分量 u、w 和三分力系数取值,三向气动力 u 和 w 项抖振力分量功率谱密度贡献率在整个频段比较接近。

(4)流线箱梁模型等效导纳函数识别结果,与薄机翼断面 Sears 函数解析解和随机子空间识别结果比较,对于0°攻角和11.5%来流紊流度情况,当折算频率≥0.1 时可以获得比较接近的试验结果。

(5)对于九种典型桥梁构件断面,等效升力和扭矩导纳函数总体上随折算频率增加呈递减趋势,由于涡激力效应的影响,在涡脱频率段导纳函数存在明显峰值;等效阻力导纳函数随折算频率增加存在上翘趋势。

桥梁断面导纳函数识别结果与来流风速、紊流度、模型攻角、尺度效应、栏杆和气动外形效应密切相关;试验中未发现导纳函数随来流风速、紊流度和模型攻角有明显趋势性变化;桥梁断面当特征尺寸与紊流积分尺度之比接近或小于1.0时,导纳函数受尺度效应影响较小,反之则受尺度效应影响较大;带栏杆模型导纳函数取值多数情况大于不带栏杆导纳函数;具有钝体性质节段模型(边主梁、流线+栏杆、边主梁+栏杆、桁梁、单箱、分离双箱)在等效升力和扭矩导纳取1.0也非保守结果。

第三节　抖振响应分析

一、二维抖振频域分析方法

考虑自激力效应,具有竖弯和扭转两个自由度的桥梁节段模型在空气中的运动方程为:

$$m(\ddot{h}+2\xi_h\omega_h\dot{h}+\omega_h^2h)=L_{se}+L_b \qquad (7.3\text{-}1a)$$

$$I(\ddot{\alpha}+2\xi_\alpha\omega_\alpha\dot{\alpha}+\omega_\alpha^2\alpha)=M_{se}+M_b \qquad (7.3\text{-}1b)$$

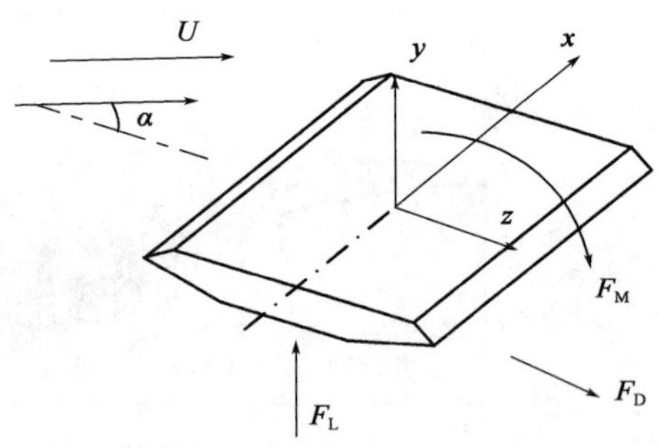

图7.3-1　两自由度桥梁断面气动力示意

式中:m、I——模型单位长度质量和质量惯性矩;

h、α——模型竖向位移和扭转角;

L_{se}、M_{se}——物体运动与气流相互作用产生的自激升力和力矩;

L_b、M_b——抖振气动力,如图7.3-1所示。

根据 Scanlan 的颤振分析理论,升力和力矩可写为如下形式:

$$L_{se}=\frac{1}{2}\rho U^2(2B)\left[KH_1^*(K)\frac{\dot{h}}{U}+KH_2^*(K)\frac{B\dot{\alpha}}{U}+K^2H_3^*(K)\alpha+K^2H_4^*(K)\frac{h}{B}\right] \qquad (7.3\text{-}2a)$$

$$M_{se}=\frac{1}{2}\rho U^2(2B^2)\left[KA_1^*(K)\frac{\dot{h}}{U}+KA_2^*(K)\frac{B\dot{\alpha}}{U}+K^2A_3^*(K)\alpha+K^2A_4^*(K)\frac{h}{B}\right] \qquad (7.3\text{-}2b)$$

式中:H_i^*、A_i^*——颤振导数,$i=1\sim4$,$H_1^*(K)$表示 H_1^* 是无量纲频率 K 的函数。

对于 Scanlan 建议的抖振力关系，结合气动导纳函数修正：

$$L_b(t) = \frac{1}{2}\rho U^2 B\left\{2C_L(\alpha)\chi_{Lu}\frac{u(t)}{U} + [C'_L(\alpha) + C_D(\alpha)]\chi_{Lw}\frac{w(t)}{U}\right\} \tag{7.3-3a}$$

$$M_b(t) = \frac{1}{2}\rho U^2 B^2\left[2C_M(\alpha)\chi_{Mu}\frac{u(t)}{U} + C'_M(\alpha)\chi_{Mw}\frac{w(t)}{U}\right] \tag{7.3-3b}$$

将式(7.3-2)代入式(7.3-1)中，移项并令：

$$H_1 = \rho B^2\omega_h H_1^*(K) \quad A_1 = \rho B^3\omega_h A_1^*(K) \tag{7.3-4a}$$

$$H_2 = \rho B^3\omega_\alpha H_2^*(K) \quad A_2 = \rho B^4\omega_\alpha A_2^*(K) \tag{7.3-4b}$$

$$H_3 = \rho B^3\omega_\alpha^2 H_3^*(K) \quad A_3 = \rho B^4\omega_\alpha^2 A_3^*(K) \tag{7.3-4c}$$

$$H_4 = \rho B^2\omega_h^2 H_4^*(K) \quad A_4 = \rho B^3\omega_h^2 A_4^*(K) \tag{7.3-4d}$$

则式(7.3-1)变为：

$$m(\ddot{h} + 2\xi_h\omega_h\dot{h} + \omega_h^2 h) = H_1\dot{h} + H_2\dot{\alpha} + H_3\alpha + H_4 h + L_b \tag{7.3-5a}$$

$$I(\ddot{\alpha} + 2\xi_\alpha\omega_\alpha\dot{\alpha} + \omega_\alpha^2\alpha) = A_1\dot{h} + A_2\dot{\alpha} + A_3\alpha + A_4 h + M_b \tag{7.3-5b}$$

取 $\boldsymbol{Y}(t) = [h(t)\ \ \alpha(t)]^{\mathrm{T}}$，$\boldsymbol{X}(t) = [L_b(t)\ \ M_b(t)]^{\mathrm{T}}$，则式(7.3-5)可写为：

$$\boldsymbol{M}\ddot{\boldsymbol{Y}} + \boldsymbol{C}\dot{\boldsymbol{Y}} + \boldsymbol{K}\boldsymbol{Y} = \boldsymbol{X}(t) \tag{7.3-6}$$

其中：

$$\boldsymbol{M} = \begin{bmatrix} m & 0 \\ 0 & I \end{bmatrix} \quad \boldsymbol{C} = \begin{bmatrix} 2\xi_h m\omega_h - H_1 & -H_2 \\ -A_1 & 2\xi_\alpha I\omega_\alpha - A_2 \end{bmatrix} \tag{7.3-7}$$

$$\boldsymbol{K} = \begin{bmatrix} m\omega_h^2 - H_4 & -H_3 \\ -A_4 & I\omega_\alpha^2 - A_3 \end{bmatrix} \tag{7.3-8}$$

系统的频率响应函数矩阵为：

$$\boldsymbol{H}(\omega) = (-\omega^2\boldsymbol{M} + i\omega\boldsymbol{C} + \boldsymbol{K})^{-1} \tag{7.3-9}$$

系统激励 $X(t)$ 与响应 $Y(t)$ 的谱密度函数矩阵之间的关系由下式给出：

$$\begin{aligned}\boldsymbol{S}_{YY}(\omega) &= \boldsymbol{H}^*(\omega)\boldsymbol{S}_{XX}(\omega)\boldsymbol{H}^{\mathrm{T}}(\omega) \\ &= (-\omega^2\boldsymbol{M} - i\omega\boldsymbol{C} + \boldsymbol{K})^{-1}\boldsymbol{S}_{XX}(\omega)[(-\omega^2\boldsymbol{M} + i\omega\boldsymbol{C} + \boldsymbol{K})^{-1}]^{\mathrm{T}}\end{aligned} \tag{7.3-10}$$

其中，$\boldsymbol{H}^*(\omega)$ 为 $\boldsymbol{H}(\omega)$ 的共轭矩阵，$\boldsymbol{H}^{\mathrm{T}}(\omega)$ 为 $\boldsymbol{H}(\omega)$ 的转置矩阵。

若不用矩阵形式表示，式(7.3-9)亦可以用和的形式来表示，即：

$$S_{Y_jY_k}(\omega) = \sum_l\sum_m H_{jl}^*(\omega)S_{X_lX_m}(\omega)H_{mk}^{\mathrm{T}}(\omega) = \sum_l\sum_m H_{jl}^*(\omega)S_{X_lX_m}(\omega)H_{km}(\omega) \tag{7.3-11}$$

则系统响应的相关函数矩阵 $\boldsymbol{R}_{YY}(\tau)$ 可表示为：

$$\boldsymbol{R}_{YY}(\tau) = \int_{-\infty}^{\infty}\boldsymbol{H}^*(\omega)\boldsymbol{S}_{XX}(\omega)\boldsymbol{H}^{\mathrm{T}}(\omega)\mathrm{e}^{i\omega\tau}\mathrm{d}\omega \tag{7.3-12}$$

如用和的形式来表示，可写成为：

$$R_{Y_jY_k}(\tau) = \sum_l\sum_m\int_{-\infty}^{\infty}H_{jl}^*(\omega)S_{X_lX_m}(\omega)H_{km}(\omega)\mathrm{e}^{i\omega\tau}\mathrm{d}\omega \tag{7.3-13}$$

其中，

$$\boldsymbol{S}_{XX}(\omega) = \begin{bmatrix} S_{\mathrm{LL}}(\omega) & S_{\mathrm{LM}}(\omega) \\ S_{\mathrm{ML}}(\omega) & S_{\mathrm{MM}}(\omega) \end{bmatrix} \tag{7.3-14}$$

$\boldsymbol{S}_{\mathrm{LM}}(\omega)$ 和 $\boldsymbol{S}_{\mathrm{ML}}(\omega)$ 是抖振升力与扭矩的互谱函数，可忽略抖振力互谱对抖振响应的影响，有：

$$\boldsymbol{S}_{\mathrm{LL}} = \rho^2 U^2 B^2 \Big\{ C_{\mathrm{L}}^2(\alpha) S_{\mathrm{u}}(\omega) |\chi_{\mathrm{Lu}}(\omega)|^2 + \frac{1}{4}[C_{\mathrm{L}}'(\alpha) + C_{\mathrm{D}}(\alpha)]^2 S_{\mathrm{w}}(\omega) |\chi_{\mathrm{Lw}}(\omega)|^2 + \frac{1}{2} C_{\mathrm{L}}(\alpha)[C_{\mathrm{L}}'(\alpha) + C_{\mathrm{D}}(\alpha)][S_{\mathrm{uw}}(\omega)\chi_{\mathrm{Lu}}(\omega)\chi_{\mathrm{Lw}}(\omega) + S_{\mathrm{wu}}(\omega)\chi_{\mathrm{Lu}}(\omega)\chi_{\mathrm{Lw}}(\omega)] \Big\} \tag{7.3-15a}$$

$$S_{\mathrm{MM}} = \rho^2 U^2 B^4 \Big\{ C_{\mathrm{M}}^2(\alpha) S_{\mathrm{u}}(\omega) |\chi_{\mathrm{Mu}}(\omega)|^2 + \frac{1}{4} C_{\mathrm{M}}'^2(\alpha) S_{\mathrm{w}}(\omega) |\chi_{\mathrm{Mw}}(\omega)|^2 + \frac{1}{2} C_{\mathrm{M}}(\alpha) C_{\mathrm{M}}'(\alpha)[S_{\mathrm{uw}}(\omega)\chi_{\mathrm{Mu}}(\omega)\chi_{\mathrm{Mw}}(\omega) + S_{\mathrm{wu}}(\omega)\chi_{\mathrm{Mu}}(\omega)\chi_{\mathrm{Mw}}(\omega)] \Big\} \tag{7.3-15b}$$

式中，S_{wu} 和 S_{uw} 互为共轭复数 $S_{\mathrm{wu}} = \bar{S}_{\mathrm{uw}}$，为脉动风速水平和竖向分量的互功率谱。

采用类平板断面两自由度节段模型参数进行抖振计算程序验证。该平板模型的各项参数如表 7.3-1 所示。

抖振计算验证—类平板模型参数　　表 7.3-1

平板宽 B	0.45m	空气密度 ρ	1.225kg/m^3
单位长度质量 m	11.25kg/m	质量惯性矩 I_{m}	0.282 8kg · m^2/m
弯频 ω_{h}	12.11rad/s	扭频 ω_{α}	19.0rad/s
竖弯阻尼比 ξ_{h}	0.005	扭转阻尼比 ξ_{α}	0.005

为了与解析结果进行对比，这里暂时不考虑自激力和气动导纳，并忽略静风荷载变形、结构非线性和攻角效应等因素的影响。计算纵向和竖向脉动风速谱时，水平方向采用 Simiu 谱，垂直方向采用 Lumley-Panofsky 谱。

风谱模拟计算的主要参数为：离地高度 $z = 60$m，地面粗糙度 $z_0 = 0.03$m，平均风速 $U(z) = 10$m/s。计算抖振力时，0°攻角时的各静风力系数取为：$C_{\mathrm{L}}(0) = 0.128$，$C_{\mathrm{L}}'(0) = -5.56$，$C_{\mathrm{D}}(0) = 0.070$，$C_{\mathrm{D}}'(0) = 0.00$，$C_{\mathrm{M}}(0) = -0.0074$，$C_{\mathrm{M}}'(0) = 1.2662$。

根据以上参数计算得到脉动风速谱为：

$$S_{\mathrm{uu}}(\omega) = \frac{52.892}{(1 + 47.7465\omega)^{5/3}} \tag{7.3-16a}$$

$$S_{\mathrm{ww}}(\omega) = \frac{0.8886}{1 + 9.260\omega^{5/3}} \tag{7.3-16b}$$

由于没有自激力的参与，竖向和扭转方向的响应可以分别按单自由度体系计算，则该平板在平均风速为 10m/s 时的竖弯和扭转位移抖振响应功率谱分别为：

$$S_{\mathrm{h}} = \frac{0.00393S_{\mathrm{uu}} + 1.8078S_{\mathrm{ww}}}{(146.65 - \omega^2)^2 + 0.014665\omega^2} \tag{7.3-17a}$$

$$S_{\alpha} = \frac{0.00421S_{\mathrm{uu}} + 30.8396S_{\mathrm{ww}}}{(361 - \omega^2)^2 + 0.0361\omega^2} \tag{7.3-17b}$$

按式(7.3-1)～式(7.3-14)由频域方法计算的抖振响应与解析解和时域解进行比较,如表7.3-2所示。最大相对误差小于5.0%,计算结果吻合较好,验证了本书频域分析方法的正确性。

二维频谱计算与其他结果位移响应根方差比较　　表7.3-2

计算结果	竖向位移	扭转位移
解析值	0.016 67m	0.024 63rad
本书频域分析结果	0.016 67m	0.024 62rad
时域分析结果(丁泉顺[39])	0.016 4m	0.023 66rad
相对误差	1.6%	3.9%

二、二维抖振频域方法检验

为验证本项研究导纳函数风洞试验识别结果,设计加工了与导纳函数测力识别试验等比例的三种典型桥梁断面,即类平板断面、流线箱梁断面和边主梁断面,如图7.3-2所示,进行节段模型在四类紊流场条件下(参见表7.2-7和图7.2-12)抖振响应测量。三种模型长度均为1.70m,采用铝合金骨架,外覆轻质薄木板,具有足够的刚度,在试验风速的作用下不会出现局部变形和振动。

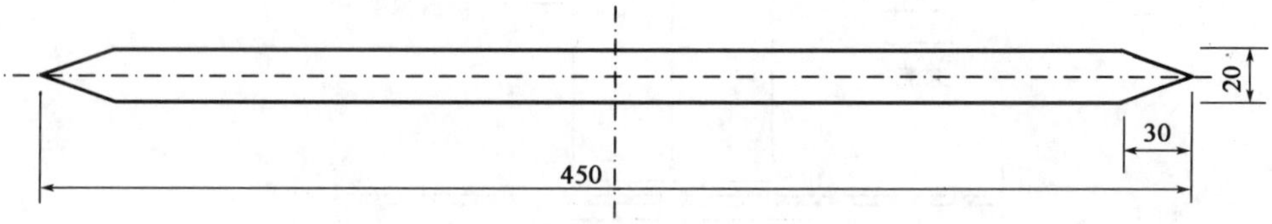

a)类平板模型

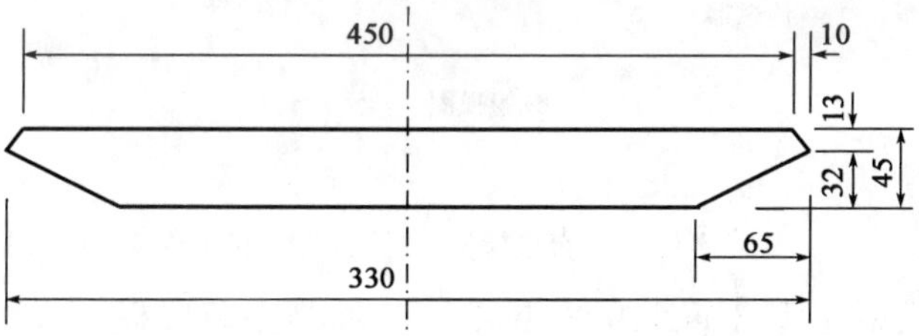

b)流线箱梁模型

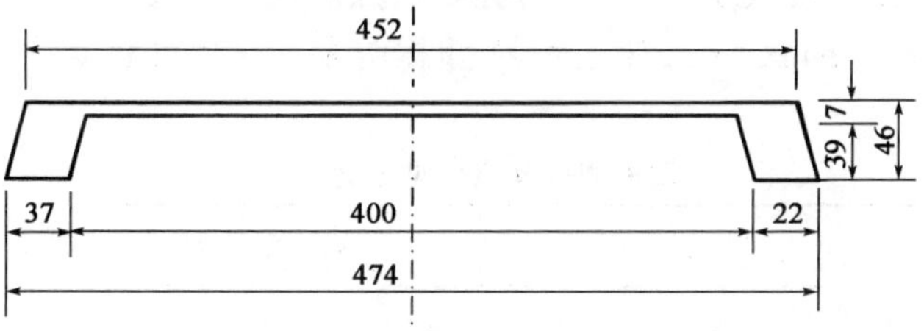

c)双边主梁模型

图7.3-2　测振试验三种典型桥梁断面示意(尺寸单位:mm)

试验在同济大学土木工程防灾国家重点实验室TJ-1边界层风洞试验室中进行。模型由洞外支架连接,模型两端通过两根刚性连杆与风洞外面的水平端杆连接。端杆两端用弹簧悬挂。模型可以产生竖弯和扭转方向的运动,其振动频率通过选择弹簧的刚度和调节弹簧间距来确定,其侧向位移由四根很长且抗拉刚度很大的钢丝固定。在端杆两端安装三个加速度传感器，传感器离模型中轴线有同样的距离。图7.3-3给出了测振节段模型与洞外支架连接示意。测振试验采样频率100Hz，采样时间150s。

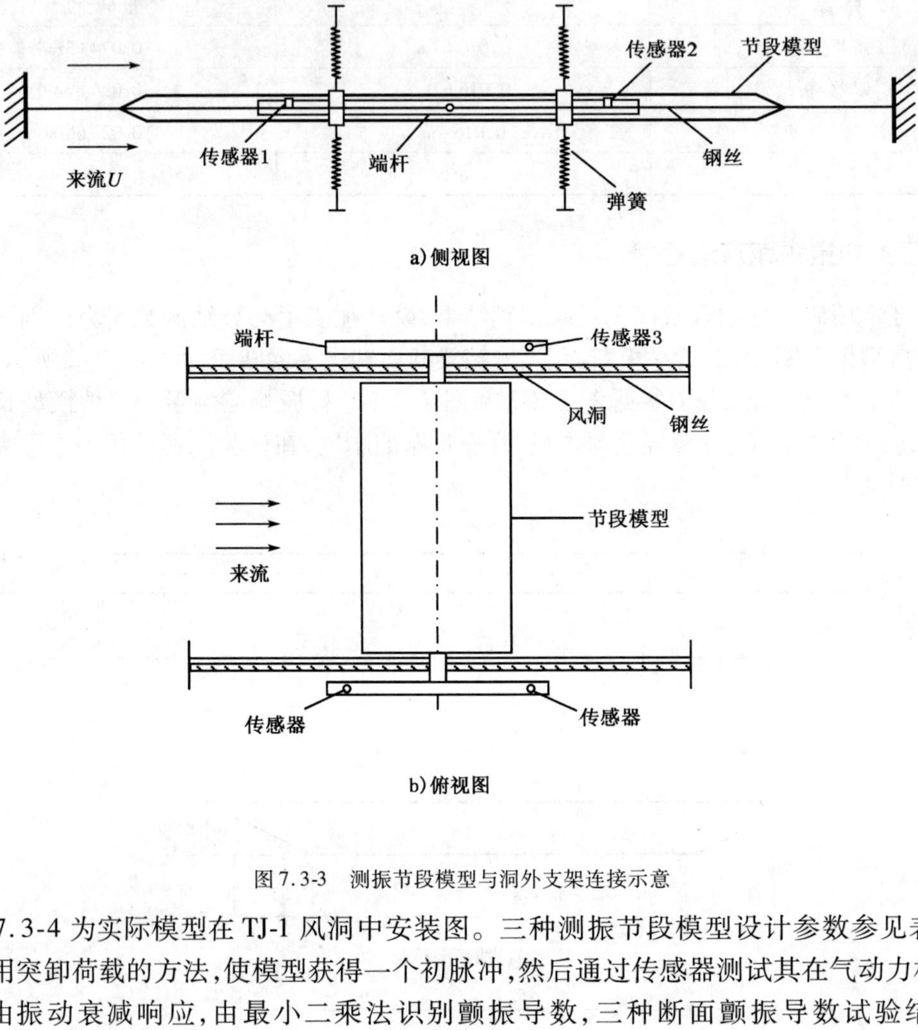

图7.3-3　测振节段模型与洞外支架连接示意

图7.3-4为实际模型在TJ-1风洞中安装图。三种测振节段模型设计参数参见表7.3-3。试验采用突卸荷载的方法，使模型获得一个初脉冲，然后通过传感器测试其在气动力相互作用下的自由振动衰减响应，由最小二乘法识别颤振导数，三种断面颤振导数试验结果参见图7.3-5。

三种测振节段模型设计参数　　表7.3-3

模　型	类 平 板	流 线 型	边 主 梁
质量(kg/m)	5.295	5.458	5.473
质量惯性矩(kg·m^2/m)	0.131	0.140	0.169
扭转频率(Hz)	4.559	4.468	4.009
竖弯频率(Hz)	2.231	2.235	2.218
扭弯频率比	2.043	1.999	1.807

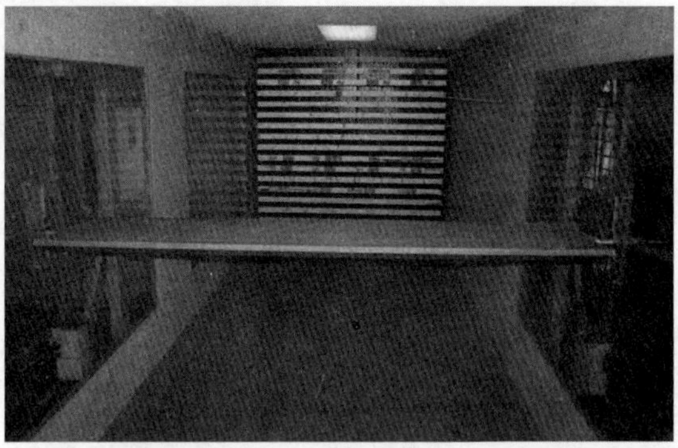

图 7.3-4　测振节段模型在 TJ-1 风洞安装图

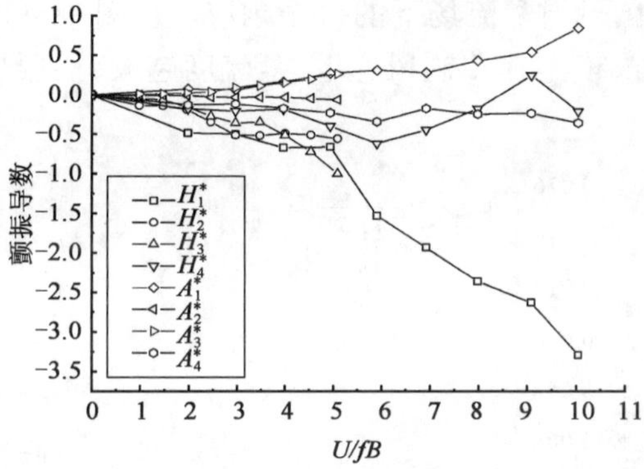

a)类平板模型

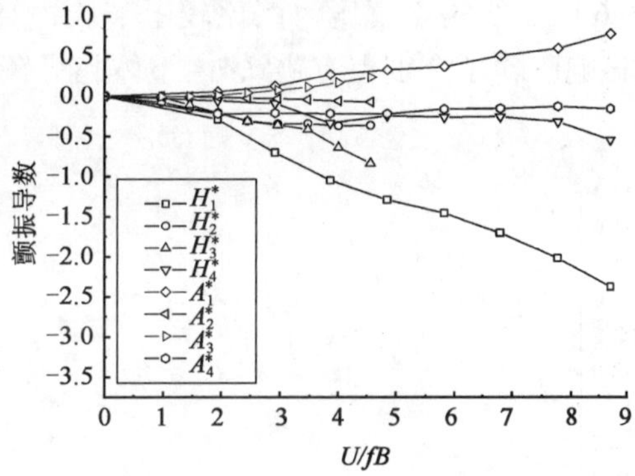

b)流线箱梁模型

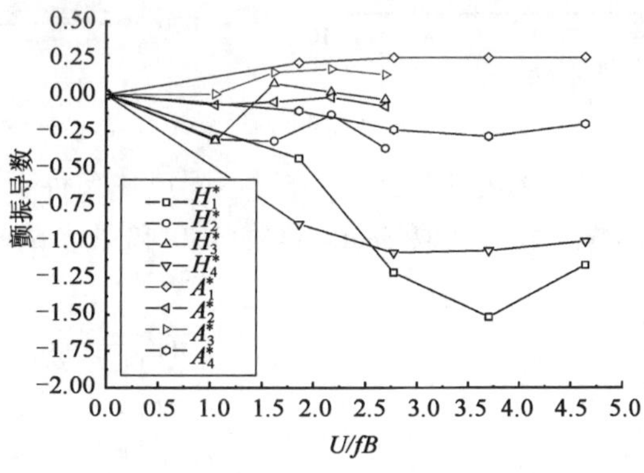

c)双边主梁模型

图 7.3-5　三种模型颤振导数识别结果(0°攻角)

为了便于与节段模型实测导纳抖振计算结果比较,加速度传感器测振试验结果有必要准确换算为位移响应结果。首先,对加速度时程应用傅立叶变换得到加速度频谱,再由加速度频谱和位移频谱幅值的关系可得到位移谱:

$$|S_{\mathrm{hl}}(\omega)| = |S_{\mathrm{al}}(\omega)/\omega_1^2| \tag{7.3-18}$$

式中:$S_{\mathrm{hl}}(\omega)$——位移幅值谱;

$S_{a1}(\omega)$——加速度幅值谱；

ω_1——对应系统圆频率。

这里的加速度谱和位移谱都指的是幅值谱，位移功率谱和加速度功率谱的关系为：

$$|S_h(\omega)| = |S_a(\omega)/\omega_1^4| \tag{7.3-19}$$

式中：$S_h(\omega)$——位移功率谱；

$S_a(\omega)$——加速度功率谱。

位移功率谱在整个频率域的积分就可以得到位移方差：

$$\sigma_h^2 = \int_0^{\infty} S_h(\omega)\mathrm{d}\omega \tag{7.3-20}$$

薄平板模型、流线型模型和双边主梁模型三种模型的抖振响应都用位移根方差来表达。图7.3-6以流线箱梁模型为例比较了节段模型在不同紊流场下的抖振响应。从图中可以看出，抖振响应除了个别点有跳跃外，整体趋势较好，模型在相同风速下，紊流度越大，抖振响应越大。

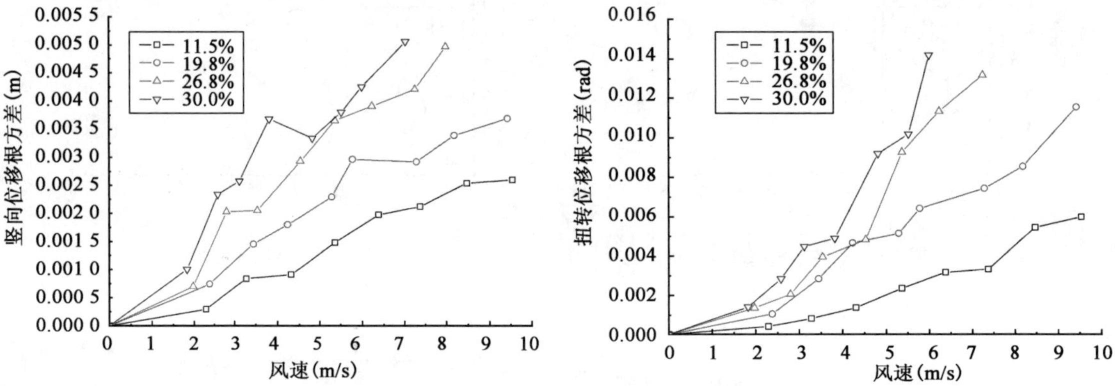

图7.3-6　节段模型在不同紊流场下的抖振响应(以流线箱梁模型为例)

以流线箱梁模型和双边主梁模型为例比较了不同风速条件下抖振响应实测值与二维抖振频域计算结果，计算时导纳函数分别取Sears函数、1.0和风洞试验实测导纳函数，如图7.3-7和图7.3-8所示。

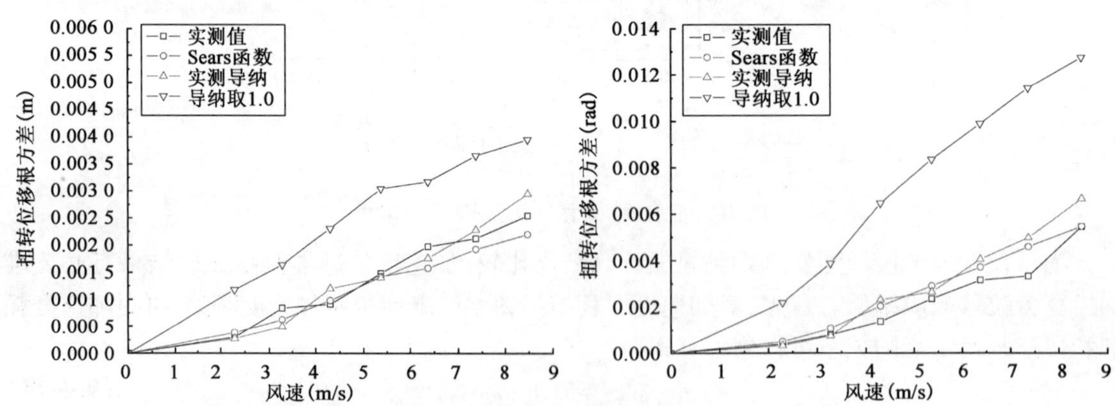

图7.3-7　流线箱梁模型在不同风速条件下抖振位移响应(0°攻角，11.5%紊流度)

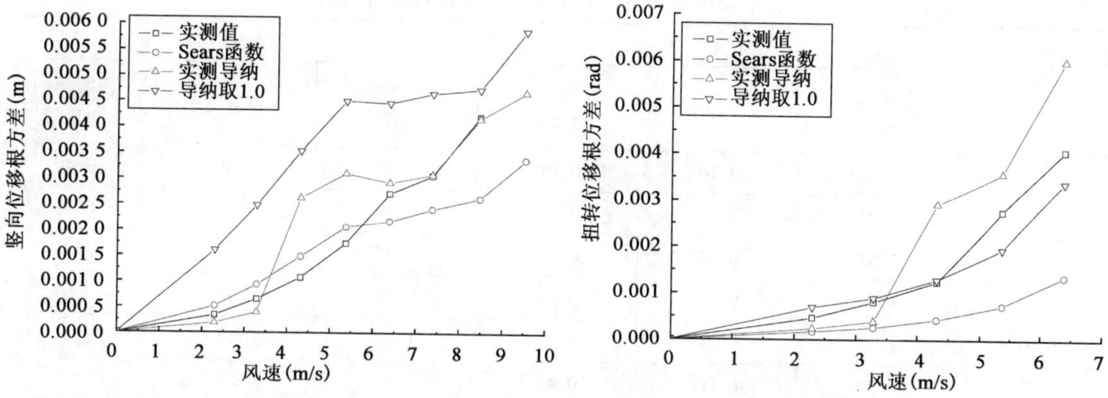

图7.3-8　双边主梁模型在不同风速条件下抖振位移响应(0°攻角,11.5%紊流度)

对于流线箱梁模型,表7.3-4列举了流线箱梁模型在不同风速折算频率条件下导纳函数取值情况,可知等效升力或扭矩项导纳函数取值与Sears函数比较接近且远小于1.0,因此,抖振响应实测值与导纳函数取Sears函数计算结果较为接近,分析表明对于流线箱梁模型近似采用Sears函数计算结果亦可达到较高的精度,导纳函数取1.0计算结果偏于保守。

流线箱梁模型不同风速条件下导纳函数取值比较　　表7.3-4

试验风速(m/s)	竖弯项			扭矩项		
	折算频率 6.28fB/U	Sears 导纳值	升力导纳 测量值	折算频率 6.28fB/U	Sears 导纳值	扭矩导纳 测量值
2.29	2.02	0.14	0.08	5.80	0.05	0.02
3.28	1.41	0.18	0.13	4.06	0.07	0.07
4.31	1.08	0.23	0.36	3.09	0.09	0.11
5.37	0.86	0.27	0.28	2.48	0.11	0.09
6.38	0.73	0.30	0.37	2.09	0.13	0.14
7.37	0.63	0.34	0.48	1.80	0.15	0.17
8.47	0.55	0.37	0.50	1.57	0.17	0.23

对于双边主梁模型,表7.3-5列举了双边主梁模型在不同风速折算频率条件下导纳函数取值情况,可知等效升力导纳函数取值与Sears函数较为接近且小于1.0,等效扭矩导纳函数在较高的风速条件下取值远大于Sears函数和1.0。此时计算结果,竖弯实测响应与取Sears函数计算结果较为接近,扭转响应在较高的风速条件下测量结果,介于取实测导纳与1.0计算结果之间,尽管计算结果与测量值存在一定的差别,但基本上说明了具有钝体性质的双边主梁模型抖振分析时不宜采用Sears函数,取1.0时也可能偏于危险。

双边主梁模型在颤振导数识别过程中,于4~6m/s风速条件下出现涡振现象,颤振导数识别精度受到较大影响,这可能是导致边主梁计算结果与实测结果差别较大的原因之一。

双边主梁模型不同风速条件下导纳函数取值比较 表7.3-5

试验风速（m/s）	竖弯项			扭矩项		
	折算频率 6.28*fB*/*U*	Sears导纳值	升力导纳测量值	折算频率 6.28*fB*/*U*	Sears导纳值	扭矩导纳测量值
2.29	2.88	0.10	0.01	5.20	0.06	0.10
3.28	2.01	0.14	0.02	3.64	0.08	0.16
4.31	1.53	0.17	0.51	2.77	0.10	5.28
5.37	1.23	0.21	0.44	2.22	0.13	3.97
6.38	1.04	0.24	0.41	1.87	0.15	3.81
7.37	0.90	0.26	0.40			
8.47	0.78	0.29	0.69			

三、三维抖振非线性时域分析方法

1.对非线性因素的处理

1）结构几何非线性

现代大跨度桥梁结构呈现出明显的柔性特征，务必需要考虑几何非线性的影响。一般情况下，大跨度拱桥的几何非线性按小应变大位移（大平移、大转动）问题处理已经足够精确。几何非线性主要来源于结构初应力和结构大位移的影响。就桥梁抗风分析而言，结构初应力来源于结构自重和静风荷载两个方面。在自重状态下，结构初应力可以等效成单元初始应变，代入单元应力刚度矩阵；在静风荷载作用下，桥梁结构产生几何变形（几何易位、附加攻角），并处于张紧状态，称之为静风稳定状态。这种静风稳定状态随着来流风速而变化，在抖振分析之前应予以考虑。

在平面内竖向荷载作用下，拱轴线将产生平面内偏心距；在平面外横向荷载作用下，拱轴线还将产生平面外偏心距，而这两个偏心距与拱肋中的轴向压力之间存在着P-Δ效应影响，即一旦出现偏心距，轴向力与偏心距的乘积就会引起附加弯矩，而附加弯矩反过来又会使偏心距增大，从而引起恶性循环。有限元法处理梁柱效应有两种方法：一是引入梁柱单元稳定函数的概念，通过一组稳定函数对单元刚度矩阵进行修正；二是引入几何刚度矩阵。这两种方法是等效的，几何刚度矩阵方法适用于各种类型单元的几何非线性问题，具有更大的适用性，因此广为采用。抖振分析中需考虑各种几何非线性，其一般分析步骤可简述为：

（1）非线性静风稳定性分析，寻找静力平衡状态。该步分析中，需打开几何大变形开关（NLGEOM，ON）、应力刚化（Stress Stiffening），采用增量形式的Newmark-β方法求解。

（2）更新有限元模型（几何坐标和应力状态）。

（3）抖振时程分析时，考虑静风荷载作用引起的几何非线性，对抖振过程中由脉动风引起的几何非线性问题，可以不予考虑。

2）气动力非线性

影响气动力的因素有：结构与流体间的相对位移和速度、不同风攻角下的气动力参数、结构动力特性、气动导纳函数等。大致归纳起来，研究气动力非线性问题，要考虑到两个关键问题：

(1)非线性气动力表达式。真正的气动力表达式可能是结构位移(h,p,α)和速度($\dot{h},\dot{p},\dot{\alpha}$)的非线性函数，甚至是加速度的函数，影响因素众多。迄今为止，还没有形成一个广为引用的非线性气动力表达式。Scanlan 建立的准定常气动力公式和 18 个气动导数的自激力公式被试验所验证，并得到公认。气动导数是折减风速($U/\omega B$)的函数，自激力是折减频率 K($K=\omega B/U$)的函数，都隐含频率 ω，体现了系统动力特性变化对自激力的影响。因此从实用分析的角度考虑，仍然选用 Scanlan 气动力表达式。

(2)有效风攻角对气动力的影响。按照惯例，气动力荷载在风轴坐标系中定义和计算，即 $L,D,M[C(\alpha_e)]$，其中 α_e 为有效风攻角，对有效风攻角 α_e 进行一般化处理，统一表达为：

$$\alpha_e = \alpha_0 + \alpha \tag{7.3-21}$$

在不同的风荷载作用下，α_e 可分解为：

$$\alpha_e = \alpha_0 + \alpha = \alpha_0 + \alpha_{st} + \alpha_{ae} + \alpha_b \tag{7.3-22}$$

式中：α_0——初始风攻角；

α——瞬时攻角。

当桥梁结构仅受静风荷载作用时，瞬时攻角 α 等于静风荷载产生的附加攻角 α_{st}。在紊流场中，静风力、抖振力和自激力共同作用，α 为主梁与拱肋的瞬时扭转角，包含 α_{st}、α_{ae} 和 α_b 三个分量。不同风速、不同时刻的瞬时攻角 α 各不相同，有效风攻角 α_e 也各不相同。为统一起见，对 α_{st}、α_{ae} 和 α_b 不加以区分，合称为瞬时攻角 α。与瞬时攻角相对应，将 α_e 称为有效风攻角，它表示自然风荷载作用引起的主梁与拱肋的相对攻角。在均匀流场中，只有静风荷载作用，结构保持一种相对“静止”的稳定状态，是紊流场的特例。由攻角因素所带来的气动力变化统称为攻角效应。静三分力系数和气动导数是有效风攻角的函数，因此，静风力、抖振力和自激力也是有效风攻角的函数。它们都是荷载非线性，即荷载随着变形而发生变化。

2. 抖振时域非线性求解

根据结构动力学和有限元的理论，一般结构可以建立如下增量形式的动力平衡方程：

$$\boldsymbol{M}\Delta\ddot{\boldsymbol{x}}(t) + \boldsymbol{C}\Delta\dot{\boldsymbol{x}}(t) + \boldsymbol{K}[\boldsymbol{x}(t)]\Delta x(t) = \Delta\boldsymbol{F}[\boldsymbol{x}(t)] \tag{7.3-23}$$

式中：$\boldsymbol{M}$——质量矩阵；

$\boldsymbol{K}[\boldsymbol{x}(t)]$——结构非线性刚度矩阵；

$$\boldsymbol{K} = \boldsymbol{K}_e + \boldsymbol{K}_g$$

$\boldsymbol{K}_e$——结构弹性矩阵；

$\boldsymbol{K}_g$——几何刚度矩阵。

对于颤抖振时程分析，外荷载 $F(t)$ 按下式计算：

$$F(t) = F_G + F_{st} + F_b(t) + F_{se}(t) \tag{7.3-24}$$

式中：F_G、F_{st}、$F_b(t)$、$F_{se}(t)$——结构的自重、静风力、抖振力和自激力。

自重、静风力和抖振力都可以直接计算。自激力 $F_{se}(t)$ 是结构位移和速度的函数，其中与位移有关的线性项起着刚度的作用，称为气动刚度；与速度有关的线性项起着阻尼的作用，称为气动阻尼。自激力是一种非保守力，自激力中的气动刚度项和气动阻尼项将造成总的有效刚度矩阵和阻尼矩阵不对称。

在频域分析中，取用 Scanlan 线性自激力表达式，将气动刚度和气动阻尼移到平衡方程的左边，与结构刚度、结构阻尼合并成总的刚度和阻尼，然后求解。在时域分析中，仍可以沿用这一思路，将自激力的气动刚度项、气动阻尼项移到方程左边分别与结构刚度、阻尼合并。公式(7.3-13)可改写为如下增量形式：

$$\boldsymbol{M}\Delta\ddot{\boldsymbol{x}}(t)+(\boldsymbol{C}-\boldsymbol{C}_{\mathrm{se}})\Delta\dot{\boldsymbol{x}}(t)+(\boldsymbol{K}_{\mathrm{e}}+\boldsymbol{K}_{\mathrm{g}}-\boldsymbol{K}_{\mathrm{se}})\Delta\dot{\boldsymbol{x}}(t)=\Delta[\boldsymbol{F}_{\mathrm{G}}+\boldsymbol{F}_{\mathrm{st}}+\boldsymbol{F}_{\mathrm{b}}(t)] \tag{7.3-25}$$

由于几何非线性、气动力非线性等因素的存在，在对微分方程进行数值积分时，采用增量形式的 Newmark-β 法求解。

阻尼是一种能量耗散机制，它使结构振动随时间衰减并最终停止。阻尼的问题比较复杂，数值大小主要取决于材料、运动速度和振动频率，目前常用的近似阻尼模型是 Rayleigh 阻尼：

$$\boldsymbol{C}=\alpha\boldsymbol{M}+\beta\boldsymbol{K} \tag{7.3-26}$$

当 $\alpha=0$ 时，Rayleigh 阻尼模型退化为线性阻尼；$\beta=0$ 时，模型退化为常阻尼；当只考虑两阶模态的阻尼比时，系数 α、β 可按公式(7.3-27)计算(图 7.3-9)。

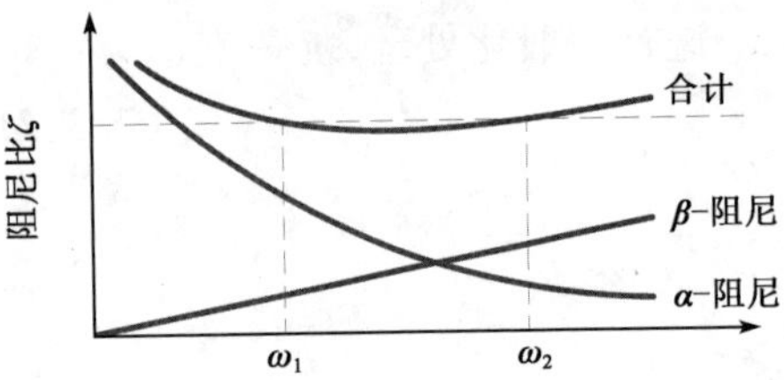

图 7.3-9 Rayleigh 阻尼模型

$$\alpha=2\frac{\omega_i\omega_j}{\omega_j^2-\omega_i^2}(\omega_j\zeta_i-\omega_i\zeta_j) \tag{7.3-27a}$$

$$\beta=2\frac{\omega_i\omega_j}{\omega_j^2-\omega_i^2}\left(-\frac{\zeta_i}{\omega_j}+\frac{\zeta_j}{\omega_i}\right) \tag{7.3-27b}$$

式中：ω_i、ω_j 和 ζ_i、ζ_j——结构第 i、j 阶模态的圆频率和阻尼比。

对于大型结构的时程分析，时间步长的选取直接关系到计算精度、耗时和算法稳定性。由于 Newmark-β 法是无条件稳定的，时间步长主要考虑三个方面的因素：非线性程度、荷载变化和结构振动周期。在 ANSYS 求解器中，可以用命令(AUTOTS，ON)激活自动时间步长。自动时间步长(或称作时间步长优化)按照响应频率和非线性效应来调节时间步长，可以减少子步总数，节省计算机资源。当存在非线性时，自动时间步长还有另一个好处：适当地增加荷载后，若不能收敛，程序回溯到前一步收敛解。对于宜宾岷江二桥、上海卢浦大桥和新光大桥的抖振分析，统一取时间步长为 0.20s，并激活自动时间步长开关。ANSYS 开发技术路线如图 7.3-10 所示。

为了考察结构在某一风速作用下的抖振响应特性，首先，需要计算桥梁结构在静风荷载作用下的变形和内力，然后应用前面的风场模拟技术生成桥梁各空间节点处的纵向和竖向脉动风速样本，再计算结构在该风荷载作用下的非线性响应时程，从而通过均值、根方差和功率谱等统计指标来评价结构的抖振响应特性。为使计算结果具有统计上的代表性，一般要求计算的响应时程有较长的时间跨度(例如 600s 左右)。

四、三维抖振非线性时域方法检验

对宜宾岷江二桥、上海卢浦大桥和广州新光大桥进行了风场数值模拟，水平风谱采用 Kaimal 谱，竖向风谱采用 Lumley-Panofsky 谱。

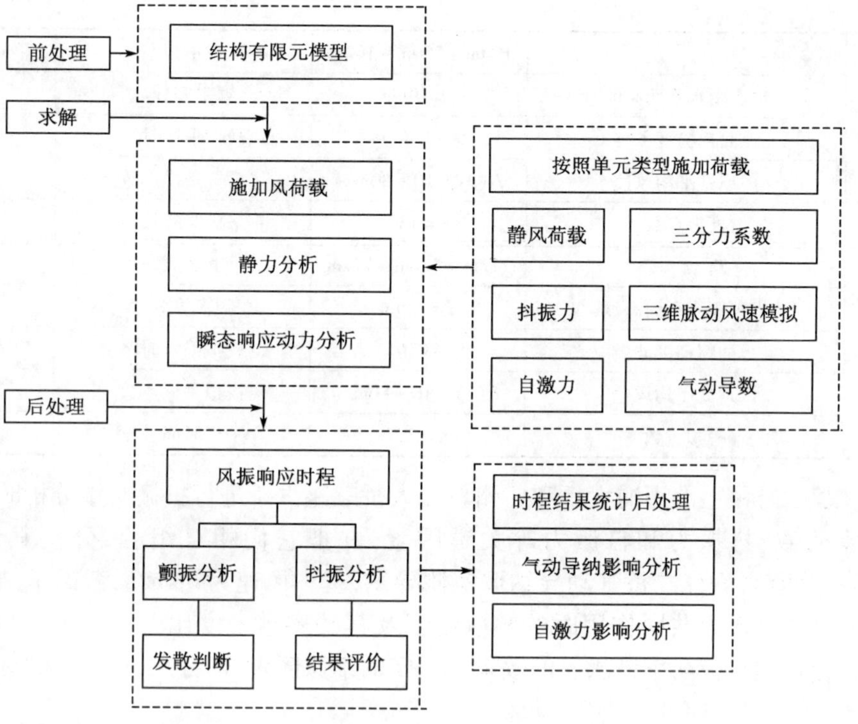

图 7.3-10　ANSYS 开发技术路线(胡晓伦[40],2006 年)

由于大气湍流的空间结构特性,空间两点的脉动风速存在一定的相关性,即通常所说的空间相关性,通常用相关函数表示:

$$\mathrm{Coh}_{u_1u_2}(n) = \frac{\hat{S}_{u_1u_2}(n)\cdot \hat{S}^*_{u_2u_1}(n)}{S_{u_1}(n)\cdot S_{u_2}(n)} \tag{7.3-28}$$

式中:$\hat{S}_{u_1u_2}(n)$——$u_1(x_1,y_1,z_1,t)$和$u_2(x_2,y_2,z_2,t)$的互功率谱函数;

$S_{u_1}(n)$、$S_{u_2}(n)$——$u_1(x_1,y_1,z_1,t)$和$u_2(x_2,y_2,z_2,t)$的自功率谱函数。

相关函数通常也用指数衰减函数的形式表示:

$$\mathrm{Coh}(n,D) = \exp\left(-\frac{\lambda nD}{\pi U}\right) \tag{7.3-29}$$

式中,D 为空间两测点之间的距离;脉动风速的指数衰减系数取为 10。

模拟时采用的主要参数见表 7.3-6。基于谐波合成法,对脉动风速场进行了数值模拟,风场数值模拟竖向风谱和水平风功率谱达到了目标值要求。

三座拱桥风场模拟的主要参数　　表 7.3-6

四川宜宾岷江二桥	跨　　度	$L=160\mathrm{m}$	截止频率	$\omega=5\pi\mathrm{rad/s}$
	拱顶距水平面高度	$z=58.8\mathrm{m}$	频率等分数	$N=1\,024$
	地面粗糙度Ⅱ类	$z_0=0.05\mathrm{m}$	模拟采样时距	$d_t=0.20\mathrm{s}$
	拱顶处平均风速	$U(z)=10\sim80\mathrm{m/s}$	模拟采样点数	$N_T=3\,000$
	模拟点数	$n=81$	采样时间长度	$T=600\mathrm{s}$

续上表

上海卢浦大桥	跨　度	100m + 550m + 100m	截止频率	$\omega = 4\pi$rad/s
	拱顶距水平面高度	$z = 100$m	频率等分数	$N = 1\,024$
	地面粗糙度Ⅰ类	$z_0 = 0.01$m	模拟采样时距	$d_t = 0.20$s
	拱顶处平均风速	$U(z) = 10 \sim 80$m/s	模拟采样点数	$N_T = 3\,000$
	模拟点数	$n = 130$	采样时间长度	$T = 600$s
广州新光大桥	跨　度	177m + 428m + 177m	截止频率	$\omega = 4\pi$rad/s
	拱顶距水平面高度	$z = 120$m	频率等分数	$N = 1\,024$
	地面粗糙度Ⅱ类	$z_0 = 0.05$m	模拟采样时距	$d_t = 0.20$s
	拱顶处平均风速	$U(z) = 10 \sim 80$m/s	模拟采样点数	$N_T = 3\,000$
	模拟点数	$n = 227$	采样时间长度	$T = 600$s

对宜宾岷江二桥、上海卢浦大桥和广州新光大桥三座拱桥进行抖振时域分析时，考虑了结构自重、静风荷载、抖振力和自激力等关键因素，并把它们相互组合，分析其影响效果。图7.3-11所示为宜宾岷江二桥气动导纳取实测导纳，基本风速为30m/s，考虑了结构自重、静风荷载、抖振力和自激力共同作用时的响应时程及其功率谱密度比。从图7.3-11中可以看出，拱顶与四分点的响应功率谱激发的效果有一定的细微区别，四分点拱肋自振卓越频率更加明显。

1)不同气动导纳影响分析

气动导纳分别取1、Sears函数和实测导纳，对宜宾岷江二桥、上海卢浦大桥和广州新光大桥进行了抖振时域计算分析，对其加载时，主要考虑了三种情况：仅考虑结构自重、静风荷载、抖振力作用；考虑结构自重、静风荷载、抖振力和自激力作用，包括18个气动导数；考虑结构自重、静风荷载、抖振力和自激力作用，没有考虑侧向气动导数。大跨度拱桥主要以侧向位移为主，竖向位移相对较小，因此，这里主要研究分析侧向抖振位移。宜宾岷江二桥、上海卢浦大桥和广州新光大桥气动导纳响应分析如图7.3-12～图7.3-14所示。

从图7.3-12～图7.3-14可以看出：宜宾岷江二桥、广州新光大桥和上海卢浦大桥时域计算分析结果与全桥气弹模型风洞实测结果吻合较好。主要原因在于气动导纳与静风位移无关，出现一些差别，主要由试验误差引起的。

宜宾岷江二桥、广州新光大桥和上海卢浦大桥，气动导纳取1、Sears函数和实测导纳的抖振位移计算结果有明显差别，尤其阻力方向等效气动导纳影响最大。全桥气弹模型试验抖振位移与采用实测气动导纳的结果很接近。

总体上来看，宜宾岷江二桥，取气动导纳为1时的抖振位移结果最大，实测导纳结果最小；广州新光大桥，取气动导纳为1时的抖振位移结果最大，Sears函数结果最小；上海卢浦大桥，取气动导纳为1时的抖振位移结果最大，Sears函数结果最小。

2)自激力影响分析

对宜宾岷江二桥、上海卢浦大桥和广州新光大桥自激力作用进行了研究分析比较，拱肋与主梁得到了相似的规律。以拱肋为例，三座拱桥自激力响应分析分别如图7.3-15～图7.3-17所示。

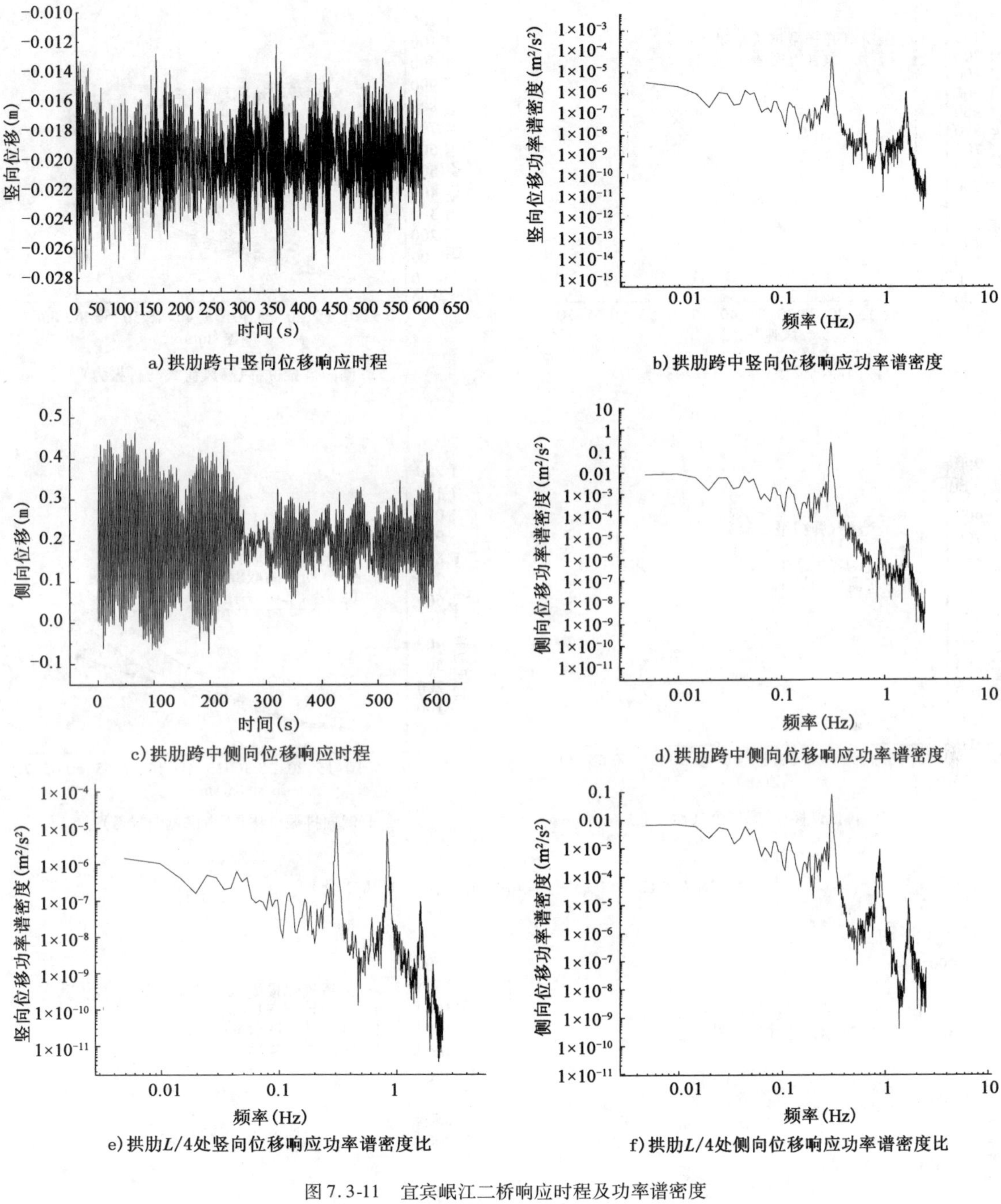

a) 拱肋跨中竖向位移响应时程　b) 拱肋跨中竖向位移响应功率谱密度

c) 拱肋跨中侧向位移响应时程　d) 拱肋跨中侧向位移响应功率谱密度

e) 拱肋 $L/4$ 处竖向位移响应功率谱密度比　f) 拱肋 $L/4$ 处侧向位移响应功率谱密度比

图 7.3-11　宜宾岷江二桥响应时程及功率谱密度

从图 7.3-15 ~ 图 7.3-17 可以看出：宜宾岷江二桥、广州新光大桥和上海卢浦大桥气动导纳分别取 1.0、Sears 函数和实测导纳时，三种加载工况，自激力作用会使抖振位移减小，其中，考虑 18 个气动导数比不考虑侧向气动导数得到的抖振位移要略小，但自激力对抖振位移的影响，不超过 5%。因此，宜宾岷江二桥、广州新光大桥和上海卢浦大桥可以偏安全地不考虑自激力作用的影响。

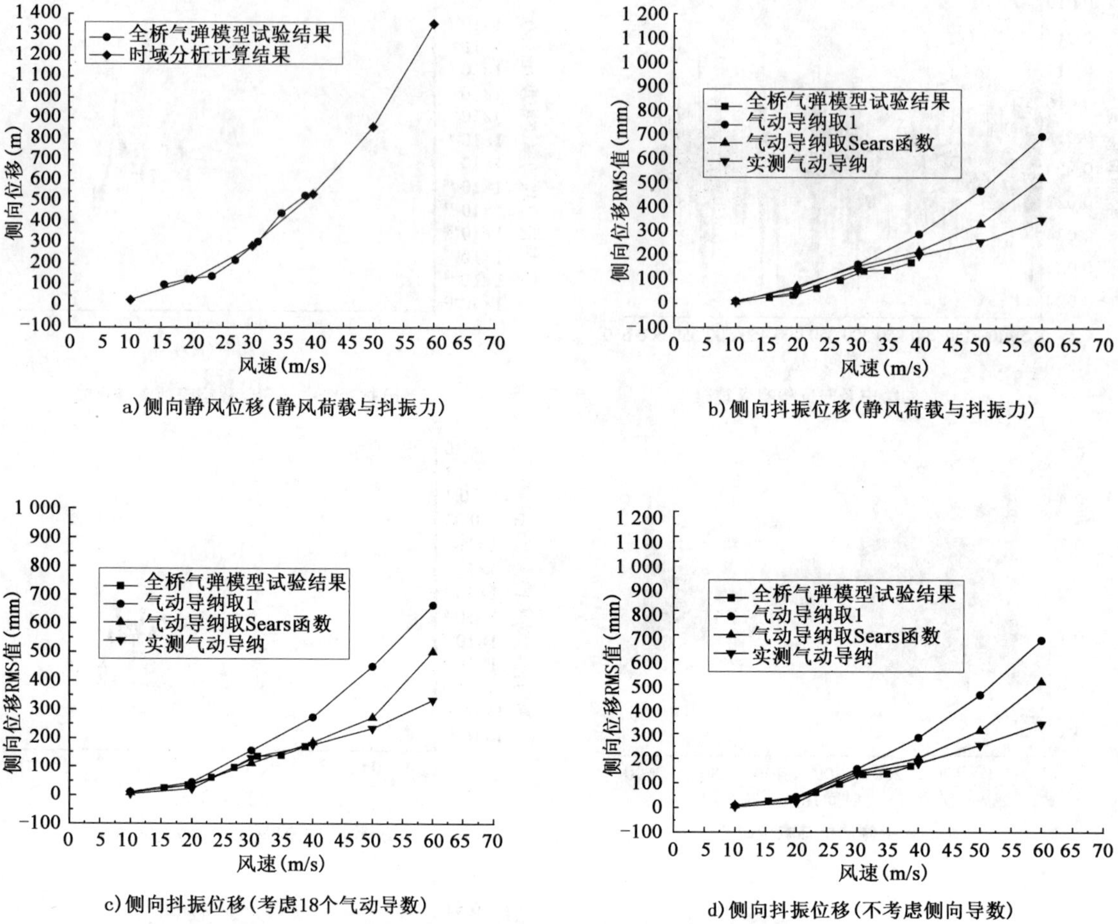

a)侧向静风位移(静风荷载与抖振力)　b)侧向抖振位移(静风荷载与抖振力)

c)侧向抖振位移(考虑18个气动导数)　d)侧向抖振位移(不考虑侧向导数)

图 7.3-12　宜宾岷江二桥响应分析(拱肋 $L/2$ 处)

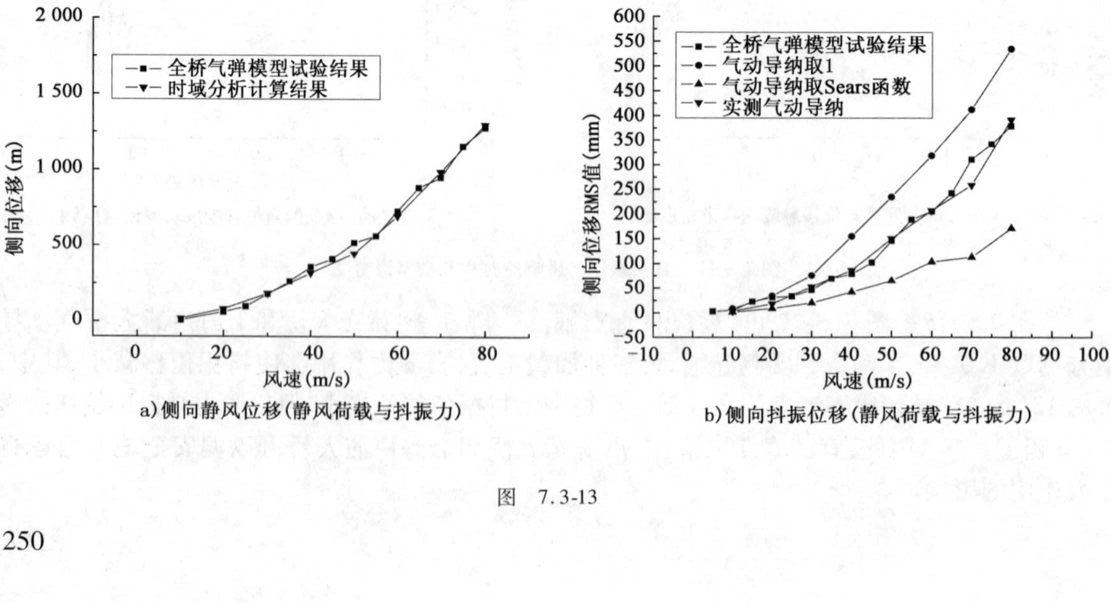

a)侧向静风位移(静风荷载与抖振力)　b)侧向抖振位移(静风荷载与抖振力)

图　7.3-13

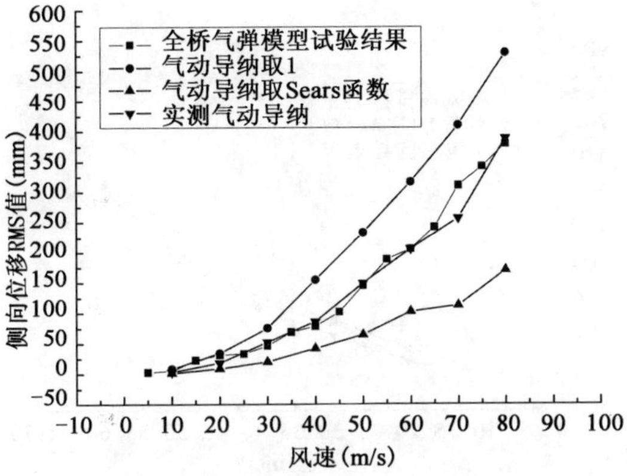

c)侧向抖振位移(考虑18个气动导数)

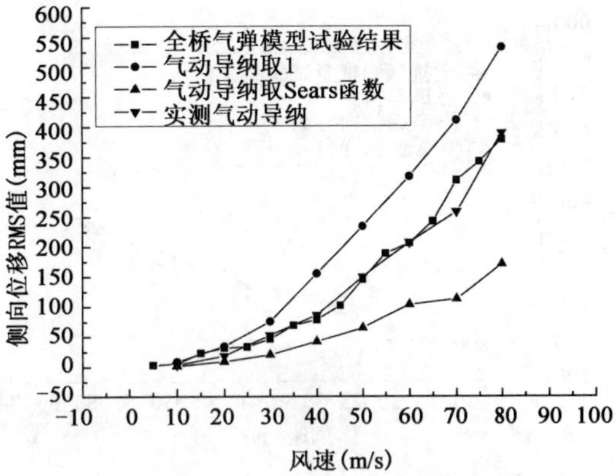

d)侧向抖振位移(不考虑侧向导数)

图 7.3-13　广州新光大桥响应分析(拱肋 $L/2$ 处)

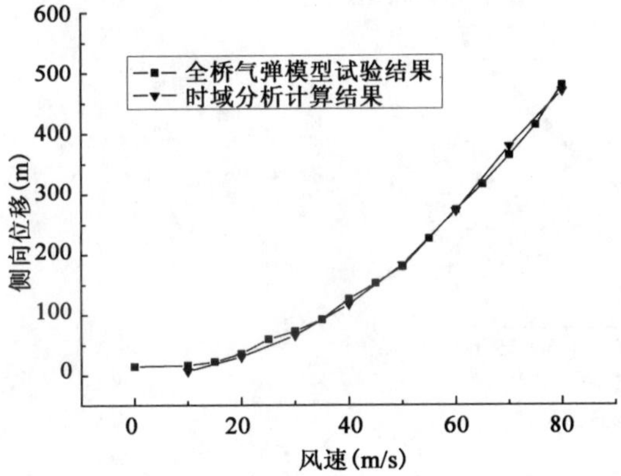

a)侧向静风位移(静风荷载与抖振力)

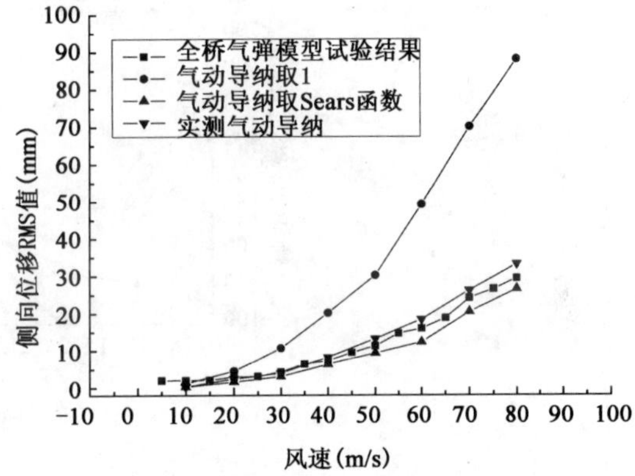

b)侧向抖振位移(静风荷载与抖振力)

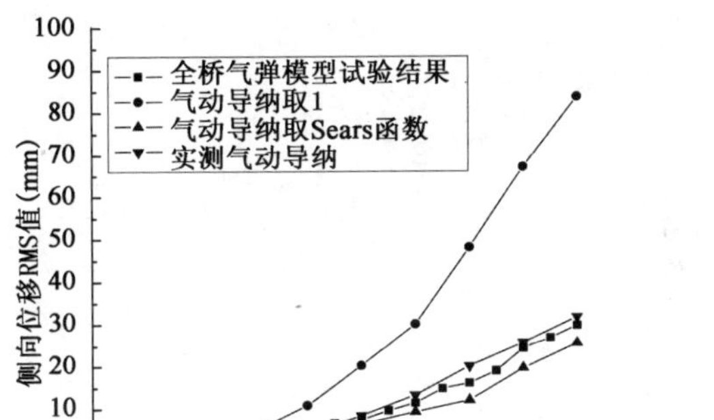

c)侧向抖振位移(考虑18个气动导数)

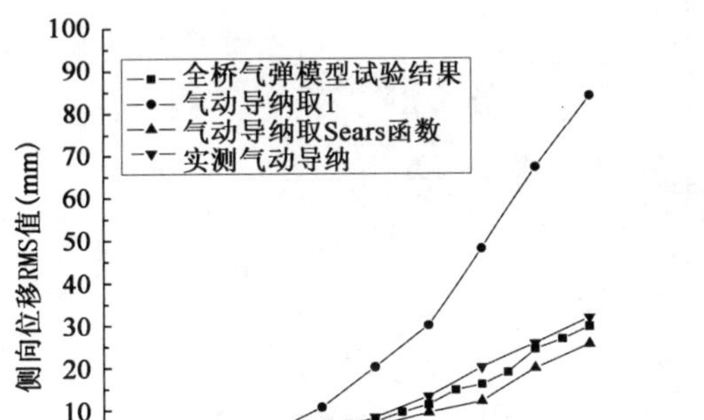

d)侧向抖振位移(不考虑侧向导数)

图 7.3-14　上海卢浦大桥响应分析(拱肋 $L/2$ 处)

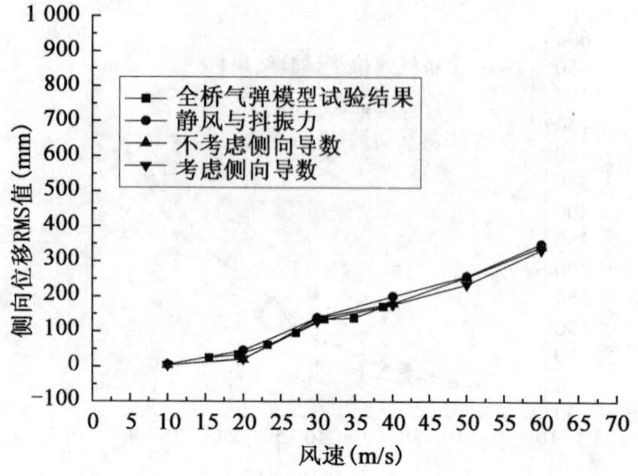

a)实测气动导纳的侧向抖振位移

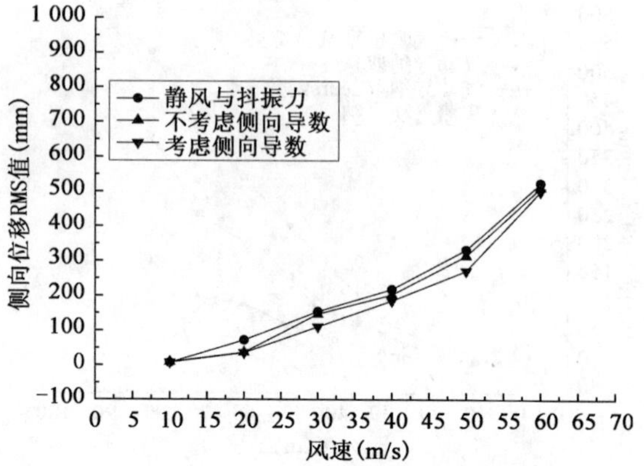

b)气动导纳取Sears函数的侧向抖振位移

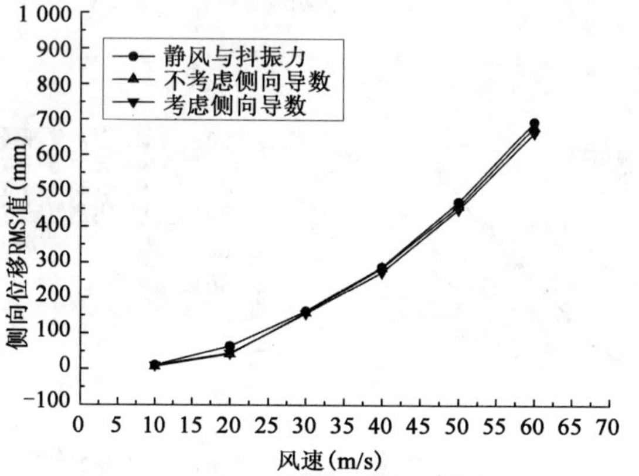

c)气动导纳取1的侧向抖振位移

图 7.3-15　宜宾岷江二桥自激力作用抖振响应分析

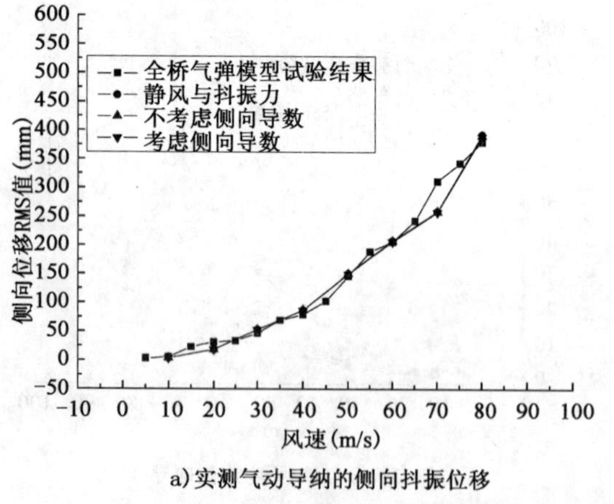

a)实测气动导纳的侧向抖振位移

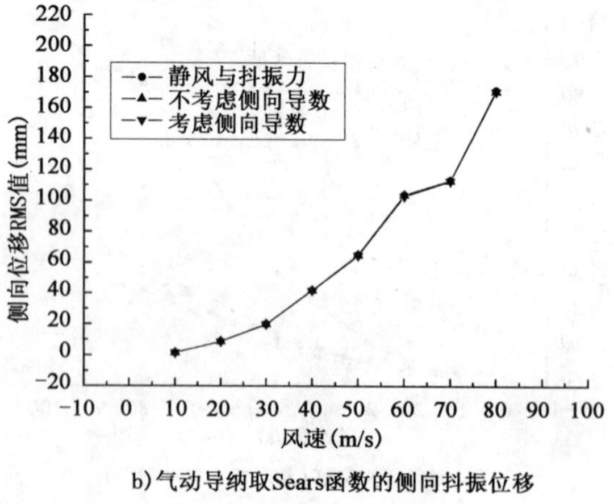

b)气动导纳取Sears函数的侧向抖振位移

图　7.3-16

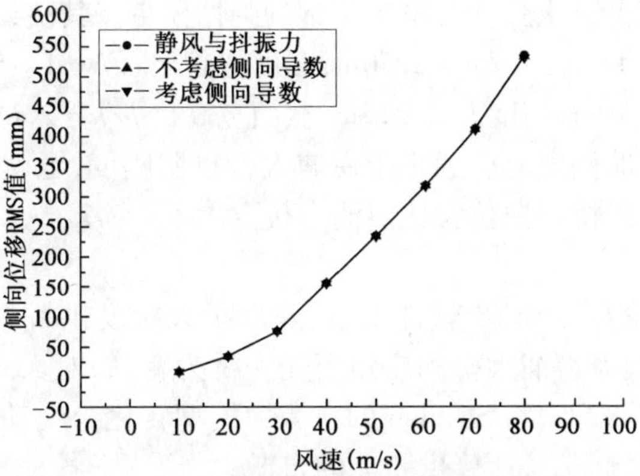

c)气动导纳取1的侧向抖振位移

图 7.3-16　广州新光大桥自激力作用抖振响应分析

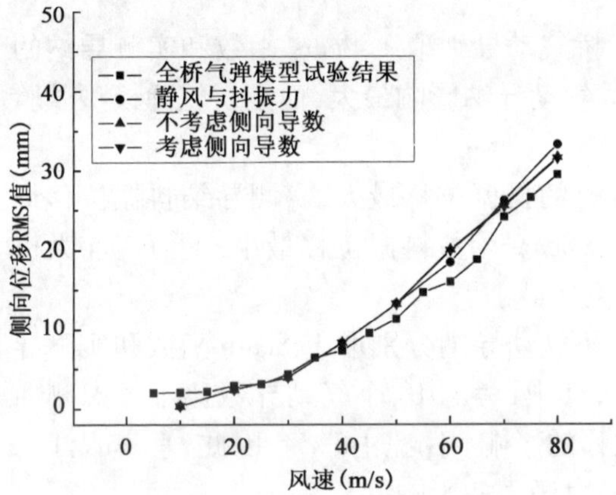

a)实测气动导纳的侧向抖振位移

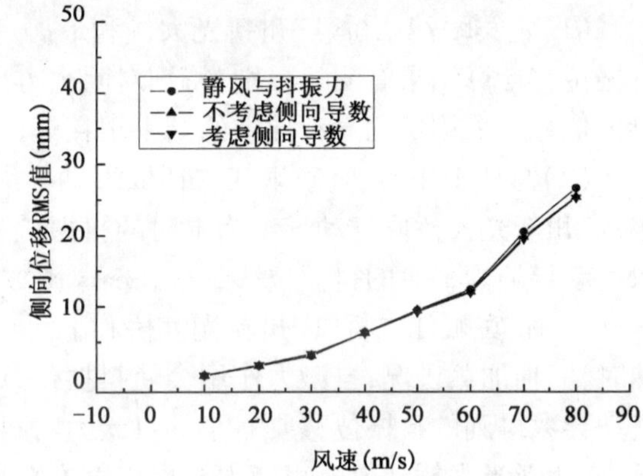

b)气动导纳取Sears函数的侧向抖振位移

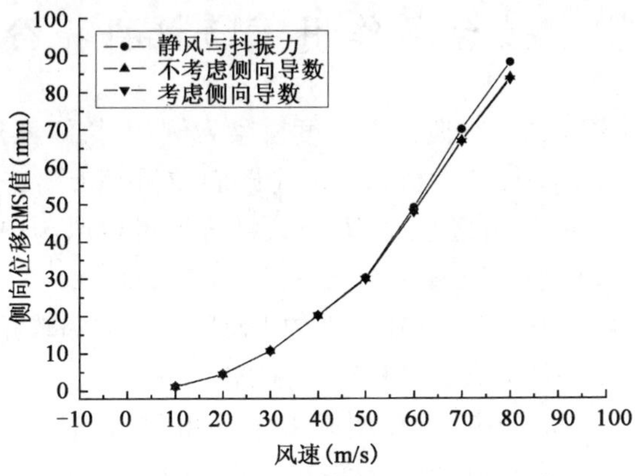

c)气动导纳取1的侧向抖振位移

图 7.3-17　上海卢浦大桥自激力作用抖振响应分析

上海卢浦大桥拱肋断面类似矩形，但与宜宾岷江二桥抖振位移相比，宜宾岷江二桥的抖振位移要大些。原因有两点：首先，两者拱肋材料不同。宜宾岷江二桥拱肋为钢筋混凝土，而卢浦大桥拱肋为钢材料，钢筋混凝土弹性模量小于钢的弹性模量。其次，两者拱肋刚度不同。岷江二桥实桥拱肋宽度 $b=3.16\text{m}$，高度 $h=2.20\text{m}$，截面宽高比 $b/h=1.45$；卢浦大桥是变截面提篮式拱桥，拱顶宽度 $b=16.10\text{m}$，高度 $h=6.15\text{m}$，截面宽高比 $b/h=2.62$，拱脚宽高比为 5.67。因此可知，宜宾岷江二桥拱肋侧向刚度远小于卢浦大桥拱肋刚度，也就是说，岷江二桥相对卢浦大桥柔很多，故宜宾岷江二桥抖振位移比卢浦大桥要大。

3）主要研究结论

基于现有桥梁抗风理论与 ANSYS 软件平台，建立了大跨度拱桥抖振时域分析的实用方法，以四川宜宾岷江二桥、上海卢浦大桥和广州新光大桥为背景，对大跨度拱桥抖振进行了一些研究工作，其中，在风荷载方面，将 Scanlan 的自激力模型转化为气动刚度项和气动阻尼项，用 ANSYS 中的 Matrix27 单元模拟，计算拱肋上的自激力，论述了各种气动力在有限元模型上的施加方法；在有限元分析计算方面，对三座拱桥进行了非线性抖振时域理论计算，并将结果与全桥气弹模型风洞试验结果进行对比分析，讨论了气动导纳、自激力等因素对抖振响应的影响。主要计算结论可以归纳为下列几个方面：

（1）宜宾岷江二桥、广州新光大桥和上海卢浦大桥气动导纳取 1、Sears 函数和实测导纳的抖振位移计算结果有明显差别，特别对阻力方向等效气动导纳影响最大，而全桥气弹模型试验抖振位移与采用实测气动导纳的结果很接近。

（2）总体上来看，宜宾岷江二桥取气动导纳为 1 时的抖振位移最大，实测导纳抖振位移最小；广州新光大桥取气动导纳为 1 时的抖振位移最大，Sears 函数抖振位移最小；上海卢浦大桥取气动导纳为 1 时的抖振位移最大，Sears 函数抖振位移最小。

（3）宜宾岷江二桥、广州新光大桥和上海卢浦大桥气动导纳分别取 1、Sears 函数和实测导纳时，三种加载工况，自激力作用会使抖振位移减小，其中，考虑 18 个气动导数比不考虑侧向气动导数得到的抖振位移要略小。自激力对抖振位移的影响，不超过 5%。因此，宜宾岷江二桥、广州新光大桥和上海卢浦大桥可以偏安全地忽略自激力的影响。

第四节　强台风作用下随机抖振分析

以我国东南部沿海台风多发区三类典型大跨度桥梁为例，即长江三角洲区域舟山群岛西堠门大桥（1 650m 主跨悬索桥），上海长江大桥（740m 主跨斜拉桥）和珠江三角洲区域广州新光大桥（428m 主跨拱桥），运用 Monte-Carlo 随机模拟算法，结合大量台风历史实测数据，再现了台风气候条件下桥位工程场地风环境参数取值特点（赵林等[41~44]，Zhu 等[45]，Zhao 等[46]）；考虑桥梁结构几何非线性效应、多种气动力荷载共同作用下的平均风及瞬时风攻角效应，由时域有限元计算方法比较了良态与台风气候条件下大跨度桥梁风振响应。利用大气边界层风洞被动紊流发生装置，再现了台风条件下新光大桥全桥气弹模型流场特征和风振响应过程，基于中跨拱肋二维节段模型高频天平测力试验识别了台风强紊流条件下气动导纳函数，进一步精细化地分析了台风条件下新光大桥风致振动响应特点（赵林等[47]，王小松等[48]，于洪刚等[49]）。

一、强紊流条件节段模型气动导纳

以类平板模型［图 7.2-10a）］和流线箱梁模型［图 7.2-10b）］为例比较不同紊流度条件下

导纳函数试验结果。图 7.4-1 和图 7.4-2 给出了不同紊流度条件下等效导纳函数结果，可知识别结果随紊流度有明显改变，试验中未发现导纳函数随紊流度有明显趋势性的变化。

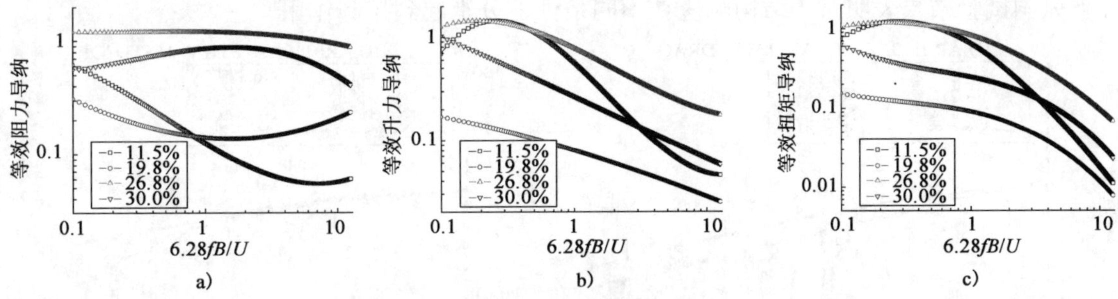

图 7.4-1　类平板模型不同紊流度等效导纳函数结果比较（0°攻角，4.6 ~ 5.6m/s 风速）

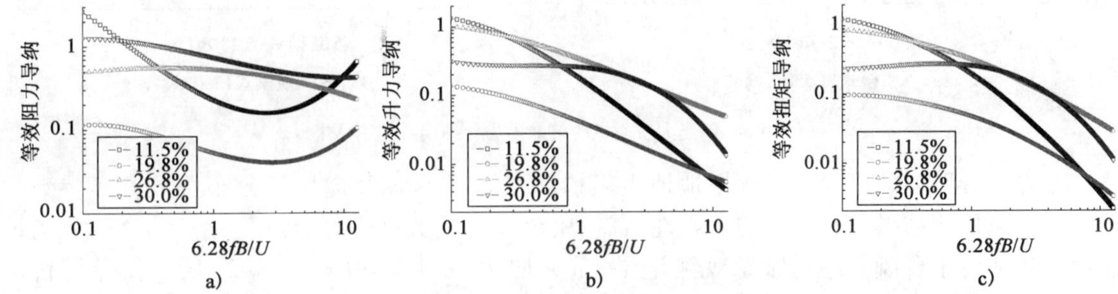

图 7.4-2　流线箱梁模型不同紊流度等效导纳函数结果比较（0°攻角，4.6 ~ 5.6m/s 风速）

以新光大桥格构式主拱肋断面为例[图 7.2-10g)]，在风洞试验室中较为准确地模拟了良态气候和台风气候条件（表 7.4-2）高、低两种紊流度条件，采用互谱方法识别了新光大桥主拱肋等效阻力导纳函数（图 7.4-3），将对应主拱肋一阶侧弯折算频率条件的几种可能的导纳函数取值进行了比较，见表 7.4-1，可知不同导纳函数取值存在明显的差别，最大与最小可能取值相差近 10 倍，两类不同紊流度条件导纳函数亦可能存在 2 倍的取值差异。

新光大桥主拱肋多种导纳函数取值情况比较　　表 7.4-1

导纳函数	阻力项导纳取值，对应拱肋一阶侧弯折算频率（$6.28fB/U$）
工程常用值	1.0
Sears 函数	0.23
良态来流实测值，对应 I_u = 11.5%	0.11 ± 0.017
台风来流实测值，对应 I_u = 15.4%	0.19 ± 0.029

二、强台风流场全桥气弹模型试验

对于台风气候模式，调查和收集对桥位工程场地有影响的近 50 余年间所有的台风中心探测记录及卫星云图分析记录等宏观观测数据，汇总了工程场地临近气象站近 25 ~ 35 年时间台风定点逐时风速风向记录资料。基于近地实测数据优化台风风场相关参数；依据 Monte-Carlo 模拟方法，采用台风风场的非确定性模型，以越界峰值采样法和广义 Pareto 概率分布函数拟合出适合于工程场地的风速分布概率模型，并按不同的使用期限或保证率推算出对应不同重现期和高度的基准风速。对于良态气候模式，参考我国基本风压风速分布图表或者临近气象站阶段极值统计结果，结合建筑结构荷载规范对风剖面描述方法，可以换算不同场地条件下不同高度设计基准风速。良态气候与台风气候模式风环境参数存在明显的差别，两类气候模式条件下风洞试验结果表明对于结构响应在不同条件下分别起到控制作用。

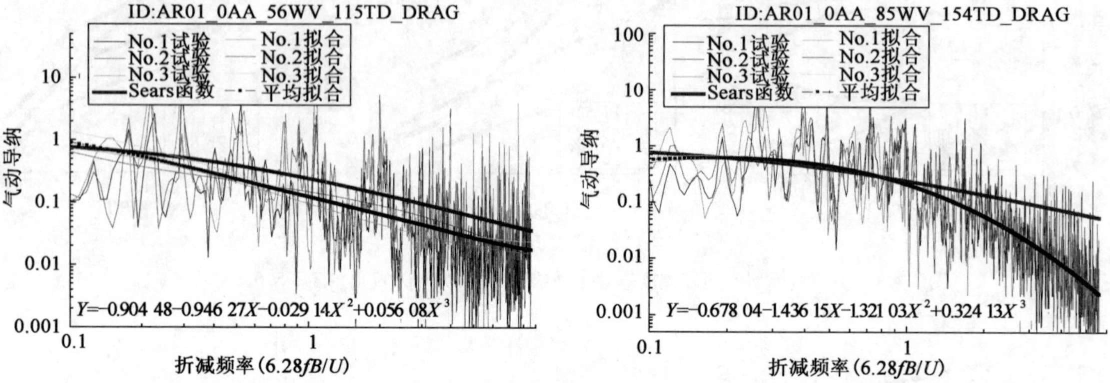

a) 良态气候模式11.5%紊流度　　b) 台风气候模式15.4%紊流度

图7.4-3　新光大桥主拱肋等效阻力导纳函数识别结果

考虑到台风移动过程中工程场地地表粗糙高度 z_0 和台风径向风压分布系数 β 等参数对于极值风速预测结果具有较大的敏感性，宜利用台风实测数据进行合理优化。结合工程场地临近气象站对于台风的逐时跟踪观测记录，定义如式(7.4-1)和式(7.4-2)所示误差评价标准，比较台风 Monte-Carlo 随机模拟结果与观测值之间的偏差。

$$D_1 = \left\{\frac{1}{n}\sum_{i=1}^{n}[(v_{c,i} - v_{o,i})/v_{o,i}]^2\right\}^{0.5} \tag{7.4-1a}$$

$$D_2 = \frac{1}{n}\sum_{i=1}^{n}[(v_{c,i} - v_{o,i})/v_{o,i}] \tag{7.4-1b}$$

式中：n——气象站跟踪观测到的台风发生次数；

$v_{o,i}$——工程场地第 i 次台风观测极值风速；

$v_{c,i}$——随机台风模型计算结果。

$$D_3 = \frac{v_{c,N} - v_{o,N}}{v_{o,N}} \tag{7.4-2}$$

式中：$v_{o,N}$——气象站 N 年间工程场地风速测站观测得到的极值风速；

$v_{c,N}$——台风随机模型预测的 N 年间极值风速。

对于上海地区崇明岛侯家镇气象站场地条件，当参数 β 取值介于 1.00 ~ 1.25 之间，且 z_0 取值为 0.09m 时，随机台风模型逐次比较标准可以得到最优的计算结果。对于广州市气象站场地条件，考虑到气象站周边建筑物历史变迁对于风环境的影响，分为两个时段进行模拟：在 1984 年以前，场地 $z_0 = 0.125$m 时(近于 B 类场地取值)，β 取值介于 1.00 ~ 2.50 之间时；在 1984 年以后，场地 $z_0 = 0.25$m 时(近于 C 类场地取值)，β 取值介于 1.00 ~ 2.50 之间时，式(7.4-1)、式(7.4-2)可以达到最优的拟合效果。图 7.4-4 比较了上海侯家镇气象站 40 次跟踪台风实测最大值结果与模拟结果，广州气象站 39 次台风实测最大值结果与模拟结果。均方偏差 D_1 为 23.0% ~33.0%，平均偏差 D_2 为 -1.6% ~1.0%，此时按重现期比较标准平均偏差 D_3 亦可控制为 5.0% ~14.0%。以上具体内容参见"第五章热带气旋数值模拟"。

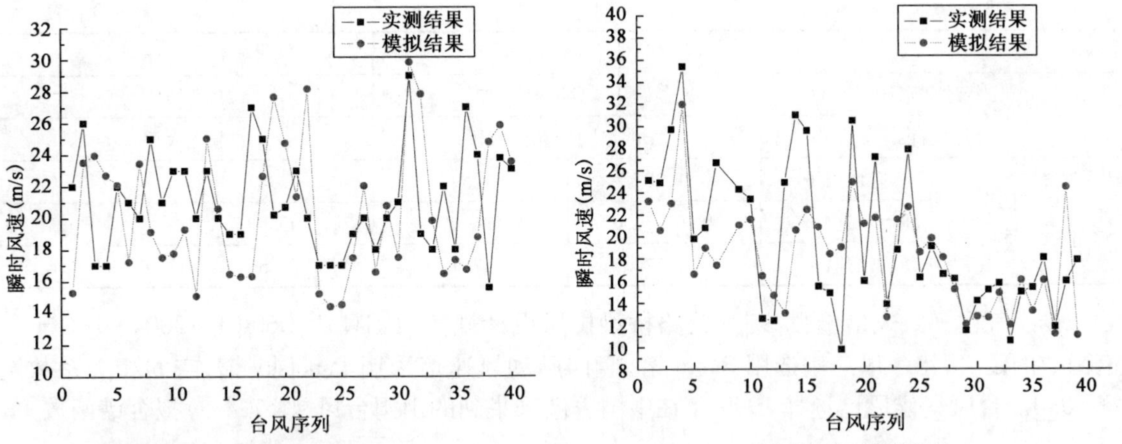

图7.4-4　气象站台风实测结果与模拟结果比较

采用拟合优化参数，计算几类不同典型场地条件下设计重现期内台风气候模式梯度风高度、平均风及瞬时风剖面，瞬时风速换算为平均风速时，采用Sharma等[50]提出的针对澳大利亚风荷载规范AS1170.2—1989的阵风因子修正办法，认为当考虑台风风场流动不稳定性时，建议采用如式(7.4-3)的修正办法。

$$I_u(TC) = \alpha \times I_u(Non\text{-}TC) \tag{7.4-3a}$$

$$\gamma_G(TC) = 1 + 3.7I_u(TC) \tag{7.4-3b}$$

式中：TC——代表台风区域；

$Non\text{-}TC$——代表非台风区域；

α——对于A～D类场地条件，α可分别取值为1.60、1.48、1.36、1.24；

γ_G——阵风因子。

表7.4-2为采用Monte-Carlo台风随机模拟方法得到的上海和广州地区不同桥位场地条件下风环境参数。台风气候模式平均风梯度高度普遍低于良态气候值，台风条件阵风因子大于良态气候值。在10m至平均主梁高度处，良态气候重现期内平均风速一般起控制作用。A类场地条件下，良态气候主梁高度瞬时风速超出台风气候13.3%；在B类场地中，台风气候主梁高度瞬时风速超出良态气候13.1%，即在两类场地条件瞬时风速均起控制作用。

几种典型工程场地台风与良态气候模式风环境参数比较(100年重现期)　　表7.4-2

地　区		上　海		广　州	
场地类别		A类场地		B类场地	
桥梁名称		西堠门大桥/长江大桥		新光大桥	
气候模式		良态气候	台风气候	良态气候	台风气候
风剖面幂指数		0.12～0.16	0.062	0.16	0.08
梯度风高度(m)		300.0	100.0	350.0	150
10m高度	阵风因子	1.38	1.83	1.38	1.93
	平均风速(m/s)	39.6～41.1	32.5	33.4	34.9
	瞬时风速(m/s)	54.6～56.7	59.5	46.1	67.4

续上表

地　区		上　海		广　州	
场地类别		A 类场地		B 类场地	
桥梁名称		西堠门大桥/长江大桥		新光大桥	
平均主梁高度(55m)	阵风因子	1.38	1.59	1.38	1.71
	平均风速(m/s)	48.6～54.0	36.1	43.9	40.0
	瞬时风速(m/s)	67.1～74.5	57.4	60.5	68.4

良态气候模式风谱函数参考《公路桥梁抗风设计规范》(JTG/T D60-01—2004)中对于风谱函数的定义,水平风速谱选用 Simiu 谱,竖向脉动风速谱采用 Panofsky 谱,空间相关系数选择 10.0。台风气候风谱选择 1999 年在中国香港采集到的山姆台风(图 7.4-5)拟合谱函数:

$$\frac{nS(n)}{u_*^2}=\frac{af}{(1+bf^{\frac{1}{m}})^{cm}}\cdot c=\frac{5}{3} \tag{7.4-4}$$

式中:a、b、c、m——拟合参数;

$S(n)$——脉动风水平或垂直方向的功率谱密度函数;

n——脉动风速分量频率(Hz);

f——$f=\frac{nz}{U(z)}$,其中,z 为高度项;

u_*——气流摩阻速度。

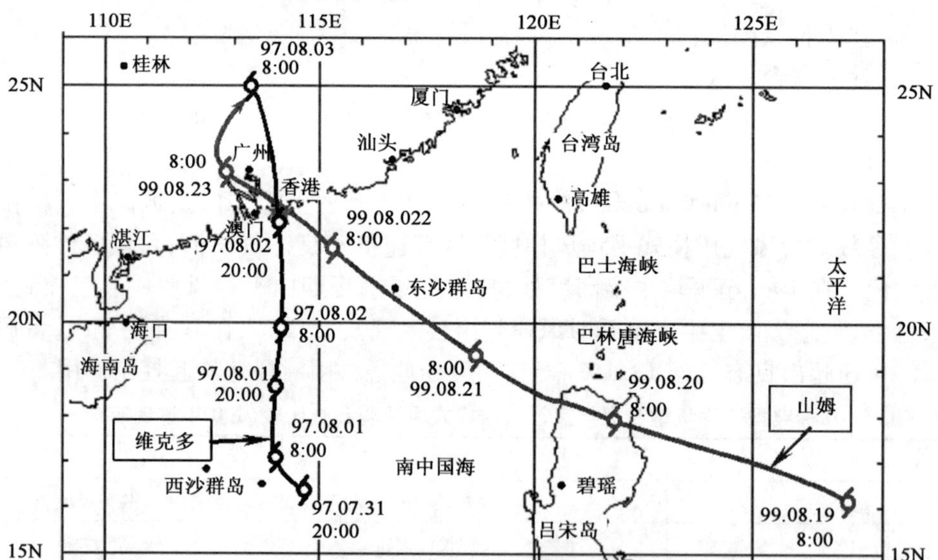

图 7.4-5　山姆(Sam,1999 年)台风移动路径示意

比较可知台风拟合谱与常用风谱函数存在明显的差别,尤其在折算频率低于 0.2 范围内,表明对于具有较低固有频率的柔性结构,如大跨度桥梁和超高层建筑结构,不同气候模式风谱作用下的动力影响会存在较明显的差别(图 7.4-6)。

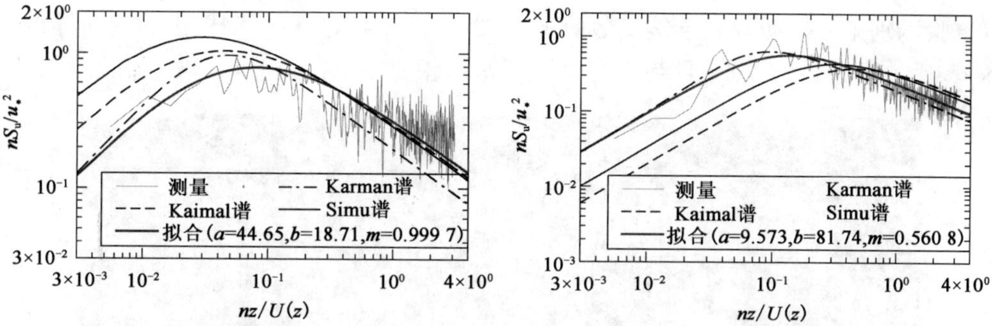

a）水平风谱　　b）竖向风谱

图 7.4-6　山姆台风（Sam，1999 年）实测风速数据拟合谱

选择我国东南部沿海台风多发区三类典型大跨度桥梁，即长江三角洲区域舟山群岛西堠门大桥、上海长江大桥和珠江三角洲区域广州新光大桥。这三座大跨度桥梁抗风性能研究工作均由同济大学土木工程防灾国家重点实验室承担，由二维节段模型风洞试验获得不同风速和攻角条件下静风力系数和气动导数，也完成了良态气候模式全桥气弹模型风洞试验，表 7.4-3中列举了与结构风致振动有关的基本参数取值情况。

台风多发区三类典型大跨度桥梁基本参数　　表 7.4-3

<table>
<tr><td colspan="2">地　　区</td><td colspan="4">上　　海</td><td colspan="4">浙江舟山</td><td colspan="4">广　　州</td></tr>
<tr><td colspan="2">桥梁名称</td><td colspan="4">长江大桥</td><td colspan="4">西堠门大桥</td><td colspan="4">新光大桥</td></tr>
<tr><td colspan="2">结构形式</td><td colspan="4">740m 主跨钢箱斜拉桥</td><td colspan="4">1 650m 主跨钢箱悬索桥</td><td colspan="4">428m 主跨钢桁拱桥</td></tr>
<tr><td colspan="2">主梁高程（m）</td><td colspan="4">64.7</td><td colspan="4">54.0</td><td colspan="4">55.0</td></tr>
<tr><td colspan="2" rowspan="3">主要振动构件及平均尺寸</td><td colspan="4">中跨主梁</td><td colspan="4">中跨主梁</td><td colspan="4">中跨主拱</td></tr>
<tr><td colspan="2">宽度（m）</td><td colspan="2">高度（m）</td><td colspan="2">宽度（m）</td><td colspan="2">高度（m）</td><td colspan="2">宽度（m）</td><td colspan="2">高度（m）</td></tr>
<tr><td colspan="2">55.1</td><td colspan="2">4.0</td><td colspan="2">35.5</td><td colspan="2">3.5</td><td colspan="2">30.7</td><td colspan="2">7.6</td></tr>
<tr><td colspan="2">振动形态</td><td>竖弯</td><td>侧弯</td><td colspan="2">扭转</td><td>竖弯</td><td>侧弯</td><td colspan="2">扭转</td><td>竖弯</td><td>侧弯</td><td colspan="2">扭转</td></tr>
<tr><td rowspan="2">成桥状态动力特性</td><td>频率（Hz）</td><td>0.231</td><td>0.299</td><td colspan="2">0.617</td><td>0.100</td><td>0.049</td><td colspan="2">0.232</td><td>0.521</td><td>0.218</td><td colspan="2">1.155</td></tr>
<tr><td>阻尼比</td><td>8.4‰</td><td>—</td><td colspan="2">7.9‰</td><td>9.3‰</td><td>—</td><td colspan="2">6.0‰</td><td>4.2‰</td><td>6.4‰</td><td colspan="2">—</td></tr>
<tr><td colspan="2">静气动力项</td><td>升力</td><td>阻力</td><td colspan="2">扭转</td><td>升力</td><td>阻力</td><td colspan="2">扭转</td><td>升力</td><td>阻力</td><td colspan="2">扭转</td></tr>
<tr><td rowspan="2">0°攻角静风系数</td><td>均值</td><td>−0.106</td><td>0.096</td><td colspan="2">0.005</td><td>−0.050</td><td>0.104</td><td colspan="2">0.011</td><td>−0.002</td><td>0.261</td><td colspan="2">0.001</td></tr>
<tr><td>斜率</td><td>3.411</td><td>−0.329</td><td colspan="2">0.038</td><td>2.264</td><td>−0.028</td><td colspan="2">0.218</td><td>0.126</td><td>−0.010</td><td colspan="2">−0.026</td></tr>
<tr><td colspan="2">自激气动力项</td><td colspan="2">升力</td><td colspan="2">扭矩</td><td colspan="2">升力</td><td colspan="2">扭矩</td><td colspan="2">升力</td><td colspan="2">阻力</td></tr>
<tr><td colspan="2">0°攻角主气动导数项</td><td>H_1</td><td>H_4</td><td>A_2</td><td>A_3</td><td>H_1</td><td>H_4</td><td>A_2</td><td>A_3</td><td>H_1</td><td>H_4</td><td>P_1</td><td>P_4</td></tr>
<tr><td colspan="2">主气动导数（良态）</td><td>−0.085</td><td>0.826</td><td>−0.083</td><td>−0.050</td><td>−1.683</td><td>0.409</td><td>−0.094</td><td>0.225</td><td>−1.462</td><td>−2.235</td><td>1.009</td><td>−0.560</td></tr>
<tr><td colspan="2">主气动导数（台风）</td><td>−0.247</td><td>0.360</td><td>−0.012</td><td>−0.042</td><td>−1.805</td><td>0.588</td><td>−0.071</td><td>0.146</td><td>−1.450</td><td>−1.757</td><td>1.112</td><td>−0.314</td></tr>
</table>

注：长江大桥和西堠门大桥主气动导数以桥面高度风速为参考，新光大桥主气动导数以拱顶风速为参考。

为了进一步精细化研究气候模式对于结构风振响应的影响，以新光大桥拱桥为例，采用被动紊流发生装置在 TJ-3 风洞再现了如表 7.4-2 所示台风流场 1∶200 平均风和紊流度剖面，测试了新光全桥气弹模型台风流场条件下的风振响应，如图 7.4-7 和图 7.4-8 所示；采用高频天平测力试验识别了主拱肋等效导纳函数（图 7.4-3 和表 7.4-1），可见钢桁拱肋断面导纳函数不仅与 Sears 函数有明显的差别，且与来流紊流度密切相关（赵林等[47]）。

图 7.4-7　新光大桥全桥气弹模型在 TJ-3 风洞中安装情况

计算过程考虑桥梁结构几何非线性效应、非线性气动力的平均风及瞬时风攻角效应和包括静风力、抖振力、涡激力和自激力等多种气动力共同作用的效应。

a）台风紊流场发生装置

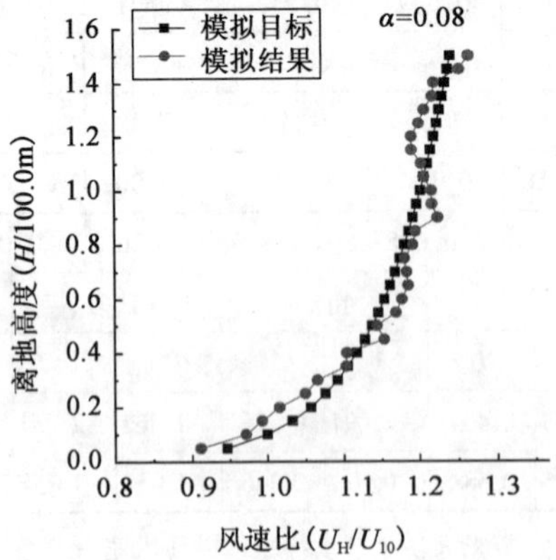

b）平均风速剖面

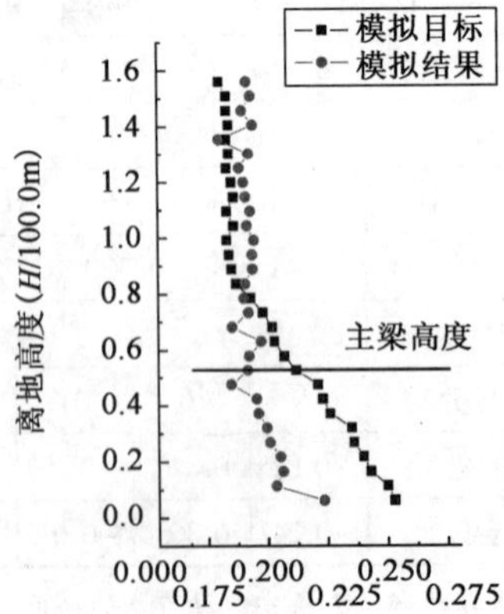

c）紊流度剖面

图 7.4-8　TJ-3 风洞 B 类场地台风流场模拟情况

三、台风与良态气候拱桥风效应比较

表 7.4-4 中首先比较了 100 年重现期西堠门和长江大桥在不同气候模式设计风速条件下位移响应根方差，可知试验结果均明显不同于采用导纳函数为 1.0 或 Sears 函数的有限元计算结果；尽管台风条件来流紊流度一般大于良态气候，但考虑到 A 类场地条件两类气候重现期设计风速的较大差别（表 7.4-2），最终良态气候风振响应超过了台风气候。西堠门和长江大桥为提高主梁颤振临界风速，采用开槽分离双箱主梁断面，基于势流理论的气动导纳参数解析式与实际偏差已非常显著，因此源自于薄机翼断面的 Sears 函数对特殊桥梁主梁断面形式的适用性值得怀疑。

西堠门大桥和长江大桥设计风速条件下

风致振动响应根方差比较（100 年重现期，0°风攻角）　　表 7.4-4

名　称	气候模式	分析方法	导纳函数	主 梁 跨 中		主梁四分点	
				竖弯（m）	扭转（°）	竖弯（m）	扭转（°）
西堠门大桥	良态气候	风洞试验结果		0.320	0.139	0.280	0.118
		计算结果	1.0	0.729	0.421	0.694	0.380
			Sears 函数	0.513	0.218	0.463	0.198
	台风气候		1.0	0.549	0.269	0.585	0.244
			Sears 函数	0.369	0.112	0.273	0.101
长江大桥	良态气候	风洞试验位移结果		0.154	0.071	0.063	0.080
		计算结果	1.0	0.578	0.080	0.169	0.066
			Sears 函数	0.279	0.036	0.082	0.030
	台风气候		1.0	0.449	0.004	0.131	0.003
			Sears 函数	0.188	0.001	0.055	0.001

对于新光大桥，图 7.4-9 给出了两类气候模式风振响应根方差随风速变化情况，其中试验结果来自全桥气弹模型试验，计算结果为导纳取 1.0 和 Sears 函数结果，风谱函数采用规范规定谱。比较可知，两类气候条件下风振响应试验结果均明显小于有限元计算结果。新光大桥主拱肋为格构式的钢桁梁结构形式，不同于流线型薄机翼断面，分析导致计算结果误差的原因很可能来自导纳函数的选取。台风和良态气候在二维节段模型试验中更多的差别来自紊流度的不同，考虑到新光大桥主要风振响应以中跨主拱的侧向变形运动形态占主导地位，采用如图 7.4-7所示新光大桥主拱肋在两种不同来流紊流度条件下，等效阻力导纳函数识别结果进行有限元分析，如图 7.4-10 和图 7.4-11 所示，计算中考虑到风洞试验导纳函数识别结果有 15% 的均方偏差，同时给出了计算结果的置信区间，可以看到风洞试验结果可以被很好地包容在计算结果置信范围内。上述分析过程说明了在大跨度桥梁风振分析中采用实测导纳函数对于改善结果精度的重要性。

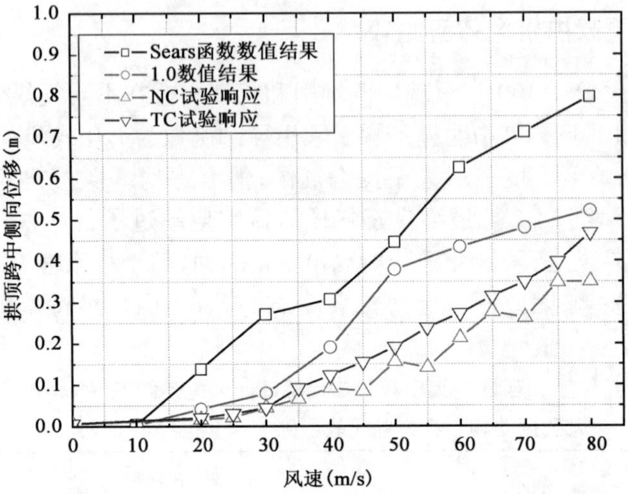

图 7.4-9　两类气候条件风振响应 RMS 值与计算结果对比(NC 为常态气候,TC 为台风气候)

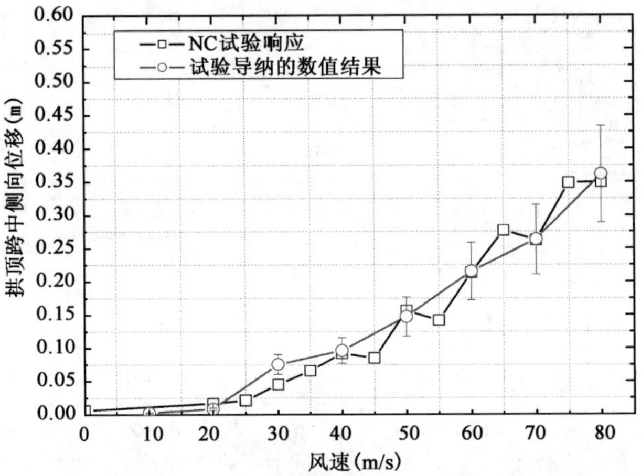

a)良态气候

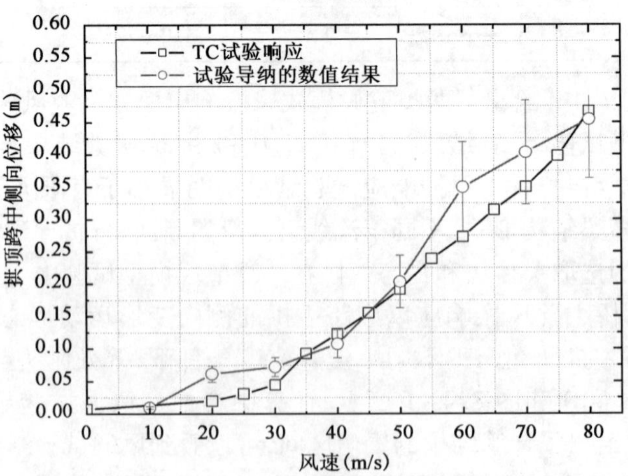

b)台风气候

图 7.4-10　基于实测导纳的风振响应计算与实测结果(NC 为常态气候,TC 为台风气候)

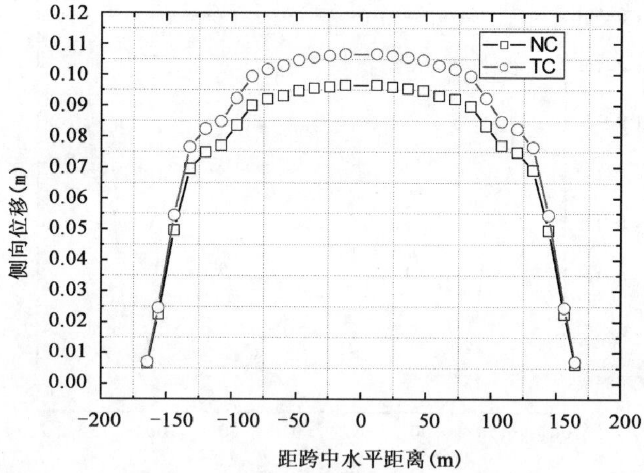

a) 中跨拱肋侧向位移

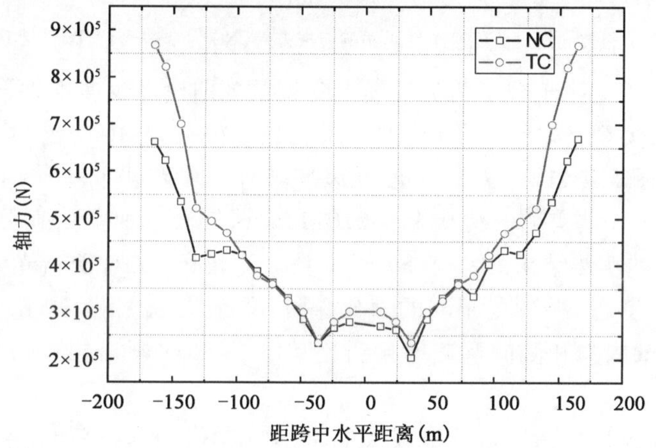

b) 中跨拱肋下弦杆轴向内力

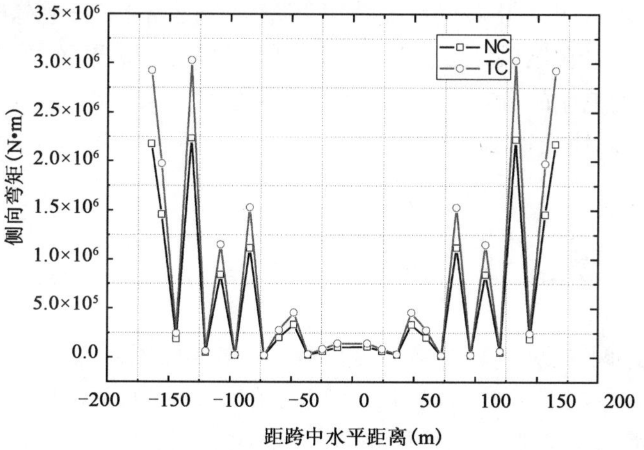

c) 中跨拱肋下弦杆侧向弯矩

图　7.4-11

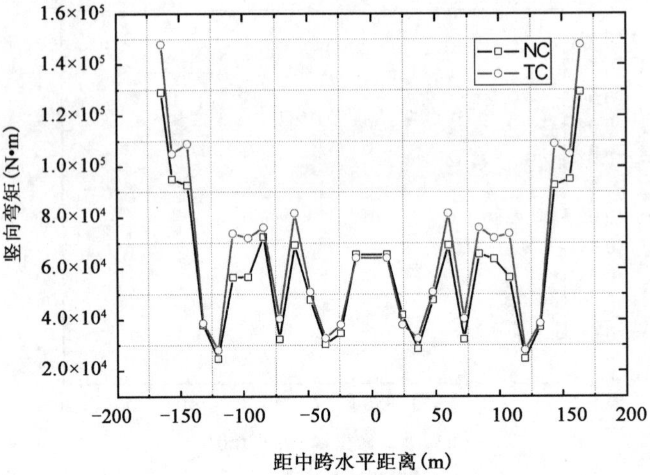

d)中跨拱肋下弦杆竖向弯矩

图7.4-11　两类气候设计风速条件风振响应根方差(NC为常态气候,TC为台风气候)

采用实测导纳函数计算比较了两类气候100年重现期设计风速条件下风振响应位移和内力沿中跨拱肋的分布关系,包括中跨拱肋侧向风振响应根方差,中跨拱肋下弦杆轴向内力、侧向弯矩和竖向弯矩(图7.4-11)。对应于设计风速条件下中跨拱肋一阶对称侧弯折算频率位置,良态气候等效阻力导纳实测值为0.11±0.017,台风气候导纳实测值为0.19±0.029,Sears函数取值为0.23,导纳实测结果均小于Sears函数。比较可知,对于新光大桥而言,台风气候风振响应均明显大于良态气候;在相同的气候条件下,最大风振位移响应根方差出现在拱顶处,中跨拱肋下弦杆轴向力和侧向弯矩均起到控制作用,竖向弯矩相对较小,最大内力出现在靠近拱脚位置处。

良态与台风气候风环境参数取值有较大的差别,在不同的场地和高度条件下分别起到控制作用。由于我国风荷载规范并未对沿海台风多发地区台风设计风荷载作相应的规定,简单采用良态气候分析方法可能会得到与真实情况偏差较大的结果;采用薄机翼Sears函数解析值或取值为1.0可能会错误地估计结构风振响应结果,有必要采用风洞试验导纳函数实测值以改善大跨度桥梁风振响应的分析精度;综合考虑良态和台风气候模式的多种风环境参数的共同作用,大跨度桥梁总体表现出的风振响应并没有趋势性的必然结果,需要有针对性地对具体问题展开相关研究。

第五节　抖振等效静力风荷载

设计风荷载是指由平均风引起的静力风荷载(又称平均风荷载)和由脉动风引起的动力风荷载(又称脉动风荷载),其中动力风荷载可以采用响应(例如位移)等效的方法用等效静风荷载来代替,而等效静力风荷载近似采用一阶对称模态荷载和一阶反对称模态荷载来表示。由于静力计算方法和手段已经比较成熟,根据最不利等效风荷载组合,可以对施工各阶段结构的静力稳定性问题进行分析计算。本节以广州新光大桥为例,说明具有空间三维分布效应的主拱肋抖振等效静力风荷载分析方法。

一、最大等效抖振荷载

浸没在气流中的任何物体，都要受到气流的作用，气流在绕过具有非流线型或钝体截面的桥梁结构时，会产生静风荷载的三个分量，即静风升力、静风阻力和静风力矩，可以分别表示如下（图 7.5-1）：

$$F_L = \frac{1}{2}\rho U^2 B C_L \tag{7.5-1a}$$

$$F_D = \frac{1}{2}\rho U^2 H C_D \tag{7.5-1b}$$

$$M_T = \frac{1}{2}\rho U^2 B^2 C_M \tag{7.5-1c}$$

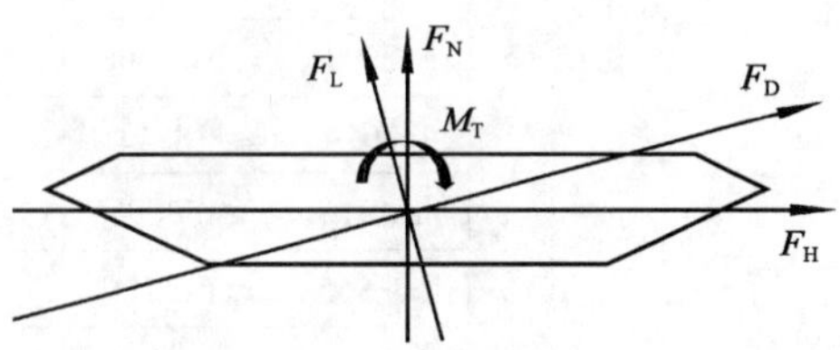

图 7.5-1　风轴与体轴下的静力三分力

式中：ρ——空气质量密度，一般可取 $\rho = 1.225\text{kg/m}^3$；

U——平均风速，一般可取 10min 平均时距下的风速（m/s）；

B——结构竖向投影宽度（m）；

H——结构侧向投影高度（m）；

C_L、C_D——风轴方向的升力系数和阻力系数；

C_M——升力矩系数。

根据广东省气候中心提供的 1971～2003 年共 33 年月极值风速资料统计和抗风指南规定，桥位设计基本风速为 $U_{10} = 33.38\text{m/s}$。桥面高度设计基准风速为 $U_d = 42.43\text{m/s}$。拱顶高度设计基准风速为 $U_d = 49.63\text{m/s}$。施工阶段按 0.84 折减。

为了得到拱肋和主梁的静力三分力系数，对拱肋和主梁进行了简化节段模型测力风洞试验。其中 1∶40 拱肋节段模型简化模拟了边拱拱脚、边拱拱顶两种截面形式；1∶20 拱肋节段模型简化模拟了主拱拱脚、主拱倾角 10°部分、主拱倾角 20°部分、主拱拱顶四种截面形式，1∶60主梁节段模型分别模拟了边跨主梁成桥状态、边跨主梁施工阶段、中跨主梁成桥状态、中跨主梁施工阶段四种截面形式。

根据静力三分力的定义式，静风荷载表达式中有三个变量，即风速、三分力系数和截面尺寸。以拱顶高度平均风速 U_c 表示的截面静力风荷载三个分量，即静风竖向力、静风水平力和静风扭矩可以表示为：

$$\overline{W}_y(x) = \overline{W}_{y0}\alpha_{y0}(x) = \frac{1}{2}\rho U_c^2\left(\frac{z}{z_c}\right)^{2\alpha} B(x) C_y(x) \tag{7.5-2a}$$

$$\overline{W}_z(x) = \overline{W}_{z0}\alpha_{z0}(x) = \frac{1}{2}\rho U_c^2\left(\frac{z}{z_c}\right)^{2\alpha} H(x) C_z(x) \tag{7.5-2b}$$

$$\overline{W}_\theta(x) = \overline{W}_{\theta0}\alpha_{\theta0}(x) = \frac{1}{2}\rho U_c^2\left(\frac{z}{z_c}\right)^{2\alpha} B^2(x) C_\theta(x) \tag{7.5-2c}$$

式中：$\overline{W}_{y0}$、$\overline{W}_{z0}$、$\overline{W}_{\theta0}$——静力风荷载的竖向、水平和扭转分量的最大值；

$\alpha_{y0}(x)$、$\alpha_{z0}(x)$、$\alpha_{\theta0}(x)$——最大值为 1 的静力风荷载响应的分布函数；

$C_y(x)$、$C_z(x)$、$C_\theta(x)$——拱肋截面三分力系数。

其中拱肋高度和宽度都是常数，而三分力系数是连续变化的，要给出三分力系数沿跨径变化的连续函数很困难，因此，根据测力试验对模型的分段，可以把三分力系数函数 $C_y(x)$、$C_z(x)$ 和 $C_\theta(x)$ 表示为分段函数，如表 7.5-1 所示。主梁成桥状态和施工阶段的静力三分力系数也一并列于表中。

拱肋截面各分段及主梁三分力系数　　表 7.5-1

构　件	x 的取值范围(m)	$C_y(x)$	$C_z(x)$	$C_m(x)$
边拱拱肋	$41.828<x\leqslant85.500$	0.009 8	1.028 5	-0.071 9
	$85.500<x\leqslant101.500$	0.006 6	0.994 8	-0.000 5
主拱拱肋	$43.644<x\leqslant118.138$	0.046 2	1.067 9	-0.003 2
	$118.138<x\leqslant153.955$	0.080 3	0.776 4	0.003 1
	$153.955<x\leqslant190.117$	-0.004 2	1.054 8	0.007 7
	$190.117<x\leqslant208.000$	-0.001 8	1.052 7	0.000 9
边跨主梁	成桥状态	0.159 2	1.817 0	-0.039 0
	施工阶段	0.065 3	1.311 9	-0.055 9
中跨主梁	成桥状态	0.067 5	2.266 7	-0.017 3
	施工阶段	0.007 8	1.856 7	-0.018 0

把拱肋三分力系数的分段表达函数代入静力解析表达式(7.5-2)中，得到静力风荷载的最大值(拱顶处)为：

$$\overline{W}_{y0}=\frac{1}{2}\rho U_c^2BC_y=-0.074\,4\text{kN/m} \tag{7.5-3a}$$

$$\overline{W}_{z0}=\frac{1}{2}\rho U_c^2HC_z=10.775\,7\text{kN/m} \tag{7.5-3b}$$

$$\overline{W}_{\theta0}=\frac{1}{2}\rho U_c^2B^2C_\theta=1.142\,5\text{kN}\cdot\text{m/m} \tag{7.5-3c}$$

静力风荷载的分布函数如下：

$$\alpha_{y0}(x)=\alpha_{z0}(x)=\alpha_{\theta0}(x)=\left(\frac{z}{z_c}\right)^{0.32}\quad(0<z<z_c) \tag{7.5-4}$$

拱肋静力风荷载分段函数中各段静力风荷载最大值如表 7.5-2 所示。主梁成桥状态和施工阶段的静力风荷载也列于表 7.5-2 中。

拱肋静力风荷载分段函数及主梁静力风荷载　　表 7.5-2

构　件	x 的取值范围(m)	$\overline{W}_{y0}$(kN/m)	$\overline{W}_{z0}$(kN/m)	$\overline{W}_{\theta0}$(kN·m/m)
边拱拱肋	$41.828<x\leqslant85.500$	0.322 6	8.381 3	-72.660 4
	$85.500<x\leqslant101.500$	0.219 8	8.202 5	-0.511 3
主拱拱肋	$43.644<x\leqslant118.138$	2.139 6	12.243 1	-4.549 6
	$118.138<x\leqslant153.955$	3.688 8	8.829 3	4.371 9
	$153.955<x\leqslant190.117$	-0.187 3	11.646 6	10.543 4
	$190.117<x\leqslant208.000$	-0.074 4	10.775 7	1.142 5

续上表

构　件	x 的取值范围(m)	$\overline{W}_{y0}$(kN/m)	$\overline{W}_{z0}$(kN/m)	$\overline{W}_{\theta0}$(kN·m/m)
边跨主梁	成桥状态	6.635 7	4.568 2	-61.447 0
	施工阶段	2.286 3	2.770 6	-73.982 1
中跨主梁	成桥状态	2.679 5	4.649 0	-24.723 1
	施工阶段	0.260 1	3.198 8	-21.607 7

二、抖振惯性力等效风荷载

当结构刚度较小时,结构振动很容易被激发,这种风对结构的作用不仅具有静力荷载特性,而且具有动力荷载特性,即抖振惯性力。抖振惯性力一般可以采用模态荷载(Mode Loads)方法,用等效风荷载来表示,并近似采用一阶和二阶模态荷载,因此,抖振等效静力风荷载可以表示为:

$$W_y(s)=\overline{W}_y(s)+\widetilde{W}_y(s)\approx\overline{W}_{y0}\alpha_{y0}(s)+\widetilde{W}_{y1}\alpha_{y1}(s)+\widetilde{W}_{y2}\alpha_{y2}(s) \tag{7.5-5a}$$

$$W_z(s)=\overline{W}_z(s)+\widetilde{W}_z(s)\approx\overline{W}_{z0}\alpha_{z0}(s)+\widetilde{W}_{z1}\alpha_{z1}(s)+\widetilde{W}_{z2}\alpha_{z2}(s) \tag{7.5-5b}$$

$$W_\theta(s)=\overline{W}_\theta(s)+\widetilde{W}_\theta(s)\approx\overline{W}_{\theta0}\alpha_{\theta0}(s)+\widetilde{W}_{\theta1}\alpha_{\theta1}(s)+\widetilde{W}_{\theta2}\alpha_{\theta2}(s) \tag{7.5-5c}$$

式中: $\overline{W}_y$、$\overline{W}_z$、$\overline{W}_\theta$——静力风荷载的竖向、水平和扭转分量,可以采用前述方法计算;

$\widetilde{W}_y$、$\widetilde{W}_z$、$\widetilde{W}_\theta$——抖振惯性力的竖向、水平和扭转分量;

$\widetilde{W}_{y1}$、$\widetilde{W}_{z1}$、$\widetilde{W}_{\theta1}$——一阶模态等效静力风荷载的竖向、水平和扭转分量的峰值;

$\widetilde{W}_{y2}$、$\widetilde{W}_{z2}$、$\widetilde{W}_{\theta2}$——二阶模态等效静力风荷载的竖向、水平和扭转分量的峰值;

$\alpha_{y1}(s)$、$\alpha_{z1}(s)$、$\alpha_{\theta1}(s)$——一阶模态等效静力风荷载的竖向、水平和扭转分量的分布函数;

$\alpha_{y2}(s)$、$\alpha_{z2}(s)$、$\alpha_{\theta2}(s)$——二阶模态等效静力风荷载的竖向、水平和扭转分量的分布函数。

根据抖振分析得到的主梁和拱肋的抖振位移响应,各计算点的等效抖振惯性力可以表示为:

$$\widetilde{W}_{ri}\alpha_{ri}(s_k)=(2\pi f_i)^2 g_{\sigma i}\sigma_{ri}(s_k)m_r(s_k)\qquad(r=y,z,\theta;i=1,2) \tag{7.5-6}$$

式中:f_i——第 i 阶振型的频率;

$g_{\sigma i}$——第 i 阶振型抖振位移响应峰值因子;

$\sigma_{ri}(s_k)$——第 i 阶振型在计算点 s_k 的抖振位移响应均方值(Root-mean-square);

$m_r(s_k)$——计算点 s_k 单位长度结构(主梁或拱肋)质量或质量惯性矩。

然后根据结构动力特性分析得到的振型函数可以推算主梁和拱肋上任意点的等效抖振惯性力如下:

$$\widetilde{W}_{ri}\alpha_{ri}(s_l)=(2\pi f_i)^2 g_{\sigma i}\sigma_{rim}m_r(s_i)\varphi_{ri}(s_i)\qquad(r=y,z,\theta;i=1,2) \tag{7.5-7}$$

式中:σ_{rim}——第 i 阶振型在振型函数最大点处的抖振位移响应均方值;

$m_r(s_i)$——任意点 s_i 单位长度结构(主梁或拱肋)质量或质量惯性矩;

$\varphi_{ri}(s_i)$——第 i 阶归一化振型函数在任意点 s_i 的振型值。

对于广州新光大桥这种中承式拱桥而言,中跨的结构刚度较小,边跨至拱梁交接处形成的三角区刚度很大,因此,对于不同的部分计算等效风荷载的工况也就不同。其中边跨至中跨拱梁交接处形成的三角区采用阵风等效风荷载；而中跨则需比较两种风荷载组合。

三、阵风和抖振风荷载叠加

当结构刚度或阻尼很大时，脉动风荷载引起的结构振动将十分微弱，因而结构振动效应可忽略不计。此时，可用阵风荷载来代替等效静力风荷载。阵风等效静力风荷载是指平均时距为1～3s时的阵风风速引起的风荷载。在设计基准风速的基础上，考虑平均风速因时距缩小而提高的阵风风速系数，可按下式计算：

$$U_g = G_u U_c \tag{7.5-8}$$

式中：G_u——阵风风速系数，对于A、B类地表取1.38，风洞试验结果为1.25；

U_g——阵风风速。

以阻力为例，由阵风引起的等效风荷载计算如下：

$$F_D = \frac{1}{2}\rho(G_u U)^2 BC_D = \frac{1}{2}\rho[U + (G_u - 1)U]^2 BC_D$$

$$= \frac{1}{2}\rho U^2 BC_D + \left[\frac{1}{2}\rho \cdot 2U^2 \cdot (G_u - 1)BC_D + \frac{1}{2}\rho U^2 (G_u - 1)^2 BC_D\right] = \overline{P} + P_e \tag{7.5-9}$$

式中：$\overline{P}$——静力风荷载即平均风荷载；

P_e——阵风引起的等效静力风荷载。

通常情况下，一般直接给出桥梁结构的阵风等效风荷载，而没有必要求出阵风引起的等效静力风荷载后再与静力风荷载叠加后得到阵风等效风荷载。

四、复杂来流抖振内力多维线性回归

大跨桥梁风致振动主要由自然风的来流紊流以及钝体结构扰流而产生的特征紊流所致，兼有随机性强迫振动和流固耦合自激振动的双重特性。当设计风速较高时，桥梁结构的风致振动位移和内力响应均比较显著，有可能会引起桥梁构件的强度或疲劳破坏。

在全桥气动弹性模型的风洞试验中，多种偏、斜角自然来流作用下的桥梁结构位移响应可以采用直接测量的手段获得，内力响应则由于缩尺模型多采用等效刚度和质量分布方式单主梁模式设计，而无法直接测量风致内力的分布模式。而基于节段模型风洞试验得到的气动参数基础上的随机抖振有限元分析则弥补了风洞试验的缺憾。然而对于斜风作用下桥梁随机抖振分析理论目前还存在不少问题，过去多采用分解平均风的方法（Xie 等[51]，Kimura 等[52,53]，Scanlan[54]），该方法在如何合理分解紊流脉动风速、如何合理考虑分解后紊流脉动风速之间的空间相关性、如何合理叠加两个分量的抖振响应分析结果等问题的处理上都还存在很大困难，目前还没有很好的解决办法。朱乐东等人[55～59]构建了斜风作用下桥梁随机抖振时域法的有限元计算框架，并成功应用于青马大桥的风振响应计算。但是该方法需要的风洞试验量大；计算过程中需要进行复杂的坐标转换。邵亚会[60,61]和郭增伟等[62,63]提出了基于一元线性乃至多元回归算法的桥梁构件风致动态内力估算方法，并结合某中小跨度自锚式悬索桥吊杆内力分析和大跨度拱桥内力推算对其回归效果进行了验证，线性回归方程在95%置信水平上的线性回归效果显著，表明该方法同样适用于单模态振动和具有典型多模态耦合效应的大跨度桥梁。

本文从数理统计学的角度出发，探讨了法向风作用下桥梁结构抖振内力和抖振位移之间存在的统计规律，并把风洞试验得到的斜风作用下桥梁的抖振位移响应应用到此统计规律中，得到斜风作用下桥梁结构的内力响应。

1. 复杂来流条件下构件内力推算思路

对线弹性结构而言，结构内力和变形之间的关系实际上是一种简单的线性变换关系。作为一种随机振动，桥梁抖振响应一般相对较小，属于弹性范畴。因此对于几何非线性不严重的桥梁，抖振内力和抖振位移之间在统计意义上应该存在同样的线性关系。基于导纳函数识别修正的正交风作用下的桥梁抖振计算理论发展得较为完善，风洞试验与计算分析结果有较好的一致性（赵林等[47]，王小松等[48]，邵亚会等[60]）；而斜风作用下风洞试验易于实现，但数值计算比较困难。为了获得斜风作用下的桥梁构件内力，本节主要思路是通过风洞试验验证正交风作用下计算位移正确性的前提，寻找建立正交风作用下桥梁构件内力与位移之间的线性回归关系，而正交风和斜风作用下抖振位移参与模态能量分布的相似性则保证了正交风和斜风作用下抖振内力和位移之间的回归关系的通用性，再结合风洞试验得到的斜风作用下的抖振位移，得到斜风作用下桥梁构件的内力。以斜风为代表的复杂来流条件下抖振内力计算的具体思路如图 7.5-2 所示。

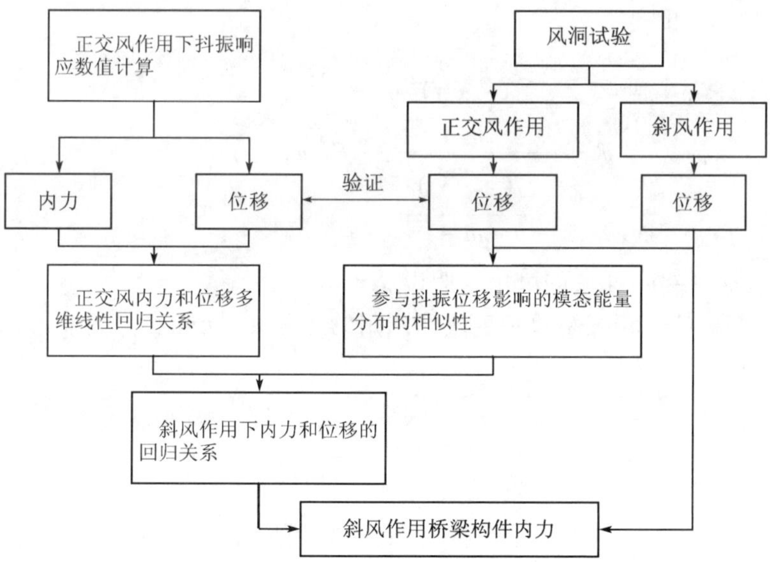

图 7.5-2　斜风作用下抖振内力回归估计思路

2. 多元线性回归分析

在回归分析中自变量 $x=(x_1,x_2,\cdots,x_m)$ 是影响因变量 y 的主要因素，是人们能控制或能观察的，而 y 还受到随机因素的干扰（记作 ε），可以合理地假设 ε 服从零均值的正态分布，于是多元线性回归模型记作：

$$\begin{cases}\boldsymbol{Y}=\boldsymbol{X\beta}+\boldsymbol{\varepsilon}\\ \boldsymbol{\varepsilon}\sim N(0,\sigma^2)\end{cases}\tag{7.5-10}$$

其中

$$\boldsymbol{X}=\begin{bmatrix}1 & x_{11} & \cdots & x_{1m}\\ \vdots & \vdots & \ddots & \vdots\\ 1 & x_{n1} & \cdots & x_{nm}\end{bmatrix}\quad \boldsymbol{Y}=\begin{bmatrix}y_1\\ \vdots\\ y_n\end{bmatrix}\quad \boldsymbol{\varepsilon}=\begin{bmatrix}\varepsilon_1\\ \vdots\\ \varepsilon_n\end{bmatrix}\quad \boldsymbol{\beta}=\begin{bmatrix}\beta_0\\ \beta_1\\ \vdots\\ \beta_m\end{bmatrix} \tag{7.5-11}$$

多元线性回归分析的步骤是:①回归系数的参数估计;②回归模型的假设检验;③回归系数的假设检验;④响应预测。

在线性回归分析中,回归系数点估计最常用的方法是最小二乘法。可以推出的最小二乘估计为:

$$\hat{\boldsymbol{\beta}}=(\boldsymbol{X}^{\mathrm{T}}\boldsymbol{X})^{-1}\boldsymbol{X}^{\mathrm{T}}\boldsymbol{Y} \tag{7.5-12}$$

将 $\hat{\boldsymbol{\beta}}$ 代回原模型得到 y 的估计值 $\hat{y}$:

$$\hat{y}=\hat{\beta}_0+\hat{\beta}_1x_1+\cdots+\hat{\beta}_mx_m \tag{7.5-13}$$

可以使用两个统计指标 F 和 R 对回归模型的显著性进行检验。显然,如果所有的 $|\hat{\beta}_j|$ $(j=1,\cdots,m)$ 都很小,y 与 $x_1,\cdots,x_m$ 的线性关系就不明显,所以可令原假设为:

$$H_0:\beta_j=0\quad(j=1,\cdots,m)$$

定义统计指标 F 如下:

$$F=\frac{\dfrac{\sum_{i=1}^{n}(\hat{y}_i-\bar{y})^2}{m}}{\dfrac{\sum_{i=1}^{n}(y_i-\hat{y}_i)^2}{n-m-1}}\sim F(m,n-m-1) \tag{7.5-14}$$

若 $F>F_{1-\alpha}(m,n-m-1)$,即可拒绝假设。

一元线性回归中使用相关系数判定线性回归的显著性,同样在多元线性回归中也可定义如下的相关系数:

$$R=\sqrt{\frac{\sum_{i=1}^{n}(\hat{y}_i-\bar{y})^2}{\sum_{i=1}^{n}(y_i-\bar{y})^2}} \tag{7.5-15}$$

R 越大,y 与 $x_1,x_2,\cdots,x_m$ 相关关系越密切,回归的规律性越强,效果也越好。当 $R>0.8$ 时,即可认为回归模型中 y 与 $x_1,x_2,\cdots,x_m$ 高度线性相关。

当上面的 H_0 被拒绝时,β_j 不全为零,但是不排除其中若干个等于零。β_j 很小时,即可认为 x_j 与 y 的线性关系不显著,所以可令原假设为:

$$H_0^{(j)}:\beta_j=0$$

定义统计指标 t_j:

$$t_j=\frac{\dfrac{\hat{\beta}_j}{\sqrt{\mathrm{diag}(c_{jj})}}}{\sqrt{\sum_{i=1}^{n}(y_i-\hat{y}_i)^2/(n-m-1)}}\sim t(n-m-1) \tag{7.5-16}$$

若$|t_j|>t_\alpha(n-m-1)$，接受假设，否则，拒绝假设。

当回归模型和系数通过检验后，可由给定的$x_0=(x_{01},x_{02},\cdots,x_{0m})$预测$y_0$，显然其预测值（点估计）为：

$$\hat{y}_0=\hat{\beta}_0+\hat{\beta}_1x_{01}+\cdots+\hat{\beta}_mx_{0m} \tag{7.5-17}$$

且$\hat{y}_0$的预测区间为：

$$\left[\hat{y}_0-t_\alpha(n-m-1)\hat{\sigma}\sqrt{1+\frac{1}{n}+x_0X'Xx_0'},\hat{y}_0+t_\alpha(n-m-1)\hat{\sigma}\sqrt{1+\frac{1}{n}+x_0X'Xx_0'}\right] \tag{7.5-18}$$

3. 工程应用实例

肇庆西江大跨度钢箱拱桥主桥为32m＋386m＋32m中承式钢箱提篮拱桥，矢跨比为1∶4，拱轴线为$m=1.5$的悬链线。拱肋为陀螺箱形断面，桥面为钢纵横梁＋混凝土板。全桥气弹模型试验是同济大学TJ-3边界层风洞中完成的，风洞试验段长14m，宽15m，高2m，模型缩尺比为1∶70，如图7.5-3所示。试验中考虑台风紊流场时－3°、0°、＋3°风攻角下风偏角分别为0°、15°、30°、45°的多个试验工况。

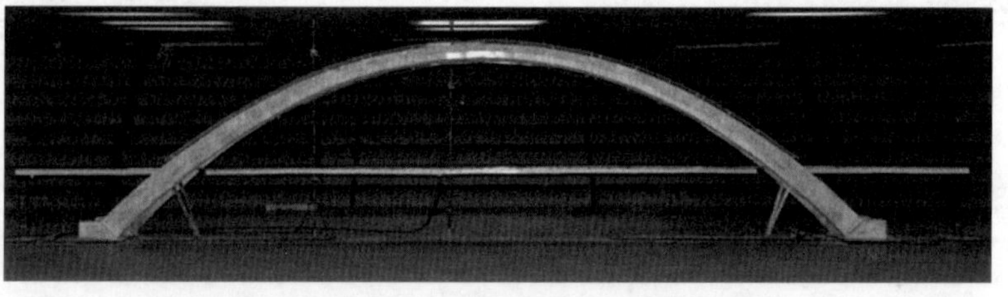

图7.5-3　全桥气弹模型TJ-3风洞试验（1∶70）

风荷载模拟是在模拟脉动风场的基础上，利用节段模型风洞试验所得到的静力三风力系数、气动导数、气动导纳模拟作用在结构构件上的静风力、抖振力和自激气动力的过程。脉动风场的模拟是利用给定的脉动风谱，综合考虑结构不同位置处脉动风速的相关性以及气动导纳对抖振力谱的影响，通过谐波合成的方式得到等效脉动风场；利用节段模型风洞试验中得到的无量纲三分力系数可以模拟作用在结构构件上的静风力；气动自激力可以等效为气动刚度和气动阻尼，即以刚度和阻尼的形式组合到结构的刚度矩阵和阻尼矩阵中；抖振力是在准定常假设基础上采用导纳修正的方法得到非定常条件下的抖振力。限于篇幅，本节给出了设计风速42m/s（主梁高度处）下，桥梁结构0°攻角，0°风偏角时的数值分析结果，抖振响应数值分析中所用到的气动参数如表7.5-3所示。

抖振计算的气动参数　　表7.5-3

结构构件		拱肋				主梁			
静分力		升力L		阻力D	扭转M	升力L	阻力D		扭转M
0°攻角静风系数	均值	0.055		0.67	0.136	−0.062	0.183		−0.006
	斜率	0.057		−0.088	−0.017	0.098	−0.066		0.0175
0°攻角气动导数项		H_1	H_4	A_2	A_3	H_1	H_4	A_2	A_3
主气动导数		0.9312	0.1202	−0.0783	0.0738	−0.305	0.467	−0.0257	−0.0319

采用改进的互谱导纳识别方法(赵林等[23,24]),基于高精度的高频测力天平识别了双陀螺拱肋断面导纳函数,结果如图 7.5-4 所示。

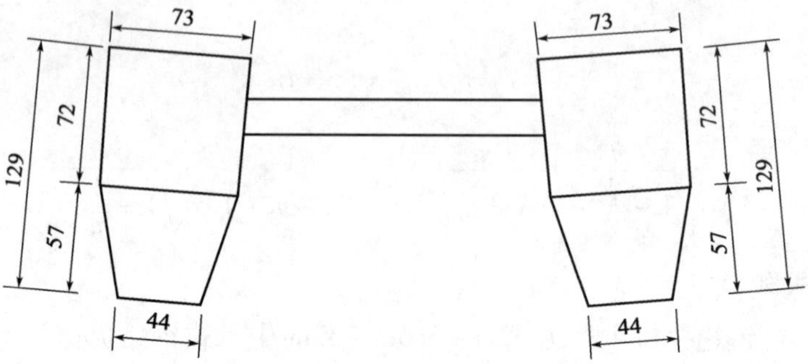

a)双陀螺形拱肋断面(尺寸单位:cm)

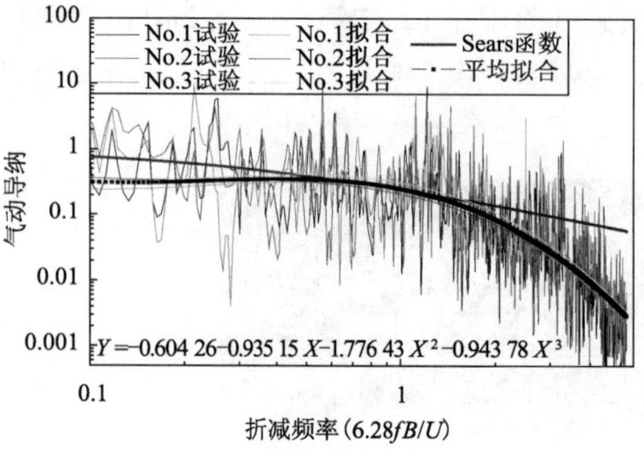

b)等效阻力导纳

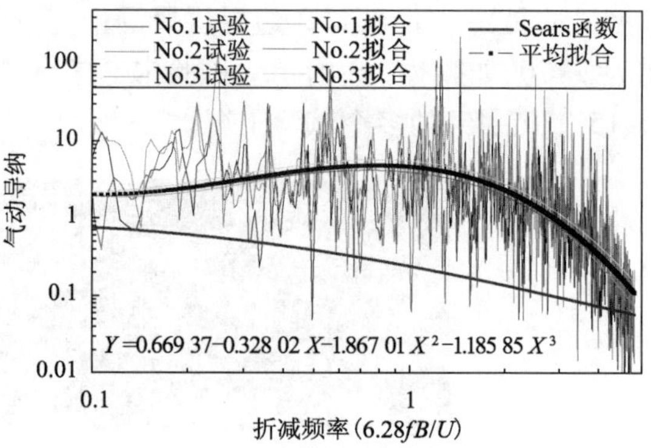

c)等效升力导纳

图 7.5-4 陀螺箱形拱肋等效阻力导纳函数识别结果

利用以上给出的气动力参数计算得到了设计风速下桥梁抖振响应,图 7.5-5 给出了抖振数值计算结果和全桥气弹模型风洞试验结果对比,两者吻合得比较好,验证了正交风作用下抖振数值计算的可靠性。

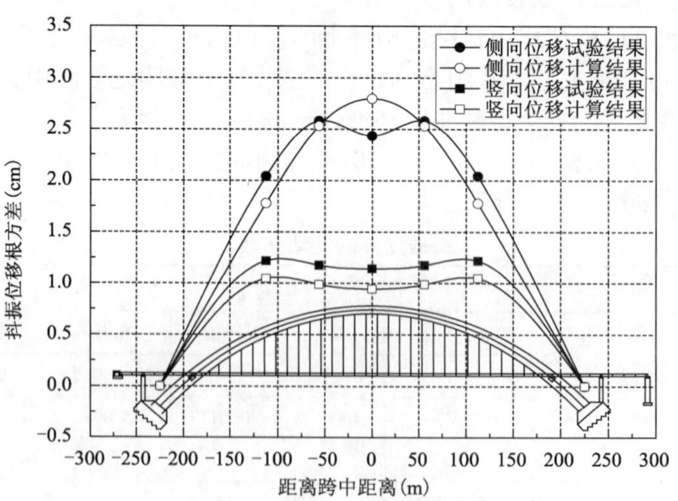

图 7.5-5 设计风速下拱肋跨中截面抖振位移数值计算和风洞试验结果对比

线弹性结构的内力唯一取决于结构的变形，有限元的思想告诉我们，选用高阶单元和划分更多的单元可以更好描述结构的变形特点，从而有更好的求解精度。因此在回归模型中自变量个数越多，回归模型的线性显著程度越高。但是回归模型建立的最终目的是为了预测斜风作用下桥梁的抖振内力响应，由于风洞试验中只能监测少数几个特征位置处的位移响应，所以如何选择尽量少的自变量个数以最大限度地实现回归模型的线性显著性是必须解决的一个问题。

从结构动力学中可知，如果能找到合适的振型函数，可以将一个多自由度体系转变为广义单自由度体系。同样，如果参与抖振响应的模态单一，且主导振型形状能用线性函数拟合的比较好的话，用一个特征位移即可以比较高的置信度回归得到抖振内力响应的线性回归模型。但是如果参与抖振响应的单一模态的振型形状不能用线性函数拟合，或者参与抖振响应的模态比较多，则需要选用多个位移才能以比较高的置信度回归得到抖振内力响应的线性回归模型。

脉动风荷载的窄带、低频特点决定了桥梁风致振动主要是桥梁的少数低阶振型参与贡献的，表 7.5-4 给出了算例成桥状态侧弯和竖弯的前两阶振型。

算例成桥状态侧弯、竖弯前两阶振型　　　　表 7.5-4

一阶侧弯（梁拱同侧） 0.384 3	一阶反对称竖弯 0.438 1	二阶侧弯（梁拱反侧） 0.489 8	一阶对称竖弯 0.781
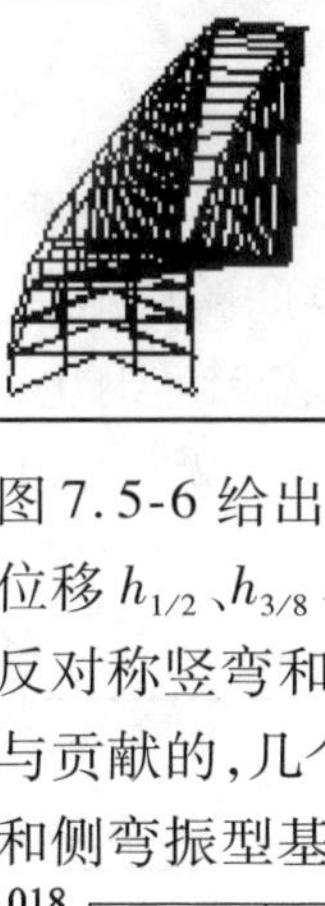	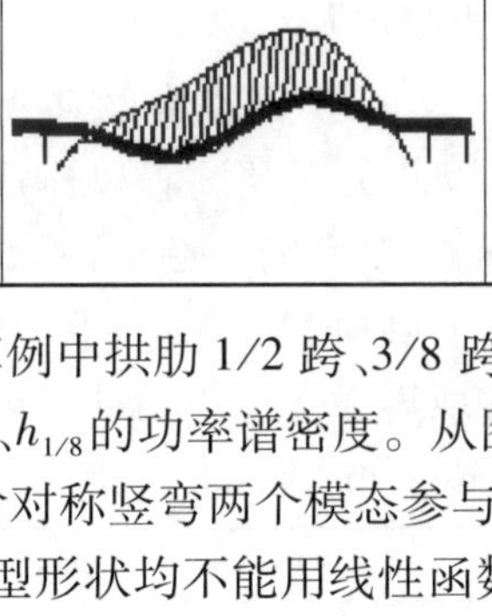	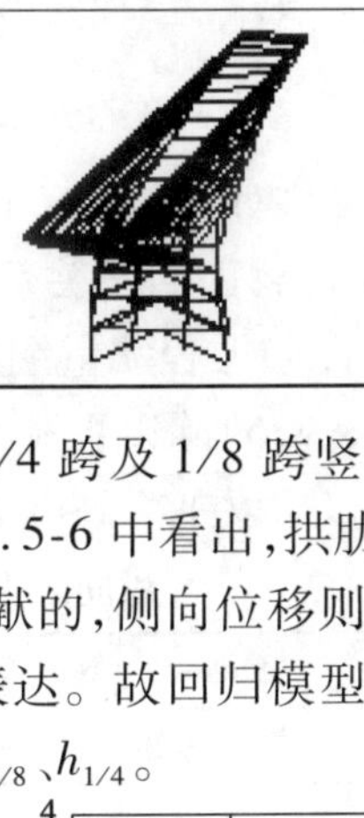	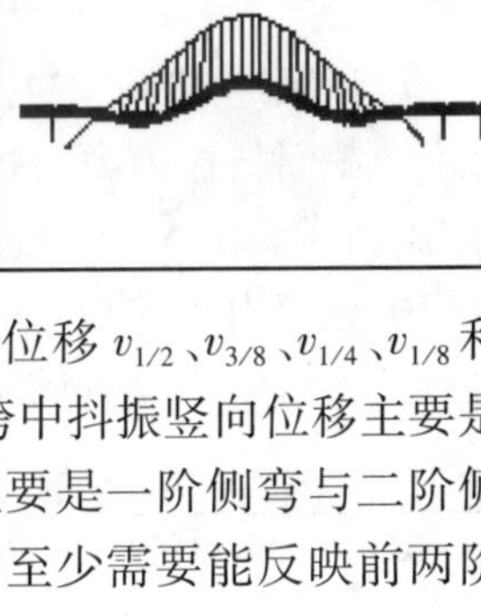

图 7.5-6 给出了算例中拱肋 1/2 跨、3/8 跨、1/4 跨及 1/8 跨竖向位移 $v_{1/2}$、$v_{3/8}$、$v_{1/4}$、$v_{1/8}$ 和侧向位移 $h_{1/2}$、$h_{3/8}$、$h_{1/4}$、$h_{1/8}$ 的功率谱密度。从图 7.5-6 中看出，拱肋跨中抖振竖向位移主要是一阶反对称竖弯和一阶对称竖弯两个模态参与贡献的，侧向位移则主要是一阶侧弯与二阶侧弯参与贡献的，几个振型形状均不能用线性函数表达。故回归模型中至少需要能反映前两阶竖弯和侧弯振型基本特征的 $v_{1/2}$、$v_{3/8}$、$v_{1/4}$ 和 $h_{1/2}$、$h_{3/8}$、$h_{1/4}$。

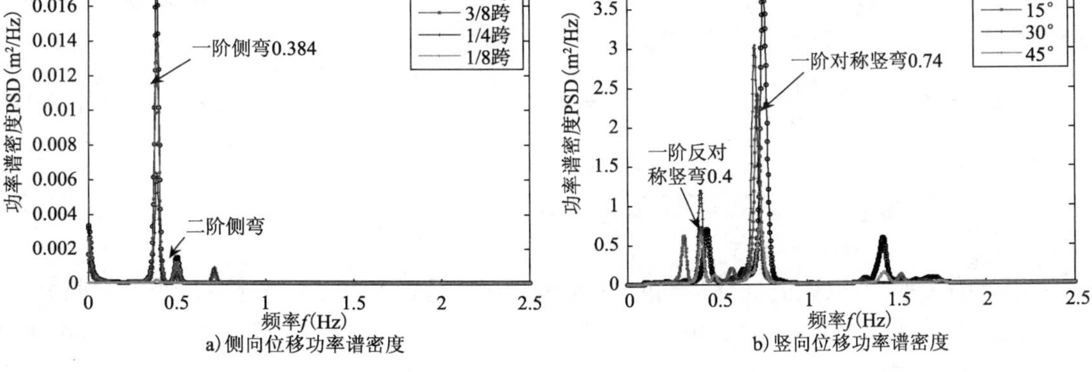

a) 侧向位移功率谱密度　　b) 竖向位移功率谱密度

图 7.5-6　拱肋跨中抖振位移功率谱密度

为了选择合适的回归变量，分别计算了选用不同个数的回归变量情况下回归模型的相关系数。图7.5-7比较了选用不同个数的位移时的回归内力与位移的线性相关系数，从中可以看出，当回归模型的自变量比 $v_{1/2}$、$v_{3/8}$、$v_{1/4}$、$h_{1/2}$、$h_{3/8}$、$h_{1/4}$ 少时，回归内力和位移的相关系数均有较大的减小，而且部分相关系数 R 已小于0.8；而当回归模型中自变量多于 $v_{1/2}$、$v_{3/8}$、$v_{1/4}$、$h_{1/2}$、$h_{3/8}$、$h_{1/4}$ 时，回归内力和位移的相关系数并没有明显的增大。故可以认为 $v_{1/2}$、$v_{3/8}$、$v_{1/4}$、$h_{1/2}$、$h_{3/8}$、$h_{1/4}$ 是一组比较好的自变量组合，既有较好的精度又不会增大风洞试验的工作量。

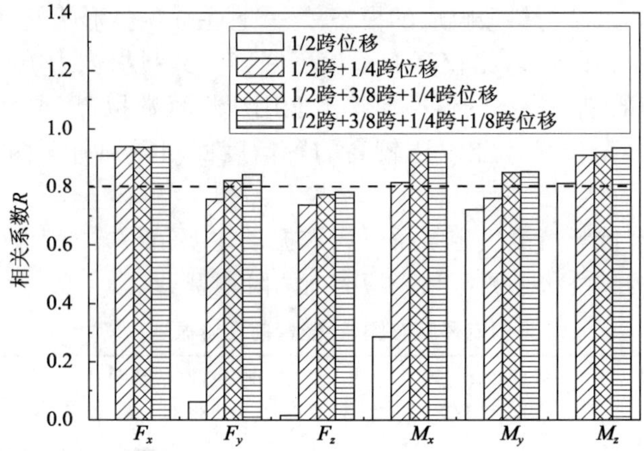

图7.5-7　相关系数随回归变量个数的变化

设计风速42m/s（主梁高度处）条件下，以0°攻角，0°风偏角该工况为例。寻找并检验拱肋跨中截面抖振内力与抖振位移的回归关系，并以此关系预测斜风作用下拱肋跨中截面抖振内力响应（表7.5-5）。为使回归方程无量纲化，需将拱肋跨中截面内力和位移无量纲化，可以将跨中截面内力 $F_i(i=1,2,\cdots,6)$ 除以恒载作用下拱顶截面相应内力 $F_{gi}(i=1,2,\cdots,6)$ 实现内力的无量纲化，将抖振位移除以主梁高度 H 实现抖振位移的无量纲化。

拱肋跨中截面恒载内力　　表7.5-5

F_{g1}(N)	F_{g2}(N)	F_{g3}(N)	F_{g4}(N)	F_{g5}(N)	F_{g6}(N)
-7.36×10^6	-7.87×10^6	6.08×10^5	-9.63×10^5	-6.63×10^5	-1.32×10^7

选用拱肋跨中截面无量纲内力作为因变量，拱肋1/2跨、3/8跨及1/4跨的竖向、侧向无量纲位移作为自变量进行多元线性回归，即：

$$\frac{F_i}{F_{gi}}=\beta_{0i}+\beta_{1i}\frac{v_{1/2}}{H}+\beta_{2i}\frac{h_{1/2}}{H}+\beta_{3i}\frac{v_{3/8}}{H}+\beta_{4i}\frac{h_{3/8}}{H}+\beta_{5i}\frac{v_{1/4}}{H}+\beta_{6i}\frac{h_{1/4}}{H}\qquad(i=1,2,\cdots,6)\qquad(7.5\text{-}19)$$

式中：$F_i(i=1,2,\cdots,6)$——拱肋跨中抖振内力；

$F_{gi}(i=1,2,\cdots,6)$——恒载拱顶截面内力；

H——梁高。

应用最小二乘法，以数值计算得到的500s的抖振响应时程数据，进行多元线性回归分析。以99%的置信水平进行回归模型和回归系数的显著性检验，检验结果见表7.5-6。从中可以看出，六个无量纲内力的统计指标 F 均能满足显著性要求，应该拒绝假定认为回归模型是显著

相关的。对于无量纲内力 F_1/F_{g1}、F_3/F_{g3}、F_4/F_{g4}、F_5/F_{g5}、F_6/F_{g6}，统计指标 $|t_i|(i=1,2,\cdots,6)$ 均能满足显著性要求，所以可以拒绝假定认为 F_1/F_{g1}、F_3/F_{g3}、F_4/F_{g4}、F_5/F_{g5}、F_6/F_{g6} 和 $v_{1/2}/H$、$v_{3/8}/H$、$v_{1/4}/H$、$h_{1/2}/H$、$h_{3/8}/H$、$h_{1/4}/H$ 的线性相关关系是显著的；但是对于抖振内力 $F_y(F_2/F_{g2})$ 而言，统计指标 $|t_6|$ 不能满足 99% 置信水平的显著性要求，即可接受假定认为 F_2/F_{g2} 与 $h_{1/4}/H$ 之间不存在显著的线性关系。因此在对 F_2/F_{g2} 进行回归计算中可以将 $h_{1/4}/H$ 从回归模型中去掉，而不影响回归的显著性。

回归模型和回归系数的显著性检验　　表 7.5-6

回归模型＼回归系数	F	F_α	R	$\|t_1\|$	$\|t_2\|$	$\|t_3\|$	$\|t_4\|$	$\|t_5\|$	$\|t_6\|$	t_α
F_1/F_{g1}	2 986	2.8	0.936 9	400	107	112	244	168	434	2.3
F_2/F_{g2}	869	2.8	0.822 5	432	32	848	35	908	0.89	2.3
F_3/F_{g3}	622	2.8	0.774 3	43	298	65	454	97	166	2.3
F_4/F_{g4}	2 341	2.8	0.921 6	39	708	99	1 353	143	906	2.3
F_5/F_{g5}	1 094	2.8	0.851 3	42	338	65	894	96	828	2.3
F_6/F_{g6}	2 245	2.8	0.918 6	938	15	487	38	453	32	2.3

注：表中 F、R 为回归模型的线性显著性评价指标，F_α 为置信水平 $1-\alpha$ 下的检验指标；$|t_6|$、t_α 分别为回归系数的显著性评价指标和置信水平 $1-\alpha$ 下的检验指标。

根据以上分析结果，针对不同的内力选择各自合适的自变量进行多元线性回归，最终得到回归模型如式(7.5-20)所示：

$$\begin{bmatrix} \dfrac{F_1}{F_{g1}} \\ \dfrac{F_2}{F_{g2}} \\ \dfrac{F_3}{F_{g3}} \\ \dfrac{F_4}{F_{g4}} \\ \dfrac{F_5}{F_{g5}} \\ \dfrac{F_6}{F_{g6}} \end{bmatrix} = \begin{bmatrix} -9.62 & 58.82 & 13.46 & -14.57 & 27.94 & 13.94 & -33.9 \\ -1.95 & -204.17 & 11.89 & 354 & -12.35 & 242.58 & 0.0 \\ -4.28 & -115.27 & -684.63 & 154.67 & 932.45 & -147.2 & -236.47 \\ 0.56 & -51.31 & 796.57 & 115.29 & -1\,362.83 & -106.51 & 632.95 \\ 4.96 & 150 & -1\,032.6 & -206.18 & 2\,444.54 & 192.8 & -1\,569.8 \\ -14.5 & -369.11 & 4.98 & 168.89 & -11.54 & -100.69 & 6.61 \end{bmatrix} \begin{bmatrix} 1.0 \\ \dfrac{v_{1/2}}{H} \\ \dfrac{h_{1/2}}{H} \\ \dfrac{v_{3/8}}{H} \\ \dfrac{h_{3/8}}{H} \\ \dfrac{v_{1/4}}{H} \\ \dfrac{h_{1/4}}{H} \end{bmatrix} \tag{7.5-20}$$

使用回归模型式(7.5-20)和数值计算得到的法向风作用下桥梁的抖振位移，可以得到基于数值计算抖振位移的拱顶截面的回归内力。限于篇幅，图 7.5-8 对比给出了通过数值计算和回归计算得到的拱顶截面的三个弯矩的时程。从中可以看出，线性回归模型的精度是可以信赖的。

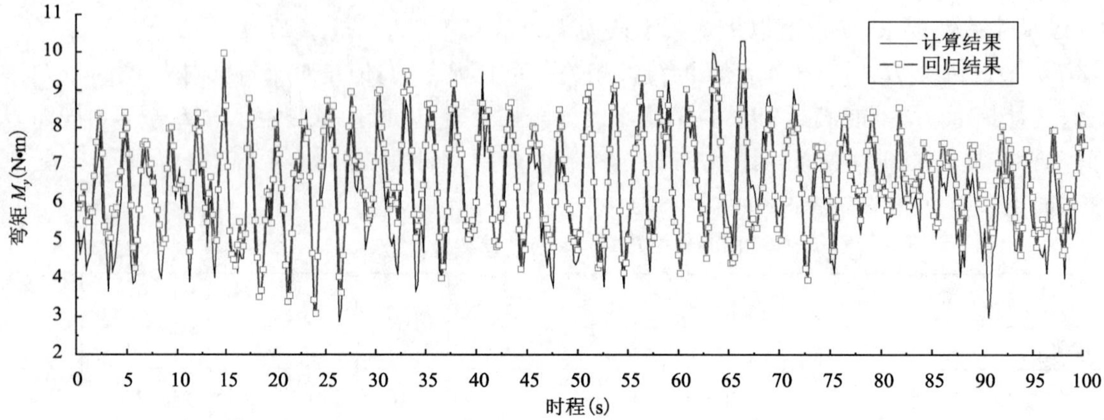

a)拱顶截面弯矩M_y

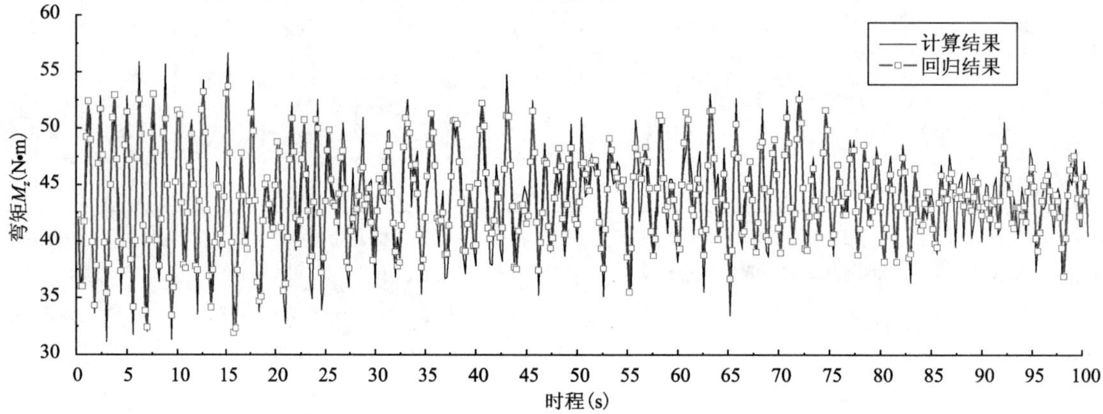

b)拱顶截面弯矩M_z

图 7.5-8 拱顶截面数值计算和回归计算得到的内力对比

许多风洞试验显示,桥梁在斜风作用下的抖振响应幅值可以达到,甚至超过同等风速的法向风作用下的响应值,忽略此问题将会低估斜风作用下桥梁随机振动响应,导致桥梁抗风安全性遭受威胁。

无论正交风还是斜风作用下,全桥模型的风洞试验中参与抖振位移响应的各阶模态的能量分布是相近的,图 7.5-9 给出的不同风偏角下拱顶抖振位移的功率谱密度也证实了这一点。不同风偏角下参与抖振响应的模态能量分布的相近性保证了回归模型中回归变量对抖振内力的贡献系数不会发生很大的变化,这正是可以使用正交风作用下的抖振内力和位移的多元线性回归模型,预测斜风作用下桥梁抖振内力的原因。

该桥的全桥气弹模型风洞试验中,考虑台风流场时 -3°、0°、+3°风攻角下风偏角分别为0°、15°、30°、45°的多个试验工况。以设计风速为 42m/s(主梁高度处),0°攻角下的不同风偏角的工况为例,将风洞试验中不同风偏角下采集的抖振位移时程代入多元线性回归模型中,即可得到不同风偏角下的拱肋跨中截面内力响应,取峰值因子为 4.0,图 7.5-10 给出了拱肋跨中截面抖振内力极值和根方差随风偏角的变化。

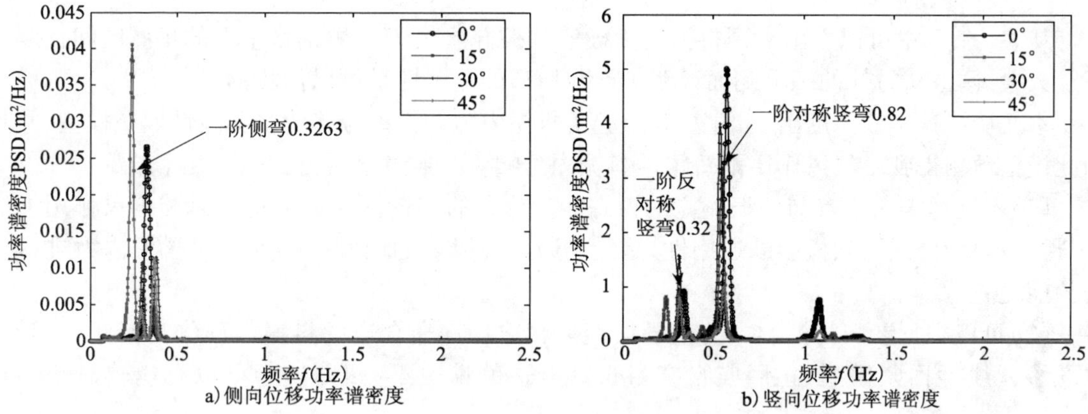

图 7.5-9　拱顶抖振位移在不同风偏角下的功率谱密度

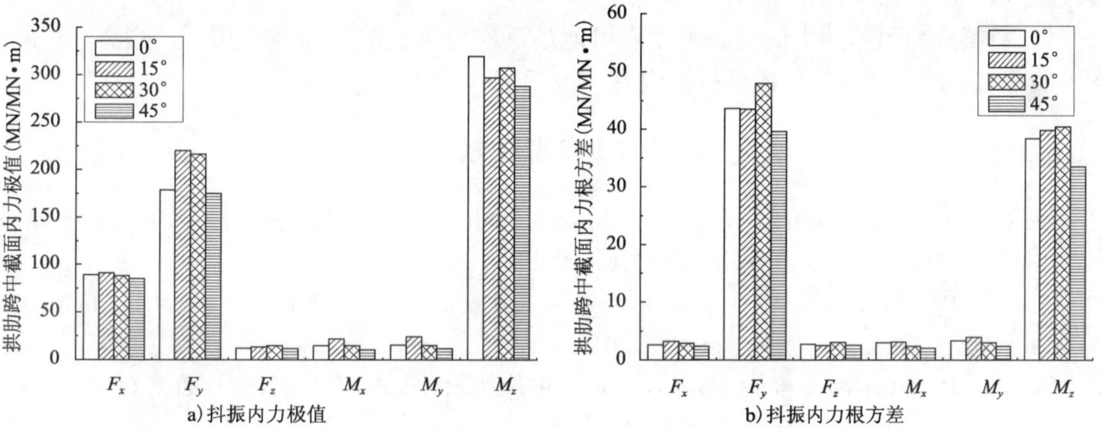

图 7.5-10　拱肋跨中截面内力预测值

从图 7.5-10 中可以看出:除拱肋跨中截面 M_z 的极值外,在风偏角为 15°和 30°的斜风作用下的抖振内力极值和根方差均比法向风作用下的内力极值和根方差大,这表明不考虑风偏角的影响有可能低估桥梁抖振响应,是偏于不安全的。

按照多元线性回归的理论,抖振内力 $F_i(i=1,2,\cdots,6)$ 在给定置信水平下的预测区间可以用式(7.5-20)计算得到。利用得到的抖振内力预测区间可得到抖振内力极值和根方差在指定置信水平上的分布区间。表 7.5-7 给出了 95% 置信水平上的拱肋跨中截面在不同风偏角下的内力极值的分布区间。

拱肋跨中截面抖振内力极值预测结果　　表 7.5-7

风偏角	F_x(MN)	F_y(MN)	F_z(MN)	M_x(MN·m)	M_y(MN·m)	M_z(MN·m)
0°	[88.9,89.0]	[178.0,179.3]	[10.4,13.4]	[14.2,14.8]	[14.0,16.7]	[319.3,319.7]
15°	[91.0,91.2]	[218.8,221.3]	[13.3,13.6]	[20.8,22.3]	[20.3,28.1]	[296.7,297.0]
30°	[87.8,88.0]	[215.1,217.0]	[14.4,14.8]	[14.2,15.2]	[12.6,17.8]	[307.2,307.5]
45°	[85.1,85.2]	[173.9,175.5]	[11.6,11.8]	[10.0,10.8]	[11.3,11.8]	[288.3,288.4]

从表7.5-7中可以看出拱顶抖振内力极值和根方差在95%置信水平上的预测区间长度并不是太大，这也从另外的一个侧面说明了回归模型的显著性是可以信赖的。

本文从统计学的角度出发，建立并检验了抖振内力和抖振位移的多元线性回归模型，并利用此模型预测得到了斜风作用下桥梁的抖振内力响应。通过分析得到以下几个结论：

(1)不同风偏角下参与抖振响应的模态能量分布的相近性保证了正交风和斜风作用下桥梁抖振内力和位移回归模型的通用性，是能利用正交风下的回归模型对斜风抖振内力进行预测的前提。

(2)可以根据参与抖振响应的主导振型形状选择选择合适的抖振位移作为回归自变量，建立多元线性回归模型，在回归自变量选择合适的情况下，回归模型可以有比较显著的相关性。

(3)利用建立的多元线性回归模型，可以方便地预测出斜风作用下桥梁的内力响应，给出抖振内力响应统计值的预测区间。

(4)桥梁在斜风作用下的抖振内力有可能超过同等风速的法向风作用下的内力，如不考虑风偏角的影响有可能低估桥梁抖振内力，是偏于不安全的。

本章参考文献

[1] Scanlan R H. The Action of Flexible Bridges under Wind, I: Flutter Theory[J]. Journal of Sound and Vibration, 1978, 60(2):187-199.

[2] Scanlan R H. The Action of Flexible Bridges under Wind, II: Buffeting Theory[J]. Journal of Sound and Vibration, 1978, 60(2):201-211.

[3] Scanlan R H. Problematic in Formulation of Wind-force Model for Bridge Decks[J]. Journal of Structure Engineering, ASCE, 1993, 119(7):1433-1446.

[4] Sarkar P P. Identification of Aeroelastic Parameters of Flexible Bridges[J]. Journal of Engineering Mechanics , ASCE, 1994, 120(8):1718-1741.

[5] Jain A, Jones N P, Scanlan R H. Coupled Flutter and Buffeting Analysis of Long-span Bridges [J]. Journal of Structure Engineering. ASCE, 1996, 122(7):716-725.

[6] Namini A, Albrecht P. Finite Element-based Flutter Analysis of Cable-suspended Bridges[J]. Journal of Structure Engineering, ASCE, 1992, 118(6):1509-1526.

[7] Chen X, Kareem A. On the Application of Stochastic Decomposition in the Analysis of Wind Loads[C]//Proceedings of the International Conference on Advances in Structural Dynamics (ASD 2000). Hong Kong, China, 2000.

[8] Davenport A G. Buffeting of a Suspension Bridge by Storm Winds[J]. Journal of Strulture Engineering Divergence. ASCE, 1962, 88(6):233-264.

[9] Davenprot A G. The Application of Statistical Concepts to the Wind Loading of Structures[J]. Proc ICE, 1961, 19: 449-472.

[10] Sears W R. Some Aspects of Non-stationary Airfoil Theory and Its Practical Application[J]. Journal of Aeronautical Sciences, 1941, 8:104-108.

[11] Liepmann H W. On the Application of Statistical Concepts to the Buffeting Problem[J]. Journal of Aeronatical Sciences, 1952, 19(12): 793-800.

[12] Sinozuka M,Jan C M. Digital Simulation of Random Process and Its Application[J]. Journal of Sound Vibration,1972,25(1):111-128.

[13] Yang J N. Simulation of Random Envelope Processes[J]. Journal of Sound and Vibration, 1972,25:(1):73-85.

[14] Yang J N. On the Normality and Accuracy of Simulated Random Processes[J]. Journal of Sound and Vibration,1979,26:(3):417-428.

[15] Deodatis G. Simulation of Ergodic Multivariate Stochastic Processes[J]. Journal of Engineering Mechanics,ASCE,1996,122(8):778-787.

[16] 何光渝. Visual C++常用数值算法集[M]. 北京:科学出版社, 2002.

[17] 谢霁明. 桥梁颤振理论与斜张桥颤振特性研究[D]. 上海:同济大学,1984.

[18] Xie J M,Xiang H F. State-space Method for 3D Flutter Analysis of Bridge Structures[C]//Proceeding of Asia Pacific Symposium on Wind Engineering. India,1985.

[19] 谢霁明. 识别非定常气动力模型的初脉冲耦合振动法[J]. 空气动力学学报:1986,3:258-267.

[20] 顾巍. 钝体桥梁断面的气动导纳试验技术与研究[D]. 上海:同济大学,2000.

[21] 靳欣华. 桥梁断面气动导纳识别理论及试验研究[D]. 上海:同济大学,2003.

[22] Larose G L,Tanaka H,Gimsing N J,et al. Direct Measurement of Buffeting Wind Forces on Bridge Decks[J]. Journal of Wind Engineering and Industrial Aerodynamics,1997:74-76, 809-818 .

[23] 赵林, 葛耀君, 李鹏飞. 气动导纳函数互谱识别方法注记[J]. 振动与冲击,2010,29(1):81-87.

[24] 赵林, 葛耀君, 李鹏飞. 考虑多分量导纳函数的抖振响应敏感性[J]. 振动与冲击,2010, 29(2):84-88.

[25] 李鹏飞. 脉动风特性及其对桥梁主梁断面的抖振作用研究[D]. 上海:同济大学,2007.

[26] 陈斌. 识别气动参数的测压法试验研究[D]. 上海:同济大学,2006.

[27] 韩艳. 桥梁结构复气动导纳函数与抖振精细化研究[D]. 长沙:湖南大学,2007.

[28] 马存明. 流线箱型桥梁断面三维气动导纳研究[D]. 成都:西南交通大学,2007.

[29] 李丽. 桥梁气动导纳函数研究及其应用[D]. 成都:西南交通大学,2007.

[30] 张若雪. 桥梁断面气动参数识别理论和试验研究[D]. 上海:同济大学,1998.

[31] 秦仙蓉,顾明. 桥梁结构气动导纳识别的随机子空间方法[J]. 同济大学学报,2004,32(4):421-425.

[32] Kawatani,Kim H. Evaluation of Aerodynamic Admittance for Buffeting Analysis[J]. Journal of Wind Engineering and Industrial Aerodynamics, 1992:41-44,613-625.

[33] 中华人民共和国行业标准. JTG/T D60-01—2004 公路桥梁抗风设计规范[S]. 北京:人民交通出版社,2004.

[34] Kawashima,Fujimoto. A Investigation of the Sinusoidal Gust Loads[C]//Proceedings 3rd In-

ternational Conference. on Wind Effects on Buildings and Structures. Tokyo, 1971.

[35] Kazutoshi Matsuda, Yuichi Hikami, Tohru Fujiwara, et al. Aerodynamic Admittance and the 'Strip Theory' for Horizontal Buffeting Forces on a Bridge Deck[J]. Journal of Wind Engineering and Industrial Aerodynamics, 1999, 83: 336-346.

[36] 蒋永林. 斜拉桥抖振响分析[D]. 成都:西南交通大学,2000.

[37] Holmes J D. Prediction of the Response of a Cable Stayed Bridges to Turbulence[C]//Proceedings 4th Internaltional Conference on Wind Effects on Building and Structures. Heathrow, 1975.

[38] Wlshe D E, Wyatt T A. Measurement and Application of the Aerodynamic Admittance Function for a Box-girder Bridge[C]//Proceedings 6th International conference on Wind Effects on Buildings and Structures. Gold Coast, 1983.

[39] 丁泉顺,陈艾荣,项海帆. 大跨度桥梁结构气动耦合直接颤振分析[J]. 中国公路学报, 2001,14(3):39-44.

[40] 胡晓伦. 大跨度斜拉桥颤抖振响应及静风稳定性分析[D]. 上海:同济大学,2006.

[41] 赵林, 葛耀君, 项海帆. 台风随机模拟与极值风速预测应用[J]. 同济大学学报,2005,33(7):885-889.

[42] 赵林, 葛耀君, 项海帆. 台风风场随机参数敏感性分析[J]. 同济大学学报,2005,33(6):727-731.

[43] 赵林, 朱乐东, 葛耀君. 上海地区台风风特性 Monte-Carlo 随机模拟研究[J]. 空气动力学学报,2009,27(1):25-31.

[44] 赵林, 朱乐东, 葛耀君. 广州地区台风极值风特性 Monte-Carlo 随机模拟研究[J]. 同济大学学报, 2007, 35(8):1034-1038.

[45] Zhu L D, Zhao, L, Ge, Y J, et al. Validation of Numerical Typhoon Model Using both Near-ground and Aerial Elevation Wind Measurements[J]. Disaster Advances, 2012, 5(1): 14-23.

[46] Lin Zhao, Anping Lu, Ledong Zhu, et al. Radial Pressure Profile of Typhoon Field near Ground Surface Observed by Distributed Meteorologic Stations[J]. Journal of Wind Egineering and Industrial Aerodynamics ,2013, 122: 105-112.

[47] 赵林, 葛耀君, 朱乐东. 台风气候大跨度桥梁风振响应研究[J]. 振动工程学报,2009,22(3):237-245.

[48] 王小松, 赵林, 葛耀君. 台风对大跨度钢桁拱桥抗风性能的影响[J]. 同济大学学报, 2009,37(1):13-19.

[49] 于洪刚,赵林,葛耀君. 上海卢浦大桥拱肋等效气动导纳识别研究[J]. 土木工程学报, 2010,43(7):79-84.

[50] Sharma R N, Richards P J. A Re-examination of the Characteristics of Tropical Cyclone Winds[J]. Journal of Wind Engineering and Industrial Aerodynamics, 1999, 83: 21-33.

[51] Xie Jiming, Tanaka H R, L wardlaw, et al. Buffeting Analysis of Long Span Bridges to Turbulent Wind with Yaw Angle [J]. Journal of Wind Engineering and Industrial Aerodynamics, 1991, 37(1):65-77.

[52] Kimura K, Tanaka H. Bridge Buffeting Due to Wind with Yaw Angles [J]. Journal of Wind Engineering and Industrial Aerodynamics, 1992, 42(1-3):1309-1320.

[53] Kimura K, Nakamura S, Tanaka H. Buffeting Analysis for Cable-stayed Bridges during Construction in Yawed Wind [R]. Deauville, France, 1994.

[54] Scanlan R. Bridge Buffeting by Skew Winds in Erection Stages [J]. Journal of Engineering Mechanics, 1993, 119(2):251-269.

[55] Zhu Ledong, Xu Youlin, Xiang Haifan. Buffeting of a Long Suspension Bridge: Analysis and Field Measurement[C]// Proceedings of Health Monitoring and Management of Civil Infrastructure Systems, 2001.

[56] Zhu Ledong, Xu Youlin, Xiang Haifan. Tsing Ma Bridge Deck under Skew Winds-Part 1: Aerodynamic Coefficients [J]. Journal of Wind Engineering and Industrial Aerodynamics, 2002, 90(7):781-805.

[57] Zhu Ledong, Xu Youlin, Xiang Haifan. Tsing Ma Bridge Deck under Skew Winds-Part II: Flutter Derivatives [J]. Journal of Wind Engineering and Industrial Aerodynamics, 2002, 90(7):807-837.

[58] Zhu Ledong, Xu Youlin. Buffeting Response of Long-span Cable-supported Bridges under Skew Winds-Part 1: Theory [J]. Journal of Sound and Vibration, 2005, 281(3-5):647-673.

[59] L D Zhu, M Wang, D L Wang, et al. Flutter and Buffeting Performances of Third Nanjing Bridge over Yangtze River under Yaw Wind via Aeroelastic Model Test[J]. Journal of Wind Engineering and Industrial Aerodynamics, 2007, 95(9-11):1579-1606.

[60] 邵亚会，赵林，葛耀君. 江东大桥分体式扁平双箱梁悬索桥颤抖振研究[J]. 武汉理工大学学报, 2009, 31(1):68-72.

[61] 邵亚会，赵林，葛耀君，等. 桥梁构件风致动态内力回归估算方法[J]. 哈尔滨工业大学学报, 2011, 43(04):88-93.

[62] Guo Zengwei, Ge Yaojun, Zhao Lin, et al. Linear Regression Analysis of Buffeting Response under Skew Wind [J]. Journal of Wind and Structures, 2013, 16(3): 279-300.

[63] 郭增伟，赵林，葛耀君，等. 复杂来流桥梁抖振内力多维线性回归算法[J]. 哈尔滨工业大学学报, 2012, 44(8): 83-90.

第八章　涡激振动及控制

随着桥梁跨径的增大,结构竖弯和扭转基频显著降低,从而容易在较低风速下被激发出涡激共振;此外大跨度桥梁多采用低阻尼的钢结构,这进一步增加了涡激共振发生的可能性。涡振不但会给钢结构造成疲劳损伤,而且会降低行车舒适度,甚至危及交通安全。丹麦 Great Belt East 悬索桥和巴西 Rio-Niteroi 大桥等连续梁和连续刚构桥都发生了振幅较大的竖弯涡振。更严重的是,拱肋的小幅涡振有时会激发出吊杆的大幅振动,其振幅可达 1m 以上,这对于桥梁的安全将构成新的威胁。由于涡振发生的风速范围一般都低于桥梁设计风速,因此它成为最容易出现的桥梁风致振动形式之一,几乎所有的钝体断面大跨度桥梁都存在发生涡振的潜在可能。因此研究桥梁涡激共振的机理,探寻抑制涡振的措施和方法,就成为桥梁抗风性能研究中一项重要而紧迫的课题。

第一节　涡振基本概念

空气流过钝体结构时会产生旋涡的脱落,这是一个非常复杂的过程。按照流势理论的解释[1],考察图 8.1-1 所示的流体流过曲面的情况。从 A 点到 C 点流动是加速的,在 C 点处边界层外面的流速达到最大值,而该处的压力值最小。所以从 A 点到 C 点的压力梯度为负,在边界层内静压力的作用向前。过 C 点后压力增大,压力梯度为正,在边界层内静压力的作用方向与来流方向相反。虽然压力梯度在边界层的横剖面内实际上是相同的,但它对紧贴在表面处流体的影响最为显著。因为该处的动量比离表面远一些地方的动量要小,所以当该处的动量进一步受静压力的作用而减小时,贴近表面的流体很快就停下来了。例如在 D 点处,边界层内的速度变化率在表面处就等于零。在 E 点处速度变化率小于零,贴近表面的流体实际上就倒流了,此时流体不再沿曲面的轮廓流动,而是与之分离,D 点称为分离点。由此可见,边界层内速度的减小和正压力梯度的存在产生了流动的分离,由此而形成的回流进一步发展成脱落的旋涡。

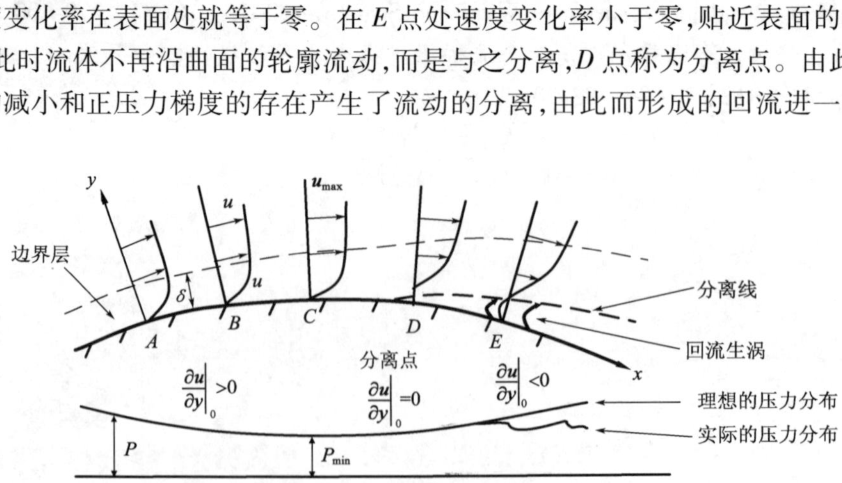

图 8.1-1　流体沿曲面的流动和分离

当流速保持一定时，旋涡也以固定的频率脱落，这一频率可以通过 Strouhal 关系式得到：

$$f_s = \frac{S_t U}{D} \tag{8.1-1}$$

式中：f_s——涡脱频率；

S_t——由断面形状决定的无量纲系数，称为 Strouhal 数；

U——风速；

D——断面特征尺寸。

根据这一公式可知，f_s 与风速 U 呈线性关系，随着风速的增加，f_s 将达到结构某一阶固有频率 f_n 附近。此时，如果其他的条件（后面将具体论述）合适，将激发出结构的涡激振动。这时，旋涡脱落的频率将不再满足 Strouhal 关系式，而是在一定范围内保持在结构的该阶固有频率上。涡振是一种非常常见的流体诱发振动，大跨度桥梁、输电线、高耸烟囱、热交换器中的冷却管、潜水艇中的潜望镜、海底电缆以及离岸结构中的许多管状结构都容易发生涡振。

人们最初认识涡激振动现象大概是从古希腊的风竖琴振动（Aeolian Oscillation）开始的。当竖琴暴露于微风中，琴弦便会振动，发出悦耳的音调。琴弦的这种振动是由作用在琴弦上的空气力引起的，并且与尾流中交替变化脱落的旋涡有关[2]。

1878 年，Strouhal 发表了一篇关于风竖琴振动现象的著名论文，指出当流体绕过圆柱后在尾流中将出现交替脱落的旋涡，并且旋涡脱落的频率 f_s 与风速 U 和圆柱直径 D 之间存在一定的关系[3]。由于这一著作，Strouhal 的名字就与表征旋涡脱落特性的无量纲数 S_t 联系在了一起。

$$S_t = \frac{f_s D}{U} \tag{8.1-2}$$

式（8.1-2）奠定了涡激振动研究的基础，它描述了引起涡激振动的旋涡脱落的重要特性。对于桥梁这种钝体断面也有类似的旋涡脱落现象，人们沿用上面的公式来表示旋涡脱落的频率。

1911 年，Von Karman 用复势理论研究圆柱绕流机理时，导出了一个长圆柱体沿中轴的垂直方向以速度 v 在静止的无黏性理想流体中等速前进时，在长圆柱后面的尾流中将产生一系列相隔固定距离的单涡（被称为“卡门涡街”，Karman Vortex Street）。并且涡街以 $u<v$ 的速度沿几乎平行的两根直线（内距为 b）随物体前进。Von Karman 指出，只有满足 $ch = 2\pi b/a = 3$，即两行涡街的行距 b 等于相邻涡距 a 的 0.280 6 倍时，涡街才是稳定的，此时旋涡脱落的频率为 $f_v = (v-u)/a$[3]。

1941 年，Chr. Nokkentved 进行了大量的试验，测得了不同形状断面的 Strouhal 数，做成表格便于后人研究[4]。其中圆柱的 Strouhal 数一般为 0.2 左右。近年来随着粒子成像（Particle Image Velocimetry）技术的发展，人们可以清晰地观察并记录下圆柱绕流的整个过程，从而为深入研究旋涡产生、移动、脱落的演化过程，提供有力的技术支持。

研究表明，虽然涡频 f_v 与风速 U 呈线性关系，$f_v = f_s$ 的共振条件只在某一风速被满足，但是以 f_s 振动的结构将对漩涡的脱落产生反馈作用，使涡频 f_v 在相当长的风速范围内被 f_s 所“俘获”，产生一种被称为“锁定”（Lock in）的现象，如图 8.1-2 所示。

涡激振动具有 Van der pol 性：既有自激振动的性质，同时又是一种限幅的强迫振动。它有以下特点：

（1）是一种发生在较低风速区的有限振幅振动。

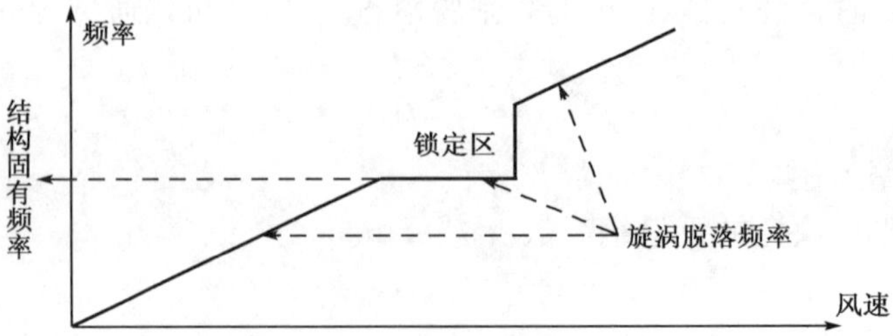

图 8.1-2　锁定现象(Lock in)

(2)只在某一风速区域内发生。

(3)最大振幅对阻尼有很大依赖性。

(4)响应对断面形状的微小变化很敏感。

(5)涡激振动可以激起弯曲振动,也可以激起扭转振动。

(6)涡激振动增加了脉动力在跨长方向的相关性。

(7)涡激振动响应存在比较明显的滞后现象。

虽然涡振作为一种奇特而有趣的振动现象很早以前就引起了人们的注意,但多年来在桥梁抗风领域中的涡振研究一直处于相对滞后的状态。一方面是由于颤振、驰振等发散性振动作为安全性问题一直被人们广泛关注;另一方面是由于涡激振动问题本身的复杂性使得涡振研究步履维艰。

近几年来,随着大跨径桥梁的发展,各种超大跨径的缆索承重桥梁不断出现。这些桥梁由于跨径的增大,竖弯和扭转基频显著降低,更加容易在较低的风速范围内被激发出涡激振动。另一方面,这些桥梁多采用低阻尼的钢结构,这进一步增加了涡振发生的可能性。因此,这些桥梁在满足了颤振的抗风安全性能以后,往往又会出现涡振。涡振不但会给钢结构造成疲劳损伤,而且会降低行车舒适度,甚至危及交通安全。从图 8.1-3 中可以看出丹麦 Great Belt East Bridge[5] 竖弯涡振的振幅之大,足以影响桥上行车。巴西 Rio-Niteroi Bridge[6] 因为在 14m/s 左右的风速下发生强烈竖弯涡振而被关闭。更严重的是,主梁的小幅涡振,有时会激发出超长缆索的大幅振动,这是以前的研究中未曾面临的新问题。在苏通长江大桥的抗风研究中就发现,主梁的涡振激发出斜拉索振动的振幅有可能达到 1m 以上,这对于桥梁的安全将构成新的威胁。

图 8.1-3　丹麦 Great Belt East Bridge 竖弯涡振[5]

由于涡振发生的风速范围一般都低于桥梁设计风速,因此它成为最容易出现的桥梁风致振动形式之一,几乎所有的钝体断面大跨度桥梁都存在发生涡振的潜在可能。世界各国有多座桥梁因为发生大幅度的涡振而被迫关闭,表 8.1-1 中列出了其中的一部分。

世界各国曾发生涡振的大跨度桥梁 表 8.1-1

桥 型	国 家	桥 名
斜拉桥	日本	石狩 Kako 桥
		Kasotsuta 桥
	英国	塞文二桥
		凯索克大桥
	加拿大	怀依桥
		Long's Creek 桥
悬索桥	美国	塔科马桥
		迪尔岛大桥
	丹麦	大海带东桥
	加拿大	狮门大桥
刚构桥	巴西	里约—尼泰罗伊大桥

第二节 涡振计算模型

根据条带假设理论,可以将桥梁主梁近似处理为有阻尼的单自由度刚体模型,如图 8.2-1 所示。

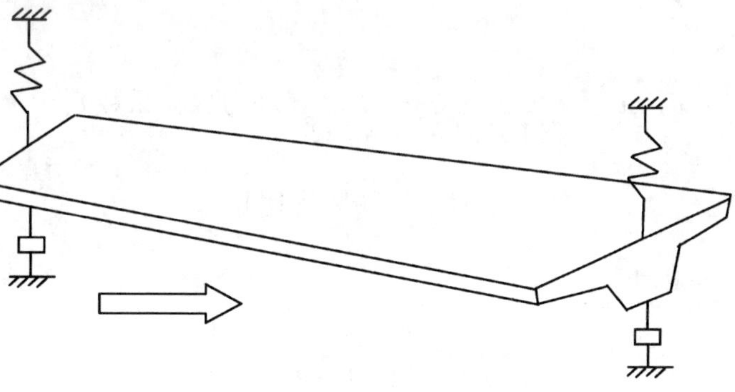

图 8.2-1 涡激振动简化计算模型

根据结构动力学得到:

$$m(\ddot{y} + 2\xi\omega\dot{y} + \omega^2 y) = F(y, \dot{y}, \ddot{y}, U, t) \tag{8.2-1}$$

式中:y——横风向自由度;

m——沿跨径方向单位长度质量;

ω——结构自振圆频率;

ξ——结构阻尼比;

U——风速;

t——时间。

由于旋涡脱落过程的复杂性,至今还没有一种完全成功的解析方法能从基本流动原理出发，表现在旋涡脱落作用下一个弹性钝体响应动作的全过程，即对于涡激力 $F(y,\dot{y},\ddot{y},U,t)$ 的描述，还没有一个成功的解析表达式。$F(y,\dot{y},\ddot{y},U,t)$ 是结构位移、速度、加速度、风速和时间的函数，而且是非线性函数。根据研究的需要，国内外学者基于经验和试验现象提出了许多涡激气动力模型。这些模型基本可以分为尾流双振子模型（DDOF）和单自由度模型（SDOF）两大类[7]。后者由于形式简单、概念清晰，比较接近桥梁的结构特点，因而在桥梁涡振的计算中得到了更广泛的应用。

现有的涡激力模型主要如下。

一、简谐涡激力模型

人们最初研究涡激振动的时候，根据观察到的振动现象和简谐振动非常相似，认为作用在结构上的涡激力是具有类似于简谐力一样的形式，于是提出了最初的简谐涡激力模型，这一模型假定涡激力是和升力系数成正比的简谐力。

$$m(\ddot{y}+2\xi\omega_n\dot{y}+\omega_n^2 y)=\frac{1}{2}\rho U^2 BC_L\sin(\omega_s t+\varphi) \tag{8.2-2}$$

式中：C_L——升力系数；

ω_s——旋涡脱落频率；

φ——初相角。

根据结构动力学中的单自由度强迫振动理论，对于：

$$\ddot{y}+2\xi\omega_n\dot{y}+\omega_n^2 y=\frac{P}{m}\sin\omega_s t \tag{8.2-3}$$

有 $y=y_s\cdot\mu$，其中：

$$\mu=\frac{1}{\sqrt{(1-\Omega^2)^2+4\xi^2\Omega^2}}\text{（动力放大系数）} \tag{8.2-4}$$

$$\Omega=\frac{\omega_s}{\omega_n}\text{（频率比）} \tag{8.2-5}$$

当 $\Omega=\sqrt{1-2\xi^2}\approx 1$ 时，

$$\mu_{max}=\frac{1}{2\xi\sqrt{1-\xi^2}}\approx\frac{1}{2\xi} \tag{8.2-6}$$

当涡激共振发生时（$\omega_n=\omega_s$），根据上面的公式可以非常方便地得到涡激共振的最大振幅：

$$y=\frac{BC_L\rho U^2}{2m\omega_n^2}\cdot\mu_{max} \tag{8.2-7}$$

引入 $S_c=\frac{4\pi m\xi}{\rho BD}$（Scuton 数）和 $S_t=\frac{\omega_s D}{2\pi U}$（Strouhal 数），此时 $\omega_s=\omega_n$，得到：

$$y_{max}=\frac{DC_L}{4\pi S_c S_t^2} \tag{8.2-8}$$

记 $\eta_{max}=\frac{y_{max}}{D}$，得到：

$$\eta_{\max} = \frac{C_{\mathrm{L}}}{4\pi S_{\mathrm{c}} S_{\mathrm{t}}^{2}} \tag{8.2-9}$$

可以看出，振幅和梁高以及升力系数成正比，和 Scuton 数以及 Strouhal 数的平方成反比。Strouhal 数取决于桥梁主梁断面的形状，而 Scuton 数则决定于主梁单位长度的质量、阻尼比和主梁截面形状。

在实际的涡激共振中，随着风速的增加，振幅也随之增加，但是当风速超过一定值以后，振幅又会减小直至消失，在这一过程中旋涡脱落频率始终锁定于结构自振频率。然而在此模型中，不能反映振幅随风速的变化关系。

二、升力振子模型

20 世纪 60 年代以后，Scruton 首先提出了升力振子模型[8]，后来又有多篇文献对这种模型进行了改进和补充[9]。升力振子模型的基本形式如下：

$$m(\ddot{y} + 2\xi\omega_{\mathrm{n}}\dot{y} + \omega_{\mathrm{n}}^{2}y) = \frac{1}{2}\rho U^{2}B \cdot C_{\mathrm{L}}(t) \tag{8.2-10}$$

式中：$C_{\mathrm{L}}(t)$——随时间变化的升力系数，它具有范德波尔振荡特性，并假设它与运动速度的关系为：

$$\ddot{C}_{\mathrm{L}} + a_1\dot{C}_{\mathrm{L}} + a_2\dot{C}_{\mathrm{L}}^{3} + a_3 C_{\mathrm{L}} = a_4\dot{y}$$

a_1、a_2、a_3、a_4——由试验确定的参数。

这个假设是根据要研究的系统特性与范德波尔振子特性的相似性提出的，即在小振幅时阻尼小，在大振幅时阻尼大。模型参数的确定需要大量的试验，而升力系数究竟有怎样的变化规律，还需要通过测压试验的数据来仔细分析。但是考虑到涡激振动对结构阻尼比的敏感性，测压试验时数量众多的压力导管对结构阻尼的影响，获得令人满意的测压试验数据非常困难。

三、经验线性模型

Simiu 和 Scanlan 于 1986 年提出了一种线性经验模型[9,10]。这一模型中假设一个线性机械振子给予气动激振力、气动阻尼和气动刚度。因为在锁定区机械振子的固有频率控制了整个机械—气动力系统，所以模型的推导是在系统固有频率的前提下推导的。其中 Y_1、Y_2、C_{L} 和 φ 是需要通过试验拟合的参数。

$$m(\ddot{y} + 2\xi\omega_{\mathrm{n}}\dot{y} + \omega_{\mathrm{n}}^{2}y) = \frac{1}{2}\rho U^{2}B \cdot \left[Y_1\frac{\dot{y}}{U} + Y_2\frac{y}{B} + C_{\mathrm{L}}\sin(\omega_{\mathrm{s}}t + \varphi)\right] \tag{8.2-11}$$

这个模型的提出，是考虑到工程设计时有时候只需要能够简单地确定结构最大振幅，因此保留一个线性的涡激力模型来反映锁定区附近观察到的主要试验结果。它通过线性的函数来描述旋涡脱落这种非线性气动现象，带有一定的近似。和简谐力模型一样，经验线性模型依然不能够解释锁定现象。

四、经验非线性模型

在线性经验模型的基础上，Ehsan 和 Scanlan 于 1990 年通过增加一个非线性的气动阻尼项,把涡激力的描述引入到非线性的范围里,提出了经验非线性模型[9,10]。这一模型除了增加一个非线性阻尼项之外,与经验线性模型没有本质区别。

$$m(\ddot{y}+2\xi\omega_n\dot{y}+\omega_n^2y)=\frac{1}{2}\rho U^2B\cdot\left[Y_1\left(1-\varepsilon\frac{y^2}{B^2}\right)\frac{\dot{y}}{U}+Y_2\frac{y}{B}+C_L\sin(\omega_s t+\varphi)\right] \tag{8.2-12}$$

在锁定区内,假定 $\omega_s=\omega_n$,同时考虑到气动刚度项(含 Y_2)和涡脱力项(含 C_L)与气动阻尼项相比非常小,可近似忽略不计,于是振动方程近似为:

$$m(\ddot{y}+2\xi\omega_n\dot{y}+\omega_n^2y)=\frac{1}{2}\rho U^2B\cdot\left[Y_1\left(1-\varepsilon\frac{y^2}{B^2}\right)\frac{\dot{y}}{U}\right] \tag{8.2-13}$$

在涡激共振达到稳定状态以后,振幅保持不变,这时根据能量守恒原理,可以认为在一个振动周期中,平均耗散的能量为零,也就是说系统从外界气流中吸收的能量完全转化为热能,而系统总的机械能保持不变。于是可以得到:

$$\int_0^T\left[4\xi m\omega_n-\rho UDY_1\left(1-\varepsilon\frac{y^2}{D^2}\right)\right]\dot{y}^2\mathrm{d}t=0 \tag{8.2-14}$$

其中 $T=2\pi/\omega_n$,假设这时候 $y=y_0\cos\omega_n t$,所以有:

$$\int_0^T\dot{y}^2\mathrm{d}t=\pi\omega_n y_0^2\quad\int_0^T y^2\dot{y}^2\mathrm{d}t=\frac{\pi}{4}\omega_n y_0^4$$

引入

$$S_c=\frac{4\pi m\xi}{\rho D^2}(\text{Scuton 数})\quad S_t=\frac{\omega_s D}{2\pi U}(\text{Strouhal 数})$$

可以得到

$$16\pi\xi mS_t-4\rho D^2Y_1+\rho Y_1\varepsilon y_0^2=0$$

记 $\eta=y_0/D$,得到

$$\eta=2\sqrt{\frac{1}{\varepsilon}\left(1-\frac{S_c\cdot S_t}{Y_1}\right)} \tag{8.2-15}$$

五、广义经验非线性模型

在实际应用中,经验非线性模型的计算结果与风洞试验数据有一定偏差。为了弥补这种不足,在经验非线性模型的基础上,1995 年 Larsen 通过增加一个形状参数 ν,提出了"广义经验非线性模型"[11]:

$$\ddot{\eta}+\mu fC_s\dot{\eta}+(2\pi f)^2\eta=\mu fC_a(1-\varepsilon|\eta|^{2\nu})\dot{\eta} \tag{8.2-16}$$

其中:$\eta=y/D$;$C_s=4\pi\xi_s M/\rho D^2$,即 Scruton 数;$\mu=\rho D^2/M$ 为质量比。C_a、ε 和 ν 是需要通过试验测得的参数。由该模型得到的涡激共振振幅为:

$$\eta_0=\left[\frac{\pi}{Ic(\nu)\varepsilon}\left(1-\frac{C_s}{C_a}\right)\right]^{\frac{1}{2\nu}} \tag{8.2-17}$$

其中:$Ic(\nu)=\int_0^{2\pi}|\cos p|^{2\nu}\sin^2(p)\mathrm{d}p$。于是式(8.2-17)可近似表达为:

$$\eta_0 = \left[\frac{3\nu+1}{\varepsilon}\left(1-\frac{C_s}{C_a}\right)\right]^{\frac{1}{2\nu}} \tag{8.2-18}$$

当 $\nu=1$ 时，有：

$$Ic(\nu) = \int_0^{2\pi} |\cos p|^2 \sin^2(p)\mathrm{d}p = \frac{\pi}{4}$$

就转化为前面的经验非线性模型的特例：

$$\eta_0 = 2\sqrt{\frac{1}{\varepsilon}\left(1-\frac{C_s}{C_a}\right)} \tag{8.2-19}$$

同经验非线性模型相比，广义经验非线性模型的计算结果更加贴近于风洞试验的数据。

以上涡激力模型存在的问题主要有：

(1)仅限于竖向涡振，对于扭转涡激力模型有待补充。

(2)竖弯振动线性涡激力模型的适用性评价很少，而非线性模型的必要性记述也不多。

(3)缺乏涡激力模型的风洞试验验证。

第三节　涡激共振机理

一、涡振发生原因

涡激振动发生时，结构的振动将对旋涡的脱落产生反馈作用，使涡脱频率在相当长的风速范围内被结构自振频率所俘获，这种现象被称为“锁定”，这段风速范围被称为“锁定风速区间”，如图 8.3-1 所示。锁定现象是涡激振动所独有的一种现象，也是它区别于其他风致振动最为显著的特征。在锁定风速区间内，涡振振幅先增加后减小，存在一个极大值，由此把涡振锁定风速区间划分为两个部分，极值振幅之前的部分称为“前锁定区”，极值振幅之后的部分称为“后锁定区”。在前锁定区，振幅随风速增加而增加；在后锁定区，振幅随风速增加而减小。

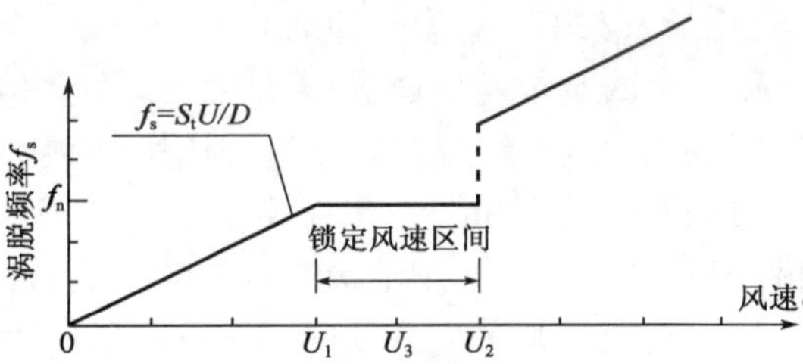

图 8.3-1　锁定现象

锁定现象产生的内部机理极为复杂，涉及流固耦合振动理论的很多方面，目前的理解也是比较肤浅的，但这一问题又是涡振研究中不可回避的。由于旋涡脱落是由流动的分离导致的，结构断面的气动外形和风场中的来流速度，将决定所产生涡脱频率、旋涡尺度和旋涡沿结构表面漂移的速度。涡激振动之所以发生，正是由于在锁定风速区间内，涡脱频率、旋涡尺度与漂移速度满足了合适的条件，从而促成涡激振动的发生。以下将以此为依据对涡振及锁定现象发生的原因进行探讨。

涡激振动现象本质上是一种共振现象。从结构动力学中的知识我们可以知道，当有阻尼单自由度系统受到一个简谐周期荷载作用的时候，有可能发生共振现象。共振发生的条件是周期荷载的作用频率与结构的自振频率 f_n 接近或相等，经过足够长的时间以后，由于结构阻尼的存在，结构的响应将保持在一个恒定值。如果结构阻尼为零，共振发生时响应就会逐渐增大最后导致振动发散。

涡激振动又是一种特殊的共振现象。引起振动的周期荷载是由于气流经过结构表面时脱落的旋涡所产生的。为了使这一复杂问题得到简化，我们不妨把脱落旋涡对结构的作用用若干个涡激力微团 F_i 来表示，如图 8.3-2 所示。这些涡激力微团的方向或上或下，作用点位置随着旋涡的漂移而变化，当作用点移出结构宽度范围 B 之外时，认为涡激力微团对结构将不再起作用。将主梁宽度范围 B 之内的若干个涡激力微团向主梁中心简化以后，就可以得到一个作用于主梁中心的涡激合力 $F(t)$ 和涡激扭矩 $M(t)$，它们随时间 t 作周期变化。如果 $F(t)$ 的频率与结构的竖弯频率一致就会引起竖弯涡振；如果 $M(t)$ 的频率与结构的扭转频率一致，就会引起扭转涡振。如果 $F(t)$ 和 $M(t)$ 的频率与结构的自振频率相差较远，则结构作随机振动。

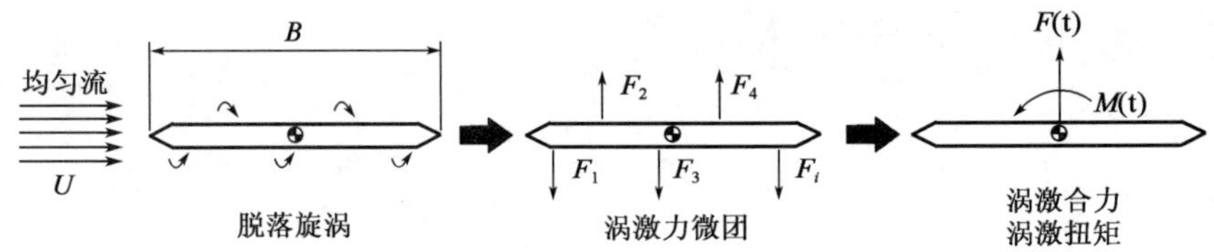

图 8.3-2　涡激力简化示意

涡激合力 $F(t)$ 和涡激扭矩 $M(t)$ 的作用频率至少取决于两个重要因素：旋涡脱落频率和旋涡移动速度。这两个因素满足某种条件后将使涡激力的作用频率接近或等于结构自振频率，这正是激发结构涡激振动的必要条件。

第一个因素很容易理解，涡激合力 $F(t)$ 和涡激扭矩 $M(t)$ 是由脱落旋涡产生的表面压力的宏观表现，涡脱频率越高，则这种作用的频率越高。关于涡脱频率 f_s，以前的研究中已经有了大量的试验结果和结论，即在锁定风速区间之外，涡脱频率满足 Strouhal 关系式；在锁定风速区间里，涡脱频率等于结构的自振频率。为什么在锁定风速区间内，涡脱频率被结构的自振频率所俘获呢？基于大量风洞试验中观察到的锁定现象，可以认为锁定区内涡脱频率等于结构自振频率的根本原因，是由于此时振动的幅度已经非常显著，这种结构振动导致的空气扰动作用已经超过了气流自然分离时产生的旋涡脱落作用。因此，此时的涡脱频率必然是产生主导作用的结构自振频率。在锁定风速区间之外振幅很小，扰动作用非常微弱，涡脱频率又接近于结构静止时的自然脱落状态，满足 Strouhal 关系式。

第二个因素在以往的涡振研究中从未被提起过。桥梁主梁一般为扁平状的钝体结构，当空气流过结构表面时，脱落旋涡沿结构表面移动。这一点已经可以从流动显示和 CFD 模拟的结果中得到证实。由于结构表面的涡激力微团一旦漂移出主梁宽度 B 范围就不再对结构产生作用，因此形成这些涡激力微团的脱落旋涡的移动速度 v 就成为除涡脱频率 f_s 以外影响涡激合力和涡激扭矩作用频率的又一重要因素。出于简化问题的需要，不妨认为 v 与风速 U 成正比，即 $v = L_v U$，其中 L_v 是比例系数。则旋涡移动的折算频率 $f_m = v/B = L_v U/B$。当 v 非常大的时候，在一个结构自振周期内，旋涡产生以后就马上沿结构表面快速漂移出主梁宽度范围 B，即 $f_m >> f_n$。在这种情况下，即使涡脱频率 f_s 等于结构自振频率 f_n，也不可能发生涡激振动。

而只有 f_s 和 f_m 满足特定的条件时，涡激振动才有可能发生。

在锁定区内涡脱频率 f_s 锁定于结构自振频率 f_n，不随风速而变化。但是旋涡移动折算频率 f_m 却随着风速增加而增大，如图 8.3-3 所示。这两个频率将共同决定涡激合力的作用频率 f_F。由于目前条件下还无法准确说明 f_s 和 f_m 对 f_F 有怎样的贡献程度，因此出于简化问题的需要不妨认为 $f_F=\sqrt{f_s \cdot f_m}$，即涡激合力和涡激扭矩的作用频率等于涡脱频率和旋涡移动折算频率的几何平均值。如果结构断面的气动外形能够使得 f_s-U 和 f_m-U 曲线相交，如图 8.3-3 中 A 点所示，则发生锁定现象。在 U_3 风速下，恰好使得 $f_s=f_m=f_n$，所以 $f_F=\sqrt{f_s \cdot f_m}=f_n$，涡激共振最为剧烈。此后，$f_m$ 随 U 继续增加，虽然 f_s 锁定于 f_n，但 f_F 却逐渐偏离 f_n，涡振振幅逐渐减小，直至涡振消失。以上即从"旋涡移动速度"出发对涡振发生及锁定现象的机理给出的解释。

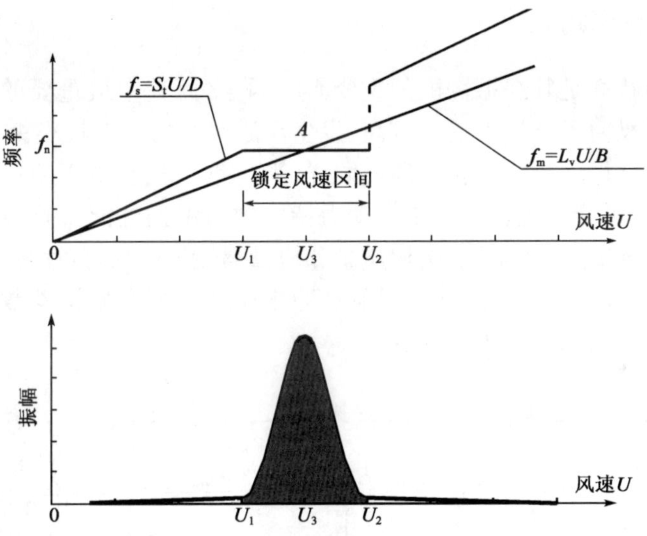

图 8.3-3　涡振锁定现象机理示意

仅仅探讨涡激共振的发生原因还无法全面深入地理解大跨度桥梁涡激共振的机理，因为桥梁断面气动外形和薄平板、机翼等相比都比较钝化，气流流经桥梁断面时都会发生分离并产生旋涡，进而引起涡激力，但不同类型的桥梁、不同形状的主梁断面，涡激共振是否发生以及涡振振幅是否剧烈等情况是存在很大差异的，也就是说涡振性能差别很大。因此下面将着重研究大跨度桥梁涡振性能差异的重要影响因素。

二、涡振影响因素

基于现有研究基础，可以归纳出大跨度桥梁的涡激共振具有以下特点：

(1)虽然涡激共振和颤振一样，具有风致自激振动的明显特征，但与颤振现象不同的是，涡激共振常常发生在较低的风速下，且只发生在某一风速区域内(锁定区间)，同时不会像颤振一样出现发散现象，是一种有限振幅的振动。

(2)对结构的阻尼很敏感，响应随阻尼增加而减小。

(3)对质量比依赖性很大，响应随质量比增加而减小。

(4)断面形状的细小变化会对涡激振动产生很大影响。

(5)竖弯和扭转涡振都有可能发生,但都以独立振型出现。

(6)涡激力的展向相关性依赖于振幅,振幅越大,展向相关性越强。

(7)涡振响应较风速变化存在一定的滞后现象。

(8)紊流对涡激振动有一定的抑止效果。

基于以上涡激共振的特点,特别是其具备自激振动特征的这个基本特点,可以认为涡激共振是惯性力、阻尼力、弹性力和(自激)气动力相互作用的结果。其中前三种作用力同结构动力特性紧密相关的,而气动力则是决定于结构气动外形及其同周围气流的气弹效应。根据这样的分析,桥梁涡振性能的重要影响因素可以总结为三类:结构动力特性、结构气动外形和气流绕流流态。以下将对此三类因素展开研究和分析。

三、结构动力特性影响

桥梁结构的动力特性是其涡振性能的重要影响因素,而其中最重要的参数就是结构的阻尼比。一般混凝土桥梁由于结构阻尼比较高,发生涡激共振的概率较小;而钢结构主梁和桥塔结构发生大振幅涡激共振的可能性就较高。同样,平行钢丝拉索由于阻尼比相对钢绞线拉索较低,发生拉索涡振的可能性也较高。结构动力特性中对涡振性能影响较大的另一个参数是结构的质量和质量惯性矩,一般来说,结构质量和质量惯性矩越大,发生涡激共振的概率越低。

以下针对两种类型的主梁断面,通过风洞试验来研究阻尼和质量参数对桥梁涡振性能的影响。两种主梁断面形式如图 8.3-4 所示。

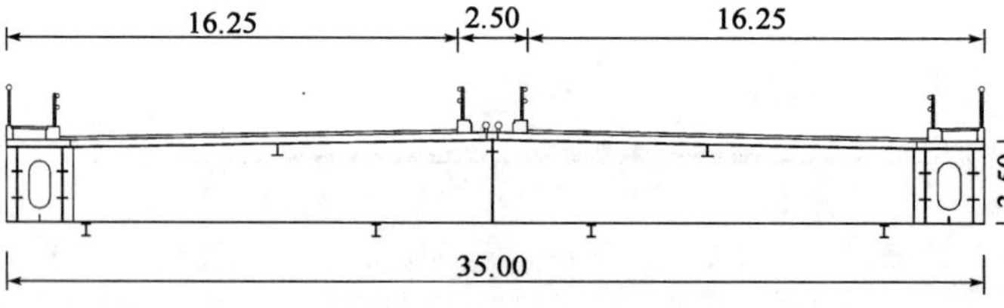

a)边主梁断面A

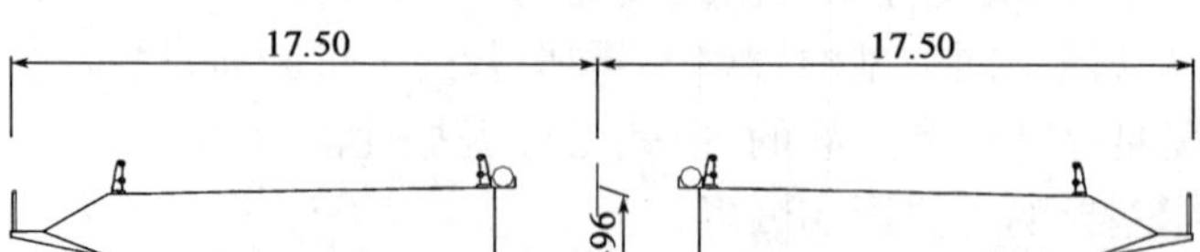

b)中央开槽箱梁断面B

图 8.3-4　两种主梁断面形式(尺寸单位:m)

1. 质量参数变化

在断面 A 的 AS01 ~ AS06 工况中(表 8.3-1),通过改变模型的质量惯性矩,来考察质量参数对扭转涡激振动的锁定风速区间和最大振幅的影响。

断面 A 质量参数试验工况　　表 8.3-1

工况	状态	流场	攻角(°)	质量参数 I(kg·m²)	阻尼参数 ξ(‰)
AS01	施工	均匀	+3	0.676	6.627
AS02				0.762	
AS03				0.848	
AS04				0.970	
AS05				1.030	
AS06				1.120	

图 8.3-5 所示为质量参数对结构扭转涡激共振锁定风速区间影响的试验结果。从图中可以看出，随着质量惯性矩的增加，锁定风速区间逐渐减小，当质量惯性矩增加到初始值的 1.92 倍时，锁定风速区间已经很小，再稍微增加质量惯性矩，则涡振消失。

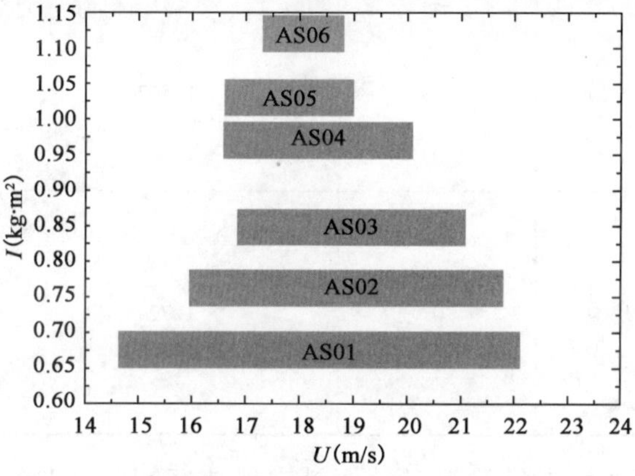

图 8.3-5　质量参数对断面 A 锁定风速区间的影响

图 8.3-6 所示为质量参数对结构扭转涡激共振最大振幅影响的试验结果。从图中可以看出，随着质量惯性矩的增加，扭转涡激振动的最大振幅逐渐减小，当质量惯性矩增加到初始值的1.92倍时，涡振最大振幅只有原来的 60% 左右。

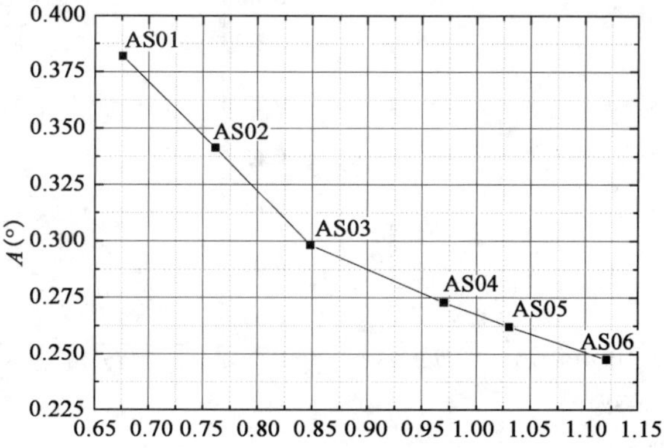

图 8.3-6　质量参数对断面 A 最大振幅的影响

2. 阻尼参数变化

在断面 A 的 AS07 ~ AS12 工况和断面 B 的 BS01 ~ BS04 和 BC05 ~ BC09 工况中(表 8.3-2),通过改变结构阻尼,来考察阻尼参数对扭转涡振的锁定风速区间和最大振幅的影响。

断面 A 和断面 B 阻尼参数试验工况　　表 8.3-2

工况	状态	流场	攻角(°)	质量参数 I(kg·m^2)	阻尼参数 ξ(‰)
AS07	施工	均匀	+3	0.676	6.627
AS08					8.319
AS09					9.105
AS10					10.199
AS11					11.128
AS12					12.152
BS01	施工	均匀	-3	1.502	4.6
BS02					5.7
BS03					6.5
BS04					8.4
BC05	成桥	均匀	0	1.724	5.1
BC06					6.5
BC07					7.3
BC08					8.2
BC09					9.1

图 8.3-7 所示为阻尼参数对结构涡激共振锁定风速区间的试验结果。从图中可以看出,随着阻尼参数的增大,锁定风速区间有减小的趋势,但没有增大质量参数时明显。因此可以基本认为增大阻尼参数对减小锁定风速区间的作用很小。

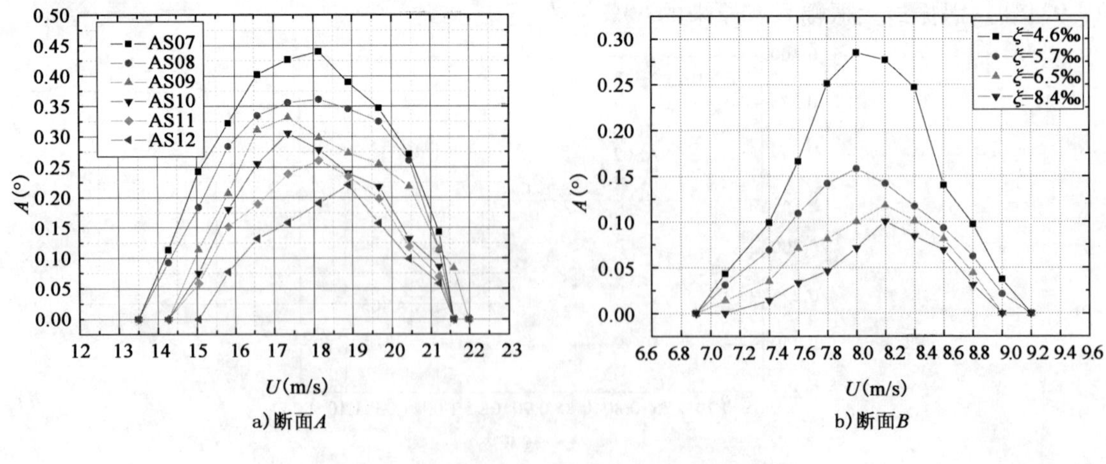

a)断面A　　b)断面B

图 8.3-7　阻尼参数对锁定风速区间的影响

图 8.3-8 所示为阻尼参数对结构涡激共振最大振幅的试验结果。从图中可以看出，随着阻尼参数的增加，扭转涡振最大振幅明显减小。以断面 A 为例，当阻尼参数增大到初始值的 1.83 倍时，涡激最大振幅只有原来的 50% 左右。这说明，阻尼参数对涡激最大振幅影响很大。

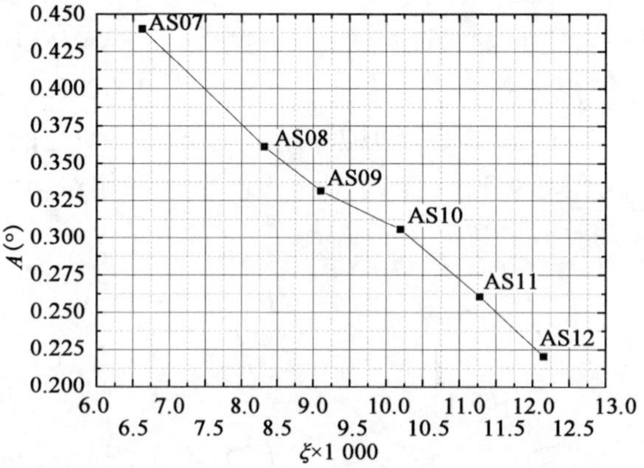

a) 断面A

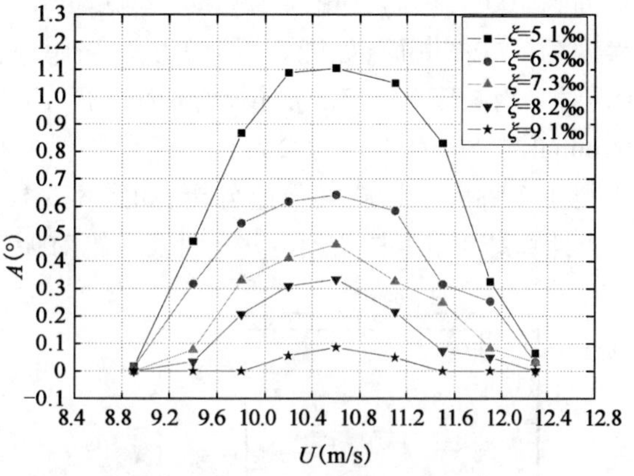

b) 断面B

图 8.3-8　阻尼参数对涡振最大振幅的影响

质量参数和阻尼参数对结构涡激共振性能的影响原因可以这样来理解：来流中空气的动能是能量的输入部分，这些输入的能量通过空气和结构的相互作用，最终转化为结构振动的动能和势能、振动中阻尼引起的热能、尾流中气流的动能。结构的质量参数越大，则振动中克服惯性力所做的功越多，涡振越不容易出现；结构的阻尼参数越大，则振动中克服阻尼力所做的功越多，涡振也不容易产生。

因此，综合反映结构质量阻尼参数的 Scruton 数，可以成为衡量涡振是否容易发生的一个重要条件，即 S_c 数越小，涡振发生的可能性越大。

对于竖弯振型有：

$$S_{cb} = \frac{4\pi m\xi_b}{\rho BD} \tag{8.3-1a}$$

对于扭转振型有：

$$S_{ct} = \frac{4\pi I\xi_t}{\rho B^2 D^2} \tag{8.3-1b}$$

式中：m、I——分别为主梁单位长度质量和质量惯性矩；

D——梁高；

B——梁宽；

ξ_b、ξ_t——分别为竖弯和扭转阻尼比；

ρ——空气密度。

四、断面气动外形影响

结构断面的气动外形是决定桥梁涡激共振性能的另一个重要因素。气动外形直接影响了气流流经断面时的绕流、分离以及旋涡脱落的频率和漂移速度，这些都对涡激共振的发生和剧烈程度起着重要的影响作用。断面形状的微小改变都可能会对桥梁涡振性能产生较大的影响。

以下基于一座大跨度拱桥的涡激共振性能研究来分析结构气动外形对桥梁涡振性能的影响及其原理。该桥为一座中跨为550m的中承式钢箱梁拱桥，两片倾斜的钢拱肋从拱底到拱顶高为100m，拱肋钢箱为陀螺形，上宽为5m，下宽为3m，拱顶处高度6m，拱脚处高度9m，其表现为一钝体断面，如图8.3-9所示。采用项目组自主开发的计算流体动力学软件RVM-FLUID，对平均高度为7.5m的拱肋断面进行了二维模拟分析，结果发现在折减频率0.028Hz或Strouhal数$S_t=0.156$时会发生严重的涡激共振。为了改善该拱肋钝体断面的涡激振动性能，进行了多种气动措施的数值分析，如图8.3-10所示，表8.3-3给出了Strouhal数S_t和相对幅值A的计算结果，其中z_{max}和H分别表示绝对振幅和断面高度。

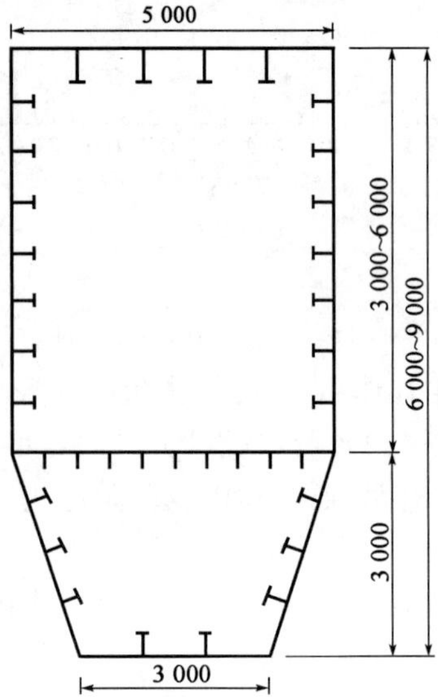

图8.3-9　拱肋断面（尺寸单位：mm）

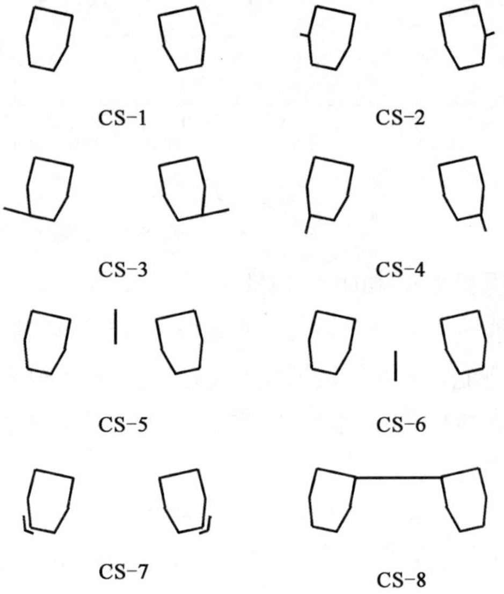

图8.3-10　拱肋断面气动控制措施

拱肋断面Strouhal数和相对幅值　　表8.3-3

编号	拱肋布置	S_t	$A(z_{max}/H)$
CS-1	原断面	0.156	0.028
CS-2	中间2m高的板	0.220	0.025
CS-3	底部2m高的板（水平）	0.137	0.034
CS-4	底部2m高的板（垂直）	0.137	0.032
CS-5	底部4m高的稳定板	0.137	0.032
CS-6	底部4m高的稳定板	0.156	0.017
CS-7	4m的导流板	0.175	0.023
CS-8	整体铺板	0.156	0.011

从数值分析结果可以看到，CS-2、CS-6、CS-7等多种气动措施都只在原有断面气动外形上作了局部调整和微小改变，但这些气动外形改变对结构涡激共振最大振幅带来的影响是明显的，有的影响程度还相当大；但也有CS-3、CS-4和CS－5三种措施对原有断面气动外形的改变反而造成了涡激共振最大振幅的增大。由此可以得出结论：气动外形的改变会对桥梁结构涡

振性能产生重要的影响;特定气动外形改变对桥梁涡振性能的影响可能是有利的,也可能是不利的,其影响程度可能很大也可能非常微小,也就是说其影响机理是非常复杂的。下面以抑制涡激共振最有效的方法,即整体隔板方案(CS-8)为例,来分析这种气动外形改变对结构涡振性能影响的机理。根据数值计算结果,采取该气动措施后结构涡振最大振幅可减小60%,而且这一结论得到了后续全桥气弹模型风洞试验的证实。

五、紊流强度影响

由于桥梁结构的涡激共振是一种自激振动,因此结构周围的气流绕流流态实际上是和结构的气动外形密切相关的,一定程度上是结构的气动外形决定了其周围的气流绕流流态。但气流自身的一些重要参数也会对绕流流态产生重要影响,进而影响结构的涡激共振性能。其中最重要的参数是紊流强度和雷诺数。

紊流通常是指气流中的脉动成分,气流来流中的脉动成分会破坏气流的相关性,从而干扰旋涡有规律的脱落和运动,一般来说是对涡激共振的发生有抑制作用的。

针对图8.3-4所示的断面 B 进行了10%紊流强度的风洞试验,来考察紊流对扭转涡振的锁定风速区间和最大振幅的影响。这一工况的其他试验条件同表8.3-2中BC05工况完全一样,仅存在流场的差别,两者的风振响应比较如图8.3-11所示。

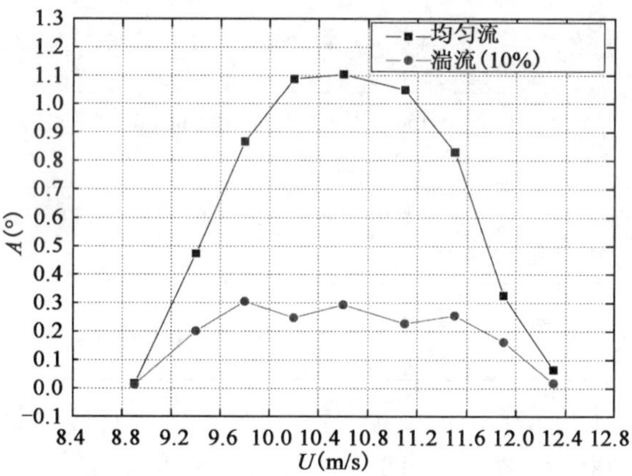

图8.3-11 紊流强度对扭转涡振的影响

从图8.3-11中可以看到,当紊流强度增加到10%时,结构涡振振幅大幅度减小,此时峰值因子在4左右,已经可以认为是紊流引起的抖振,而不是涡振。

在目前的涡激力模型和涡振风洞试验中,均没有考虑紊流的影响,一方面是由于实际桥位处紊流的情况非常复杂;另一方面是由于均匀流场中的涡振振幅更大,研究这种最不利的情况是一种偏于安全的做法。

六、雷诺数效应影响

雷诺数(Reynols数)$R_e = DU/\nu$,代表流体惯性力和黏性力比值。其中 D 为断面特征尺寸,U 为来流速度,ν 为流体运动黏性系数。只要雷诺数达到了某临界值,层流就转变为湍流,这个临界值是层流向湍流过渡的起点。从相似理论可以知道,雷诺数在桥梁风洞试验中是一个重要的参数,气流的分离驻点、分离后再附点的位置与雷诺数大小关系相当密切。而分离点、再附点位置会影响压力分布和尾迹宽度,从而影响结构的气动特性,包括涡振性能。雷诺数效应强烈地依赖于结构的几何形状,圆柱、桥梁断面、矩形等的雷诺数应是不同的。一般认为具有尖锐边角的断面包括桥梁断面,只要模型雷诺数与原形雷诺数相差不是很大(如 3 个数量级),雷诺数效应可以忽略不计,也就是说桥梁模型试验中只要模型缩尺比不是特别小(如 1/300或更低),桥梁断面模型的雷诺数效应就不明显。通常的物理风洞试验无法满足雷诺数准则,也是人们忽略雷诺数效应的重要缘故。但是近年来的研究显示,雷诺数效应在桥梁断面中也有不同程度的存在,雷诺数对静风三分力系数、Strouhal 数和流态都有一定的影响。

雷诺数的大小决定了边界层的成长和流动的分离,是衡量边界层厚度和层流向湍流转变的尺度,从而对旋涡的形成产生重要的影响。在不同的雷诺数范围内,流过光滑圆柱的流体表现出不同的特征,Karman Dun[2] 研究了这一现象(表 8.3-4)。

雷诺数对圆柱绕流特性的影响　　表 8.3-4

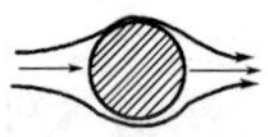	$R_e<5$,无分离的流动
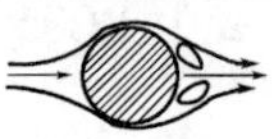	$5\sim15<R_e<40$,尾流中一对稳定的弗普尔旋涡
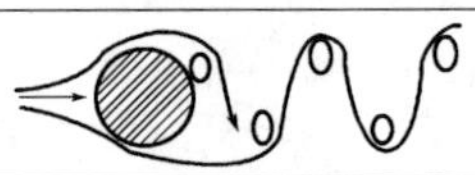	$40<R_e<90$,$90<R_e<150$,涡街是层流的两个阶段
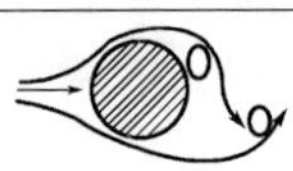	$150<R_e<300$,旋涡内部向湍流的过渡阶段;$300<R_e<3\times10^5$,涡街全部成为湍流
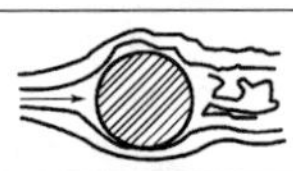	$3\times10^5<R_e<3.5\times10^6$,层状附面层经历湍流转变,尾流变窄,而且变得凌乱
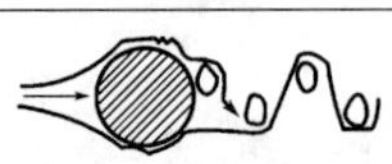	$3.5\times10^6<R_e$,重新形成湍流涡街

在 $40<R_e<3\times10^5$ 的亚临界范围内,旋涡的脱落表现出明显的周期性,Strouhal 数几乎保持不变。其中 $40<R_e<5000$ 的范围内,即著名的卡门涡街(Karman Vortex Street)。图 8.3-12 反映了 Strouhal 数随雷诺数的变化规律。

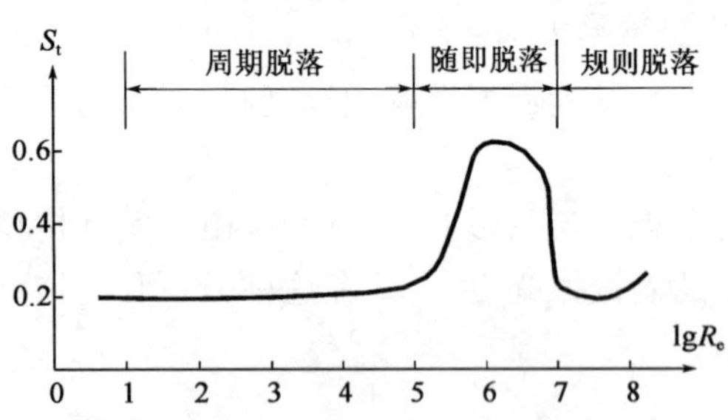

图 8.3-12　雷诺数对 Strouhal 数的影响

常温常压下空气的运动黏性系数 $\nu=1.45\times10^{-5}\mathrm{m^2/s}$,所以 $R_e=7\times10^4UD$。对于桥梁结构,雷诺数具有 10^6 左右的量级,在这个范围内,旋涡脱落基本符合 Strouhal 关系式,Strouhal 数也基本保持不变。这使得在锁定区之外,可以按照 Strouhal 关系式计算旋涡脱落频率。Strouhal 数会随主梁断面形式、栏杆的布置,甚至攻角的不同,而相应地改变。Strouhal 数的精确程度对预测锁定风速区间具有至关重要的意义,目前主要是通过风洞试验的方法确定。桥梁涡振实用计算方法,首先要解决的问题就是,采用一种简便可行的方法,较为准确地计算不同形式的桥梁断面的 Strouhal

数,并且要考虑到以上几种因素的影响。

雷诺数效应对桥梁抗风性能研究的影响是多方面的,因为风洞试验目前仍然是桥梁抗风研究不可或缺的重要研究手段,但几乎所有常规的风洞试验都无法满足雷诺数相等这一准则。因此本章以此作为一个研究重点,利用改进的基于分子运动论的 Lattice Boltzmann (LB)方法,实现高雷诺数条件下的数值模拟计算,对桥梁结构的雷诺数效应进行研究,并主要针对三种典型断面形式展开,即梯形断面、闭口箱梁断面和中央开槽箱梁断面。

1. 梯形断面

梯形断面几何形状如图 8.3-13 所示,计算区域在 xOy 平面为矩形,模型形心距离入口边界为 $20H$,距离流场外侧上、下边界为 $15H$,距离出口边界为 $40H$,流动阻塞度为 3.3%。数值模拟时,各个计算参数和变量采用 LB 模型空间的无量纲形式来描述,通过调整分子松弛时间来得到不同的计算雷诺数条件。边界条件设置如下:入口为均匀来流速度边界;流场外部的上、下边界为固定壁面边界;模型表面为固定壁面边界;出口为压力边界;模型轴线 z 方向设为周期边界形式。利用 LBFlow 对雷诺数为 $R_e = UH/\nu = 5.0\times10^3 \sim 5.0\times10^6$ 范围内的绕流进行模拟,得到不同雷诺数时 Strouhal 数和表面压力分布及其均方根值,以下将详细地分析雷诺数变化对这些参数的影响。

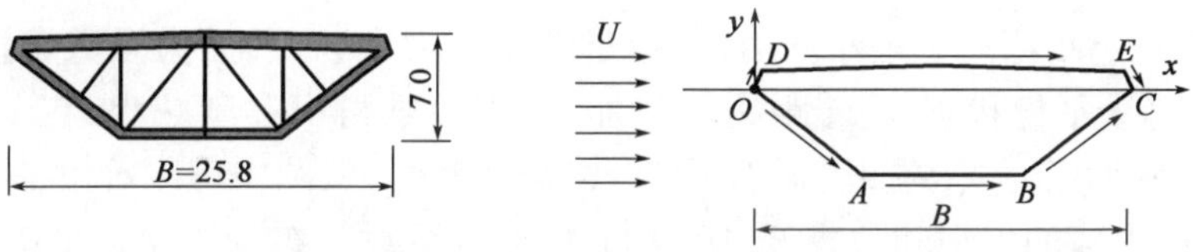

a)几何形状图(尺寸单位:m)　　b)截面坐标系示意

图 8.3-13　梯形主梁截面

Strouhal 数与涡激共振临界风速有直接的关系,雷诺数对 Strouhal 数的影响就是对涡激共振临界风速的影响。通过对不同雷诺数的升力矩系数时程信息进行频谱变换,根据幅值最大的卓越频率可得到对应的 Strouhal 数。不同雷诺数条件下的 Strouhal 数计算结果如图 8.3-14 所示,并与试验结果进行了比较。从图中可知,Strouhal 数随雷诺数的增大而增大。当雷诺数为 $5.0\times10^3 \sim 7.7\times10^4$ 时,Strouhal 数保持在一个稳定值上波动;当雷诺数增加到 1.2×10^5 时,Strouhal 数也增大到 0.25,变化较为剧烈且变化趋势与试验结果吻合,只是变化区间比试

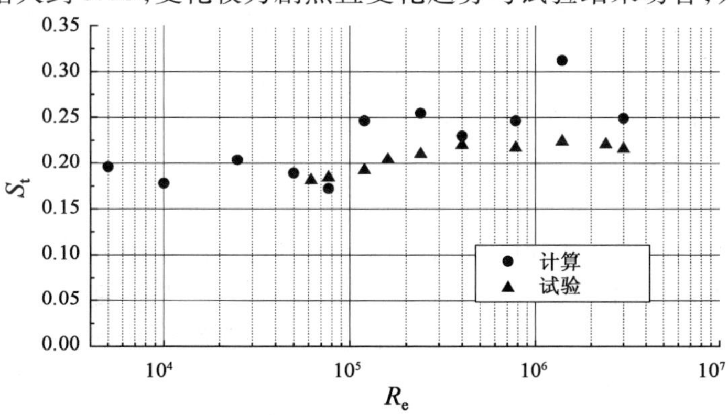

图 8.3-14　梯形断面 Strouhal 数随雷诺数的变化

验结果更小;当雷诺数大于 1.2×10^5 时,Strouhal 数虽然存在较大的波动,但是大部分计算结果与试验值符合较好。从总体上看,计算结果虽然在数值上与试验结果还存在一定的差别,但基本上反映了雷诺数对 Strouhal 的影响,也验证了雷诺数效应对该种断面涡振性能的影响。

流动状态决定了物体表面压力的分布情况,相反从表面压力分布也能进一步从细观角度来分析流态的变化过程,从而深入了解雷诺数效应产生的原因。通过分析不同雷诺数条件下桥梁结构的表面压力分布变化规律,可以从细观的角度来说明雷诺数对绕流流动及结构风振性能的影响。表面压力系数定义为:

$$C_{\mathrm{p}}=\frac{P_i-P_\infty}{0.5\rho U^2} \tag{8.3-2}$$

式中:P_i——模型表面某监测点的时间平均压力值;

P_∞——流场参考压力值;

ρ——流体密度;

U——来流速度。

压力系数的均方根反映了流动的脉动变化程度,用 RMS 表示。不同雷诺数时模型上、下表面的压力系数分布及其均方根的变化情况如图 8.3-15 和图 8.3-16 所示。

在图 8.3-15a)中,迎风端 O 点的压力最大,随着与 O 点距离的增加,压力系数逐渐减小,在模型拐角 A 点处出现第一个最小压力值;越过最小压力点 A 后,压力系数迅速增大,大约在 $x/B=0.32$ 之后趋于平稳状态;随着距离的增加,压力系数再次逐渐减小,在 $x/B=0.5\sim0.7$ 之间出现第二个最小压力点,在此之后压力系数逐渐增大。从图中可以看出,第一个最小压力值、第二个最小压力值的大小和位置及 AB 之间的压力系数分布受雷诺数的影响非常大。下表面第一个、第二个最小压力值随雷诺数的变化如图 8.3-15b)所示,当雷诺数小于 1.0×10^5 时,两个最小压力点的负压绝对值随着雷诺数的增加而增大;之后出现波动现象,这和升力系数的变化密切相关。在图 8.3-15c)中的压力系数均方根变化中,当雷诺数较低时(如 $R_{\mathrm{e}}=5\times10^3$ 和 7.7×10^4),流动首先从 A 点发生分离,出现了第一个脉动峰值;当雷诺数大于 7.7×10^4 时,下表面的第一个脉动峰值出现在 $x/B=0.6$ 附近,高雷诺数流动的脉动值要比低雷诺数流动大得多;随着距离的增加,流动的脉动呈衰减变化。从以上分析可知,雷诺数对下表面的压力系数均方根的分布和幅值有强烈的影响。

在图 8.3-16a)描述的上表面的压力系数分布中,迎风端 OD 的压力系数随与 O 点距离的增大而急剧下降,在模型拐角 D 点处达到最小值;接着出现压力系数先逐渐增大后又逐渐减小的过程,并在 $x/B=0.3\sim0.4$ 之间出现第二个最小压力值;在此之后,压力系数又随距离增大,并在靠近背风端处($x/B=0.7$ 左右)开始逐渐减小。从上表面的压力系数分布形状可以看出,流动在上表面出现了“分离—再附—再分离—脱落”的过程。另外,雷诺数对上表面压力系数分布的形状影响不大,但是对它们的数值仍然存在一定的影响。上表面第一、第二最小压力值随雷诺数的变化如图 8.3-16b)所示,当雷诺数小于 1.0×10^4 时,两个最小压力点的负压绝对值随着雷诺数的增加而增大;当雷诺数大于 5.0×10^5 时,出现较大幅度的波动。比较上、下表面的压力分布,它们的第二个最小压力值位置存在很大的差别,上表面出现在更靠近迎风端处,而下表面则出现在靠近背风端处。在图 8.3-16c)上表面压力系数均方根分布中,靠近模型迎风端处脉动变化不大,随着距离的增加,RMS 值逐渐增大,流动出现了较强烈的变化,在上表面 $x/B=0.4$ 附近出现了脉动峰值,其位置与第二个最小压力点位置密切相关;此后随距离的增加呈衰减趋势。从图中可知,雷诺数对上表面的压力系数均方根变化的影响要比下表面小得多,主要是脉动峰值随雷诺数增加而增大,背风端也有一定程度的影响。

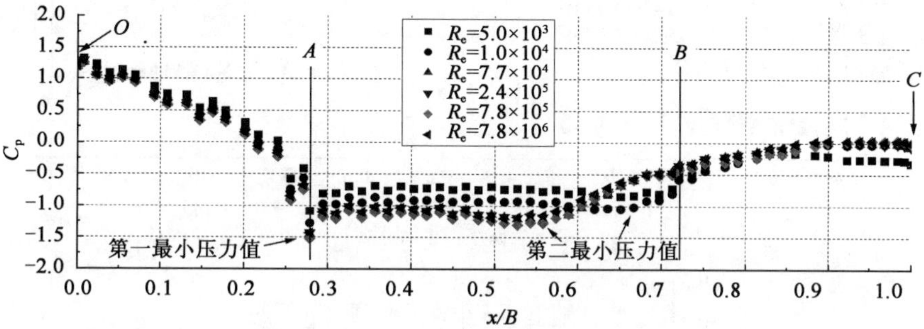

a)下表面压力系数分布

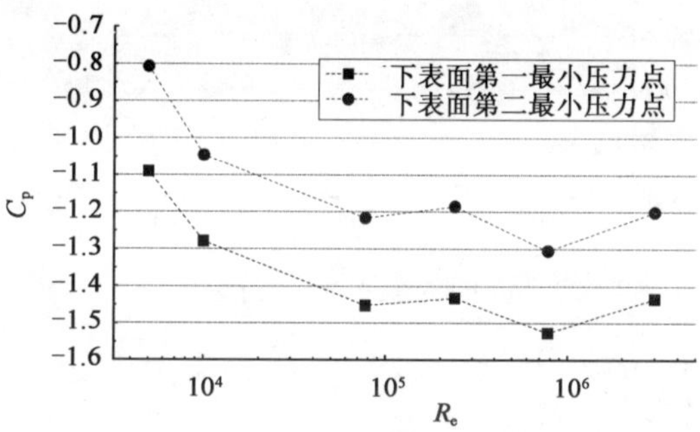

b)下表面最小压力值的变化

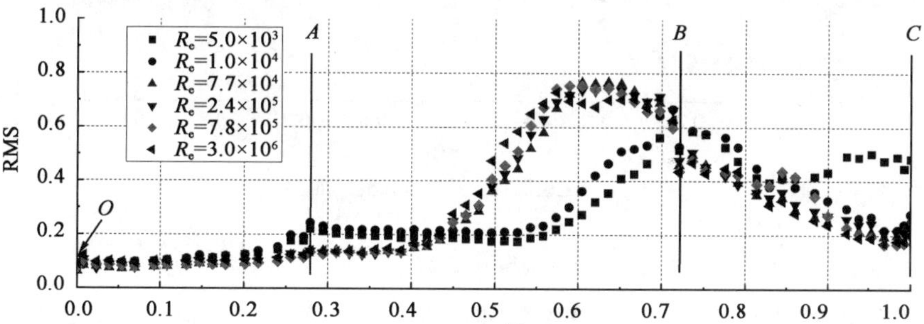

c)下表面压力系数均方根分布

图 8.3-15　梯形断面下表面压力系数及其均方根随雷诺数的变化

通过对不同雷诺数条件的 Strouhal 数和表面压力系数分布及其均方根的分析比较可知,梯形断面主梁的雷诺数效应非常明显,这和物理风洞的试验结果是吻合的。Strouhal 数随雷诺数增加而增大,说明结构涡振性能特别是涡振起振风速受雷诺数条件影响较大;断面下表面流动分布和强度的变化是该类断面雷诺数效应明显的主要原因。

2. 闭口箱梁断面

闭口箱梁外形如图 8.3-17 所示,为分析方便设置了参考坐标系,原点设在模型最前端的迎风点 O 上,$OABC$ 为模型的下表面,$ODEC$ 为模型的上表面。

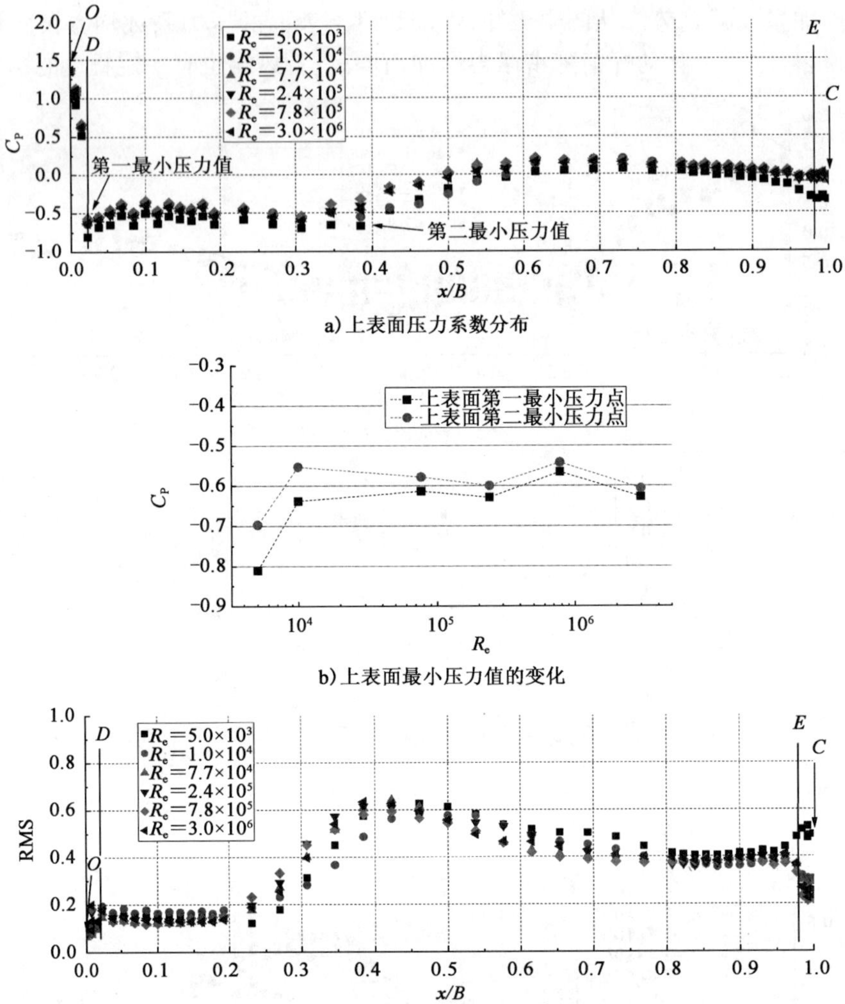

a)上表面压力系数分布

b)上表面最小压力值的变化

c)上表面压力系数均方根分布

图 8.3-16　梯形断面上表面压力系数及其均方根随雷诺数的变化

数值计算方法、模拟流场区域、计算参数和边界条件设置都同前面的计算保持一致。利用 LBFlow 对雷诺数在 $R_e = UH/\nu = 1.0\times10^3 \sim 5.0\times10^6$ 范围内的闭口箱梁绕流进行了计算,得到了不同雷诺数时的 Strouhal 数和表面压力系数及其均方根值。

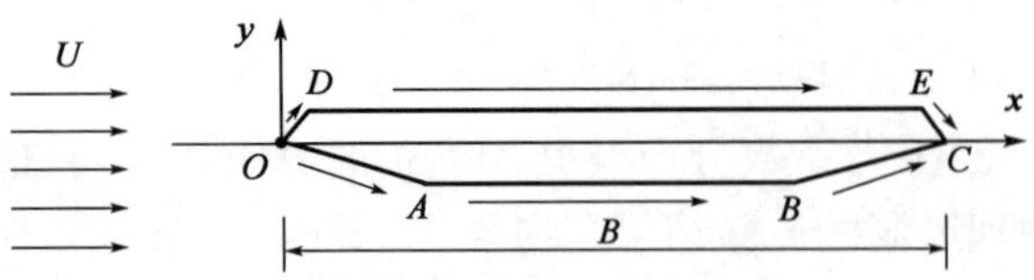

图 8.3-17　闭口箱梁截面坐标系示意图

利用升力矩系数的时程信息进行频谱变换可以获得相应的卓越频率,从而算出不同雷诺数对应的 Strouhal 数,如图 8.3-18 所示。由于缺乏相应的试验结果,这里仅从数值模拟角度来分析闭口箱梁 Strouhal 数的雷诺数效应。从图中可以看出,Strouhal 数在总体趋势上随雷诺数的增大而逐渐增大,但是增长幅度及斜率要比梯形断面的结果小得多。

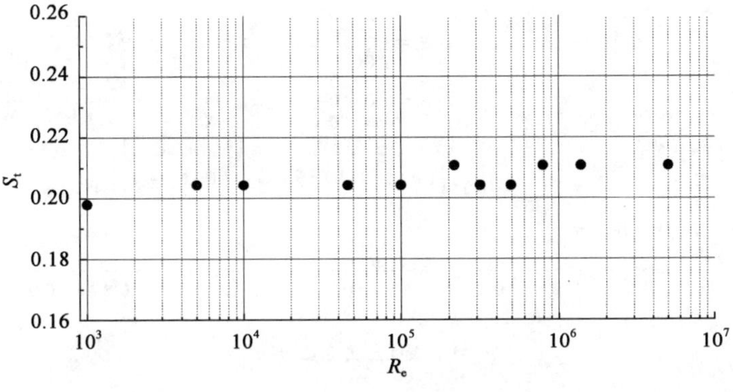

图 8.3-18　闭口箱梁断面 Strouhal 数随雷诺数的变化

闭口箱梁断面不同雷诺数的模型上、下表面监测点处的压力系数及其均方根分布如图 8.3-19和图 8.3-20 所示。图 8.3-19a) 和图 8.3-19b) 分别描述了不同雷诺数时闭口箱梁截面下表面($OABC$)的压力系数及其 RMS 值的分布情况。在迎风端 O 点出现最大正压；随着沿下表面 OA 距离的增加，出现了压力系数"减小—增大—再减小"的现象，并出现第一个最小压力值，这表明在 OA 之间流体运动发生了"分离—再附"现象，这期间的脉动呈波动递增变化，存在两个脉动峰值；随后，在模型拐角点 A 处出现第二个最小压力值，流动再次分离；越过 A 点后，压力系数和 RMS 值随着距离的增加而逐渐增大；当增大到一定程度后(大约在 $x/B=0.55$ 处)，压力系数和 RMS 值又逐渐减小，在模型拐角点 B 处出现第三个最小压力点；在 AB 之间，由于存在旋涡运动使得 RMS 值出现了多个明显的峰值，在 $x/B=0.25\sim0.6$ 之间达到最大能量值；在背风端 BC 之间，由于尾流的分离和旋涡运动引起较大的脉动，压力系数呈现逐渐增大的变化。从图中可以看出，除了迎风端存在一部分正压外，下表面其他部分都呈负压状态。雷诺数对迎风端 OA 的压力分布、最小压力值、背风端 BC 之间的压力分布都有很大的影响。雷诺数对最小压力值的影响如图 8.3-19c) 所示，靠近迎风端的第一、第二个最小压力值随雷诺数增加而明显地增大；靠近背风端的 B 点压力受雷诺数的影响相对较小。雷诺数对 RMS 值分布也有较大的影响，当雷诺数增加时，脉动幅值也逐渐变大。

图 8.3-20a) 和图 8.3-20b) 分别描述了不同雷诺数时闭口箱梁截面上表面($ODEC$)的压力系数和 RMS 值的分布情况。在迎风端 OD 上，压力系数由最大正值快速减小，在模型角点 D 附近出现第一个最小压力值；脉动值则逐渐增大，出现了第一个脉动峰值。越过第一个最小压力点后，压力分布出现了"增大—减小—再增大"的波动现象，表明流动在这期间发生了再附、分离和再附着的复杂变化过程，同时出现了第二个最小压力点。当距离增加到 $x/B=0.35$ 时，压力系数开始缓慢地减小。在 DE 之间，流体附着在模型上表面向后移动，由于旋涡的存在使得脉动值出现了多个峰值，并且其幅值随着距离的增加而逐渐衰减。当靠近背风端时，压力系数减小斜率变大。从图 8.3-20 中可以看出，雷诺数对上表面的压力分布和脉动值有强烈的影响，特别是靠近迎风端的区域。雷诺数对最小压力值的影响如图 8.3-20c) 所示，第一个最小压力值随雷诺数的增加而增大；第二个最小压力值在雷诺数为 $10^3\sim10^4$ 之间出现了显著的减小，当雷诺数大于 4.9×10^4 时趋于平稳。

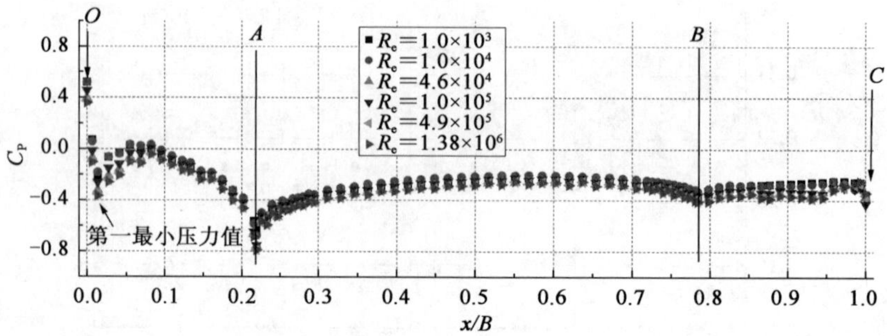

a) 下表面压力系数分布

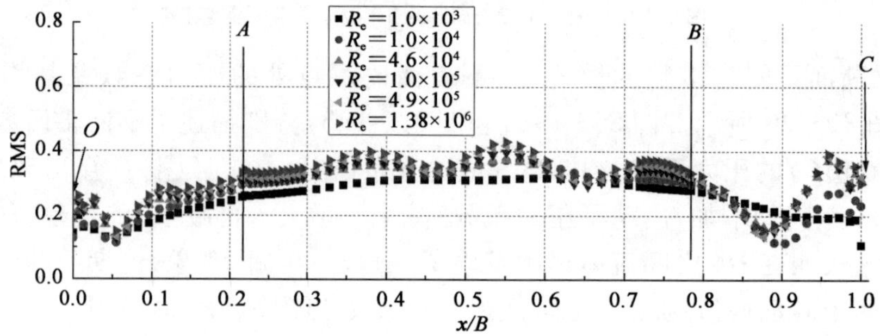

b) 下表面压力系数均方根分布

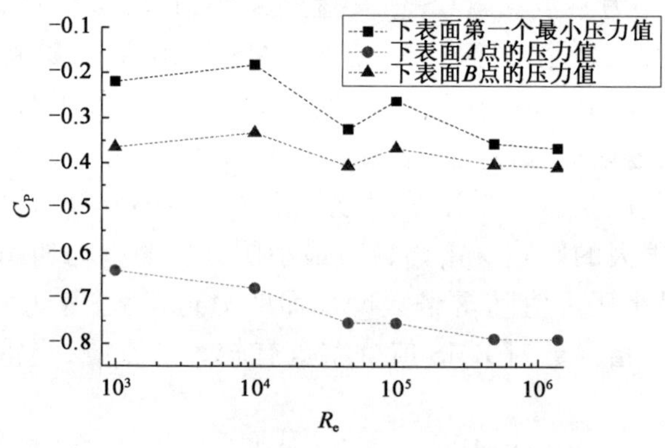

c) 下表面最小压力值的变化

图 8.3-19　闭口箱梁断面下表面压力系数及其均方根随雷诺数的变化

通过对不同雷诺数条件的 Strouhal 数和表面压力系数分布及其均方根的比较分析可知，闭口箱梁断面主梁的雷诺数效应依然存在，但对涡振起振风速的影响相对较小，表现在 Strouhal 数受雷诺数的影响较小；模型上、下表面特别是在靠近迎风端区域的压力系数及其均方根分布都受到雷诺数的很大影响，是该断面抗风性能受雷诺数效应影响的主要原因。

3. 中央开槽箱梁断面

中央开槽箱梁断面形状如图 8.3-21 所示。为分析方便再设置一个参考坐标系，原点设在模型最前端的迎风点 O 上，$OABCDE$ 为模型的下表面，$OFGHIE$ 为模型的上表面。

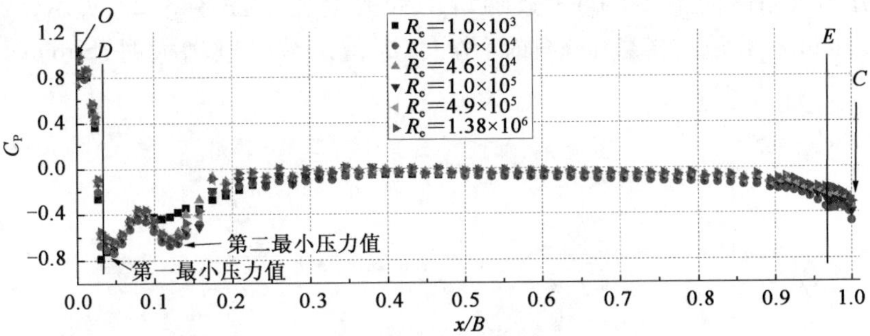

a) 上表面压力系数分布

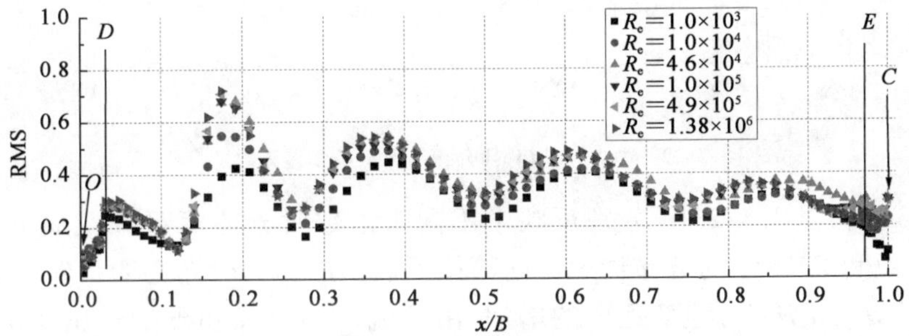

b) 上表面压力系数均方根分布

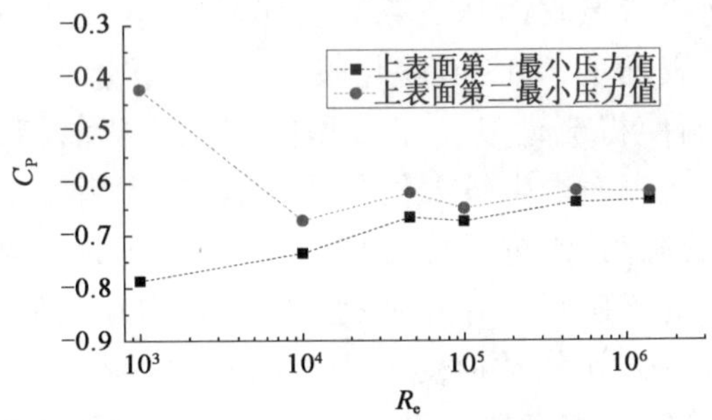

c) 上表面第一、第二最小压力值的变化

图 8.3-20 闭口箱梁断面上表面压力系数及其均方根随雷诺数的变化

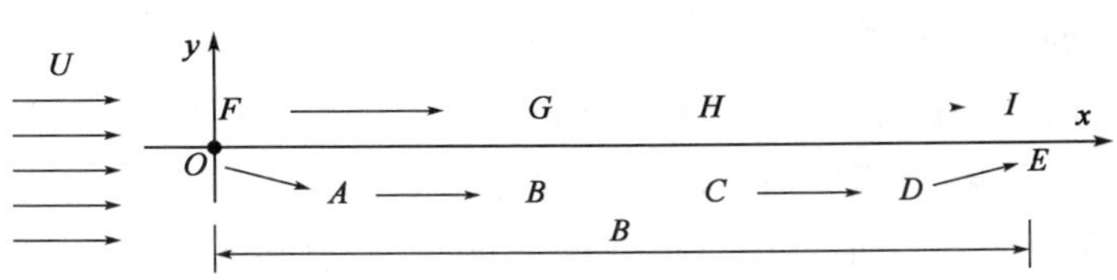

图 8.3-21 中央开槽箱梁断面的坐标系示意

数值计算方法、模拟流场区域、计算参数和边界条件设置都同前面的计算保持一致。利用 LBFlow 对雷诺数为 $R_e = UH/\nu = 7.82\times10^2 \sim 7.8\times10^6$ 的分体双箱梁绕流进行计算，得到了不同雷诺数时的 Strouhal 数和表面压力系数及其均方根值。

通过对升力矩系数的时程信息进行频谱变换，利用得到的卓越频率可以计算出对应的

Strouhal 数。分体双箱截面的 Strouhal 数随雷诺数的变化如图 8.3-22 所示，当雷诺数小于 5.78×10^4时，Strouhal 数随雷诺数的增加而增大；当雷诺数继续增大时，Strouhal 数处于稳定状态。

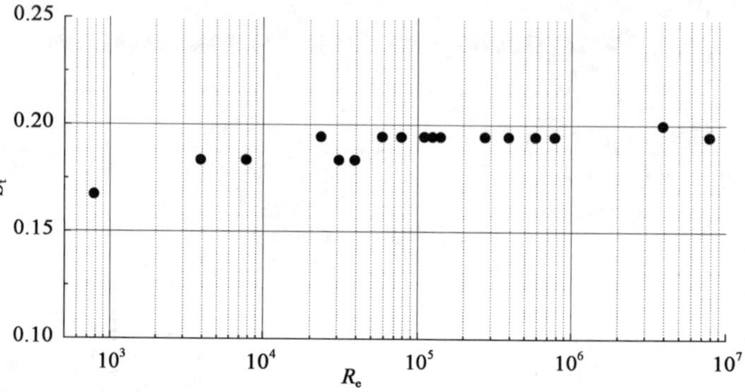

图 8.3-22　中央开槽箱梁断面 Strouhal 数随雷诺数的变化

图 8.3-23a）和图 8.3-23b）分别反映了不同雷诺数时分体双箱梁截面下表面（*OABCDE*）的压力系数和 RMS 值的分布情况。前箱梁下表面的压力分布与闭口箱梁有相似性，迎风端 *O* 点出现最大正压力；随着距离的增加，由于流动的分离和再附作用使得压力系数呈现较大的波动，并在模型拐角 *A* 处出现前箱最小压力值；越过 *A* 点后，压力系数随着距离的增加而逐渐增大，在靠近前箱背风端时压力系数又迅速减小，在模型拐角 *B* 点处出现前箱第二个最小压力点；前箱下表面的 RMS 值变化较小，只在靠近 *B* 点时出现了较大的增长，这主要是由于中央开槽影响使得流动发生了激烈的变化。从前箱分离的尾流通过开槽区后作用在后箱上，并在后箱下表面产生较大的负压区，*C* 点为后箱下表面的最大负压点，此时的脉动值远远高于前箱的流动；流过 *C* 点之后，压力系数随距离增加而逐渐增大，而脉动则表现为逐渐衰减的过程，由于旋涡的作用使得 *CE* 之间的脉动值出现了两个峰值。从图中可知，前箱下表面的压力系数和脉动值受雷诺数的影响较小，而后箱下表面的压力系数和脉动值受雷诺数的影响较大。雷诺数对于 *A*、*B*、*C* 点压力的影响如图 8.3-23c）所示，*A* 点压力值在雷诺数小于 7.8×10^4 时呈单调递减变化，当雷诺数大于 7.8×10^4 时变化很小；*B* 点压力值受雷诺数影响很小，仅出现了一些幅值波动；*C* 点压力值受雷诺数影响较大，当雷诺数小于 7.8×10^4 时呈下凹趋势。

不同雷诺数时分体双箱梁截面上表面（*OFGHIE*）的压力系数及其 RMS 值分布情况如图 8.3-24a）、b）所示。前箱上表面前端的压力分布形状和闭口箱梁有一定的相似性，在迎风端 *OF* 之间，压力系数由最大正值迅速减小到最大负值，流动在 *F* 点发生了分离，脉动也出现了一个峰值。通过 *F* 点后，压力分布出现了两个波峰，流动发生了再附和分离的反复变化过程，当 $x/B > 0.25$ 时，压力系数逐渐减小，在 *G* 处出现了较大的负压值；与下表面不同，脉动在上表面出现了多个峰值。与后箱下表面压力分布类似，后箱上表面 *H* 处出现较大的负压值，但是压力绝对值要比后箱下表面更小；在 *HI* 之间，压力系数呈先增大而后减小的变化过程；由于存在激烈的旋涡运动，*HI* 之间出现了很大的脉动值，并且呈向后衰减变化。从图 8.3-24 中可知，雷诺数对上表面的压力分布和脉动都有一定的影响，特别是靠近后箱前缘区域，这可能是由于前箱尾流变化受雷诺数影响较大引起的。图 8.3-24c）反映了雷诺数对上表面主要压力点的影响，从图中可知，F 点和 G 点的压力值在不同雷诺数时变化很小；H 点、$x/B=0.088$ 处和 $x/B=0.139$ 处的压力受雷诺数影响较大，在雷诺数为 $3.9\times10^4\sim7.8\times10^4$ 之间变化激烈。

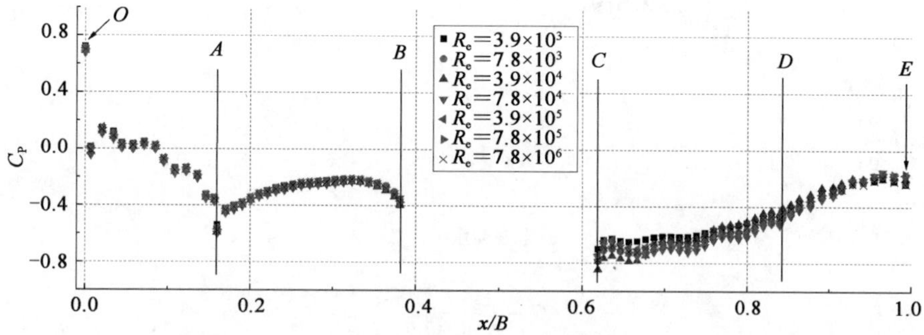

a）下表面压力系数分布

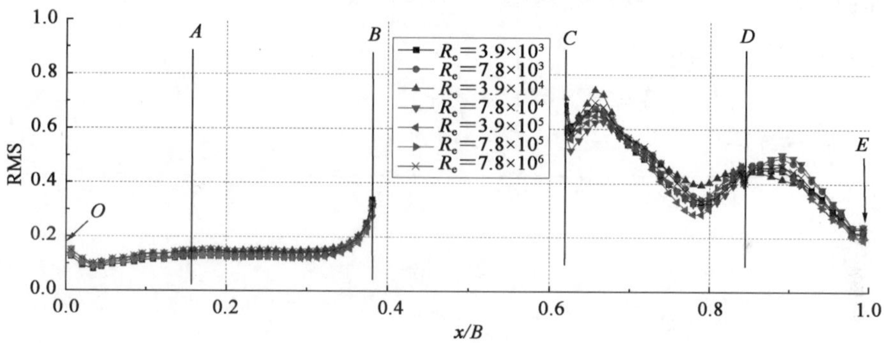

b）下表面压力系数均方根分布

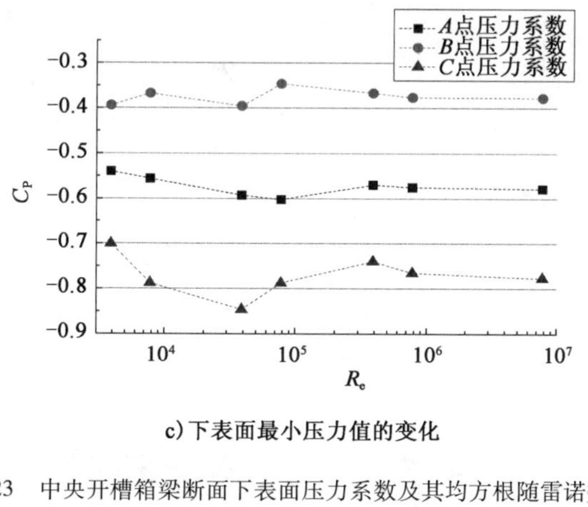

c）下表面最小压力值的变化

图 8.3-23　中央开槽箱梁断面下表面压力系数及其均方根随雷诺数的变化

通过对不同雷诺数条件的 Strouhal 数和表面压力系数分布及其均方根的比较分析可知，中央开槽断面箱梁的涡振性能在雷诺数小于 6×10^4 时存在一定不同程度的雷诺数效应，当雷诺数进一步增大时，雷诺数效应不明显。

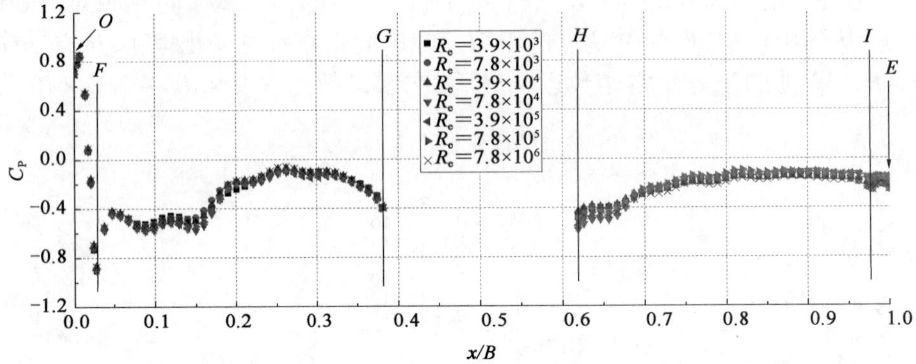

a) 上表面压力系数分布

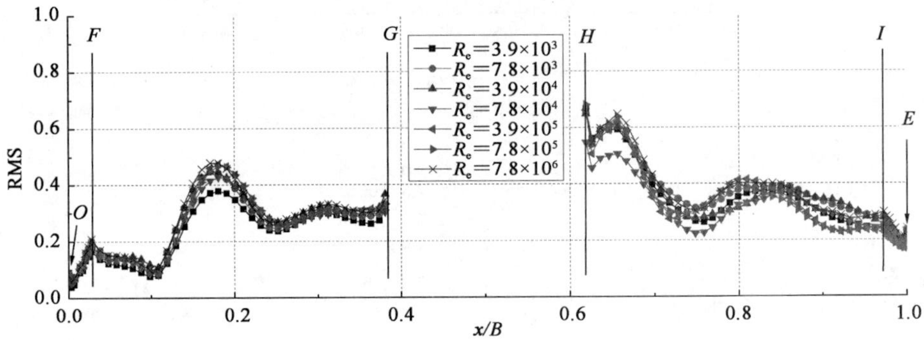

b) 上表面压力系数均方根分布

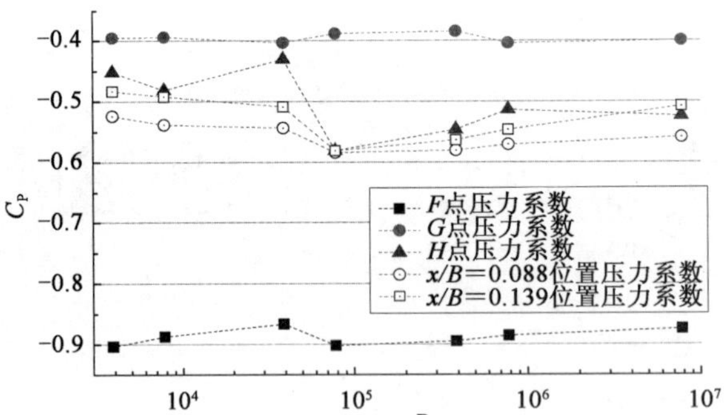

c) 上表面最小压力值的变化

图 8.3-24　中央开槽箱梁断面上表面压力系数及其均方根随雷诺数的变化

第四节　涡激共振控制

由于涡激共振是大跨度桥梁在较低风速区容易发生的一种风致振动，尽管不会造成结构的毁坏坍塌，但会给钢结构造成疲劳损伤，而且会降低行车舒适度，甚至危及交通安全，因此采用各种控制措施来消除涡振或降低涡振振幅就成为桥梁涡振研究中的一个重要课题。基于对桥梁涡振性能重要影响因素的分析，桥梁涡振控制措施可以分为两大类：机械措施（针对结构动力特性）和气动措施（针对结构气动外形和气流绕流流态）。

一、机械控制措施

机械措施是通过调整结构动力特性包括质量参数和阻尼参数来达到抑制桥梁涡振的目的。从前述对桥梁结构涡振性能几类重要影响因素的研究结果可以看到，通过提高结构阻尼比可以有效地降低桥梁结构涡激共振的最大振幅，而增加结构质量和质量惯性矩不但可以降低最大振幅，还可以有效缩小涡激共振发生的锁定风速区间。考虑到在实际桥梁建设中采用增加结构质量的涡振控制措施可行性不大，相对而言，阻尼措施，也就是通过安装阻尼器来提高结构体系等效阻尼以降低涡振振幅的控制措施是最有实用可能的桥梁涡振机械控制措施。

宜宾岷江二桥全桥气弹模型风洞试验，共观察了四种不同阻尼比的风振现象，见表8.4-1。阻尼比Ⅰ对应的是气弹模型本身的阻尼比。从表8.4-1数据可以看出，气弹模型自身的阻尼很小，$\xi=0.36\%$。为了提高气弹模型的阻尼，在拱顶截面和两个四分点截面各设置了2个（共计6个）TMD阻尼器，将气弹模型的阻尼比调整到阻尼比Ⅱ、阻尼比Ⅲ和阻尼比Ⅳ。阻尼比Ⅱ对应的就是实桥要求的气弹模型应该具有的阻尼特性；阻尼比Ⅲ和阻尼比Ⅳ分别是考虑通过加大结构阻尼，来观察风洞试验中的风振现象。全桥气弹模型如图8.4-1所示[12]。

气弹模型阻尼比　　表8.4-1

阻尼比组合	ξ_p^s（%）	ξ_p^a（%）	ξ_h^a（%）	ξ_h^s（%）	模拟工况
阻尼比Ⅰ	0.36	0.36	0.36	0.36	模型本身
阻尼比Ⅱ	1.4	1.4	1.4	1.4	实桥要求
阻尼比Ⅲ	2.5	1.4	1.4	1.4	增大侧弯阻尼
阻尼比Ⅳ	2.0	1.4	2.0	1.4	增大侧弯和竖弯阻尼

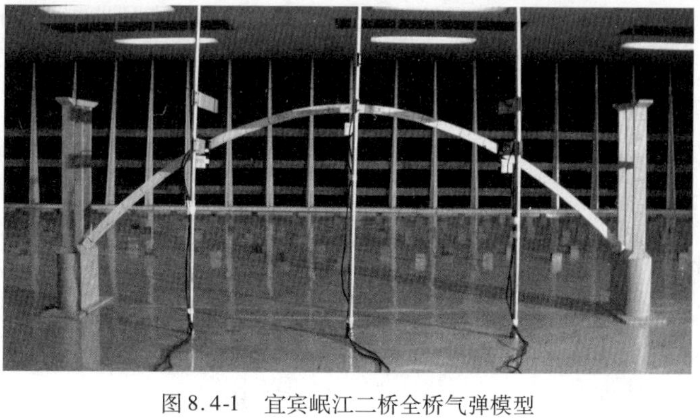

图8.4-1　宜宾岷江二桥全桥气弹模型

根据不同的流场（均匀流和紊流）、不同的阻尼比（四组）、不同的攻角（$-3°$，$0°$，$+3°$）、不同的地形模型（$0°$，$+10°$）以及是否增设抗风缆等条件，共进行了如表8.4-2所示的14个不同工况的气弹模型风洞试验，其中流场A表示均匀流场，流场B表示紊流；宜宾岷江二桥桥位两岸为60m高的坡地，为了分析岸边地形的影响，在气弹模型一侧增设了岸边地形，并将地形按照与岷江平行（工况12）和与岷江成10°偏角（工况13）布置，分别进行风洞试验；此外，还对设有侧向抗风缆的双裸肋状态也进行了风洞试验（工况 14）[12]。

气弹模型风洞试验工况　　表 8.4-2

工况	1	2	3	4	5	6	7	8	9	10	11	12	13	14
流场	A	A	A	A	A	B	B	B	B	B	B	B	B	B
阻尼比	Ⅰ	Ⅱ	Ⅲ	Ⅲ	Ⅲ	Ⅱ	Ⅱ	Ⅱ	Ⅳ	Ⅳ	Ⅳ	Ⅱ	Ⅱ	Ⅱ
攻角	0°	0°	0°	−3°	+3°	0°	−3°	+3°	0°	−3°	+3°	0°	0°	0°

在全部气弹模型风洞试验工况中，只在工况 1 中观察到了一阶竖弯涡激共振，可用图 8.4-2中的竖向位移响应谱说明。在风速比较低的时候（U = 15.5m/s），在跨中和四分点截面可以分别观察到两个和三个独立的对应于自振频率的谱峰，如图 8.4-2a）所示；随着风速的增大，对应于第二或第三阶自振频率的谱峰开始消失，而对应模型第一阶自振频率 f_h^a = 5.750 Hz 的响应谱峰值不断增大，图 8.4-2b）所示为 U = 19.4m/s 时的情形；当风速进一步增大到 U = 23.2m/s 时，这一趋势进一步发展，这时伴随着响应谱峰值的急剧增大，竖弯涡激共振已经非常明显，如图 8.4-2c）所示。

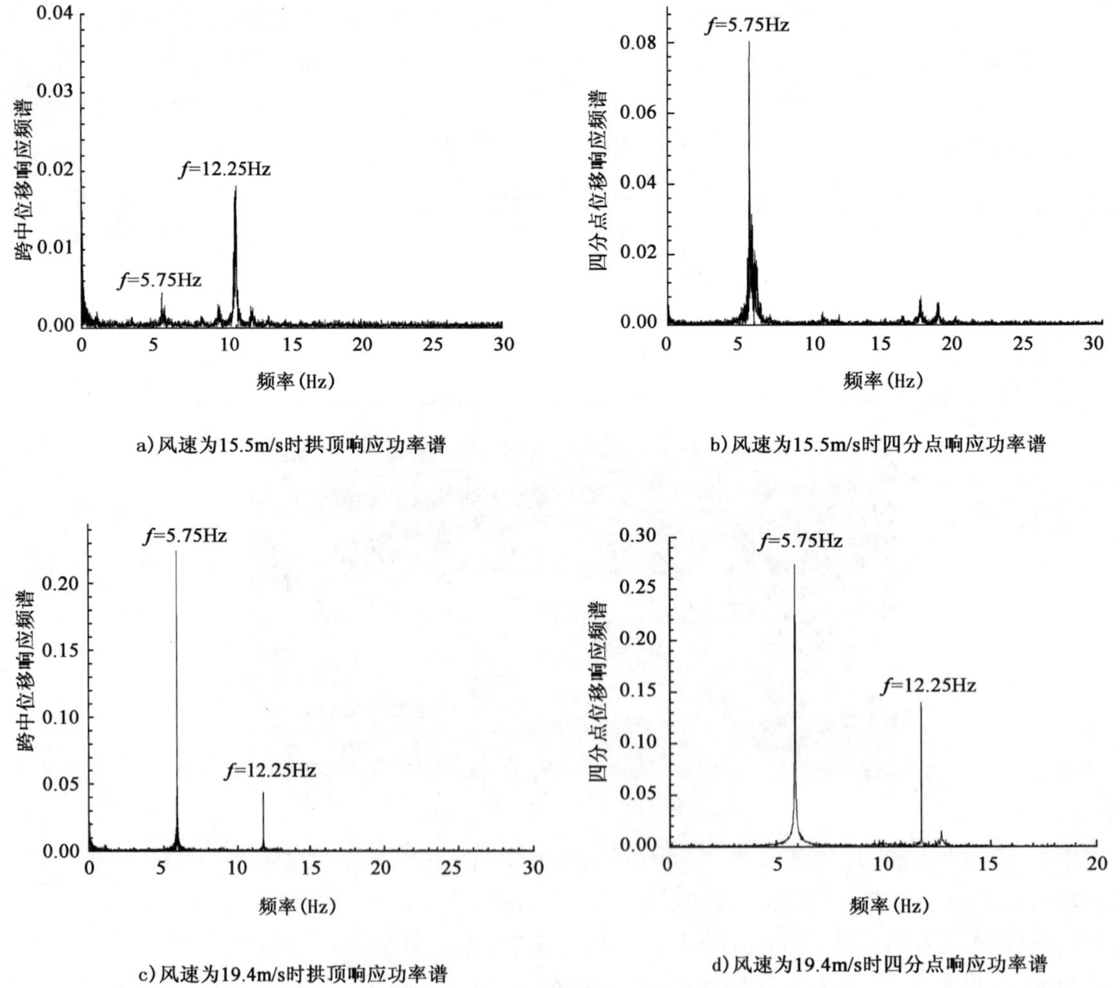

a）风速为15.5m/s时拱顶响应功率谱

b）风速为15.5m/s时四分点响应功率谱

c）风速为19.4m/s时拱顶响应功率谱

d）风速为19.4m/s时四分点响应功率谱

图　8.4-2

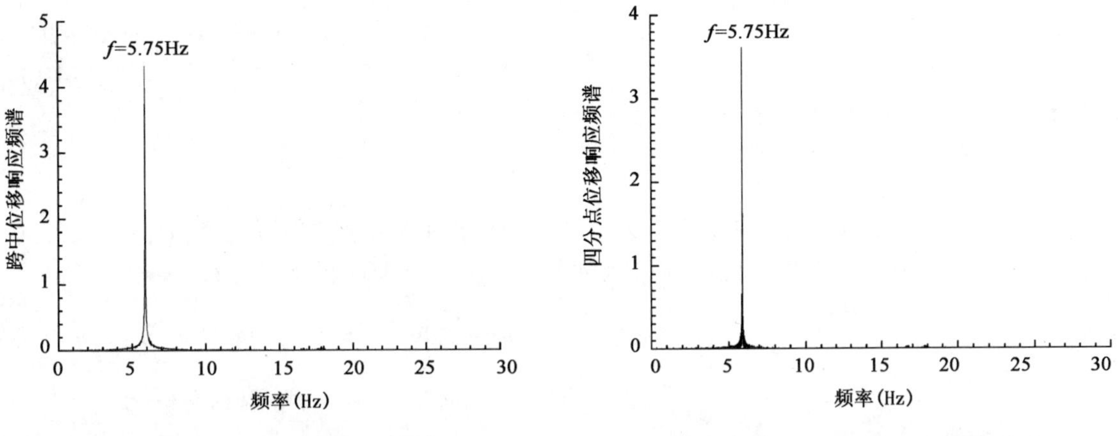

e)风速为23.2m/s时拱顶响应功率谱　　f)风速为23.2m/s时四分点响应功率谱

图8.4-2　宜宾岷江二桥竖弯涡振响应功率谱

由于工况1对应的只是低阻尼的情况，而提高阻尼比后，没有出现涡激共振现象，说明调整阻尼比可以有效地控制涡激共振。在实桥阻尼比情况下，宜宾岷江二桥全桥气弹模型涡振试验未发现涡激共振现象，表明实桥结构在设计风速下不会发生涡激共振现象。

当桥梁的结构阻尼比不能达到有效抑制涡激共振的临界阻尼条件时，采用附加阻尼装置是一种可行的机械控制措施，其中最常见的就是调谐质量阻尼器。调谐质量阻尼器(Tuned Mass Damper，简称TMD)是由惯性质量块、刚度元件和阻尼元件构成的动力吸振器，是一种传统的振动控制装置。当TMD自身的振动频率调谐为主结构控制振型的自振频率时，即可利用TMD和主结构之间的共振特性将主结构的振动能量吸收过来，并利用其自身的阻尼系统将吸收来的能量耗散掉，从而达到制振的目的。日本东京湾通道桥、巴西里约尼泰罗伊大桥(Rio-Niteroi Bridge)均采用TMD作为主梁涡激振动的抑制手段[13,14]。

TMD的抑振效果密切依赖其自身的振动频率和阻尼，对于不同形式的外部荷载，如自由振动、谐振荷载、随机荷载，TMD的最优频率和阻尼均有所不同。涡激振动的自激、自限特性表明涡激力除了具有由于有规律的旋涡脱落而引起的强迫力特性之外，还具有由于气流和结构相互作用的气弹效应而产生的自激力特性。传统TMD的参数优化方法中无法考虑涡激气动力自激特性带来的气动阻尼和气动刚度效应这一问题，因此有必要将涡激力的气动刚度和气动阻尼效应引入TMD参数优化设计。

在桥梁涡激共振的研究中，涡激共振的发生风速和最大振幅是最关心的问题，而涡激力的经验线性模型虽不能解释锁定现象，但能反映涡激力的气动刚度和气动阻尼效应，故可以应用该线性模型对TMD进行参数优化设计。

实际观测和风洞试验均表明，桥梁的涡激共振往往以单一模态的形式出现，符合TMD只能针对某一阶模态进行控制的特性，因此，这里以单一模态的竖弯涡振为例进行公式推导。假设桥梁存在以模态$\Phi(x)$为主的涡激共振，用于涡振控制的TMD装于主梁上x_t处，则“主梁—TMD”系统的运动方程为：

$$\left.\begin{aligned} m(\ddot{y}+2\xi_s\omega_s\dot{y}+\omega_s^2 y) &= \frac{1}{2}\rho U^2 D\left[Y_1(K_1)\frac{\dot{y}}{U}+Y_2(K_1)\frac{y}{D}\right]+\frac{1}{2}\rho U^2 D C_L(K_1)\sin(\omega t+\varphi)+m_t(2\xi_t\omega_t\dot{\eta}+\omega_t^2\eta) \\ m_t\{[\ddot{y}(x_t)+\ddot{\eta}]+2\xi_t\omega_t\dot{\eta}+\omega_t^2\eta\} &= 0 \end{aligned}\right\} \tag{8.4-1}$$

式中：η 、$\dot{\eta}$、 $\ddot{\eta}$——TMD 相对于主梁的位移、速度和加速度；

ξ_t——TMD 的阻尼比；

ω_t——TMD 的圆频率。

设 $y=q\Phi(x)$，引入 C_{Rv}用来考虑由于来流紊流和特征紊流引起的竖向涡激力沿桥跨方向不完全相关效应。利用模态正交性可将式(8.4-1)化为广义坐标下的运动方程：

$$\left.\begin{aligned} M[\ddot{q}+2\xi_s\omega_s\dot{q}+\omega_s^2 q] &= \frac{1}{2}\rho U^2 D C_{Rv}\int_0^l\left[Y_1\frac{\dot{q}}{U}+Y_2\frac{q}{D}+C_L\sin(\omega t+\varphi)\right]\Phi^2(x)\mathrm{d}x+\Phi(x_t)m_t(2\xi_t\omega_t\dot{\eta}+\omega_t^2\eta) \\ m_t\{[\Phi(x_t)\ddot{q}+\ddot{\eta}]+2\xi_t\omega_t\dot{\eta}+\omega_t^2\eta\} &= 0 \end{aligned}\right\} \tag{8.4-2}$$

式中：M——桥梁结构的广义模态质量，$M=\int m\Phi^2(x)\mathrm{d}x$；

$\Phi(x_t)$——对应于模态 $\Phi(x)$ 的主梁 x_t 处的模态位移值；

C_{Rv}——原则上应通过适当的风洞试验方法来确定；但是当涡激共振发生时，随着振动幅度的增加，结构振动对涡旋脱落的诱导作用也逐步增强，导致涡激力沿桥跨方向的相关性高于非共振时涡激力沿桥跨方向的相关性，即共振时的 C_{Rv} 相对地比非共振时的 C_{Rv} 更接近于 1.0，因此，在没有试验数据的情况下，可以偏安全地取为 1.0[15]。

令 $\chi=q\Phi(x_t)$，$\mu=m_t\Phi^2(x_t)/M$，$S_t=\omega D/U$，$S_c=4\pi M\xi_s/\rho D^2$，$\alpha=C_{Rv}\int\Phi^2(x)\mathrm{d}x$，将式(8.4-2)化简整理得到：

$$\left.\begin{aligned} &\ddot{\chi}+2\omega_s\left(\xi_s-\frac{\pi Y_1\alpha}{S_c S_t}\frac{\omega}{\omega_s}\xi_s\right)\dot{\chi}+\omega_s^2\left(1-\frac{2\pi Y_2\alpha}{S_c S_t^2}\xi_s\frac{\omega^2}{\omega_s^2}\right)\chi-\mu(2\xi_t\omega_t\dot{\eta}+\omega_t^2\eta) \\ &=\frac{\rho U^2 D}{2M}C_L\sin(\omega t+\varphi)\alpha\Phi(x_t) \\ &\ddot{\chi}+\ddot{\eta}+2\xi_t\omega_t\dot{\eta}+\omega_t^2\eta=0 \end{aligned}\right\} \tag{8.4-3}$$

令 $\xi_0=\xi_s-\frac{\pi Y_1\alpha}{S_c S_t}\frac{\omega}{\omega_s}\xi_s$，$A=1-\frac{2\pi Y_2\alpha}{S_c S_t^2}\xi_s\frac{\omega^2}{\omega_s^2}$，$F_0=\frac{\rho U^2 D}{2M}C_L\alpha\Phi(x_t)$，则式(8.4-3)进一步简化为：

$$\begin{bmatrix}1 & 0\\ 1 & 1\end{bmatrix}\begin{bmatrix}\ddot{\chi}\\ \ddot{\eta}\end{bmatrix}+\begin{bmatrix}2\omega_s\xi_0 & -2\mu\xi_t\omega_t\\ 0 & 2\xi_t\omega_t\end{bmatrix}\begin{bmatrix}\dot{\chi}\\ \dot{\eta}\end{bmatrix}+\begin{bmatrix}A\omega_s^2 & -\mu\omega_t^2\\ 0 & \omega_t^2\end{bmatrix}\begin{bmatrix}\chi\\ \eta\end{bmatrix}=\begin{bmatrix}F_0\sin(\omega t+\varphi)\\ 0\end{bmatrix} \tag{8.4-4}$$

方程(8.4-4)的稳态解振幅为：

$$\left.\begin{aligned} \chi_A &= \frac{F_0}{\omega_s^2}\sqrt{\frac{(\beta^2-\lambda^2)^2+(2\beta\lambda\xi_t)^2}{\{-\beta^4+\beta^2[(1+\mu)\lambda^2+4\lambda\xi_0\xi_t+A]-A\lambda^2\}^2+\{2\beta^3[(1+\mu)\lambda\xi_t+\xi_0]-2\beta\lambda(\lambda\xi_0+A\xi_t)\}^2}} \\ \eta_A &= \frac{F_0}{\omega_s^2}\sqrt{\frac{\beta^4}{\{-\beta^4+\beta^2[(1+\mu)\lambda^2+4\lambda\xi_0\xi_t+A]-A\lambda^2\}^2+\{2\beta^3[(1+\mu)\lambda\xi_t+\xi_0]-2\beta\lambda(\lambda\xi_0+A\xi_t)\}^2}} \end{aligned}\right\} \tag{8.4-5}$$

式中:χ_A——主梁 x_t 处的稳态振幅;

η_A——TMD 的稳态振幅;

μ——TMD 的质量比;

λ——TMD 的频率比,$\lambda = \omega_t/\omega_s$;

$\beta = \omega/\omega_s$。

在实际工程中,考虑到 TMD 的安装和调试方便,TMD 中的质量块质量一般取主结构质量的 1% 左右。在质量比固定的情况下,TMD 的控制效果与频率比和阻尼比密切相关。TMD 的频率比决定了其调谐特性,不合适的频率比不但不能抑制主结构的振动,反而会增大主结构的振幅;TMD 的阻尼比决定了其耗能特性,阻尼比太小会导致质量块的行程很大,进而导致需要的安装及工作空间很大,在实际工程中难以满足,阻尼比太大则会使质量块振幅太小从而减弱了耗能性能。因此必须对 TMD 参数进行合理的优化设计以使 TMD 控制效果达到最好。

通过风洞试验识别在涡振区间内各测点风速下线性涡激力模型中的气动参数,以主梁 x_t 处的振幅作为优化目标函数。按照图 8.4-3 所示的优化思路,在给定 TMD 质量比的前提下,通过改变 TMD 的频率比和阻尼比,寻找使主梁 x_t 处位移在涡振风速锁定区间内响应的最大值取得最小时的 λ 和 ξ_t 作为最优的频率比 λ_{opt} 和最优阻尼比 ξ_{opt}。

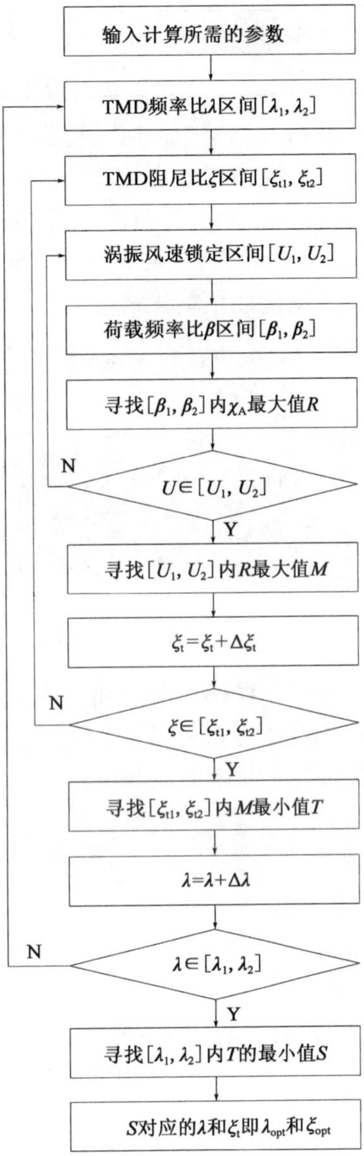

图 8.4-3　TMD 参数优化思路

厦漳跨海大桥的 1∶20 大比例节段模型涡振深化试验研究在同济大学 TJ-3 边界层风洞中完成(图 8.4-4),其节段模型质量 m、竖弯频率 f_v、竖弯阻尼比 ξ_v、扭转频率 f_p、扭转阻尼比 ξ_p 以及风速比 U_{ratio} 如表 8.4-3 所示。节段模型在 +3°攻角的某工况下振幅 A_m 随 U 变化曲线如图 8.4-5 所示,从中可以看出 +3°攻角下的某工况在 0～12m/s 的试验风速范围内出现了 2 阶竖弯涡振。为了控制发生的竖弯涡振,特设计制作 TMD 并进行风洞试验。

图 8.4-4　大比例节段模型涡振试验

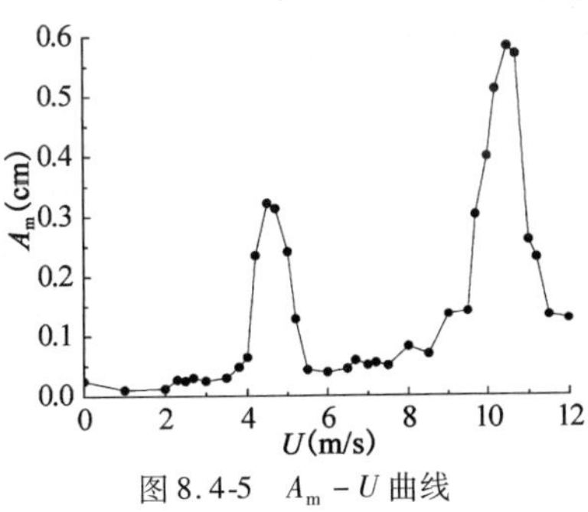

图 8.4-5　$A_m - U$ 曲线

风洞试验模型参数 表 8.4-3

m(kg)	f_v(Hz)	f_p(Hz)	ξ_v(‰)	ξ_p(‰)	U_{ratio}
362	3.32	8.86	3.5	3.5	1∶1.58

受风洞试验中风速变化步长的限制，试验不能连续描述涡振振幅随风速的变化。为了提高线性涡激力模型中气动参数的识别精度，可以首先对风洞试验得到的风速—位移曲线进行数值拟合，并对拟合结果采用“类半带宽法”进行涡激力气动参数的识别。

“类半带宽法”是 Simiu 和 Scanlan 提出的，基本思路是将单自由度涡振运动方程(8.4-6)中相关变量无量纲化：

$$m(\ddot{y}+2\xi_s\omega_s\dot{y}+\omega_s^2y)=\frac{1}{2}\rho U^2D\left[Y_1(K_1)\frac{\dot{y}}{U}+Y_2(K_1)\frac{y}{D}+C_L(K_1)\sin(\omega t+\varphi)\right] \tag{8.4-6}$$

即引入线性变换：$\psi=y/D$，$s=Ut/D$，$\dot{\psi}=\mathrm{d}\psi/\mathrm{d}s$，$\ddot{\psi}=\mathrm{d}\dot{\psi}/\mathrm{d}s$，并定义 $K_0^2=K_1^2-\frac{\rho D^2}{2m}Y_2(K_1)$，$\gamma=\frac{1}{2K_0}\left[2\xi_sK_1-\frac{\rho D^2}{2m}Y_1(K_1)\right]$，得到单自由度系统无量纲位移对应的涡振运动方程：

$$\dot{\psi}+2\gamma K_0\ddot{\psi}+K_0^2\psi=\frac{\rho D^2}{2m}C_L(K_1)\sin(K_1s+\varphi) \tag{8.4-7}$$

由于方程(8.4-7)和谐振荷载下单自由度结构振动方程形式上完全一样，将涡振振幅—风速曲线重新化为量纲为 1 的振幅—折减频率曲线后，与典型的谐振荷载作用下单自由度结构共振振幅—频率曲线非常相似，故可以使用“半带宽法”识别其中的阻尼参数 γ，并据此求解涡激力相关参数。

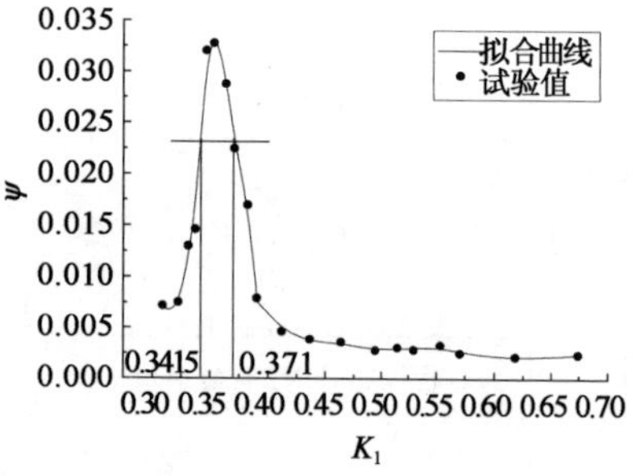

图 8.4-6 $\psi-K_1$ 曲线

考虑到最终选用的 TMD 参数只能按照某个锁定区间内的涡激力参数进行设计，而在9～12m/s锁定风速区间内的涡振振幅较大，是控制因素，因此，仅识别在 9～12m/s 锁定风速区间内的涡激力气动参数并应用于 TMD 参数的优化设计，期望能对该锁定区间内的涡振起到较好的控制作用。如图 8.4-6 所示为根据风洞试验数据拟合得到的 9～12m/s 锁定风速区间内的量纲为 1 的振幅 ψ—折减频率 K_1 曲线。

根据图 8.4-6 并应用 Scanlan 提出的“半带宽法”，可以求得在该涡振锁定风速区间内各测点所对应风速下的 $Y_1(K_1)$、$Y_2(K_1)$、$C_L(K_1)$，如表 8.4-4 所示。

线性涡激力模型中气动参数 表 8.4-4

U(m/s)	Y_1	Y_2	C_L
9.00	−295.96	421.14	3.86
9.50	−279.17	258.46	5.10
9.70	−272.93	200.29	7.05
10.00	−264.06	119.57	7.36
10.20	−258.43	69.64	6.99

续上表

U(m/s)	Y_1	Y_2	C_L
10.50	-250.38	0.00	6.32
10.70	-245.27	-43.19	6.14
11.00	-237.95	-103.61	4.87
11.20	-233.29	-141.23	4.08
11.50	-226.59	-194.04	3.35
12.00	-216.19	-273.35	3.96

为了检验识别得到的气动参数的精度，利用表 8.4-4 给出的线性涡激力模型中的气动参数以及由图 8.4-6 计算得到的 γ，可以反算得到试验模型在第 2 个锁定区间内的涡振振幅。图 8.4-7给出了反算得到的涡振振幅与试验结果的对比，通过比较可以看出，利用"半带宽法"得到的涡激力气动参数的精度可以满足工程需求。

利用识别得到的线性涡激力模型中相关的气动力参数，按照前述的 TMD 频率比和阻尼比的优化思路，μ 取 1.1%，β 计算区间取[0.7,1.3]，涡振锁定风速区间取[9.0,12.0]m/s，λ 计算区间取[0.9,1.1]，ξ_t 计算区间取[0.03,0.15]。通过计算得到，安装 TMD 后在涡振锁定风速区间[9.0,12.0]m/s 内，在不同的 TMD 频率比和阻尼比条件下主梁 x_t 处的振幅χ_A 如图 8.4-8所示。

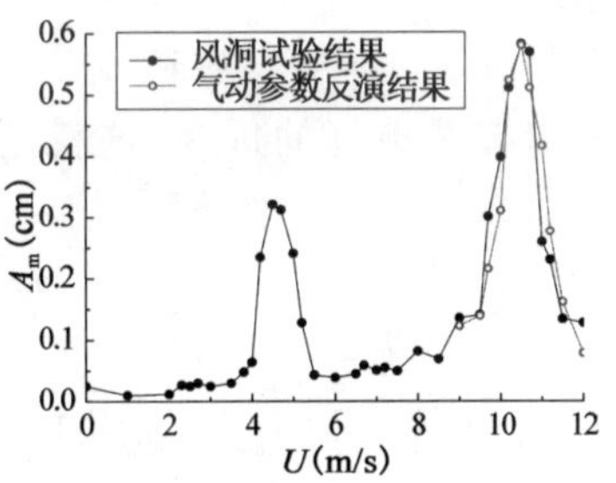

图 8.4-7　气动参数识别精度检验

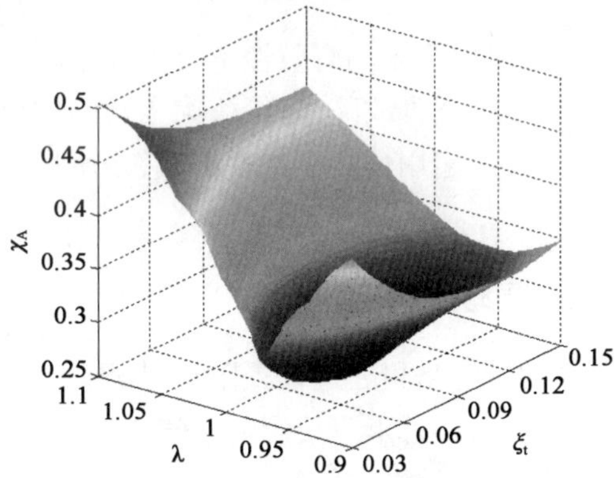

图 8.4-8　$\chi_A-(\lambda,\xi_t)$曲线

通过比较可以得到在质量比为 1.1% 的条件下考虑涡激力气动阻尼和气动刚度效应的 TMD 最优频率比为 0.97，最优阻尼比为 8.2%。

为了考查涡激力气动阻尼和气动刚度效应对 TMD 优化参数和控制效果的影响，仅将线性涡激力模型中强迫力项作为外荷载，忽略涡激力中的气动阻尼和气动刚度项，对 TMD 参数进行优化设计，优化结果如表 8.4-5 所示。可以看出：若不考虑涡激力的气动阻尼和气动刚度效应，TMD 的最优频率比和阻尼比较考虑涡激力的 TMD 优化结果都有所减小，而且会夸大控制效果，有可能对工程应用造成不利的影响。

TMD 装置优化参数　　表 8.4-5

是否考虑 Y_1 和 Y_2	μ(%)	λ_{opt}	ξ_{opt}(%)	χ_A(cm)
是	1.1	0.97	8.2	0.25
否	1.1	0.99	6.3	0.13

为了检验考虑涡激力条件下 TMD 的参数优化模型，根据在考虑涡激力的情况下得到的 TMD 优化参数，使用圆柱形铁柱作为调谐质量阻尼器的质量块并配以合适的弹簧以满足优化频率；将弹簧一端固定于外面的有机玻璃盒子的顶板和底板上，另一端连接于质量块的两端；通过调整有机玻璃盒内水的多少以及中间隔板上孔隙的大小以改变 TMD 阻尼。TMD 装置图与安装图如图 8.4-9 所示。

在安装 TMD 后，风洞试验结果如图 8.4-10 所示。节段模型的最大振幅为 0.20cm，TMD 可以有效地抑制涡激振动的发生。

a）装置图　　b）安装图

图 8.4-9　TMD 装置及安装图

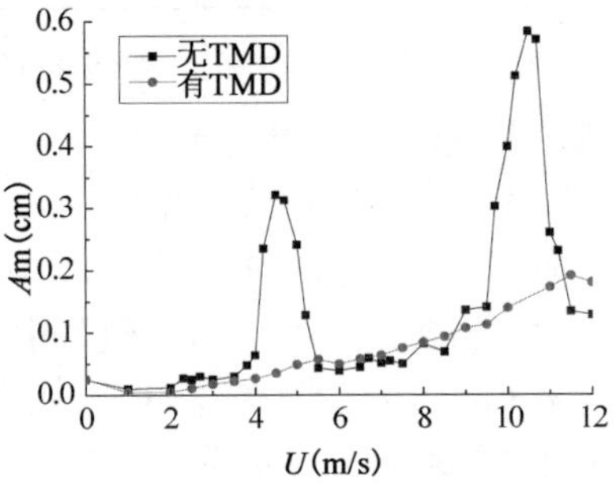

图 8.4-10　涡振 TMD 控制效果

虽然阻尼措施的有效性不容置疑，但由于机械措施的有效功能依赖于机械机构的正常运行，一旦运行遇到故障，将给桥梁结构的抗风性能以及由此带来的行车安全性造成非常不利的影响，因此从实用性和可靠性出发，采用另外一类涡振控制措施是更好的选择，这就是气动控制措施。

二、气动控制措施

气动措施是指通过设置附属结构改变原有的气动外形和气流绕流流态，进而控制涡振。如前所述，气动外形直接影响了气流流经断面时的绕流、分离以及旋涡脱落频率和旋涡运动规律，这些都对涡激共振的发生和剧烈程度起着重要的影响作用，因此断面形状的微小改变都可能会对桥梁涡振性能产生较大的影响。气动控制措施相比机械措施更具实施可行性和运营可靠性，但也存在更多的不确定因素，因为其对结构外形的改变既可能对抑制风振有利，也可能不利，需要通过风洞试验加以验证。

1. 上海卢浦大桥涡振控制措施

上海卢浦大桥全桥气弹模型风洞试验发现在不同的拱顶风速下，出现了一阶竖向弯曲和一阶侧向弯曲形式的涡激共振，全桥成桥状态出现涡振现象的工况见表 8.4-6 所示，全桥成桥状态气弹模型如图 8.4-11 所示[16]。上海卢浦大桥采用气动措施进行涡振控制，为此，首先采用了二维数值模拟方法确定出最优涡振控制气动措施。如前所述，采用 RVM-FLUID 软件对平均高度 7.5m 的拱肋断面进行了二维数值模拟分析，发现在折算频率 0.028Hz 或 Strouhal 数 S_t = 0.156 时会产生严重的涡激振动。为了改善该拱肋钝体断面的涡激振动性能，进行了多种气动措施的数值比较，最有效的方法是分离板方案（CS-8），其涡振幅值可减小 60%。

全桥成桥状态涡振工况和锁定风速　　表 8.4-6

流场	风偏角	风攻角	涡振形式	锁定风速(m/s)		
				区间Ⅰ	区间Ⅱ	区间Ⅲ
均匀流	0°	0°	竖弯	22.5~27.5	—	—
	0°	-3°	竖弯+侧弯	14.0~20.0	27.5~40.0	42.5~60.0
	0°	+3°	竖弯	30.0~40.0	—	—

图 8.4-11　上海卢浦大桥全桥气弹模型

为了细化二维数值模拟得到的最优气动措施—分离板，在三维物理风洞试验中，将分离板分别设计成可以完全阻隔气流的分离板措施 A 和透风率为 40% 的分离板措施板 B。

由于在设计风速 U_c =43m/s 范围内，全桥成桥状态拱肋竖弯和侧弯涡振振幅很大，全桥成桥状态采用气动措施 A 和气动措施 B 两种气动措施来减小涡振振幅。全桥成桥状态的涡振，风攻角 $\alpha=-3°$时最严重，因此将 $\alpha=-3°$时原结构、附加气动措施 A 结构和附加气动措施 B 结构，在均匀流场中的拱肋跨中位移试验实测结果进行了比较，见图 8.4-12a)、图 8.4-12b)。

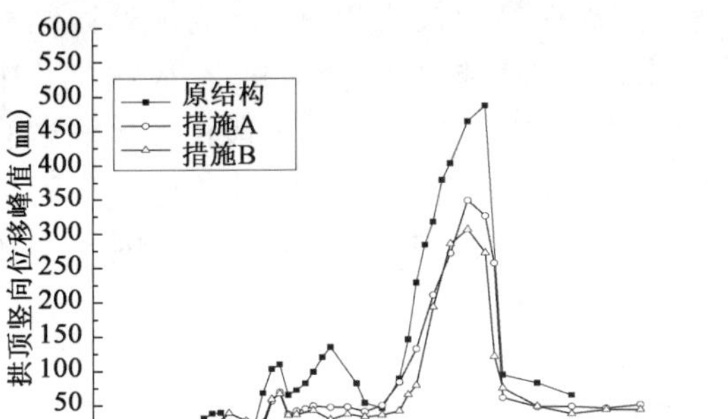

a) 拱顶竖向位移峰值

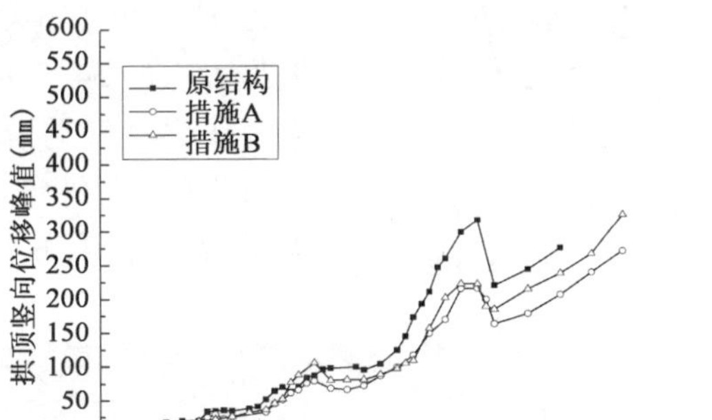

b) 拱顶侧向位移峰值

图 8.4-12　上海卢浦大桥全桥成桥状态不同气动措施比较($\alpha=-3°$)

从图 8.4-12 可以看出，全桥成桥状态，气动措施 A 或 B 能有效地控制涡激共振和减小涡振振幅。

上海卢浦大桥的涡振机理可以解释为：当气流流经原断面迎风侧钝体拱肋时，该拱肋下游顶部和底部会产生气流的分离，并形成两个涡旋，这两个涡旋不断吸收能量、不断变大，最终合并成一个体积更大、能量更高的涡旋，当该涡旋作用在背风侧的钝体拱肋上时，就会产生周期性的升力，从而导致由两片拱肋组成的整体拱肋断面的涡激共振，如图 8.4-13a）所示。

上海卢浦大桥的涡振控制原理可以解释为：当气流流经带分离板断面的迎风侧钝体拱肋时，该拱肋下游顶部和底部仍会产生气流的分离，并形成两个涡旋，由于分离板的存在，上、下两个涡旋以相反的旋转方向运动，在分离板上、下表面的作用互相抵消，并无法合成一个更大的涡旋，从而减轻了背风侧拱肋上的升力作用，达到了减小涡振，即涡振控制的目的，如图 8.4-13b）所示。

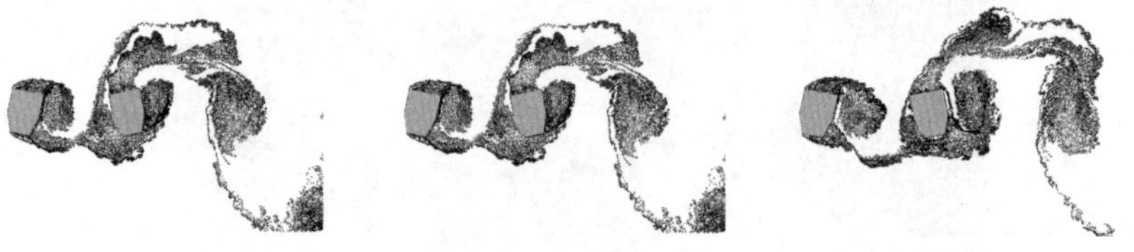

a）原断面

b）带分离板断面

图 8.4-13　涡振机理和控制原理

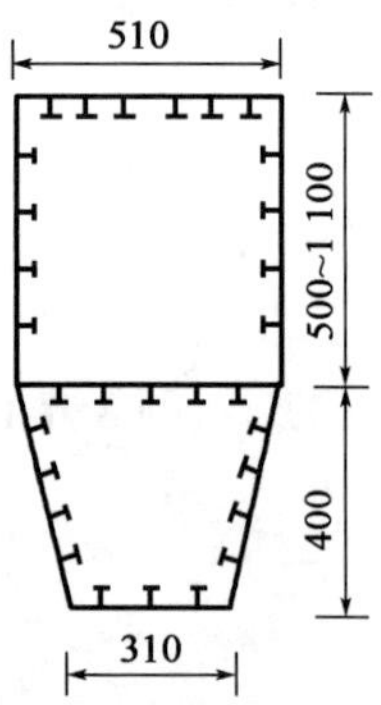

图 8.4-14　拱肋截面图（尺寸单位：cm）

2. 肇庆西江特大桥涡振控制措施

肇庆西江特大桥为中承式钢箱提篮拱桥，跨径布置为 32m + 386m + 32m，拱肋矢跨比为 1/4，拱轴线为 1.5 的悬链线，拱肋为如图 8.4-14 所示的陀螺箱形断面。在节段模型的风洞试验中发现主拱存在低风速段（8 ~ 17m/s）和高风速段（28 ~ 36m/s）两个明显涡振锁定区间，其中低风速区间涡振最大幅值 25.6cm，高风速区间涡振最大振幅 54.9cm，均超出最大许用振幅值。为此，在风洞试验中选择了多种气动措施进行涡振控制的试验研究，节段模型风洞试验结果表明在拱肋上、下表面安装上、下导流板可以有效地减小涡振振幅，甚至能有效抑制涡振的发生，上、下导流板装置如图 8.4-15 和图 8.4-16 所示。

a）模型照片

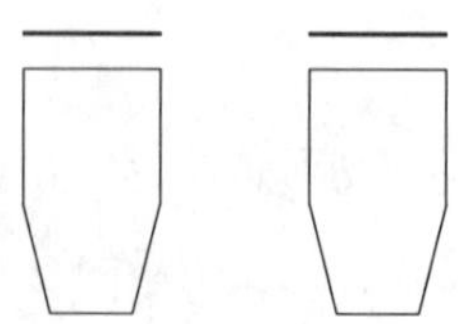

b）断面示意图

图 8.4-15　增加上导流板模型照片及断面示意

为优化上、下导流板的宽度以及与拱肋顶、底板的脱空高度，特针对如图 8.4-17 所示的不同宽度、不同脱空高度的导流板进行了风洞试验。

a)模型照片　　b)断面示意

图 8.4-16　增加上下导流板模型照片及断面示意

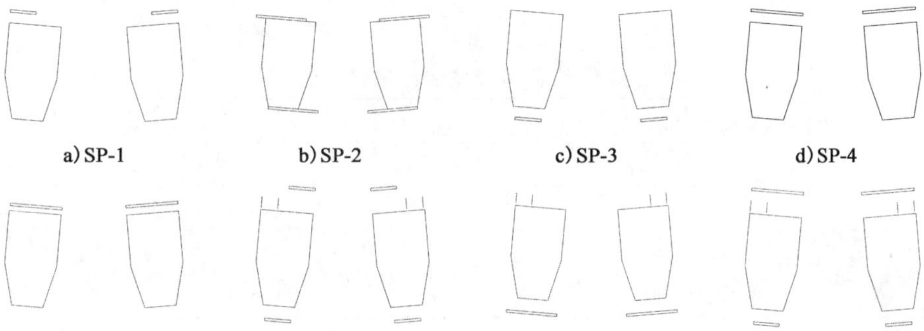

a)SP-1　b)SP-2　c)SP-3　d)SP-4

e)SP-5　f)SP-6　g)SP-7　h)SP-8

图 8.4-17　上下导流板的优化工况

风洞试验结果如图 8.4-18 所示，从中可以看出，SP-7 和 SP-8 方案可以有效地抑制涡振振幅。SP-7 方案为：在拱肋底板下悬空 1.5m 安装宽 5.1m 的导流板，并将检修楼梯置于顶部靠外侧。SP-8 方案为：在拱肋顶板上悬空 2.2m 安装宽度 5.1m 的导流板，底板下悬空 1.5m 安装宽 3.1m 的导流板，并将检修楼梯置于顶板之下。

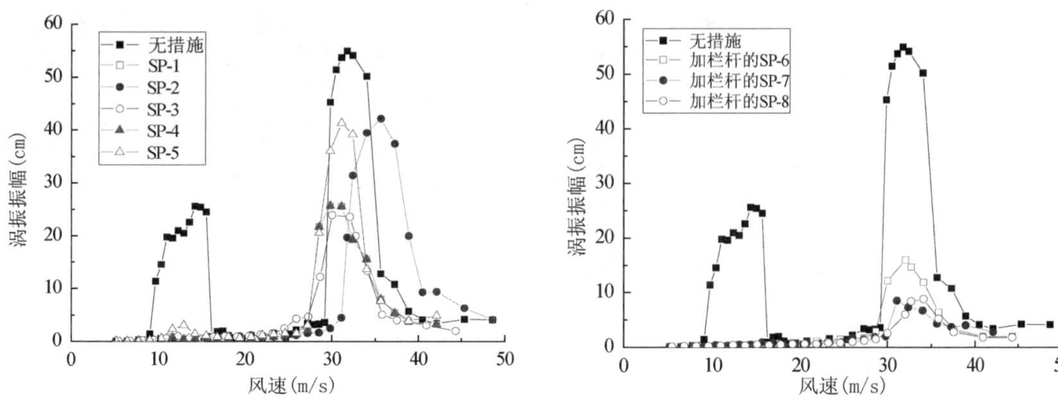

图 8.4-18　导流板的抑振效果

为考察气动措施的三维效应，特在同济大学 TJ-3 风洞中进行了 1∶70 的全桥气弹模型风洞试验，如图 8.4-19 所示。全桥气弹模型的风洞试验中，分别就 3.1‰低阻尼比和 5.5‰正常阻尼比进行了涡振对比试验。

在 3.1‰低阻尼比条件下，存在低风速段和高风速段两个明显涡振锁定区间；5.5‰正常阻尼比条件，仅存在低风速段明显涡振锁定区间。表 8.4-7 给出了成桥状态下拱肋跨中及四分点的涡振振幅。

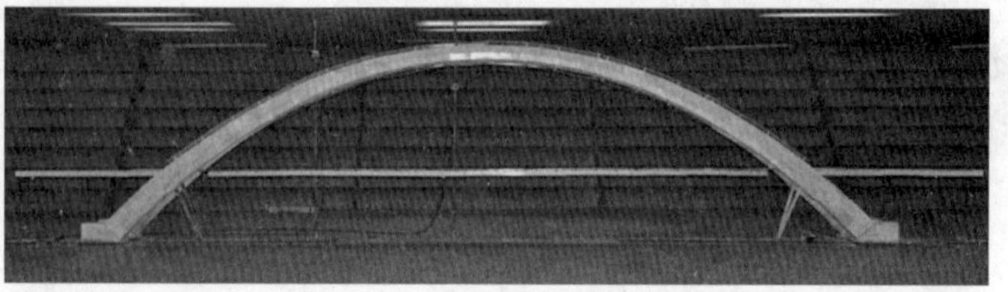

图 8.4-19　全桥气弹模型 TJ-3 风洞试验(1∶70)

成桥状态 0°攻角竖向位移极值　　表 8.4-7

工　况	测量位置	单位	阻尼比	极值
3.1‰	主拱跨中竖向	cm	3.1‰	11.58
	主拱四分点竖向	cm	3.3‰	9.30
5.5‰	主梁跨中竖向	cm	5.5‰	4.70
	主梁四分点竖向	cm	5.5‰	7.21

为研究上下导流板的三维效应,分别在两种阻尼比的条件下安装节段模型试验中最为有效的 SP-8 方案,试验结果如图 8.4-20 所示。

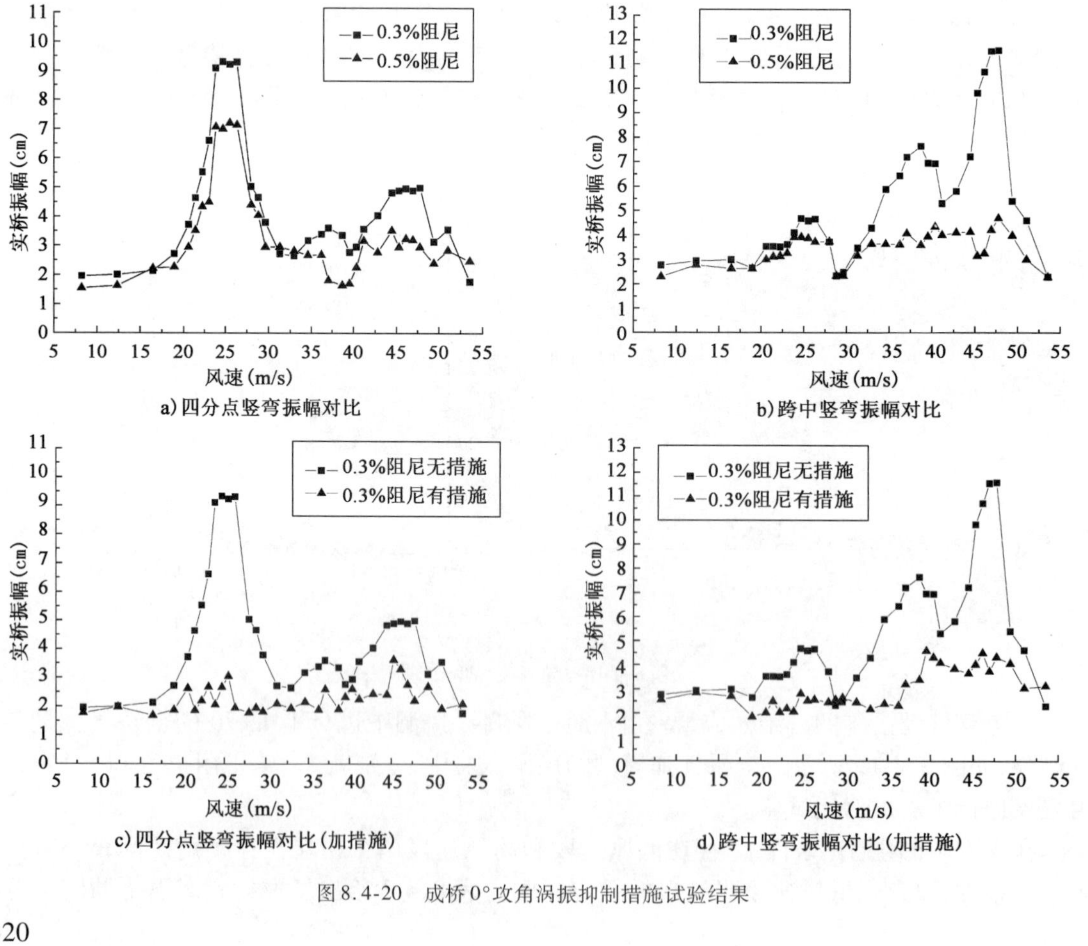

图 8.4-20　成桥 0°攻角涡振抑制措施试验结果

主拱合龙状态与成桥状态相比，在0°、±3°攻角下均出现明显涡振现象。这与结构质量较轻、阻尼比较低、质量分布等因素有直接关系。节段模型试验推荐的气动措施在一定程度上起到了控制涡振振幅的作用。

拱肋合龙施工状态存在低风速段和高风速段两个明显涡振锁定区间，其中低风速涡振最大幅值70.6cm，高风速段涡振最大幅值37.5cm。试验结果如图8.4-21所示。拱肋合龙施工状态并加装上下导流板，可以有效地抑制除+3°来流攻角条件外的涡振振幅，证明了抑振方案的有效性。+3°攻角下，气动措施无效果与拱肋三维尺寸渐变效应有关，可根据拱肋空间尺度变化，采用悬挑距离更大的导流板。

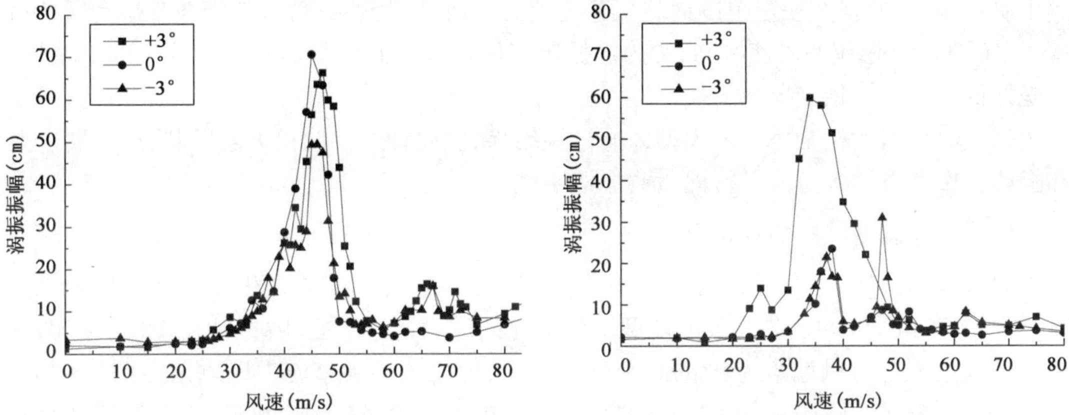

a)无措施四分点竖弯振幅对比　　b)加上下导流板四分点竖弯振幅对比

图8.4-21　拱肋合龙状态涡振抑制措施试验结果

基于POD分解，针对引起涡振的敏感区域的研究[17]表明：下游拱肋断面上下表面的压力波动在总升力波动中占了绝大多数，如图8.4-22所示，超过70%，这部分是引起拱肋结构涡振的主要部分。因此，考虑改变拱肋断面上下表面的流动特性，如增加导流板，使上下表面形成空气高速流动通道，产生射流作用，可以有效控制涡振(图8.4-23)。

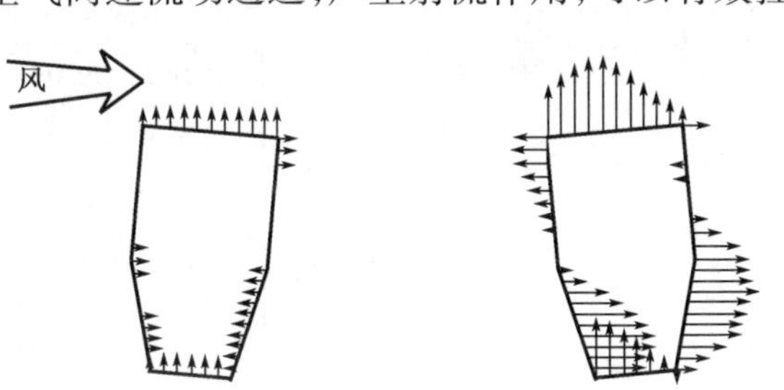

图8.4-22　涡振时POD分解第三阶模态示意

图8.4-23　加导流板拱肋周围流场示意

第五节　涡振概率性评价

涡振虽然不会像颤振和驰振那样引起整个结构的发散性振动，导致结构动力失稳破坏，但是当涡激振动频率接近结构固有频率时，也会出现较大的振幅，形成涡激共振，这种兼有自激和强迫特性的振动仍有可能造成结构的强度破坏或疲劳破坏。此外涡激振动还会影响结构使用的舒适度,因此对拱梁组合体系进行涡激振动的概率性评价是非常必要的。下面将以上海卢浦大桥为例进行涡振概率性评价[16]。

一、涡振锁定风速

涡振是在较低风速区域发生的有限振幅振动。当风速较低时,涡激频率受物体振动状态影响较小,涡激频率与来流风速具有简单的线性关系;随着风速的增加,涡激频率和振幅逐步增大,当涡激频率接近结构固有频率时,振幅最大,达到涡激共振状态,这时,振动状态反过来控制了涡激频率,使得在一定范围内的风速变化无法改变涡激频率,这就是涡激振动所特有的频率"锁定"现象,相应的风速区间,称为涡振锁定风速。因此评价涡激共振发生的概率性,实质上是评价出现涡振锁定风速的概率性[18]。

根据上海卢浦大桥全桥气弹模型风洞试验结果,主要针对拱肋最大悬臂状态、拱肋合龙状态和全桥成桥状态三个阶段进行涡激共振概率性评价[16]。

1. 拱肋最大悬臂状态的锁定风速

拱肋最大悬臂施工状态共进行了包括均匀流和紊流,风攻角 0°和 ±3°,风偏角 0°、±22.5°、±45°和 ±90°共 18 个气弹模型试验工况的风洞试验[16]。拱肋最大悬臂状态的涡振概率性评价主要针对风偏角为 0°的 6 个试验工况,即均匀流和紊流中风攻角分别为 0°、-3°和 +3°,该 6 个工况风洞试验实测得到的是相对于拱顶处的涡振锁定风速,为了便于利用气象站的风速统计结果,将其换算到标准高度($h = 10$m)处的风速,其中均匀流场中的两个风速相等,而紊流场中的拱顶涡振锁定风速按 $\alpha = 0.13$ 的指数规律换算到标准高度($h = 10$m)处的相应风速,具体数值结果如表 8.5-1 所示[16]。

拱肋最大悬臂状态的涡振锁定风速 表 8.5-1

工况	流场	风攻角	拱顶涡振风速(m/s)		10m 高度涡振风速(m/s)	
			区间 Ⅰ	区间 Ⅱ	区间 Ⅰ	区间 Ⅱ
FM-1	均匀流	0°	12.5~18.8	21.3~30.0	12.5~18.8	21.3~30.0
FM-2	均匀流	-3°	10.0~20.0	30.0~37.5	10.0~20.0	30.0~37.5
FM-3	均匀流	+3°	10.0~20.0	25.0~45.0	10.0~20.0	25.0~45.0
FM-10	紊流	0°	15.0~20.0	27.5~32.5	11.1~14.8	20.4~24.1
FM-11	紊流	-3°	—	—	—	—
FM-12	紊流	+3°	12.5~17.5	—	9.3~13.0	—

综合表 8.5-1 中 6 个试验工况结果,可以确定出标准高度($h = 10$m)处两个涡振锁定风速区间,即:

$$U_{1\text{lock-in}} = 10 \sim 20\text{m/s}$$

$$U_{2\text{lock-in}} = 20.4 \sim 45\text{m/s}$$

由此可以确定出拱肋最大悬臂时标准高度($h = 10$m)处的涡振锁定风速为:

$$U_{\text{lock-in}} = 10 \sim 45\text{m/s}$$

2. 拱肋合龙状态的锁定风速

拱肋合龙状态共进行了包括均匀流和紊流中风攻角分别为0°和±3°共6个风洞试验工况，该6个试验工况拱顶处涡振锁定风速和标准高度($h=10$m)处相应风速如表8.5-2所示[16]。

拱肋合龙状态的涡振锁定风速　表8.5-2

工　况	流场	风攻角	拱顶涡振风速(m/s)		10m高度涡振风速(m/s)	
			区间Ⅰ	区间Ⅱ	区间Ⅰ	区间Ⅱ
FM-19	均匀流	0°	21.3~28.8	40.0~50.0	21.3~28.8	40.0~50.0
FM-20	均匀流	-3°	20.0~30.0	42.5~47.5	20.0~30.0	42.5~47.5
FM-21	均匀流	+3°	23.8~36.3	45.0~55.0	23.8~36.3	45.0~55.0
FM-22	紊流	0°	—	—	—	—
FM-23	紊流	-3°	—	—	—	—
FM-24	紊流	+3°	26.3~37.5	—	19.5~27.8	—

综合表8.5-2中6个试验工况结果，可以确定出标准高度($h=10$m)处两个涡振锁定风速区间，即：

$$U_{1\text{lock-in}} = 19.5 \sim 36.3\text{m/s}$$

$$U_{2\text{lock-in}} = 40 \sim 55\text{m/s}$$

由此可以确定出拱肋合龙状态标准高度($h=10$m)处的涡振锁定风速为：

$$U_{\text{lock-in}} = 20 \sim 55\text{m/s}$$

3. 全桥成桥状态的锁定风速

全桥成桥状态也进行了包括均匀流和紊流中风攻角分别为0°和±3°共6个风洞试验工况，该6个试验工况拱顶处涡振锁定风速和标准高度($h=10$m)处相应风速如表8.5-3所示[16]。

全桥成桥状态的涡振锁定风速　表8.5-3

工　况	流场	风攻角	拱顶涡振风速(m/s)		10m高度涡振风速(m/s)	
			区间Ⅰ	区间Ⅱ	区间Ⅰ	区间Ⅱ
FM-34	均匀流	0°	13.8~17.5	23.5~28.8	13.8~17.5	23.8~28.8
FM-35	均匀流	-3°	15.0~20.0	27.5~40.0	15.0~20.0	27.5~40.0
FM-36	均匀流	+3°	18.8~25.0	30.0~40.0	18.8~25.0	30.0~40.0
FM-37	紊流	0°	—	—	—	—
FM-38	紊流	-3°	—	—	—	—
FM-39	紊流	+3°	—	—	—	—

综合表8.3-3中6个试验工况结果，可以确定出标准高度($h=10$m)处两个涡振锁定风速区间，即：

$$U_{1\text{lock-in}} = 13.8 \sim 25\text{m/s}$$

$$U_{2\text{lock-in}} = 23.8 \sim 40\text{m/s}$$

由此可以确定出全桥成桥状态标准高度($h=10\text{m}$)处的涡振锁定风速为:

$$U_{\text{lock-in}} = 14 \sim 40\text{m/s}$$

二、期望涡振时间

上海卢浦大桥桥位风速统计采用上海市区北面的宝山气象站、东南面的川沙气象站和西南面的龙华气象站三个与桥位相邻的风速测站,有关这三个风速测站的平均风速统计结果详见第四章第五节设计风速统计推断[19]。

1. 涡振来流风向

上海卢浦大桥主桥轴线为北偏西18.7°或南偏东18.7°,近似认为桥轴线位于气象站风轴线NNW和SSE风向上,而垂直于桥轴线的来流风向分别为ENE和WSW。考虑到拱肋最大悬臂时的气弹模型试验在风偏角±22.5°时均出现了涡振,因此确定可能引起涡激共振的共6个来流风向,即NE、ENE、E、SW、WSW、W。

2. 气象站年频度

根据宝山气象站1959~1996年共37年间6个风向日最大风速记录数据,可以将风速发生频度依次分成5个区间来表示,即0~10m/s、10~14m/s、14~20m/s、20~28m/s和28~55m/s,宝山气象站5个风速区间内的年频度统计结果如表8.5-4所示[19]。

宝山气象站风速频度百分比　　表8.5-4

风向	0~10m/s	10~14m/s	14~20m/s	20~28m/s	28~55m/s	Σ
NE	7.284	0.129	0.043	0	0	7.456
ENE	10.599	0.115	0.029	0	0	10.743
E	11.859	0.094	0.007	0	0	11.960
SW	2.811	0.029	0.007	0	0	2.847
WSW	3.055	0.101	0.029	0	0	3.185
W	3.163	0.079	0.021	0	0	3.263

根据川沙气象站1959~1995年共36年间6个风向日最大风速记录数据,可以得到川沙气象站5个风速区间内的年频度统计结果如表8.5-5所示[19]。

川沙气象站风速频度百分比　　表8.5-5

风向	0~10m/s	10~14m/s	14~20m/s	20~28m/s	28~55m/s	Σ
NE	9.560	0.407	0.044	0	0	10.011
ENE	8.643	0.244	0.037	0.007	0	8.931
E	8.228	0.156	0.007	0	0	8.391
SW	1.997	0.014	0	0	0	2.011
WSW	2.279	0.059	0.007	0	0	2.345
W	2.605	0.230	0.022	0	0	2.857

根据龙华气象站1956~1990年共35年间6个风向日最大风速记录数据,可以得到龙华气象站5个风速区间内的年频度统计结果如表8.5-6所示[19]。

龙华气象站风速频度百分比 表8.5-6

风向	0 ~ 10m/s	10 ~ 14m/s	14 ~ 20m/s	20 ~ 28m/s	28 ~ 55m/s	Σ
NE	6.923	0.110	0.039	0	0	7.072
ENE	11.053	0.172	0.008	0.008	0	11.241
E	11.780	0.141	0.008	0.008	0	11.937
SW	1.158	0	0	0	0	1.158
WSW	1.533	0.039	0	0	0	1.572
W	2.901	0.165	0	0	0	3.066

3. 累计涡振时间

根据宝山气象站、川沙气象站和龙华气象风速频度统计表，可以分别计算出相应于该三个气象站的涡振锁定风速发生概率，而桥位现场发生涡振锁定风速的概率可以采用三个风速测站相应概率的加权平均值，其权值主要考虑桥位与风速测站的距离[16]。

1）拱肋最大悬臂状态的累计涡振时间

根据宝山气象站风速频度统计表8.5-4，宝山气象站每年发生涡振锁定风速 $U_{\text{lock-in}}=10\sim45\text{m/s}$ 的概率为：

$$p_1 = \sum_{j=1}^{12} p_{1j} = 0.683\%/年$$

根据川沙气象站风速频度统计表8.5-5，川沙气象站每年发生涡振锁定风速 $U_{\text{lock-in}}=10\sim45\text{m/s}$ 的概率为：

$$p_2 = \sum_{j=1}^{12} p_{2j} = 1.234\%/年$$

根据龙华气象站风速频度统计表8.5-6，龙华气象站每年发生涡振锁定风速 $U_{\text{lock-in}}=10\sim45\text{m/s}$ 的概率为：

$$p_3 = \sum_{j=1}^{10} p_{3j} = 0.698\%/年$$

桥位现场平均每年发生涡振锁定风速 $U_{\text{lock-in}}=10\sim45\text{m/s}$ 的概率为：

$$\bar{p} = \sum_{i=1}^{3} \eta_i p_i = 0.146\times0.683 + 0.158\times1.234 + 0.696\times0.698 = 0.78(\%/年)$$

桥位现场每年发生涡振锁定风速的平均累计时间为：

$$\bar{T} = 365\bar{p} = 365\times0.0078 = 2.8(\text{d})$$

根据《公路桥梁抗风设计指南》[20]的建议，施工阶段一般按10年重现期计算，重现期内发生涡振锁定风速的最大概率为：

$$p_{\max} = 10\bar{p} = 7.8\%$$

施工阶段桥位现场发生涡振锁定风速的最长累计时间为：

$$T_{\max} = 10\bar{T} = 28\text{d}$$

2）拱肋合龙状态的累计涡振时间

根据宝山气象站风速频度统计表8.5-4，宝山气象站每年发生涡振锁定风速 $U_{\text{lock-in}}=20\sim55\text{m/s}$ 的概率为：

$$p_1=\sum_{j=1}^{0}p_{1j}=0$$

根据川沙气象站风速频度统计表8.5-5,川沙气象站每年发生涡振锁定风速 $U_{\text{lock-in}}=20\sim55\text{m/s}$ 的概率为：

$$p_2=\sum_{j=1}^{1}p_{2j}=0.007\%/\text{年}$$

根据龙华气象站风速频度统计表8.5-6,龙华气象站每年发生涡振锁定风速 $U_{\text{lock-in}}=20\sim55\text{m/s}$ 的概率为：

$$p_3=\sum_{j=1}^{2}p_{3j}=0.016\%/\text{年}$$

桥位现场平均每年发生涡振锁定风速 $U_{\text{lock-in}}=20\sim55\text{m/s}$ 的概率为：

$$\bar{p}=\sum_{i=1}^{3}\eta_i p_i=0.146\times0+0.158\times0.007+0.696\times0.016=0.012(\%/\text{年})$$

桥位现场每年发生涡振锁定风速的平均累计时间为：

$$\bar{T}=365\bar{p}=365\times0.000\,12=0.045(\text{d})$$

重现期10年内发生涡振锁定风速的最大概率为：

$$p_{\max}=10\bar{p}=0.12\%$$

施工阶段桥位现场发生涡振锁定风速的最长累计时间为：

$$T_{\max}=10\bar{T}=0.45\text{d}$$

3)全桥成桥状态的累计涡振时间

根据宝山气象站风速频度统计表8.5-4,宝山气象站每年发生涡振锁定风速 $U_{\text{lock-in}}=14\sim40\text{m/s}$ 的概率为：

$$p_1=\sum_{j=1}^{6}p_{1j}=0.136\%/\text{年}$$

根据川沙气象站风速频度统计表8.5-5,川沙气象站每年发生涡振锁定风速 $U_{\text{lock-in}}=14\sim40\text{m/s}$ 的概率为：

$$p_2=\sum_{j=1}^{6}p_{2j}=0.124\%/\text{年}$$

根据龙华气象站风速频度统计表8.5-6,龙华气象站每年发生涡振锁定风速 $U_{\text{lock-in}}=14\sim40\text{m/s}$ 的概率为：

$$p_3=\sum_{j=1}^{5}p_{3j}=0.071\%/\text{年}$$

桥位现场平均每年发生涡振锁定风速 $U_{\text{lock-in}}=14\sim40\text{m/s}$ 的概率为：

$$\bar{p}=\sum_{i=1}^{3}\eta_i p_i=0.146\times0.136+0.158\times0.124+0.696\times0.071=0.089(\%/\text{年})$$

桥位现场每年发生涡振锁定风速的平均累计时间为：

$$\bar{T}=365\bar{p}=365\times0.000\,89=0.32(\text{d})$$

重现期100年内发生涡振锁定风速的最大概率为：

$$p_{\max}=100\bar{p}=8.9\%$$

施工阶段桥位现场发生涡振锁定风速的最长累计时间为：

$$T_{\max} = 100\overline{T} = 32(\mathrm{d})$$

三、首次涡振概率

涡激共振概率性评价的另一个重要指标，就是在施工阶段或使用期限内桥位现场首次发生涡振锁定风速的概率[16]。

1. 概率计算模型

根据风速测站的各个风向风速的极值样本，可以按照极值Ⅰ型分布函数建立起各个风向的风速统计概率模型[21]：

$$F_i = \exp\left[-\exp\left(-\frac{U_i - b_i}{a_i}\right)\right] \tag{8.5-1}$$

式中：下标 i——表示风向；

a_i、b_i——分别表示尺度参数和位置参数；

U_i——表示指定风速值；

F_i——表示发生风速 $U = 0 \sim U_i$ 的概率。

设发生 $U < u$ 风速的概率为 F_i^u，且 i 风向任意风速发生的概率为 p_i，则 i 风向发生 $U > u$ 风速的概率为[21]：

$$P_i = (1 - F_i^u)p_i \tag{8.5-2}$$

2. 气象站概率计算

根据宝山气象站 6 个风向的风速统计概率模型，可以计算出 6 个风向 $U \leqslant 10$m/s（拱肋最大悬臂）、$U \leqslant 20$m/s（拱肋合龙状态）和 $U \leqslant 14$m/s（全桥成桥状态）的概率如表 8.5-7 所示[16]。

宝山气象站风向风速发生概率　　表 8.5-7

风向	a_i(m/s)	b_i(m/s)	F_i^{10}	F_i^{20}	F_i^{14}	p_i(%)
NE	1.601	7.324	0.828 6	0.999 6	0.984 7	7.456
ENE	1.479	7.437	0.838 0	0.999 8	0.988 2	10.743
E	1.197	6.871	0.929 4	1.000 0	0.997 4	11.960
SW	1.046	5.033	0.991 4	1.000 0	0.999 8	2.847
WSW	1.639	6.492	0.889 0	1.000 0	0.989 8	3.185
W	1.512	6.229	0.920 7	1.000 0	0.994 2	3.263

根据川沙气象站 6 个风向的风速统计概率模型，可以计算出 6 个风向 $U \leqslant 10$m/s（拱肋最大悬臂）、$U \leqslant 20$m/s（拱肋合龙状态）和 $U \leqslant 14$m/s（全桥成桥状态）的概率如表 8.5-8 所示[16]。

川沙气象站风向风速发生概率　　表 8.5-8

风向	a_i(m/s)	b_i(m/s)	F_i^{10}	F_i^{20}	F_i^{14}	p_i(%)
NE	1.565	10.756	0.197 7	0.997 3	0.881 8	10.011
ENE	1.480	9.980	0.372 9	0.998 9	0.936 0	8.931
E	1.364	9.256	0.560 1	0.999 6	0.969 6	8.391
SW	1.003	7.144	0.943 7	1.000 0	0.998 9	2.011
WSW	1.532	8.085	0.750 9	0.999 6	0.979 2	2.345
W	1.733	9.438	0.324 3	0.997 7	0.930 6	2.857

根据龙华气象站 6 个风向的风速统计概率模型，可以计算出 6 个风向 $U \leqslant 10\mathrm{m/s}$（拱肋最大悬臂）、$U \leqslant 20\mathrm{m/s}$（拱肋合龙状态）和 $U \leqslant 14\mathrm{m/s}$（全桥成桥状态）的概率如表 8.5-9 所示[16]。

龙华气象站风向风速发生概率 表 8.5-9

风向	a_i(m/s)	b_i(m/s)	F_i^{10}	F_i^{20}	F_i^{14}	p_i(%)
NE	0.991	9.809	0.438 4	1.000 0	0.985 5	7.072
ENE	0.945	10.008	0.364 8	1.000 0	0.985 3	11.241
E	0.967	9.602	0.515 5	1.000 0	0.989 5	11.937
SW	1.254	5.723	0.967 5	1.000 0	0.998 6	1.158
WSW	1.103	6.570	0.956 4	1.000 0	0.998 8	1.572
W	1.295	8.769	0.679 4	0.999 8	0.982 5	3.066

3. 桥位首次概率

根据表 8.5-7 ~ 表 8.5-9 中的概率数值可以计算出三个风速测站的首次涡振概率，取三个风速测站相应概率的加权平均值，可以计算出桥位首次发生涡振锁定风速的概率。

1）拱肋最大悬臂状态的首次涡振概率

根据宝山气象站风速发生概率表 8.5-7，宝山气象站每年首次发生涡振锁定风速 $U_{\text{lock-in}} = 10\mathrm{m/s}$ 的概率为：

$$P_1 = \sum_{j=1}^{6}(1 - F_j^{10})p_{1j} = 4.50\%/\text{年}$$

根据川沙气象站风速发生概率表 8.5-8，川沙气象站每年首次发生涡振锁定风速 $U_{\text{lock-in}} = 10\mathrm{m/s}$ 的概率为：

$$P_2 = \sum_{j=1}^{6}(1 - F_j^{10})p_{2j} = 19.95\%/\text{年}$$

根据龙华气象站风速发生概率表 8.5-9，龙华气象站每年发生涡振锁定风速 $U_{\text{lock-in}} = 10\mathrm{m/s}$ 的概率为：

$$P_3 = \sum_{j=1}^{6}(1 - F_j^{10})p_{3j} = 17.98\%/\text{年}$$

拱肋最大悬臂时桥位现场平均每年首次发生涡振锁定风速的概率为：

$$\overline{P} = \sum_{i=1}^{3}\eta_i P_i = 0.146 \times 4.50 + 0.158 \times 19.95 + 0.696 \times 17.98 = 16.3(\%/\text{年})$$

2）拱肋合龙状态的首次涡振频率

根据宝山气象站风速发生概率表 8.5-7，宝山气象站每年发生涡振锁定风速 $U_{\text{lock-in}} = 20\mathrm{m/s}$ 的概率为：

$$P_1 = \sum_{j=1}^{6}(1 - F_j^{20})p_{1j} = 0.005\,1\%/\text{年}$$

根据川沙气象站风速发生概率表 8.5-8，川沙气象站每年发生涡振锁定风速 $U_{\text{lock-in}} = 20\mathrm{m/s}$

的概率为：

$$P_2 = \sum_{j=1}^{6}(1 - F_j^{20})p_{2j} = 0.047\,7\%/年$$

根据龙华气象站风速发生概率表8.5-9，龙华气象站每年发生涡振锁定风速 $U_{\text{lock-in}} = 20\text{m/s}$ 的概率为：

$$P_3 = \sum_{j=1}^{6}(1 - F_j^{20})p_{3j} = 0.000\,6\%/年$$

拱肋合龙状态桥位现场平均每年首次发生涡振锁定风速的概率为：

$$\overline{P} = \sum_{i=1}^{3}\eta_i P_i = 0.146 \times 0.005\,1 + 0.158 \times 0.047\,7 + 0.696 \times 0.000\,6$$
$$= 0.008\,7(\%/年)$$

3）全桥成桥状态的首次涡振概率

根据宝山气象站风速发生概率表8.5-7，宝山气象站每年发生涡振锁定风速 $U_{\text{lock-in}} = 14\text{m/s}$ 的概率为：

$$P_1 = \sum_{j=1}^{6}(1 - F_j^{14})p_{1j} = 0.324\%/年$$

根据川沙气象站风速发生概率表8.5-8，川沙气象站每年发生涡振锁定风速 $U_{\text{lock-in}} = 14\text{m/s}$ 的概率为：

$$P_2 = \sum_{j=1}^{6}(1 - F_j^{14})p_{2j} = 2.259\%/年$$

根据龙华气象站风速发生概率表8.5-9，龙华气象站每年发生涡振锁定风速 $U_{\text{lock-in}} = 14\text{m/s}$ 的概率为：

$$P_3 = \sum_{j=1}^{6}(1 - F_j^{14})p_{3j} = 0.450\%/年$$

全桥成桥状态桥位现场平均每年首次发生涡振锁定风速的概率为：

$$\overline{P} = \sum_{i=1}^{3}\eta_i P_i = 0.146 \times 0.324 + 0.158 \times 2.259 + 0.696 \times 0.450 = 7.17(\%/年)$$

四、概率性评价结论

上海卢浦大桥主桥施工阶段和成桥状态结构涡激共振的概率性评价结论如下：

（1）最大悬臂状态：桥位现场标准高度（$h = 10\text{m}$）处可能引起涡振的锁定风速区间为 $U_{\text{lock-in}} = 10 \sim 45\text{m/s}$；施工期间（10年）内首次发生涡振锁定风速的概率为 $P = 16.3\%$/年；施工期间（10年）可能发生涡振的最长累计时间为 $T_{\max} = 28\text{d}$。

（2）拱肋合龙状态：桥位现场标准高度（$h = 10\text{m}$）处可能引起涡振的锁定风速区间为 $U_{\text{lock-in}} = 20 \sim 55\text{m/s}$；施工期间（10年）内首次发生涡振锁定风速的概率为 $P = 0.008\,7\%$/年；施工期间（10年）可能发生涡振的最长累计时间为 $T_{\max} = 0.45\text{d}$。

（3）全桥成桥状态：桥位现场标准高度（$h = 10\text{m}$）处可能引起涡振的锁定风速区间为 $U_{\text{lock-in}} = 14 \sim 40\text{m/s}$；使用期限（100年）内首次发生涡振锁定风速的概率为 $P = 7.17\%$/年，使用期限（100年）可能发生涡振的最长累计时间为 $T_{\max} = 32\text{d}$。

本章参考文献

[1] 褚亦清,李翠英.非线性振动分析[M].北京:北京理工大学出版社,1996.
[2] R·D·白莱文斯.流体诱发振动[M].吴恕三,译.北京:机械工程出版社,1983.
[3] 李国豪.桥梁结构稳定与振动[M].北京:中国铁道出版社,1992.
[4] Stephen John Callander. Force Oscillator Model for Rectangular Cylinder[J]. Journal of Engineering Mechanics,1989(115):1336-1346.
[5] Sachs,Peter. Wind Forces in Engineering[M]. Pergamon Press,1972.
[6] Matsumoto,Masaru,Tomomi Yagi,et al. Vortex-induced Cable Vibration of Cable-Stayed Bridges at High Reduced Wind Velocity[J]. Journal of Wind Engineering and Industrial Aerodynamics 89,7(2001):633-647.
[7] 李永君.大跨度桥梁涡振二维计算模型及其实验研究[D].上海:同济大学,2004.
[8] T Yoshimura,Y Mizuta,F Yamada,et al. Prediction of Vortex-Induced Oscillations of a Bridge Girder with Span-wise Varying Geometry[J]. Journal of Wind Engineering and Industrial Aerodynamics,2001(89):1717-1728.
[9] Emil Simiu,Robert H Scanlan.风对结构的作用——风工程导论[M].刘尚培,项海帆,谢霁明,译.上海:同济大学出版社,1992.
[10] 道尔.气动弹性力学现代教程[M].陈文俊,尹传家,译.北京:中国宇航出版社,1991.
[11] Allan Larsen. A Generalized Model for Assessment of Vortex-induced Vibrations of Flexible Structures[J]. Journal of Wind Engineering and Industrial Aerodynamics, 1995(57): 281-294.
[12] 葛耀君,庞加斌.箱形拱桥裸肋状态等效风荷载及抗风稳定性研究总研究报告[R]. SLDRCE WT200004,2001.
[13] Fujino Y,Yoshida Y. Wind-induced Vibration and Control of Trans-Tokyo Bay Crossing Bridge[J]. Journal of Structure Engineering,2002,128(8):1012-1025.
[14] Battista R,Pfeil M. Control of Wind Oscillations of Rio-Niteroi Bridge,Brazil[C]//Proceedings of the Institution of Civil Engineers: Structures and Buildings. 2010,163(2):87-96.
[15] 朱乐东.桥梁涡激共振试验节段模型质量系统模拟与振幅修正方法[J].工程力学,2005,22(5):204-208.
[16] 葛耀君,项海帆,凌明,等.上海卢浦大桥超大跨度拱桥风荷载及抗风稳定性研究[R].同济大学土木工程防灾国家重点实验室研究报告(SLDRCE Wt200103),2002.
[17] 杨立坤. POD与RVM相结合对桥梁涡振颤振的探讨[D].上海:同济大学,2009.
[18] 葛耀君.桥梁结构风振可靠性理论及其应用研究[D].上海:同济大学,1997.
[19] 葛耀君.宝山、川沙和龙华气象站日最大风速记录数据汇编[R].同济大学土木工程防灾国家重点实验室,1997.
[20] 项海帆.公路桥梁抗风设计指南[M].北京:人民交通出版社,1996.
[21] A G Davenport. A Statistical Approach to the Treatment of Wind Loading of Tall Masks and Suspension Bridges[D]. University of Bristol,1961.

第九章　涡振等效风荷载

当拱肋截面很钝且结构阻尼很小时，气流流经拱肋断面会产生涡激共振，这样拱桥的动力风荷载除了按最大设计风速计算抖振风荷载之外，还必须根据实际发生涡振时的涡振风速和振幅计算涡振风荷载；涡激振动一般是以单一模态的振动为主，因此涡振等效静力荷载只需考虑单一模态荷载；此外，当结构发生涡激共振时，共振响应占有绝对重要地位，而背景响应很小，一般可以忽略，所以涡振等效静力荷载仅需考虑共振响应分量荷载。为了便于理解，本章将结合一座有可能发生涡激振动的大跨度拱桥的实例来阐述桥梁涡振等效风荷载的计算原理和步骤。

第一节　涡振等效风荷载模型

大跨度拱桥涡振等效风荷载为静力风荷载和涡振等效静力风荷载之和，其竖直方向、水平方向和绕构件轴线扭转方向的三个荷载分量可表示为[1,2]：

升力
$$W_y(\eta) = \overline{W}_y \cdot \alpha_{y0}(\eta) \pm \widetilde{W}_y \cdot \alpha_{y1}(\eta) \tag{9.1-1a}$$

阻力
$$W_z(\eta) = \overline{W}_z \cdot \alpha_{z0}(\eta) \pm \widetilde{W}_z \cdot \alpha_{z1}(\eta) \tag{9.1-1b}$$

扭矩
$$W_\theta(\eta) = \overline{W}_\theta \cdot \alpha_{\theta 0}(\eta) \pm \widetilde{W}_\theta \cdot \alpha_{\theta 1}(\eta) \tag{9.1-1c}$$

上述计算公式中等式右边的第一项为静力风荷载，其峰值 $\overline{W}_y$、$\overline{W}_z$、$\overline{W}_\theta$ 可在测得构件的静力三分力系数后求得，由于拱肋一般是抛物线形或悬链线形的，它的每个截面都与水平面有一定的夹角，故其三分力系数在每个截面处的值并不相等，通常需要把拱肋划分成多个节段，对每个节段进行节段模型试验从而得到各个节段的三分力系数，并分段计算风荷载峰值；静力风荷载对应的沿跨长方向的分布形式为最大值为 1 的函数 $\alpha_0(\eta)$。等式右边的第二项正是本章重点讨论的涡振等效静力风荷载，其中 $\widetilde{W}_y$、$\widetilde{W}_z$、$\widetilde{W}_\theta$ 是涡振等效风荷载峰值，$\alpha_1(\eta)$是最大值为 1 的分布函数[1,2]。

一、涡振模态风荷载

由于桥梁空气动力现象的复杂性，直接计算桥梁的动力风荷载非常困难，一般都采用位移等效的方法将桥梁动力风荷载换算为桥梁等效静力风荷载。桥梁等效静力风荷载定义为，将该荷载作为静力风荷载作用于桥梁上所引起的位移响应等于桥梁在自然风作用下的最大振动位移，对于涡振来说就是最大涡振位移。由于桥梁涡振发生时都是单一振型(模态)和频率的振动，而且涡振响应振幅远大于此时的抖振响应，因此计算涡振等效风荷载时可以不用考虑气动耦合，而是按模态叠加原理分模态计算，且在涡振等效静力荷载计算中假定其由单一涡振模态荷载组成，其他模态荷载的影响可以忽略，所以涡振等效静力荷载完全可以表达为涡振模态风荷载的形式，而这种涡振模态风荷载的计算可以采用下列基本假定[3,4]：

（1）荷载峰值由风洞试验或理论计算确定，并仅考虑共振响应。

（2）荷载分布可按模态试验或理论计算确定的相应模态曲线。

任一振动模态等效静力风荷载的表达式，其峰值的基本计算公式为：

$$\widetilde{W}_{y,z,\theta}=g_{W_{y,z,\theta}}\sigma_{W_{y,z,\theta}}=g_{W_{y,z,\theta}}\sqrt{\sigma^2_{W_{b_{y,z,\theta}}}+\sigma^2_{W_{r_{y,z,\theta}}}}=g_{W_{y,z,\theta}}\sqrt{1+\mu_{y,z,\theta}}\sigma_{W_{r_{y,z,\theta}}} \tag{9.1-2}$$

式中：$g_{W_{y,z,\theta}}$——模态风荷载峰值因子；

$\sigma_{W_{y,z,\theta}}$——模态风荷载均方根；

$\sigma_{W_{b_{y,z,\theta}}}$——背景响应均方根；

$\sigma_{W_{r_{y,z,\theta}}}$——共振响应均方根；

$\mu_{y,z,\theta}$——背景响应与共振响应的比值。

式（9.1-2）中，下标 y、z、θ 表示模态等效静力风荷载的竖向分量、侧向分量和扭转分量。

由于发生涡激共振时，结构振动共振响应占绝对主导地位，背景响应完全可以忽略不计，因此涡振模态等效静力风荷载，即式（9.1-1）中等式右边第二项，可以采用式（9.1-2）的简化形式：

$$\widetilde{W}_{y,z,\theta}=g_{W_{y,z,\theta}}\sqrt{1+\mu_{y,z,\theta}}\sigma_{W_{r_{y,z,\theta}}}\approx g_{W_{y,z,\theta}}\sqrt{1+0}\sigma_{W_{r_{y,z,\theta}}}=g_{W_{y,z,\theta}}\sigma_{W_{y,z,\theta}} \tag{9.1-3}$$

其中，依据惯性荷载法（IWL）的基本原理，涡振模态风荷载的共振响应均方根 $\sigma_{W_{r_{y,z,\theta}}}$ 与涡振位移响应均方根 $\sigma_{D_{r_{y,z,\theta}}}$ 之间存在下列关系：

$$\sigma_{W_{r_{y,z,\theta}}}=m_{y,z,\theta}\omega^2_{y,z,\theta}\sigma_{D_{r_{y,z,\theta}}} \tag{9.1-4}$$

式中：$m_{y,z,\theta}$、$\omega_{y,z,\theta}$——对应模态的模态质量和频率。

二、模态风荷载分布

由于涡激共振的单一模态自激振动的特性，决定了涡振等效静力风荷载——涡振模态风荷载沿桥梁跨长方向可按发生涡振的桥梁固有模态形式分布，通常采用有限元动力特性分析得到的模态向量作为模态风荷载的分布函数，即式（9.1-1）右边第二项所示的涡振模态风荷载表达式 $\alpha_1(\eta)$，可取最大值为 1 的结构模态无量纲分布函数。

图 9.1-1 所示为一座大跨度中承式拱桥，主跨 550m，两边跨各为 100m，矢高 100m。主拱肋断面为钢箱，拱肋的宽度为 5m，主跨拱肋的高度从 6m 变到 9m，边跨拱肋的高度从拱顶的 7m 变化到拱脚的 9m，两片拱肋之间用横撑连接。经有限元动力特性分析，可以得到该桥成桥状态主拱肋一阶正对称竖弯、一阶反对称竖弯，一阶正对称侧弯、一阶反对称侧弯以及一阶正对称扭转、一阶反对称扭转的模态如图 9.1-2 所示，这也是该桥成桥状态相应涡振模态风荷载最精确的分布形式[1,2]。

为了简化计算，涡振模态风荷载的分布函数也可采用近似的数学公式来表达。不过因拱肋合龙前后线形变化较大，一般应取用不同的近似数学表达式。

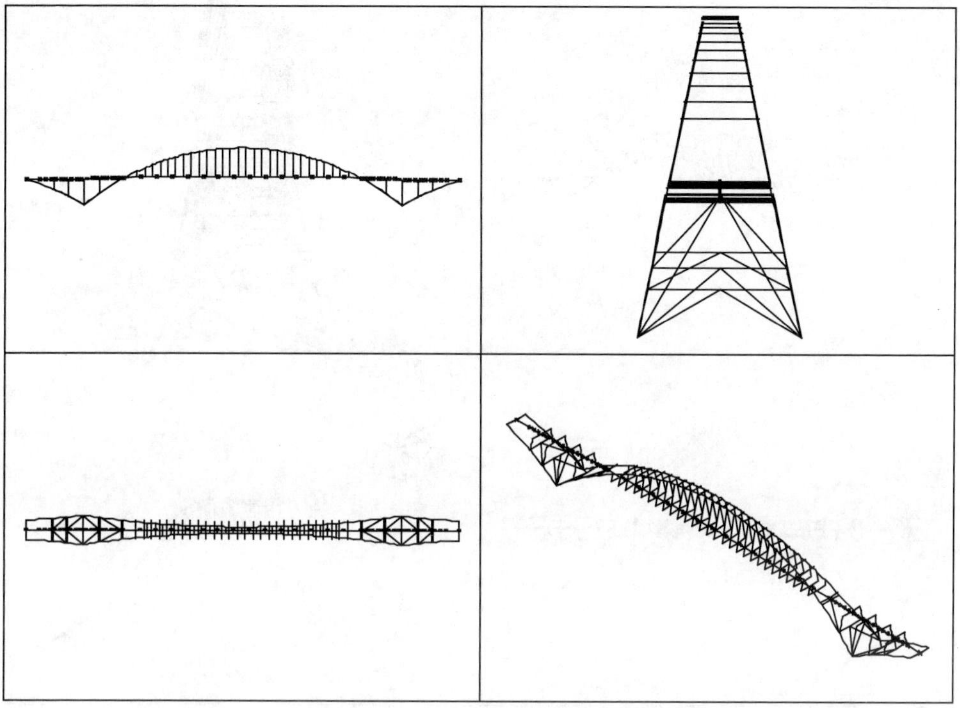

图 9.1-1　大跨度拱桥有限元模型

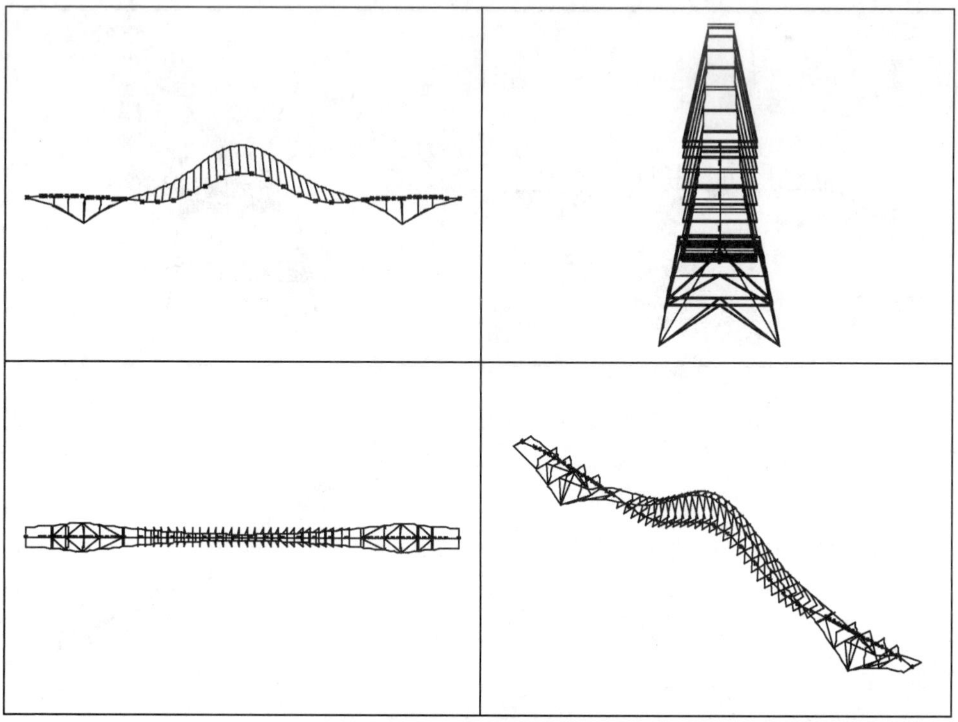

a）一阶正对称竖弯f=0.595Hz

图　9.1-2

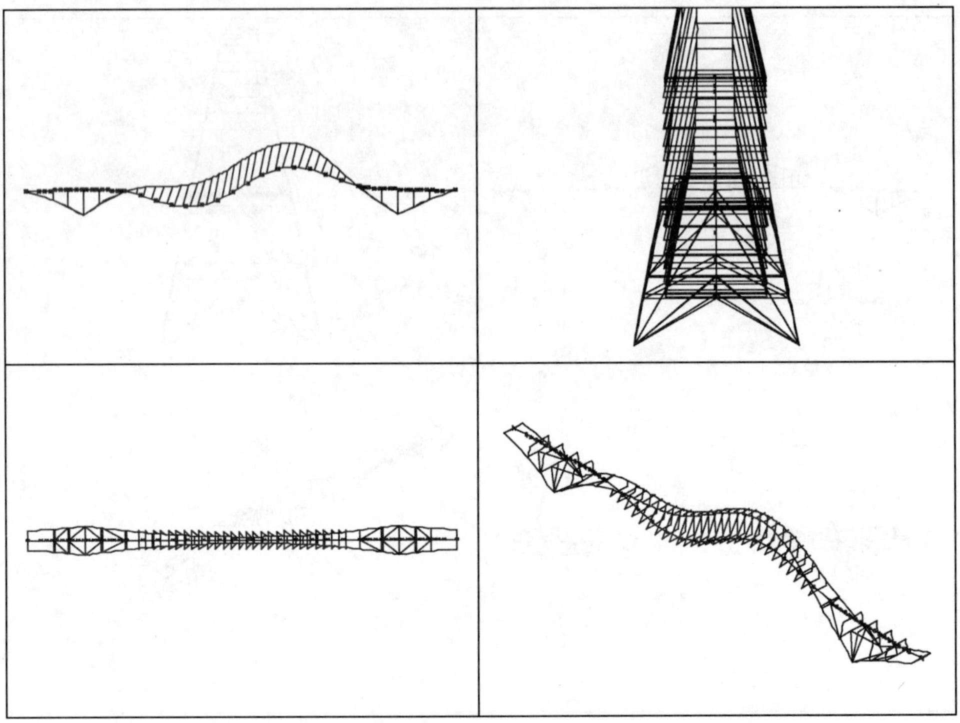

b）一阶反对称竖弯f=0.373Hz

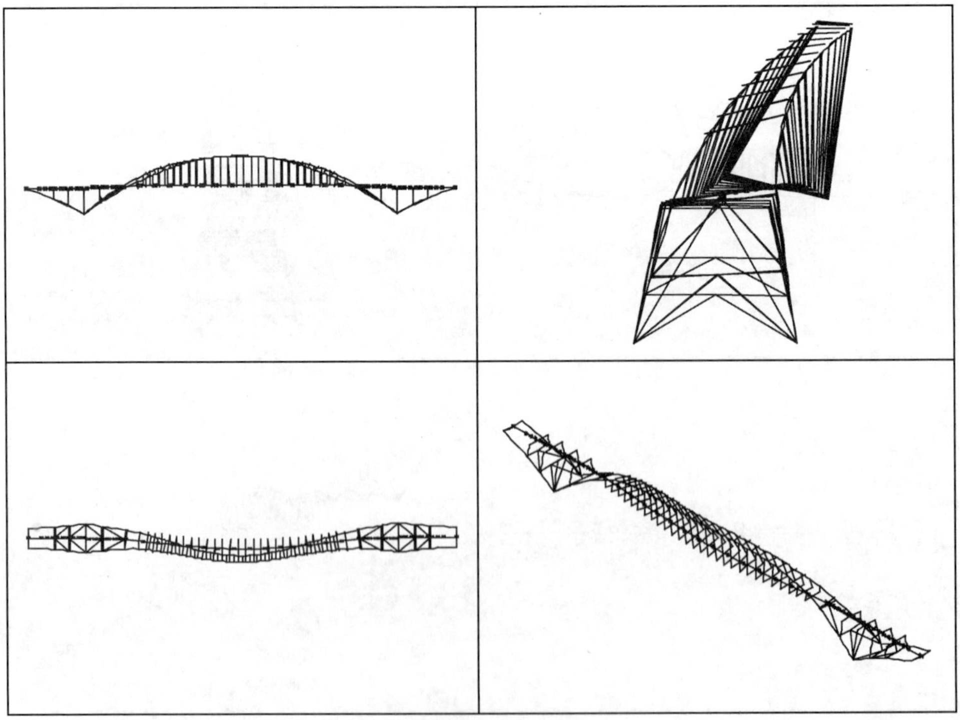

c）一阶正对称侧弯f=0.426Hz

图　9.1-2

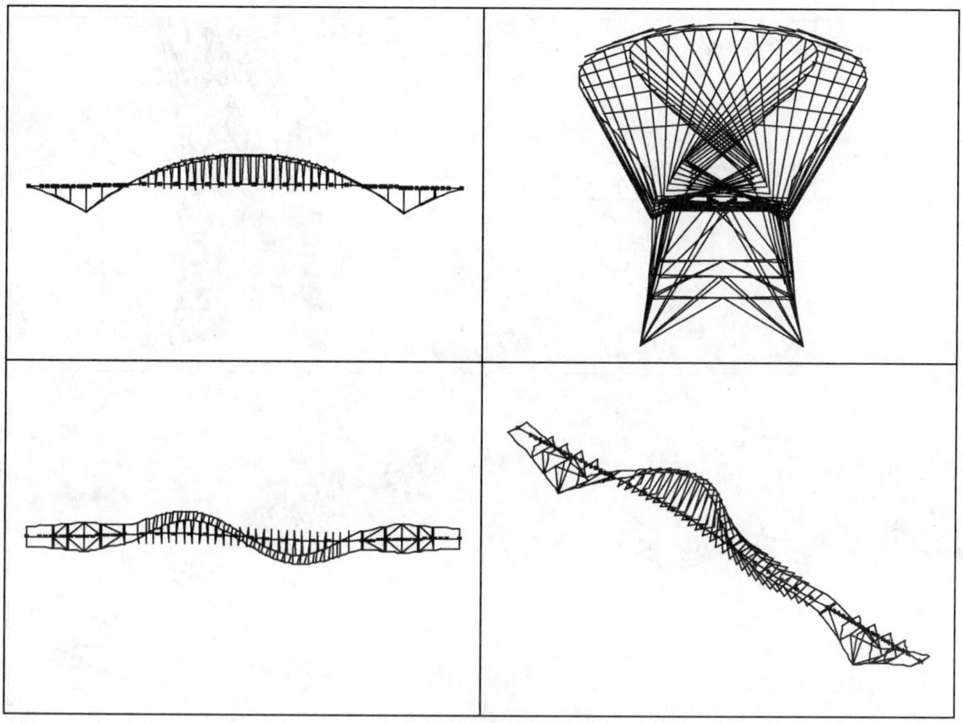

d）一阶反对称侧弯f=0.753Hz

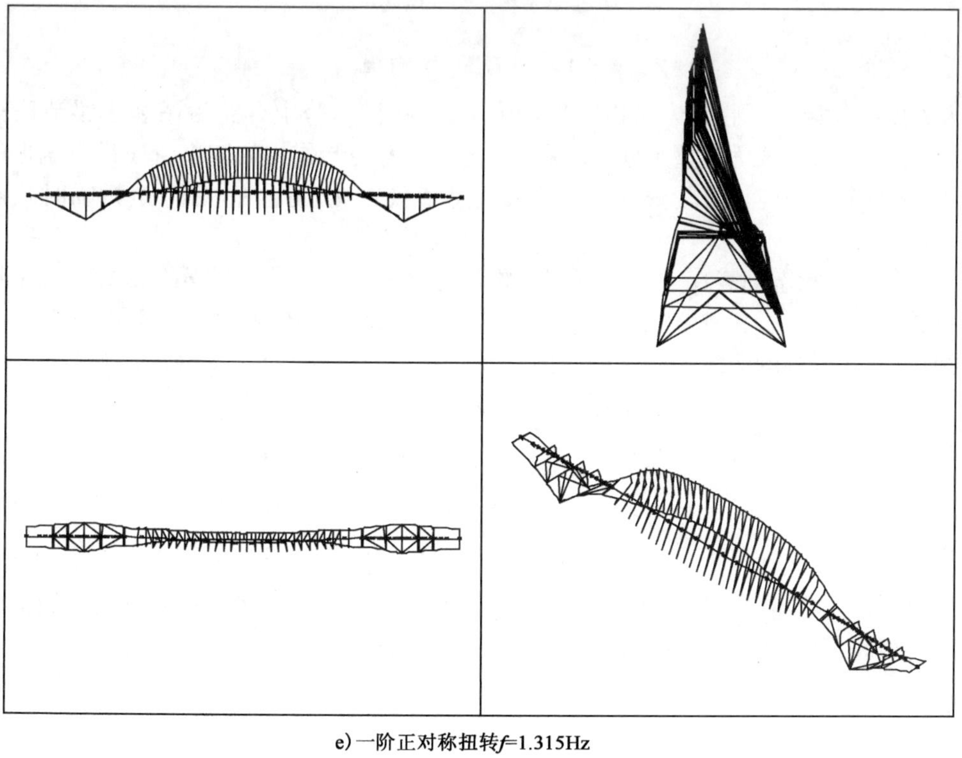

e）一阶正对称扭转f=1.315Hz

图　9.1-2

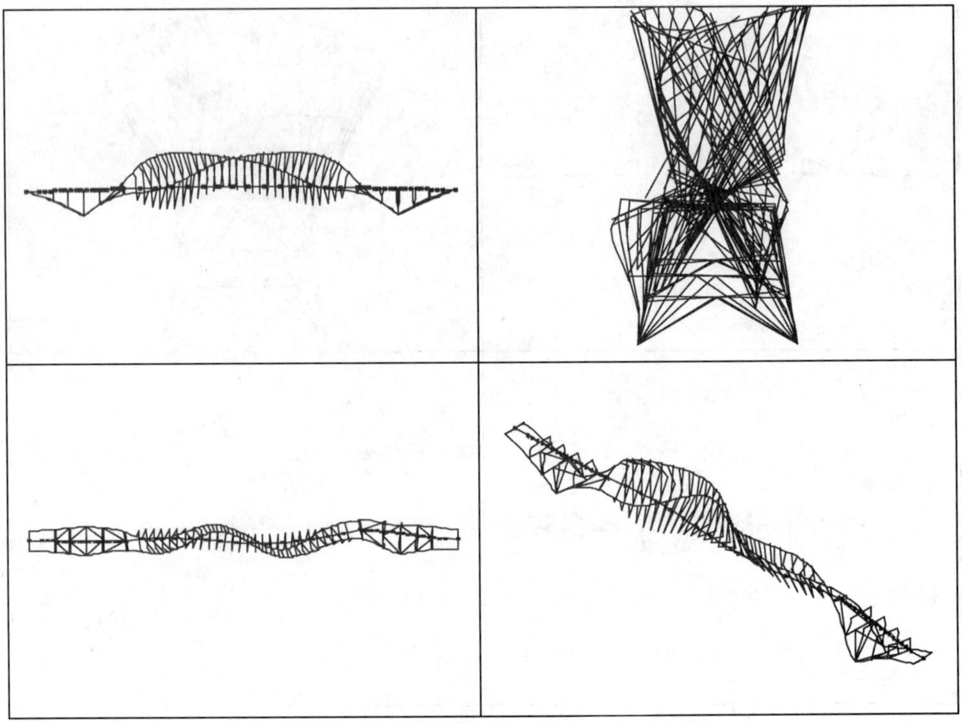

f) 一阶反对称扭转f=1.675Hz

图 9.1-2　拱桥主要固有模态

该大跨度拱桥采用了临时索塔拱肋悬臂施工，并在拱肋跨中合龙后吊装主梁节段完成全桥施工。因此，可以在该桥的整个施工过程中，选取具有控制作用的四个阶段进行涡振等效风荷载计算，这四个控制施工阶段分别是拱肋最大悬臂状态、拱肋合龙状态、全桥临时状态和全桥成桥状态。

拱肋最大悬臂状态的竖弯一阶和侧弯一阶模态等效静力风荷载的分布函数可以采用二次抛物线的形式，竖弯二阶和侧弯二阶模态等效静力风荷载的分布函数可以采用三次抛物线的形式，这种抛物线拟合的曲线与实际分布曲线比较接近，具体的函数表达式如下[1]：

竖弯一阶
$$\alpha_{y1}(x) = 1.0 + 9.02 \times 10^{-3}x + 2.0 \times 10^{-5}x^2 \tag{9.1-5}$$

竖弯二阶
$$\alpha_{y2}(x) = 1.0 + 2.94 \times 10^{-2}x + 1.85 \times 10^{-4}x^2 + 3.35 \times 10^{-7}x^3 \tag{9.1-6}$$

侧弯一阶
$$\alpha_{z1}(x) = 1.0 + 7.77 \times 10^{-3}x + 1.51 \times 10^{-5}x^2 \tag{9.1-7}$$

侧弯二阶
$$\alpha_{z2}(x) = 1.0 + 2.92 \times 10^{-2}x + 1.79 \times 10^{-4}x^2 + 3.11 \times 10^{-7}x^3 \tag{9.1-8}$$

拱肋结构合龙状态及其以后的两个状态的拱肋涡振等效静力风荷载的分布函数都可以考虑采用三角函数，例如：

竖弯一阶
$$\alpha_{y1}(x) = \sin\frac{2\pi x}{L} \tag{9.1-9}$$

竖弯二阶
$$\alpha_{y2}(x) = \cos\frac{3\pi x}{L} \tag{9.1-10}$$

侧弯一阶
$$\alpha_{z1}(x)=\cos\frac{\pi x}{L} \tag{9.1-11}$$

侧弯二阶
$$\alpha_{z2}(x)=\sin\frac{2\pi x}{L} \tag{9.1-12}$$

第二节　涡振模态风荷载计算

涡振模态风荷载模型中的两个重要参数是荷载峰值和分布函数,前者需要在获取结构涡振响应根方差的基础上按照式(9.1-3)和式(9.1-4)计算得到,后者可以直接采用有限元动力特性计算得到的模态(振型)函数或相应的简化数学公式。本节将以前述的大跨度拱桥为背景,介绍涡振模态风荷载的具体计算方法。

一、涡振响应确定

涡激振动是桥梁结构在单一振型下的共振现象,工程结构设计所关心的是结构的峰值响应。涡激振动时,桥梁结构位移响应峰值的确定方法主要有风洞试验和理论计算两种。试验方法主要包括节段模型风洞试验法和全桥模型风洞试验法;理论方法主要是利用涡激力模型通过结构动力学和随机振动理论求解[5]。迄今为止,主要的涡激力计算模型有简谐升力模型、升力振子模型、经验线性模型和经验非线性模型等,但是,上述模型均存在不同程度的缺陷,且涡激力模型中的一些重要参数需要借助风洞试验获得。所以,目前获得涡振幅值响应的理想方法主要还是风洞试验,并且在获得涡振响应幅值及根方差以后,根据第一节所述的惯性荷载方法[式(9.1-3)和式(9.1-4)]计算涡振等效静力风荷载。

风洞试验确定的主要参数有涡激共振响应的根方差和峰值因子。在全桥气弹模型试验中,可直接测量桥梁关键节点,如跨中、四分点等位置各个方向的响应时程,经过简单的统计分析即可得到对应振动模态关键节点的涡振响应峰值和根方差。在此基础上,即可通过峰值响应的最大值 $P_{x,z,\theta}^{\max}$ 和最小值 $P_{x,z,\theta}^{\min}$,以及均方根响应 $\sigma_{P_{x,z,\theta}}$,按式(9.2-1)计算响应峰值因子。涡振响应不同于通常的抖振响应,峰值因子一般都小于2。

$$g_{W_{x,z,\theta}}=\frac{|P_{x,z,\theta}^{\max}-P_{x,z,\theta}^{\min}|/2}{\sigma_{P_{x,z,\theta}}} \tag{9.2-1}$$

图9.2-1展示了通过全桥气弹模型风洞试验测试得到的,大跨度中承式拱桥全桥成桥状态各个风攻角下拱肋跨中、四分点和主梁跨中、四分点的竖向位移、侧向位移的峰值响应。在均匀流场中,风洞来流中的紊流影响一般可以忽略,引起气弹模型振动的主要因素是尾流激励,因此振动响应一般用最大值 $R_{\max}$ 或最小值 $R_{\min}$ 响应记录,即峰值响应来描述,且[1]:

$$R_{\mathrm{e}}=\frac{1}{2}(R_{\max}-R_{\min}) \tag{9.2-2}$$

从图9.2-1中可以看出,拱肋在-3°攻角下易于发生涡激共振,且涡振风速低于拱顶高度的设计基准风速29m/s。对应于全桥成桥状态均匀流场0°攻角时的各阶振动模态位移响应均方根值随风速的变化如图9.2-2所示[1]。

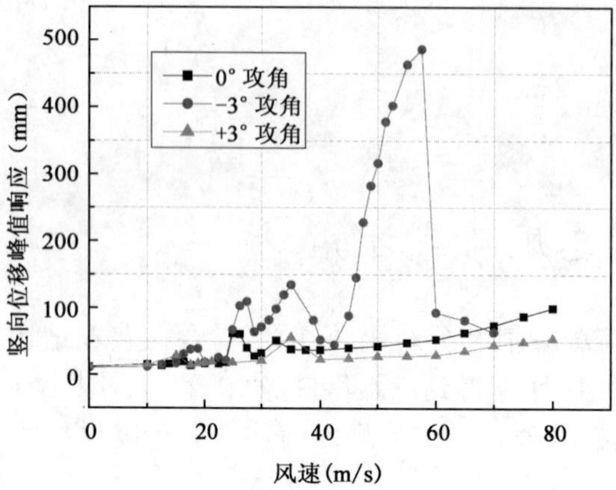

a) 拱顶竖向位移

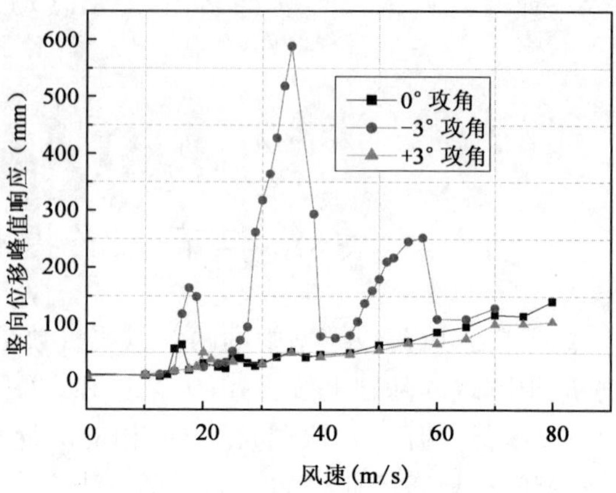

b) 拱四分点竖向位移

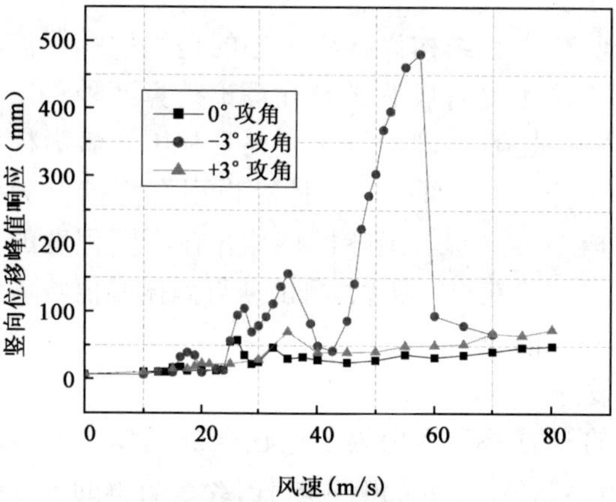

c) 梁跨中竖向位移

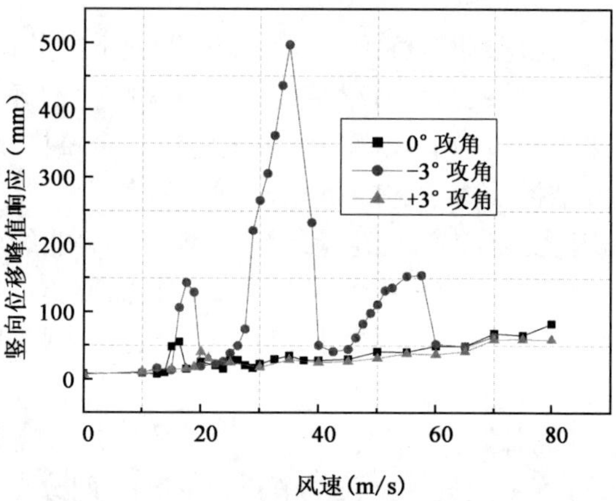

d) 梁四分点竖向位移

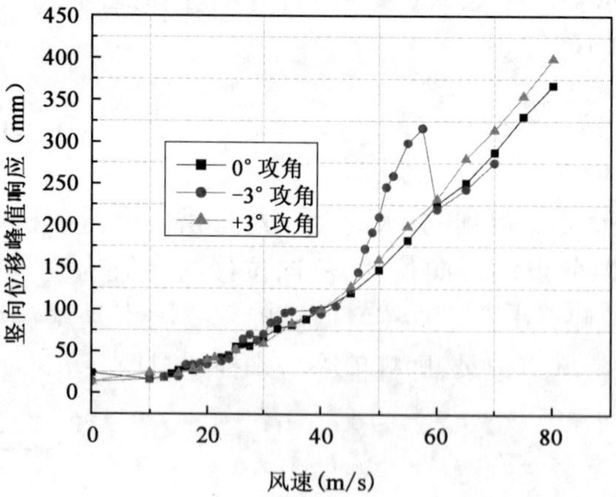

e) 拱跨中侧向位移

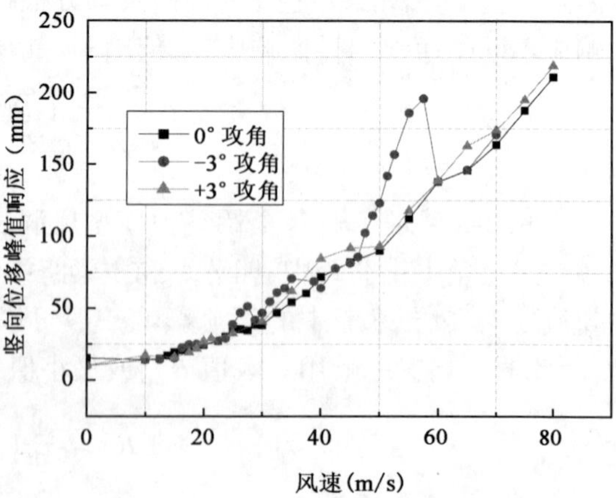

f) 拱四分点侧向位移

图 9.2-1

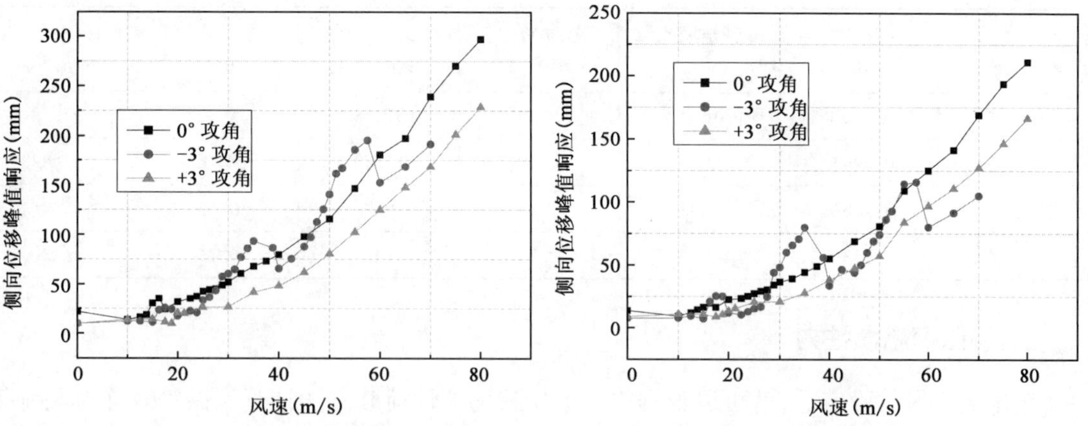

g)梁跨中侧向位移　　h)梁四分点侧向位移

图 9.2-1　不同攻角全桥成桥状态结构位移峰值响应

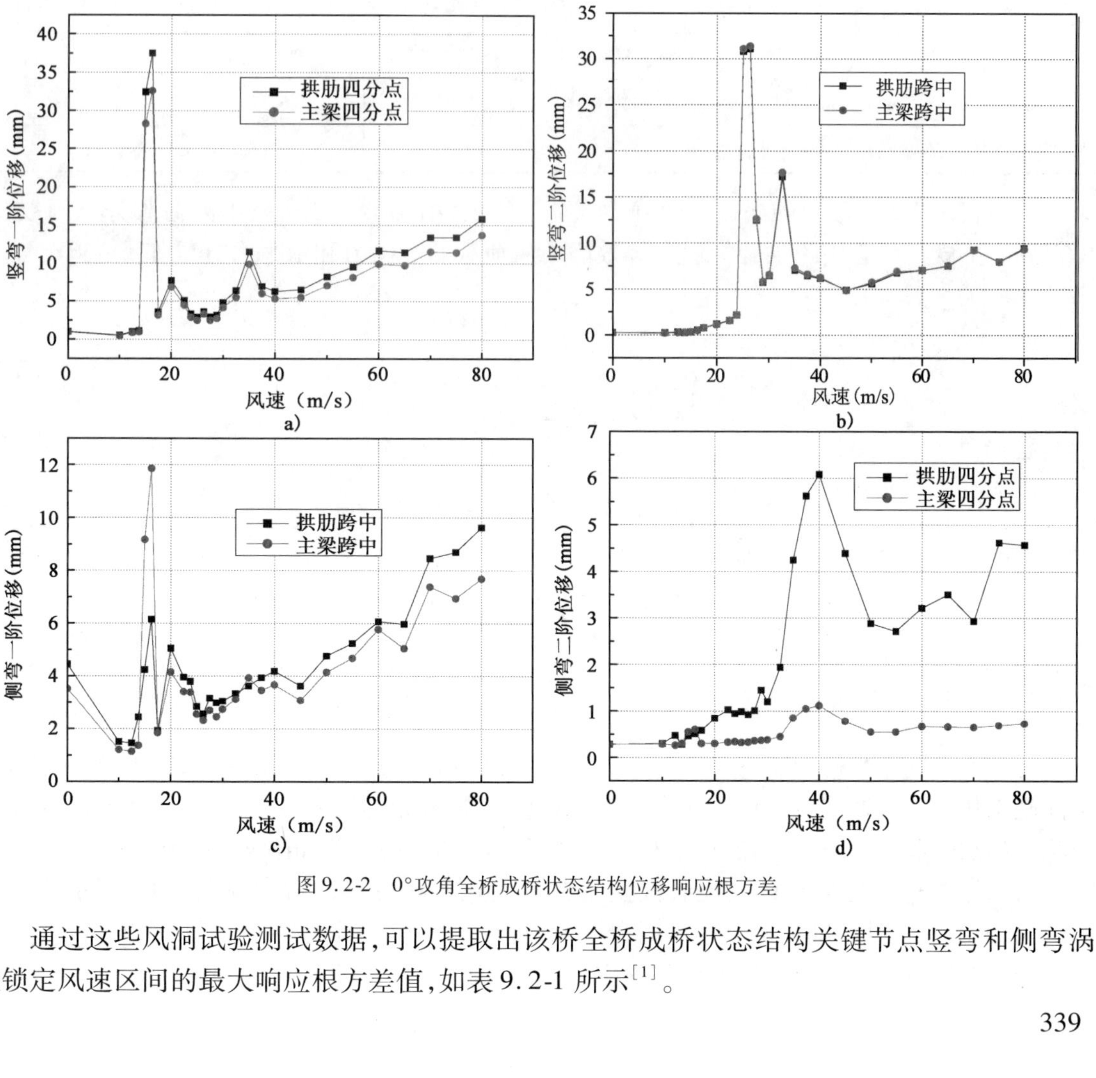

图 9.2-2　0°攻角全桥成桥状态结构位移响应根方差

通过这些风洞试验测试数据,可以提取出该桥全桥成桥状态结构关键节点竖弯和侧弯涡振锁定风速区间的最大响应根方差值,如表 9.2-1 所示[1]。

拱肋和主梁的跨中与四分点最大涡振响应根方差　　表 9.2-1

振　型	频率 (Hz)	锁定风速 (m/s)	拱肋跨中 ($\times10^{-3}$m)	拱肋四分点 ($\times10^{-3}$m)	主梁跨中 ($\times10^{-3}$m)	主梁四分点 ($\times10^{-3}$m)
竖弯一阶	0.372 1	16.3	5.30	37.48	5.30	37.48
竖弯二阶	0.594 9	26.3	31.05	13.89	31.05	13.89
侧弯一阶	0.425 7	16.3	6.15	2.76	6.15	2.76
侧弯二阶	0.753 3	40.0	0.73	6.08	0.73	6.08

二、涡振模态惯性力

涡振响应风值确定后，就可以根据第一节所述的惯性荷载方法计算涡振等效静力风荷载。根据表 9.2-1 中的位移风洞试验结果，可以计算得到该拱桥全桥成桥状态拱肋构件的各个模态涡振等效静力风荷载的峰值，如表 9.2-2 所示[1]。

全桥成桥状态涡振模态风荷载最大值　　表 9.2-2

位 移 和 荷 载	竖 向 分 量		侧 向 分 量	
	竖弯一阶	竖弯二阶	侧弯一阶	侧弯二阶
涡振最大位移($\times10^{-3}$m)	37.48	31.05	6.15	6.08
涡振模态风荷载峰值(kN/m)	3.02	6.38	0.65	2.01

按照表 9.2-2 中确定的涡振等效静力风荷载峰值，结合第一节所提出的荷载分布函数，即可得到全桥成桥状态中跨拱肋的涡振等效静力风荷载的竖向力和水平力分量如下：

竖向力
$$\widetilde{W}_y = \pm\begin{cases}3.02\sin\dfrac{2\pi x}{L} & U_c = 16.3\text{m/s}\\[2ex] 6.38\cos\dfrac{3\pi x}{L} & U_c = 26.3\text{m/s}\end{cases} \tag{9.2-3}$$

水平力
$$\widetilde{W}_z = \pm\begin{cases}0.65\cos\dfrac{\pi x}{L} & U_c = 16.3\text{m/s}\\[2ex] 2.01\sin\dfrac{2\pi x}{L} & U_c = 40.0\text{m/s}\end{cases} \tag{9.2-4}$$

三、涡振模态风荷载比较

为了比较同一拱桥的成桥状态和不同施工阶段涡振模态风荷载的差异，需要先确定拱桥不同施工状态的涡振响应位移。该拱桥最大悬臂状态、拱肋合龙状态、全桥临时状态和全桥成桥状态的拱肋和主梁，在均匀流场中 0°攻角下的位移响应根方差如图 9.2-3 所示。

从图 9.2-3 中的结果可以看到，该拱桥在最大悬臂状态、拱肋合龙状态和全桥成桥状态中，当风速低于设计基准风速 29m/s 时，均会出现较大振幅的涡激共振，由此可以提取出各种状态的涡振锁定风速及涡振最大位移响应根方差，如表 9.2-3 所示。

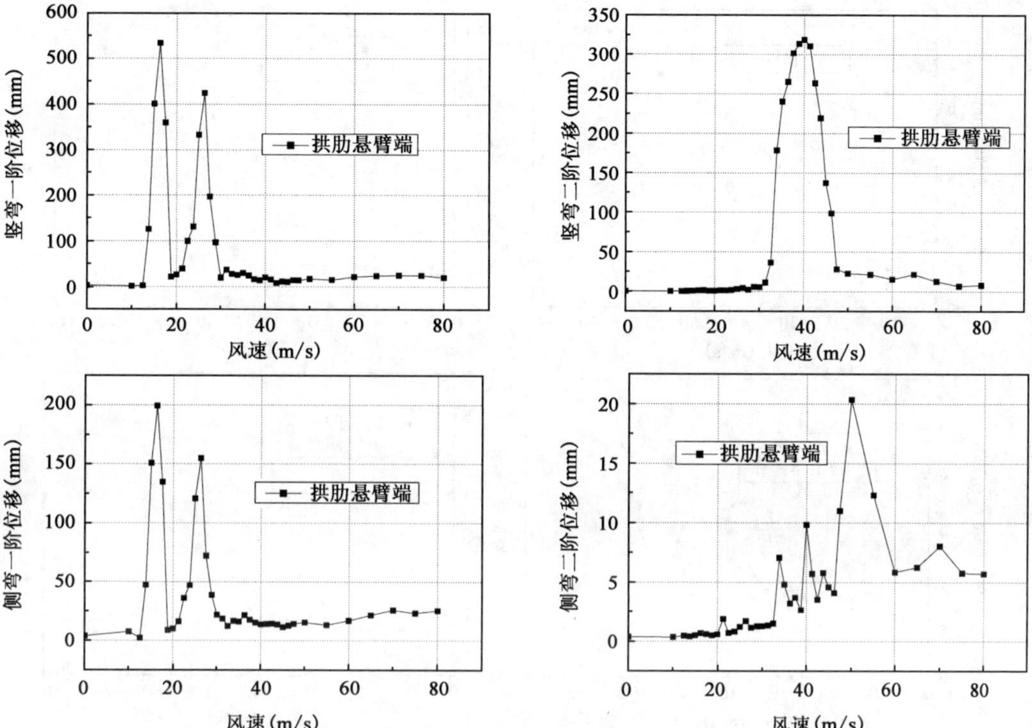

a)最大悬臂状态

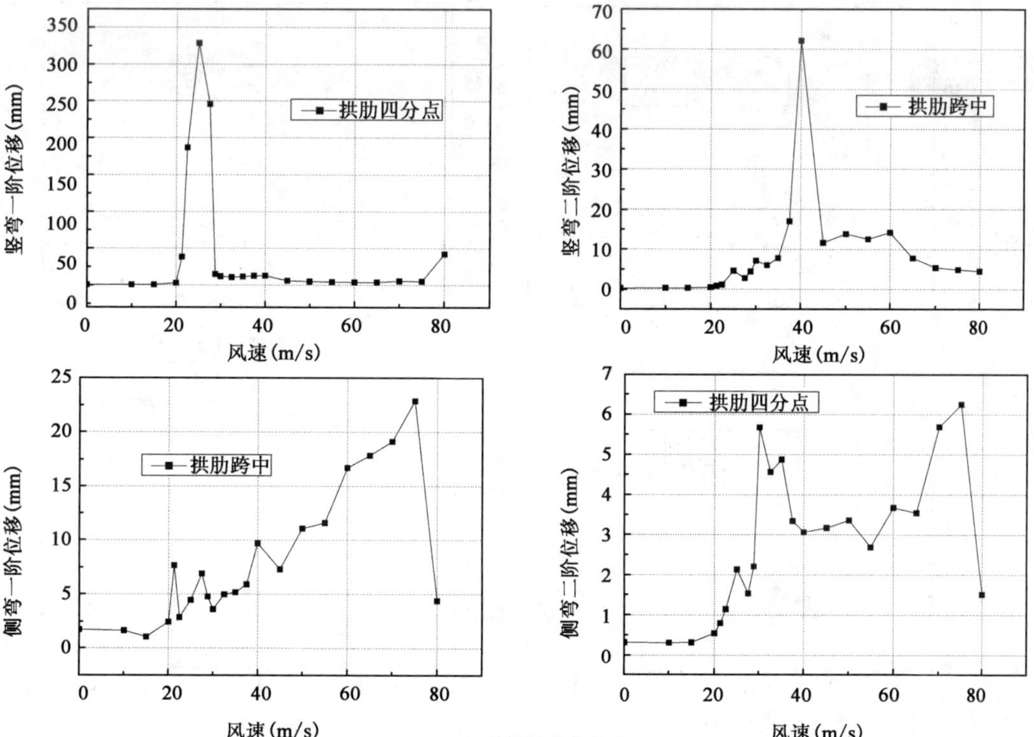

b)拱肋合龙状态

图　9.2-3

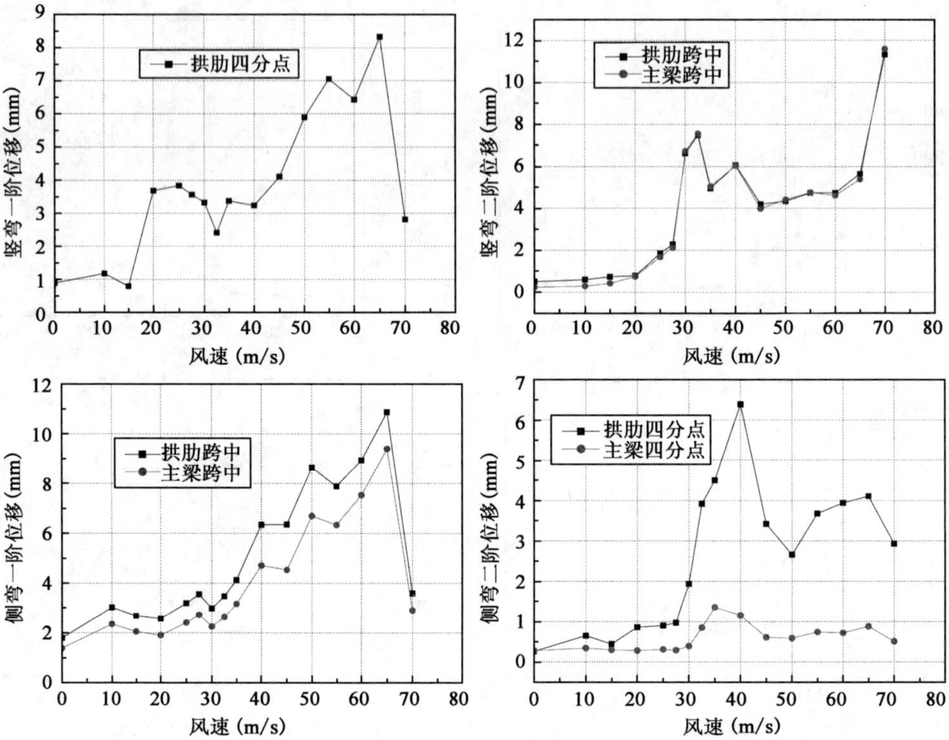

c) 全桥临时状态

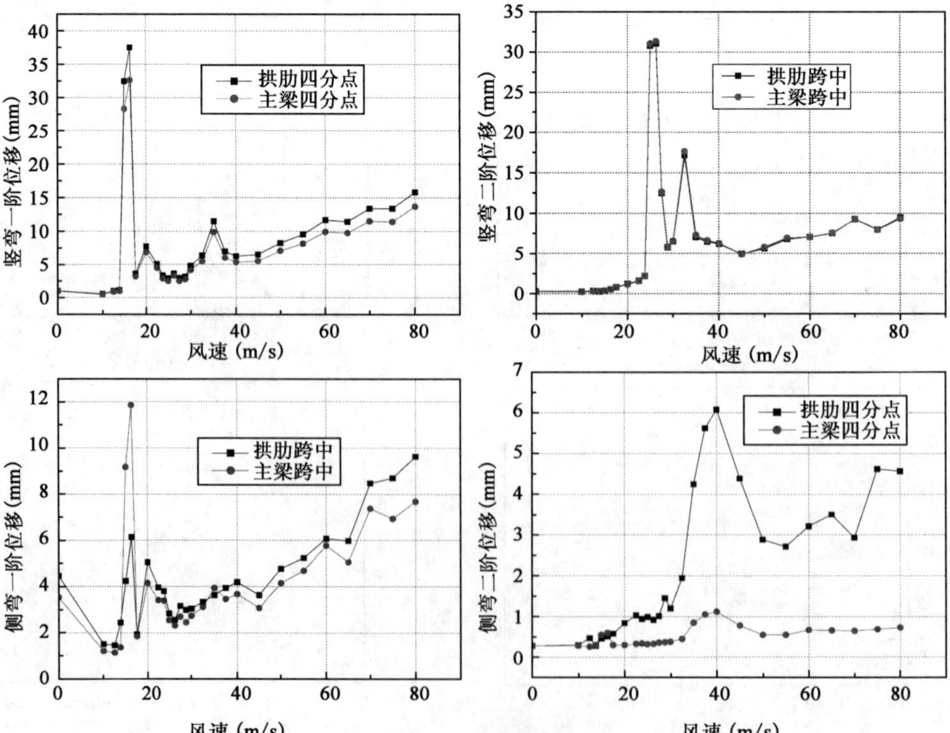

d) 全桥成桥状态

图 9.2-3　各种施工状态下拱肋和主梁位移响应根方差

各结构状态下拱梁跨中和四分点最大涡振位移响应根方差　　表 9.2-3

结构状态	振型	频率(Hz)	锁定风速(m/s)	拱肋跨中($\times10^{-3}$m)	拱肋四分点($\times10^{-3}$m)	主梁跨中($\times10^{-3}$m)	主梁四分点($\times10^{-3}$m)
最大悬臂	竖弯一阶	0.392 7	16.3	533.96	136.13	—	—
	竖弯二阶	0.883 2	40.0	318.81	256.64	—	—
	侧弯一阶	0.408 1	16.3	199.47	11.48	—	—
	侧弯二阶	0.933 3	33.8	7.06	2.05	—	—
拱肋合龙	竖弯一阶	0.679 0	25.0	32.40	328.78	—	—
	竖弯二阶	0.928 9	40.0	62.12	26.73	—	—
	侧弯一阶	0.440 9	40.0	9.70	4.80	—	—
	侧弯二阶	0.747 2	30.0	0.56	5.68	—	—
全桥临时	竖弯一阶	0.500 2	25.0	0.62	3.84	0.54	—
	竖弯二阶	0.640 0	32.5	7.49	3.16	7.56	—
	侧弯一阶	0.419 7	27.5	3.55	2.01	2.72	1.91
	侧弯二阶	0.737 3	40.0	1.26	6.39	0.43	1.15
全桥成桥	竖弯一阶	0.372 1	16.3	5.30	37.48	4.59	32.59
	竖弯二阶	0.594 9	26.3	31.05	13.89	31.35	10.14
	侧弯一阶	0.425 7	16.3	6.15	2.76	11.85	4.22
	侧弯二阶	0.753 3	40.0	0.73	6.08	0.56	1.12

根据表 9.2-3 中的涡振最大位移响应根方差，可以计算得到该拱桥各种状态下相应模态涡振等效静力风荷载的峰值，如表 9.2-4 所示。可以看到，施工阶段因结构刚度较小，涡振响应较大，其涡振模态风荷载也比成桥状态更大。

各个结构状态涡振模态风荷载最大值　　表 9.2-4

结构状态	位移和荷载	竖向分量		侧向分量	
		竖弯一阶	竖弯二阶	侧弯一阶	侧弯二阶
最大悬臂	涡振最大位移($\times10^{-3}$m)	533.96	318.81	199.47	7.06
	等效静风荷载最大值(kN/m)	47.84	144.49	19.30	3.57
拱肋合龙	涡振最大位移($\times10^{-3}$m)	328.78	62.12	9.70	5.68
	等效静风荷载最大值(kN/m)	88.08	31.14	0.082	1.84
全桥临时	涡振最大位移($\times10^{-3}$m)	3.84	7.49	3.55	6.39
	等效静风荷载最大值(kN/m)	0.56	1.78	0.36	2.02
全桥成桥	涡振最大位移($\times10^{-3}$m)	37.48	31.05	6.15	6.08
	等效静风荷载最大值(kN/m)	3.02	6.38	0.65	2.01

涡振模态风荷载峰值确定后，结合第一节所提出的荷载分布函数，即可得到各个施工状态下拱肋的涡振等效静力风荷载的竖向分量和水平分量[1]。

1. 最大悬臂状态

竖向力

$$W_y = \pm\begin{cases}47.84\times(1.0+9.02\times10^{-3}x+2.0\times10^{-5}x^2) & U_c=16.3\text{m/s}\\144.49\times(1.0+2.94\times10^{-2}x+1.85\times10^{-4}x^2+3.35\times10^{-7}x^3) & U_c=40\text{m/s}\end{cases}\tag{9.2-5}$$

水平力

$$W_z = \pm\begin{cases}19.30\times(1.0+7.77\times10^{-3}x+1.51\times10^{-5}x^2) & U_c=16.3\text{m/s}\\3.57\times(1.0+2.92\times10^{-2}x+1.79\times10^{-4}x^2+3.11\times10^{-7}x^3) & U_c=33.8\text{m/s}\end{cases}\tag{9.2-6}$$

2. 拱肋合龙状态

竖向力
$$W_y = \pm\begin{cases}88.08\sin\dfrac{2\pi x}{L} & U_c=25.0\text{m/s}\\31.14\cos\dfrac{3\pi x}{L} & U_c=40.0\text{m/s}\end{cases}\tag{9.2-7}$$

水平力
$$W_z = \pm\begin{cases}0.082\cos\dfrac{\pi x}{L} & U_c=40.0\text{m/s}\\1.84\sin\dfrac{2\pi x}{L} & U_c=30.0\text{m/s}\end{cases}\tag{9.2-8}$$

3. 全桥临时状态

竖向力
$$W_y = \pm\begin{cases}0.56\sin\dfrac{2\pi x}{L} & U_c=16.3\text{m/s}\\1.78\cos\dfrac{3\pi x}{L} & U_c=26.3\text{m/s}\end{cases}\tag{9.2-9}$$

水平力
$$W_z = \pm\begin{cases}0.36\cos\dfrac{\pi x}{L} & U_c=16.3\text{m/s}\\2.02\sin\dfrac{2\pi x}{L} & U_c=40.0\text{m/s}\end{cases}\tag{9.2-10}$$

4. 全桥成桥状态

竖向力
$$W_y = \pm\begin{cases}3.02\sin\dfrac{2\pi x}{L} & U_c=16.3\text{m/s}\\6.38\cos\dfrac{3\pi x}{L} & U_c=26.3\text{m/s}\end{cases}\tag{9.2-11}$$

水平力
$$W_z = \pm\begin{cases}0.65\cos\dfrac{\pi x}{L} & U_c=16.3\text{m/s}\\2.01\sin\dfrac{2\pi x}{L} & U_c=40.0\text{m/s}\end{cases}\tag{9.2-12}$$

四、抖振和涡振等效风荷载比较

由于桥梁发生涡激共振的锁定风速区间之外，其风振响应以大气边界层中自然风脉动分量引起的抖振为主导，有必要在确定结构风振等效静力风荷载时综合考虑涡振响应和抖振响应引起的等效风荷载。本小节将对前述拱桥的涡振等效静力风荷载（涡振模态风荷载）和抖振等效静力风荷载（抖振响应模态风荷载）进行对比。需要指出的是，抖振等效静力风荷载除了包含共振响应外，还计入了背景响应的影响[1~4]。

通过全桥气弹模型风洞试验可以确定涡振响应的最大根方差值和抖振响应的最大根方差值，四种施工状态的结果比较见表9.2-5～表9.2-8[1]。

最大悬臂状态拱肋跨中和四分点位移根方差　　表9.2-5

振　型	频率（Hz）	参考风速种类	风速（m/s）	拱跨中（$\times10^{-3}$m）	拱四分点（$\times10^{-3}$m）
竖弯一阶	3.927	涡振锁定风速	16.3	533.96	136.13
			26.3	424.48	108.85
		设计基准风速	43.0	44.53	13.03
竖弯二阶	8.832	涡振锁定风速	17.5	1.60	0.61
			26.3	4.40	1.82
			40.0	318.81	256.64
		设计基准风速	43.0	36.50	30.40
侧弯一阶	4.081	涡振锁定风速	16.3	199.47	11.48
			26.3	154.70	11.36
		设计基准风速	43.0	37.39	12.08
侧弯二阶	9.333	涡振锁定风速	21.3	1.89	0.53
			33.8	7.06	2.05
		设计基准风速	43.0	4.13	3.61

拱肋合龙状态拱肋跨中和四分点位移根方差　　表9.2-6

振　型	频率（Hz）	参考风速种类	风速（m/s）	拱跨中（$\times10^{-3}$m）	四分点（$\times10^{-3}$m）
竖弯一阶	6.790 4	涡振锁定风速	25.0	32.40	328.78
		设计基准风速	43.0	2.03	16.48
竖弯二阶	9.289 5	涡振锁定风速	40.0	62.12	26.73
		设计基准风速	43.0	17.93	7.61
侧弯一阶	4.409 8	涡振锁定风速	27.5	6.90	3.33
			40.0	9.70	4.80
		设计基准风速	43.0	16.48	7.97
侧弯二阶	7.472 5	涡振锁定风速	30.0	0.56	5.68
		设计基准风速	43.0	0.94	6.30

全桥临时状态拱梁跨中和四分点位移根方差　　表 9.2-7

振　型	频率（Hz）	参考风速种类	风速（m/s）	拱跨中（$\times10^{-3}$m）	拱四分点（$\times10^{-3}$m）	梁跨中（$\times10^{-3}$m）	梁四分点（$\times10^{-3}$m）
竖弯一阶	5.002	涡振锁定风速	25.0	0.62	3.84	0.54	—
		设计基准风速	43.0	2.26	14.01	2.13	—
竖弯二阶	6.400	涡振锁定风速	32.5	7.49	3.16	7.56	—
		设计基准风速	43.0	5.69	3.72	10.51	—
侧弯一阶	4.196 8	涡振锁定风速	27.5	3.55	2.01	2.72	1.91
		设计基准风速	43.0	10.69	6.29	8.77	5.93
侧弯二阶	7.372 5	涡振锁定风速	40.0	1.26	6.39	0.43	1.15
		设计基准风速	43.0	1.58	5.33	0.59	0.69

全桥成桥状态拱梁跨中和四分点位移根方差　　表 9.2-8

振　型	频率（Hz）	参考风速	风速（m/s）	拱跨中（$\times10^{-3}$m）	拱四分点（$\times10^{-3}$m）	梁跨中（$\times10^{-3}$m）	梁四分点（$\times10^{-3}$m）
竖弯一阶	0.372 1	涡振锁定风速	16.3	5.30	37.48	4.59	32.59
			35.0	1.52	11.48	1.57	9.85
		设计基准风速	43.0	7.94	29.29	8.92	24.85
竖弯二阶	0.594 9	涡振锁定风速	26.3	31.05	13.89	31.35	10.14
			32.5	17.19	7.90	17.66	5.75
		设计基准风速	43.0	10.63	4.30	12.28	3.74
侧弯一阶	0.425 7	涡振锁定风速	16.3	6.15	2.76	11.85	4.22
			40.0	4.19	2.23	3.67	2.30
		设计基准风速	43.0	13.51	6.82	12.60	9.17
侧弯二阶	0.753 3	涡振锁定风速	22.5	0.50	1.03	0.30	0.33
			40.0	0.73	6.08	0.56	1.12
		设计基准风速	43.0	1.12	6.09	0.91	1.20

计算对应于最大悬臂状态、拱肋合龙状态、全桥临时状态和全桥成桥状态的结构涡振最大位移响应的惯性力作为涡振等效风荷载，设计基准风速下的抖振最大位移响应的惯性力作为抖振等效风荷载，两者对比见表 9.2-9 ~ 表 9.2-12[1]。

最大悬臂状态涡振和抖振等效风荷载峰值　　表 9.2-9

位移和风荷载	竖 向 分 量		侧 向 分 量	
	竖弯一阶	竖弯二阶	侧弯一阶	侧弯二阶
涡振最大位移（$\times10^{-3}$m）	533.96	318.81	199.47	7.06
涡振模态风荷载峰值（kN/m）	47.84	144.49	19.30	3.57
抖振最大位移（$\times10^{-3}$m）	44.53	36.50	37.39	4.13
抖振模态风荷载峰值（kN/m）	9.02	37.43	9.46	5.47

拱肋合龙状态涡振和抖振等效风荷载峰值　　表 9.2-10

位移和风荷载	竖向分量		侧向分量	
	竖弯一阶	竖弯二阶	侧弯一阶	侧弯二阶
涡振最大位移($\times 10^{-3}$m)	328.78	62.12	9.70	5.68
涡振模态风荷载峰值(kN/m)	88.08	31.14	0.082	1.84
抖振最大位移($\times 10^{-3}$m)	16.48	17.93	16.48	6.30
抖振模态风荷载峰值(kN/m)	11.55	23.52	4.87	5.35

全桥临时状态涡振和抖振等效风荷载峰值　　表 9.2-11

位移和风荷载	竖向分量		侧向分量	
	竖弯一阶	竖弯二阶	侧弯一阶	侧弯二阶
涡振最大位移($\times 10^{-3}$m)	3.84	7.49	3.55	6.39
涡振模态风荷载峰值(kN/m)	0.56	1.78	0.36	2.02
抖振最大位移($\times 10^{-3}$m)	14.01	5.69	10.69	5.33
抖振模态风荷载峰值(kN/m)	5.47	3.64	2.78	4.29

全桥成桥状态涡振和抖振等效风荷载峰值　　表 9.2-12

位移和风荷载	竖向分量		侧向分量	
	竖弯一阶	竖弯二阶	侧弯一阶	侧弯二阶
涡振最大位移($\times 10^{-3}$m)	37.48	31.05	6.15	6.08
涡振模态风荷载峰值(kN/m)	3.02	6.38	0.65	2.01
抖振最大位移($\times 10^{-3}$m)	29.29	10.63	13.51	6.09
抖振模态风荷载峰值(kN/m)	6.33	5.87	3.42	4.82

1. 最大悬臂状态

1)涡振模态风荷载

(1)升力分量荷载:

一阶　$$W_{DV1} = 47.84 \times (1.05 + 9.47 \times 10^{-3}x + 2.11 \times 10^{-5}x^2)\text{kN/m} \tag{9.2-13}$$

二阶　$$W_{DV2} = 144.49 \times (1.29 + 3.79 \times 10^{-2}x + 2.39 \times 10^{-4}x^2 + 4.32 \times 10^{-7}x^3)\text{kN/m} \tag{9.2-14}$$

(2)阻力分量荷载:

一阶　$$W_{DH1} = 19.30 \times (1.05 + 8.16 \times 10^{-3}x + 1.59 \times 10^{-5}x^2)\text{kN/m} \tag{9.2-15}$$

二阶　$$W_{DH2} = 3.57 \times (1.31 + 3.83 \times 10^{-2}x + 2.35 \times 10^{-4}x^2 + 4.08 \times 10^{-7}x^3)\text{kN/m} \tag{9.2-16}$$

2)抖振模态风荷载

(1)升力分量荷载:

一阶　$$W_{DV1} = 9.02 \times (1.05 + 9.47 \times 10^{-3}x + 2.11 \times 10^{-5}x^2)\text{kN/m} \tag{9.2-17}$$

二阶　$$W_{DV2} = 37.43 \times (1.29 + 3.79 \times 10^{-2}x + 2.39 \times 10^{-4}x^2 + 4.32 \times 10^{-7}x^3)\text{kN/m} \tag{9.2-18}$$

(2)阻力分量荷载：

一阶 $$W_{DH1}=9.46\times(1.05+8.16\times10^{-3}x+1.59\times10^{-5}x^2)\text{kN/m} \tag{9.2-19}$$

二阶 $$W_{DH2}=5.47\times(1.31+3.83\times10^{-2}x+2.35\times10^{-4}x^2+4.08\times10^{-7}x^3)\text{kN/m} \tag{9.2-20}$$

2. 拱肋合龙状态

1)涡振模态风荷载

(1)升力分量荷载：

一阶 $$W_{DV1}=f_{z1}\cdot\omega^2\cdot m\cdot\sin\frac{2\pi x}{L}=88.08\sin\frac{2\pi x}{L}\text{kN/m} \tag{9.2-21}$$

二阶 $$W_{DV2}=f_{z2}\cdot\omega^2\cdot m\cdot\cos\frac{3\pi x}{L}=31.14\cos\frac{3\pi x}{L}\text{kN/m} \tag{9.2-22}$$

(2)阻力分量荷载：

一阶 $$W_{DH1}=f_{y1}\cdot\omega^2\cdot m\cdot\cos\frac{\pi x}{L}=0.082\cos\frac{\pi x}{L}\text{kN/m} \tag{9.2-23}$$

二阶 $$W_{DH2}=f_{y2}\cdot\omega^2\cdot m\cdot\sin\frac{2\pi x}{L}=1.84\sin\frac{2\pi x}{L}\text{kN/m} \tag{9.2-24}$$

2)抖振模态风荷载

(1)升力分量荷载：

一阶 $$W_{DV1}=f_{z1}\cdot\omega^2\cdot m\cdot\sin\frac{2\pi x}{L}=11.55\sin\frac{2\pi x}{L}\text{kN/m} \tag{9.2-25}$$

二阶 $$W_{DV2}=f_{z2}\cdot\omega^2\cdot m\cdot\cos\frac{3\pi x}{L}=23.52\cos\frac{3\pi x}{L}\text{kN/m} \tag{9.2-26}$$

(2)阻力分量荷载：

一阶 $$W_{DH1}=f_{y1}\cdot\omega^2\cdot m\cdot\cos\frac{\pi x}{L}=4.87\cos\frac{\pi x}{L}\text{kN/m} \tag{9.2-27}$$

二阶 $$W_{DH2}=f_{y2}\cdot\omega^2\cdot m\cdot\sin\frac{2\pi x}{L}=5.35\sin\frac{2\pi x}{L}\text{kN/m} \tag{9.2-28}$$

3. 全桥临时状态

1)涡振模态风荷载

(1)升力分量荷载：

一阶 $$W_{DV1}=f_{z1}\cdot\omega^2\cdot m\cdot\sin\frac{2\pi x}{L}=0.56\sin\frac{2\pi x}{L}\text{kN/m} \tag{9.2-29}$$

二阶 $$W_{DV2}=f_{z2}\cdot\omega^2\cdot m\cdot\cos\frac{3\pi x}{L}=1.78\cos\frac{3\pi x}{L}\text{kN/m} \tag{9.2-30}$$

(2)阻力分量荷载：

一阶 $$W_{DH1}=f_{y1}\cdot\omega^2\cdot m\cdot\cos\frac{\pi x}{L}=0.36\cos\frac{\pi x}{L}\text{kN/m} \tag{9.2-31}$$

二阶 $$W_{DH2}=f_{y2}\cdot\omega^2\cdot m\cdot\sin\frac{2\pi x}{L}=2.02\sin\frac{2\pi x}{L}\text{kN/m} \tag{9.2-32}$$

2)抖振模态风荷载

(1)升力分量荷载:

一阶 $$W_{DV1}=f_{z1}\cdot\omega^2\cdot m\cdot\sin\frac{2\pi x}{L}=5.47\sin\frac{2\pi x}{L}\text{kN/m}\tag{9.2-33}$$

二阶 $$W_{DV2}=f_{z2}\cdot\omega^2\cdot m\cdot\cos\frac{3\pi x}{L}=3.64\cos\frac{3\pi x}{L}\text{kN/m}\tag{9.2-34}$$

(2)阻力分量荷载:

一阶 $$W_{DH1}=f_{y1}\cdot\omega^2\cdot m\cdot\cos\frac{\pi x}{L}=2.78\cos\frac{\pi x}{L}\text{kN/m}\tag{9.2-35}$$

二阶 $$W_{DH2}=f_{y2}\cdot\omega^2\cdot m\cdot\sin\frac{2\pi x}{L}=4.29\sin\frac{2\pi x}{L}\text{kN/m}\tag{9.2-36}$$

4. 全桥成桥状态

1)涡振模态风荷载

(1)升力分量荷载:

一阶 $$W_{DV1}=f_{z1}\cdot\omega^2\cdot m\cdot\sin\frac{2\pi x}{L}=3.02\sin\frac{2\pi x}{L}\text{kN/m}\tag{9.2-37}$$

二阶 $$W_{DV2}=f_{z2}\cdot\omega^2\cdot m\cdot\cos\frac{3\pi x}{L}=6.38\cos\frac{3\pi x}{L}\text{kN/m}\tag{9.2-38}$$

(2)阻力分量荷载

一阶 $$W_{DH1}=f_{y1}\cdot\omega^2\cdot m\cdot\cos\frac{\pi x}{L}=0.65\cos\frac{\pi x}{L}\text{kN/m}\tag{9.2-39}$$

二阶 $$W_{DH2}=f_{y2}\cdot\omega^2\cdot m\cdot\sin\frac{2\pi x}{L}=2.01\sin\frac{2\pi x}{L}\text{kN/m}\tag{9.2-40}$$

2)抖振模态风荷载

(1)升力分量荷载:

一阶 $$W_{DV1}=f_{z1}\cdot\omega^2\cdot m\cdot\sin\frac{2\pi x}{L}=6.33\sin\frac{2\pi x}{L}\text{kN/m}\tag{9.2-41}$$

二阶 $$W_{DV2}=f_{z2}\cdot\omega^2\cdot m\cdot\cos\frac{3\pi x}{L}=5.87\cos\frac{3\pi x}{L}\text{kN/m}\tag{9.2-42}$$

(2)阻力分量荷载:

一阶 $$W_{DH1}=f_{y1}\cdot\omega^2\cdot m\cdot\cos\frac{\pi x}{L}=3.42\cos\frac{\pi x}{L}\text{kN/m}\tag{9.2-43}$$

二阶 $$W_{DH2}=f_{y2}\cdot\omega^2\cdot m\cdot\sin\frac{2\pi x}{L}=4.82\sin\frac{2\pi x}{L}\text{kN/m}\tag{9.2-44}$$

以上各式中,L 为跨径,$L=550\text{m}$,x 坐标以拱肋跨中点为原点。

通过上述比较可以发现,除全桥临时状态外,该拱桥的各个结构状态都是涡振模态风荷载大于相应的抖振模态风荷载,所以,对于气动外形较为钝化、易于发生涡激共振的结构,应该充分考虑施工阶段和成桥状态的涡振等效静力风荷载的不利影响,最不利等效静力风荷载并不一定都由抖振等效静力风荷载控制。

以上比较的是涡振模态风荷载和对应于共振响应部分的抖振模态风荷载,抖振等效静力风荷载还应包含对应背景响应部分的等效静力风荷载。根据全桥模型试验测试得到的结构位移响应，通过傅立叶变换把时域内的位移响应转换到频域内，在频域内对响应分区间积分可分别得到抖振共振响应分量和背景响应分量[3]。表 9.2-13 所示为前述拱桥全桥气弹模型风洞试验中，在拱顶设计基准风速 $U_c=43\mathrm{m/s}$ 下各个结构状态的拱肋抖振背景响应分量位移根方差。

各个结构状态的拱肋抖振背景响应位移根方差　　表 9.2-13

结构状态	竖弯位移（$\times 10^{-3}$m）		侧弯位移（$\times 10^{-3}$m）	
	拱跨中	拱四分点	拱跨中	拱四分点
最大悬臂状态	9.44	6.36	17.0	6.17
拱肋合龙状态	5.52	6.17	7.27	6.59
全桥成桥状态	8.87	23.14	10.41	6.05

抖振背景响应随跨长的分布非常复杂，为简化起见，可假设它和静风荷载的分布一致。因此，只要知道抖振位移背景响应与位移平均响应的比值，就可以平均风荷载的形式计算抖振背景响应等效静力风荷载。在设计基准风速时，最大悬臂状态、拱肋合龙状态和全桥成桥状态下拱肋和主梁的竖向和侧向位移背景响应与平均风响应的比值见表 9.2-14。

抖振位移背景响应与平均风响应的比值　　表 9.2-14

振动形态	竖弯位移				侧弯位移			
工况	拱跨中	拱四分点	梁跨中	梁四分点	拱跨中	拱四分点	梁跨中	梁四分点
最大悬臂状态	0.25	0.27	—	—	0.23	0.13	—	—
拱肋合龙状态	3.61	0.46	—	—	0.08	0.14	—	—
全桥成桥状态	0.67	1.16	2.76	3.01	0.12	0.13	0.22	0.15

对于上述三种结构状态，拱肋和主梁与背景响应相对应的等效静力风荷载与平均风荷载的比值，可以分别由表 9.2-14 的构件跨中和四分点上的比值平均得到。因此，拱肋和主梁竖向和侧向的背景响应荷载与平均风荷载的比值见表 9.2-15。

抖振背景响应等效静力风荷载与平均风荷载的比值　　表 9.2-15

工况	竖弯荷载		侧弯荷载	
	拱肋	主梁	拱肋	主梁
最大悬臂状态	0.26	—	0.18	—
拱肋合龙状态	2.04	—	0.11	—
全桥成桥状态	0.92	2.89	0.13	0.19

第三节　等效风荷载综合比较

一、涡振等效风荷载

涡振等效风荷载定义为静力风荷载和涡振等效静力风荷载（涡振模态风荷载）之和。基于上一节所得到的涡振模态风荷载，即可计算得到总的涡振等效风荷载。仍以前述拱桥为例，各种结构状态下的拱肋涡振等效风荷载计算结果如下。

1. 最大悬臂状态

竖向力

$$W_y = \frac{1}{2}\rho U^2(x)B(x)C_y(x) \pm \begin{cases} 47.84 \times (1.0 + 9.02 \times 10^{-3}x + 2.0 \times 10^{-5}x^2) & U_c = 16.3\text{m/s} \\ 144.49 \times (1.0 + 2.94 \times 10^{-2}x + 1.85 \times 10^{-4}x^2 + 3.35 \times 10^{-7}x^3) & U_c = 40\text{m/s} \end{cases} \tag{9.3-1}$$

水平力

$$W_z = \frac{1}{2}\rho U^2(x)H(x)C_z(x) \pm \begin{cases} 19.30 \times (1.0 + 7.77 \times 10^{-3}x + 1.51 \times 10^{-5}x^2) & U_c = 16.3\text{m/s} \\ 3.57 \times (1.0 + 2.92 \times 10^{-2}x + 1.79 \times 10^{-4}x^2 + 3.11 \times 10^{-7}x^3) & U_c = 33.8\text{m/s} \end{cases} \tag{9.3-2}$$

式中：$U(x) = U_c\left(\frac{z}{z_c}\right)^{0.13}$，$z_c = 100\text{m}$；

z——离地高度；

$B(x)$、$H(x)$——拱肋断面的宽度和高度；

$C_y(x)$、$C_z(x)$——拱肋断面的三分力系数。

以上函数均为拱肋跨径 x 的分段函数(0 点在中跨跨中)。以下两种结构状态相同。

2. 拱肋合龙状态

竖向力
$$W_y = \frac{1}{2}\rho U^2(x)B(x)C_y(x) \pm \begin{cases} 88.08\sin\frac{2\pi x}{L} & U_c = 25.0\text{m/s} \\ 31.14\cos\frac{3\pi x}{L} & U_c = 40.0\text{m/s} \end{cases} \tag{9.3-3}$$

水平力
$$W_z = \frac{1}{2}\rho U^2(x)H(x)C_z(x) \pm \begin{cases} 0.082\cos\frac{\pi x}{L} & U_c = 40.0\text{m/s} \\ 1.84\sin\frac{2\pi x}{L} & U_c = 30.0\text{m/s} \end{cases} \tag{9.3-4}$$

3. 全桥成桥状态

竖向力
$$W_y = \frac{1}{2}\rho U^2(x)B(x)C_y(x) \pm \begin{cases} 3.02\sin\frac{2\pi x}{L} & U_c = 16.3\text{m/s} \\ 6.38\cos\frac{3\pi x}{L} & U_c = 26.3\text{m/s} \end{cases} \tag{9.3-5}$$

水平力
$$W_z = \frac{1}{2}\rho U^2(x)H(x)C_z(x) \pm \begin{cases} 0.65\cos\frac{\pi x}{L} & U_c = 16.3\text{m/s} \\ 2.01\sin\frac{2\pi x}{L} & U_c = 40.0\text{m/s} \end{cases} \tag{9.3-6}$$

二、等效风荷载比较

除了涡激共振外,大跨度桥梁还会在大气边界层脉动风作用下发生抖振,需要对各种风振现象引起的动力风荷载进行综合评估以确定最不利的风振等效风荷载。此外,基于阵风效应的简化等效风荷载计算方法因其便捷性得到了广泛的应用,因此,对于大跨度拱桥,应详细比较采取下列三种方法计算得到的等效风荷载,在此基础上给出三种最不利荷载组合[6,7]。

组合Ⅰ:考虑阵风效应的等效风荷载;

组合Ⅱ:考虑抖振效应的等效风荷载;

组合Ⅲ:考虑涡振效应的等效风荷载。

对应拱肋最大悬臂状态、拱肋合龙状态和全桥成桥状态三种结构状态,分别计算阵风等效风荷载、抖振等效风荷载(包括抖振共振模态风荷载和背景响应等效静力风荷载在内)和涡振等效风荷载,结果比较如下[2,3]。

1. 最大悬臂状态

中跨拱肋等效风荷载组合Ⅰ,即阵风等效风荷载的竖向力和水平力表达式如下:

竖向力
$$W_y^{\mathrm{I}} = \frac{1}{2}\rho U_g^2(x)B(x)C_y(x) = \overline{W}_{y0}\alpha_{y0}(x) \tag{9.3-7}$$

水平力
$$W_z^{\mathrm{I}} = \frac{1}{2}\rho U_g^2(x)H(x)C_z(x) = \overline{W}_{z0}\alpha_{z0}(x) \tag{9.3-8}$$

式中,$U_g(x)=1.25U_c\left(\frac{z}{z_c}\right)^{0.13}$,$U_c=43\text{m/s}$,$z_c=100\text{m}$,$z$ 为离地高度,1.25 为地形模型风洞试验测试得到的阵风因子。

由于拱肋各截面沿拱轴线其高度以及三分力系数都是连续变化的,要给出这些参数沿跨径变化的连续函数很困难,因此,根据测力试验对模型的分段,可以把拱肋高度 $H(x)$ 以及三分力系数函数 $C_y(x)$、$C_z(x)$ 和 $C_\theta(x)$ 表示为拱肋跨径 x 的分段函数(0 点在中跨跨中),如表 9.3-1所示。

拱肋截面尺寸及三分力系数 表 9.3-1

x 的取值范围(m)	$H(x)$	$C_y(x)$	$C_z(x)$	$C_\theta(x)$
$0<x\leqslant57.38$	6.150	-0.258	1.255	0.505
$57.38<x\leqslant111.38$	6.675	-0.259	1.211	1.705
$111.38<x\leqslant165.38$	7.550	-0.425	1.175	3.120
$165.38<x\leqslant219.38$	8.700	-0.279	1.374	6.372
$219.38<x\leqslant275$	9.925	-0.279	1.374	6.372

把拱肋截面尺寸和三分力系数的分段表达函数代入阵风等效风荷载表达式,可得到其最大值(拱顶处)为:

$$\overline{W}_{y0} = \frac{1}{2}\rho U_c^2 BC_y = -2.28\text{kN/m} \tag{9.3-9}$$

$$\overline{W}_{z0} = \frac{1}{2}\rho U_c^2 HC_z = 13.66\text{kN/m} \tag{9.3-10}$$

$$\overline{W}_{\theta0} = \frac{1}{2}\rho U_c^2 B^2 C_\theta = 22.34\text{kN/m} \tag{9.3-11}$$

阵风等效风荷载的分布函数如下：

$$\alpha_{y0}(x) = \alpha_{z0}(x) = \alpha_{\theta0}(x) = \left(\frac{z}{z_c}\right)^{0.26} \quad (0 < z < z_c) \tag{9.3-12}$$

阵风等效风荷载分段函数中各段风荷载峰值见表9.3-2。

阵风等效风荷载峰值分段函数　　表9.3-2

x 的取值范围(m)	$\overline{W}_{y0}$	$\overline{W}_{z0}$	$\overline{W}_{\theta0}$
$0 < x \leqslant 57.38$	−2.28	13.66	22.34
$57.38 < x \leqslant 111.38$	−2.31	14.34	75.52
$111.38 < x \leqslant 165.38$	−3.77	15.70	137.9
$165.38 < x \leqslant 219.38$	−2.47	21.17	282.0
$219.38 < x \leqslant 275$	−2.47	24.17	282.0

中跨拱肋等效风荷载组合Ⅱ，即抖振等效风荷载的竖向力和水平力表达式如下：

竖向力
$$W_y^{\text{Ⅱ}} = (1.0+0.26) \times \frac{1}{2}\rho U^2(x)B(x)C_y(x) \pm 9.02\times(1.0+9.02\times10^{-3}x+2.0\times10^{-5}x^2) \pm 37.43\times(1.0+2.94\times10^{-2}x+1.85\times10^{-4}x^2+3.35\times10^{-7}x^3) \tag{9.3-13}$$

水平力
$$W_z^{\text{Ⅱ}} = (1.0+0.18) \times \frac{1}{2}\rho U^2(x)H(x)C_z(x) \pm 9.46\times(1.0+7.77\times10^{-3}x+1.51\times10^{-5}x^2) \pm 5.47\times(1.0+2.92\times10^{-2}x+1.79\times10^{-4}x^2+3.11\times10^{-7}x^3) \tag{9.3-14}$$

式中，$U(x) = U_c\left(\frac{z}{z_c}\right)^{0.13}$，$U_c = 43\text{m/s}$，$z_c = 100\text{m}$，$z$ 为离地高度。

中跨拱肋等效风荷载组合Ⅲ，即涡振等效风荷载的竖向力和水平力表达式如下：

竖向力
$$W_y^{\text{Ⅲ}} = \frac{1}{2}\rho U^2(x)B(x)C_y(x) \pm \begin{cases} 47.84\times(1.0+9.02\times10^{-3}x+2.0\times10^{-5}x^2) & U_c = 16.3\text{m/s} \\ 144.49\times(1.0+2.94\times10^{-2}x+1.85\times10^{-4}x^2+3.35\times10^{-7}x^3) & U_c = 40\text{m/s} \end{cases} \tag{9.3-15}$$

水平力
$$W_z^{\text{Ⅲ}} = \frac{1}{2}\rho U^2(x)H(x)C_z(x) \pm \begin{cases} 19.30\times(1.0+7.77\times10^{-3}x+1.51\times10^{-5}x^2) & U_c = 16.3\text{m/s} \\ 3.57\times(1.0+2.92\times10^{-2}x+1.79\times10^{-4}x^2+3.11\times10^{-7}x^3) & U_c = 33.8\text{m/s} \end{cases} \tag{9.3-16}$$

按等效风荷载三种组合得到的最大悬臂状态中跨拱肋的竖向等效风荷载如图9.3-1a)所示，竖向等效风荷载由竖弯二阶涡振引起的等效风荷载控制，因此，最大悬臂状态中跨拱肋的竖向最不利等效风荷载为等效风荷载组合Ⅲ；最大悬臂状态中跨拱肋的侧向等效风荷载三种组合如图9.3-1b)所示，侧向等效风荷载主要由考虑阵风效应的等效风荷载组合Ⅰ控制。

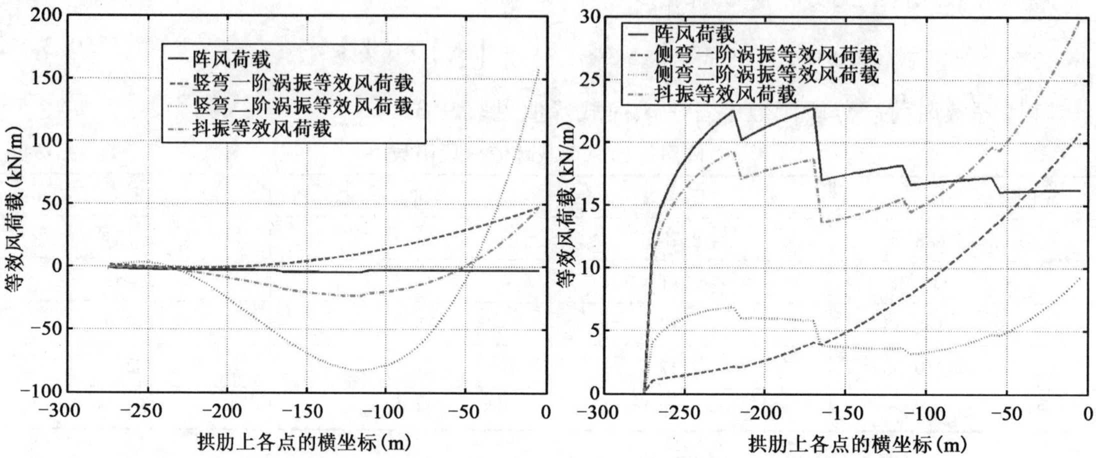

a)竖向等效风荷载　　b)侧向等效风荷载

图9.3-1　拱肋最大悬臂状态拱肋三种等效风荷载

2. 拱肋合龙状态

中跨拱肋等效风荷载组合Ⅰ的竖向力和水平力表达式见式(9.3-7)和式(9.3-8)。

中跨拱肋等效风荷载组合Ⅱ的竖向力和水平力表达式如下：

竖向力

$$W_y^{\mathrm{II}} = (1.0 + 2.04) \times \frac{1}{2}\rho U^2(x)B(x)C_y(x) \pm 11.55\sin\frac{2\pi x}{L} \pm 23.52\cos\frac{3\pi x}{L} \tag{9.3-17}$$

水平力

$$W_z^{\mathrm{II}} = (1.0 + 0.11) \times \frac{1}{2}\rho U^2(x)H(x)C_z(x) \pm 4.87\cos\frac{\pi x}{L} \pm 5.35\sin\frac{2\pi x}{L} \tag{9.3-18}$$

式中，$U(x) = U_c\left(\frac{z}{z_c}\right)^{0.13}$，$U_c = 43\mathrm{m/s}$，$z_c = 100\mathrm{m}$，$z$为离地高度。

中跨拱肋等效风荷载组合Ⅲ的竖向力和水平力表达式如下：

竖向力

$$W_y^{\mathrm{III}} = \frac{1}{2}\rho U^2(x)B(x)C_y(x) \pm \begin{cases} 88.08\sin\frac{2\pi x}{L} & U_c = 25.0\mathrm{m/s} \\ 31.14\cos\frac{3\pi x}{L} & U_c = 40.0\mathrm{m/s} \end{cases} \tag{9.3-19}$$

水平力

$$W_z^{\mathrm{III}} = \frac{1}{2}\rho U^2(x)H(x)C_z(x) \pm \begin{cases} 0.082\cos\frac{\pi x}{L} & U_c = 40.0\mathrm{m/s} \\ 1.84\sin\frac{2\pi x}{L} & U_c = 30.0\mathrm{m/s} \end{cases} \tag{9.3-20}$$

按等效风荷载三种组合得到的拱肋合龙状态中跨拱肋的竖向等效风荷载如图9.3-2a)所示，竖向等效风荷载由涡振引起的等效风荷载(等效风荷载组合Ⅲ)控制，其中一阶竖弯涡振控制拱肋四分点的弯矩值，而二阶竖弯涡振控制拱肋跨中的弯矩值；拱肋合龙状态中跨拱肋的侧向等效风荷载如图 9.3-2b）所示，侧向等效风荷载由考虑阵风效应的等效风荷载组合Ⅰ控制。

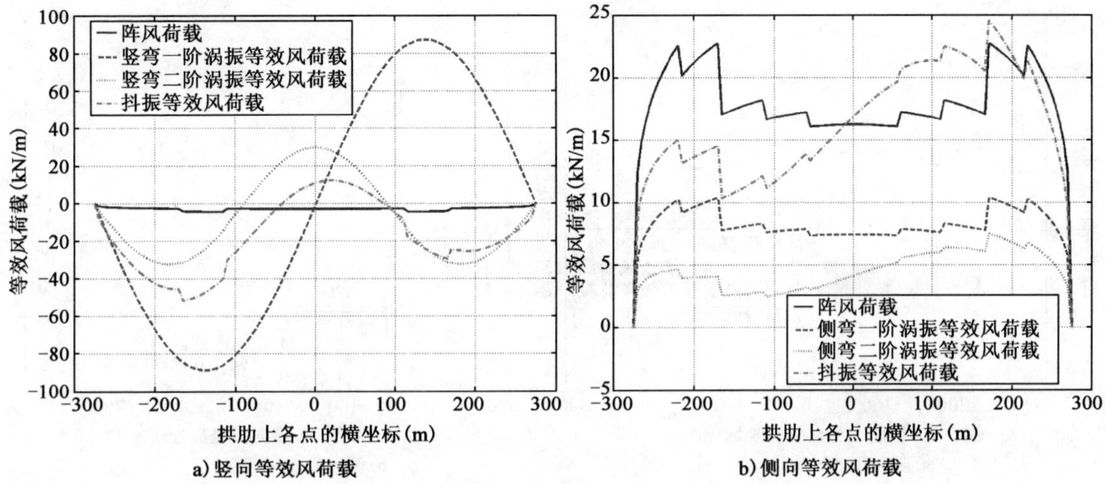

图 9.3-2 拱肋合龙状态拱肋三种等效风荷载

3. 全桥成桥状态

中跨拱肋等效风荷载组合Ⅰ的竖向力和水平力表达式见式(9.3-7)和式(9.3-8)。

中跨拱肋等效风荷载组合Ⅱ的竖向力和水平力表达式如下：

竖向力

$$W_y^{\mathrm{II}} = (1.0+0.92)\times\frac{1}{2}\rho U^2(x)B(x)C_y(x) \pm 6.33\sin\frac{2\pi x}{L} \pm 5.87\cos\frac{3\pi x}{L} \tag{9.3-21}$$

水平力

$$W_z^{\mathrm{II}} = (1.0+0.13)\times\frac{1}{2}\rho U^2(x)H(x)C_z(x) \pm 3.42\cos\frac{\pi x}{L} \pm 4.82\sin\frac{2\pi x}{L} \tag{9.3-22}$$

式中，$U(x)=U_{\mathrm{c}}\left(\frac{z}{z_{\mathrm{c}}}\right)^{0.13}$，$U_{\mathrm{c}}=43\mathrm{m/s}$，$z_{\mathrm{c}}=100\mathrm{m}$，$z$ 为离地高度。

中跨拱肋等效风荷载组合Ⅲ的竖向力和水平力表达式如下：

竖向力
$$W_y^{\mathrm{III}} = \frac{1}{2}\rho U^2(x)B(x)C_y(x) \pm \begin{cases} 3.02\sin\dfrac{2\pi x}{L} & U_{\mathrm{c}}=16.3\mathrm{m/s} \\ 6.38\cos\dfrac{3\pi x}{L} & U_{\mathrm{c}}=26.3\mathrm{m/s} \end{cases} \tag{9.3-23}$$

水平力
$$W_z^{\mathrm{III}} = \frac{1}{2}\rho U^2(x)H(x)C_z(x) \pm \begin{cases} 0.65\cos\dfrac{\pi x}{L} & U_{\mathrm{c}}=16.3\mathrm{m/s} \\ 2.01\sin\dfrac{2\pi x}{L} & U_{\mathrm{c}}=40.0\mathrm{m/s} \end{cases} \tag{9.3-24}$$

按等效风荷载三种组合得到的全桥成桥状态中跨拱肋的竖向等效风荷载如图 9.3-3a）所示，竖向等效风荷载由考虑抖振效应的等效风荷载组合Ⅱ和二阶竖弯涡振引起的等效风荷载组合Ⅲ控制；全桥成桥状态中跨拱肋的侧向等效风荷载如图 9.3-3b）所示，侧向等效风荷载由考虑阵风效应的等效风荷载组合Ⅰ控制。

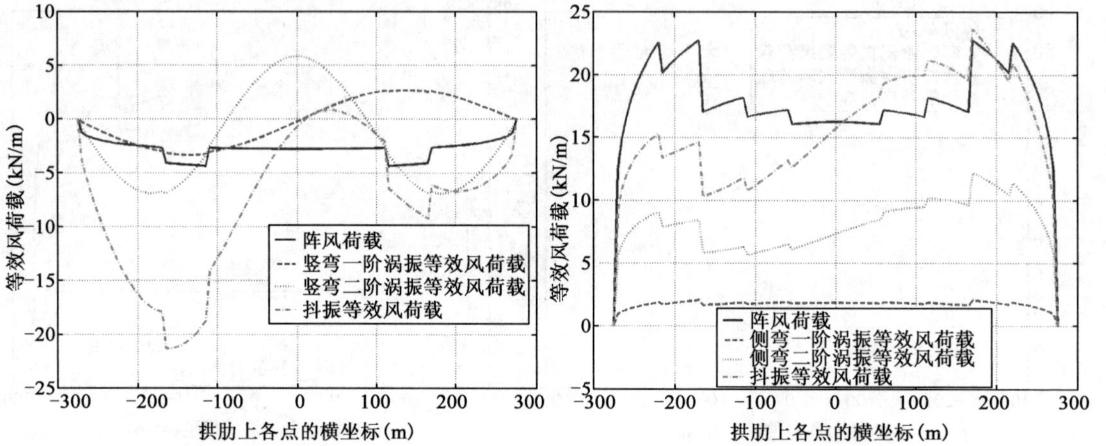

a）竖向等效风荷载　　b）侧向等效风荷载

图 9.3-3　全桥成桥状态拱肋三种等效风荷载

对于主梁的等效风荷载仅考虑全桥成桥状态。首先给出中跨主梁等效风荷载组合Ⅰ，即阵风等效风荷载的竖向力和水平力表达式如下：

竖向力
$$W_y^{\mathrm{I}} = \frac{1}{2}\rho U_{\mathrm{g}}^2 B C_y \tag{9.3-25}$$

水平力
$$W_z^{\mathrm{I}} = \frac{1}{2}\rho U_{\mathrm{g}}^2 H C_z \tag{9.3-26}$$

式中，$U_{\mathrm{g}} = 1.25U_{\mathrm{c}}\left(\frac{z_{\mathrm{d}}}{z_{\mathrm{c}}}\right)^{0.13}$，$U_{\mathrm{c}} = 43\mathrm{m/s}$，$z_{\mathrm{c}} = 100\mathrm{m}$，$z_{\mathrm{d}} = 50\mathrm{m}$ 为桥面高度；桥面宽度 $B = 39.5\mathrm{m}$，加劲梁高度 $H = 2.613\mathrm{m}$；静力三分力系数 $C_y = -0.099$，$C_z = 1.43$。

全桥成桥状态中跨主梁等效风荷载组合Ⅱ的竖向力和水平力表达式如下：

竖向力
$$W_y^{\mathrm{II}} = (1.0 + 2.89) \times \frac{1}{2}\rho U_{\mathrm{d}}^2 B C_y \pm 15.35\sin\frac{2\pi x}{L} \pm 19.40\cos\frac{3\pi x}{L} \tag{9.3-27}$$

水平力
$$W_z^{\mathrm{II}} = (1.0 + 0.19) \times \frac{1}{2}\rho U_{\mathrm{d}}^2 H C_z \pm 9.11\cos\frac{\pi x}{L} \pm 2.72\sin\frac{2\pi x}{L} \tag{9.3-28}$$

式中，$U_{\mathrm{d}} = U_{\mathrm{c}}\left(\frac{z_{\mathrm{d}}}{z_{\mathrm{c}}}\right)^{0.13}$，$U_{\mathrm{c}} = 43\mathrm{m/s}$，$z_{\mathrm{c}} = 100\mathrm{m}$，$z_{\mathrm{d}} = 50\mathrm{m}$ 为桥面高度。

全桥成桥状态中跨主梁等效风荷载组合Ⅲ的竖向力和水平力表达式如下：

竖向力
$$W_y^{\mathrm{III}} = \frac{1}{2}\rho U_{\mathrm{d}}^2 B C_y \pm \begin{cases} 7.49\sin\frac{2\pi x}{L} & U_{\mathrm{c}} = 16.3\mathrm{m/s} \\ 18.42\cos\frac{3\pi x}{L} & U_{\mathrm{c}} = 26.3\mathrm{m/s} \end{cases} \tag{9.3-29}$$

水平力
$$W_z^{\mathrm{III}} = \frac{1}{2}\rho U_{\mathrm{d}}^2 H C_z \pm \begin{cases} 3.57\cos\frac{\pi x}{L} & U_{\mathrm{c}} = 16.3\mathrm{m/s} \\ 1.05\sin\frac{2\pi x}{L} & U_{\mathrm{c}} = 40.0\mathrm{m/s} \end{cases} \tag{9.3-30}$$

按等效风荷载三种组合得到的全桥成桥状态中跨主梁的竖向等效风荷载如图 9.3-4a）所示，竖向等效风荷载由考虑抖振效应的等效风荷载组合Ⅱ控制；全桥成桥状态中跨主梁的侧向等效风荷载如图 9.3-4b）所示，侧向等效风荷载也由考虑抖振效应的等效风荷载组合Ⅱ控制。

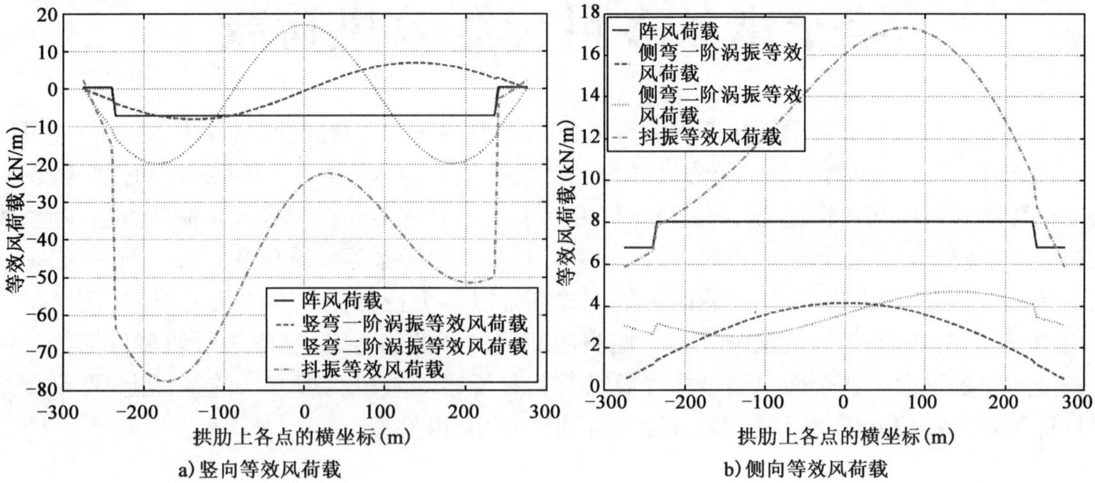

图 9.3-4　全桥成桥状态主梁三种等效风荷载

从本节对拱肋和主梁三种等效风荷载的详细比较可以看到，对于拱桥结构中一般气动外形较为钝化、易于发生涡激共振的拱肋，如果忽略涡振等效静力风荷载的影响而仅仅采用抖振等效风荷载来分析风振动力荷载的作用，可能会得到偏于危险的结果。此外，对主桥整体结构而言，虽然有一种主要控制的等效风荷载，但若具体到构件不同位置时，却可能由不同类型的等效风荷载控制，这也是在抗风设计中需要格外注意的。

本章参考文献

[1] 葛耀君，等. 上海卢浦大桥主桥超大跨度拱桥风荷载及抗风稳定性研究总报告[R]. 同济大学土木工程防灾国家重点实验室，1999.

[2] 胡晓红. 大跨度拱桥等效风荷载实验研究[D]. 上海：同济大学，2002.

[3] 项海帆，等. 现代桥梁抗风理论与实践[M]. 北京：人民交通出版社，2005.

[4] 刘志刚. 桥梁顺风向风荷载研究[D]. 上海：同济大学，2001.

[5] Simiu E, Scanlan R H. Wind Effects on Structures[M]. 3rd Edition. John Wiley & Sons，1996.

[6] 项海帆，等. 公路桥梁抗风设计指南[M]. 北京：人民交通出版社，1996.

[7] 中华人民共和国行业标准. JTG/T D60-01—2004　公路桥梁抗风设计规范[S]. 北京：人民交通出版社，2004.

第十章　多目标等效风荷载

边界层自然风会对桥梁结构产生一种风荷载作用，当桥梁结构的刚度较大、振动位移可以忽略不计时，可以采用第六章中的阵风静力风荷载方法计算风荷载；当桥梁结构的刚度较小、振动位移及其所引起的惯性力不能忽略时，可以采用第七章中的抖振等效风荷载方法；当桥梁结构的刚度较小且涡振无法避免时，可以采用第九章中的涡振等效风荷载方法。但是，必须注意的是，在以上三种方法中，风荷载的等效方式都是以某个控制截面上的某个控制力素（位移或内力）作为等效前提的，无法兼顾多个控制截面或多个控制力素，这就是所谓多目标等效风荷载的问题。下面将在全面总结结构等效风荷载和桥梁等效风荷载方法的基础上，着重介绍多目标等效风荷载方法，特别是多目标广义荷载—响应相关法。

第一节　结构等效风荷载

等效静力风荷载理论研究始于高层建筑和高耸结构，并逐步推广到大跨屋盖、大型冷却塔和大跨桥梁等结构。加拿大风工程专家 Davenport 首先提出了与平均风荷载成正比的阵风荷载因子法（Gust Loading Factor），简称 GLF 法[1]；我国建筑结构荷载规范所采用的是基于共振等效静力风荷载的惯性风荷载法（Inertial Wind Load），简称 IWL 法[2~5]；德国学者 Kasperski 和 Niemann 针对低矮房屋提出了基于背景等效静力风荷载的荷载—响应相关法（Load Response Correlation），简称 LRC 法[6~8]；此后，又有学者将 IWL 法与 LRC 法结合提出了所谓三分量法，也称 IWL + LRC 法[9~16]，即先分别求解平均、背景和共振分量，然后采用适当组合方式得到等效静力风荷载总和。下面将分别介绍这四种主要的结构等效风荷载方法。

一、阵风荷载因子法

20 世纪 60 年代，Davenport 教授首先将经典的随机抖振理论[17]引入到土木工程领域[18]，并建立了估算高层建筑顺风向风致动态响应的等效风荷载方法——阵风荷载因子法（Gust Loading Factor），简称 GLF 法[1]。Davenport 采用随机过程中的限值穿越理论计算结构动力响应极值，将风荷载作用下的结构响应极值与平均风荷载作用下的平均响应的比值称为阵风荷载因子（Gust Loading Factor）或阵风效应系数（Gust Effect Factor），Vickery 又称其为阵风系数（Gust Factor）[19]。

根据随机振动理论，风荷载作用下结构的位移响应极值可以表示为：

$$\hat{Y} = \bar{Y} + g\sigma_Y \tag{10.1-1}$$

式中：$\hat{Y}$——风荷载引起的位移响应极值；

$\bar{Y}$——平均风荷载引起的结构平均位移响应；

g——峰值因子或峰值系数；

σ_Y——脉动风引起的结构位移响应的根方差值。

通常，脉动风荷载作用下结构的动力响应被视为零均值的平稳高斯过程，根据 Davenport 的推导[20]，峰值因子 g 可表示为：

$$g = \sqrt{2\ln(\nu T)} + \frac{0.577}{\sqrt{2\ln(\nu T)}} \tag{10.1-2}$$

式中：ν——二阶谱矩的特征频率；

T——计算时距。

在准定常假设的基础上，利用随机振动理论，在频域内将脉动风谱 $S_u(x,n)$ 经气动导纳和机械导纳的两层传递，得到结构位移响应谱 $S_y(n)$，则结构某点处位移响应的根方差 σ_Y 为：

$$\sigma_Y = \sqrt{\int_0^{\infty} S_y(n)\,\mathrm{d}n} \tag{10.1-3}$$

风工程研究者对脉动风功率谱进行了大量研究，得到了许多不同的表达形式，Davenport 在计算中采用的是不随高度变化的 Davenport 谱。根据 Davenport 理论，最初的阵风荷载因子 G 定义为，风荷载作用下的结构位移响应极值与平均风荷载作用下结构位移响应均值之比，即：

$$G = \frac{\hat{Y}}{\overline{Y}} = 1 + g\frac{\sigma_Y}{\overline{Y}} \tag{10.1-4}$$

于是，结构的等效静力风荷载 $P_{eq}(z)$ 为：

$$P_{eq}(z) = G\overline{P}(z) \tag{10.1-5}$$

式中：$\overline{P}(z)$——平均风荷载；

z——结构的位置参数。

Davenport 最早提出的阵风荷载因子法是基于顺风向（Along Wind）风荷载作用下的结构位移响应，所以准确的名称应该是基于位移响应的顺风向阵风荷载因子法。

横风向（Cross Wind）风荷载作用下的情况有所不同，结构在横风向风荷载作用下的平均位移响应很小，此时阵风荷载因子 G 趋近于无穷大，因而失去了物理意义。为此，Solari[21~29] 提出了广义阵风荷载因子（Generalized Gust Loading Factor）的概念，即在计算横风向的阵风荷载因子 G 时，将分母仍取为顺风向的平均位移响应，较好地解决了上述问题。此后，风工程学者们又将 GLF 法由结构的位移响应等效扩展到其他响应等效，例如结构的弯矩、剪力、扭矩等，大大拓展了阵风荷载因子法的应用范围。目前，国际上主要国家的建筑结构荷载规范均采用阵风荷载因子法或其改进方法。

从广义上讲，阵风荷载因子法是一种计算结构等效静力风荷载的算法，方法简便，适合于工程应用，但也存在一些不足：①GLF 法得到的等效静力风荷载与平均风荷载的分布相同，仅是多种等效静力风荷载分布中的一种，且无法反映实际动力风荷载与结构振型、质量分布等的相关关系；②GLF 法最早采用结构的一阶振型计算等效静力风荷载，采用该静力荷载计算出的响应与实际动力响应极值相比，在非等效节点处存在较大误差。GLF 法主要适用于一阶振型控制的高层建筑等效静力风荷载的计算，对于多阶振型参与的结构，非等效节点处的响应误差通常不容忽视。

二、惯性风荷载方法

根据 GLF 法，等效静力风荷载的分布与作用在结构上的平均风荷载的分布相同。与 GLF 法不同，有些学者直接将脉动风分量产生的动荷载等效为结构运动所产生的惯性力，这就是惯性风荷载法（Inertial Wind Load），简称 IWL 法[2~5]。采用 IWL 法计算得到的等效静力风荷载与脉动风荷载作用下结构惯性力的分布相同，这更符合实际情况。

根据经典的结构动力学理论，脉动风荷载作用下结构的运动方程可采用矩阵形式表达：

$$\boldsymbol{M}\ddot{\boldsymbol{Y}} + \boldsymbol{C}\dot{\boldsymbol{Y}} + \boldsymbol{K}\boldsymbol{Y} = \boldsymbol{F} \tag{10.1-6}$$

式中：$\boldsymbol{M}$、$\boldsymbol{C}$、$\boldsymbol{K}$——结构的质量矩阵、阻尼矩阵和刚度矩阵；

$\ddot{\boldsymbol{Y}}$、$\dot{\boldsymbol{Y}}$、$\boldsymbol{Y}$——结构节点的加速度、速度和位移向量；

$\boldsymbol{F}$——脉动风荷载向量。

结构在脉动风激励下的位移响应可以采用振型分解法表示为：

$$\boldsymbol{Y} = \boldsymbol{\Phi q} \tag{10.1-7}$$

式中：$\boldsymbol{\Phi}$——结构的振型矩阵；

$\boldsymbol{q}$——广义坐标向量。

则结构第 j 阶振型 $\boldsymbol{\Phi}_j$ 对应的等效静力风荷载向量 $\boldsymbol{P}_{\mathrm{d}j}$ 可以表示为：

$$\boldsymbol{P}_{\mathrm{d}j} = g\boldsymbol{K\Phi}_j\sigma_{\mathrm{q}j} = g\boldsymbol{M\Phi}_j\omega_j^2\sigma_{\mathrm{q}j} = g\boldsymbol{M\Phi}_j(2\pi f_j)^2\sigma_{\mathrm{q}j} \tag{10.1-8}$$

式中：g——峰值因子；

ω_j——结构第 j 阶振型的自振圆频率，$\omega_j = 2\pi f_j$；

f_j——结构第 j 阶振型自振频率；

$\sigma_{\mathrm{q}j}$——第 j 阶广义坐标的根方差值。

根据式（10.1-8），结构的总等效静力风荷载 $\boldsymbol{P}_{\mathrm{eq}}$ 可表示为平均风荷载与结构各阶振型等效静力风荷载的组合：

$$\begin{aligned}\boldsymbol{P}_{\mathrm{eq}} &= \overline{\boldsymbol{P}} + \sum_j W_j\boldsymbol{P}_{\mathrm{d}j}\\ &= \overline{\boldsymbol{P}} + g\boldsymbol{M}\sum_j \boldsymbol{\Phi}_j W_j\omega_j^2\sigma_{\mathrm{q}j}\\ &= \overline{\boldsymbol{P}} + g\boldsymbol{M\Phi}\sum_j W_j(2\pi f_j)^2\sigma_{\mathrm{q}j}\end{aligned} \tag{10.1-9}$$

式中：$\overline{\boldsymbol{P}}$——平均风荷载；

W_j——结构第 j 阶振型等效静力风荷载向量 $\boldsymbol{P}_{\mathrm{d}j}$ 的权重系数，可采用下式求解：

$$W_j = \frac{\sigma_{R_j}}{\sigma_R} \tag{10.1-10}$$

σ_R——结构关心节点处的动力响应根方差值，可采用 SRSS 或 CQC 组合方式得到；

σ_{R_j}——第 j 阶振型引起的结构相应关心节点处的动力响应 RMS 值。

对于振型比较稀疏的高层建筑，通常取一阶振型就可以达到较好的结果。此时结构的等效静力风荷载可简化为：

$$\boldsymbol{P}_{\mathrm{eq}} = \overline{\boldsymbol{P}} + \boldsymbol{P}_{\mathrm{d}} = \overline{\boldsymbol{P}} + g\boldsymbol{M\Phi}_1(2\pi f_1)^2\sigma_{\mathrm{q}1} \tag{10.1-11}$$

式中：f_1——结构的基频；

$\boldsymbol{\Phi}_1$——结构的一阶振型；

σ_{q1}——结构一阶广义坐标的 RMS 值。

定义高度 z 处的总等效静力风荷载 $P_{eq}(z)$ 与平均风荷载 $\overline{P}(z)$ 的比值为风振系数 $\beta(z)$，其表达式为：

$$\beta(z)=\frac{P_{eq}(z)}{\overline{P}(z)}=\frac{\overline{P}(z)+P_d(z)}{\overline{P}(z)}=1+\frac{P_d(z)}{\overline{P}(z)}=1+\frac{g(2\pi f_1)^2\sigma_{q1}(z)M(z)\Phi_1(z)}{\overline{P}(z)} \tag{10.1-12}$$

于是，高层建筑的总等效静力风荷载可用风振系数表示为：

$$\boldsymbol{P}_{eq}=[\beta(z)\cdot\overline{P}(z)] \tag{10.1-13}$$

由式(10.1-12)可以看出，与平均风荷载的分布规律不同，风振系数 $\beta(z)$ 是随高度变化的变量，与结构的质量分布及动力特性有关。我国《建筑结构荷载规范》(GB 50009—2001)[30]采用的顺风向等效静力风荷载计算方法就是基于以上原理。

与 GLF 法相比，采用 IWL 法计算出的风振系数随结构位置而变化，能够有效反映等效静力风荷载与结构振型、质量分布相关的特性，物理意义更加明确。但是采用 IWL 法计算出的等效静力风荷载仅包含了结构响应的共振分量，通常情况下是结构一阶振型的惯性力，不适用于背景响应不容忽略的结构。从推导过程可以看出，如果仅考虑结构的共振响应，IWL 法是一种多目标等效静力风荷载计算方法，但是由于背景响应以及背景和共振响应相关项的存在，使得 IWL 法计算出的响应与真实的响应极值之间存在不同程度的误差，是一种有条件的近似多目标方法。对于背景响应不容忽略的结构，按照该方法计算出的响应极值与真实响应极值相比，在所有节点处均存在误差，是一种广义的单目标等效方法。

三、荷载—响应相关法

荷载—响应相关法(Load Response Correlation)，简称 LRC 法[6~8]，是德国学者 Kasperski 和 Niemann 在研究低矮房屋时，根据风致静力响应的力学特性提出的。LRC 法最初用于刚性屋面等效静力风荷载的计算，是等效静力风荷载研究历程中的一个里程碑，现已成为确定结构等效静力风荷载背景分量的精确方法。LRC 法的基本原理如下：

在脉动风作用下，结构某一点处的极值响应 r_{max} 可以表示为：

$$r_{max}=\bar{r}\pm g\sigma_r \tag{10.1-14}$$

式中：$\bar{r}$——平均风荷载引起的响应；

g——峰值因子；

σ_r——脉动响应的根方差。

利用荷载影响线和响应影响线之间的关系，结构某一点处的响应 r_i 的极值也可以表示为：

$$r_{i_{max}}=\sum_{k=1}^{m}a_{ik}\overline{P}_k+g\sqrt{\sum_{k=1}^{m}\sum_{l=1}^{m}a_{ik}a_{il}\sigma_{P_{kl}}^2} \tag{10.1-15}$$

式中：$\overline{P}_k$——荷载 k 的平均值；

a_{ik}——荷载 k 对响应 i 的影响线系数；

$\sigma_{P_{kl}}^2$——荷载 k 和 l 的协方差，且存在以下关系：

$$\sigma_{r_iP_k}^2 = \sum_{l=1}^{m} a_{il}\sigma_{P_{kl}}^2 = \rho_{r_iP_k}\sigma_{r_i}\sigma_{P_k} \tag{10.1-16}$$

$\rho_{r_iP_k}$——荷载—响应相关系数；

σ_{P_k}——荷载 k 的根方差；

σ_{r_i}——响应 i 的根方差。

将式(10.1-16)代入式(10.1-15)，得：

$$\begin{aligned} r_{i_{\max}} &= \sum_{k=1}^{m} a_{ik}\overline{P}_k + g\frac{\sum_{k=1}^{m} a_{ik}\sum_{l=1}^{m} a_{il}\sigma_{P_{kl}}^2}{\sigma_{r_i}} \\ &= \sum_{k=1}^{m} a_{ik}\overline{P}_k + g\sum_{k=1}^{m} a_{ik}\rho_{r_iP_k}\sigma_{P_k} \\ &= \sum_{k=1}^{m} a_{ik}(\overline{P}_k + g\rho_{r_iP_k}\sigma_{P_k}) \end{aligned} \tag{10.1-17}$$

于是，响应 r_i 对应的等效静力风荷载为：

$$P_{\mathrm{eq}}(r_i) = \overline{P}_k + g\rho_{r_iP_k}\sigma_{P_k} \tag{10.1-18}$$

LRC 法计算出的等效静力风荷载仅包含了结构的背景响应分量，不适用于共振响应不容忽略的结构。从推导过程可以看出，与 GLF 法相似，LRC 法得到的等效静力风荷载只能保证等效节点处的背景响应极值相同，其他节点处的响应极值均存在不同程度的误差。

四、三分量方法

Davenport 在分析高层建筑的等效静力风荷载时，出于对计算方便的考虑，首先提出了将顺风向响应分解为平均、背景和共振三个分量[1]。Davenport 提出的背景和共振响应的概念基于脉动风荷载谱和结构响应谱之间的关系，如图 10.1-1 所示。其中，背景响应体现了脉动风响应中的准静力作用，如图 10.1-1 中 A_2 所示；共振响应体现了当脉动风的频率与结构的自振频率接近时，发生共振而产生的动力放大作用，如图 10.1-1 中 A_1 所示。Davenport 定义的背景响应只考虑了结构第一阶振型的贡献，总脉动响应根方差可以直接采用 SRSS 组合方式得到：

$$\sigma = \sqrt{\sigma_{\mathrm{b}}^2 + \sigma_{\mathrm{r}}^2} \tag{10.1-19}$$

式中：σ_{b}——背景响应的根方差；

σ_{r}——共振响应的根方差。

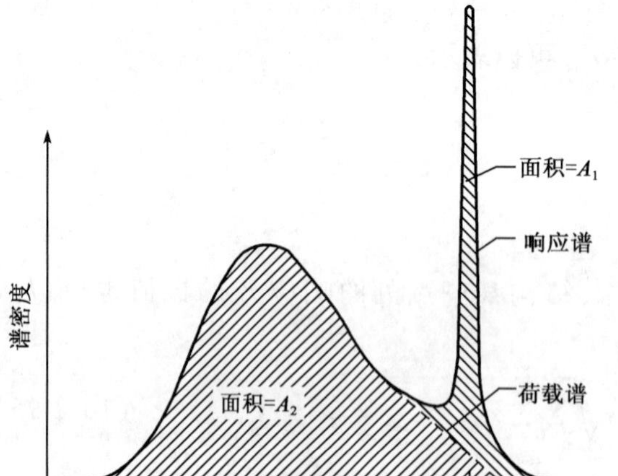

图 10.1-1　荷载谱与响应谱[1]

随着人们对背景响应和共振响应的理解发生变化，以结构的时程响应为基础进行了重新定义，并且采用准静力的方法求解背景响应，体现了结构全部振型的静力贡献。按照该方式定义的背景响应和共振响应需要考虑两者之间的相关性，精确的组合方式为：

$$\sigma = \sqrt{\sigma_{\mathrm{r}}^2 + \sigma_{\mathrm{b}}^2 + 2\rho_{\mathrm{b,r}}\sigma_{\mathrm{r}}\sigma_{\mathrm{b}}} \tag{10.1-20}$$

式中：$\rho_{\mathrm{b,r}}$——背景响应和共振响应之间的相关系数。

比较式(10.1-19)和式(10.1-20)可以发现,后一种定义方法更加合理,物理意义更加清晰。陈波[31]、柯世堂[32]等以结构动力学基本原理为基础,采用第二种方法对背景响应、共振响应及其相关系数进行了定义和说明,但是由于目前缺乏直接计算两者相关性的有效方法,主要还是采用式(10.1-19)所示的组合方法。

基于上述将风致响应划分为平均响应、背景响应和共振响应的概念,风工程学者提出了分别计算这三个响应分量对应的等效静力风荷载,然后将其组合得到结构总等效静力风荷载的方法,称之为 LRC + IWL 法[9~16]或三分量法。其中,平均分量对应的等效静力风荷载,可以采用静力学理论进行求解;背景响应对应的背景等效静力风荷载,可以采用 LRC 法计算得到;共振响应对应的共振等效静力风荷载,则采用 IWL 法求解。通常情况下,三种等效静力风荷载分布形式存在很大不同,组合方式比较复杂。Melbourne[33]、Holmes[15]等对等效静力风荷载的三个分量在不同情况下的组合方法进行了较为详细的研究。

LRC + IWL 法是目前等效静力风荷载计算中相对精确的一种方法,其物理意义和计算效果均优于 GLF 法、LRC 法、IWL 法。但是,该方法存在两个不足:①按照 LRC 计算得到的背景等效静力风荷载为单目标,只能保证等效节点处的背景响应极值相同;而按照 IWL 方法计算得到的共振等效静力风荷载为有条件的近似多目标,只能保证共振响应极值相同;两者之间的物理意义和计算原理存在很大不同,缺少有效的统一方法。②目前缺乏背景响应和共振响应相关性的有效计算方法,导致无法准确描述最终的等效静力风荷载。与 LRC 法相似,按照该方法得到的等效静力风荷载只能保证等效节点处的响应相同,其他节点处的响应均存在误差。

GLF 法、IWL 法、LRC 法以及以 IWL 法和 LRC 法为基础的三分量法,是确定工程结构等效静力风荷载的四种主要方法。此外,还有在 LRC 法基础上提出的计算建筑结构等效静力风荷载背景分量的阵风荷载包络法(Gust Loading Envelope)[34];用于高层建筑的基底弯矩阵风荷载因子法(Base Moment Gust Loading Factor, 简称 MGLF)[35];考虑高层建筑模态之间耦合作用的三维振型耦合法[36,37];计算大跨屋盖风振响应的 Ritz-POD 法[38];在计算大型冷却塔时提出的考虑背景和共振之间相关性的 U-LRC 法[32,39]等。

第二节 桥梁等效风荷载

风荷载是桥梁的设计荷载之一,随着桥梁跨度的增大,结构刚度逐渐降低,风荷载所占比重逐渐增加。对于桥梁结构,其等效静力风荷载的计算牵涉到风的自然特性、桥梁结构自身的动力特性以及两者之间的相互作用,是一个十分复杂的问题[40]。对于中小跨度桥梁,结构的刚度较大,风对桥梁的动力作用不明显,可以只考虑静力作用从而忽略动力作用。随着高性能材料的发展和设计建造技术的进步,现代桥梁向着大跨、轻柔的方向发展,增加了对风的敏感性,此时除了风的静力作用外,还必须考虑风的动力作用。与建筑结构相似,作用在桥梁上的等效静力风荷载一般由三部分组成:平均风荷载、脉动风荷载的背景分量和共振分量。与建筑结构不同的是,桥梁结构在考虑由脉动风引起的抖振力的同时,往往还要考虑由于平均风引起的自激力的影响。目前,桥梁等效静力风荷载主要有阵风等效风荷载法、静阵风荷载法、二阶模态荷载法、涡振等效风荷载法、LRC + IWL 法、实用计算法六种,其中,前两种方法已经在第六章中进行了详细介绍,二阶模态荷载法和涡振等效风荷载法分别在第七章和第九章中进行了详细介绍,故以下只对其作总结,下面主要介绍后两种方法。

一、阵风等效风荷载法

由于桥梁结构是一个水平线状结构,边界层流场可以近似看作二维流场,此时风对桥梁的静力作用——平均风荷载,可以分解为阻力、升力和升力矩三个分量,并用三分力系数表示:

$$\left.\begin{aligned} F_{\mathrm{L}} &= \frac{1}{2}\rho\overline{U}^2 C_{\mathrm{L}}B \\ F_{\mathrm{D}} &= \frac{1}{2}\rho\overline{U}^2 C_{\mathrm{D}}B \\ M_{\mathrm{T}} &= \frac{1}{2}\rho\overline{U}^2 C_{\mathrm{M}}B^2 \end{aligned}\right\} \tag{10.2-1}$$

式中:F_{L}、F_{D}、M_{T}——主梁单位长度上的平均风荷载升力分量、阻力分量和升力矩分量;

ρ——空气密度;

B——主梁断面宽度;

$\overline{U}$——离断面足够远的上游来流平均风速;

C_{L}、C_{D}、C_{M}——体轴坐标系下的升力系数、阻力系数和升力矩系数。

用时距为1~3s的阵风风速 U_{g} 代替时距为10min的桥位处的设计基准风速 U_{z},便得到用阵风表示的等效静风荷载。其中,阵风风速 U_{g} 可以表示为:

$$U_{\mathrm{g}} = G_{\mathrm{u}}U_{\mathrm{z}} \tag{10.2-2}$$

式中:G_{u}——阵风风速系数,对于Ⅰ、Ⅱ类地表取1.38,对于Ⅲ、Ⅳ类地表取1.70。

我国《公路桥梁抗风设计指南》[41]中采用的就是这种方法。

阵风等效静力风荷载采用的是力等效,通过阵风风速系数考虑脉动风荷载的增大作用,无法体现结构的响应等效,采用该方法得到的响应与实际响应极值往往存在较大偏差。

二、静阵风荷载法

我国《公路桥梁抗风设计规范》(JTG/T D60-01—2004)[42]采用了静阵风等效静力风荷载的概念,其基本原理如下。

根据准定常假设,桥梁主梁在 x 处单位长度上所受风压为:

$$\begin{aligned} \hat{P}(x,t) &= \frac{1}{2}\rho U^2(x,t)C_{\mathrm{D}}B \\ &= \frac{1}{2}\rho[\overline{U}(x,t)+u(x,t)]^2 C_{\mathrm{D}}B \\ &= \frac{1}{2}\rho\overline{U}^2(x,t)C_{\mathrm{D}}B + \frac{1}{2}\rho[2\overline{U}(x,t)u(x,t)+u^2(x,t)]C_{\mathrm{D}}B \\ &\approx \overline{P}(x) + \rho\overline{U}(x,t)u(x,t)C_{\mathrm{D}}B \\ &= \overline{P}(x) + p(x,t) \end{aligned} \tag{10.2-3}$$

式中:$U(x,t)$——瞬时风速,包含平均风速 $\overline{U}(x,t)$ 和脉动风速 $u(x,t)$;

$\overline{P}(x)$——平均风压;

$p(x,t)$——脉动风压。

根据随机振动理论，脉动风压 $p(x,t)$ 的根方差为：

$$\sigma_p = \sqrt{\int_0^{\infty} S_p(n)\mathrm{d}n} \tag{10.2-4}$$

式中：$S_p(n)$——脉动风压 $p(x,t)$ 的功率谱密度函数。

则静阵风风速系数 G_{u} 为：

$$G_{\mathrm{u}} = \frac{U_{\mathrm{g}}}{U_{\mathrm{z}}} = \sqrt{\frac{\hat{P}}{\overline{P}}} = \sqrt{1 + g\frac{\sigma_p}{\overline{P}}} \tag{10.2-5}$$

将设计基准风速乘以静阵风风速系数 G_{u} 得到静阵风风速 U_{g}，用 U_{g} 计算得到的荷载即为静阵风等效风荷载，它包含平均风荷载和脉动风背景分量两部分的综合效应。

通过上述分析和推导可以发现，静阵风等效风荷载采用的依然是力等效原理，无法体现等效静力风荷载与结构响应影响线及动力特性相关的特点。该方法相比阵风等效静力风荷载的进步之处是，利用风压等效来定量地确定静阵风风速系数，但是采用该方法得到的响应往往与实际响应极值存在较大偏差。

三、二阶模态荷载法

根据结构动力学基本原理，脉动风引起的抖振响应，在线性分析时可以采用模态叠加法得到，很多情况下以低阶模态贡献为主。胡晓红等[43,44]通过全桥模型风洞试验测得卢浦大桥风致抖振位移响应，再利用傅立叶变换将试验测得的时域内的位移响应转换到频域内，然后在频域内对响应分区间进行积分即可得到共振响应分量和背景响应分量。其中，脉动风荷载中的共振响应分量按振型分布。作者在分析的基础上假设背景响应分量与平均风荷载的分布一致，并与平均风荷载一同考虑，然后再与共振响应分量组合得到抖振等效静风荷载。胡晓红认为，相应的抖振等效静力风荷载可以近似采用一阶对称模态荷载和一阶反对称模态荷载表示，称之为二阶模态荷载法，并提出了式(10.2-6)所示的简化模型：

$$W^{\mathrm{d}}_{x,z,\theta}(\eta) = \pm \widetilde{W}^{\mathrm{s}}_{x,z,\theta}\alpha^{\mathrm{s}}_{x,z,\theta}(\eta) \pm \widetilde{W}^{\mathrm{a}}_{x,z,\theta}\alpha^{\mathrm{a}}_{x,z,\theta}(\eta) \tag{10.2-6}$$

式中：　$W^{\mathrm{d}}_{x,z,\theta}(\eta)$——抖振等效静力风荷载；

$\widetilde{W}^{\mathrm{s}}_{x,z,\theta}$、$\widetilde{W}^{\mathrm{a}}_{x,z,\theta}$——一阶对称和反对称模态等效静风荷载最大值；

$\alpha^{\mathrm{s}}_{x,z,\theta}(\eta)$、$\alpha^{\mathrm{a}}_{x,z,\theta}(\eta)$——一阶对称和反对称等效静风荷载分布函数，可以通过风洞试验和结构动力计算相结合的方法得到，其最大值为1；

η——桥梁结构的位置坐标。

实际上，二阶模态荷载法不仅适用于像卢浦大桥这样的大跨度拱桥，而且适用于任何低阶模态起控制作用的对称桥梁结构。以风洞试验为基础，葛耀君[45]在东海大桥斜拉桥等效静力风荷载的研究中，采用二阶模态荷载法分别对全桥成桥状态、最大单悬臂状态、最大双悬臂状态和桥塔自立状态的抖振等效静力风荷载进行了计算分析。值得注意的是，此处的二阶模态荷载虽然指结构的一阶模态荷载和二阶模态荷载，但实际上是结构的一阶对称和反对称模态荷载。

二阶模态荷载法的实质是用桥梁结构的前几阶模态荷载近似描述总的抖振等效静力风荷载，对于低阶模态起控制作用的任何结构，该方法均适用，但是在模态阶数的选择上因结构特性而异。二阶模态荷载法实际上是IWL法的一种拓展，对于高阶振型不容忽视的结构，在不经风洞试验修正时,无法反映背景响应的贡献。当该方法通过全桥模型风洞试验获得结构的最大位移响应时,背景响应及背景和共振相关项的影响可以得到部分的修正,该方法比较适用于进行全桥模型风洞试验的桥梁结构。

四、涡振等效风荷载法

涡激共振是桥梁结构在低风速时经常出现的一种限幅自激振动,它不会像颤振和驰振那样引起结构的毁灭性破坏,也不会像抖振一样产生很大的风振荷载。但是,涡振常常发生在低风速时,并有可能造成桥梁结构的刚度失效,从而影响行车安全和疲劳性能,因此在出现涡振的情况下,大跨度桥梁等效静力风荷载的计算应该考虑涡振影响。

大跨度桥梁涡振等效静力风荷载的研究很少,主要是胡晓红[43,44]以卢浦大桥为工程背景,在节段和全桥模型风洞试验的基础上,对大跨度拱桥的涡振等效静力风荷载进行了详细研究。对于涡激振动引起的等效静力风荷载,作者认为此时背景响应很小,可以忽略不计。作者采用节段模型试验法和全桥模型试验法计算了卢浦大桥的涡振等效静力风荷载,即通过节段或全桥模型风洞试验测得卢浦大桥涡激振动下的位移响应以后,采用与抖振分析相同的方法,计算得到涡激振动对应的等效静力风荷载。在抖振分析中要采用二阶模态近似代替,而由于涡激振动属于单频振动,涡振分析仅需考虑涡激振动模态即可。作者以风洞试验为基础,分别对拱肋最大悬臂状态、拱肋合龙状态和全桥成桥状态下的三种形式的涡振等效静力风荷载进行了分析计算。

涡激振动为单频振动,从理论上讲,其等效静力风荷载的计算比抖振要简单得多。但是,目前还没有统一的涡激力表达式,且各表达式均建立在风洞试验的基础上,所以涡振等效静力风荷载的计算更多地依赖风洞试验。

五、LRC + IWL 法

与建筑结构相似,作用在桥梁结构上的风荷载也可以分为平均风荷载、背景等效静力风荷载和共振等效静力风荷载三个部分。其中,背景等效静力风荷载采用 LRC 法计算,共振等效静力风荷载采用 IWL 法计算。于是,作用在桥梁结构三个方向上的等效静力风荷载可以表示为:

$$\left.\begin{aligned} L(x) &= \bar{L} + g\left[L_{\mathrm{eb}}(x)W_{\mathrm{b}} + \sum_j L_{\mathrm{er}j}(x)W_{j\mathrm{r}}\right] \\ D(x) &= \bar{D} + g\left[D_{\mathrm{eb}}(x)W_{\mathrm{b}} + \sum_j D_{\mathrm{er}j}(x)W_{j\mathrm{r}}\right] \\ M(x) &= \bar{M} + g\left[M_{\mathrm{eb}}(x)W_{\mathrm{b}} + \sum_j M_{\mathrm{er}j}(x)W_{j\mathrm{r}}\right] \end{aligned}\right\} \tag{10.2-7}$$

式中: $\bar{L}$、$\bar{D}$、$\bar{M}$——平均风荷载;

$L_{\mathrm{eb}}(x)$、$D_{\mathrm{eb}}(x)$、$M_{\mathrm{eb}}(x)$——背景等效静力风荷载;

W_{b}——背景等效静力风荷载的权重系数;

$L_{\mathrm{er}j}(x)$、$D_{\mathrm{er}j}(x)$、$M_{\mathrm{er}j}(x)$——第 j 阶模态对应的惯性风荷载;

$W_{j\mathrm{r}}$——第 j 阶模态对应的惯性风荷载的权重系数。

Chen[14]采用 LRC + IWL 法,对桥梁抖振等效静力风荷载进行了研究,并对考虑自激力和抖振力共同作用时的大跨度桥梁等效静力风荷载计算进行了简化;刘志刚[46]对 LRC 法和

IWL 法(又称为模态力法)进行了比较,认为采用 LRC 法计算背景分量、IWL 法计算共振分量的组合方法,比单纯采用一种方法计算总响应更高效且更具有物理意义。但该方法存在两个问题:①在桥梁结构的抖振等效静力风荷载计算中,要么采用计算效率高但计算精度相对低的 SRSS 方法,要么采用计算效率相对低但计算精度高的 CQC 方法,计算效率和精度不能兼得,是目前主流计算方法的一个瓶颈;②该方法得到的等效静力风荷载只能保证等效节点处的响应极值相同,是一种单目标等效方法。

六、实用计算法

通常情况下,按照上述方法得到的等效静力风荷载的分布是不规则的,不利于工程应用。若将等效静力风荷载定义为均布或分段均布的静力荷载,其引起的结构某一响应与实际风荷载作用时可能发生的该响应的极值相同,则会大大方便工程应用。刘志刚[40,46,47]提出了桥梁结构顺风向等效静力风荷载的实用计算方法。

令等效静力风荷载为 $Q(x)$,则由基本的静力学知识得:

$$r_{\max} = \int_0^L Q(x)I(x)\,\mathrm{d}x \tag{10.2-8}$$

式中:$r_{\max}$——桥梁结构某一点处的风致响应极值;

$I(x)$——响应 r 对应的影响函数。

$$Q(x) = \overline{P} + s_{\mathrm{b}}(x)\frac{r_{\mathrm{d}}}{\gamma} \tag{10.2-9}$$

式中:$\overline{P}$——平均风荷载;

r_{d}——脉动风产生的动力响应极值,包括背景响应和共振响应,$r_{\mathrm{d}}=\sqrt{r_{\mathrm{b}}^2+r_{\mathrm{r}}^2}$;

γ——响应 r 的影响函数 $I(x)$ 所围的绝对面积,$\gamma = \int_0^L |I(x)|\,\mathrm{d}x$;

$s_{\mathrm{b}}(x)$——影响函数 $I(x)$ 的符号函数,且

$$s_{\mathrm{b}}(x) = \frac{I(x)}{|I(x)|} = \begin{cases} 1 & I(x) \geqslant 0 \\ -1 & I(x) < 0 \end{cases} \tag{10.2-10}$$

此时即可定义阵风响应系数 G:

$$G = \frac{Q(x)}{\overline{P}} = 1 + s_{\mathrm{b}}(x)\frac{r_{\mathrm{d}}}{\overline{P}\gamma} \tag{10.2-11}$$

这种通过响应等效的方式定义出来的等效静力风荷载,可适用于沿跨长变号或者不变号的影响函数,它利用符号函数 $s_{\mathrm{b}}(x)$ 来控制等效的脉动风荷载的加载方向,从而保证产生的响应与实际最大响应一致。需要注意的是,当影响函数 $I(x)$ 为变号影响线时,阵风响应系数 G 不再是一个恒定值,而是随着影响线符号的改变而改变大小。另外,不同响应 r 对应的等效静力风荷载是不同的,相应的阵风响应系数 G 也不同。

项海帆等[48,49]通过对国内跨径 400 ~ 628m 的十余座典型大跨度双塔斜拉桥分别在最大单悬臂状态、最大双悬臂状态和成桥状态的等效静力风荷载进行统计分析,得到了简化的阵风响应系数 G,并以苏通大桥为例,将简化公式与精确方法和规范方法[42]进行了比较,证明了简化公式的正确性和可行性。

从推导过程可以看出，实用计算方法是对 LRC + IWL 法的一种规则化处理，为典型的单目标等效方法，可以体现等效静力风荷载与结构振型、质量分布相关的优点。

第三节 统一等效静力风荷载法

按照上述单目标等效方法得到的等效静力风荷载，只能保证等效节点处的某一种我们关注的响应与风荷载作用下该响应的极值相等。一般情况下，对于风振响应中由一阶振型控制的高层建筑，该荷载作用下的其他位置响应与实际风荷载引起的极值响应的偏差较小，但对于大跨屋盖、大型冷却塔、大跨度桥梁等，有时却存在很大误差。下面将介绍多目标等效风荷载计算方法。

一、基本统一方法

针对单目标等效方法的不足，日本学者 Katsumura、Tamura[50] 等提出了基于多目标等效的静力风荷载统一方法（Universal Equivalent Static Wind Load），简称 UESWL 法。

通过风洞试验或理论计算得到结构的风振响应，根据静力学中响应—影响线—荷载之间的关系，可以得到如下方程：

$$\hat{\boldsymbol{R}} = \boldsymbol{I}_{\mathrm{R}}\boldsymbol{F}_{\mathrm{eq}} \tag{10.3-1}$$

式中：$\hat{\boldsymbol{R}}$——脉动风荷载作用下结构各节点的极值响应向量；

$\boldsymbol{I}_{\mathrm{R}}$——响应 $\hat{\boldsymbol{R}}$ 所对应的影响函数矩阵；

$\boldsymbol{F}_{\mathrm{eq}}$——使结构各部分产生响应 $\hat{\boldsymbol{R}}$ 所对应的等效静力风荷载向量，为待求量。

对作用在结构上的脉动风荷载进行特征值正交分解（POD），得到归一化的特征模态 $\boldsymbol{\Phi}$。Kikuchi 等[51] 对 POD 分解得到的特征向量和特征模态进行了时域响应分析，结果表明，某些低阶特征模态对位移响应的贡献占主要作用。于是，通过 POD 分解得到的特征模态 $\boldsymbol{\Phi}$ 可以有效地描述结构的等效静力风荷载分布。采用主要特征模态表示的等效静力风荷载 $\boldsymbol{F}_{\mathrm{eq}}$ 为：

$$\boldsymbol{F}_{\mathrm{eq}} = C_1\boldsymbol{\phi}_1 + C_2\boldsymbol{\phi}_2 + \cdots = \boldsymbol{\Phi C} \tag{10.3-2}$$

式中：$\boldsymbol{C}$——特征模态 $\boldsymbol{\Phi}$ 的组合系数向量；

$\boldsymbol{\phi}_1$、$\boldsymbol{\phi}_2$——第一、二阶振型向量。

将式（10.3-2）代入式（10.3-1），得到如下方程：

$$\hat{\boldsymbol{R}} = \boldsymbol{I}_R\boldsymbol{\Phi C} = \boldsymbol{R}_0\boldsymbol{C} \tag{10.3-3}$$

其中，矩阵 $\boldsymbol{R}_0 = \boldsymbol{I}_{\mathrm{R}}\boldsymbol{\Phi}$ 是影响函数和特征模态的乘积。则等效静力风荷载 $\boldsymbol{F}_{\mathrm{eq}}$ 的求解转化为对组合系数 $\boldsymbol{C}$ 的求解。如果矩阵 $\boldsymbol{R}_0$ 是规则的，并且在方程式（10.3-3）中存在逆矩阵，那么 $\boldsymbol{C}$ 可以得到唯一解；如果在方程式（10.3-3）中未知数的数量大于方程的数量，那么 $\boldsymbol{C}$ 有无穷多个解；如果未知数的数量小于方程的数量，那么就不存在精确解，$\boldsymbol{C}$ 只能通过最小二乘法求解。通常情况下，响应 $\hat{\boldsymbol{R}}$ 的数量大于风洞试验中风压测点的数量，即未知数的数量少于方程的数量，矩阵 $\boldsymbol{R}_0$ 成为一个奇异矩阵，组合系数 $\boldsymbol{C}$ 只能通过方程式（10.3-3）的最小二乘法近似解得到。得到组合系数向量 $\boldsymbol{C}$ 后，多目标等效静力风荷载 $\boldsymbol{F}_{\mathrm{eq}}$ 表示为：

$$\boldsymbol{F}_{\mathrm{eq}} = \boldsymbol{\Phi C} \tag{10.3-4}$$

通过上述分析发现,多目标等效静力风荷载的确定基于以下两个方程:

$$\hat{\boldsymbol{R}} = \boldsymbol{I}_{\mathrm{R}}\boldsymbol{F}_{\mathrm{eq}} = \boldsymbol{I}_{\mathrm{R}}\boldsymbol{FC} \tag{10.3-5}$$

$$\boldsymbol{F}_{\mathrm{eq}} = \boldsymbol{FC} \tag{10.3-6}$$

以方程式(10.3-5)和式(10.3-6)为基础,多目标等效静力风荷载的确定可以归纳为五步:

(1)通过风洞试验或理论计算得到结构在风荷载作用下的极值响应 $\hat{\boldsymbol{R}}$。

(2)通过有限元计算得到结构响应 $\hat{\boldsymbol{R}}$ 所对应的影响函数矩阵 $\boldsymbol{I}_{\mathrm{R}}$。

(3)确定构建多目标等效风荷载的基本向量 $\boldsymbol{F}$。

(4)通过方程式(10.3-5),利用最小二乘法求解系数向量 $\boldsymbol{C}$。

(5)计算多目标等效静力风荷载 $\boldsymbol{F}_{\mathrm{eq}} = \boldsymbol{FC}$。

二、修正统一方法

在 UESWL 方法的基础上,一些学者又进行了改进。胡晓红[52]在研究低矮房屋、陈波等[53,54]在研究大跨屋盖时,针对所研究结构的特点各自提出了不同的构造多目标等效静力风荷载的基本向量。梁枢果等[55]提出了与多目标等效静力风荷载相似的概念——极值风荷载,认为实际工程中精确的内力极值等效静力风荷载是不存在的,但是可以通过最小二乘法进行数值优化,得到近似的极值等效静力风荷载。

上面提到的四种确定多目标等效静力风荷载的方法,其核心思想是一致的,主要区别在于构建多目标等效静力风荷载基本向量的选择(表 10.3-1)。此外,吴迪、张建胜和武岳[56]根据风压方向垂直于结构物表面的原理,利用约束方程降低了等效静力风荷载基本向量的维数,用少量等效静力风荷载基本向量实现多目标等效。该方法是一种解法上的改进,其本质与 UESWL 方法相同。

多目标等效静力风荷载基本向量比较　　表 10.3-1

多目标等效静力风荷载确定方法	构造多目标等效静力风荷载的基本向量
Katsumura,Tamura 等提出的 UESWL 方法	结构的特征模态: $\hat{\boldsymbol{F}} = C_1\boldsymbol{\phi}_1 + C_2\boldsymbol{\phi}_2 + \cdots = \boldsymbol{\Phi C}$
胡晓红改进的 UESWL 方法	产生基底最大剪力 F_x、F_y,基底最大升力 F_z 和基底最大扭矩 M_{T} 的等效风荷载,即四个单目标等效静力风荷载: $\hat{\boldsymbol{F}} = \boldsymbol{C}[P_{C_x}\quad P_{C_y}\quad P_{C_z}\quad P_{C_{\mathrm{T}}}]$
陈波等改进的 UESWL 方法	结构的特征模态和振型惯性力: $\hat{\boldsymbol{F}} = \boldsymbol{C}[\boldsymbol{G}_1\quad \boldsymbol{G}_2\quad \cdots\quad \boldsymbol{G}_{n1}\quad \boldsymbol{P}_{e0,1}\quad \boldsymbol{P}_{e0,2}\quad \cdots\quad \boldsymbol{P}_{e0,n2}]$
梁枢果等提出的极值效应等效静力风荷载方法	拟合得到的作用在第 j 个自由度方向上的内力等效静力风荷载 f_j,即 n 个单目标等效静力风荷载: $\hat{\boldsymbol{F}} = [f_1\quad f_2\quad \cdots\quad f_n]^{\mathrm{T}}\boldsymbol{C}$

综上可以发现,通过 UESWL 方法得到的多目标等效静力风荷载实际上是一种以最小二乘原理为基础的最优数值解。与 GLF 法相似,UESWL 法提供了一种求解多目标等效静力风荷载的思路,既可以求解针对一个响应的多个控制点的多目标等效静力风荷载,也可以求解针对多个响应的多个控制点的多目标等效静力风荷载。但是,根据结构动力学基本原理和随机振动理论,对于多个不同的响应,在理论上不存在统一的多目标等效静力风荷载,但是对于同一种响应,该等效静力风荷载是存在的。UESWL 目前主要应用在高层建筑、大跨度屋盖等建筑结构中,在其他领域的应用是一个需要继续探索的问题。

三、多目标惯性风荷载法

下面将以传统的惯性风荷载法为基础,推导大跨度桥梁多目标惯性风荷载法[57]。确定了脉动风谱和气动力表达式后,可以很方便地求得脉动风荷载的功率谱密度 $\boldsymbol{S}_{FF}(\omega)$。于是,根据随机振动理论可以得到模态坐标的功率谱密度矩阵:

$$\boldsymbol{S}_{\xi\xi}(\omega) = \boldsymbol{H}(\omega)^{-1}\boldsymbol{\Phi}^{\mathrm{T}}\boldsymbol{S}_{FF}(\omega)\boldsymbol{\Phi}\boldsymbol{H}(\omega)^{-1*\mathrm{T}} \tag{10.3-7}$$

式中:$\boldsymbol{S}_{\xi\xi}(\omega)$——模态坐标的功率谱密度矩阵;

$\boldsymbol{H}(\omega)$——频率响应函数矩阵,$\boldsymbol{H}(\omega)^{-1*\mathrm{T}}$为 $\boldsymbol{H}(\omega)^{-1}$的共轭转置矩阵。

于是,位移响应的功率谱密度矩阵 $\boldsymbol{S}_{qq}$ 可以表示为:

$$\boldsymbol{S}_{qq} = \boldsymbol{\Phi}\boldsymbol{S}_{\xi_i\xi_j}\boldsymbol{\Phi}^{\mathrm{T}} \tag{10.3-8}$$

根据随机振动理论[58],结构位移响应的协方差矩阵可以通过对其功率谱密度在频域内积分得到:

$$\boldsymbol{\sigma}_{qq}^2 = \int_0^{+\infty}\boldsymbol{S}_{qq}(\omega)\mathrm{d}\omega \tag{10.3-9}$$

于是位移响应极值可表示为:

$$\hat{\boldsymbol{R}}_{\mathrm{Real}} = g\boldsymbol{\sigma}_q \tag{10.3-10}$$

式中:$\hat{\boldsymbol{R}}_{\mathrm{Real}}$——位移响应极值向量,当考虑足够多振型的参与,采用 CQC 组合方式得到的响应可以认为是精确值;

g——峰值因子;

$\boldsymbol{\sigma}_q$——结构位移响应的 RMS 值向量,$\boldsymbol{\sigma}_q = \sqrt{\int_0^{+\infty}\boldsymbol{S}_{qq}(\omega)\mathrm{d}\omega}$。

根据传统的惯性风荷载法,当仅考虑结构的第 k 阶振型时,对应的等效静力风荷载为:

$$\boldsymbol{F}_{\mathrm{eq}}^k = g\boldsymbol{K}\boldsymbol{\sigma}_{qk} \tag{10.3-11}$$

式中:$\boldsymbol{F}_{\mathrm{eq}}^k$——第 k 阶振型对应的等效静力风荷载;

$\boldsymbol{\sigma}_{qk}$——仅考虑结构第 k 阶振型的位移响应根方差,为一列向量,可表示为:

$$\boldsymbol{\sigma}_{qk} = \boldsymbol{\phi}_k\sigma_{\xi k} \tag{10.3-12}$$

$\boldsymbol{\phi}_k$——结构的第 k 阶振型;

$\sigma_{\xi k}$——第 k 阶广义坐标的 RMS 值。

将式(10.3-12)代入式(10.3-11),第 k 阶振型的等效静力风荷载可进一步表示为:

$$\boldsymbol{F}_{\mathrm{eq}}^k = g\boldsymbol{K}\boldsymbol{\phi}_k\sigma_{\xi k} = g\omega_k^2\boldsymbol{M}\boldsymbol{\phi}_k\sigma_{\xi k} \tag{10.3-13}$$

式中：$\boldsymbol{K\phi}_k=\omega_k^2\boldsymbol{M\phi}_k$——结构体系的特征方程；

ω_k——结构第 k 阶振型的自振圆频率。

以结构的前 n 阶振型对应的等效静力风荷载为基本向量，以结构的精确响应极值为等效目标，构建如下方程：

$$\hat{\boldsymbol{R}}_{\text{Real}}^{I}=\boldsymbol{IF}_{\text{eq}}^{i}\boldsymbol{C}_{F}^{i} \tag{10.3-14}$$

式中：$\hat{\boldsymbol{R}}_{\text{Real}}^{I}$——式（10.3-10）中的精确响应极值；

$\boldsymbol{F}_{\text{eq}}^{i}$——$n$ 阶振型等效静力风荷载向量组成的荷载矩阵，$\boldsymbol{F}_{\text{eq}}^{i}=[F_{\text{eq}}^{1}\quad\cdots\quad F_{\text{eq}}^{n}]$；

$\boldsymbol{C}_{F}^{i}$——$\boldsymbol{F}_{\text{eq}}^{i}$的组合系数向量。

求得组合系数向量 $\boldsymbol{C}_{F}^{i}$ 后，即可得到多目标等效静力风荷载 $\boldsymbol{F}_{\text{Mul}}^{\text{eq}}$：

$$\boldsymbol{F}_{\text{Mul}}^{\text{eq}}=\boldsymbol{F}_{\text{eq}}^{i}\boldsymbol{C}_{F}^{i} \tag{10.3-15}$$

在式（10.3-15）中，各阶振型惯性力组合系数的计算不同于经典的 IWL 法，且考虑了参与 $\hat{\boldsymbol{R}}_{\text{Real}}^{I}$计算的结构各振型之间的耦合作用，称为多目标惯性风荷载法（Multi-target Inertia Wind Load），简称 MIWL 法。其中目标响应 $\hat{\boldsymbol{R}}_{\text{Real}}^{I}$ 可以根据工程结构设计的需要选择任何一种响应类型，如位移、弯矩、剪力等。大跨度桥梁为典型的柔性结构，其位移响应是结构设计中的控制性因素之一，并且抖振位移响应容易在模型风洞试验中实现。所以，对于大跨度桥梁结构，通常可以选择结构的抖振位移响应作为等效目标响应。胡晓红在计算大跨度拱桥等效静力风荷载时采用的目标响应就是抖振位移[43]。

通常情况下，荷载矩阵 $\boldsymbol{F}_{\text{eq}}^{i}$ 中包含的振型等效静力风荷载数量 n，远小于结构节点的数量，此时 $\boldsymbol{C}_{F}^{i}$ 只能求得最小二乘解。等效静力风荷载的计算效果与荷载矩阵 $\boldsymbol{F}_{\text{eq}}^{i}$ 中振型的选择有关。当 $\boldsymbol{F}_{\text{eq}}^{i}$ 中包含的振型足够多时，$\boldsymbol{F}_{\text{Mul}}^{\text{eq}}$的计算结果将趋近于精确解，即：

$$\lim_{n\to m}(\boldsymbol{IF}_{\text{Mul}}^{\text{eq}})=\hat{\boldsymbol{R}}_{\text{Real}}^{I} \tag{10.3-16}$$

式中：n——荷载矩阵 $\boldsymbol{F}_{\text{eq}}^{i}$ 中包含的振型数量；

m——$\hat{\boldsymbol{R}}_{\text{Real}}^{I}$计算中包含的振型数量。

对于拱桥结构，拱肋或主梁主要承受阻力、升力和升力矩三个自由度方向上的外力。在耦合抖振响应计算中，频响函数矩阵 $\boldsymbol{E}_{ij}$ 中包含了自激力的影响，又称为气动频响函数矩阵。求得抖振力功率谱密度矩阵 $\boldsymbol{S}_{\text{b}_i\text{b}_j}(\omega)$后，可得拱肋或主梁模态坐标的功率谱密度矩阵为：

$$\boldsymbol{S}_{\xi_i\xi_j}=\left(\frac{\rho B^4}{2U}\right)^2\boldsymbol{E}_{ij}^{-1}\boldsymbol{S}_{\text{b}_i\text{b}_j}(\omega)(\boldsymbol{E}_{ij}^{-1})^{*\text{T}} \tag{10.3-17}$$

于是，考虑自激力和抖振力的拱肋或主梁竖向、水平和扭转方向位移响应 RMS 可分别表示为：

$$\left.\begin{aligned}\boldsymbol{\sigma}_{\text{h}_i}&=\sqrt{\int_0^{+\infty}\boldsymbol{S}_{\text{h}_i\text{h}_i}(K)\,\mathrm{d}K}\\\boldsymbol{\sigma}_{\text{p}_i}&=\sqrt{\int_0^{+\infty}\boldsymbol{S}_{\text{p}_i\text{p}_i}(K)\,\mathrm{d}K}\\\boldsymbol{\sigma}_{\alpha_i}&=\sqrt{\int_0^{+\infty}\boldsymbol{S}_{\alpha_i\alpha_i}(K)\,\mathrm{d}K}\end{aligned}\right\} \tag{10.3-18}$$

式中：$\boldsymbol{\sigma}_{h_i}$、$\boldsymbol{\sigma}_{p_i}$、$\boldsymbol{\sigma}_{\alpha_i}$——拱肋或主梁竖向、水平和扭转方向的脉动位移响应 RMS 值向量；

$\boldsymbol{S}_{h_ih_i}$、$\boldsymbol{S}_{p_ip_i}$、$\boldsymbol{S}_{\alpha_i\alpha_i}$——拱肋或主梁竖向、水平和扭转方向的位移响应功率谱密度矩阵。

根据式(10.3-13)，可分别得到拱肋或主梁在竖向、水平和扭转方向的第 k 阶振型的等效静力风荷载向量：

$$\left.\begin{aligned}\boldsymbol{L}_{\mathrm{eq}}^{k} &= g\omega_k^2\boldsymbol{M}_{\mathrm{B}}\boldsymbol{B}\boldsymbol{h}_k\sigma_{\xi k}\\ \boldsymbol{D}_{\mathrm{eq}}^{k} &= g\omega_k^2\boldsymbol{M}_{\mathrm{B}}\boldsymbol{B}\boldsymbol{p}_k\sigma_{\xi k}\\ \boldsymbol{M}_{\mathrm{eq}}^{k} &= g\omega_k^2\boldsymbol{I}_{\mathrm{B}}\boldsymbol{\alpha}_k\sigma_{\xi k}\end{aligned}\right\}\tag{10.3-19}$$

式中：$\boldsymbol{M}_B$、$\boldsymbol{I}_B$——拱肋或主梁的质量矩阵和质量惯性矩矩阵；

$\boldsymbol{L}_{\mathrm{eq}}^{k}$、$\boldsymbol{D}_{\mathrm{eq}}^{k}$、$\boldsymbol{M}_{\mathrm{eq}}^{k}$——拱肋或主梁的竖向、水平和扭转方向的第 k 阶振型等效静力风荷载向量。

选取结构的前 n 阶主要振型，根据式(10.3-14)可以构建桥梁结构的相应方程：

$$\left.\begin{aligned}\hat{\boldsymbol{h}}_{\mathrm{Real}} &= \boldsymbol{I}_{\mathrm{h}}\boldsymbol{L}_{\mathrm{eq}}^{i}\boldsymbol{C}_{\mathrm{L}}^{i}\\ \hat{\boldsymbol{p}}_{\mathrm{Real}} &= \boldsymbol{I}_{\mathrm{p}}\boldsymbol{D}_{\mathrm{eq}}^{i}\boldsymbol{C}_{\mathrm{D}}^{i}\\ \hat{\boldsymbol{\alpha}}_{\mathrm{Real}} &= \boldsymbol{I}_{\alpha}\boldsymbol{M}_{\mathrm{eq}}^{i}\boldsymbol{C}_{\mathrm{M}}^{i}\end{aligned}\right\}\tag{10.3-20}$$

式中：$\boldsymbol{I}_{\mathrm{h}}$、$\boldsymbol{I}_{\mathrm{p}}$、$\boldsymbol{I}_{\alpha}$——拱肋或主梁竖向、水平和扭转方向的影响函数矩阵；

$\boldsymbol{L}_{\mathrm{eq}}^{i}$、$\boldsymbol{D}_{\mathrm{eq}}^{i}$、$\boldsymbol{M}_{\mathrm{eq}}^{i}$——拱肋或主梁竖向、水平和扭转方向的荷载矩阵；

$\boldsymbol{C}_{\mathrm{L}}^{i}$、$\boldsymbol{C}_{\mathrm{D}}^{i}$、$\boldsymbol{C}_{\mathrm{M}}^{i}$——拱肋或主梁在竖向水平和扭转方向的组合系数向量。

于是，根据式(10.3-15)可以计算得到主梁竖向、水平和扭转方向的多目标等效静力风荷载 $\boldsymbol{F}_{\mathrm{Mul\_L}}^{\mathrm{eq}}$、$\boldsymbol{F}_{\mathrm{Mul\_D}}^{\mathrm{eq}}$、$\boldsymbol{F}_{\mathrm{Mul_M}}^{\mathrm{eq}}$分别为：

$$\left.\begin{aligned}\boldsymbol{F}_{\mathrm{Mul\_L}}^{\mathrm{eq}} &= \boldsymbol{F}_{\mathrm{eq\_L}}^{i}\boldsymbol{C}_{\mathrm{L}}^{i}\\ \boldsymbol{F}_{\mathrm{Mul\_D}}^{\mathrm{eq}} &= \boldsymbol{F}_{\mathrm{eq\_D}}^{i}\boldsymbol{C}_{\mathrm{D}}^{i}\\ \boldsymbol{F}_{\mathrm{Mul\_M}}^{\mathrm{eq}} &= \boldsymbol{F}_{\mathrm{eq\_M}}^{i}\boldsymbol{C}_{\mathrm{M}}^{i}\end{aligned}\right\}\tag{10.3-21}$$

第四节　多目标广义荷载—响应相关法

基于等效静力风荷载研究中的一种重要方法——荷载—响应相关法，结合桥梁结构有限元模型，从桥梁结构的整体响应出发，采用矩阵形式首先推导得到了广义荷载—响应相关法；然后，以广义荷载—响应相关法为基础，以桥梁结构的精确响应极值为等效目标，建立了多目标广义荷载—响应相关法，实现了桥梁风荷载的多目标静力等效。

一、荷载—响应相关法

荷载—响应相关法又称 LRC 法，是根据荷载和响应之间的关系，将结构的等效静力风荷载表达为峰值因子、荷载—响应相关系数和脉动风荷载根方差的乘积。为了最后建立广义荷载—响应相关法，首先以矩阵形式推导荷载—响应相关法表达式。

通常情况下，风荷载作用下结构第 i 节点处的任意瞬时响应 $R_i(t)$，可以分解为平均风产生的静力响应和脉动风产生的动力响应，即：

$$R_i(t) = \overline{R}_i + \hat{R}_i(t)\tag{10.4-1}$$

式中：$\overline{R}_i$——平均风荷载产生的静力响应，为一确定量，$\overline{R}_i = \boldsymbol{I}_i \overline{\boldsymbol{F}}$；

$\hat{R}_i(t)$——t 时刻脉动风荷载产生的动力响应，可表示为：

$$\hat{R}_i(t) = \boldsymbol{I}_i\boldsymbol{F}(t) \tag{10.4-2}$$

$\boldsymbol{I}_i$——响应 $R_i(t)$ 的影响线向量，$\boldsymbol{I}_i = [I_i^1 \quad \cdots \quad I_i^{\text{N\_node}}]$；

$\overline{\boldsymbol{F}}$、$\boldsymbol{F}(t)$——平均风荷载等效节点力列向量和 t 时刻脉动风荷载等效节点力列向量，$\overline{\boldsymbol{F}} = [\overline{F}_1 \quad \cdots \quad \overline{F}_{\text{N\_node}}]^{\mathrm{T}}$，$\boldsymbol{F}(t) = [F_1(t) \quad \cdots \quad F_{\text{N\_node}}(t)]^{\mathrm{T}}$。

对方程（10.4-2）的两边进行自相关运算，得：

$$\begin{aligned}
&E[\hat{R}_i(t)\hat{R}_i(t)] = E[\boldsymbol{I}_i\boldsymbol{F}(t)\boldsymbol{F}(t)^{\mathrm{T}}\boldsymbol{I}_i^{\mathrm{T}}]\\
&\Rightarrow E[\hat{R}_i(t)\hat{R}_i(t)] = \boldsymbol{I}_iE[\boldsymbol{F}(t)\hat{R}_i(t)]\\
&\Rightarrow \sigma_{\hat{R}_i}^2 = \boldsymbol{I}_i\boldsymbol{\sigma}_{F_k\hat{R}_i}^2 = \boldsymbol{I}_i[\rho_{F_k\hat{R}_i}\sigma_{F_k}]\sigma_{\hat{R}_i}\\
&\Rightarrow \sigma_{\hat{R}_i} = \boldsymbol{I}_i[\rho_{F_k\hat{R}_i}\sigma_{F_k}]
\end{aligned} \tag{10.4-3}$$

其中，$[\rho_{F_k\hat{R}_i}\sigma_{F_k}] = [\rho_{F_1\hat{R}_i}\sigma_{F_1} \quad \cdots \quad \rho_{F_{\text{N-node}}\hat{R}_i}\sigma_{F_{\text{N-node}}}]^{\mathrm{T}}$；$\rho_{F_k\hat{R}_i}$ 为脉动风荷载 $F_k(t)$ 的 RMS 值 σ_{F_k} 与脉动响应 $\hat{R}_i(t)$ 的 RMS 值 $\sigma_{\hat{R}_i}$ 的相关系数，$k = 1,2,\cdots,\text{N\_node}$；N_node 为结构的节点数量；符号 $E(\cdot)$ 表示自相关运算；符号⇒表示公式递推。

假设脉动风荷载为零均值的平稳高斯过程，根据极值理论，结构第 i 节点处的脉动风响应极值 $\hat{R}_i$ 可以表示为：

$$\hat{R}_i = g\sigma_{\hat{R}_i} \tag{10.4-4}$$

其中，峰值因子 g 的表达式见式（10.1-2），其研究概况可参见文献[40]。由于《公路桥梁抗风设计规范》（JTG/T D60-01—2004）[42] 的平均风时距 T 取 600s，与 Eurocode 1 的规定相同。根据 Eurocode 1 的建议，计算中可以近似取 $g = 3.5$。

于是，风荷载作用下结构第 i 节点处的极值响应 R_i 为：

$$\begin{aligned}
R_i &= \overline{R}_i + \hat{R}_i\\
&= \boldsymbol{I}_i\overline{\boldsymbol{F}} + g\sigma_{\hat{R}_i}\\
&= \boldsymbol{I}_i\overline{\boldsymbol{F}} + g\boldsymbol{I}_i[\rho_{F_k\hat{R}_i}\sigma_{F_k}]\\
&= \boldsymbol{I}_i(\overline{\boldsymbol{F}} + g[\rho_{F_k\hat{R}_i}\sigma_{F_k}])\\
&= \boldsymbol{I}_i\boldsymbol{F}_{\text{eq}}^{\text{total}}
\end{aligned} \tag{10.4-5}$$

式中：$\boldsymbol{F}_{\text{eq}}^{\text{total}}$——总等效静风荷载向量，包含平均风荷载。

由式（10.4-5）得结构的总等效静风荷载为：

$$\boldsymbol{F}_{\text{eq}}^{\text{total}} = \overline{\boldsymbol{F}} + \boldsymbol{F}^{\text{eq}} = \overline{\boldsymbol{F}} + g[\rho_{F_k\hat{R}_i}\sigma_{F_k}] \tag{10.4-6}$$

如果不考虑平均风荷载 $\overline{\boldsymbol{F}}$，则采用 LRC 法得到的等效静力风荷载 $\boldsymbol{F}^{\text{eq}}$（以下讨论均不考虑平均风荷载）可表示为：

$$\boldsymbol{F}^{\text{eq}} = g[\rho_{F_k\hat{R}_i}\sigma_{F_k}] \Leftrightarrow \begin{bmatrix} F_1^{\text{eq}}\\ \vdots \\ F_{\text{N\_node}}^{\text{eq}} \end{bmatrix} = g\begin{bmatrix} \rho_{F_1\hat{R}_i}\sigma_{F_1}\\ \vdots \\ \rho_{F_{\text{N\_node}}\hat{R}_i}\sigma_{F_{\text{N\_node}}} \end{bmatrix} \tag{10.4-7}$$

式中，符号⇔表示公式的等价转换。

式(10.4-7)即为 LRC 法表达式。通过上述推导可以发现，以响应 $\hat{R}_i$ 为等效目标，采用 LRC 法计算出的等效静力风荷载是唯一的。

其中，荷载—响应相关系数 $\rho_{F_k\hat{R}_i}$ 可以按照下式计算：

$$\rho_{F_k\hat{R}_i}=\frac{\boldsymbol{\sigma}^2_{F_kF_1}I^1_i+\cdots+\boldsymbol{\sigma}^2_{F_kF_{\mathrm{N\_node}}}I^{\mathrm{N\_node}}_i}{\boldsymbol{\sigma}_{F_k}\boldsymbol{\sigma}_{\hat{R}_i}}=\frac{\left[\boldsymbol{\sigma}^2_{F_kF_1}\quad\cdots\quad\boldsymbol{\sigma}^2_{F_kF_{\mathrm{N\_node}}}\right]\boldsymbol{I}^{\mathrm{T}}_i}{\boldsymbol{\sigma}_{F_k}\quad\sqrt{\boldsymbol{I}_i\boldsymbol{\sigma}^2_{F_iF_j}\boldsymbol{I}^{\mathrm{T}}_i}}\tag{10.4-8}$$

式中：$\boldsymbol{\sigma}^2_{F_iF_j}$——脉动风荷载节点力向量 $\boldsymbol{F}(t)$ 的协方差矩阵。

$$\boldsymbol{\sigma}^2_{F_iF_j}=\begin{bmatrix}\sigma^2_{F_1F_1} & \cdots & \sigma^2_{F_1F_{\mathrm{N\_node}}}\\ \vdots & \ddots & \vdots\\ \sigma^2_{F_{\mathrm{N\_node}}F_1} & \cdots & \sigma^2_{F_{\mathrm{N\_node}}F_{\mathrm{N\_node}}}\end{bmatrix}$$

LRC 法表达式示意图如图 10.4-1 所示。

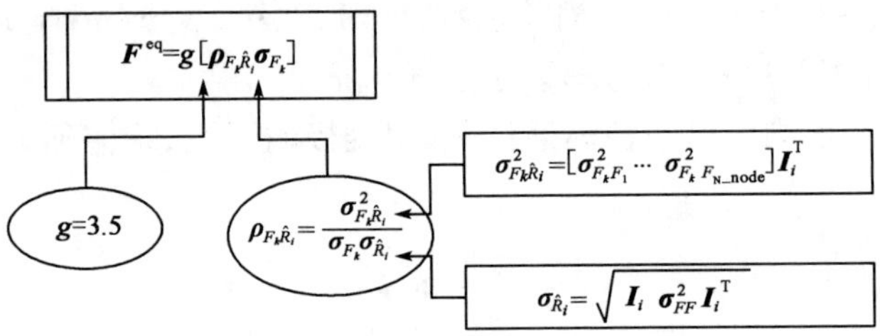

图 10.4-1　荷载—响应相关法表达式示意图

二、广义荷载—响应相关法

从上面的推导可以发现，LRC 法是以结构第 i 节点某一种我们关注的响应 R_i 为等效目标推导得到，且按照该方法计算得到的等效静力风荷载具有唯一性。下面将以结构的有限元模型为基础，以结构的某一响应为等效目标，采用矩阵形式对 LRC 法进行拓展。

风荷载作用下，结构在 t 时刻的整体响应 $\boldsymbol{R}(t)$ 可表达为平均风产生的静力响应和脉动风产生的动力响应的合成，即：

$$\boldsymbol{R}(t)=\overline{\boldsymbol{R}}+\hat{\boldsymbol{R}}(t)\tag{10.4-9}$$

式中：$\overline{\boldsymbol{R}}$——平均风荷载产生的静力响应，为一确定的列向量，$\overline{\boldsymbol{R}}=\boldsymbol{I}\,\overline{\boldsymbol{F}}$；

$\hat{\boldsymbol{R}}(t)$——t 时刻脉动风荷载产生的动力响应列向量，可表示为：

$$\hat{\boldsymbol{R}}(t)=\boldsymbol{I}\,\boldsymbol{F}(t)\tag{10.4-10}$$

$\boldsymbol{I}$——响应 $\boldsymbol{R}(t)$ 对应的影响面矩阵。

$$\boldsymbol{I}=\begin{bmatrix}I^1_1 & \cdots & I^{\mathrm{N\_node}}_1\\ \vdots & \ddots & \vdots\\ I^1_{\mathrm{N\_node}} & \cdots & I^{\mathrm{N\_node}}_{\mathrm{N\_node}}\end{bmatrix}$$

对方程(10.4-10)两侧进行自相关运算,可得动力响应极值向量 $\hat{\boldsymbol{R}}$ 的协方差矩阵,即:

$$\begin{aligned}&E[\hat{\boldsymbol{R}}(t)\hat{\boldsymbol{R}}(t)^{\mathrm{T}}]=E[\boldsymbol{I}\,\boldsymbol{F}(t)\boldsymbol{F}(t)^{\mathrm{T}}\boldsymbol{I}^{\mathrm{T}}]\\&\Rightarrow E[\hat{\boldsymbol{R}}(t)\hat{\boldsymbol{R}}(t)^{\mathrm{T}}]=\boldsymbol{I}E[\boldsymbol{F}(t)\hat{\boldsymbol{R}}(t)^{\mathrm{T}}]\\&\Rightarrow\boldsymbol{\sigma}^2_{\hat{R}_i\hat{R}_j}=\boldsymbol{I}\boldsymbol{\sigma}^2_{F_i\hat{R}_j}\end{aligned}\tag{10.4-11}$$

式中:$\boldsymbol{\sigma}^2_{\hat{R}_i\hat{R}_j}$——脉动风荷载引起的动力响应极值向量 $\hat{\boldsymbol{R}}(t)$ 的协方差矩阵。

$$\boldsymbol{\sigma}^2_{\hat{R}_i\hat{R}_j}=\begin{bmatrix}\sigma^2_{\hat{R}_1\hat{R}_1}&\cdots&\sigma^2_{\hat{R}_1\hat{R}_{\mathrm{N\_node}}}\\\vdots&\ddots&\vdots\\\sigma^2_{\hat{R}_{\mathrm{N\_node}}\hat{R}_1}&\cdots&\sigma^2_{\hat{R}_{\mathrm{N\_node}}\hat{R}_{\mathrm{N\_node}}}\end{bmatrix}$$

将式(10.4-11)的右端项改写为如下形式:

$$\boldsymbol{\sigma}^2_{F_i\hat{R}_j}=[\rho_{F_i\hat{R}_j}\sigma_{F_i}\sigma_{\hat{R}_j}]\tag{10.4-12}$$

式中: $\boldsymbol{\sigma}^2_{F_i\hat{R}_j}$——脉动风荷载向量 $\boldsymbol{F}(t)$ 和脉动风作用下的结构动力极值响应向量 $\hat{\boldsymbol{R}}(t)$ 之间的协方差矩阵;

$$\boldsymbol{\sigma}^2_{F_i\hat{R}_j}=\begin{bmatrix}\sigma^2_{F_1\hat{R}_1}&\cdots&\sigma^2_{F_1\hat{R}_{\mathrm{N\_node}}}\\\vdots&\ddots&\vdots\\\sigma^2_{F_{\mathrm{N\_node}}\hat{R}_1}&\cdots&\sigma^2_{F_{\mathrm{N\_node}}\hat{R}_{\mathrm{N\_node}}}\end{bmatrix}$$

$[\rho_{F_i\hat{R}_j}\sigma_{F_i}\sigma_{\hat{R}_j}]$——$\boldsymbol{\sigma}^2_{F_i\hat{R}_j}$采用相关系数时的表达式。

$$[\rho_{F_i\hat{R}_j}\sigma_{F_i}\sigma_{\hat{R}_j}]=\begin{bmatrix}\rho_{F_1\hat{R}_1}\sigma_{F_1}\sigma_{\hat{R}_1}&\cdots&\rho_{F_1\hat{R}_{\mathrm{N\_node}}}\sigma_{F_1}\sigma_{\hat{R}_{\mathrm{N\_node}}}\\\vdots&\ddots&\vdots\\\rho_{F_{\mathrm{N\_node}}\hat{R}_1}\sigma_{F_{\mathrm{N\_node}}}\sigma_{\hat{R}_1}&\cdots&\rho_{F_{\mathrm{N\_node}}\hat{R}_{\mathrm{N\_node}}}\sigma_{F_{\mathrm{N\_node}}}\sigma_{\hat{R}_{\mathrm{N\_node}}}\end{bmatrix}$$

将式(10.4-12)代入式(10.4-11)中,得:

$$\begin{aligned}&\boldsymbol{\sigma}^2_{\hat{R}_i\hat{R}_j}=\boldsymbol{I}[\rho_{F_i\hat{R}_j}\sigma_{F_i}\sigma_{\hat{R}_j}]\\&\Rightarrow[\rho_{\hat{R}_i\hat{R}_j}\sigma_{\hat{R}_i}\sigma_{\hat{R}_j}]=\boldsymbol{I}[\rho_{F_i\hat{R}_j}\sigma_{F_i}\sigma_{\hat{R}_j}]\\&\Rightarrow(\boldsymbol{\sigma}_{\hat{R}}\boldsymbol{\sigma}_{\hat{R}}^{\mathrm{T}})\boldsymbol{\rho}_{\hat{R}_i\hat{R}_j}=\boldsymbol{I}(\boldsymbol{\sigma}_F\boldsymbol{\sigma}_{\hat{R}}^{\mathrm{T}}\boldsymbol{\rho}_{F_i\hat{R}_j})\end{aligned}\tag{10.4-13}$$

式中:$\boldsymbol{\rho}_{\hat{R}_i\hat{R}_j}$——响应之间的相关系数矩阵;

$\boldsymbol{\rho}_{F_i\hat{R}_j}$——风荷载向量 $\boldsymbol{F}(t)$ 与极值响应向量 $\hat{\boldsymbol{R}}(t)$ 之间的相关系数矩阵。

根据方程(10.4-13)两侧对应元素相等的原则,可得:

$$\sigma^2_{\hat{R}_i\hat{R}_j}=\boldsymbol{I}_i[\rho_{F\hat{R}_j}\sigma_F]\sigma_{\hat{R}_j}\tag{10.4-14}$$

同时注意到,$\sigma^2_{\hat{R}_i\hat{R}_j}$可表示为相关系数的形式:

$$\sigma^2_{\hat{R}_i\hat{R}_j}=\rho_{\hat{R}_i\hat{R}_j}\sigma_{\hat{R}_i}\sigma_{\hat{R}_j}\tag{10.4-15}$$

根据式(10.4-14)和式(10.4-15),可得脉动风作用下结构第 i 节点的动力响应根方

差 $\sigma_{\hat{R}_i}$:

$$\begin{gathered}\rho_{\hat{R}_i\hat{R}_j}\sigma_{\hat{R}_i}\sigma_{\hat{R}_j}=\boldsymbol{I}_i[\rho_{F\hat{R}_j}\sigma_F]\sigma_{\hat{R}_j}\\ \Rightarrow\sigma_{\hat{R}_i}=\boldsymbol{I}_i[\rho_{F\hat{R}_j}\sigma_F]\frac{1}{\rho_{\hat{R}_i\hat{R}_j}}\end{gathered}\tag{10.4-16}$$

于是,脉动风荷载作用下结构第 i 节点的动力极值响应 $\hat{R}_i$ 可以表示为:

$$\hat{R}_i=g\sigma_{\hat{R}_i}=g\boldsymbol{I}_i[\rho_{F_k\hat{R}_j}\sigma_{F_k}]\frac{1}{\rho_{\hat{R}_i\hat{R}_j}}=\boldsymbol{I}_i\boldsymbol{F}^{\text{eq}}\tag{10.4-17}$$

以结构第 i 节点的动力响应极值 $\hat{R}_i$ 为等效目标,对应的等效静力风荷载为:

$$\begin{gathered}\boldsymbol{F}^{\text{eq}}=g[\rho_{F_k\hat{R}_j}\sigma_{F_k}]\frac{1}{\rho_{\hat{R}_i\hat{R}_j}}\\ \Leftrightarrow\begin{bmatrix}F_1^{\text{eq}}\\ \vdots\\ F_{\text{N\_node}}^{\text{eq}}\end{bmatrix}=g\begin{bmatrix}\rho_{F_1\hat{R}_j}\sigma_{F_1}\\ \vdots\\ \rho_{F_{\text{N\_node}}\hat{R}_j}\sigma_{F_{\text{N\_node}}}\end{bmatrix}\frac{1}{\rho_{\hat{R}_i\hat{R}_j}}\end{gathered}\tag{10.4-18}$$

式(10.4-18)即为广义荷载—响应相关法表达式(General Load Response Coorelation),简记为GLRC[57]。与 LRC 法相比,GLRC 法表达式包含了响应之间的相关系数 $\rho_{\hat{R}_i\hat{R}_j}$。当取 $j=i$ 时,$\rho_{\hat{R}_i\hat{R}_i}=1$,式(10.4-18)退化为与 LRC 法表达式(10.4-7)完全相同。需要注意的是,当第 i 节点的响应极值 $\hat{R}_i$ 与第 j 节点的响应极值 $\hat{R}_j$ 不相关时,相关系数 $\rho_{\hat{R}_i\hat{R}_j}$等于 0,使得 $1/\rho_{\hat{R}_i\hat{R}_j}$趋近于无穷,此时等效静力风荷载 $\boldsymbol{F}^{\text{eq}}$失去了意义。可知,式(10.4-18)不适用于$\rho_{\hat{R}_i\hat{R}_j}=0$的情况,故以下讨论均指 $\rho_{\hat{R}_i\hat{R}_j}\neq 0$。GLRC 法表达式示意如图 10.4-2 所示。

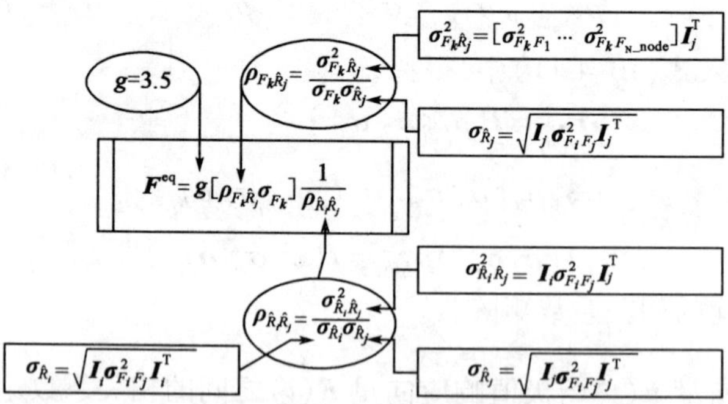

图 10.4-2 广义荷载—响应相关法表达式示意

三、多目标广义相关方法

上面分别推导了 LRC 法表达式(10.4-7)和 GLRC 法表达式(10.4-18),根据荷载—响应之间的关系得:

$$\hat{\boldsymbol{R}}^{I\_i}_{\text{Basic}}=\boldsymbol{I}\boldsymbol{F}^{\text{eq\_}i}_{\text{Basic}}=g\boldsymbol{I}[\rho_{F\hat{R}_i}\sigma_F]\tag{10.4-19}$$

$$\hat{\boldsymbol{R}}_{\text{General}}^{l\_j}=\boldsymbol{I}\boldsymbol{F}_{\text{General}}^{\text{eq}\_j}=g\boldsymbol{I}[\rho_{F\hat{R}_i}\sigma_F]\frac{1}{\rho_{\hat{R}_j\hat{R}_i}} \tag{10.4-20}$$

式中：$\boldsymbol{F}_{\text{Basic}}^{\text{eq}\_i}$——按照 LRC 法，根据第 i 节点响应等效计算得到的等效静力风荷载向量；

$\hat{\boldsymbol{R}}_{\text{Basic}}^{l\_i}$——静力荷载 $\boldsymbol{F}_{\text{Basic}}^{\text{eq}\_i}$ 产生的响应；

$\boldsymbol{F}_{\text{General}}^{\text{eq}\_j}$——按照 GLRC 法，根据第 j 节点响应等效计算得到的等效静力风荷载向量；

$\hat{\boldsymbol{R}}_{\text{General}}^{l\_j}$——静力荷载 $\boldsymbol{F}_{\text{General}}^{\text{eq}\_j}$ 产生的响应。

由于脉动响应之间的相关系数 $0\leqslant|\rho_{\hat{R}_j\hat{R}_i}|\leqslant1$，比较式（10.4-19）和式（10.4-20）得：

$$\boldsymbol{I}\boldsymbol{F}_{\text{Basic}}^{\text{eq}\_i}=g\boldsymbol{I}[\rho_{F\hat{R}_i}\sigma_F]\leqslant g\boldsymbol{I}[\rho_{F\hat{R}_i}\sigma_F]\frac{1}{\rho_{\hat{R}_j\hat{R}_i}}=\boldsymbol{I}\boldsymbol{F}_{\text{General}}^{\text{eq}\_j} \tag{10.4-21}$$

即

$$\hat{\boldsymbol{R}}_{\text{General}}^{l\_j}=\hat{\boldsymbol{R}}_{\text{Basic}}^{l\_i}\frac{1}{\rho_{\hat{R}_j\hat{R}_i}}\geqslant\hat{\boldsymbol{R}}_{\text{Basic}}^{l\_i} \tag{10.4-22}$$

按照 LRC 法计算得到的响应为背景响应，通常情况下小于按照随机振动理论计算得到的结构总响应，即存在如下关系：

$$\hat{\boldsymbol{R}}_{\text{Basic}}^{l\_i}<\hat{\boldsymbol{R}}_{\text{Real}}^{l} \tag{10.4-23}$$

式中：$\hat{\boldsymbol{R}}_{\text{Real}}^{l}$——按照随机振动理论计算得到的精确响应。

式（10.4-23）表明，将 LRC 法得到的等效静力风荷载作用在结构上，所产生的响应总是小于按照随机振动理论计算得到的精确响应。所以，对于共振响应不可忽略的结构，使用 LRC 法计算得到的等效静力风荷载是偏于危险的。比较式（10.4-22）和式（10.4-23）可以发现，将 GLRC 法得到的等效静力风荷载作用在结构上，所产生的响应要大于 LRC 法得到的响应。这也从理论上说明了，对于共振响应不可忽略的结构，采用 GLRC 法计算其响应的可行性是存在的。观察 GLRC 法表达式（10.4-18）发现，以结构第 i 节点的动力响应极值 $\hat{R}_i$ 为等效目标的等效静力风荷载有 m 个，如果各响应之间均相关，则 $m=\text{N\_node}$，即存在与节点数量 N_node 相同的等效静力风荷载分布形式。以 $n(1\leqslant n\leqslant m)$ 个等效静力风荷载为基本向量，以结构的精确响应为等效目标，建立如下关系：

$$\hat{\boldsymbol{R}}_{\text{Real}}^{l}=\boldsymbol{I}\boldsymbol{F}^{\text{eq}\_ij}\boldsymbol{C}_F \tag{10.4-24}$$

式中

$$\boldsymbol{F}^{\text{eq}\_ij}=\begin{bmatrix}F_1^{\text{eq}\_i1} & \cdots & F_1^{\text{eq}\_in}\\ \vdots & \ddots & \vdots\\ F_{\text{N\_node}}^{\text{eq}\_i1} & \cdots & F_{\text{N\_node}}^{\text{eq}\_in}\end{bmatrix}=g\begin{bmatrix}\dfrac{\rho_{F_1\hat{R}_1}\sigma_{F_1}}{\rho_{\hat{R}_i\hat{R}_1}} & \cdots & \dfrac{\rho_{F_1\hat{R}_n}\sigma_{F_1}}{\rho_{\hat{R}_i\hat{R}_n}}\\ \vdots & \ddots & \vdots\\ \dfrac{\rho_{F_{\text{N\_node}}\hat{R}_1}\sigma_{F_{\text{N\_node}}}}{\rho_{\hat{R}_i\hat{R}_1}} & \cdots & \dfrac{\rho_{F_{\text{N\_node}}\hat{R}_n}\sigma_{F_{\text{N\_node}}}}{\rho_{\hat{R}_i\hat{R}_n}}\end{bmatrix}$$

其中，$\boldsymbol{F}^{\text{eq-}ij}$ 为以结构第 i 节点动力响应极值 $\hat{R}_i$ 为等效目标时，按照 GLRC 法计算得到的 n 个等

效静力风荷载组成的荷载矩阵，$j=1,2,\cdots,n$；$\hat{\boldsymbol{R}}_{\text{Real}}^{I}$为按照随机振动理论计算得到的精确响应，是一列向量，在实际工程中该目标响应可以根据结构设计的需要选择任意一种，如位移、弯矩、剪力、轴力等；$\boldsymbol{C}_F$ 为等效静力风荷载矩阵 $\boldsymbol{F}^{\text{eq_}ij}$的组合系数向量，也是一列向量。

如果荷载矩阵 $\boldsymbol{F}^{\text{eq_}ij}$为一满秩矩阵，则组合系数向量 $\boldsymbol{C}_F$ 可以表示为：

$$\boldsymbol{C}_F = (\boldsymbol{F}^{\text{eq\_}ij})^{-1}\boldsymbol{I}^{-1}\hat{\boldsymbol{R}}_{\text{Real}}^{I} \tag{10.4-25}$$

式中，上标 -1 表示对矩阵求逆；$\boldsymbol{I}^{-1}$实际上是响应 R 对应的广义刚度矩阵。

于是，多目标等效静力风荷载可表示为：

$$\boldsymbol{F}_{\text{Mul}}^{\text{eq}} = \boldsymbol{F}^{\text{eq\_}ij}\boldsymbol{C}_F = \boldsymbol{F}^{\text{eq\_}ij}(\boldsymbol{F}^{\text{eq\_}ij})^{-1}\boldsymbol{I}^{-1}\hat{\boldsymbol{R}}_{\text{Real}}^{I} = \boldsymbol{I}^{-1}\hat{\boldsymbol{R}}_{\text{Real}}^{I} \tag{10.4-26}$$

式中，$\boldsymbol{F}_{\text{Mul}}^{\text{eq}}$为多目标等效静力风荷载向量，是一列向量。

如果荷载矩阵 $\boldsymbol{F}^{\text{eq_}ij}$的秩小于节点的数量 N_node，则 $\boldsymbol{F}^{\text{eq_}ij}$不存在逆矩阵，$\boldsymbol{C}_F$ 只能得到最小二乘解，则式(10.4-26)变为如下形式：

$$\boldsymbol{F}_{\text{Mul}}^{\text{eq}} = \boldsymbol{F}^{\text{eq\_}ij}\boldsymbol{C}_F \approx \boldsymbol{I}^{-1}\hat{\boldsymbol{R}}_{\text{Real}}^{I} \tag{10.4-27}$$

$\boldsymbol{F}_{\text{Mul}}^{\text{eq}}$的计算精度取决于荷载矩阵 $\boldsymbol{F}^{\text{eq_}ij}$的选择。需要注意的是，此处的等效静力风荷载针对结构的任意一种响应，如位移、弯矩、剪力等；多目标是指该静力荷载可以实现该响应极值在多点与精确响应极值相等或近似相等。由于该方法以 GLRC 法为基础，且考虑了结构多个节点的响应等效，故称为多目标广义荷载—响应相关法(Multi-target General Load Response Correlation)，简称 MGLRC 法[57]。

第五节　单目标和多目标方法比较

下面将分别以理想平板简支梁桥和广州新光大桥为例，说明多目标广义荷载—响应相关法的应用，并对单目标和多目标方法进行比较。

一、理想平板简支梁桥

由于理想薄平板截面的气动力存在理论表达式，首先以理想平板简支梁桥为例，验证上述方法的正确性和有效性。该简支梁桥长 $L=300\text{m}$，主梁宽 $B=40\text{m}$，两端扭转自由度均固定。简支梁桥主梁的竖向弯曲、横向弯曲和扭转刚度分别为：$EI_z=2.1\times10^6\text{MPa}\cdot\text{m}^4$，$EI_y=1.8\times10^7\text{MPa}\cdot\text{m}^4$，$GI_t=4.1\times10^5\text{MPa}\cdot\text{m}^4$。主梁每延米的质量 $m_{\text{beam}}=20\,000\text{kg/m}$，质量惯性矩 $I_{\text{m}}=4.5\times10^6\text{kg}\cdot\text{m}^2/\text{m}$。抖振计算中，取空气密度 $\rho=1.225\text{kg/m}^3$，结构各阶模态阻尼比均假设为 0.005。

采用离散结构的有限单元法建立简支梁桥有限元模型，理想薄平板断面主梁采用空间梁单元模拟，整个简支梁桥划分成 30 个单元。取结构的弹性模量 $E=2.06\times10^5\text{MPa}$，切变模量 $G=0.79\times10^5\text{MPa}$。有限元模型的边界条件为：左端约束 UX、UY、UZ 和 Rot$X$；右端约束 UY、UZ 和 Rot$X$。其中，X 方向为顺桥向，Y 方向为竖向，Z 方向为横桥向。采用一致质量矩阵进行无阻尼条件下的结构动力特性分析，将计算得到的前 50 阶振型作为结构抖振计算的参与振型，其中前 10 阶振型见表 10.5-1。

理想平板简支梁桥动力特性　　　表 10.5-1

振型序号	频率(Hz)	振型描述	振型序号	频率(Hz)	振型描述
1	0.178 6	一阶正对称竖弯	6	1.515 4	二阶正对称扭转
2	0.503 3	一阶正对称扭转	7	1.591 2	二阶正对称竖弯
3	0.517 9	一阶正对称侧弯	8	1.761 4	轴向变形
4	0.711 7	一阶反对称竖弯	9	2.007 6	一阶反对称侧弯
5	1.008 0	一阶反对称扭转	10	2.027 0	二阶反对称扭转

作用在理想薄平板上的自激气动力采用 Theodorson 函数[59]表示为：$C(k)=F(k)+iG(k)$，可用 R T Jones 的近似表达式[60]：

$$\left.\begin{aligned} F(k) &= 1-\frac{0.165}{1+\left(\dfrac{0.045\,5}{k}\right)^2}-\frac{0.335}{1+\left(\dfrac{0.03}{k}\right)^2} \\ G(k) &= -\frac{0.165\times\dfrac{0.045\,5}{k}}{1+\left(\dfrac{0.045\,5}{k}\right)^2}-\frac{0.335\times\dfrac{0.03}{k}}{1+\left(\dfrac{0.03}{k}\right)^2} \end{aligned}\right\} \tag{10.5-1}$$

式中：k——无量纲折减频率，$k=\dfrac{\omega b}{U}=\dfrac{K}{2}$。

理想薄平板的颤振导数 H_i^* 和 A_i^*（$i=1\sim4$）可从式(10.5-1)中确定：

$$\left.\begin{aligned} 4H_1^* &= \frac{-2\pi F}{k} & 8H_2^* &= \frac{-\pi}{k}\left(1+F+\frac{2G}{k}\right) \\ 8H_3^* &= \frac{-2\pi}{k^2}\left(F-\frac{kG}{2}\right) & 4H_4^* &= 2\pi\left(\frac{1}{2}+\frac{G}{k}\right) \\ 8A_1^* &= \frac{\pi F}{k} & 16A_2^* &= \frac{\pi}{k}\left(\frac{G}{k}+\frac{F-1}{2}\right) \\ 16A_3^* &= \frac{\pi}{k^2}\left(F-\frac{kG}{2}+\frac{k^2}{8}\right) & 8A_4^* &= \frac{-\pi G}{k} \end{aligned}\right\} \tag{10.5-2}$$

通过式(10.5-2)计算得到理想薄平板断面的颤振导数如图 10.5-1 所示。

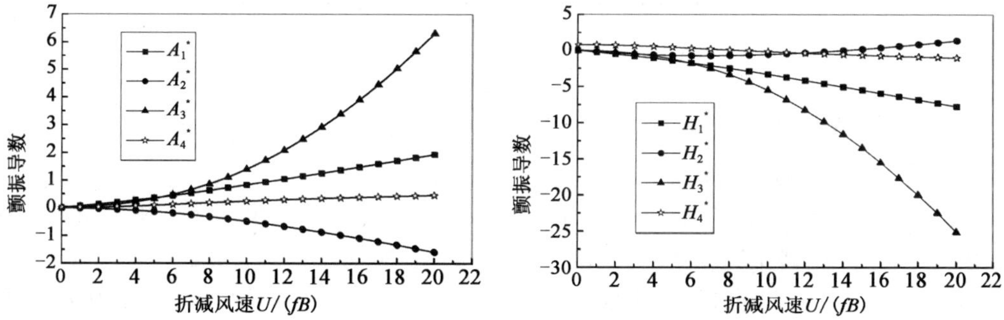

图 10.5-1　理想薄平板断面的颤振导数

其他颤振导数，采用拟静力理论求得[61]：

$$\left.\begin{aligned}&P_1^* = -\frac{1}{K}C_D \quad P_2^* = -\frac{1}{8K}(C'_D - C_L) \quad P_3^* = \frac{1}{2K^2}C'_D\\&P_5^* = \frac{1}{2K}(C'_D - C_L) \quad H_5^* = \frac{1}{K}C_L \quad A_5^* = -\frac{1}{K}C_M\\&P_4^* = P_6^* = H_6^* = A_6^* = 0\end{aligned}\right\} \tag{10.5-3}$$

为了进行耦合抖振分析得到抖振力功率谱密度矩阵和气动频响传递函数矩阵，理想薄平板断面在零度风攻角下的气动参数[61]分别假设为：$C_L = 0.0942$，$C_D = 0.3230$，$C_M = 0.0104$，$dC_L/d\alpha = 1.905$，$dC_D/d\alpha = 0.0$ 和 $dC_M/d\alpha = 0.2717$，此处三分力系数的变化率均以弧度为单位计算给出。主梁断面离地面高度取 $z = 60$m，桥面高度处的风速为 $U_{60} = 40$m/s，地面粗糙长度按照 A 类地貌取为 $z_0 = 0.01$m。抖振计算中气动导纳采用 Sears 函数，主梁计算宽度为 $B = 40$m。

抖振计算中同时考虑水平和竖向脉动风作用。其中，水平脉动风谱 $S_{uu}(n)$ 选用随高度变化的 Kaimal 谱[62]；竖向脉动风谱 $S_{ww}(n)$ 选用 Lumley-Panofsky 修正风谱[63]；交叉风谱仅考虑适合工程应用的余谱 $C_{uw}(n)$。脉动风的空间相关性采用《公路桥梁抗风设计规范》(JTG/T D60-01—2004)[42]建议的形式，风场相关系数偏安全地取 $\lambda = 7$。抖振响应的积分频率范围为 0.002 ~ 2.5Hz，频率间隔为 0.002Hz。

使用上述参数，按照耦合抖振理论[64~67]计算理想平板简支梁桥的抖振响应，考虑结构前 50 阶振型的抖振位移响应 RMS 值如图 10.5-2 所示。

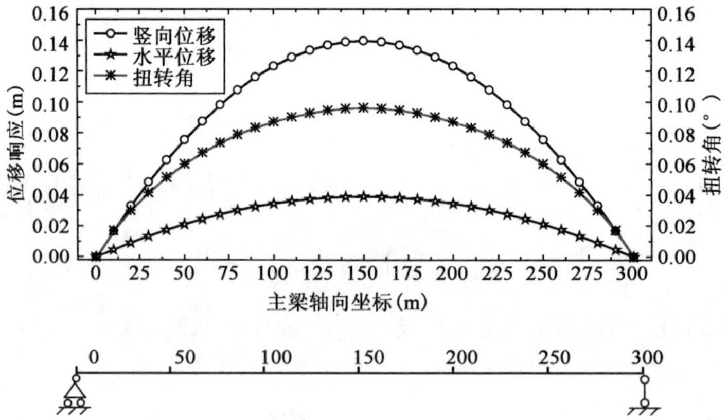

图 10.5-2　简支梁桥抖振位移响应 RMS 值(50 阶振型)

1. 广义荷载—响应相关法验证

图 10.5-2 表明，脉动风荷载作用下，简支梁桥抖振位移响应最大值均发生在主梁跨中位置处。下面将以主梁跨中扭转位移响应为例，验证 GLRC 法的正确性。在本例中，由于采用两种方法得到的竖向和水平位移响应的差别不明显，此处不再给出。取峰值因子 $g = 3.5$，根据式(10.4-7)和式(10.4-18)可以分别得到 LRC 法和 GLRC 法计算出的等效静力风荷载，如图 10.5-3所示。图中，LRC 广义表达式给出的等效静力风荷载分别对应响应相关系数 $\rho_{\hat{R}_i\hat{R}_j}$ 取 $j = 10$m、80m、150m、220m、290m，$i = 150$m 时的荷载分布形式。其中，i 为主梁轴向坐标等于 150m 时的节点，即跨中节点，也是响应等效节点。图 10.5-3 表明，针对相同的等效目标，采用

GLRC 法可以得到多个不同的等效静力风荷载分布形式。

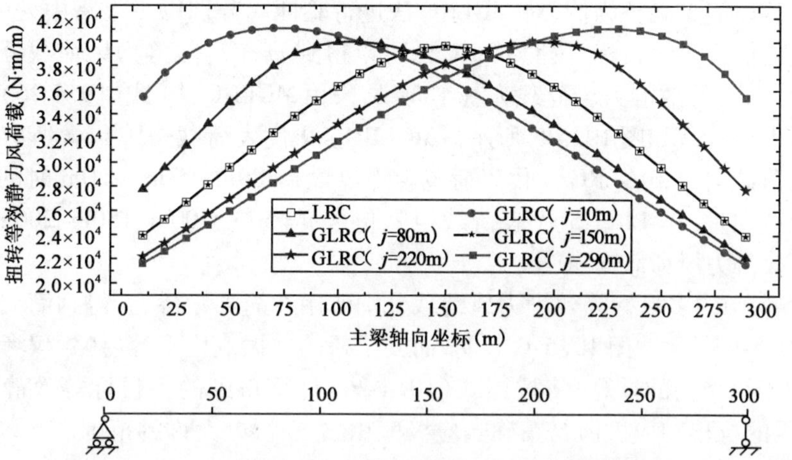

图 10.5-3　简支梁桥跨中扭转位移响应极值等效静力风荷载

将图 10.5-3 中的等效静力风荷载作用在简支梁上,得主梁扭转位移响应极值如图 10.5-4 所示。图 10.5-4 表明,将 GLRC 法得到的多个不同等效静力风荷载作用在结构上,在等效节点处(跨中)产生的响应完全相同,且等于跨中处的背景响应。LRC 法计算得到的等效静力风荷载只是 GLRC 法中的一种。图 10.5-3 和图 10.5-4 充分证明了 GLRC 法的正确性。其中,背景响应 $\boldsymbol{R}_{\mathrm{b}}$ 按照下式求解:

$$\boldsymbol{R}_{\mathrm{b}} = g\boldsymbol{\sigma}_{R_{\mathrm{b}}} = g\sqrt{\boldsymbol{\sigma}^2_{\hat{R}_i\hat{R}_j}} \tag{10.5-4}$$

式中:g——峰值因子,$g=3.5$;

$\boldsymbol{\sigma}_{R_{\mathrm{b}}}$——背景响应的 RMS 值向量;

$\boldsymbol{\sigma}^2_{\hat{R}_i\hat{R}_j}$——背景响应协方差矩阵,可表达为:

$$\boldsymbol{\sigma}^2_{\hat{R}_i\hat{R}_j} = \boldsymbol{I}\boldsymbol{\sigma}^2_{F_iF_j}\boldsymbol{I}^{\mathrm{T}} = \boldsymbol{I}\left[\int \boldsymbol{S}_{F_iF_j}(\omega)\,\mathrm{d}\omega\right]\boldsymbol{I}^{\mathrm{T}}$$

$\boldsymbol{I}$——响应 $\boldsymbol{R}_{\mathrm{b}}$ 对应的影响函数矩阵;

$\boldsymbol{S}_{F_iF_j}$——脉动风荷载功率谱密度矩阵。

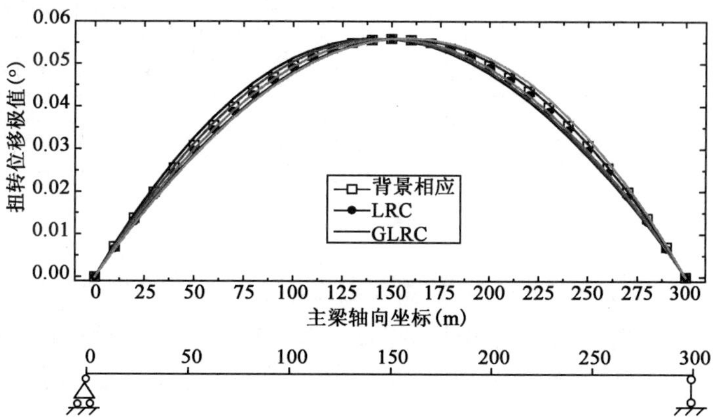

图 10.5-4　简支梁桥抖振位移响应极值

2. 多目标广义荷载—响应相关法验证

下面将继续以简支梁桥为例，对 MGLRC 法进行验证。分别以主梁跨中处的竖向、水平和扭转位移响应极值为等效目标，按照 GLRC 法可以得到 m 个等效静力风荷载分布。然后以其中的 $n(1\leqslant n\leqslant m)$ 个等效静力风荷载为基本向量，采用 MGLRC 法[式(10.4-26)]，得到最终的多目标等效静力风荷载如图 10.5-5 所示。MGLRC_all 代表荷载矩阵包含所有的 m 个 GLRC 法等效静力风荷载向量；MGLRC_3 代表荷载矩阵包含 $j=80\text{m}$、150m、220m 时的 3 个 GLRC 法等效静力风荷载向量；MGLRC_5 代表荷载矩阵包含 $j=50\text{m}$、100m、150m、200m、250m 时的 5 个 GLRC 法等效静力风荷载向量。

将图 10.5-5 中的多目标等效静力风荷载分别作用在简支梁桥上，得到简支梁桥的位移响应极值如图 10.5-6 所示。图 10.5-6 表明，简支梁桥的共振响应不容忽略，仅考虑背景响应的 LRC 法不适用于该结构的计算；将按照式(10.4-26)计算得到的多目标等效静力风荷载作用在结构上，产生的位移响应极值与精确响应极值相比，在误差允许的范围内可以认为相等。其中，精确响应为如图 10.5-2 中的位移响应 RMS 值与峰值因子 $g=3.5$ 的乘积。

取跨中和四分点处的响应极值计算值与精确值进行比较，如表 10.5-2 所示。按照 LRC 法计算得到的响应极值明显偏小，主梁跨中处的扭转角误差高达 83.4%。当荷载矩阵取包含 3 个等效风荷载基本向量时，MGLRC_3 在控制点处产生的响应极值最大误差仅 2.4%；继续增加基本向量的个数，误差将进一步缩小，当取所有的基本向量，即 $n=m$ 时，误差趋近于 0。对于简支梁桥，MGLRC_3 完全满足结构的设计要求。

简支梁桥关键响应比较　　表 10.5-2

计算方法 \ 节点位置		跨中 竖向(m)	跨中 水平(m)	跨中 扭转(°)	四分点 竖向(m)	四分点 水平(m)	四分点 扭转(°)
精确响应	极值	0.489	0.136	0.338	0.378	0.105	0.276
LRC	极值	0.368	0.037	0.056	0.274	0.028	0.043
	误差(%)	24.8	73.0	83.4	27.4	73.9	84.5
MGLRC_all	极值	0.489	0.136	0.338	0.378	0.105	0.276
	误差(%)	0.0	0.0	0.0	0.0	0.0	0.0
MGLRC_3	极值	0.486	0.136	0.331	0.380	0.106	0.283
	误差(%)	0.5	0.4	2.0	-0.6	-0.5	-2.4
MGLRC_5	极值	0.489	0.136	0.339	0.378	0.105	0.277
	误差(%)	-0.1	0.0	-0.4	0.0	0.0	-0.1

注：误差 =（精确响应 - 计算值）/精确响应。

二、广州新光大桥

下面将以广州新光大桥为例说明广义荷载—响应相关法和多目标广义荷载—响应相关法的应用，新光大桥基本参数及动力特性详见第三章。对于广州新光大桥这种中承式拱桥而言，中跨的结构刚度较小，边跨至拱梁交接处形成的三角区刚度很大[68]，此处仅以中跨主梁为例进行说明。

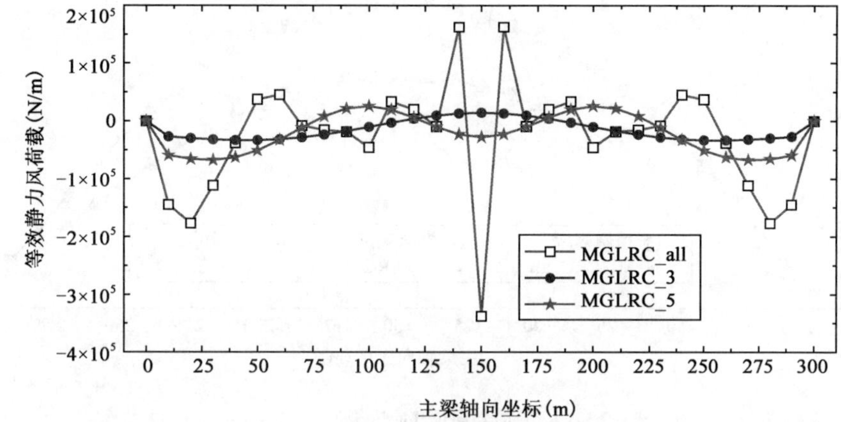

a)竖向等效静力风荷载

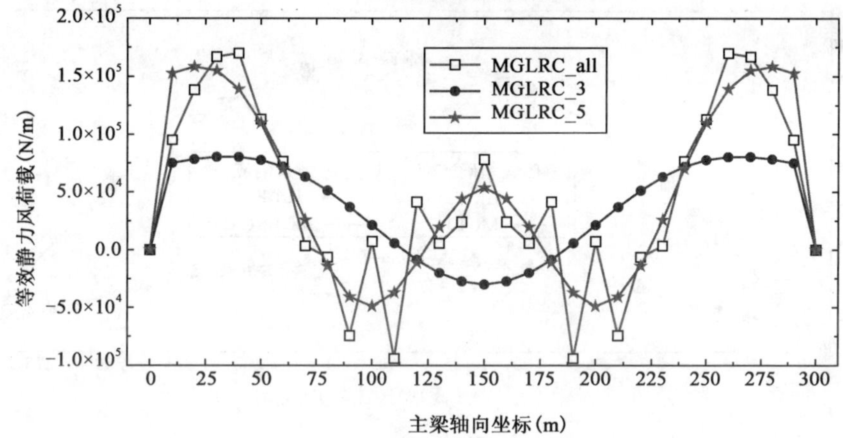

b)水平等效静力风荷载

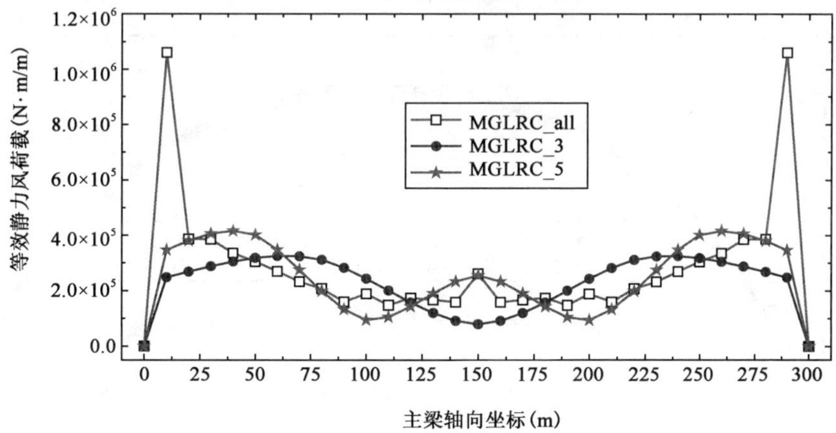

c)扭转等效静力风荷载

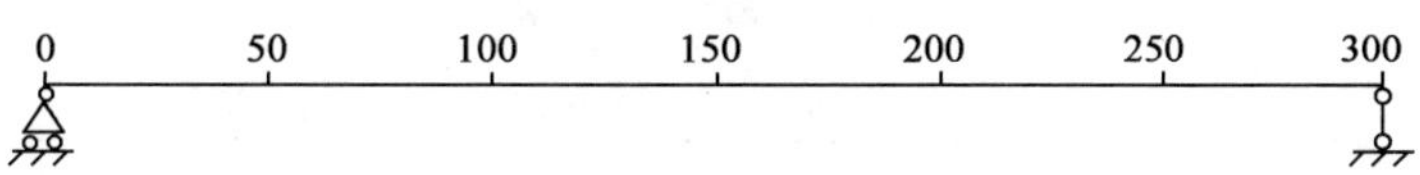

图 10.5-5 简支梁桥主梁位移响应极值多目标等效静力风荷载

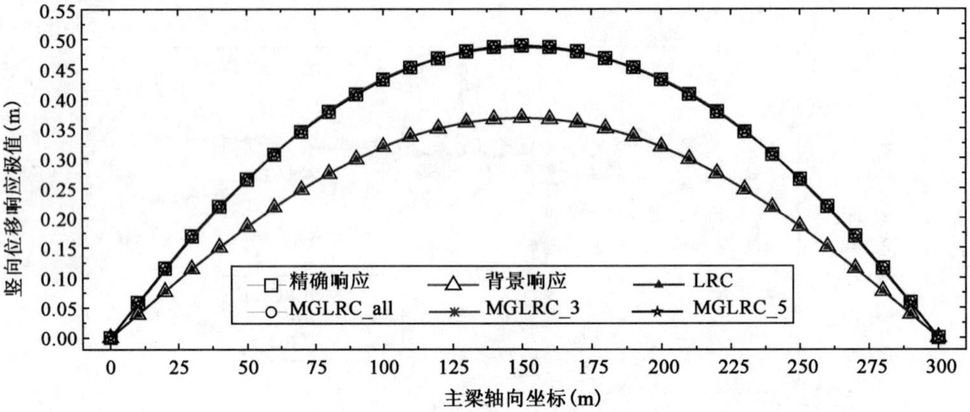

a)竖向位移响应极值

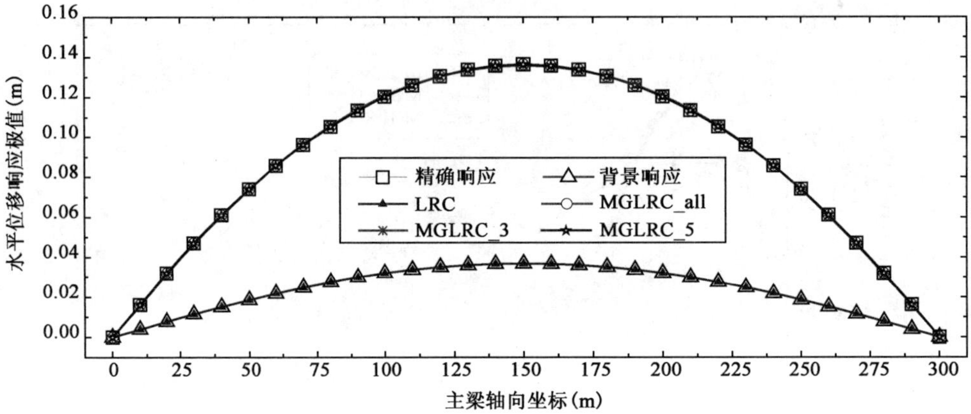

b)水平位移响应极值

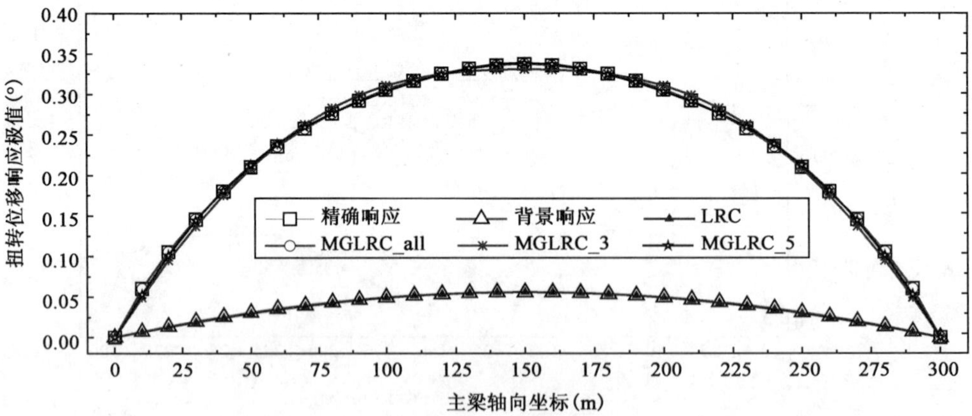

c)扭转位移响应极值

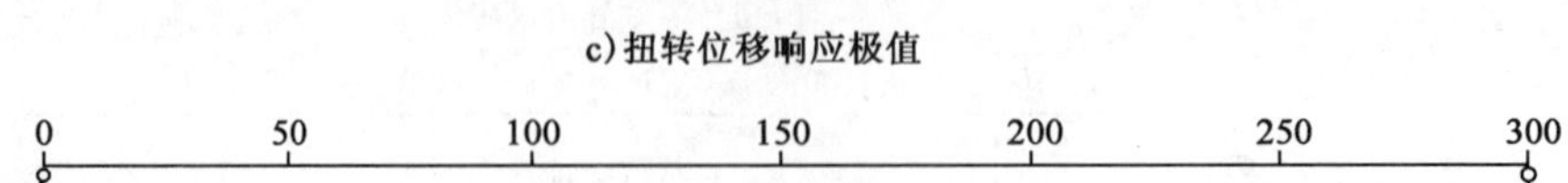

图 10.5-6　简支梁桥主梁位移响应极值

广州新光大桥中跨主梁在0°风攻角下的颤振导数通过节段模型测振试验获得，如图10.5-7[68]所示。

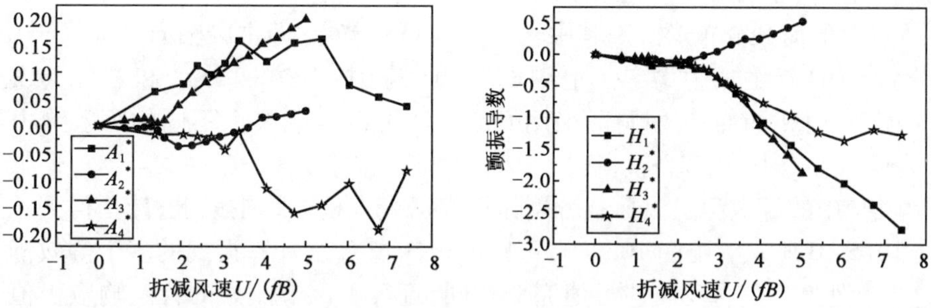

图10.5-7　广州新光大桥主梁断面颤振导数

通过节段模型测力试验可以获得新光大桥中跨主梁在0°风攻角下的三分力系数及其导数分别为[68]：$C_L = 0.067\,5$，$C_D = 0.117\,1$，$C_M = -0.017\,3$，$dC_L/d\alpha = 0.050\,8$，$dC_D/d\alpha = -0.186\,5$和$dC_M/d\alpha = 0.001$，此处三分力系数的变化率均以弧度(rad)为单位计算给出。主梁断面离地面高度取$z = 55$m，桥面高度处的风速为$U_{55} = 42.43$m/s，地面粗糙长度按照B类地貌取为$z_0 = 0.05$m。抖振计算中气动导纳采用Sears函数，主梁计算宽度为$B = 36.3$m；空气密度取$\rho = 1.225$kg/m^3，结构各阶模态阻尼比均假设为0.01。

抖振计算中同时考虑水平和竖向脉动风作用，脉动风谱的选择与理想平板简支梁桥相同。抖振响应的积分频率范围为0.002～2.5Hz，频率间隔为0.002Hz。

使用上述参数，按照耦合抖振理论[64～67]计算广州新光大桥主梁的抖振响应，考虑结构前30阶振型的抖振位移响应RMS值如图10.5-8所示。

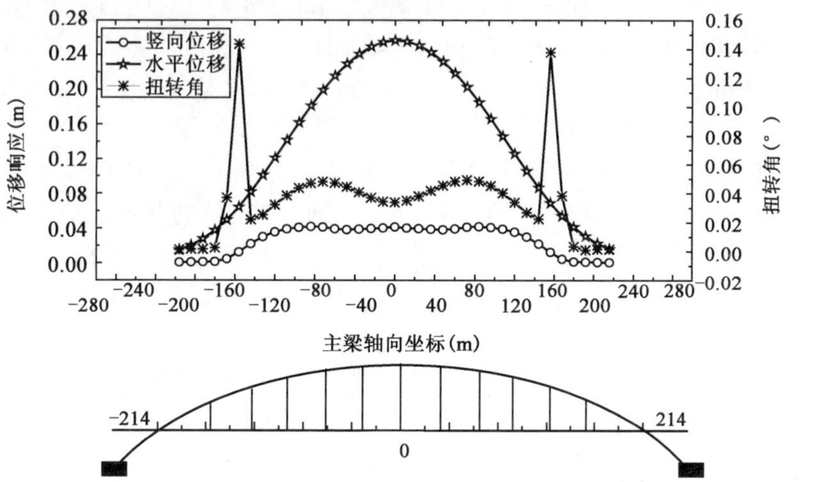

图10.5-8　新光大桥中跨主梁抖振位移响应RMS值(30阶振型)

1. 广义荷载—响应相关法验证

图10.5-8表明，脉动风荷载作用下，新光大桥中跨主梁抖振位移响应较大，在计算中不容忽略。下面将分别以新光大桥中跨主梁跨中处的竖向、水平和扭转位移响应为例，验证GLRC法

的正确性。计算中，峰值因子取 $g=3.5$，根据 LRC 法表达式（10.4-7）和 GLRC 法表达式（10.4-18）可以分别计算出相应的等效静力风荷载，如图 10.5-9 所示。其中，广义 LRC 法给出的等效静力风荷载分别对应响应相关系数 $\rho_{\hat{R}_i\hat{R}_j}$ 取 $j=-214\text{m}$、-107m、0、107m、214m 处节点，$i=0$ 处节点时的荷载分布形式。其中，i 为响应等效节点，即主梁轴向坐标等于 0m 时的跨中节点；j 分别为中跨主梁左端点、左侧四分点、跨中、右侧四分点和右端点处的节点。图 10.5-9 表明，针对相同的等效目标，采用 GLRC 法可以得到多个不同的等效静力风荷载分布形式，且关于主跨跨中节点对称。

将图 10.5-9 中的等效静力风荷载分别作用在新光大桥中跨主梁上，计算得到主梁位移响应极值如图 10.5-10 所示。由图 10.5-10 可以发现，GLRC 法计算得到的多个等效静力风荷载在主跨跨中节点处产生的位移响应极值完全相同，且等于该节点处的背景响应极值。LRC 法计算得到的等效静力风荷载只是 GLRC 法中的一种，当 $j=i=0$ 时，GLRC 法退化为 LRC 法。图 10.5-9 和图 10.5-10 充分说明 GLRC 法的正确性。

2. 多目标广义荷载—响应相关法验证

下面验证 MGLRC 法在大跨度拱桥中的正确性和有效性。分别以新光大桥中跨主梁跨中处的竖向、水平和扭转位移响应极值为等效目标，按照 GLRC 法可以计算得到 m 个等效静力风荷载分布。与简支梁桥的理想约束不同，大跨度拱桥主梁的计算综合考虑了拱肋、桥墩和吊杆的整体效应，故其约束为相对约束，位移响应往往不为 0，可以得到与主梁节点数量相等的等效静力风荷载分布，即 $m=\text{N\_node}$。然后以其中的 $n(1\leqslant n\leqslant m)$ 个为基本向量，采用 MGLRC 法［式（10.4-26）］得到最终的多目标等效静力风荷载，如图 10.5-11 所示。MGLRC_all 代表荷载矩阵包含所有的 m 个 GLRC 法等效静力风荷载向量；MGLRC_5 代表荷载矩阵包含 $j=-214\text{m}$、-107m、0、107m、214m 时对应的 5 个 GLRC 法等效静力风荷载向量；MGLRC_7 代表荷载矩阵包含 $j=-214\text{m}$、-144m、-72m、0、72m、144m、214m 时对应的 7 个 GLRC 法等效静力风荷载向量；MGLRC_15 代表荷载矩阵包含 $j=-214\text{m}$、-180m、-156m、-144m、-108m、-72m、-36m、0、36m、72m、108m、144m、156m、180m、214m 时对应的 15 个 GLRC 法等效静力风荷载向量。

将图 10.5-11 中的多目标等效静力风荷载分别作用在新光大桥中跨主梁上，得主梁位移响应极值如图 10.5-12 所示。观察图 10.5-12 可以发现，斜拉桥的共振响应不容忽略，仅考虑背景响应的 LRC 法不适用于该结构的计算；将式（10.4-26）得到的多目标等效静力风荷载作用在结构上，当荷载矩阵选取适当的基本向量时，产生的位移响应极值计算值与精确响应相比，误差很小。其中，精确响应为图 10.5-8 中的位移响应 RMS 值与峰值因子 $g=3.5$ 的乘积。

分别取新光大桥中跨主梁跨中和四分点作为观测点，将响应极值计算值与精确值进行比较，如表 10.5-3 所示。仅考虑背景响应的 LRC 法计算值明显偏小，主梁关键节点处的误差均大于 76%。当荷载矩阵包含 5 个等效静力风荷载基本向量时，MGLRC_5 在水平方向的响应极值已经达到较好的精度，但是，此时竖向和扭转方向的位移响应存在较大误差，最大误差达 12.47%。当荷载矩阵的向量增加到 15 个时，MGLRC_15 已经能够达到较高的精度，三个方向控制点处的最大误差仅为 4.77%。继续增加荷载矩阵基本向量的个数，误差将进一步缩小，当取所有的基本向量，即 $n=m$ 时，误差趋近于 0。对于新光大桥中跨主梁，MGLRC_15 完全满足结构的设计要求。

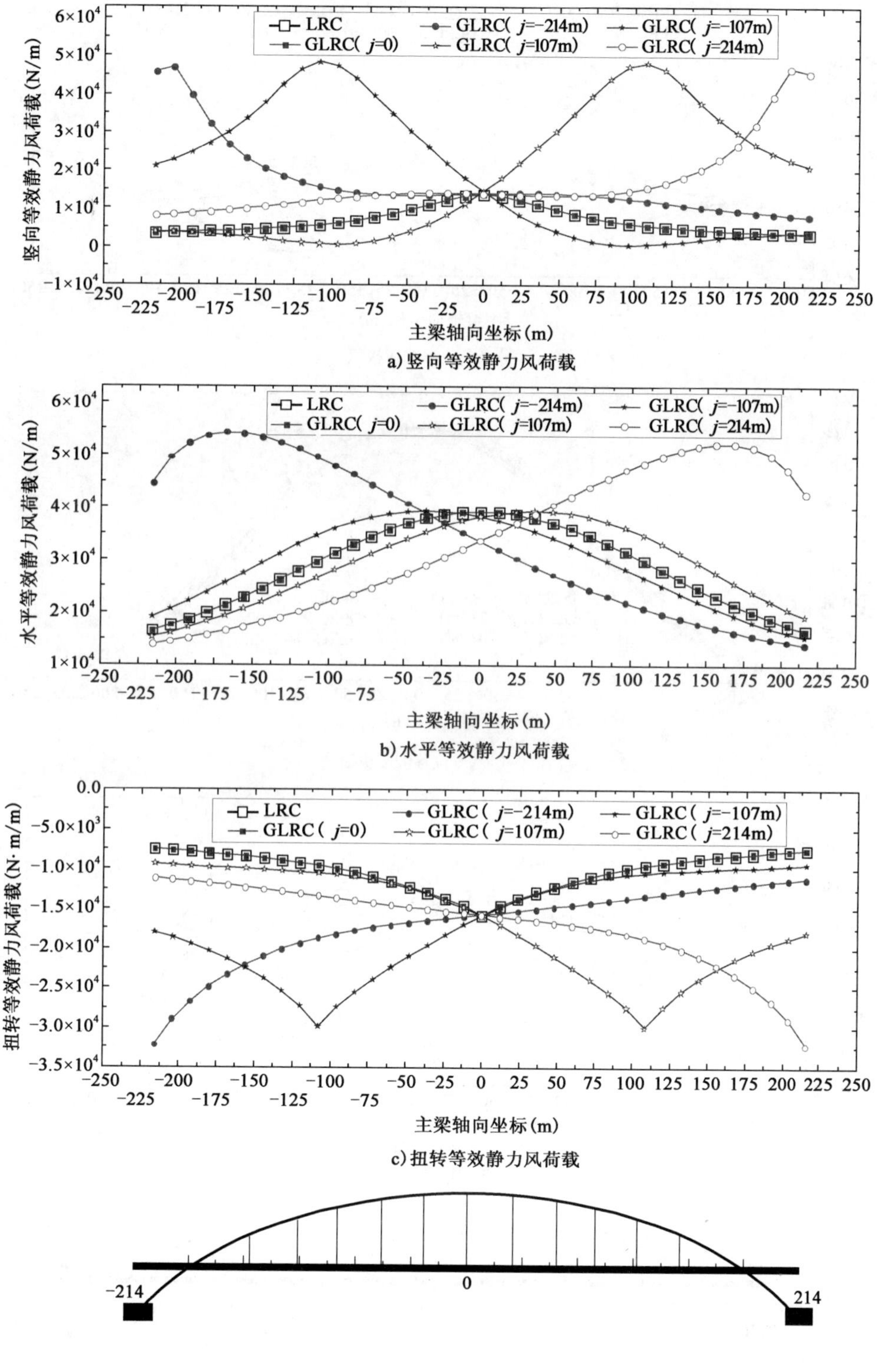

图 10.5-9　新光大桥中跨主梁跨中位移响应极值等效静力风荷载

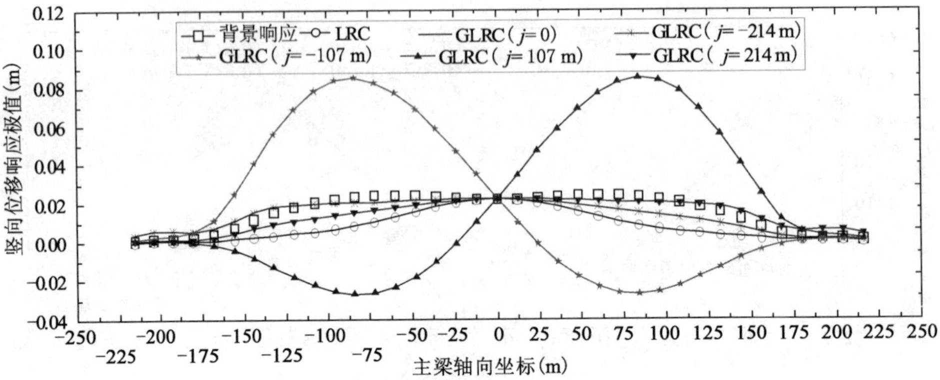

a）竖向位移响应极值

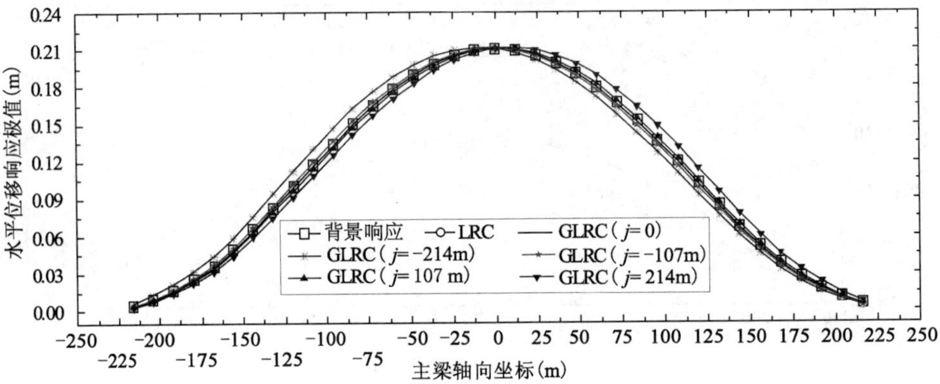

b）水平位移响应极值

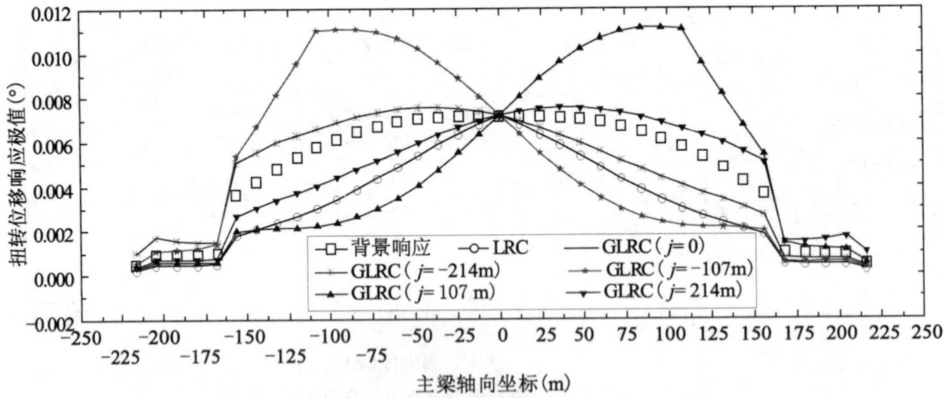

c）扭转位移响应极值

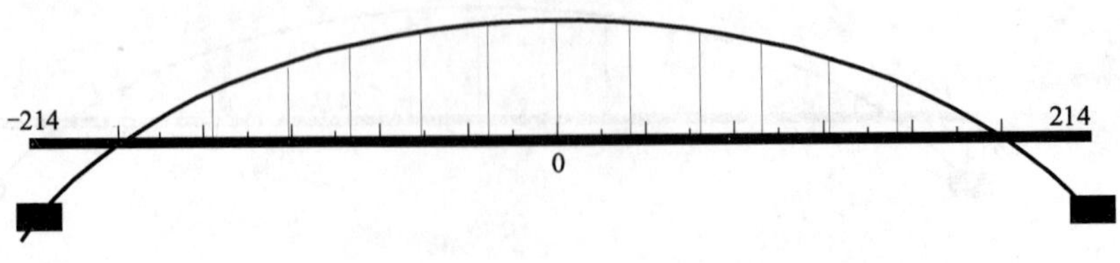

图 10.5-10　新光大桥中跨主梁跨中等效静力风荷载产生的位移响应极值

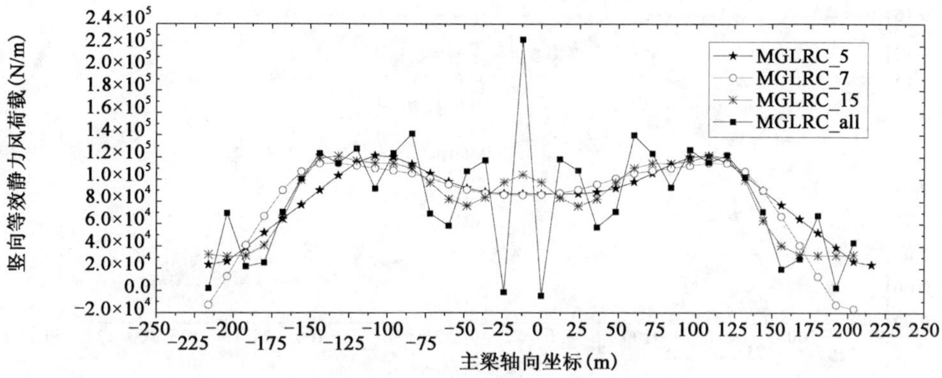

a)竖向等效静力风荷载

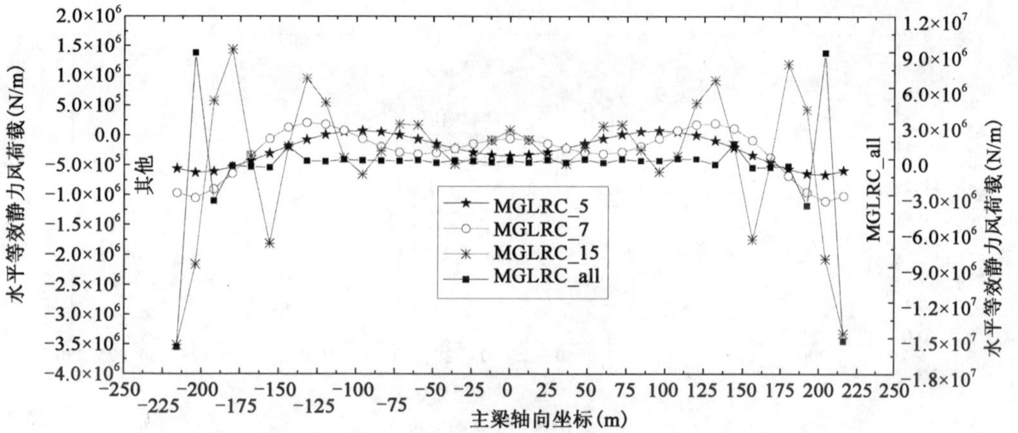

b)水平等效静力风荷载

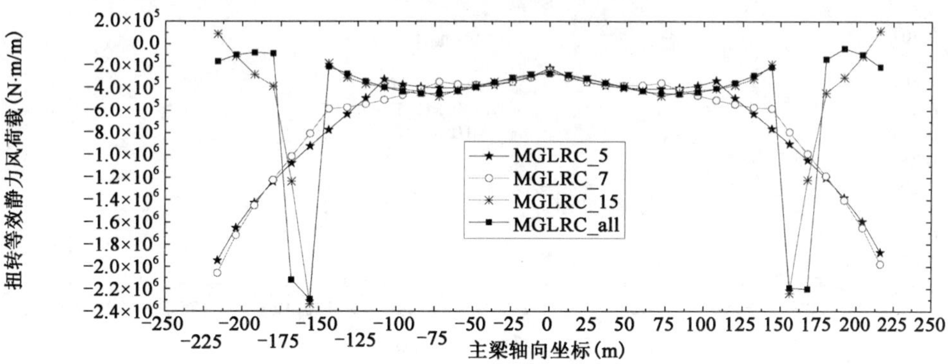

c)扭转等效静力风荷载

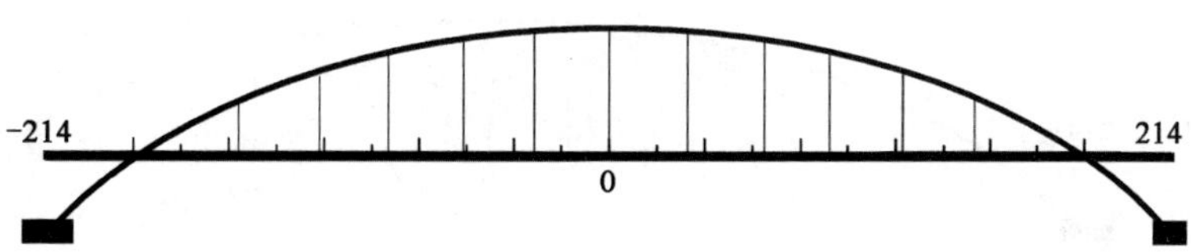

图 10.5-11　新光大桥主梁位移响应极值多目标等效静力风荷载

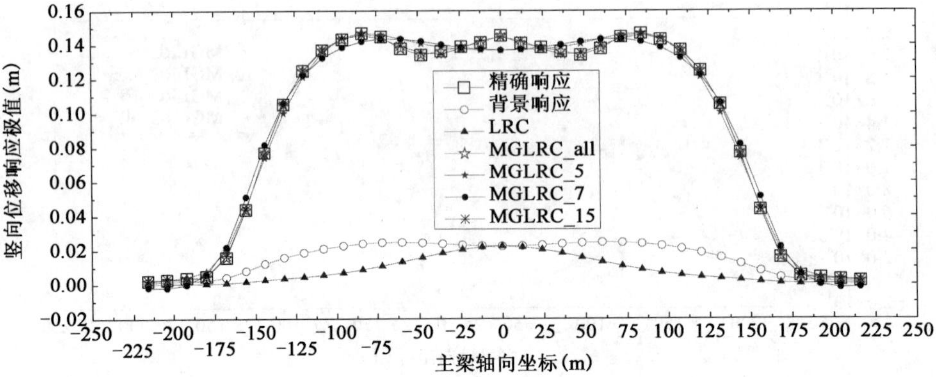

a)竖向位移响应极值

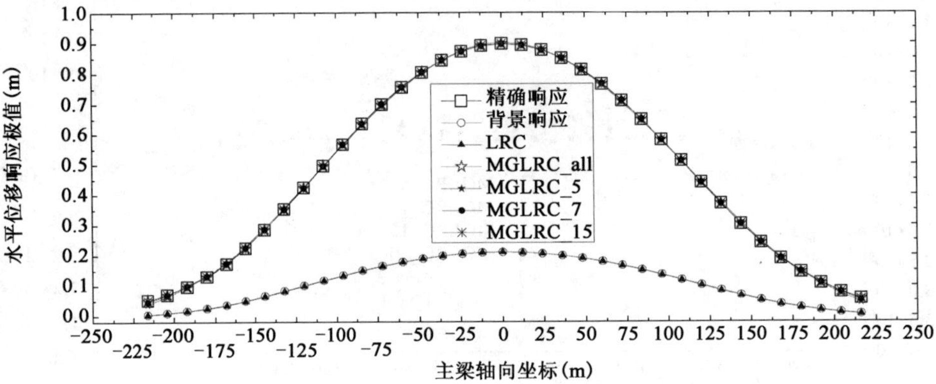

b)水平位移响应极值

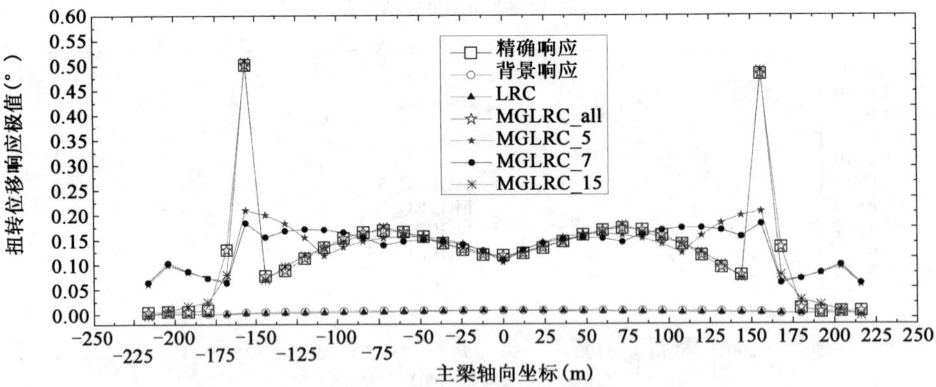

c)扭转位移响应极值

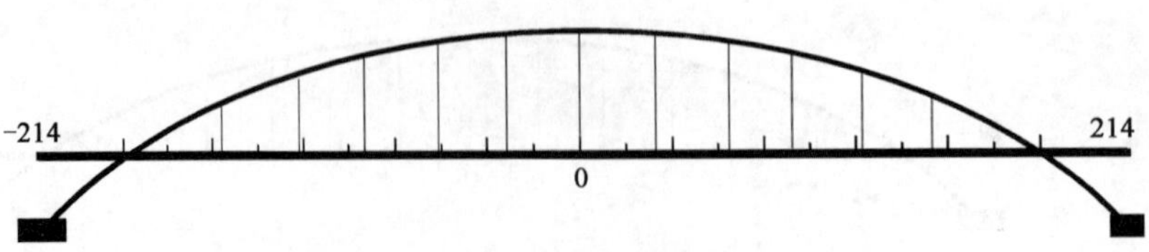

图 10.5-12　斜拉桥主梁位移响应极值

新光大桥中跨主梁关键节点响应比较　　表 10.5-3

计算方法 \ 节点位置		中跨主梁跨中 竖向 (×10⁻³m)	中跨主梁跨中 水平 (×10⁻³m)	中跨主梁跨中 扭转 [×10⁻³(°)]	中跨主梁四分点 竖向 (×10⁻³m)	中跨主梁四分点 水平 (×10⁻³m)	中跨主梁四分点 扭转 [×10⁻³(°)]
精确响应	极值	145.21	898.46	118.48	136.71	496.05	134.83
LRC	极值	22.42	210.91	7.20	5.60	116.36	3.03
	误差(%)	85	76.53	93.92	95.9	76.54	97.75
MGLRC_all	极值	145.21	898.46	118.48	136.71	496.05	134.83
	误差(%)	0	0	0	0	0	0
MGLRC_5	极值	136.83	902.55	104.83	135.78	494.77	118.01
	误差(%)	5.77	-0.46	11.52	0.68	0.26	12.47
MGLRC_7	极值	136.80	897.13	109.24	132.35	494.47	170.16
	误差(%)	5.79	0.15	7.80	3.19	0.32	-26.20
MGLRC_15	极值	144.49	898.25	112.83	137.25	496.01	134.72
	误差(%)	0.50	0.02	4.77	-0.40	0.01	0.08

注:误差 =(精确响应 - 计算值)/精确响应。

本章参考文献

[1] Davenport A G. Gust Loading Factors[J]. Journal of Structural Division, ASCE93(ST3), 1967: 11-34.

[2] Davenport A G. The Representation of the Dynamic Effects of Turbulent Wind by Equivalent Static Wind Loads[C]//Proc. 1985 Int. Engrg. Symp. On Struct. Steel. Chicago, 1985: 1-13.

[3] Irwin P A. The Role of Wind Tunnel Modeling in the Prediction of Wind Effects on Bridges [J]. Bridge aerodynamics, Balkema, Rotterdam, The Netherland, 1998:59-85.

[4] Holmes J D. Equivalent Static Wind Load Distributions for Resonant Dynamic Response of Bridges[C]//Proc. 10th Int. Conf. on Wind Engrg. Copenhagen, 1999:907-911.

[5] King J P C. Integrating Wind Tunnel Tests of Full Aeroelastic Models into the Design of Long Span Bridges[C]//Proceeding of the 10th International Conference on Wind Engineering. Copenhagen, 1999: 927-934.

[6] Kasperski M, Niemann H J. The L. R. C. (Load-response-correlation)-method: A General Method of Estimating Unfavorable Wind Load Distribution for Linear and Non-linear Structural Behavior[J]. Journal of Wind Engineering and Industrial Aerodynamics, 1992a: 41-44, 1753-1763.

[7] Kasperski M, Niemann H J. Extreme Wind Load Distributions for Linear and Nonlinear Design [J]. Journal of Engineering Structure, 1992b, 14(1): 27-34.

[8] Kasperski M, Niemann H J. Design Wind Loads for Low-rise Buildings: A Critical Review of Wind Load Specification for Industrial Buildings[J]. Journal of Wind Engineering and Indus-

trial Aerodynamics, 1996, 61: 168-179.

[9] Holmes J D. Along-wing Response of Lattice towers—Ⅲ. Effective Load Distributions[J]. Engineering Structures,1996, 18: 489-494.

[10] Holmes J D, Kasperski. Effective Distributions of Fluctuating and Dynamic Wind Loads[J]. Civil Engineering Transactions, Institution of Engineers, Australia, 1996, 38: 83-88.

[11] Zhou Y,Gu M,Xiang H F. Alongwind Static Equivalent Wind Loads and Responses of Tall Buildings, Part I: Unfavorable Distributions of Static Equivalent Wind Loads[J]. Journal of Wind Engineering and Industrial Aerodynamics, 1999a, 79: 135-150.

[12] Zhou Y, Gu M, Xiang H F. Alongwind Static Equivalent Wind Loads and Responses of Tall Buildings, Part II: Effects of Mode Shapes[J]. Journal of Wind Engineering and Industrial Aerodynamics, 1999b,79: 151-158.

[13] Zhou Y, Kareem A,Gu M. Equivalent Static Buffeting Loads on Structures[J]. Journal of Structural Engineering, ASCE, 2000, 126(8): 989-992.

[14] Chen X, Kareem A. Equivalent Static Wind Loads for Buffeting Response of Bridges[J]. Journal of Structural Engineering, 2001,127: 1467-1475.

[15] Holmes J D. Effective Static Load Distributions in Wind Engineering[J]. Journal of Wind Engineering and Industrial Aerodynamics, 2002,90: 91-109.

[16] Holmes J D. Wind Loading of Structures[M]. 2nd Edition. Taylor and Francis Group, London & New York, 2007.

[17] Liepmann H W. On the Application of Statistical Concepts to the Buffeting Problem[J]. Journal of Aeronautical science, 1952, 19(12): 793-800.

[18] Davenport A G. The Application of Statistical Concepts to the Wind Loading of Structures [C]//Proc. Inst. Civil Eng. 1961, 19: 449-471.

[19] Holmes J D. Wind Loading of Structures[M]. Published by Spon Press,2001.

[20] Davenport A G. The Distrinbution of Largest Values of a Random Function with Application to Gust Loading [C] // Proceeding Institution of civil engineering. London, 1964 (28): 187-196.

[21] Solari G. Alongwind Response Estimation: Structural Classification[J]. Journal of Structural Engineering, 1983, 109(2): 575-581.

[22] Solari G. Mathematical Model to Predict 3-D Wind Loading on Buildings[J]. Journal of Engineering Structure, 1985, 111(2): 254-276.

[23] Solari G. A Generalized Definition of Gust Factor[J]. Journal of Wind Engineering and Industrial Aerodynamics, 1990,36: 539-548.

[24] Solari G. Gust Buffeting I: Peak Wind Velocity and Equivalent Pressure[J]. Journal of Structural Engineering, 1993a,119(2): 365-382.

[25] Solari G. Gust buffeting II: Dynamic Alongwind Response[J]. Journal of Structural Engineering, 1993b,119(2): 383-398.

[26] Solari G. Towards a Global Model for Calculating 3D Equivalent Static wind Forces on Struc-

tures[C]//Proceedings of Seventh United States National Wind Engineering Conference. 1993c.

[27] Solari G, Kareem A. On the Formulation of ASCE7-95 Gust Effect Factors[J]. Journal of Wind Engineering and Industrial Aerodynamics, 1998, 77-78: 673-684.

[28] Solari G. Progress and Prospects in Gust-excited Vibrations of Structure[J]. Engineering Mechanics, 1999,6(4/5): 301-322.

[29] Solari G, Piccardo G. Probabilistic 3D Turbulence Modeling for Gust Buffeting[C]//Pro. Eng. Mech. 2001,16: 73-86.

[30] 中华人民共和国建设部. GB 50009—2001 建筑结构荷载规范(2006年版)[S]. 北京:中国建筑工业出版社,2012.

[31] 陈波. 大跨屋盖结构等效静风荷载精细化理论研究[D]. 哈尔滨:哈尔滨工业大学,2006.

[32] 柯世堂. 超大型冷却塔风振响应和等效静风荷载的试验、理论研究及应用[D]. 上海:同济大学,2011.

[33] Melbourne, Cheung. Resonant and Background Crosswind Response Components in Turbulent Flow[J]. Wind Engineering into the 21st Century, 1999: 1531-1536.

[34] Chen X, Kareem A. Equivalent Static Wind Loads on Buildings: New Model[J]. Journal of Structural Engineering, 2004,10: 1425-1435.

[35] Zhou Y, Kareem A. Gust Loading Factor: New Model[J]. Journal of Structural Engineering, 2001,127(2): 168-175.

[36] Chen X, Kareem A. Coupled Dynamic Analysis and Equivalent Static Wind Loads on Buildings With Three-dimension Models[J]. Journal of Structural Engineering, 2005a,131(7): 1071-1082.

[37] Chen X, Kareem A. Dynamic Wind Effects on Buildings With 3D Coupled Modes: Application of High Frequency Force Balance Measurements[J]. Journal of Engineering Mechanics, 2005b, 131(11): 1115-1125.

[38] Yang Q S, Chen B, Wu Y, Tamura Y. Wind-induced Response and Equivalent Static wind Load of Long-span Roof Structures by Combined Ritz-Proper Orthogonal Decomposition Method[J]. Journal of Structural Engineering, ASCE, 2013, 139(6): 997-1008.

[39] Ke S T, Ge Y J, Zhao L, Tamura Y. A New Methodology for Analysis of Equivalent Static Wind Loads on Super-Large Cooling Towers[J]. Journal of Wind Engineering and Industrial Aerodynamics, 2012, 111: 30-39.

[40] 刘志刚. 桥梁顺风向风荷载研究[D]. 上海:同济大学,2001.

[41] 项海帆,等. 公路桥梁抗风设计指南[M]. 北京:人民交通出版社,1996.

[42] 中华人民共和国行业标准. JTG/T D60-01—2004 公路桥梁抗风设计规范[S]. 北京:人民交通出版社,2004.

[43] 胡晓红. 大跨度拱桥等效风荷载实验研究[D]. 上海:同济大学,2002.

[44] 葛耀君,等. 上海卢浦大桥主桥超大跨度拱桥风荷载及抗风稳定性研究总报告[R]. 同济大学土木工程防灾国家重点实验室,1999.

[45] 葛耀君,等.东海大桥斜拉桥抗风性能及颤振控制研究[R].同济大学土木工程防灾国家重点实验室,2005.

[46] 刘志刚,陈艾荣.桥梁顺风向等效风荷载计算方法及其分布[J].同济大学学报,2003,31(8):888-894.

[47] 刘志刚,陈艾荣.等长双悬臂梁等效风荷载实用计算方法[J].同济大学学报,2002,30(5):599-603.

[48] 项海帆,等.现代桥梁抗风理论与实践[M].北京:人民交通出版社,2005.

[49] 季凯.桥梁顺风向等效风荷载实用计算方法研究[D].上海:同济大学,2005.

[50] Katsumura A, Tamura Y, Nakamura O. Universal Wind Load Distribution Simultaneously Reproducing Largest Load Effects in all Subject Members on Large-span Cantilevered Roof [J]. Journal of Wind Engineering and Industrial Aerodynamics. 2007,95: 1145-1165.

[51] Kikuchi H, Tamura Y, Ueda H, et al. Dynamic Wind Pressures Acting on a Tall Building Model-proper Orthogonal Decomposition[J]. Journal of Wind Engineering and Industrial Aerodynamics, 1997, 69-71, 631-646.

[52] Hu Xiao-hong. Wind Loading Effects and Equivalent Static Wind Loading on Low-rise Buildings [D]. Texas Tech University,2006.

[53] 陈波,杨庆山.国家体育场多目标等效静风荷载[J].土木建筑与环境工程,2009,31(6):27-33.

[54] 陈波,杨庆山,武岳.大跨空间结构的多目标等效静风荷载分析方法[J].土木工程学报,2010,43(3):62-67.

[55] 梁枢果,吴海洋,郭必武,周向阳.大跨度屋盖结构等效静力风荷载数值计算方法[J].华中科技大学学报(自然科学版),2008,36(4):110-114.

[56] 吴迪,张建胜,武岳.考虑多目标的约束等效静风荷载分析方法研究[C]//第十四届全国结构风工程学术会议文集,2009:509-514.

[57] 董锐.大跨度桥梁多目标等效静力风荷载研究[D].上海:同济大学,2014.

[58] 俞载道,曹国敖.随机振动及其应用[M].上海:同济大学出版社,1986.

[59] Theodorson T. General Theory of Aerodynamic Instability and Mechanism of Flutter[R]. NACA report No. 496, 1935.

[60] 李国豪.桥梁结构稳定与振动(修订版)[M].北京:中国铁道出版社,1996.

[61] Chen X, Matsumoto M, Kareem A. Aerodynamic Coupling Effects on Flutter and Buffeting of Bridges[J]. Journal of Engineering Mechanics, ASCE, 2000, 126(1): 17-26.

[62] Kaimal J C, Wyngaard J C, Izumi Y, et al. Spectral Characteristics of Surface-layer TurBulence[J]. Quarterly J. Royal Meteorological Society, Bracknell, England, 1972, 98: 563-589.

[63] Lumley J L, Panofsky H A. The Structure of Atmospheric Turbulence[M]. Wiley, New York, N. Y., 1964.

[64] Jain A, Jones N P, Scanlan R H. Coupled Aeroelastic and Aerodynamic Response Analysis of Long-span Bridges [J]. Journal of Wind Engineering and Industrial Aerodynamics,

1996a, (60): 69-80.

[65] Jain A, Jones N P, Scanlan R H. Coupled Flutter and Buffeting Analysis of Long-span Bridges [J]. Journal of Structural Engineering, 1996b, (6): 716-725.

[66] 陈甦人.考虑参数不确定性及多模态气动耦合的桥梁风致振动控制系统的研究[D].上海:同济大学,2000.

[67] 丁泉顺.大跨度桥梁耦合颤抖振响应的精细化分析[D].上海:同济大学,2001.

[68] 葛耀君,等.广州新光大桥设计与施工关键技术——新光大桥抗风性能风洞试验研究第三阶段研究报告(SLDRCE WT200518)[R].上海:同济大学土木工程防灾国家重点实验室,2005.

第十一章 静风稳定性分析

在静风荷载作用下，拱桥的拱肋和主梁都将受到静风阻力、静风升力和静风扭转力矩的作用，并产生变形以抵抗静力三分力的作用。当来流风速超过临界风速时，随着结构变形的增大，结构抗力的增加速度小于静风荷载的增加速度，结构将发生静风失稳。拱桥的静风失稳从空间形态上可分为拱肋单自由度扭转失稳和三自由度空间失稳，从失稳性质上可分为第一类静风弹性屈曲稳定和第二类静风塑性极限稳定。第一类静风稳定分析，是要确定拱桥所能够承受的静风荷载或静风风速的临界值，一旦达到该临界值，拱桥的弹性平衡状态就会丧失稳定性并出现新的平衡状态分支；第二类静风稳定是指拱桥在结构恒载和静风荷载共同作用下，结构的受力性能由线性状态进入到非线性状态，从而使得结构丧失稳定承载能力，这种静风荷载有时也称为塑性极限承载力。本章将介绍拱桥失稳基本形态、静风稳定性分析方法、非线性静风稳定性分析及其在典型拱桥分析中的应用。

第一节 静风失稳基本形态

拱桥的主要受力构件——拱肋，在荷载作用下一般处于小偏心受压状态，本身存在结构稳定问题。静风荷载对拱桥结构又施加了静风阻力、静风升力和静风扭转力矩的作用，拱桥稳定问题会加剧，特别是在极端静风荷载作用下，大跨度拱桥可能会发生静风失稳。尽管拱桥静风失稳的形式多种多样，但主要表现为弹性或者弹塑性失稳破坏以及材料达到屈服或极限强度而破坏，前者一般称为第一类静风稳定问题或静风弹性屈曲稳定问题，后者称为第二类静风稳定问题或静风塑性极限稳定问题。第一类静风失稳集中表现为静风荷载具有明显的结构变形依赖性，静风荷载可以是线性的也可以是非线性的，而静风荷载产生了所谓的气动刚度（也称为荷载刚度），在气动刚度作用下，即使几何刚度为正的受拉体系，如大跨度悬索桥，也可能失去整体稳定性而出现所谓的静气动失稳，这就是气动负刚度的作用，相对于颤振失稳的本质是气动负阻尼；第二类静风失稳的机理不同于第一类静风失稳，虽然是由于拱桥结构本身的极限承载力无法抵抗恒载和极端静风荷载的作用所导致的塑性极限破坏，但是本质上还有气动负刚度的贡献，因此，第二类静风失稳中结构非线性性能是极其重要的。

一、静风扭转发散

风荷载引起的桥梁静风失稳是指在给定风速作用下，结构发生弯曲和扭转，一方面改变了结构刚度，另一方面改变了风荷载的大小，并反过来增大结构的变形，最终导致结构静力失稳的现象。20 世纪 60 年代，日本东京大学 Hirai 在悬索桥的全桥气弹模型风洞试验中最早观察到了静风扭转发散的现象[1]；20 世纪 90 年代，同济大学项海帆等在汕头海湾二桥斜拉桥全桥气弹模型的风洞试验中，也发现了由静风引起的弯扭失稳现象[2]；2006 年，同济大学葛耀君等在舟山西堠门大桥悬索桥全桥气弹模型的风洞试验中，不仅再次发现了静风弯扭失稳现象，而且实测到了在 $-3°$、$0°$和 $+3°$攻角下的静风失稳临界风速分别为 115m/s、105m/s 和 95m/s，均小于相应攻角下的颤振临界风速[3]。此外，Miyata、Boonyapinyo、谢旭、方明山、程进等学者通过理论计算也表明大跨度悬索桥、斜拉桥和拱式桥都有出现静风失稳的可能性[4]。随着拱桥跨径的不断增大，静风稳定性问题日益凸现。

扭转发散的定义可以追溯到早期航空工程对薄机翼静气动稳定性的研究，桥梁静风扭转发散分析方法最早是由 E Simiu 和 R H Scanlan 等学者提出的，为了建立二维线性扭转发散分析方法，考虑如图 11.1-1 所示单自由度扭转发散简化分析模型，它可以用由扭转弹簧固定的任意断面在均匀来流作用下绕某一支点（或弹性中心）转动来表示[5]。

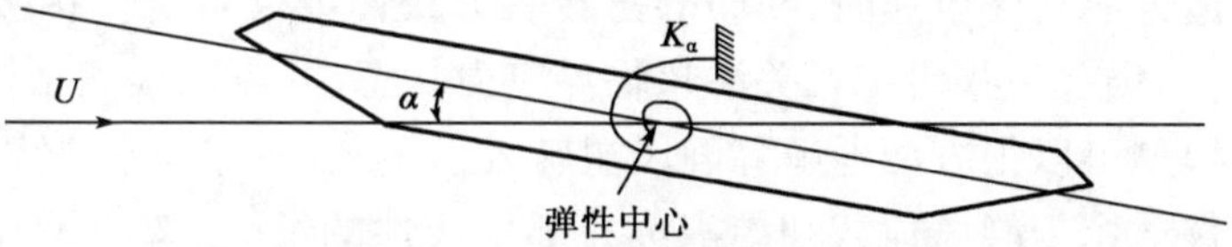

图 11.1-1　单自由度扭转发散简化分析模型

对于二维桥梁断面，其单位长度的静气动扭转可以表式为攻角的函数，即：

$$M_{ae} = \frac{1}{2}\rho U^2 C_M(\alpha) B^2 \tag{11.1-1}$$

式中：ρ——空气密度；

U——平均风速；

C_M——静风扭转力矩系数，为攻角 α 的函数；

B——断面的参考尺度，一般取宽度或高度。

静风扭转发散的机理可以用如下静力平衡的例子说明。假定一个只有扭转自由度的二维桥梁断面在弹性中心处用一扭转刚度为 K_α 的弹簧支承，断面与水平轴的初始夹角为 α_0，当平均风速为 U 的水平气流作用到模型上后，断面在气流所形成的扭矩作用下，其转角会从初始值 α_0 变成 $\alpha_0+\Delta\alpha$。为了求得扭转角增量 $\Delta\alpha$，根据外力矩（气动力矩）与结构抗力矩相等的原则可列出以下静力平衡方程：

$$K_\alpha \cdot \Delta\alpha = \frac{1}{2}\rho U^2 B^2 C_M(\alpha_0 + \Delta\alpha) \tag{11.1-2}$$

假定扭矩力矩系数与攻角的关系为线性关系（在比较大的攻角范围内，理想流线型断面扭矩力矩系数对攻角的斜率为一定值 $\pi/2$），则将上式右边展开为：

$$K_\alpha \cdot \Delta\alpha = \frac{1}{2}\rho U^2 B^2 [C_M(\alpha_0) + C'_M(\alpha_0) \cdot \Delta\alpha] \tag{11.1-3}$$

其中，$C'_M(\alpha) = \left.\frac{dC_M}{d\alpha}\right|_{\alpha=\alpha_0}$ 为扭转力矩系数对攻角的导数。从而可解得：

$$\Delta\alpha = \frac{\frac{1}{2}\rho U^2 B^2 C_M(\alpha_0)}{K_\alpha - \frac{1}{2}\rho U^2 B^2 C'_M(\alpha_0)} \tag{11.1-4}$$

从式（11.1-4）可知，分母中的第二项与结构扭转刚度 K_α 相类似，又是由于气动力所引起的，因此，称为气动刚度。对于 $C'_M>0$ 的情况，第二项气动刚度取负值，即气动负刚度，随着风速的增加，一方面处于分子的初始气动扭矩力矩会不断增加，另一方面处于分母的气动负刚度会不断削弱结构刚度 K_α。当风速增加到某一特定值使得式(11.1-4)分母刚好等于零的时候，扭转角增量从数学上将趋于无穷大，因而对应着物理层面上的结构扭转发散，这一特定的风速值称为静风扭转发散临界风速，可表示为：

$$U_{cr} = \sqrt{\frac{2K_\alpha}{\rho B^2 C'_M}} \tag{11.1-5}$$

式(11.1-5)表达的风速正是 Simiu 和 Scanlan 提出的桥梁静风扭转发散临界风速的简化计算公式[5]。很明显，该定义建立在静风荷载线性化假定的基础上，认为一旦达到临界风速值，结构的扭转变形就会无限增大[6]。实际工程中，无限大的变形是不现实的，因而更合理的扭转发散临界风速值为达到该风速时，断面的扭转变形快速增大直至结构破坏[7]。通常我们只关注风速临界值，但仍有一些研究者关注超临界应力状态，并以此预测结构的可靠性[8]。

二维单自由度模型可以很方便地解释静风扭转发散的机理，然而依据该模型所得到的扭转发散临界风速仅仅适用于静风荷载和结构抗力都是线性的情况，忽略了气动力随攻角的非线性、扭转角及气动力沿展向非均匀分布、结构材料非线性、几何非线性等复杂因素，通常情况下，式(11.1-5)确定的临界风速会远高于实际桥梁的静风扭转发散临界风速。因此，对于大跨度桥梁而言，偏于危险的计算结果并无多大的工程实际意义。鉴于此，实际应用中常采用内外增量迭代的非线性有限元方法进行大跨度桥梁静风扭转发散风速的求解[9~11]：

$$\boldsymbol{K}(\boldsymbol{\delta})\Delta\boldsymbol{\delta} = \Delta\boldsymbol{P}(\boldsymbol{\delta}) \tag{11.1-6}$$

式中：$\boldsymbol{K}(\boldsymbol{\delta})$——结构的切线刚度矩阵；

$\Delta\boldsymbol{\delta}$——节点位移增量向量；

$\Delta\boldsymbol{P}(\boldsymbol{\delta})$——节点荷载增量向量。

这种方法通过方程左右两边（即结构抗力和静风荷载）双重迭代来求解结构在某一风速下的变形平衡点。设置一定的风速增量，将各级风速下的结构关键部位（如加劲梁跨中或四分点）的变形—风速关系曲线绘出，如图 11.1-2 所示；再根据扭转发散的定义，找出发生扭转位移迅速增长的风速点作为扭转发散临界风速，例如图 11.1-2 所示中的 115m/s 风速，该方法考虑了气动力随攻角的非线性和扭转角及气动力沿展向的非均匀分布。

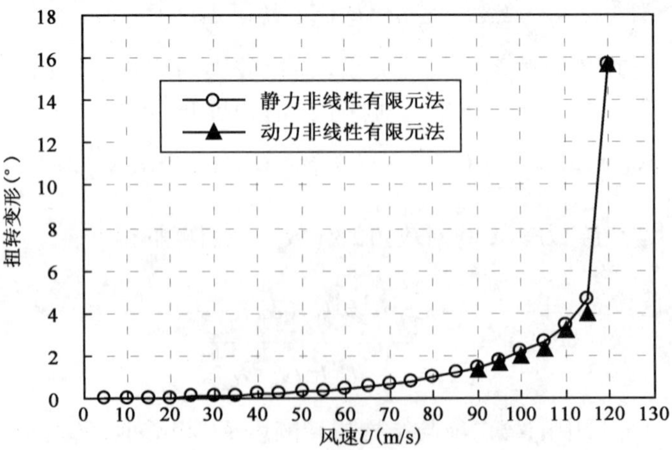

图 11.1-2　某大桥跨中扭转角与风速的关系

二、静风弹性屈曲

拱桥的拱肋单元主要以承受轴力为主，在不考虑材料非线性的假定下，结构整体刚度矩阵仅由结构构形与结构内力状态决定。因此，受轴向力的影响，可将结构刚度矩阵分解成由构形及材料本构关系决定的初始刚度以及几何刚度两部分。对于梁杆单元，几何刚度矩阵由轴向应力决定；对于板壳单元，几何刚度矩阵由膜应力决定。此时，结构位移与外荷载增量的关系如下：

$$(\boldsymbol{K}_0+\boldsymbol{K}_\sigma)\boldsymbol{\delta}=\boldsymbol{P} \tag{11.1-7}$$

式中：$\boldsymbol{K}_0$——不考虑单元内力状态的单元刚度矩阵；

$\boldsymbol{K}_\sigma$——几何刚度矩阵，其值与轴力状态呈线性关系；

$\boldsymbol{\delta}$——节点位移向量或节点位移增量向量；

$\boldsymbol{P}$——节点荷载向量或节点荷载增量向量。

从单元几何刚度矩阵到结构整体几何刚度矩阵的集成方法，与有限单元法中通用方法一致。式(11.1-7)中的外荷载向量与几何刚度矩阵通常可表示为参考值的形式，即：

$$\boldsymbol{P}=\lambda\boldsymbol{P}^*\quad \boldsymbol{K}_\sigma=\lambda\boldsymbol{K}_\sigma^* \tag{11.1-8}$$

式中：$\boldsymbol{P}^*$、$\boldsymbol{K}_\sigma^*$——参考节点荷载向量及与之对应的结构几何刚度矩阵。

根据式(11.1-8)，式(11.1-7)可重新表示为：

$$(\boldsymbol{K}_0+\lambda\boldsymbol{K}_\sigma^*)\boldsymbol{\delta}=\lambda\boldsymbol{P}^* \tag{11.1-9}$$

从线性代数的基本理论可知，非齐次线性方程组(11.1-9)有解的充分必要条件是系数矩阵($\boldsymbol{K}_0+\lambda\boldsymbol{K}_\sigma^*$)非奇异，即行列式值不为零。对于几何不变体系，$\boldsymbol{K}_0$ 总是非奇异的，随着 λ 值的增加，几何刚度矩阵的影响也越来越大。如果存在某个 λ 值使得：

$$|\boldsymbol{K}_0+\lambda\boldsymbol{K}_\sigma^*|=0 \tag{11.1-10}$$

则方程组(11.1-9)无解，对应结构的第一类失稳，式(11.1-10)称为第一类稳定问题的特征方程。

需要注意的是，特征值 λ 代表失稳时所有荷载的比例系数，实际问题求解时，结构往往承受多种荷载，例如拱桥在承受静风荷载的同时，自重作为一种恒载是自始至终作用在结构上的。然而我们感兴趣的是风速增加到多大时结构会出现失稳，这种情况下我们希望重力荷载对几何刚度矩阵的影响始终保持不变，因而特征方程(11.1-10)可重新表示为如下形式：

$$|\boldsymbol{K}_0+\boldsymbol{K}_\sigma^{G}+\lambda\boldsymbol{K}_\sigma^{w_0}|=0 \tag{11.1-11}$$

式中：$\boldsymbol{K}_\sigma^{G}$——重力荷载所形成的几何刚度矩阵；

$\boldsymbol{K}_\sigma^{w_0}$——$U_0$ 风速下风荷载所形成的几何刚度矩阵。

按照特征方程(11.1-11)所求得的特征值即为专门针对参考风荷载的稳定安全系数。有些商业软件不能按式(11.1-11)将参考荷载与其他荷载所形成的几何刚度矩阵分开考虑，此时，我们可采用迭代法使得最后求得的特征值近似等于1。具体步骤如下：

(1)取初始风速值 U_0，在结构上施加风荷载后进行第一类稳定特征值求解。假设所求得的特征值为 λ_0，此时特征方程(11.1-10)可重新表示为：

$$|\boldsymbol{K}_0+\lambda_0(\boldsymbol{K}_\sigma^{G}+\boldsymbol{K}_\sigma^{w_0})|=0 \tag{11.1-12}$$

通常，第一次求解时特征值 λ_0 不会等于1。

(2)考虑到静风荷载值与风速的平方成正比,第二次求解时参考风速取为$\sqrt{\lambda_0}U_0$,重新进行第一类稳定特征值求解,可得:

$$|\boldsymbol{K}_0+\lambda_1(\boldsymbol{K}_\sigma^{\mathrm{G}}+\boldsymbol{K}_\sigma^{\mathrm{w}_1})|\approx|\boldsymbol{K}_0+\lambda_1(\boldsymbol{K}_\sigma^{\mathrm{G}}+\lambda_0\boldsymbol{K}_\sigma^{\mathrm{w}_0})|=0 \tag{11.1-13}$$

很显然,与λ_0相比,此时λ_1明显会更接近单位值1。

(3)根据上一步的结果继续进行迭代求解。第n步时,参考风速为$\sqrt{\lambda_0\lambda_1\cdots\lambda_{n-2}}U_0$,特征方程则为:

$$|\boldsymbol{K}_0+\lambda_{n-1}(\boldsymbol{K}_\sigma^{\mathrm{G}}+\boldsymbol{K}_\sigma^{\mathrm{w}_{n-2}})|=0 \tag{11.1-14}$$

当λ_{n-1}与单位值1相比足够接近时,求解结束。此时,第一类失稳的临界风速就等于最后的参考风速:

$$U_{\mathrm{cr}}=\sqrt{\lambda_0\lambda_1\ldots\lambda_{n-2}}U_0 \tag{11.1-15}$$

从式(11.1-14)可知,重力(或其他恒载与活载)对结构几何刚度矩阵的影响始终保持为1倍的影响不变,这种迭代方法求解第一类稳定的特征值通常有较快的收敛速度。

三、静风塑性极限

本质上,静风扭转发散是由于气动负刚度导致结构的有效刚度丧失后所形成的结构失稳现象。之所以会形成气动负刚度,根本原因是静风荷载具有变形依赖性。同样,无论是第一类稳定还是第二类失稳,本质上仍然是结构或构件某一变形方向的有效刚度丧失所致。对于失稳而言,有效刚度的丧失并非材料达到极限强度或者截面达到其极限承载力所致,而是结构上所受的荷载具有变形依赖性。比如压杆的弹性或者塑性屈曲失稳,在轴向压力的作用下,沿杆件分布的弯矩依赖于杆件的侧向变形,这种变形依赖性以一种荷载负刚度的形式体现出来。当该方向的荷载负刚度大到足以抵消该方向的结构刚度时,失稳就会发生。从荷载刚度的角度来看,第一类失稳与第二类失稳并没有本质的区别,都是荷载负刚度抵消了结构有效刚度所致。不同的是,如图11.1-3所示,对于第一类稳定问题,失稳前结构变形可忽略不计,且结构刚度保持不变。对于第二类稳定问题,失稳前结构已具有明显的变形,且结构刚度也可能已经改变(通常是下降)。从荷载刚度的角度出发,可以找到第二类失稳与极限承载力问题的区别。通常情况下,极限承载力是指结构由于材料达到屈服并形成足够多的塑性铰而变成机动体系前所能承受的最大荷载,极限承载力指的是结构的抵抗能力,与外荷载的荷载刚度并没有直接关系;与此不同的是,无论是第一类还是第二类失稳,在失稳前结构并没有达到极限承载能力,而只是结构刚度已经被荷载负刚度所抵消。但在许多文献中,常把第二类失稳临界荷载当成一种极限承载力,主要原因是两者在计算方法上是相同的。

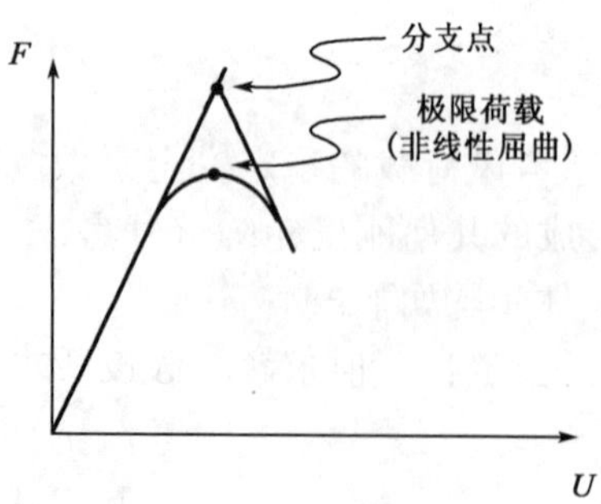

图11.1-3　第一类与第二类失稳

如图11.1-3所示,在第二类失稳过程中,拱肋的变形是逐渐演化的,并不会像第一类稳定一样在失稳临界点突然出现新的平衡分支。相应的,其静力平衡方程也与第一类稳定问题有所区别,即:

$$(\boldsymbol{K}_0+\boldsymbol{K}_\sigma+\boldsymbol{K}_{\mathrm{d}})\boldsymbol{\delta}=\boldsymbol{P} \tag{11.1-16}$$

式中:$\boldsymbol{K}_{\mathrm{d}}$——大变形矩阵或初位移矩阵,其他符号同前。

将式(11.1-16)引入边界条件后,可按牛顿—拉弗逊方法进行非线性迭代分析求得节点位移。逐级加载至结构最终发散,可求出第二类稳定临界荷载或极限承载力。

实际有限元分析中,除几何非线性之外,还需要引入结构的材料非线性本构模型。此外,按式(11.1-16)要准确地找出临界点也并非容易之事,需要进行多次甚至反复迭代求解。通常情况下,如果最后加上一级荷载增量 ΔP 结构已经发散,则需要退回到上一级状态并将荷载增量修改成 $\Delta P/2$ 后重新求解,如果仍然求解发散则继续重复该过程并将荷载增量降低至 $\Delta P/4$,如果收敛,则在此基础上进行新的荷载步求解,并将新的荷载步长降低为 $\Delta P/4$。如此反复几次后,最后的求解精度可根据 $\Delta P/n$ 与总荷载的相对大小作出判断。有时候,牛顿—拉弗逊方法往往会导致求解失效,此时需尝试其他方法进行求解,关于非线性迭代更多的内容可参阅文献[12]。

四、拱桥静风失稳特点

尽管桥梁在静风失稳中的扭转发散、弹性屈曲和塑性极限等是普遍存在的现象,但是拱桥静风失稳与悬索桥或斜拉桥的静风失稳还是具有明显差异的,这种差异主要体现在静风荷载的变形依赖、静风荷载的失稳控制因素、结构性能的失稳控制因素、影响失稳的非线性因素等。

1. 静风荷载的变形依赖

拱桥特别是拱肋,由于刚度比较大,气动负刚度折减较小、静风荷载的变形依赖性不明显,从而决定了拱桥静风失稳与悬索桥或斜拉桥的静风失稳有较大的区别。大跨度悬索桥或斜拉桥静风扭转发散的主要驱动荷载为加劲梁所受的静气动扭矩,该气动扭矩对加劲梁的扭转变形依赖性很强。在风速不变的情况下,加劲梁扭转变形越大,静气动扭矩也越大。这一性质表现出来的气动负刚度是结构最终静风失稳的直接原因,即气动负刚度克服了加劲梁—主缆系统的结构有效扭转刚度后,形成静风扭转发散现象。与此相比,大跨度拱桥的主体结构为主拱肋,拱肋在静风荷载作用下主要产生侧向变形,侧向变形本身几乎不会进一步引起静风荷载的变化,即没有明显的变形依赖性且不具有很大的气动负刚度。桥面系呈二维状态,受力与悬索桥或斜拉桥的主梁一样,也采用阻力、升力以及力矩来描述,但是,与主缆或拉索支撑主梁不同的是,拱桥主梁由拱肋支撑,拱肋刚度大,主梁在桥面系气动升力以及扭矩作用下很难形成附加风攻角。换言之,与主缆/斜拉索—主梁系统相比,拱肋—主梁系统所形成的扭转刚度远难以被气动负刚度所抵消。综上所述,拱桥静风荷载的变形依赖性不强、气动负刚度不明显,静风失稳主要是由于静风荷载增大导致结构达到极限承载力所致。

2. 静风荷载的失稳控制分量

从理论上讲,大跨度拱桥的主梁在极端风速下仍然有可能单独发生扭转发散现象,但是由于拱桥主梁的跨度较小、刚度较大,再加上拱肋的强大支撑作用,主梁发生扭转发散的可能性很小,这样大跨拱桥静风失稳的机制与悬索桥或斜拉桥的静风扭转发散有明显不同。尽管大跨度拱桥的拱肋和主梁上同时作用有静风阻力、静风升力和静风升力矩,但是引起静风失稳的主要控制分量是阻力而不是悬索桥或斜拉桥的升力矩,在一般情况下拱肋会先于主梁扭转发散,出现因材料达到屈服强度而发生的极限承载力破坏。严格来说,拱桥在静风荷载作用下表现出来的破坏形式不是前面所定义的弹性屈曲式的静风失稳,而是极端静风荷载作用下拱桥结构的塑性极限式的静风失稳,但通常情况下,我们仍然把其归结为静风失稳。

3. 结构性能的失稳控制因素

大跨度悬索桥静风失稳的主要原因是几何变形,这是因为主缆在静风荷载作用下产生竖向和侧向挠曲变形,主缆的垂度会相应地产生变化,当任意一根主缆的垂度降低到某个临界值时,不仅该主缆的重力刚度会消失,而且会使两根主缆组成的扭转系统的抗扭刚度完全消失,从而导致整个悬索桥扭转刚度的剧烈退化,进而出现静风失稳[13]。与此相反,大跨度拱桥在侧向风荷载作用下虽然也会产生较大的变形,但这一变形主要引起拱肋结构中轴力和弯矩的变化,如果忽略材料非线性特性,几乎不影响拱肋和主梁的(重力)刚度。所以,大跨度拱桥静风失稳的主要控制因素是塑性极限下的极限承载力,其中,材料非线性和几何非线性影响特别重要。

4. 影响失稳的非线性因素

桥梁静风失稳中需要考虑的非线性影响主要来自于两个方面,即静风荷载非线性和结构抗力非线性。在静风荷载非线性方面,拱桥与悬索桥或斜拉桥在计算模型上具有相似之处,但是,由于决定静风荷载的结构姿态——扭转角,拱桥特别小,所以,反映出来的静风荷载非线性要比悬索桥或斜拉桥弱;结构抗力的非线性主要来自于构件的几何非线性和材料非线性,其中,拱桥的几何非线性主要是拱肋受轴向压力引起的 $P\text{-}\Delta$ 效应,这与悬索桥或斜拉桥完全不同;拱桥由于静风失稳主要表现为塑性极限承载力问题,所以,拱桥的材料非线性问题比悬索桥或斜拉桥重要得多也复杂得多。因此,大跨度拱桥更有必要采用三维有限元模型结合材料非线性本构模型进行静风稳定性分析。

第二节　静风稳定分析方法

拱桥稳定性分析方法可以追溯到 1884 年,Levy 在圆环弹性平衡方程的基础上导出了均匀受压圆环的屈曲临界荷载,在此后的一百多年里,众多学者不仅研究了圆弧拱、抛物线拱的面内屈曲,而且用解析法进行了拱的面外屈曲研究,在稳定理论的应用上从初期以假设的理想拱为基础的弹性理论,发展到精确考虑拱轴位移的挠度理论。现在,又将非线性理论引入到拱的极限稳定分析中,使拱的稳定理论取得了很大发展,经过历代学者的不懈努力,目前单拱肋的面内外弹性稳定分析方法已经成熟,对于复杂体系的拱桥,由于吊杆和桥面结构的影响,其侧倾稳定荷载还没有解析解。随着电子计算机和有限元分析方法的出现,使得更真实地模拟拱桥的实际受力行为成为可能,特别是能够更客观地考虑几何非线性和材料非线性对拱桥稳定极限承载力的影响。对于大跨度拱桥,由于拱肋的长细比和轴向力的增加,结构的变位因轴向力的加大及塑性区的发展而迅速增加,以致出现第二类失稳现象,最后导致拱桥失去极限承载能力[14]。基于现有拱桥稳定性分析方法,拱桥静风失稳的极限承载力分析主要有四种方法:简化计算法、机构稳定法、塑性铰方法和增量迭代法,其中塑性铰方法和增量迭代法是目前采用有限元进行拱桥非线性静风稳定分析的有效方法。

一、简化计算法

在我国《公路钢筋混凝土及预应力混凝土桥涵设计规范》(JTG D62—2004)中[15],要求对各施工阶段及成桥后拱肋截面的强度和稳定性进行计算。对于长细比不大且矢跨比 f/L 在 0.3 以下的拱，纵向稳定性验算表达为强度校核的形式，即将拱肋换算成相应长度压杆，按平均轴向力，采用钢筋混凝土轴心受压构件强度计算公式；对于变截面的拱圈或拱肋，可以采用拱的换算等效截面惯性矩来计算轴心受压的稳定系数。换算等效截面惯性矩计算如下：将半个拱圈取直，为一简支梁，再取一跨相同的等截面简支梁，在两者跨径中央作用一单位集中荷载，当该点挠度彼此相等时，后者惯性矩即视为该拱的换算等效截面惯性矩。当拱的截面变化不大时，可直接采用跨径 1/4 处的截面惯性矩[15,16]。当拱肋（换算直杆）的长细比大于《公路钢筋混凝土及预应力混凝土桥涵设计规范》（JTG D62—2004）规定值时，则按压杆临界力验算纵向稳定，安全系数 $K = N_L/N_j$，取 4 ~ 5。

上述规范还要求当拱圈宽度小于跨径的 1/20，或拱肋宽度小于联系各拱肋的横系梁间距的 1/20 时，应验算拱圈或拱肋的横向稳定。当计算用横系梁连接的拱肋横向稳定时，可将拱桥视为等于拱轴长度的平面桁架，按受压组合构件决定其计算长度和长细比。这种方法属于当量组合压杆法，由于没有考虑拱肋局部挠曲的影响，所以比较间接和粗略，可能和实际结果相差较大，而且对拱肋横向稳定的计算目前也尚处于探索阶段，仍主要靠试验方法或近似计算来解决。

总之，我国《公路钢筋混凝土及预应力混凝土桥涵设计规范》（JTG D62—2004）中对面内屈曲的计算方法是基于弹性屈曲的原理，方法简单，假定拱轴线不变形，但没有考虑到实际拱桥在压弯联合作用下表现出的几何非线性和材料非线性的真实情况，计算结果不够精确（一般安全系数比考虑非线性稍高，偏于危险），主要适用于小跨度拱桥的纵向稳定性计算。另外，对面外屈曲也没有比较成熟和实用的公式可用[15,16]。基于上述规范的拱桥静风稳定性简化计算法，只需要在面内屈曲计算中增加静风升力效应，在面外屈曲计算中增加静风阻力效应，就可以进行拱桥静风失稳简化计算。

德国的钢结构规范 DIN18800-Ⅱ—1988 草案中，对拱的面内、面外稳定是利用等效长细比把拱简化成受压直杆的稳定问题来计算，基本思想和我国《公路钢筋混凝土及预应力混凝土桥涵设计规范》（JTG D62—2004）相近。《美国公路桥梁设计规范》[17]对于钢及钢筋混凝土拱在计算面内稳定时采用弯矩放大系数法，并且在建立力学模型时要求计入受压构件的非弹性性能，在稳定分析中要求包括变形效应和构件的轴线偏离直线的情况，可见该规范对于拱考虑了第二类稳定问题，对于中小跨度拱桥，把拱看作一根压弯杆件，用弯矩放大系数来考虑“梁柱效应”，用强度验算来代替拱的第二类失稳验算，但是，该规范对横向稳定亦未作特别说明[16]。

二、机构稳定法

第二次世界大战初期，英国学者 A. J. S. Pippard 对理想楔块拱、石灰砂浆及水泥砂浆楔块拱进行了破坏试验[18]，揭示了拱式结构的破坏机理：楔块拱最终是由于逐步形成四铰机构而破坏的（非对称荷载作用下）。为此提出了按四铰机构临界平衡条件来计算拱的极限承载能力的方法（机构稳定分析），这一方法一直被在分析拱的极限荷载时所沿用。但计算模型假定拱肋楔块不变形，铰心在楔块截面边缘，采用的是各向同性的材料；机构稳定法需人为地假定铰的位置，若假定不当则求得的极限荷载偏大。显然，无论材料的本构关系还是拱的结构形式，都与目前所建造的拱桥相差甚远。机构稳定分析无法考虑结构几何、材料非线性的影响。

三、塑性铰方法

传统的塑性铰方法是20世纪50年代初由P. R. Onca等人考虑轴力对塑性铰影响而提出的一种分析方法。采用静力法和机动法对两铰圆拱拱顶作用竖向集中力时的极限荷载进行了详细分析，随后塑性铰分析也被广泛用于圬工及钢筋混凝土拱的极限荷载分析中[19]。该方法假定荷载不断增大时，拱肋中的某个截面的内力组合达到了极限弯矩，该截面就不能承受更大的外力，并在这个截面内形成一个塑性铰；继续加载会使得结构内形成更多的塑性铰，当三铰拱桥形成第一个塑性铰、两铰拱桥形成第二个塑性铰、单铰拱桥形成第三个塑性铰或无铰拱桥形成第四个塑性铰时，整个结构成为四铰机构而发生破坏。

1979年，Onca等人又提出了一种分析钢筋混凝土结构弹塑性的有限单元方法[20]，该方法假定单元内部是完全弹性的，单元之间为刚塑性连接，采用有限元求解，并应用该法进行了连续刚架式拱上结构钢筋混凝土拱桥极限承载力分析。该弹塑性分析法仅适用于发生几何失稳（拱圈刚度较大）的情况，且仅当结构满足一定条件时才能求得极限承载力；该方法无法考虑拱上结构联合作用，无法确定荷载位移曲线及塑性铰所在的荷载等级；该方法在判定塑性铰时比较粗糙，没有考虑几何、材料非线性对单元内部变形的影响及位移对结构几何形状的影响，荷载位移曲线与实际值还有误差。

对于大跨度拱桥，一方面考虑位移对结构几何形状的影响后，拱桥的极限承载力会明显降低，另一方面拱结构在几何失稳前（出现塑性铰）有可能发生弹塑性屈曲，因此，必须采用同时考虑材料非线性和几何非线性的分析方法来求解大跨度拱桥静风失稳的极限承载力问题，这就是有限元全过程响应跟踪塑性铰方法。该方法基于有限元数值方法、计入了几何非线性和材料非线性的影响、采用增量与内外两重迭代相结合的方法，具体实施步骤如下[21]：

（1）在结构自重荷载作用下，线性求解结构平衡状态；

（2）提取主梁与拱肋的扭转角 $\boldsymbol{\theta}_{i-1}$，计算该状态下的三分力系数；

（3）假定初始风速 U_0 和风速步长 ΔU，计算当前风速 $U_i = U_0$ 下的静风荷载；

（4）在当前荷载作用下，采用 Newton-Rapson 方法进行结构几何非线性和材料非线性求解；

（5）检查拱桥有限元模型是否只有一个点或多个控制截面应力达到材料屈服极限；

（6）若有一个点达到材料屈服极限，返回（2）~（5）步，注意记下第一个达到材料屈服极限的点和相应的风速；

（7）若有一个控制截面应力均达到材料屈服极限，返回（2）~（5）步，注意记下第一控制截面应力均达到材料屈服极限的控制截面位置和相应的风速；

（8）若没有任何点的应力达到材料屈服极限，则返回（2）~（5）步，运行到（3）时，注意增加风速。

从上述的计算步骤可以看出，可能发生如下三种情况（图11.2-1）[21]：

（1）随着外荷载的增加，结构变形不断增大后进入一种状态，使得结构在这个基础上再发生微小位移增量时，拱桥控制截面最不利受力点的应力达到材料屈服极限，这个状态即对应结构弹性失稳临界状态，相应的风速称为弹性失稳临界风速。

（2）随着静风荷载的继续增加，拱桥某控制截面全截面应力达到材料屈服极限，形成了塑性铰，这一状态对应于结构弹性失稳极限状态，相应的风速称为弹性极限临界风速。

（3）随着静风荷载的进一步增加，拱桥结构上出现足够多的应力屈服截面或塑性铰，使得拱桥结构成为四铰机构，以致静风荷载无法进一步增加，定义此时的结构状态为结构塑性失稳临界状态，相应的风速称为塑性极限临界风速。

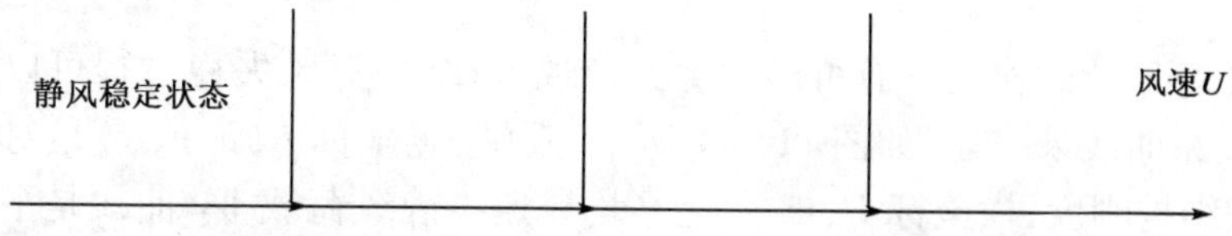

图 11.2-1 拱桥静风失稳全过程

四、增量迭代法

为全面考虑荷载与结构的非线性影响，国内外一些学者相继对大跨度桥梁的静风稳定问题进行了研究，最早由 Boonyapinyo 在 1994 年采用有限位移理论对大跨度斜拉桥的侧向弯扭屈曲问题做了空间非线性有限元分析[9]。此后，方明山[2,22]、程进[23,24]、张志田[21]、胡晓伦[25]等对大跨度桥梁的静风稳定性做了进一步的研究，考虑了结构的几何与材料非线性、扭转角沿桥轴线的不均匀分布以及初始攻角的影响，采用内增量与外增量结合的迭代方法建立的有限元平衡方程，例如公式（11.1-6）。增量迭代法是将风速按一定比例逐级增加，每级风速下的内层迭代是结构几何非线性和材料非线性的计算，外层迭代是寻找该级风速下的结构平衡状态；增量迭代法判别静风失稳的标准是迭代到某级风速时，出现不收敛或发散现象，发散从数学上可以用下式表示[21]：

$$\boldsymbol{\delta} = \boldsymbol{\delta}_0 + \Delta\boldsymbol{\delta}_1 + \Delta\boldsymbol{\delta}_2 + \cdots + \Delta\boldsymbol{\delta}_n + \cdots \tag{11.2-1}$$

给定风速下结构是否会出现失稳从数学上就归结于以上无穷级数的收敛问题，通常是假设级数项小于某一给定收敛向量 ε 时则认为级数收敛。张志田[21]引入低松弛迭代法，减少了外层迭代的计算次数，有助于得到收敛解。具体实施步骤如下：

（1）在结构自重荷载作用下，线性求解结构平衡状态；

（2）提取主梁与拱肋的扭转角 $\boldsymbol{\theta}_{i-1}$，计算该状态下的三分力系数，此时，主梁与拱肋上的有效攻角均等于初始攻角 α_0；

（3）假定初始风速 U_0 和风速步长 ΔU，计算当前风速 $U_i = U_0$ 下的静风荷载；

（4）在当前荷载作用下，采用 Newton-Rapson 方法进行结构几何非线性和材料非线性求解；

（5）提取主梁与拱肋扭转角向量 $\boldsymbol{\theta}_i$，则该级风速下用于修正三分力系数的扭转角向量取 $\boldsymbol{\theta}_i = \boldsymbol{\theta}_i + \varphi\Delta\boldsymbol{\theta}_i$，其中，$\varphi$ 为低松弛因子，扭转角增量 $\Delta\boldsymbol{\theta}_i = \boldsymbol{\theta}_i - \boldsymbol{\theta}_{i-1} - \varphi\Delta\boldsymbol{\theta}_{i-1}$，此时，主梁与拱肋的有效攻角 $\boldsymbol{\alpha} = \boldsymbol{\alpha}_0 + \boldsymbol{\theta}_i$；

（6）计算该状态下的三分力系数；

（7）检查三分力系数的欧几里德范数是否小于允许值；

（8）如果大于允许值，重复步骤（4）～（6）（外层迭代），若迭代次数超过预定的次数，说明本级风速难以收敛，将风速步长减半，返回（4）步，重新计算；

(9)如果小于允许值,说明本级风速计算结果收敛,进行下一级风速计算。

第三节　非线性静风稳定分析

一、非线性影响分析

拱桥结构在静风荷载作用下有可能发生失稳现象,结构静风失稳过程可以采用静风荷载和结构抗力的关系曲线来描述,如图11.3-1所示,其中,竖坐标$K(h,p,\alpha)$是对应于结构变形(h,p,α)时刻的结构刚度,横坐标U(m/s)是平均风速。静风荷载W_L曲线是平均风速的二次函数和结构初始姿态(h_0,p_0,α_0)的线性函数,可以看成是结构变形的线性静风荷载;静风荷载W_{NL}曲线虽然还是平均风速的二次函数,但却是结构变形$\Delta h,\Delta p,\Delta\alpha$的非线性函数,随着风速的增大,结构刚度$K$较快增长,可以看成是结构变形的非线性静风荷载;结构抗力R_L曲线表现出结构刚度不随平均风速或静风荷载变化而保持为常数,可以看成是不考虑几何非线性和材料非线性的线性结构抗力;结构抗力R_{NL}曲线在较低风速时,结构受力张紧使得结构刚度K略有增加,随着风速的增大,结构刚度K明显趋于下滑,是考虑了几何非线性和材料非线性后的非线性结构抗力[21,26]。

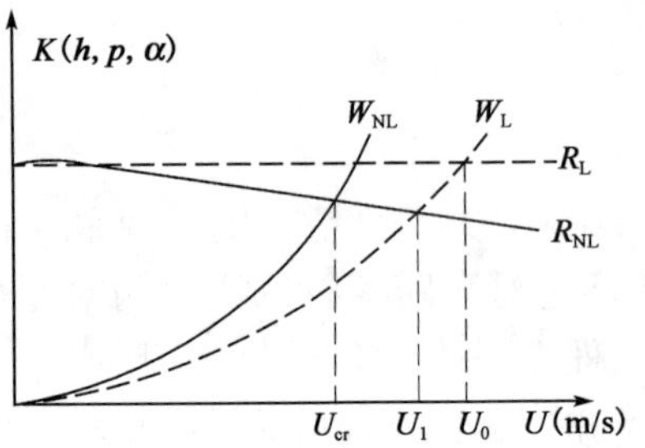

图11.3-1　拱桥线性和非线性静风失稳过程

由图11.3-1可以看出,线性静风荷载W_L和非线性静风荷载W_{NL}两条曲线与线性结构抗力R_L和非线性结构抗力R_{NL}两条曲线,形成了四个交点代表着静风失稳的四种临界状态。其中,线性静风荷载W_L和线性结构抗力R_L两条曲线交于(U_0,K_0),得到的是第一类静风失稳临界风速U_0,代表着静风失稳的上限,临界风速U_0用于工程实际将偏于危险;线性静风荷载W_L和非线性结构抗力R_{NL}两条曲线交于(U_1,K_1),得到的是线性荷载和非线性抗力下的第二类静风失稳临界风速U_1,代表着静风失稳的中值,临界风速U_1用于工程实际仍偏于危险;非线性静风荷载W_{NL}理论上可与线性结构抗力R_L相交于(U_2,K_0),但是这个交点一般是没有意义的,因为在考虑非线性静风荷载之前必须首先考虑非线性结构抗力;真正的静风失稳临界状态是非线性静风荷载W_{NL}和非线性结构抗力R_{NL}两条曲线的交点(U_{cr},K_{cr}),得到的是非线性荷载和非线性抗力下的第二类静风失稳临界风速U_{cr},代表的是静风失稳的下限,因而是临界风速的精确值,可用于工程实际。

上述静风稳定性计算中的非线性影响分析表明:按照线性静风荷载和线性结构抗力计算的大跨度拱桥第一类静风失稳临界风速是非常危险的,按照线性静风荷载和非线性结构抗力计算的大跨度拱桥第二类静风失稳临界风速仍然是偏于危险的,只有按照非线性静风荷载和非线性结构抗力计算的大跨度拱桥第二类静风失稳临界风速才是精确的,从而说明了在大跨度拱桥静风稳定分析中必须准确计入非线性影响,这些非线性因素主要包括荷载非线性、几何非线性和材料非线性。

(1)静风荷载是平均风速和结构变形的非线性函数,可以表达为$F_{st}=f(U,h,p,\alpha)$,U为平均风速,(h,p,α)对拱桥来讲通常指拱肋与主梁的变形,特别是决定静风荷载取值的拱肋与

主梁的扭转角 α，拱肋与主梁的扭转变形不仅沿桥跨方向的分布是不均匀的，而且有效攻角也不相同，导致静风荷载沿桥跨方向分布的不均匀性，反映了静风荷载的空间分布特性。

（2）拱桥结构的几何非线性主要来自于梁柱效应、结构初应力和结构大位移。一般情况下，大跨度拱桥结构的几何非线性按小应变大位移（大平移、大转动）问题处理，因此，考虑几何非线性的稳定分析主要是指在静风荷载作用下，拱轴线与荷载压力线的偏离问题。

（3）拱桥结构的材料非线性主要是指拱肋静风失稳大都发生在材料的弹塑性变形阶段，即拱肋截面的应力大于拱肋材料的弹性极限，拱桥结构材料弹性模量将随着应力大小而变化，这时按弹性理论计算的拱桥稳定安全系数就有可能大大超过实际值，因而需要用弹塑性理论重新计算结构的稳定安全系数，即需要考虑材料非线性。材料非线性分析的基础是材料本构关系模型，采用非线性本构模型会降低结构的切线刚度，最终导致降低静风失稳临界风速。

二、拱桥风荷载模型

拱桥静风稳定性分析时，主要考虑定常或准定常气动力，即静力风荷载或静风荷载的作用，根据拱桥主要组成构件，以下主要讨论拱肋、主梁以及其他构件上所受到的静风荷载。

拱桥的主要受力构件——拱肋轴线沿跨度方向是空间连续变化的，其风攻角和风偏角的定义与常规主梁断面中的定义有所不同；拱肋上各点处的平均风速是随着拱肋高度按幂函数规律或对数律变化的，由此引起静风荷载也是按一定规律变化的；另外离地高度方向的风场模拟不可忽视，拱肋断面从拱脚至拱顶也是逐渐变化的，这种情况下，在进行风洞试验测试或者计算流体动力学（CFD）计算时需要分段进行考虑。如图 11.3-2 所示为我国浙江省三门口大桥风洞试验时，拱顶拱肋节段与靠近拱脚拱肋节段的风洞试验模型[27]。在某些情况下，由于相互遮挡或者相互干扰，上下游拱肋须放在一起进行风洞试验测力，这样可得到整体的阻力以及力矩。在进行有限元分析时，整体气动力加载时必须在上下游两拱肋甚至各肢钢管混凝土构件上进行分配。分配形式多种多样，但实践证明，只要最终所形成的整体效应与试验时相同，且风荷载加载不过于集中在某一节点，则不管采用哪一种分配形式，结构的风致变形以及内力分布不会存在明显的差异。

a)　　　　　　　　b)

图 11.3-2　拱肋测力节段模型

拱桥的桥面或主梁的静风荷载与悬索桥或斜拉桥大体相同，通常情况下，也只需要按定常或者准定常的方法考虑其上所受的静风荷载，但如果桥面所受的风荷载对拱结构抖振振幅的贡献明显，则宜精细考虑桥面上所受气动力的非定常特性，而非定常气动力特性的考虑则主要体现在合理的断面气动导纳函数以及气动自激力特性的引入。如图 11.3-3 所示为三门口大桥主梁测力风洞试验模型[27]。

a)　　b)

图 11.3-3　主梁测力节段模型

无论是拱肋还是主梁的静风荷载都可以借助于节段模型测力风洞试验来获得，一般采用实际结构拱肋和主梁单位长度的三分力系数来表示，风轴坐标下，阻力系数、升力系数及升力矩系数定义如下：

$$C_D = \frac{F_D}{\frac{1}{2}\rho U_\infty^2 HL} \tag{11.3-1}$$

$$C_L = \frac{F_L}{\frac{1}{2}\rho U_\infty^2 BL} \tag{11.3-2}$$

$$C_M = \frac{F_M}{\frac{1}{2}\rho U_\infty^2 B^2 L} \tag{11.3-3}$$

式中：C_D——单位长度的阻力系数；

C_L——单位长度的升力系数；

C_M——单位长度的升力矩系数；

F_D——风轴坐标下模型所受的阻力；

F_L——风轴坐标下模型所受的升力；

F_M——风轴坐标下模型所受的升力矩；

U_∞——模型测力试验风速(均匀流);

ρ——空气密度;

H——对于拱肋,H 定义为上下钢管外边缘距离,对于桥面,H 定义为不包括横梁在内的桥面高度;

B——对于拱肋,B 定义为上下钢管外边缘距离,即与 H 同值,对于桥面,B 定义为不包括横梁在内的桥面宽度;

L——模型的长度。

由于按以上三式计算出来的三分力系数为无量纲系数,因此,模型测力试验得出的三分力系数即为实际结构的三分力系数。

拱桥的拱肋和主梁在施加静风荷载三分力时,一般采用整体坐标系或称为体轴坐标系,为此往往需要将风轴坐标系下的阻力系数和升力系数转换成体轴坐标,而升力矩系数则不需要转换。

$$C_H = C_D \cdot \cos\alpha + \frac{B}{H} \cdot C_L \cdot \sin\alpha \tag{11.3-4}$$

$$C_V = -C_D \cdot \frac{H}{B} \cdot \sin\alpha + C_L \cdot \cos\alpha \tag{11.3-5}$$

式中:C_H——风轴坐标下的阻力系数;

C_V——风轴坐标下的升力矩系数;

α——风攻角,即风轴坐标系与体轴坐标系的夹角,以仰角为正。

拱桥其他构件如吊杆、立柱等所受风荷载均按准定常风荷载考虑。一般情况下,吊杆、立柱均为规则断面形式,其三分力系数可参考我国《公路桥梁抗风设计规范》(JTG/T D60-01—2004)[28]进行取值。需要注意的是,这仅仅是针对计算静风稳定性时的做法。一些大跨度拱桥采用不规则刚性吊杆时,其静风荷载具有明显非定常气动力特性,严重情况下会出现大幅扭转振动[29]。

三、几何刚度矩阵形成

从前面的非线性影响分析可知,在拱桥静风稳定分析过程中,几何刚度矩阵扮演着十分重要的角色。在拱桥静风稳定求解过程中,可能会涉及许多不同类型单元几何刚度矩阵的求解,如大跨度拱肋离散的梁单元、桁架结构以及吊杆等所离散的杆单元、薄壁结构中的板壳单元等等。这些单元的几何刚度矩阵具有不同的形式。本节仅给出几何刚度形成的原理与几何刚度矩阵求解的一般方法。

如图 11.3-4 所示连续体变形,刚体运动并不引起应力,因此位移本身并不直接与应力相关。为了建立位移与应力的关系,必须考察物体的拉伸与扭转。为此我们考察物体中的三个相邻点 P、P'、P'',在变形后的构形中它们移动到了 Q、Q'、Q''点,如果我们知道各边的长度变化,则三角形的面积与角度变化就可以完全确定。但是,三角形的“位置”却无法用边长的变化来确定。同样,若已知任意两个点间的长度变化,则物体的新构形也将完全确定。物体内任意两点间距变化的描述是变形分析的关键。

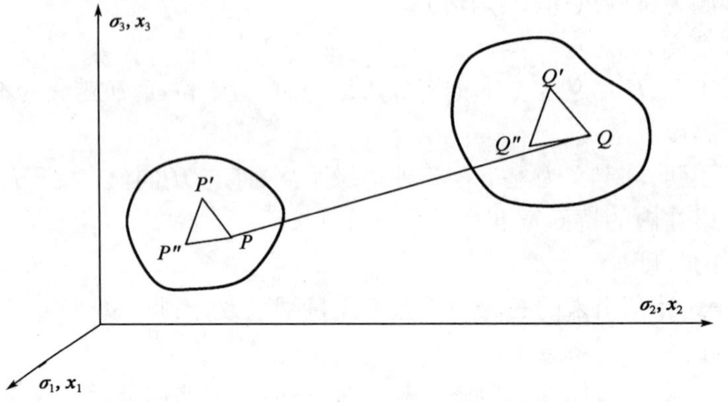

图 11.3-4　连续体变形示意

考察连接点 $P(a_1, a_2, a_3)$ 与其相邻点 $P'(a_1+\mathrm{d}a_1, a_2+\mathrm{d}a_2, a_3+\mathrm{d}a_3)$ 的无穷小线元，初始构形中线元 PP' 长度 $\mathrm{d}s_0$ 的平方为：

$$\mathrm{d}s_0^2 = \mathrm{d}a_1^2 + \mathrm{d}a_2^2 + \mathrm{d}a_3^2 \tag{11.3-6}$$

当 P 与 P' 分别变形至点 $Q(x_1, x_2, x_3)$ 与 $Q'(x_1+\mathrm{d}x_1, x_2+\mathrm{d}x_2, x_3+\mathrm{d}x_3)$ 后，新线元长度 $\mathrm{d}s$ 的平方为：

$$\mathrm{d}s^2 = \mathrm{d}x_1^2 + \mathrm{d}x_2^2 + \mathrm{d}x_3^2 \tag{11.3-7}$$

根据连续介质力学基本假定中有关变形前后任意点坐标之间函数关系，即 $x_i = x_i(a_1, a_2, a_3)$，$a_i = a_i(x_1, x_2, x_3)$，可得[30]：

$$\mathrm{d}x_i = \frac{\partial x_i}{\partial a_j}\mathrm{d}a_j \quad \mathrm{d}a_i = \frac{\partial a_i}{\partial x_j}\mathrm{d}x_j \tag{11.3-8}$$

需要注意的是，我们这里采用了直角坐标的张量表达方法，表达式每一项（并非整个等式）中重复出现的下指标 j 称为哑指标，表示遍历其取值范围求和，任一对哑指标可以使用另一对与该项中其他指标不重复的指标代替。而只出现一次的下指标 i 为自由指标，表示可以取值为其取值范围内的任意一个值。

引入 Kronecker Delta 函数后，可进一步将式（11.3-6）和式（11.3-7）写成张量的形式如下：

$$\mathrm{d}s_0^2 = \delta_{ij}\mathrm{d}a_i\mathrm{d}a_j = \delta_{ij}\frac{\partial a_i}{\partial x_l}\frac{\partial a_j}{\partial x_m}\mathrm{d}x_l\mathrm{d}x_m \tag{11.3-9}$$

$$\mathrm{d}s^2 = \delta_{ij}\mathrm{d}x_i\mathrm{d}x_j = \delta_{ij}\frac{\partial x_i}{\partial a_l}\frac{\partial x_j}{\partial a_m}\mathrm{d}a_l\mathrm{d}a_m \tag{11.3-10}$$

将变形后的长度与初始长度相减可得：

$$\mathrm{d}s^2 - \mathrm{d}s_0^2 = \left(\delta_{\alpha\beta}\frac{\partial x_\alpha}{\partial a_i}\frac{\partial x_\beta}{\partial a_j} - \delta_{ij}\right)\mathrm{d}a_i\mathrm{d}a_j \tag{11.3-11}$$

引入格林（Green）应力张量：

$$E_{ij} = \frac{1}{2}\left(\delta_{\alpha\beta}\frac{\partial x_\alpha}{\partial a_i}\frac{\partial x_\beta}{\partial a_j} - \delta_{ij}\right) \tag{11.3-12}$$

则有

$$\mathrm{d}s^2 - \mathrm{d}s_0^2 = 2E_{ij}\mathrm{d}a_i\mathrm{d}a_j \tag{11.3-13}$$

引入位移矢量 $\boldsymbol{u}$,其分量为:

$$u_\alpha = x_\alpha - a_\alpha \qquad (\alpha = 1,2,3) \tag{11.3-14}$$

则

$$\frac{\partial x_\alpha}{\partial a_i} = \frac{\partial u_\alpha}{\partial a_i} + \frac{\partial a_\alpha}{\partial a_i} = \frac{\partial u_\alpha}{\partial a_i} + \delta_{\alpha i} \tag{11.3-15}$$

将式(11.3-15)代入式(11.3-12)可得:

$$E_{ij} = \frac{1}{2}\left[\delta_{\alpha\beta}\left(\frac{\partial u_\alpha}{\partial a_i} + \delta_{\alpha i}\right)\left(\frac{\partial u_\beta}{\partial a_j} + \delta_{\beta j}\right) - \delta_{ij}\right] = \frac{1}{2}\left[\frac{\partial u_i}{\partial a_j} + \frac{\partial u_j}{\partial a_i} + \frac{\partial u_\alpha}{\partial a_i}\frac{\partial u_\alpha}{\partial a_j}\right] \tag{11.3-16}$$

式中,E_{ij}称为拉格朗日应变,它基于质点描述,与流体力学中基于空间网格描述的欧拉应变相对应。

将张量表达式(11.3-16)展开成常规的形式可得如下线应变以及切应变:

$$\begin{aligned}\varepsilon_x = E_{xx} &= \frac{1}{2}\left[\frac{\partial u_x}{\partial x} + \frac{\partial u_x}{\partial x} + \left(\frac{\partial u_x}{\partial x}\right)^2 + \left(\frac{\partial u_y}{\partial x}\right)^2 + \left(\frac{\partial u_z}{\partial x}\right)^2\right] \\ &= \frac{\partial u_x}{\partial x} + \frac{1}{2}\boldsymbol{u}_{,x}^{\mathrm{T}}\boldsymbol{u}_{,x}\end{aligned} \tag{11.3-17}$$

同理

$$\varepsilon_y = \frac{\partial u_y}{\partial y} + \frac{1}{2}\boldsymbol{u}_{,y}^{\mathrm{T}}\boldsymbol{u}_{,y} \tag{11.3-18}$$

$$\varepsilon_z = \frac{\partial u_z}{\partial z} + \frac{1}{2}\boldsymbol{u}_{,z}^{\mathrm{T}}\boldsymbol{u}_{,z} \tag{11.3-19}$$

$$\gamma_{xy} = \frac{\partial u_x}{\partial y} + \frac{\partial u_y}{\partial x} + \frac{1}{2}\boldsymbol{u}_{,x}^{\mathrm{T}}\boldsymbol{u}_{,y} + \frac{1}{2}\boldsymbol{u}_{,y}^{\mathrm{T}}\boldsymbol{u}_{,x} \tag{11.3-20}$$

$$\gamma_{xz} = \frac{\partial u_x}{\partial z} + \frac{\partial u_z}{\partial x} + \frac{1}{2}\boldsymbol{u}_{,x}^{\mathrm{T}}\boldsymbol{u}_{,z} + \frac{1}{2}\boldsymbol{u}_{,z}^{\mathrm{T}}\boldsymbol{u}_{,x} \tag{11.3-21}$$

$$\gamma_{yz} = \frac{\partial u_y}{\partial z} + \frac{\partial u_z}{\partial y} + \frac{1}{2}\boldsymbol{u}_{,y}^{\mathrm{T}}\boldsymbol{u}_{,z} + \frac{1}{2}\boldsymbol{u}_{,z}^{\mathrm{T}}\boldsymbol{u}_{,y} \tag{11.3-22}$$

式中黑体为向量,下标中逗号加坐标符号表示求偏导数,如下:

$$\boldsymbol{u}_{,x} = \frac{\partial \boldsymbol{u}}{\partial x} = \begin{bmatrix} u_{x,x} \\ u_{y,x} \\ u_{z,x} \end{bmatrix} \quad \boldsymbol{u}_{,y} = \begin{bmatrix} u_{x,y} \\ u_{y,y} \\ u_{z,y} \end{bmatrix} \quad \boldsymbol{u}_{,z} = \begin{bmatrix} u_{x,z} \\ u_{y,z} \\ u_{z,z} \end{bmatrix} \tag{11.3-23}$$

在线性、小变形的有限元问题中,我们所熟知的应变与位移场的关系就是式(11.3-17)～式(11.3-22)中去掉高阶项的结果,即前三式所表示的轴向应变只取等式右边第1项;后三式所表示的剪切应变只取等式右边第1、2项。从原理上讲,建立以位移场为未知场函数的有限单元的几何刚度矩阵是很容易的。只需要将方程组式(11.3-17)～式(11.3-22)表示的应变的高阶项都考虑进去即可。应用与形成单元刚度矩阵相同的形函数,位移场对坐标的导数可以写成

$$\boldsymbol{g} = \boldsymbol{G}\boldsymbol{u} \tag{11.3-24}$$

如果单元中有初应力,则由此产生的势能附加项为:

$$\Omega_\sigma = \frac{1}{2}\int [\boldsymbol{u}_{,x}^{\mathrm{T}} \quad \boldsymbol{u}_{,y}^{\mathrm{T}} \quad \boldsymbol{u}_{,z}^{\mathrm{T}}] \begin{bmatrix} \boldsymbol{s}_{xx} & \boldsymbol{s}_{xy} & \boldsymbol{s}_{xz} \\ \boldsymbol{s}_{yx} & \boldsymbol{s}_{yy} & \boldsymbol{s}_{yz} \\ \boldsymbol{s}_{zx} & \boldsymbol{s}_{zy} & \boldsymbol{s}_{zz} \end{bmatrix} \begin{bmatrix} \boldsymbol{u}_{,x} \\ \boldsymbol{u}_{,y} \\ \boldsymbol{u}_{,z} \end{bmatrix} \mathrm{d}V = \frac{1}{2}\int \boldsymbol{g}^{\mathrm{T}}\boldsymbol{S}\boldsymbol{g}\mathrm{d}V \tag{11.3-25}$$

其中 3×3 的初始应力矩阵有如下形式：

$$\boldsymbol{s}_{ij} = \begin{bmatrix} \sigma_{ij} & 0 & 0 \\ 0 & \sigma_{ij} & 0 \\ 0 & 0 & \sigma_{ij} \end{bmatrix}_0 \tag{11.3-26}$$

初始应力定义为：

$$\boldsymbol{s}_0^{\mathrm{T}} = [\sigma_{xx} \quad \sigma_{yy} \quad \sigma_{zz} \quad \sigma_{xy} \quad \sigma_{xz} \quad \sigma_{yz}]_0 \tag{11.3-27}$$

从而，任何单元的几何刚度都可以用以下方程进行计算[31]：

$$\boldsymbol{k}_g = \int \boldsymbol{G}^{\mathrm{T}}\boldsymbol{S}\boldsymbol{G}\mathrm{d}V \tag{11.3-28}$$

关于式(11.3-28)的积分，少数几种单元如梁杆单元有显式表达式，对于更一般的情况，则是直接通过数值积分得到。

四、静风荷载迭代步骤

当结构变形引起结构姿态变化，且姿态变化反过来又引起静风荷载变化时，就需要进行静风荷载迭代计算。这里所说的静风荷载迭代，是指风速保持不变的情况下确定结构变形后最终所受的静风荷载。以主梁为例，显然，主梁的侧向变形和竖向变形并不会引起结构姿态(风攻角)的变化，因而其上的静风荷载并不受这两者的影响；但是，主梁和拱肋的扭转变形会改变风攻角从而引起静风荷载的变化。因此，静风荷载的迭代是针对扭转变形所形成的风攻角变化而言的，实际应用中仍采用第一节中的方法进行迭代求解，其中，内外增量双重迭代的计算步骤如图 11.3-5 所示[21]。

五、紊流影响计算方法

在结构所处流场为均匀流场的前提下，内外增量双重迭代方法已经能够足够精确地确定结构的静风失稳临界风速，但在紊流风场中，除了由平均风作用引起结构静位移之外，在脉动风作用下结构还将产生抖振位移，具有平稳随机特性的脉动力与结构的抖振响应对静风稳定的影响是主要关注的问题。实际桥址处的自然风总是含有紊流成分的，即使是在均匀流场的风洞试验中，钝体桥梁断面也会引起特征紊流从而引起结构的随机振动。因此，与均匀流的情况相比，研究紊流场中的大跨度桥梁静风稳定性具有实际意义。

要研究紊流对静风稳定性的影响，公式(11.1-6)所示的静力方法不再适用，主要原因是紊流及其桥梁的抖振响应具有时程变化的特性而非某一确定的值。有鉴于此，可采用动力有限元方法考虑这些因素影响[32]。采用动力有限元法分析桥梁的静风稳定性首先要克服的问题是阶跃激励的影响，在按时间步逐步加载中，平均风效应形成典型的阶跃激励，显然，自然界中风场的形成有一过程，并非突然性的阶跃激励。实际结构的阻尼比通常很小，要克服结构对阶跃激励的动力响应需要很长的数值积分时间。为此，可结合所研究桥梁的自振特性，在动力有限元分析过程中的前若干秒内设置临界阻尼比(或足够高的阻尼比)的方法来消除阶跃激励响应。

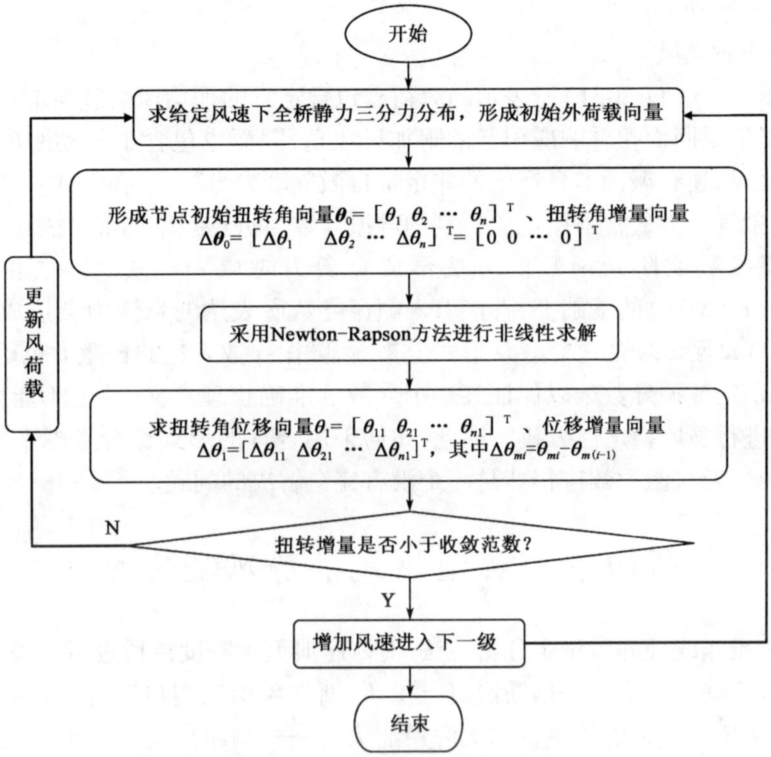

图 11.3-5　非线性静风稳定分析中的内外增量迭代步骤

忽略自激力、涡脱力以及风偏角等因素的影响,紊流场中桥梁断面的风荷载可表示如下:

$$D^*(x,t)=\frac{1}{2}\rho U^2(x,t)C_D[\alpha_0+\Delta\alpha(x,t)+\alpha(x,t)]B \tag{11.3-29}$$

$$L^*(x,t)=\frac{1}{2}\rho U^2(x,t)C_L[\alpha_0+\Delta\alpha(x,t)+\alpha(x,t)]B \tag{11.3-30}$$

$$M^*(x,t)=\frac{1}{2}\rho U^2(x,t)C_M[\alpha_0+\Delta\alpha(x,t)+\alpha(x,t)]B^2 \tag{11.3-31}$$

式中:$D^*(x,t)$、$L^*(x,t)$、$M^*(x,t)$——瞬时风轴坐标下的单位长度主梁断面的阻力、升力和升力矩;

x——桥梁轴线方向;

$U(x,t)$——t 时刻的风速;

C_L、C_D、C_M——升力、阻力与升力矩系数;

α_0——平均风攻角;

$\Delta\alpha(x,t)$——t 时刻脉动风引起的附加攻角;

$\alpha(x,t)$——t 时刻桥梁断面扭转响应;

$U(x,t)$——t 时刻横桥向的瞬时风速。

$$U(x,t)=\sqrt{[U_0+u(x,t)]^2+w(x,t)^2} \tag{11.3-32}$$

式中：U_0——桥面处的平均风速，当忽略桥梁纵坡变化时为常数；

$u(x,t)$——水平脉动风；

$w(x,t)$——竖向脉动风。

式(11.3-29)～式(11.3-31)所表示的风荷载包含定常的平均风荷载与准定常的抖振力荷载。由于隐含了桥梁断面扭转响应引起的附加风攻角，因而也包含了气动刚度的影响。实际桥梁在随机风振时，还有振动本身产生的非定常自激气动力，这一项在上式中并没有体现。对于钝体断面，自激气动力通常采用试验识别的颤振导数与折算频率的混合表达式，在时域分析中，可采用有理函数或阶跃函数的方法形成自激力时域表达式。需要指出的是，在式(11.3-29)～式(11.3-31)的基础上，直接引入颤振导数所表达的自激力会造成部分气动荷载的重复，主要是气动刚度项的重复。从形式上来看，颤振导数表达的自激力也可以包含准定常气动刚度，但识别的颤振导数难以保证某一个导数的准确物理意义，故也不能直接采用Scanlan 自激力模型进行静风稳定性分析。因此，如何采用合理的形式综合考虑平均风效应、准定常气动刚度效应以及自激力效应仍然是一个没有完全解决的问题。

第四节　典型拱式桥静风稳定性

采用上述三维非线性静风稳定分析方法，对四座典型大跨度拱桥进行了静风稳定性分析，其中包括四川宜宾岷江二桥——钢筋混凝土拱桥、浙江象山三门口跨海大桥——钢管混凝土拱桥、广州新光大桥——钢桁架拱桥和上海卢浦大桥——钢箱拱桥。在钢筋混凝土拱桥的静风稳定性分析中，比较了静风荷载和等效静风荷载对稳定性的不同影响；在钢管混凝土拱桥的静风稳定性分析中，比较了第一类失稳和第二类失稳的计算方法和数值结果；在钢桁架拱桥的静风稳定性分析中，比较了塑性铰方法和增量迭代法的计算结果，并将数值计算结果与风洞试验结果进行了对比；在钢箱拱桥的静风稳定性分析中，比较了弹性失稳、弹性极限和塑性极限所对应的临界风速。通过四座典型拱桥的静风稳定性分析，不仅计算得到了相应拱桥的第一类失稳或第二类失稳的临界风速，而且总结归纳了大跨度拱桥静风失稳的特点和规律。

一、钢筋混凝土拱桥静风稳定性

四川省宜宾市岷江二桥是内江到宜宾高速公路宜宾市境内的一座三跨连续拱桥[33]，每跨均为160m上承式钢筋混凝土箱形拱结构，桥面全宽24.5m，包括双向三车道，支撑整个桥面的多室钢筋混凝土箱拱全宽16m。该桥在施工过程中曾经两次发生坍塌事故，都是在2片1.6m宽的双室矩形箱拱的情况下，据此作为静风稳定性计算的对象进行静风稳定性验算。箱形拱桥两片裸拱状态下的结构布置如下[33]：

立面布置：计算跨径 $l=161.727\text{m}$，计算矢高 $f=40.372\text{m}$，计算矢跨比 $f/l=1/4$。

拱轴方程：悬链线 $y_1=\dfrac{f}{m-1}[\cosh(\kappa\xi)-1]$，拱轴系数 $m=1.6$，无量纲坐标 $\xi=\dfrac{2x}{l}$，无量纲系数 $k=\cosh^{-1}m=\ln(m+\sqrt{m^2-1})$。

裸拱尺寸：单肋宽 $b_1 = 1.6\text{m}$，双肋宽 $b_2 = 3.2\text{m}$，肋高 $h = 2.2\text{m}$。

支撑条件：拱脚三个线位移和三个角位移均为固结，即按无铰拱计算。

1. 静风荷载作用分析

在三维非线性静风稳定性分析中，首先考虑仅有静风荷载，即静风阻力、静风升力和静风扭矩作用的情况，并采用以下假定[33]：

(1)钢筋混凝土拱桥是由钢筋和混凝土组成，为此将钢筋混凝土作为一种复合材料，由于该复合材料不像钢或混凝土有着明确的材料本构关系，较难判断塑性铰的形成，因此这里采用增量迭代法。

(2)以桥位 10m 高度处的设计风速为准，拱桥各构件在其高度 z 处的相应风速按指数率推算。

(3)静风稳定性分析中仅计入结构恒载和静风荷载，其中拱肋和主梁的三分力系数由风洞试验确定。

基于上述假定，为了进行非线性静风稳定性分析，采用空间梁单元模拟两片裸拱结构，钢筋混凝土拱桥静风稳定性分析三维有限元计算模型如图 11.4-1 所示。

a)有限元拱肋轴线模型

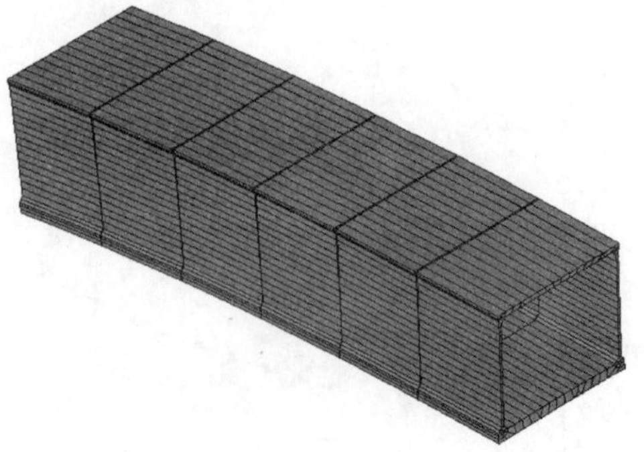

b)拱肋细部构造图

图 11.4-1　钢筋混凝土拱桥三维有限元计算模型

采用增量迭代法对钢筋混凝土拱桥的三维有限元计算模型进行了静风稳定性分析，计算风速从 10m/s 开始，每级风速增量 10m/s，直到 150m/s。如图 11.4-2a)、b)和 c)分别给出了钢筋混凝土拱肋跨中($L/2$)和四分点($L/4$)处的竖向位移、侧向位移和扭转变形随风速变化的规律；为了比较温度对钢筋混凝土拱桥静风稳定性的影响，还专门进行了均匀降温 25℃的计算，图 11.4-2d)比较了拱肋降温对跨中竖向位移的影响[33]。

从图 11.4-2 可以看出：钢筋混凝土拱肋的竖向位移、侧向位移和扭转变形随风速的增加呈非线性增长，并且竖弯、侧弯和扭转变形是完全耦合的；拱肋跨中的竖弯位移、侧向位移和扭转变形均明显大于四分点，在最大计算风速 150m/s 下仍然没有表现出静风失稳的趋势；不同温度下计算得到的竖向位移是有差别的，但是，从变化趋势来看，温差并不会影响静风失稳趋势，从而可以忽略温度影响。

2. 等效风荷载作用分析

以上三维非线性静风稳定性分析中仅仅考虑了平均风作用下的静力风荷载，大气边界层中的自然风一般同时包含有长周期的平均风和短周期的脉动风,脉动风又称为紊流风,主要引起结构振动从而产生动力风荷载。为了简化动力风荷载效应的计算,一般采用等效静力风荷载或等效静风荷载进行计算。所谓等效静风荷载,是指将该荷载作为静力风荷载作用在结构上所引起的结构响应等于结构在实际动力风荷载作用下的最大响应值。

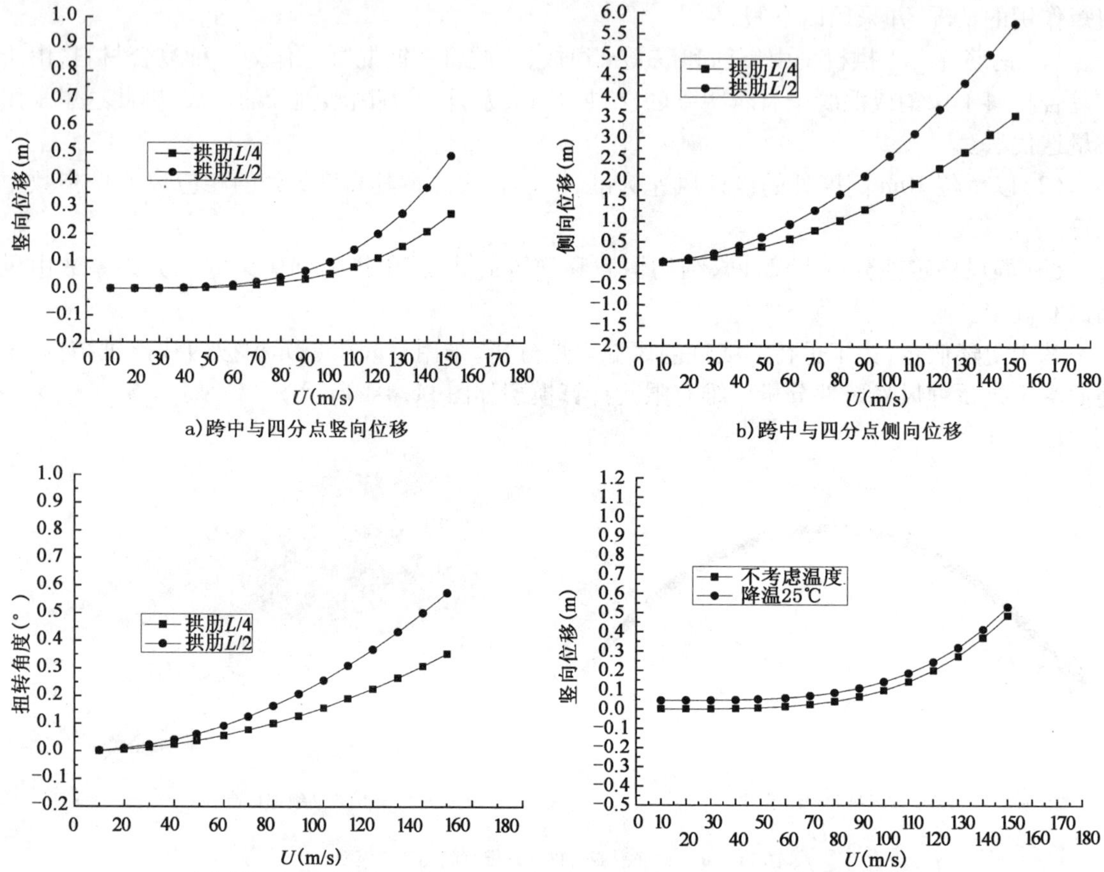

a)跨中与四分点竖向位移　b)跨中与四分点侧向位移

c)跨中与四分点扭转变形　d)降温对跨中竖向位移影响

图 11.4-2　钢筋混凝土拱桥静风位移响应

平均风作用下的静风荷载,可按照《公路桥梁抗风设计规范》(JTG/T D60-01—2004)的规定[28],风剖面可以采用指数律模型,按照Ⅱ类场地的幂指数取值为 $\alpha = 0.16$,取拱顶处的高度为基准高度,则有下列平均风速计算公式:

$$U_z^s = U_d^s\left(\frac{z}{z_d}\right)^{\alpha} = 29.0 \times \left(\frac{z}{z_d}\right)^{0.16} \tag{11.4-1}$$

式中,z 表示离地高度,取值范围为 $z = 19.628 \sim 60\text{m}$,当 $z = h_0 = 19.62\text{m}$ 时,$U_z^s = 24.3\text{m/s}$;当 $z = z_d = 60\text{m}$ 时,$U_z^s = U_d^s = 29.0\text{m/s}$。因此,无量纲静风荷载分量的分布函数可以表示为:

$$\alpha_y(x) = \alpha_\theta(x) = \left(\frac{z}{z_d}\right)^{2\alpha} = \left(\frac{\dfrac{4x^2}{l^2} + \dfrac{h_0}{f}}{1 + \dfrac{h_0}{f}}\right)^{2\alpha} = \left(1 - 0.673\,\frac{x^2}{4l^2}\right)^{0.32} \tag{11.4-2}$$

考虑到法向力方向 N 与坐标轴竖向之间存在夹角 β,因此无量纲静风荷载竖向分量的分布函数可以近似表示为:

$$\alpha_z(x)=\left(\frac{z}{z_{\mathrm{d}}}\right)^{2\alpha}\cdot\cos\beta\approx\left(1-0.673\frac{x}{4l^2}\right)^{0.32}\cdot\cos\frac{\pi}{2l}x \tag{11.4-3}$$

式中,x 的取值范围为$\left(-\dfrac{l}{2},\dfrac{l}{2}\right)$,相应的 $\alpha_y=\alpha_\theta$ 的取值范围为(0.699,1.0),而 α_z 的取值范围为(0.494,1.0)。

根据以上格式,可以求出静风荷载三个分量的最大值[34]:

$$\overline{W}_y=\frac{1}{2}\rho U^2HC_{\mathrm{H}}=1.53\mathrm{kN/m} \tag{11.4-4}$$

$$\overline{W}_z=\frac{1}{2}\rho U^2BC_{\mathrm{N}}=-0.0609\mathrm{kN/m} \tag{11.4-5}$$

$$\overline{W}_\theta=\frac{1}{2}\rho U^2B^2C_{\mathrm{M}}=0.0866\mathrm{kN\cdot m/m} \tag{11.4-6}$$

确定等效静风荷载最有效也是最精确的方法,就是采用全桥模型试验法。由于在全桥气弹模型风洞试验中完全模拟了紊流强度(I_{u} 和 I_{w})、结构阻尼比(ξ_{h} 和 ξ_{p})以及脉动风谱(S_{u} 和 S_{w}),因此不需要进行修正;取风洞试验实测位移响应峰值因子为 $g_{\mathrm{u}}=3.2$ 和 $g_{\mathrm{w}}=3.7$,作为动力风荷载相应的峰值因子;将风洞试验中风速 $U=29\mathrm{m/s}$ 时实测得到的拱顶和四分点的侧向位移和竖向位移响应均方差,换算成对应于对称模态和反对称模态的侧向和竖向位移均方差和峰值,进而求得按全桥模型试验法确定的对称模态和反对称模态等效静风荷载最大值,如表 11.4-1所示[33,34]。

按全桥气弹模型试验法确定的等效静风荷载最大值 表 11.4-1

计算内容	水平方向		竖直方向		扭转方向	
	对称	反对称	对称	反对称	对称	反对称
抖振位移均方差[m 或(°)]	0.130 8	0.011 2	0.005 1	0.003 3	0.005 41	0.001 40
抖振位移峰值[m 或(°)]	0.418 6	0.035 8	0.018 8	0.012 2	0.016 12	0.004 17
等效静风荷载极值(kN/m)	0.75	0.55	0.80	2.10	0.50	0.40

等效风荷载应该等于静风荷载与等效静风荷载之和,利用静风荷载与表 11.4-1 中的等效静风荷载的叠加,可以得到等效风荷载的三个分量的解析表达式如下:

$$W_y(x)=\left(1-0.673\frac{x^2}{4l^2}\right)^{0.32}\left(1.53\pm0.75\cos\frac{\pi}{l}x\pm0.55\sin\frac{2\pi}{l}x\right) \tag{11.4-7}$$

$$W_z(x)=\left(1-0.673\frac{x^2}{4l^2}\right)^{0.32}\left(-0.0609\pm0.80\cos\frac{3\pi}{l}x\pm2.10\sin\frac{2\pi}{l}x\right)\cdot\cos\frac{\pi}{2l}x \tag{11.4-8}$$

$$W_\theta(x)=\left(1-0.673\frac{x^2}{4l^2}\right)^{0.32}\left(0.0866\pm0.50\cos\frac{\pi}{l}x\pm0.40\sin\frac{2\pi}{l}x\right) \tag{11.4-9}$$

上述等效风荷载的三个分量也可以用图形表示为如图 11.4-3 所示的形式。

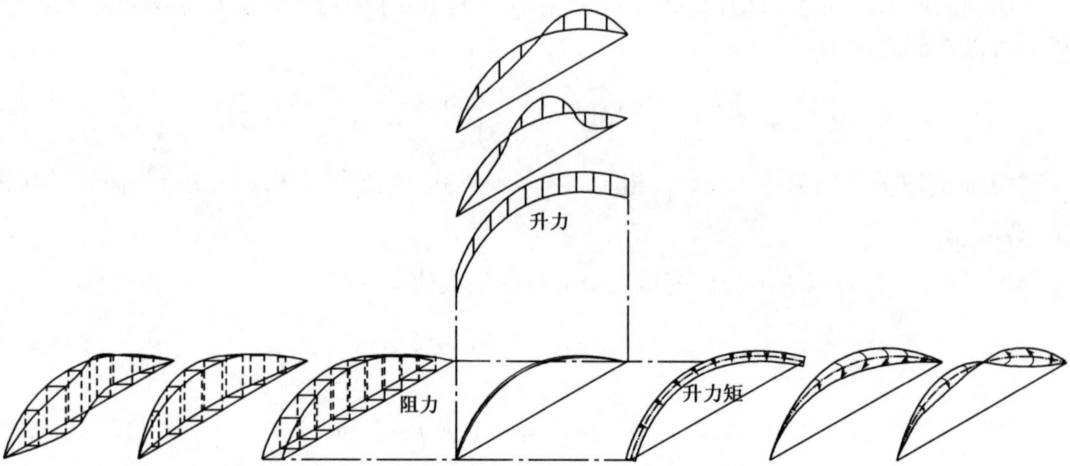

图 11.4-3　钢筋混凝土拱桥等效风荷载图式

钢筋混凝土拱桥恒载作用下双裸肋结构的受力与普通无铰拱相似，由于双裸肋断面可以近似认为沿跨径方向是不变的，因此结构恒载可以抽象成沿拱轴均匀分布的竖平面内线荷载，且

$$q_z = m \cdot g = 35.45\text{kN/m} \tag{11.4-10}$$

采用三维有限元静力分析程序，可以方便计算出结构恒载作用下各个截面的内力，其中拱顶和拱脚截面的轴力和弯矩汇总见表 11.4-2 所示[33,34]。

拱顶和拱脚截面轴力和弯矩　　表 11.4-2

荷载种类	拱顶截面			拱脚截面		
	轴压力 (kN)	面内弯矩 (kN·m)	面外弯矩 (kN·m)	轴压力 (kN)	面内弯矩 (kN·m)	面外弯矩 (kN·m)
结构恒载	-3 074	443	0	-4 510	59	0
等效风荷载	-10	213	2 665	-3	268	6 931
P-Δ 效应		65	2 421		65	2 421
内力组合	-3 394	849	6 612	-4 965	498	12 158

注：内力组合为 1.1×结构恒载 +1.3×（等效风荷载 + P-Δ 效应）。

P-Δ 效应的精确分析涉及椭圆积分的数值计算，为了简化起见，*P*-Δ 效应按一次线性近似进行计算。具体步骤如下：

(1)计算结构恒载和等效风荷载共同作用下的拱顶水平推力 H(轴向力)；

(2)计算结构恒载和等效风荷载共同作用下的拱顶平面内偏心距 e_z 和平面外偏心距 e_y；

(3)计算平面内附加弯矩 $\Delta M_y = H \cdot e_y$ 和平面外附加弯矩 $\Delta M_z = H \cdot e_z$。

根据上述计算步骤得到的由 *P*-Δ 效应引起的截面附加弯矩汇总见表 11.4-2，据此可以分别进行拱顶和拱脚截面的平面内和平面外偏心受压构件验算[33,34]。

拱顶平面内荷载内力 $N_j = 3\,394\text{kN}$，$M_j = 849\text{kN} \cdot \text{m}$，截面高度 $h = 2.2\text{m}$，按 T 形截面验算

截面强度，属于小偏心受压构件，截面极限抗力 $N_R = 32\,297\text{kN} > N_j = 3\,394\text{kN}$；拱顶平面外荷载内力 $N_j = 3\,394\text{kN}$，$M_j = 6\,612\text{kN} \cdot \text{m}$，截面高度 $h = 1.6\text{m}$，按两个同样高度的矩形截面验算截面强度，属于大偏心受压构件，截面极限抗力 $N_R = 5\,448\text{kN} > N_j = 3\,394\text{kN}$。拱顶平面内和平面外都不会发生静风失稳现象。

拱脚平面内荷载内力 $N_j = 4\,965\text{kN}$，$M_j = 498\text{kN} \cdot \text{m}$，截面高度 $h = 2.2\text{m}$，按 T 形截面验算截面强度，属于小偏心受压构件，截面极限抗力 $N_R = 37\,531\text{kN} > N_j = 4\,965\text{kN}$；拱脚平面外荷载内力 $N_j = 4\,965\text{kN}$，$M_j = 12\,158\text{kN} \cdot \text{m}$，截面高度 $h = 1.6\text{m}$，按两个同样高度的矩形截面验算截面强度，属于大偏心受压构件，截面极限抗力 $N_R = 3\,910\text{kN} < N_j = 4\,965\text{kN}$。虽然拱脚平面内不会发生静风失稳现象，但是，拱脚平面外的截面极限抗力小于极限荷载，会发生静风失稳现象[33,34]。

根据上述静风稳定性验算结果，特别是拱脚平面外的验算结果，在结构恒载和等效风荷载共同作用下，箱形拱桥双裸肋结构可能发生侧向第二类静力失稳，证实了施工阶段曾经出现的两次拱肋失稳垮塌事故。

二、钢管混凝土拱桥静风稳定性

浙江省象山县三门口跨海大桥的北门大桥是主跨为 270m 的钢管混凝土中承式拱桥，拱高 54m，矢跨比为 1∶5，桥面全宽 12.5m。每片拱肋由 4 根内灌混凝土的 $\phi 1\,000$ 钢管组成，上下弦杆间用钢管作腹杆组成桁式拱肋，桥面结构采用梁格体系[27]。对于钢管混凝土结构，比较常用的方法有换算截面法、双单元法、钢管混凝土统一本构关系等方法。本文采用双单元法对主拱结构进行离散。双单元法的基本原理是将钢管与混凝土处理成独立但共结点的单元，共结点保证两种单元有相同的位移场，且不增加计算自由度。在线弹性工作阶段，双单元法能给出精确的动静力有限元计算结果，且能考虑施工过程的影响，即通过设定钢管单元初始应变的方法来考虑施工过程中恒载及活载的分配。在弹塑性工作阶段，由于双单元法忽略了钢与混凝土之间的三向约束作用，通常给出偏于安全的结果。桥面与拱肋统一采用空间梁单元进行离散，吊杆使用空间杆单元进行离散，拱肋上立柱及其立柱上简支混凝土梁的质量采用质量单元模拟。如图 11.4-4a）所示为三门口大桥全桥有限元计算模型，图 11.4-4b）为拱肋双单元有限元离散的细部构造[27]。北门大桥拱顶高度静风稳定检验风速为 65m/s。

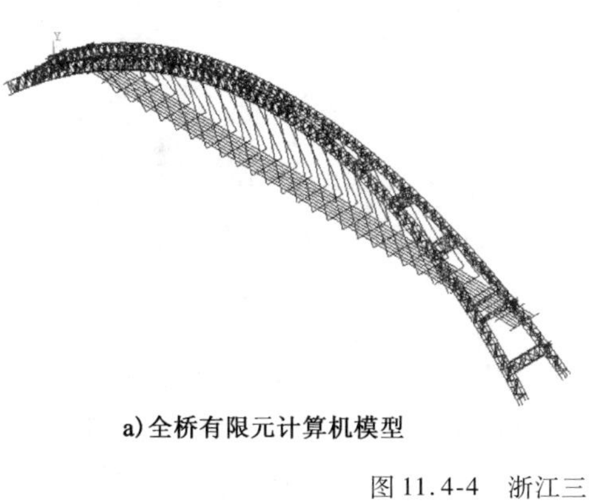

a）全桥有限元计算机模型

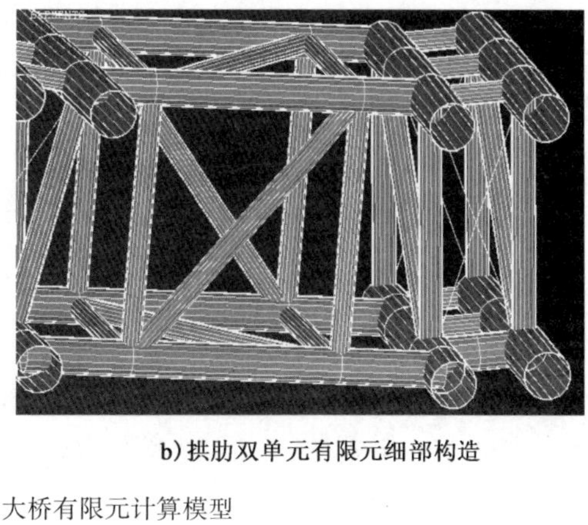

b）拱肋双单元有限元细部构造

图 11.4-4　浙江三门口大桥有限元计算模型

1. 第一类稳定特征值

分两种情况进行了静风荷载作用下第一类稳定特征值分析，第一种情况是不考虑重力的影响，第二种情况是考虑重力的影响。由于是特征值分析，两种情况均忽略了结构的材料非线性。

1）不计重力

不考虑重力，选参考风速为100m/s，拱肋和主梁上的静风荷载均按风洞试验测试所得的三分力进行加载，在这种情况下计算得到的前5阶特征值见表11.4-3。

特征值及临界风速（不计重力）　　表11.4-3

阶　次	1	2	3	4	5
特征值 λ	37.011	37.061	40.757	40.823	44.296
临界风速（m/s）	608.4	608.8	638.4	638.9	665.6

表11.4-3中，第1、2阶失稳模态为桥面纵梁压曲；第3、4、5阶模态为背风侧拱肋压曲。临界风速的计算方法为 $U_{cr}=100\sqrt{\lambda}$。第1阶失稳模态如图11.4-5所示[27]。

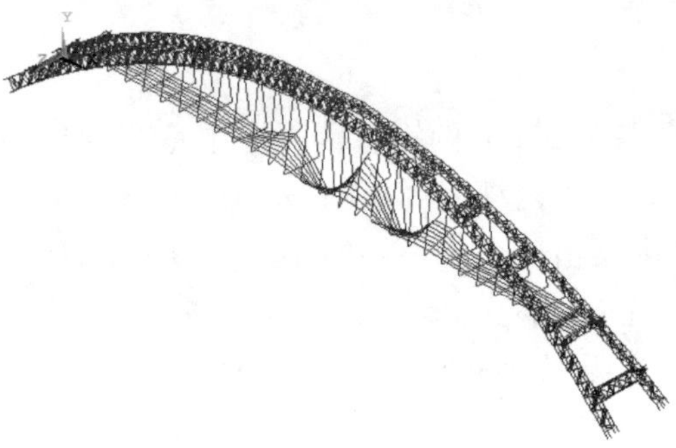

图11.4-5　第1阶失稳模态

2）计入重力

考虑重力影响时，目标仍然是求出第一类稳定的临界风速，而重力的影响必须保持一倍的自重荷载不变。在这种情况下，应用本章第一节中式（11.1-12）～式（11.1-15）的迭代方法，特征值求解过程如下。

（1）第一次迭代求解：考虑自重并按风速 $U_0=100$m/s进行静风荷载加载，确定结构在这种状态下的内力后进行特征值求解，前5阶特征值见表11.4-4。第一次求解的第一阶失稳模态如图11.4-6所示，此时的失稳实际上主要是由重力贡献的（5.859倍自重荷载以及静风荷载的影响）。

特征值及临界风速（含重力第一次求解）　　表11.4-4

阶　次	1	2	3	4	5
特征值 λ	5.859	6.279	7.907	8.085	8.889

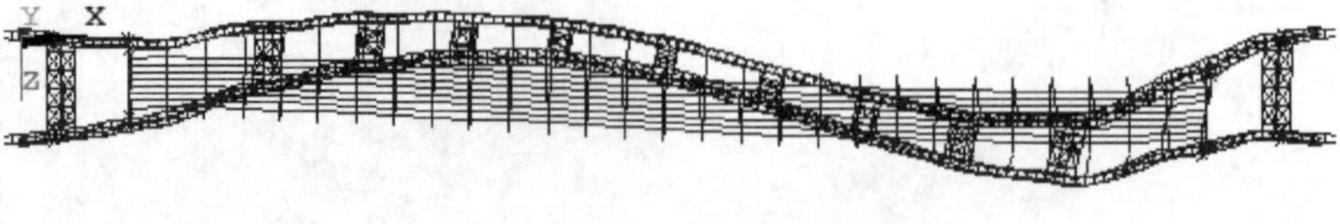

图11.4-6　第1阶失稳模态（第一次求解）

（2）第二次迭代求解：令参考风速 $U_1=\sqrt{5.859}\times100=242$（m/s）进行加载，静力求解确定结构内力状态后进行特征值求解，前5阶特征值见表11.4-5。第二次求解的第一阶失稳模态如图11.4-7所示，失稳过程中重力仍然远远超过了一倍的影响（4.061倍自重影响）。

特征值及临界风速(含重力第二次求解)　　表 11.4-5

阶　次	1	2	3	4	5
特征值 λ	4.061	4.383	4.891	5.036	5.397

图 11.4-7　第 1 阶失稳模态(第二次求解)

(3)第三次迭代求解:令参考风速 $U_2=\sqrt{4.061}\times 242=489$(m/s)进行加载,静力求解确定结构内力状态后进行特征值求解,前 5 阶特征值见表 11.4-6。第三次求解的第一阶失稳模态如图 11.4-8 所示,失稳模态仍然包含有 1.543 倍自重的影响,但此时已经与前两次有实质性的区别,已经由自重引起的整体失稳转变为横向静风荷载作用下背风侧拱肋拱脚附近的压曲失稳。

特征值及临界风速(含重力第三次求解)　　表 11.4-6

阶　次	1	2	3	4	5
特征值 λ	1.534	1.542	1.544	1.563	1.763

图 11.4-8　第 1 阶失稳模态(第三次求解)

(4)第四次迭代求解:令参考风速 $U_3=\sqrt{1.534}\times 489=608.3$(m/s)进行加载,静力求解确定结构内力状态后进行特征值求解,前 5 阶特征值以及临界风速见表 11.4-7。第四次迭代求解后,特征值的前四阶都已经非常接近于单位值 1,此时所得的结果就是代表考虑 1 倍自重后的第一类静风稳定求解结果,而静风失稳临界风速为 $U_3=608.1$m/s。第 1 阶和第 2 阶失稳模态对称,均为桥面纵梁的压曲,分别如图 11.4-9 和图 11.4-10 所示;第 3 阶和第 4 阶失稳模态对称,均为拱肋的压曲,分别如图 11.4-11 和图 11.4-12 所示。

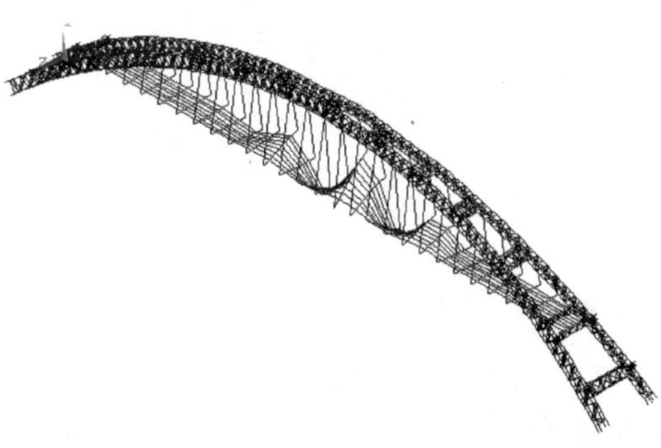

图 11.4-9　第 1 阶失稳模态

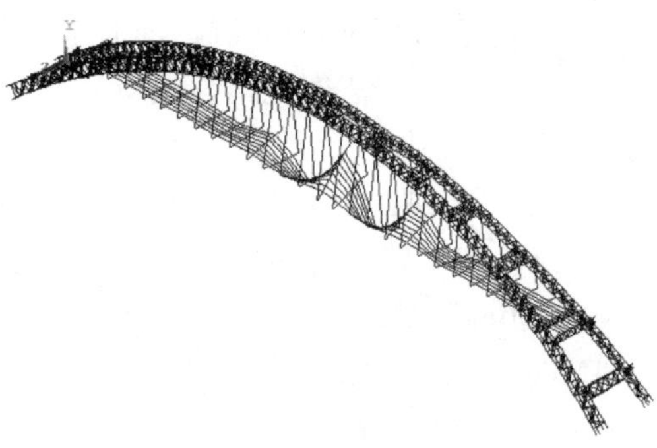

图 11.4-10　第 2 阶失稳模态

特征值及临界风速(含重力第四次求解)　　表 11.4-7

阶　次	1	2	3	4	5
特征值 λ	1.000	1.001	1.031	1.044	1.177
临界风速(m/s)	608.1	608.5	617.8	621.6	659.9

图 11.4-11　第 3 阶失稳模态

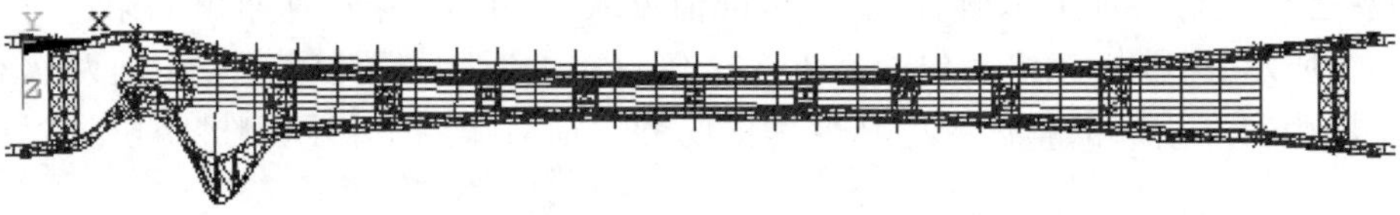

图 11.4-12　第 4 阶失稳模态

从图 11.4-9 ~ 图 11.4-12 可知,主梁和拱肋差不多同时达到压曲状态,这是由于通常在有限元建模时,桥面体系常常采用刚性横梁模型,从而使得纵梁计算所得的轴力大于实际情况,从这一角度来看,桥面纵梁的压曲是偏于保守的。

2. 第二类稳定极限承载力

三维非线性静风稳定性数值分析是在大型有限元分析软件 ANSYS 的基础上完成的,为了实现静风荷载的内外增量双重迭代,对 ANSYS 软件进行了二次开发,使其具有分析静风稳定性的功能。计算分析所涉及的一些基本假定如下:

(1)除吊杆外,所用钢材均视为理想弹塑性材料,材料的屈服应力 $\sigma_y = 345\text{MPa}$,材料非线性分析中采用 Von Mises 屈服准则。

(2)混凝土屈服强度取 35MPa。

(3)忽略钢管与混凝土的三向约束作用,这种简化在弹性阶段甚至在钢管内混凝土开裂初期都是合理的,因为钢材的泊松比比混凝土大,在加载初期钢管与混凝土之间不会形成套箍效应,但在加载后期,这种处理方法显然会导致保守的结果。

(4)不考虑桥面风偏角效应,即假定 0°风偏角是结构的最不利受力状态。

(5)考虑结构姿态变化对静风荷载三分力的影响,主要是主梁的扭转改变风攻角后导致的静力三分力变化。

钢管混凝土拱桥三维非线性静风稳定性数值分析结果可以表示如图 11.4-13 和图 11.4-14 所示,分别给出了跨中和四分点计算风速与侧向位移的关系曲线。计算结果表明,当拱顶计算风速达到 96m/s 时,钢管混凝土拱肋中的混凝土首先出现应力屈服,此时钢管的最大压应力为 244MPa,相应风速下的拱顶侧向位移为 0.47m,该计算风速称为弹性失稳临界风速;当计算风速继续增大到 168m/s 时,不仅钢管混凝土拱肋中的混凝土,而且钢管的应力也达到了屈服极限,相应风速下的拱顶侧向位移为 2.2m,该计算风速称为塑性极限临界风速 96m/s。从静风荷载角度来看，塑性极限临界风速所对应的侧向静风荷载是弹性失稳临界风速所对应的侧向静风荷载的3.06倍，钢管混凝土拱桥的塑性变形性能良好；从失稳形态角度来看，尽管达到塑性极限临界风速时结构侧向变形很大(图11.4-15)、整体刚度已经大大削弱，但仍然没有完全达到失效状态，由此可以判断，并没有出现整体性的拱结构失稳，而是局部失稳，从而导致静风荷载无法增加和有限元迭代发散[27]。

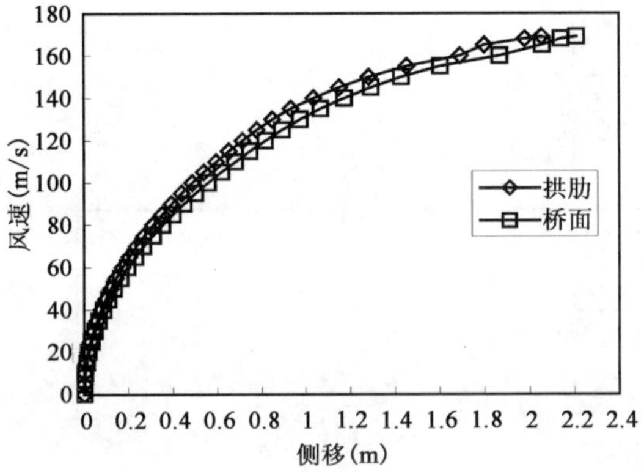

图11.4-13　跨中风速—侧向位移

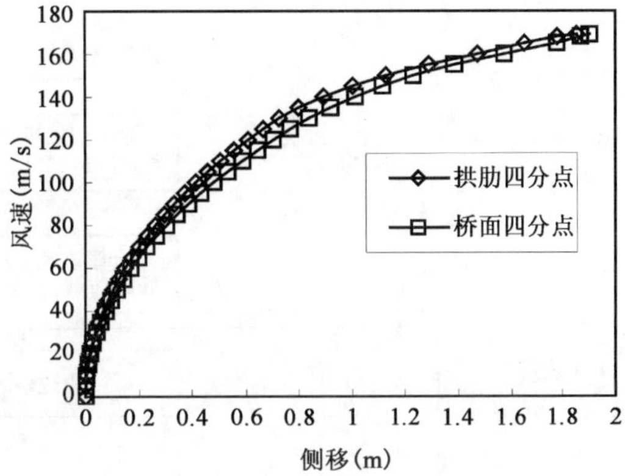

图11.4-14　四分点风速—侧向位移

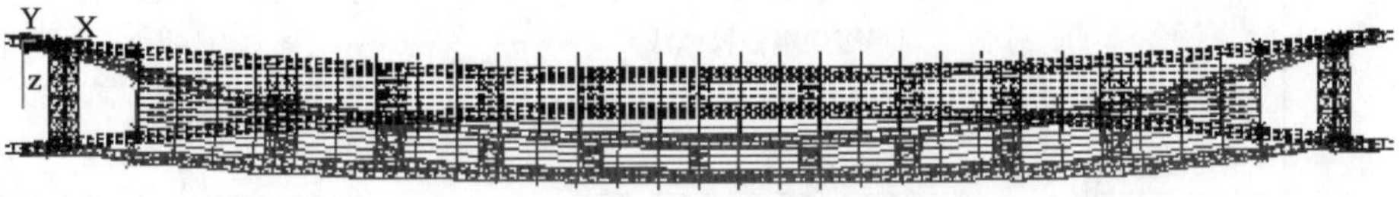

图11.4-15　塑性极限失稳模态

从以上第一类稳定特征值和第二类稳定极限承载力计算结果可以发现，大跨度拱桥的静风稳定性按第一类稳定所得的计算结果(临界风速608m/s)，基本上是没有实际意义的，这主要是因为远在几何刚度达到结构初始刚度的量级前，材料已经达到屈服强度。因此，材料进入非线性状态是拱桥静风失稳的主要原因，要准确分析大跨度拱桥的静风稳定性，必须采用第二类稳定或极限承载力的分析方法，由此得到的静风弹性失稳临界风速为96m/s，静风塑性极限临界风速为168m/s，均大于三门口大桥静风稳定检验风速65m/s，且结构处于弹性工作阶段，大桥静风稳定性满足要求。

三、钢桁架拱桥静风稳定性

广州新光大桥主桥为177m + 428m + 177m = 782m的中承式三跨连续钢桁架拱桥，主跨跨径为428m(净跨416m)，矢高为104m，矢跨比为1∶4，拱轴线为$m = 1.2$的悬链线。广州新光大桥拱顶高度静风稳定检验风速为56m/s[35]。

1. 静风稳定性数值分析

分别采用塑性铰方法和增量迭代法对新光大桥成桥状态进行静风稳定性分析，计算流程如图11.4-16所示。静风稳定性分析时采用了如下假定：

(1)除吊杆外，所用钢材均视为理想弹—塑性材料，材料的屈服应力$\sigma_y = 345\text{MPa}$，材料非线性分析中采用 Von Mises 屈服准则。

(2)以拱顶高度设计风速 U_c 为准,拱桥各构件在其高度 z 处的相应风速按指数率推算。

(3)同时记入结构恒载和静风荷载,其中拱肋和主梁的三分力系数由风洞试验确定。

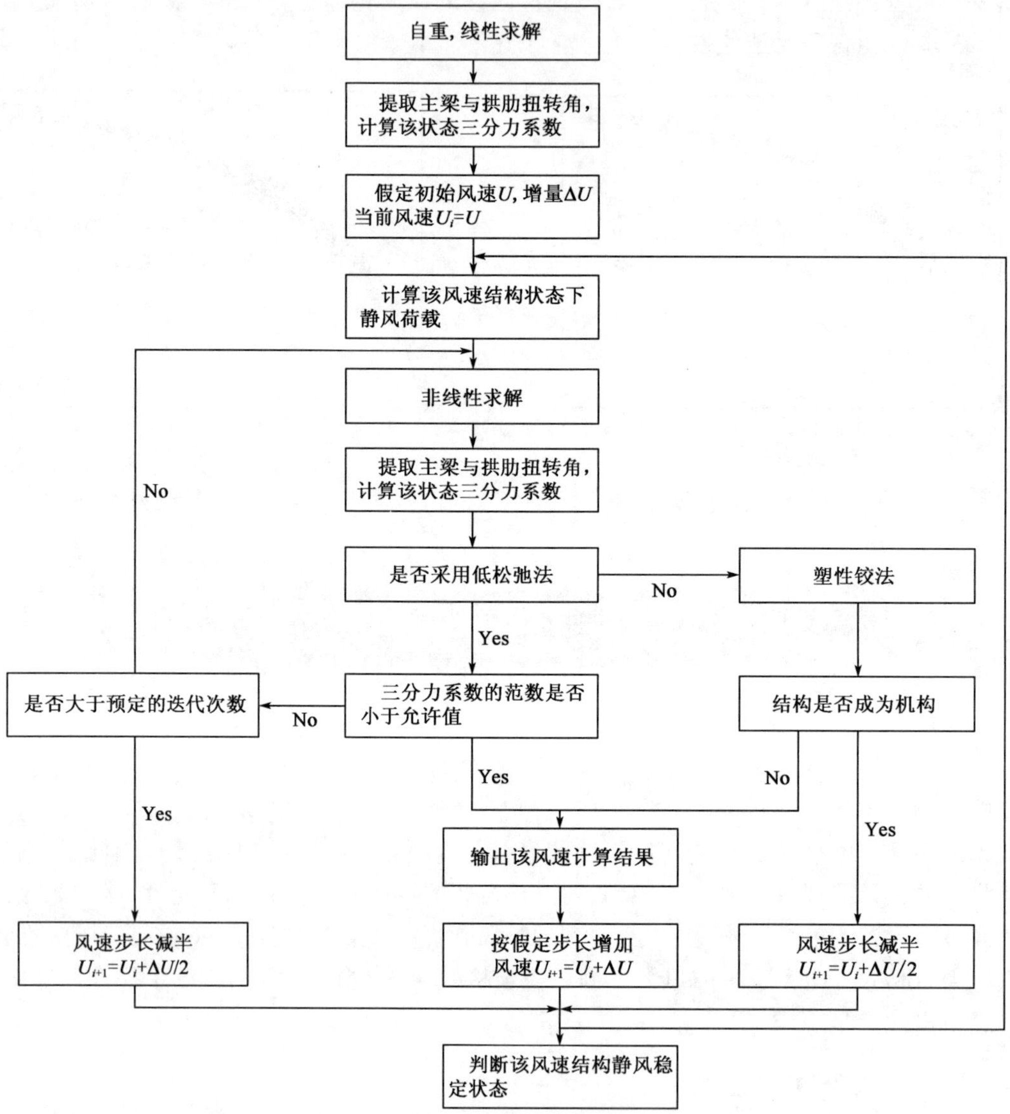

图 11.4-16 广州新光大桥静风稳定计算流程图

根据以上假定,对其进行非线性静风稳定性分析。新光大桥结构分析采用离散结构的有限单元方法,主梁、拱肋和三角刚构离散为空间梁单元,吊杆和系杆采用空间杆单元模拟。主梁采用单梁式力学模型,并通过近似刚性横梁同吊杆面相连形成“鱼骨式”模型。成桥状态的有限元计算模型如图 11.4-17 所示。分别采用塑性铰方法和增量迭代法对广州新光大桥全桥成桥状态进行静风稳定性数值分析,计算得到的拱顶竖向位移和侧向位移随风速变化的规律如图 11.4-18 所示[35]。

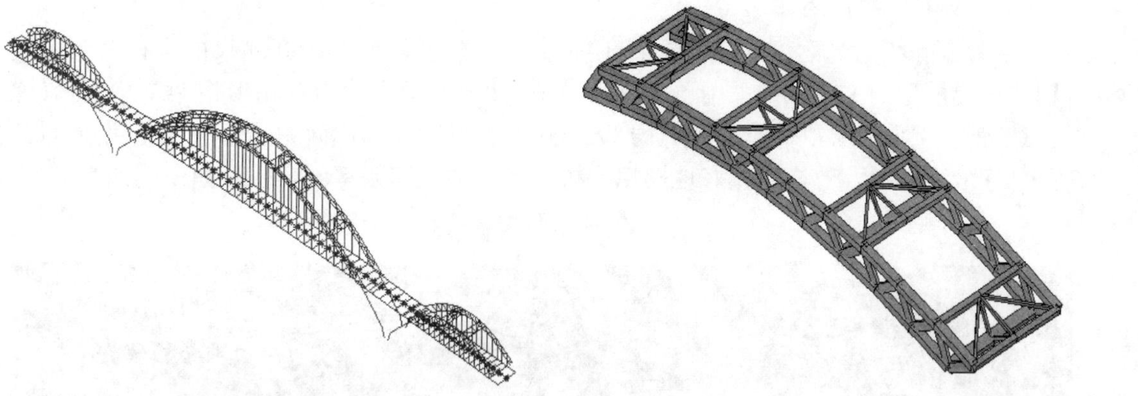

a)成桥状态有限元轴线图　　　　b)拱肋细部构造图

图 11.4-17　广州新光大桥三维有限元计算模型

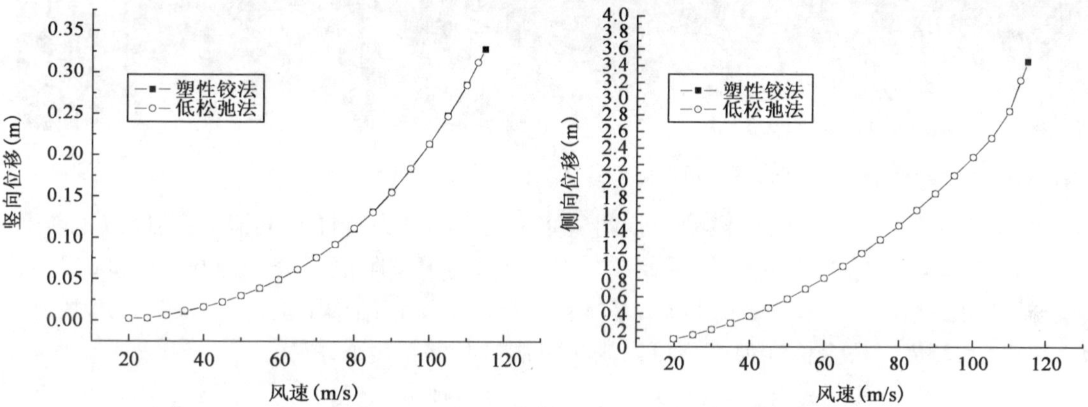

a)拱顶竖向位移响应　　　　b)拱顶侧向位移响应

图 11.4-18　广州新光大桥位移响应

从图 11.4-18 中可以看出：从理论上来讲，在材料线弹性范围内，按照塑性铰方法和增量迭代法计算的结果应该是完全一致的，两者计算得到的广州新光大桥静风弹性失稳临界风速均为 85m/s，因此，拱顶竖向位移和侧向位移随风速变化的曲线在小于 85m/s 计算风速时完全重合；进入材料弹塑性范围后，两者计算结果仍然十分吻合，主要原因可以归结为两者的计算方法本质是一样的，都是内外增量双重迭代，且均考虑了有效攻角的变化，当拱肋静风三分力随风攻角变化微小时，只要欧几里德范数满足要求，两者计算出的静风位移应该是完全一致的，出现的细微差别，主要是计算误差造成的；趋近于静风塑性极限状态时，由于两种计算方法在静风失稳判定标准方面有所不同，增量迭代法相对约束较多，当某级风速多次循环计算，欧几里得范数依然大于允许值时，说明本级风速难以收敛，但塑性铰方法没有此约束条件，有可能继续计算下去，所以，增量迭代法计算得到的塑性极限临界风速为 113m/s，而塑性铰方法计算得到的塑性极限临界风速为 115m/s，增量迭代法比塑性铰方法略小。新光大桥静风稳定检验风速为 56m/s，小于静风弹性失稳临界风速，远小于静风塑性极限临界风速，结构处于弹性工作阶段，大桥静风稳定性满足要求[35]。

2. 静风稳定性风洞试验

为了验证静风稳定性数值分析结果，广州新光大桥进行了1∶100缩尺的全桥气弹模型风洞试验，气弹模型的主梁结构采用单芯梁来模拟刚度，由于拱肋为双箱形桁架结构，将气弹模型的拱肋钢骨架放置于拱肋箱形下弦内部，通过调整拱肋顶部截面的抗弯刚度、拱肋质量的分布等手段，最终确保等效模型较好地模拟原桥的各阶振型和频率。全桥气弹模型如图11.4-19所示[35]。

图11.4-19　新光大桥全桥气弹模型

表11.4-8给出了全桥气弹模型安装调试完毕之后的动力特性测试结果，共模拟了前七阶频率，所有模拟频率的相对误差都控制在8%以内，拱肋模态阻尼比分别为6.4‰和6.3‰，主梁模态阻尼比分别为10.5‰和4.17‰，基本符合规范对于钢结构阻尼比的要求。动力特性检验结果表明，新光大桥全桥气弹模型可以满足风洞试验的精度要求[35]。

新光大桥全桥气弹模型动力特性检验结果　　表11.4-8

振型描述	期望频率(Hz)	模拟频率(Hz)	模拟误差(%)	实测频率(Hz)	实测误差(%)	阻尼比(‰)
主拱一阶侧弯	2.177	2.107	-3.23	2.126	-2.34	6.4
主拱二阶侧弯	4.125	4.247	2.96	4.326	4.87	6.3
主跨主梁一阶侧弯	4.182	4.047	-3.22	4.030	-3.63	10.5
主跨主梁一阶竖弯	5.210	5.292	1.58	5.205	-0.10	4.2
主跨主梁二阶竖弯	6.913	7.583	9.69	6.370	-7.85	—
主跨主梁二阶侧弯	7.265	7.543	3.83	7.480	2.96	—
主跨主梁一阶扭转	11.545	12.104	4.84	10.74	-6.97	—

全桥气弹模型风洞试验是在同济大学TJ-3边界层风洞中进行的，该风洞试验段宽15m、高2m、长14m。边界层风场模拟采用尖劈+粗糙元方法，分别模拟了1∶100比例的良态气候模式和台风气候模式的B类地貌风环境，两种气候模式下的模拟风场实测平均风速和紊流强度剖面分别如图11.4-20和图11.4-21所示[35]。

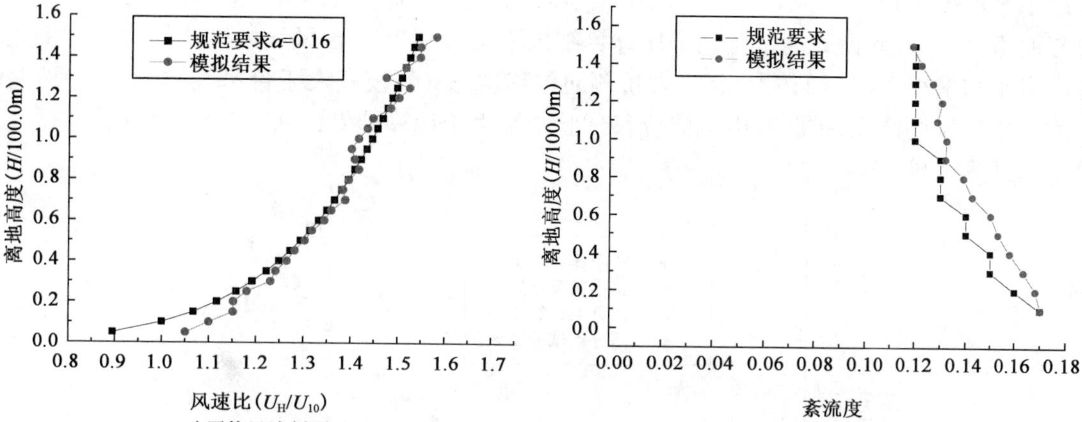

a)平均风速剖面　　b)紊流强度剖面

图 11.4-20　1:100 比例良态气候模式

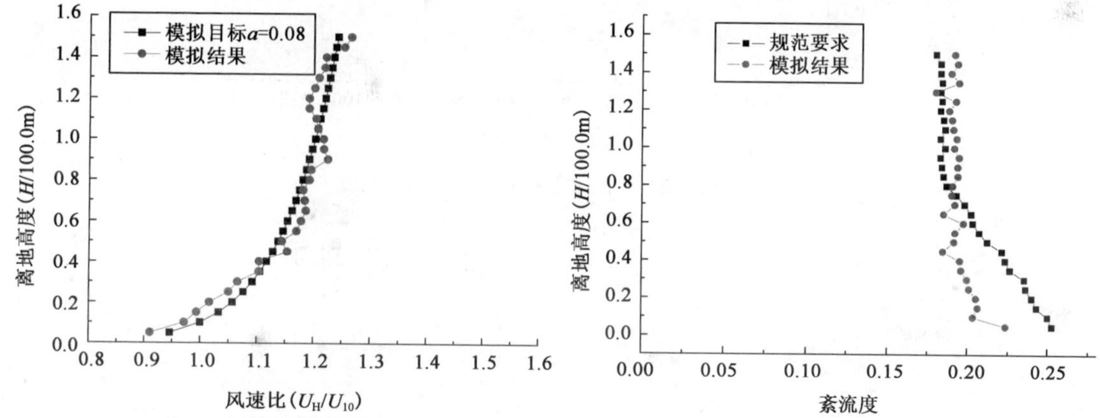

a)平均风速剖面　　b)紊流强度剖面

图 11.4-21　1:100 比例台风气候模式

图 11.4-22 给出了均匀流场条件下，新光大桥拱肋跨中和四分点的侧向位移的计算结果和试验结果比较。需要说明的是，当拱顶风速大于 85m/s 时，静风稳定性数值计算中考虑了材料非线性的影响，而全桥气弹模型风洞试验还是按照弹性材料模拟的，因此，有必要将计算结果与风洞试验的比较分成风速小于 85m/s 和风速大于 85m/s 的两个区间。当拱顶风速小于 85m/s 时，拱肋跨中侧向位移计算结果和试验结果平均偏差 9%，拱肋四分点平均偏差 2%；当拱顶风速大于 85m/s 时，拱肋跨中侧向位移计算结果和试验结果平均偏差 24%，拱肋四分点平均偏差 5%；将拱顶风速的两个区间合并，拱肋跨中与四分点侧向位移的计算结果和试验结果平均偏差分别为 14% 和 3%。总体上，静风稳定性数值计算结果和风洞试验结果比较接近，验证了静风稳定性数值计算结果的可靠性和偏于安全性[35]。

为了考虑脉动风对静风稳定性的影响，还尝试采用全桥气弹模型风洞试验方法验证静风稳定性数值分析方法的可靠性。图 11.4-23 给出了良态气候模式和台风气候模式下，新光大桥拱肋跨中和四分点的侧向位移的计算结果和试验结果比较，为了便于比较，给出的都是在材料线弹性范围内的位移响应结果。就拱肋跨中侧向位移而言，良态气候模式的试验结果比计算结果平均偏大 8%，台风气候模式的试验结果比计算结果平均偏大 2%；就拱肋四分点侧向位移而言，良态气候模式的试验结果比计算结果平均偏小 2%，台风气候模式的试验结果比计算结果平均偏小 7%。总体上，新光大桥侧向位移良态气候模式大于台风气候模式，当然两者都大于均匀流场情况，拱肋跨中侧向位移试验结果大于计算结果，拱肋四分点侧向位移试验结果小于计算结果[35]。

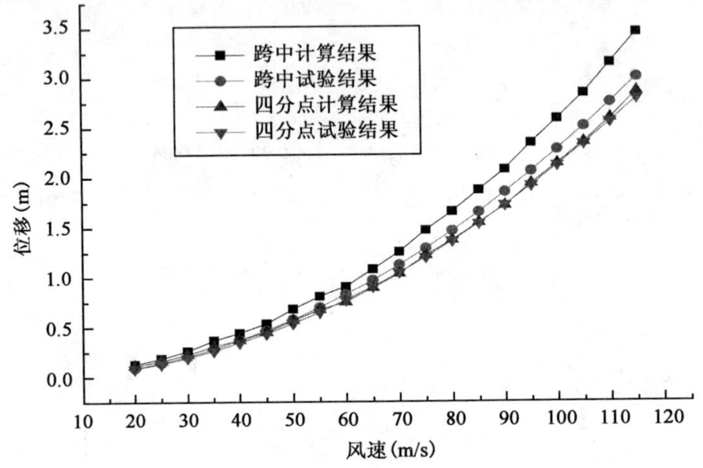

图 11.4-22 均匀流场拱肋侧向位移比较

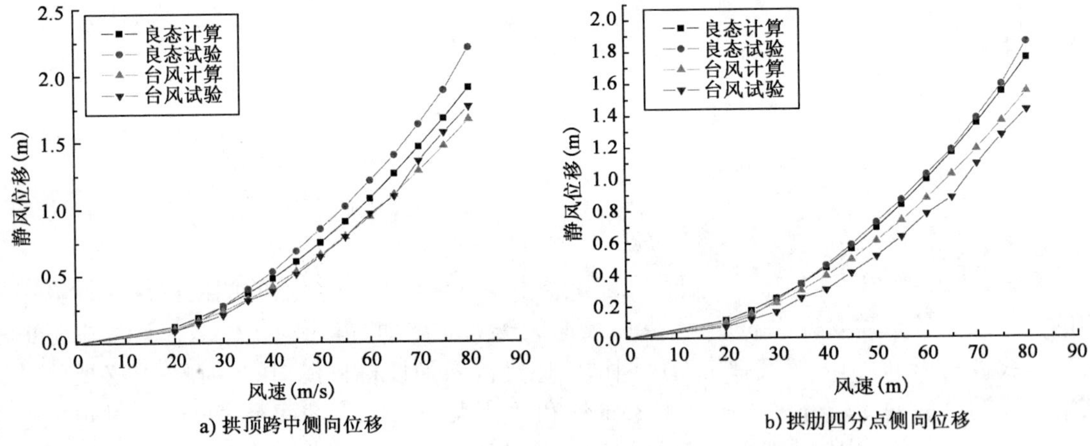

图 11.4-23 两类气候模式条件下的拱肋侧向位移比较

四、钢箱拱桥静风稳定性

上海卢浦大桥主桥结构为中跨 550m、两个边跨各 100m、矢跨比 $f/L = 1/5.5$ 的中承式全钢结构拱梁组合体系。整个全钢拱梁组合体系由钢箱拱肋、正交异性桥面、水平拉索、倾斜钢吊杆、拱上钢立柱、一字形和 K 形风撑等主要构件组成。其中，钢箱拱肋高度从拱脚处 9m 变化到拱顶处 6m，宽度均为 5m，并在下侧设 3×1m 的倒角；加劲梁采用正交异性桥面板全焊钢箱梁，通过吊杆或立柱支承于拱肋之上，加劲梁全宽 40m，设六车道，中跨加劲梁的两端支承于中跨拱梁交汇处的横梁上，端支承为纵向滑动支座，横向和纵向设有阻尼限位装置，边跨加劲梁分别在中跨和边跨的拱梁交汇处与拱肋固结，外侧两端设置纵向滑动支座；主桥两边跨端横梁之间布置强大的水平拉索，以平衡中跨拱肋的水平推力。上海卢浦大桥拱顶高度静风稳定检验风速为54m/s[36]。

上海卢浦大桥主桥静风稳定性数值分析主要包括：一是采用计入三分力效应的非线性有限元分析法，计算出成桥状态在结构恒载和静风荷载共同作用下的静风稳定性数值分析结果；二是采用全过程跟踪法，计算出拱肋和加劲梁最大竖向位移、最大横向位移和最大扭转变形随风速的变化规律。静风稳定性数值分析是在大型有限元分析软件 ANSYS 的基础上完成的。为了计入三分力效应，对 ANSYS 软件进行了二次开发，使其具有分析结构静风稳定性的功能。

1. 基本假定与计算模型

在静风稳定性分析中采用以下计算假定：

(1)除吊杆、水平索材料外，所用钢材均视为理想弹塑性材料，材料的屈服应力 σ_y = 345MPa，材料非线性分析中采用 Von Mises 屈服准则。

(2)以拱顶高度计算风速 U_c 为准，拱桥各构件在基准高度 z 处的相应风速按 $U_d = U_c(z/100)^{0.16}$ 取值。

(3)数值分析中计入了拱肋和加劲梁的静力三分力作用，即静风升力、静风阻力和静风升力矩，相应的静力三分力系数试验结果来自节段模型测力风洞试验。

上海卢浦大桥主桥结构按设计图纸在各类杆件连接处设置空间节点669个，划分各类单元741个。其中拱肋、加劲梁、横撑以及立柱采用空间梁单元模拟(ANSYS 中 Beam188 单元)；吊杆以及水平索(系杆)采用空间杆单元模拟(ANSYS 中 Link10 单元)。按照各构件的几何特性不同，分别划分为71种单元，其中拱肋空间梁单元37种、加劲梁空间梁单元2种、横撑空间梁单元21种、横梁空间梁单元4种、立柱空间梁单元4种、吊杆空间杆单元2种、水平索(系杆)空间杆单元1种。

在成桥状态下，首先按设计要求，将结构受力状态调整到设计状态，然后将四个拱脚固端约束。边墩处的竖向、水平向进行弹性约束。全桥成桥状态下的三维有限元静风稳定性数值分析模型如图11.4-24所示[36]。

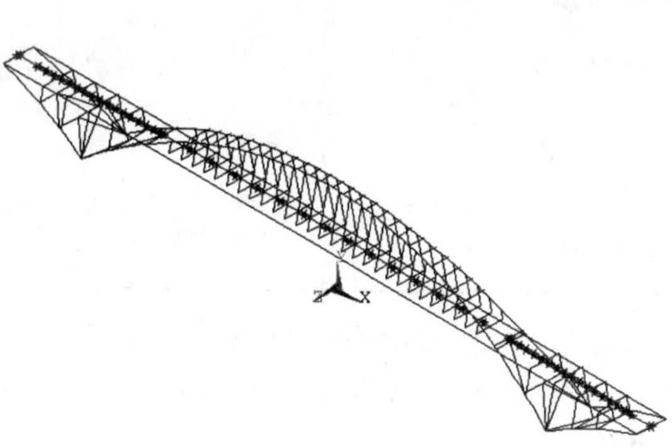

图11.4-24　全桥成桥状态三维有限元计算模型

2. 静风稳定性计算结果

全桥成桥状态静风稳定性数值分析结果如下：当拱顶高度计算风速 U_c = 54m/s 时，拱肋和加劲梁的位移都较小，结构均处于弹性工作阶段；随着风速的增加，拱肋跨中位移逐渐增大，当拱顶风速 U_c = 117m/s 时，拱脚附近 K 形风撑最不利截面应力达到屈服，出现弹性失稳现象，此时结构虽未完全失稳，但截面屈服削弱了结构的刚度，位移加速增大；当风速继续增加到 U_c = 131m/s 时，拱肋中应力达到屈服应力的截面数量迅速增加，除了 K 形风撑外，拱梁结合处拱肋截面应力达到屈服，结构的承载能力迅速降低；当风速进一步增大到 U_c = 149m/s 时，拱脚处拱肋和K形风撑全截面进入屈服极限，静风荷载无法继续增加，整个结构出现塑性失稳现象[36]。

全桥成桥状态拱肋和加劲梁跨中竖向位移、侧向位移和扭转变形随风速变化的规律如图11.4-25～图11.4-27所示，其中拱肋和加劲梁在主要失稳阶段的跨中位移汇总见表11.4-9[36]。

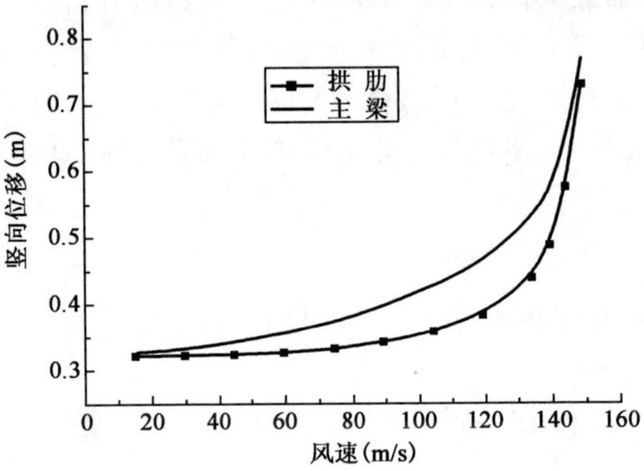

图11.4-25　拱肋和加劲梁跨中竖向位移

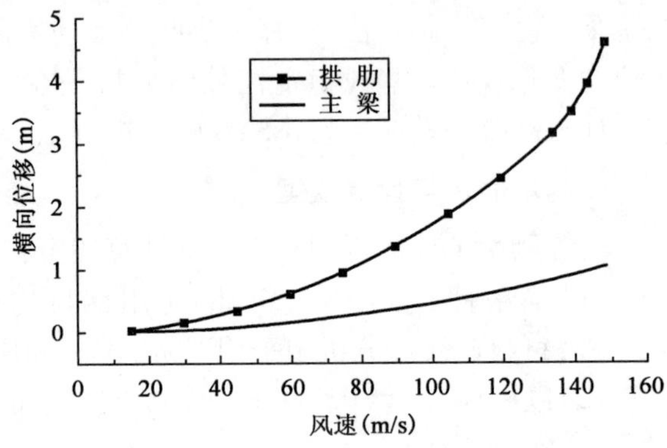

图11.4-26　拱肋和加劲梁跨中侧向位移

全桥成桥状态拱肋和加劲梁跨中位移　　表11.4-9

成桥状态 失稳状态	拱顶风速(m/s)		竖向位移(m)		侧向位移(m)		扭转变形(°)	
	U_c	$U_c/54$	拱肋	加劲梁	拱肋	加劲梁	拱肋	加劲梁
弹性失稳	117	2.17	0.383	0.464	2.434	0.642	1.130	0.919
弹性极限	131	2.43	0.439	0.526	3.153	0.820	1.429	1.212
塑性极限	149	2.76	0.729	0.768	4.588	1.045	1.672	2.019

图11.4-28表示当拱顶高度风速 $U_c = 149\text{m/s}$ 时，结构塑性极限失稳时的变形状态，图11.4-29和图11.4-30则给出了拱肋和风撑截面的Von Mises应力图[36]。

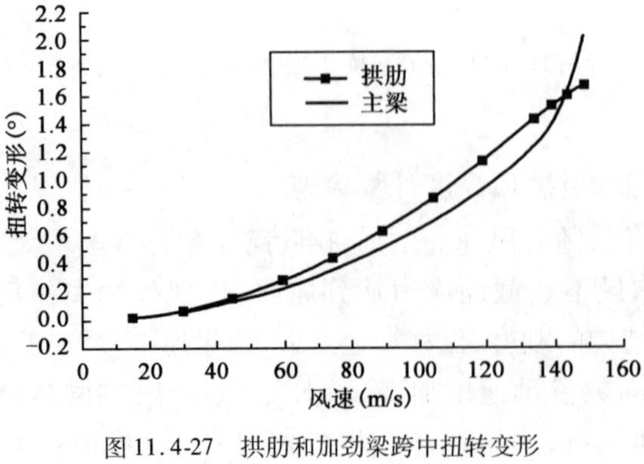

图11.4-27　拱肋和加劲梁跨中扭转变形

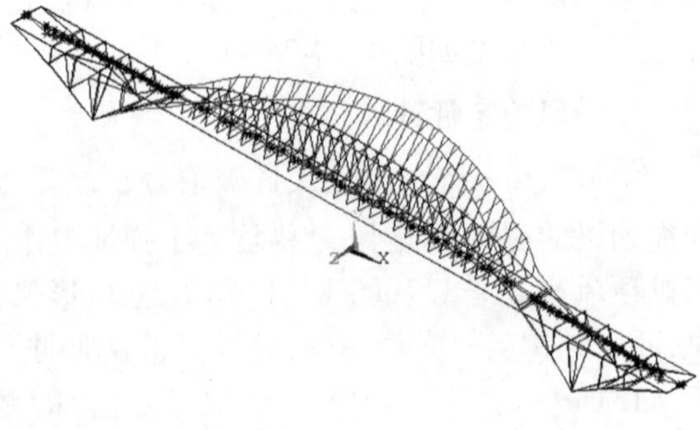

图11.4-28　全桥成桥状态失稳结构变形图(位移放大15倍)

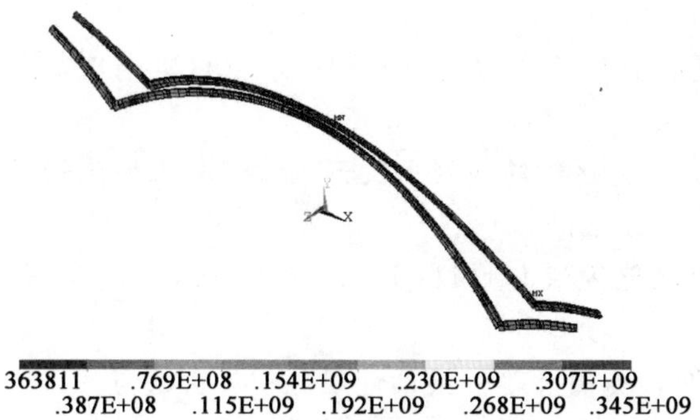

图 11.4-29 全桥成桥状态失稳时拱肋 Von Mises 应力图

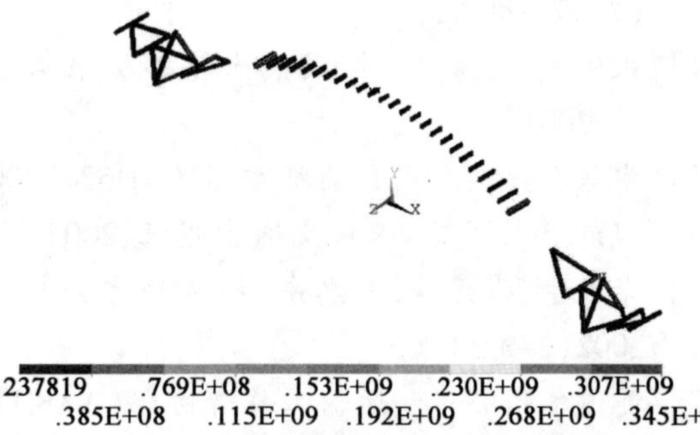

图 11.4-30 全桥成桥状态失稳时横撑(或斜撑)Von Mises 应力图

本章参考文献

[1] A Hirai, I Okauchi, M Ito, T Miyata. Studies on the Critical Wind Velocity for Suspension Bridges [C] // Proceedings of International Research Seminar on Wind Effects on Buildings and Structures. University of Toronto Press, Ontariao, Canada, 1967: 81-103.

[2] 方明山. 超大跨度缆索承重桥梁非线性空气静力稳定理论研究[D]. 上海:同济大学 1997.

[3] 葛耀君,等. 西堠门大桥悬索桥抗风性能及风振控制研究(施工图设计阶段研究报告)[R]. 同济大学土木工程防灾国家重点实验室 WT200320,2005.

[4] X Xie, H Yamaguchi. Static Behaviors of Self-anchored and Partially Earth-anchored Long-span Cable-stayed Bridges[J]. Structural Engineering Mechanics, 1997, 5(6):767-774.

[5] E Simiu, R H Scanlan. Wind Effects on Structures[M]. 3rd Edition, John Wiley & Sons, 1996.

[6] R L Bisplinghoff, H Ashiley. Principles of Aeroelasticity[M]. New York: Dover, 1962.

[7] E H Dowell, R Clark, etc. A Modern Course in Aeroelasticity[M]. 4th Revised and Enlarged Edition. Kluwer Academic Publishers, 2004.

[8] M Dimentberg. Nonlinear Torsional Divergence: Certain Exact Solutions[J]. Journal of Fluids and Structures, 1999, (13): 779-784.

[9] V Boonyapinyo, H Yamada, T Miyata. Wind-induced Nonlinear Lateral-torsional Buckling of Cable-stayed Bridges[J]. Journal of Structural Engineering, ASCE, 1994, 120(2):486-506.

[10] V Boonyapinyo, Y Lauhatanon, P Lukkunaprasit. Nonlinear Aerostatic Stability Analysis of Suspension Bridges[J]. Engineering Structures, 2006, 28(3):793-803.

[11] Jin Cheng, Jian-Jing Jiang, Ru-Cheng Xiao, et al. Nonlinear Aerostatic Stability Analysis of Jiang Yin Suspension Bridge[J]. Engineering Structures, 2002, 24(6):773-781.

[12] Klaus-Jurgen Bathe. Finite Element Procedures[M]. Prentice Hall, Englewood Cliffs, New Jersey 07612, 1996.

[13] 张志田,张伟峰. 悬索桥在紊流风场中的静风扭转发散机制[J]. 土木工程学报,2013

(7),74-80.

[14] 张健民. 大跨度钢管混凝土拱桥极限承载能力与施工控制研究[D]. 广州:华南理工大学,2001.

[15] 中华人民共和国行业标准. JTG D62—2004 公路钢筋混凝土及预应力混凝土桥涵设计规范[S]. 北京:人民交通出版社,2004.

[16] 李运生,张彦玲,王惠东. 拱桥稳定分析的规范方法与建议[J]. 石家庄铁道学院学报,2002,(3),60-63.

[17] 美国各州公路和运输工作者协会(AASHTO). 美国公路桥梁设计规范——荷载与抗力系数设计法[S]. 辛济平,万国朝,张文,鲍卫刚,等译. 劳远昌,校. 北京:人民交通出版社,1998.

[18] A J S Pippard. Studies in Elastic Structures[M]. London, Edward Arnotd Co. , 1952: 276-320.

[19] 吴东明. 拱桥的极限荷载[J]. 重庆交通学院学报,1983,(4):36-45.

[20] P R Onca, M Z Cohn. Limit Analysis of R-C Arch Bridges[J]. Journal of Structures Division, ASCE, 1979, 105(2): 313-326.

[21] 张志田. 大跨度桥梁非线性抖振及其对抗风稳定性影响的研究[D]. 上海:同济大学,2004.

[22] 方明山,项海帆,肖汝诚. 超大跨径悬索桥空气静力非线性行为研究[J]. 重庆交通学院学报,1999,18(2):1-7.

[23] 程进. 缆索承重桥梁非线性空气静力稳定性研究[D]. 上海:同济大学,2000.

[24] 程进,肖汝诚,项海帆. 大跨径斜拉桥静风稳定性的参数研究[J]. 土木工程学报,2001,34(2):55-61.

[25] 胡晓伦. 大跨度斜拉桥颤抖振响应及静风稳定性分析[D]. 上海:同济大学,2006.

[26] 陈政清,曾庆元,颜全胜. 空间杆系结构大挠度问题内力分析UL列式法[J]. 土木工程学报,1992,25(2):34-43.

[27] 葛耀君,等. 浙江省象山县三门口跨海大桥抗风性能试验研究(成桥状态研究报告)[R]. 同济大学土木工程防灾国家重点实验室 WT200228. 2004.

[28] 中华人民共和国行业标准. JTG/T D60-01—2004 公路桥梁抗风设计规范[S]. 北京:人民交通出版社,2004.

[29] Z Q Chen, M G Liu, X G Hua, et al. Flutter, Galloping and Vortex-induced Vibrations of H-section Hangers[J]. ASCE, Journal of Bridge Engineering, 2012, 17(3): 500-508.

[30] 冯元桢. 连续介质力学初级教程[M]. 3版. 北京:清华大学出版社,2009.

[31] Edward L. Wilson. 结构静力与动力分析[M]. 4版. 北京金土木软件技术有限公司,中国建筑标准设计研究院,译. 北京:中国建筑工业出版社,2006.

[32] Z. T. Zhang, Z. Q. Chen, X. G. Hua, Y. J. Ge. Investigation of Turbulence Effects on Torsional Divergence of Long-span Bridges by Using Dynamic Finite Element Method[J]. ASCE, Journal of Bridge Engineering, 2010, 15(6): 639-652.

[33] 葛耀君,等. 箱形拱桥裸肋状态等效风荷载及抗风稳定性研究(总研究报告)[R]. 同济

大学土木工程防灾国家重点实验室 WT200004.2001.
[34] Y. J. Ge, Y. X. Yang, J. B. Pang and H. F. Xiang. Wind-induced Damages to a Three-span, Continuous, Concrete Arch Bridge under Construction[J]. Journal of Structural Engineering International, 2007, 17(2): 141-150.
[35] 葛耀君,等.广州新光大桥抗风性能风洞试验研究(三阶段研究报告)[R].同济大学土木工程防灾国家重点实验室 WT200518.2006.
[36] 葛耀君,等.上海卢浦大桥主桥超大跨度拱桥风荷载及抗风稳定性研究(总研究报告)[R].同济大学土木工程防灾国家重点实验室 WT200103.2002.

第十二章　风振稳定性评价

桥梁风致振动主要是指抖振、涡振、驰振和颤振，除了抖振和涡振之外，其他两种形式的风致振动——驰振和颤振都有稳定性问题，桥梁风振稳定性实质上是空气动力稳定性。当桥梁结构在流动的气流中不断吸取能量，而该能量又大于结构振动中阻尼所耗散的能量时，就会产生发散性的风致振动，简称风振失稳，例如驰振或颤振，可以用驰振临界风速或颤振临界风速来表示桥梁结构的风振稳定性能。下面将结合典型拱桥工程实际，分别介绍大跨度拱桥驰振和颤振稳定性能。

第一节　驰振稳定性分析

桥梁驰振是一种自激性风振失稳，一般发生在截面比较钝且柔性轻质的桥梁结构中。由于拱桥的拱肋和桥面截面一般都比较钝，虽然其刚度和质量一般较大，但仍有必要通过对典型拱桥的驰振稳定性验算，来总结和归纳拱桥驰振一般性能。下面将以宜宾岷江二桥、上海卢浦大桥、广州新光大桥、浙江三门口大桥和湖南茅草街大桥五座大跨度拱桥为例，进行驰振稳定性判别。

一、桥梁驰振稳定性

桥梁驰振问题一般可以抽象成二维单弯曲自由度体系的风致振动问题，如图 12.1-1 所示。对于钝体桥梁断面，任意有效攻角 α 的来流风速为 U，可以建立与断面振动速度 $\dot{h}$ 的相关关系以及有效风速 U_r 的关系如下[1]：

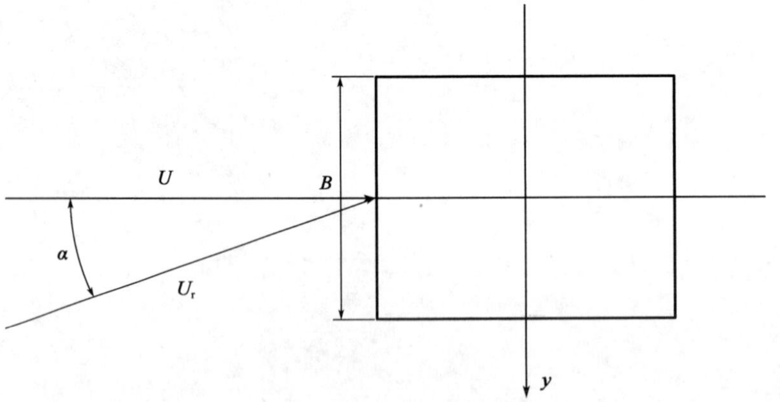

图 12.1-1　单弯曲自由度驰振计算图式

$$\alpha = \tan^{-1}\frac{\dot{h}}{U} \approx \frac{\dot{h}}{U} \tag{12.1-1}$$

$$U_r = \frac{U}{\cos\alpha} \tag{12.1-2}$$

来流风速 U 所引起的驰振力升力分量 L_{ga} 和阻力 D_{ga} 可以分别表示为：

$$L_{ga} = \frac{1}{2}\rho U_r^2 BC_L = \frac{1}{2}\rho U^2 \frac{BC_L}{\cos^2\alpha} \tag{12.1-3}$$

$$D_{ga} = \frac{1}{2}\rho U_r^2 BC_D = \frac{1}{2}\rho U^2 \frac{BC_D}{\cos^2\alpha} \tag{12.1-4}$$

式中：ρ——空气密度；

C_L、C_D——升力系统阻力系数。

由驰振力升力分量和阻力分量合成的由有效风速 U_r 引起的驰振力 F_h 可表示为：

$$F_h = -(L_{ga}\cos\alpha + D_{ga}\sin\alpha) = -\frac{1}{2}\rho U^2 BC_F \tag{12.1-5}$$

$$C_F = \frac{C_L}{\cos\alpha} + C_D\sin\alpha = \frac{C_L + C_D\tan\alpha}{\cos\alpha} \tag{12.1-6}$$

对于小振幅线性振动：

$$C_F \approx \left.\frac{\mathrm{d}C_F}{\mathrm{d}\alpha}\right|_{\alpha=0}\alpha = \left(\frac{\mathrm{d}C_L}{\mathrm{d}\alpha} + C_D\right)\alpha \tag{12.1-7}$$

即

$$F_h \approx -\frac{1}{2}\rho U^2 B\left(\frac{\mathrm{d}C_L}{\mathrm{d}\alpha} + C_D\right)\alpha \approx -\frac{1}{2}\rho UB\left(\frac{\mathrm{d}C_L}{\mathrm{d}\alpha} + C_D\right)\dot{h} \tag{12.1-8}$$

根据二维单弯曲自由度体系的线性振动方程：

$$\ddot{h} + 2\zeta_h\omega_h\dot{h} + \omega_h^2 h = \frac{F_h}{m} \tag{12.1-9}$$

式中：$\ddot{h}$——断面振动加速度。

将式(12.1-8)代入方程式(12.1-9)可得桥梁驰振方程：

$$\ddot{h} + \left[2\zeta_h\omega_h + \frac{1}{2m}\rho UB\left(\frac{\mathrm{d}C_L}{\mathrm{d}\alpha} + C_D\right)\right]\dot{h} + \omega_h^2 h = 0 \tag{12.1-10}$$

式中：m——单弯曲自由度质点质量；

h——质点弯曲振动位移；

ω_h——质点振动圆频率；

ζ_h——结构阻尼比。

弯曲自由度振动速度 $\dot{h}$ 项的系数一般称为表观阻尼或系统阻尼 ζ，可表示为：

$$\zeta = 2\zeta_h\omega_h + \frac{1}{2m}\rho UB\left(\frac{\mathrm{d}C_L}{\mathrm{d}\alpha} + C_D\right) \tag{12.1-11}$$

当系统阻尼 $\zeta<0$，振动位移 h 将不断增大，最终导致桥梁驰振的发生。因此，系统阻尼 $\zeta<0$，可以作为判断桥梁驰振稳定性的标准。

令系统阻尼$\zeta=0$,可得桥梁驰振临界风速计算公式:

$$U_{cr}=-\frac{4m\zeta_h\omega_h}{\rho B\left(\frac{dC_L}{d\alpha}+C_D\right)} \tag{12.1-12}$$

在桥梁驰振临界风速计算公式(12.1-10)中,除了系数$\frac{dC_L}{d\alpha}+C_D$之外,其余参数都大于0,当然临界风速U_{cr}只在大于0时才有意义,这就要求驰振力系数满足:

$$\frac{dC_L}{d\alpha}+C_D<0 \tag{12.1-13}$$

公式(12.1-13)就是判断桥梁驰振稳定性的Den Hartog判据,依此可以判断是否会发生桥梁驰振,只有在该系数小于0的前提下,用公式(12.1-12)计算驰振临界风速才有意义[1]。由于阻力系数$C_D>0$,因此,桥梁驰振要求升力系数导数$\frac{dC_L}{d\alpha}$必须小于0,这就是所谓升力系数具有负斜率,而且其绝对值还要大于C_D。

二维单弯曲自由度的非线性驰振方程可以表示为[1]:

$$\ddot{h}+2\zeta_h\omega_h\dot{h}+\omega_h^2h=-\frac{1}{2m}\rho U^2BC_{FN}(\alpha) \tag{12.1-14}$$

式中,$C_{FN}(\alpha)$为非线性驰振力系数,可以用高次多项式来表示:

$$C_{FN}(\alpha)=A_1\alpha+A_2\alpha^2+A_3\alpha^3+\cdots \tag{12.1-15}$$

多项式系数A_i可用试验方法测定,将式(12.1-15)代入式(12.1-14)可得非线性驰振方程。

$$\ddot{h}+2\zeta_h\omega_h\dot{h}+\omega_h^2h=-\frac{1}{2m}\rho U^2B(A_1\alpha+A_2\alpha^2+A_3\alpha^3+\cdots) \tag{12.1-16}$$

上述二维单弯曲自由度的非线性驰振方程可以用慢变参数法进行求解,其中,驰振力系数的线性项系数A_1决定了是否会发生驰振失稳,即$A_1>0$将发生驰振失稳,$A_1<0$不会发生驰振失稳,$A_1=0$是临界状态。

除了上述桥梁驰振稳定分析方法之外,还可以采用全桥气弹模型风洞试验的方法,通过模型响应实测来确定驰振稳定性。只是在重要的大跨度拱桥或者是按照上述方法拱桥驰振稳定性无法满足要求的情况下,才考虑进行全桥气弹模型风洞试验,最终检验分析结论。

二、拱桥三分力系数

选取五座具有代表性的大跨度拱桥进行驰振稳定性分析,他们是宜宾岷江二桥矩形断面拱肋、上海卢浦大桥双陀螺形断面拱肋、广州新光大桥四方柱断面拱肋、浙江三门口大桥四圆柱提篮拱肋和湖南茅草街四圆柱平行拱肋。由于驰振稳定性判别公式(12.1-13)主要与升力系数斜率值和阻力系数值有关,因此,首先给出这五座大跨度拱桥拱肋的阻力系数和升力系数,如图12.1-2~图12.1-6所示[2~6]。

从图12.1-2不难发现,宜宾岷江二桥矩形断面拱肋的升力系数斜率在0°攻角处为负,需要采用公式(12.1-13)判别驰振。同样,从图12.1-3和图12.1-4可以看出,上海卢浦大桥双陀螺形断面拱肋和广州新光大桥四方柱断面拱肋的升力系数斜率在0°攻角处有可能为负,也需要采用公式(12.1-13)判别驰振。但是,图12.1-5和图12.1-6告诉我们,浙江三门口大桥

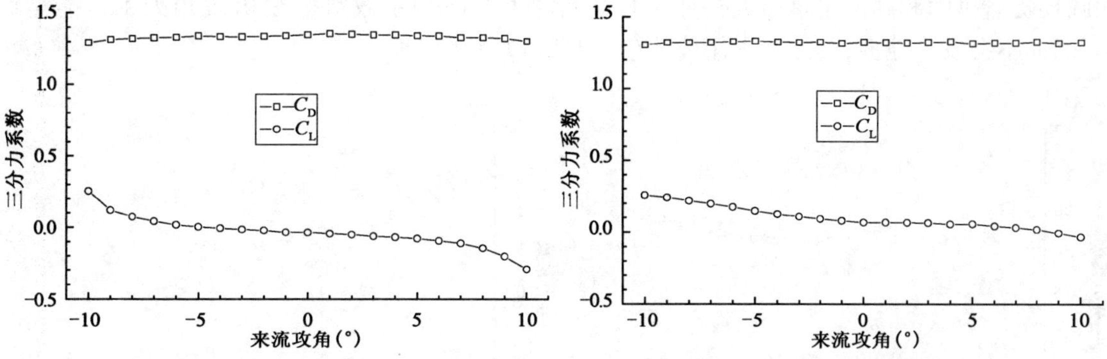

a) 主拱拱顶节段阻力和升力系数(第1段)　　b) 主拱四分点节段阻力和升力系数(第5段)

图 12.1-2　宜宾岷江二桥拱肋阻力系数和升力系数

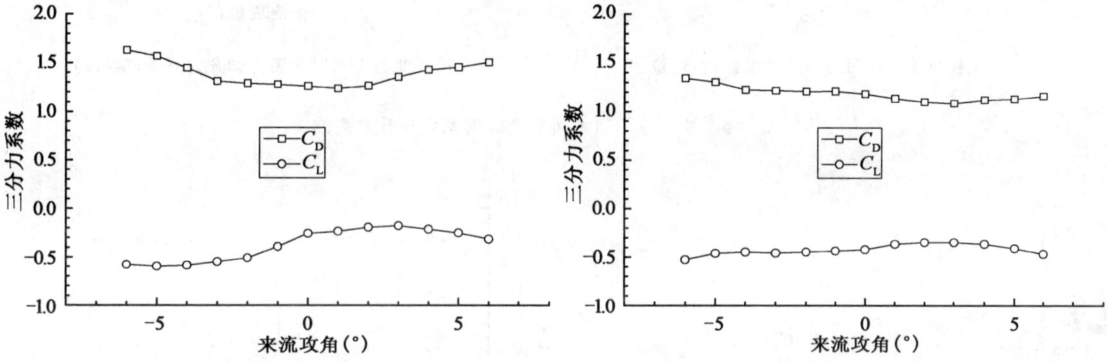

a) 考虑桥面影响拱顶阻力和升力系数(节段A)　　b) 考虑桥面影响四分点阻力和升力系数(节段C)

图 12.1-3　上海卢浦大桥拱肋阻力系数和升力系数

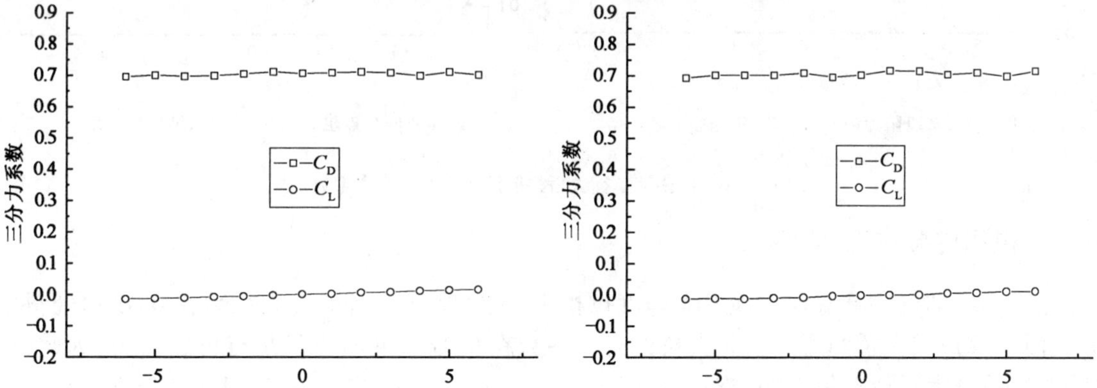

a) 拱肋拱顶节段阻力和升力系数(上游)　　b) 主拱四分点节段阻力和升力系数(上游)

图 12.1-4　广州新光大桥拱肋阻力系数和升力系数

四圆柱提篮拱肋和湖南茅草街大桥四圆柱平行拱肋的升力系数斜率在0°攻角处不可能是负的，因而不会发生驰振，不需要采用公式(12.1-13)判别驰振。

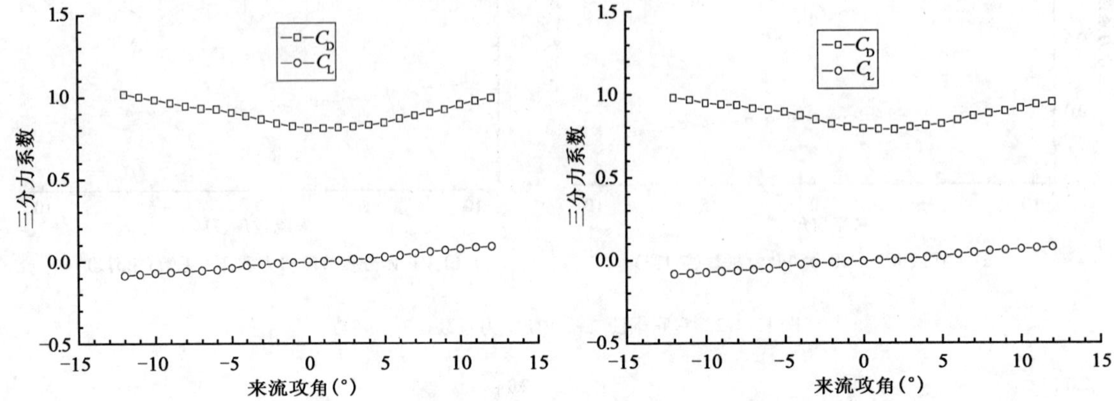

a)主拱拱顶节段阻力和升力系数(第1段)　　b)主拱四分点节段阻力和升力系数(第4段)

图12.1-5　浙江三门口大桥拱肋阻力系数和升力系数

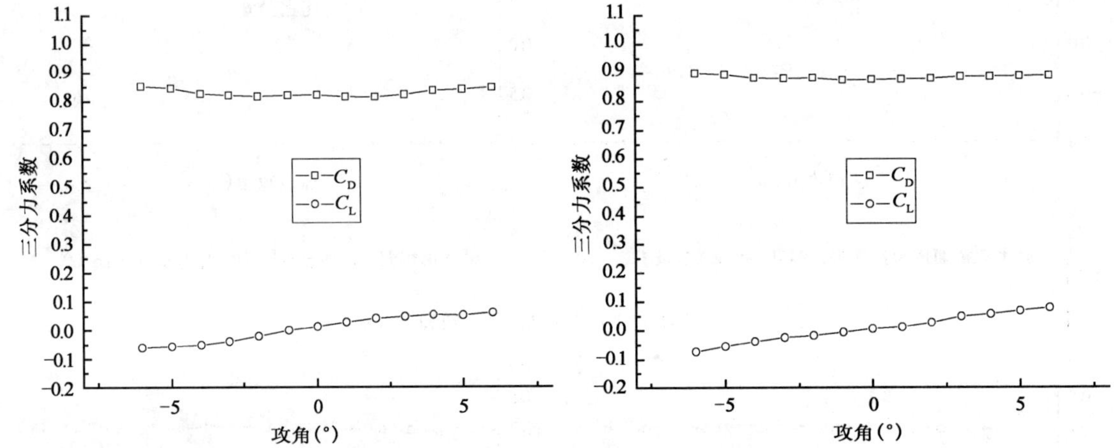

a)主拱拱顶节段阻力和升力系数(第7段，上游)　　b)主拱四分点阻力和升力系数(第4段，上游)

图12.1-6　湖南茅草街大桥拱肋阻力系数和升力系数

三、拱桥驰振失稳判别

在所选取的五座具有代表性的大跨度拱桥中，宜宾岷江二桥的升力系数在0°攻角处斜率为负，而上海卢浦大桥和广州新光大桥的升力系数在0°攻角处斜率只是有可能为负，为此，首先需要比较升力系数负斜率的绝对值和阻力系数值的大小，即按照式(12.1-13)来判断是否会发生驰振。

在宜宾岷江二桥施工阶段矩形断面拱肋的节段模型静力三分力系数风洞试验测试中，分别采用了1∶12.5的有机玻璃模型和1∶10的木质模型，其中木质模型还分别进行了均匀流场($I_u<1.0\%$)和紊流场($I_u<11.5\%$)两种情况试验。为此，图12.1-7a)给出了宜宾岷江二桥拱

脚到四分点拱肋节段 6 ~ 10 的有机玻璃模型的驰振力系数 $\frac{dC_L}{d\alpha}+C_D$ 随风攻角变化的规律，图 12.1-7b）给出了宜宾岷江二桥拱顶有机玻璃模型均匀流、木质模型均匀流和紊流场的驰振力系数随风攻角变化的规律。根据图 12.1-7 可以得出如下结论，无论按照拱脚到四分点还是拱顶断面，无论是均匀流场还是紊流场，宜宾岷江二桥施工阶段矩形断面拱肋的驰振力系数始终都大于 0，所以不会发生驰振失稳；均匀流场和紊流场下测得的驰振力系数是有差别的，应当引起重视。

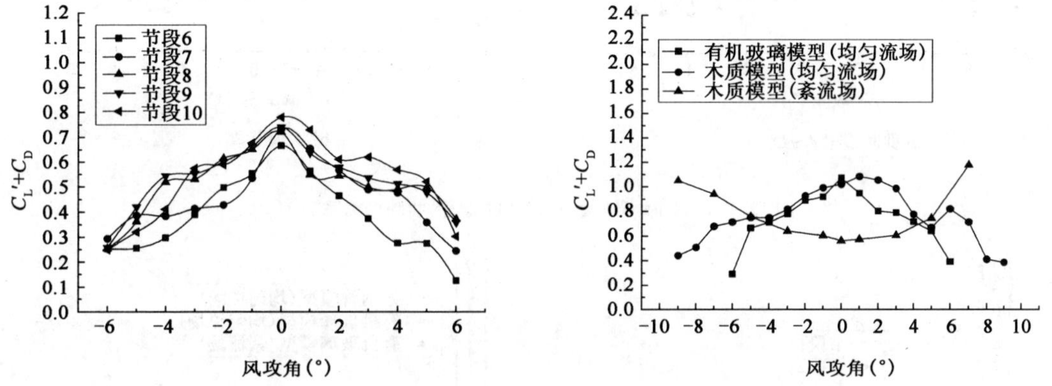

a）拱肋节段6~10　　b）拱肋节段

图 12.1-7　宜宾岷江二桥施工阶段矩形断面拱肋驰振力系数

在上海卢浦大桥双陀螺形断面拱肋的节段模型静力三分力系数风洞试验测试中，分别采用了 1∶100 的有机玻璃小模型和 1∶50 的有机玻璃大模型，其中有机玻璃大模型还分别进行了均匀流场（$I_u<1.0\%$）和紊流场（$I_u<11.5\%$）两种情况试验。为此，图 12.1-8a）给出了上海卢浦大桥拱顶到拱脚附件拱肋节段 A 到 D 的有机玻璃小模型的驰振力系数 $\frac{dC_L}{d\alpha}+C_D$ 随风攻角变化的规律，图 12.1-8b）给出了上海卢浦大桥拱顶有机玻璃小模型均匀流、有机玻璃大模型均匀流和紊流场的驰振力系数随风攻角变化的规律。根据图 12.1-8 可以得出如下结论，无论按照有机玻璃小模型、大模型还是拱顶到拱脚附件断面，无论是均匀流场还是紊流场，上海卢浦大桥双陀螺形断面拱肋的驰振力系数始终都大于 0，所以不会发生驰振失稳；均匀流场和紊流场下测得的驰振力系数也是有差别的，应当引起重视。

在广州新光大桥四方柱断面拱肋的节段模型静力三分力系数风洞试验测试中，分别采用了 1∶20 的方钢管大模型和 1∶100 的有机玻璃小模型，其中有机玻璃小模型还分别进行了均匀流场（$I_u<1.0\%$）和紊流场（$I_u<11.5\%$）两种情况试验。为此，图 12.1-9a）给出了广州新光大桥拱顶到拱脚附件拱肋节段 1 到 4 的方钢管大模型的驰振力系数 $\frac{dC_L}{d\alpha}+C_D$ 随风攻角变化的规律，图 12.1-9b）给出了广州新光大桥拱顶方钢管大模型均匀流、有机玻璃小模型均匀流和紊流场的驰振力系数随风攻角变化的规律。根据图 12.1-9 可以得出如下结论，无论按照方钢管大模型或有机玻璃小模型还是拱顶到拱脚附件断面，无论是均匀流场还是紊流场，广州新光大桥四方柱断面拱肋的驰振力系数始终都大于 0，所以不会发生驰振失稳；均匀流场和紊流场下

测得的驰振力系数在0°攻角处差别不大。

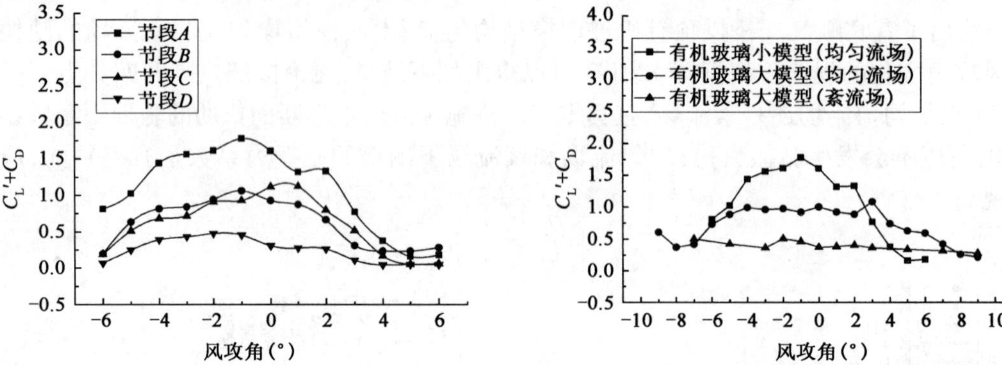

a)拱肋节段A～D　　b)拱顶节段

图12.1-8　上海卢浦大桥双陀螺断面拱肋驰振力系数

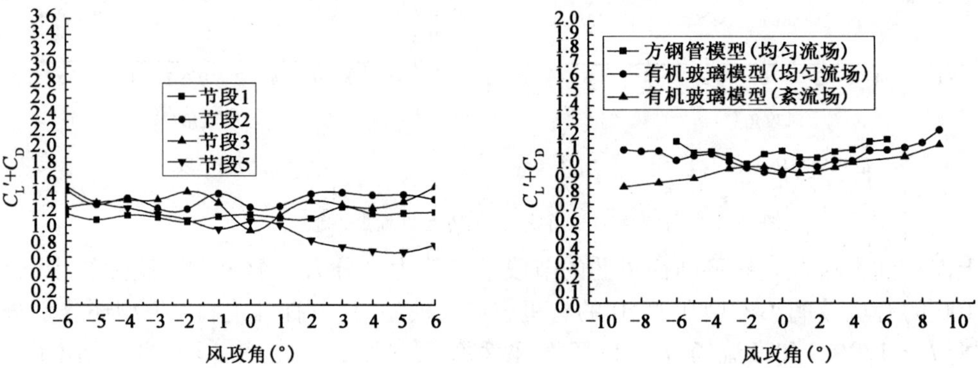

a)拱肋节段1～4　　b)拱顶节段

图12.1-9　广州新光大桥四方柱断面拱肋驰振力系数

四、驰振稳定性分析步骤

现有拱桥驰振稳定性分析模型是一个拱肋断面的二维单自由度模型，如图12.1-1所示，主要适用于拱桥平面内弯曲风致振动，基于该简化模型得到了拱桥驰振临界风速的计算公式，如式(12.1-12)所示。根据驰振临界风速计算公式(12.1-12)，临界风速与质量m、频率ω_h和阻尼比ζ_h等结构动力参数成正比，与空气密度ρ、拱肋宽度B和气动组合系数$\frac{dC_L}{d\alpha}+C_D$等结构外形参数成反比。在以上六个参数中，除了气动组合参数之外，其余都取正值，因此，拱桥驰振稳定性分析步骤是围绕着气动组合参数的取值而确定的。

(1)拱肋和主梁节段模型测力试验：由于拱肋一般是变截面的，因此，应当将整个拱肋从拱脚到拱顶分成若干个节段，分别进行静力三分力系数测量，特别是0°攻角附近的升力系数和阻力系数。

(2)升力系数导数判别驰振稳定性：由于任意断面的阻力系数C_D都是大于0的，因此，首先判别0°攻角处升力系数导数 $\frac{\mathrm{d}C_{\mathrm{L}}}{\mathrm{d}\alpha}$ 是否小于0，若其大于0，拱桥就不会发生驰振，驰振稳定性分析到此结束。

(3)气动组合系数判别驰振稳定性：在升力系数导数为负的前提下，判别0°攻角处气动组合系数是否满足 $\frac{\mathrm{d}C_{\mathrm{L}}}{\mathrm{d}\alpha}+C_{\mathrm{D}}<0$，否则，拱桥就不会发生驰振，驰振稳定性分析到此结束。

(4)计算确定拱桥结构动力参数：采用有限元方法进行拱桥结构动力特性分析，计算确定拱桥竖弯振动基频 ω_{h} 和相应等效质量 m，并且根据规定确定结构阻尼比 ζ_{h}。

(5)拱桥和主梁驰振临界风速计算：在气动组合系数为负的前提下，采用公式(12.1-12)计算拱桥和主梁最小驰振临界风速，作为拱桥驰振临界风速控制值，该控制驰振临界风速值必须大于驰振检验风速。

第二节　颤振稳定性分析

桥梁颤振是一种自激性风振失稳，一般有单自由度扭转颤振和双自由度弯扭耦合颤振两种情况。由于拱桥的拱肋和桥面截面一般都比较钝，如果发生颤振，应当以单自由度扭转颤振为主。虽然与缆索承重桥梁相比，拱桥的跨度小、刚度大、阻尼也比较大，但是，仍然有必要通过对典型拱桥的颤振稳定性验算，来总结和归纳拱桥颤振一般性能。下面仍以宜宾岷江二桥、上海卢浦大桥、广州新光大桥、浙江三门口大桥和湖南茅草街大桥共五座大跨度拱桥为例，进行颤振稳定性验算。

一、桥梁颤振稳定性

结合拱桥特点，拱桥颤振稳定分析从简单到复杂可以考虑三种方法，即单自由度扭转颤振分析方法、双自由度耦合颤振分析方法和三维多模态或全模态颤振分析方法。

1. 单自由度扭转颤振分析

单自由度扭转颤振分析的研究对象，是根据片条假定沿桥梁跨径方向截取单位长度的桥梁节段，该桥梁节段的截面只能绕弹性中心作扭转运动，如图12.2-1所示。因此，单自由度扭转颤振方程可以表示为[1,7,8]：

$$\ddot{\alpha}+2\zeta_{\alpha}\omega_{\alpha}\dot{\alpha}+\omega_{\alpha}^{2}\alpha=\frac{M_{1}}{I}\tag{12.2-1}$$

式中：I——单自由度质点质量惯性矩；

α——质点扭转振动位移；

ω_{α}——质点扭转振动圆频率；

ζ_{α}——结构扭转振动阻尼比；

M_1——单自由度扭转颤振力，可以表示为：

$$M_{1}=\frac{1}{2}\rho U^{2}(2B^{2})\left(\frac{K_{\alpha}B}{U}A_{2}^{*}\dot{\alpha}+K_{\alpha}^{2}A_{3}^{*}\alpha\right)\tag{12.2-2}$$

K_{α}——折减频率，且 $K_{\alpha}=B\omega_{\alpha}/U$；

A_2^*、A_3^*——颤振导数，与折减频率 K_α 有关，可以通过节段模型风洞试验识别得到。

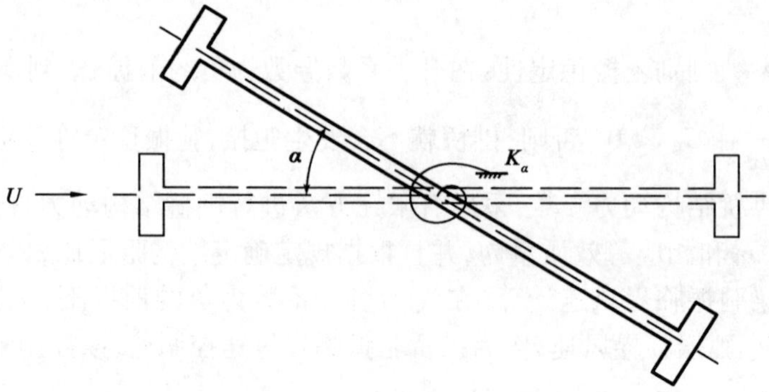

图 12.2-1 单自由度扭转颤振计算图式

将扭转颤振力公式(12.2-2)代入扭转颤振方程式(12.2-3)，并将方程式中右端项移动到左端与相应项合并后可得：

$$\ddot{\alpha} + (2\zeta_\alpha\omega_\alpha - \rho B^4\omega_\alpha A_2^*)\dot{\alpha} + (\omega_\alpha^2 - \rho B^4\omega_\alpha^2 A_3^*)\alpha = 0 \tag{12.2-3}$$

这就是单自由度扭转颤振方程，不难看出这个方程没有强迫振动力作用，因此是一个自激振动方程，包含用振动加速度表示的惯性力项、用振动速度表示的阻尼力项和用振动位移表示的弹性力项。

令阻尼力项的阻尼系数 $2\zeta_\alpha\omega_\alpha - \rho B^4\omega_\alpha A_2^* \leqslant 0$，可得负阻尼颤振失稳条件：

$$A_2^* \geqslant \frac{2\zeta_\alpha}{\rho B^4} \tag{12.2-4}$$

令弹性力项的弹性系数 $\omega_\alpha^2 - \rho B^4\omega_\alpha^2 A_3^* \leqslant 0$，可得负刚度颤振失稳条件：

$$A_3^* \geqslant \frac{1}{\rho B^4} \tag{12.2-5}$$

在公式(12.2-4)和式(12.2-5)中分别取"="作为临界条件，可以求出颤振导数 A_2^* 和 A_3^*，并根据颤振导数与折算频率关系确定出 K_α 值，颤振临界风速可以表示为：

$$U_{cr} = \frac{B\omega_\alpha}{K_\alpha} \tag{12.2-6}$$

2. 双自由度耦合颤振分析

双自由度扭转颤振分析的研究对象，仍然是根据片条假定沿桥梁跨径方向截取单位长度的桥梁节段，由于多了一个自由度，所以，该桥梁节段的截面不仅可以绕弹性中心而且可以沿着竖直方向作扭转和竖直运动，如图 12.2-2 所示。因此，双自由度耦合颤振方程可以表示为[1,7,8]：

$$\ddot{\alpha} + 2\zeta_\alpha\omega_\alpha\dot{\alpha} + \omega_\alpha^2\alpha = \frac{M_2}{I} \tag{12.2-7a}$$

$$\ddot{h} + 2\zeta_h\omega_h\dot{h} + \omega_h^2 h = \frac{L_2}{m} \tag{12.2-7b}$$

式中：M_2、L_2——两自由度扭转颤振力和升力颤振力，可以表示为：

$$M_2 = \frac{1}{2}\rho U^2(2B^2)\left(\frac{K}{U}A_1^*\dot{h} + \frac{KB}{U}A_2^*\dot{\alpha} + K^2A_3^*\alpha + \frac{K^2}{B}A_4^*h\right) \tag{12.2-8a}$$

$$L_2 = \frac{1}{2}\rho U^2(2B)\left(\frac{K}{U}H_1^*\dot{h} + \frac{KB}{U}H_2^*\dot{\alpha} + K^2H_3^*\alpha + \frac{K^2}{B}H_4^*h\right) \tag{12.2-8b}$$

A_i^* $(i=1,2,3,4)$——扭转颤振力相关的颤振导数，与折减频率 K 有关，通过节段模型风洞试验识别得到；

H_i^* $(i=1,2,3,4)$——升力颤振力相关的颤振导数，与折减频率 K 有关，通过节段模型风洞试验识别得到。

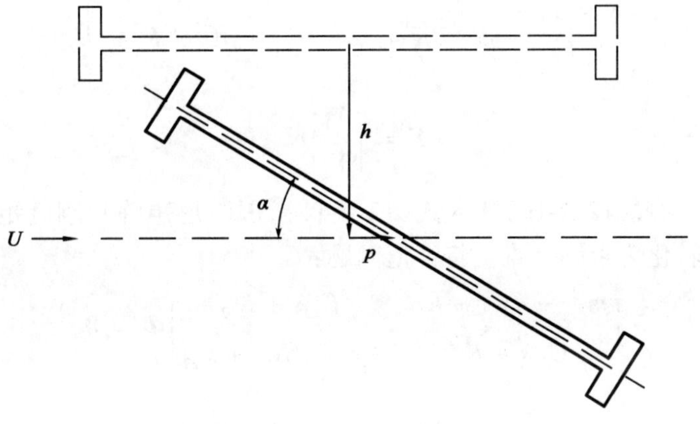

图 12.2-2　双自由度耦合颤振计算图式

将扭转颤振力公式(12.2-8a)和升力颤振力公式(12.2-8b)代入耦合颤振方程式(12.2-7a、b)，并将方程式中相应项合并后可得：

$$\ddot{\alpha} + (2\zeta_\alpha\omega_\alpha - \rho B^4\omega_\alpha A_2^*)\dot{\alpha} + (\omega_\alpha^2 - \rho B^4\omega_\alpha^2 A_3^*)\alpha = \rho B^3(\omega A_1^*\dot{h} + \omega^2 A_4^* h) \tag{12.2-9a}$$

$$\ddot{h} + (2\zeta_h\omega_h - \rho B^2\omega_h H_1^*)\dot{h} + (\omega_h^2 - \rho B^2\omega_h^2 H_4^*)h = \rho B^3(\omega H_2^*\dot{\alpha} + \omega^2 H_3^*\alpha) \tag{12.2-9b}$$

这就是双自由度耦合颤振方程，不难看出这组方程也没有强迫振动力作用，因而是一组自激振动方程，包含扭转和竖向两个自由度用加速度表示的惯性力项、用速度表示的阻尼力项和用位移表示的弹性力项。与单自由度扭转颤振方程相比可以发现，在扭转自由度振动方程中，右端还包含有竖向振动的贡献；同样，在竖向自由度振动方程中，右端还包含有扭转振动的贡献，即两个自由度的振动方程是耦合的，称为耦合颤振方程，必须两个方程同时联立求解。

为了便于双自由度耦合颤振方程的联立求解，将式(12.2-9a、b)转化为以下标准形式：

$$I(\ddot{\alpha} + 2\zeta_\alpha\omega_\alpha\dot{\alpha} + \omega_\alpha^2\alpha) = \rho U^2B^2\left(KA_1^*\frac{\dot{h}}{U} + KA_2^*\frac{B\dot{\alpha}}{U} + K^2A_3^*\alpha + K^2A_4^*\frac{h}{B}\right) \tag{12.2-10a}$$

$$m(\ddot{h} + 2\zeta_h\omega_h\dot{h} + \omega_h^2 h) = \rho U^2B\left(KH_1^*\frac{\dot{h}}{U} + KH_2^*\frac{B\dot{\alpha}}{U} + K^2H_3^*\alpha + K^2H_4^*\frac{h}{B}\right) \tag{12.2-10b}$$

或者

$$\boldsymbol{M\ddot{Y}} + \boldsymbol{C\dot{Y}} + \boldsymbol{KY} = 0 \tag{12.2-11}$$

式中：

$$\boldsymbol{Y}=\begin{bmatrix}Y_1\\Y_2\end{bmatrix}=\begin{bmatrix}h\\\alpha\end{bmatrix}\tag{12.2-12}$$

$$\boldsymbol{M}=\begin{bmatrix}m&0\\0&I\end{bmatrix}\tag{12.2-13}$$

$$\boldsymbol{C}=\begin{bmatrix}2m\zeta_{\mathrm{h}}\omega_{\mathrm{h}}-\rho UBKH_1^* & -\rho UB^2KH_2^*\\-\rho UB^2KA_1^* & 2I\zeta_{\alpha}\omega_{\alpha}-\rho UB^3KA_2^*\end{bmatrix}\tag{12.2-14}$$

$$\boldsymbol{K}=\begin{bmatrix}m\omega_{\mathrm{h}}^2-\rho U^2B^2H_4^* & -\rho U^2BK^2H_3^*\\-\rho U^2BK^2A_4^* & I\omega_{\alpha}^2-\rho U^2B^2K^2A_3^*\end{bmatrix}\tag{12.2-15}$$

令

$$\boldsymbol{Y}=\begin{bmatrix}Y_1\\Y_2\end{bmatrix}\mathrm{e}^{st}\tag{12.2-16}$$

将式(12.2-13)~式(12.2-16)代入式(12.2-11)，因阻尼矩阵和刚度矩阵非对称，双自由度耦合颤振问题可转化为求解二维复特征值问题：

$$\begin{bmatrix}ms^2+C_{11}s+K_{11} & C_{12}s+K_{12}\\C_{21}s+K_{21} & I_{\mathrm{t}}s^2+C_{22}s+K_{22}\end{bmatrix}\boldsymbol{\Phi}=\mathbf{0}\tag{12.2-17}$$

或者

$$\begin{vmatrix}ms^2+C_{11}s+K_{11} & C_{12}s+K_{12}\\C_{21}s+K_{21} & I_{\mathrm{t}}s^2+C_{22}s+K_{22}\end{vmatrix}=0\tag{12.2-18}$$

即转化为求解下述一元四次方程的根的问题：

$$as^4+bs^3+cs^2+ds+e=0\tag{12.2-19}$$

式中

$$a=mI\tag{12.2-20a}$$

$$b=C_{11}I+C_{22}m\tag{12.2-20b}$$

$$c=K_{11}I+C_{11}C_{22}+K_{22}m-C_{12}C_{21}\tag{12.2-20c}$$

$$d=K_{11}C_{22}+K_{22}C_{11}-K_{21}C_{12}-K_{12}C_{21}\tag{12.2-20d}$$

$$e=K_{11}K_{22}-K_{12}K_{21}\tag{12.2-20e}$$

式中：C_{ij}、K_{ij}——阻尼系数矩阵式(12.2-14)和刚度系数矩阵式(12.2-15)中的元素。

采用费拉里当初的理论推导和一元四次方程的解的标准形式，来求解二维颤振复特征值问题，这样可以避免采用数值逼近方法时的初始频率选取和频率迭代过程的问题，不仅大大节省了时间，同时彻底克服可能存在的频率迭代不收敛的问题。为此，将一元四次方程式(12.2-17)转化为无三次项的四次方程：

$$s^4+\left(\frac{b}{a}\right)s^3+\left(\frac{c}{a}\right)s^2+\left(\frac{d}{a}\right)s+\left(\frac{e}{a}\right)=0\tag{12.2-21}$$

令

$$s=u-\frac{b}{4a}\tag{12.2-22}$$

并将此式(12.2-22)代入式(12.2-21),可得:

$$\left(u-\frac{b}{4a}\right)^4+\frac{b}{a}\left(u-\frac{b}{4}\right)a^3+\frac{c}{a}\left(u-\frac{b}{4}\right)^2+\frac{d}{a}\left(u-\frac{b}{4}\right)+\frac{e}{a}=0 \tag{12.2-23}$$

进而可得无三次项的四次方程如下:

$$u^4+\alpha u^2+\beta u+\gamma=0 \tag{12.2-24}$$

其中

$$\alpha=-\frac{3b^2}{8a^2}+\frac{c}{a} \tag{12.2-25a}$$

$$\beta=\frac{b^3}{8a^3}-\frac{bc}{2a^2}+\frac{d}{a} \tag{12.2-25b}$$

$$\gamma=-\frac{3b^4}{256a^4}+\frac{b^2c}{16a^3}-\frac{bd}{4a^2}+\frac{e}{a} \tag{12.2-25c}$$

上述无三次项的四次方程可以转化为标准三次方程:

$$v^3+Pv+Q=0 \tag{12.2-26}$$

$$P=-\frac{\alpha^2}{12}-\gamma \tag{12.2-27a}$$

$$Q=-\frac{\alpha^3}{108}+\frac{\alpha\gamma}{3}-\frac{\beta^2}{8} \tag{12.2-27b}$$

标准三次方程的通解为:

$$v=-\frac{5}{6\alpha}+\frac{P}{3U}-U \tag{12.2-28}$$

$$U=-\frac{Q^3}{2}\pm 4Q^2+\frac{P^3}{27} \tag{12.2-29}$$

回代可得一元四次方程的通解为:

$$s=-\frac{b}{4a}+\frac{\pm\sqrt{\alpha+2v}\pm\sqrt{-(3\alpha+2v\pm 2\beta/\sqrt{\alpha+2v})}}{2} \tag{12.2-30}$$

这就是双自由度耦合颤振方程的四个复特征值,对应有四个复特征向量:

$$\boldsymbol{\Phi}_1=\begin{bmatrix}Y_{11}\\Y_{21}\end{bmatrix}\quad \boldsymbol{\Phi}_2=\begin{bmatrix}Y_{21}\\Y_{22}\end{bmatrix}\quad \boldsymbol{\Phi}_1^*=\begin{bmatrix}Y_{11}\\\overline{Y}_{21}\end{bmatrix}\quad \boldsymbol{\Phi}_2^*=\begin{bmatrix}Y_{21}\\\overline{Y}_{22}\end{bmatrix} \tag{12.2-31}$$

桥梁结构在达到颤振临界状态之前任意时刻的运动方程可以表述为:

$$\boldsymbol{y}=a_1\boldsymbol{\Phi}_1e^{s_1t}+\overline{a}_1\boldsymbol{\Phi}_1^*e^{\overline{s}_1t}+a_2\boldsymbol{\Phi}_2e^{s_2t}+\overline{a}_2\boldsymbol{\Phi}_2^*e^{\overline{s}_2t} \tag{12.2-32}$$

扭转和竖向两个自由度耦合颤振的四个复特征值是两两共轭的,可以分成两组共轭复特征值,即:

$$s_{1,2}=R_{1,2}\pm I_{1,2} \tag{12.2-33a}$$

$$s_{3,4}=R_{3,4}\pm I_{3,4} \tag{12.2-33b}$$

式中:$R_{1,2}$、$I_{1,2}$——第一组共轭复特征值的实部和虚部;

$R_{3,4}$、$I_{3,4}$——第二组共轭复特征值的实部和虚部。

双自由度耦合颤振临界状态对应的是两组复特征值中的一组的实部为0,即:

$$R_{1,2}=0 \text{ 或 } R_{3,4}=0 \tag{12.2-34}$$

而桥梁颤振首先发生在风速较小的那种状态,该风速称为颤振临界风速,而相对应的复特征值的虚部就是颤振频率。

3. 多模态或全模态颤振分析

当桥梁结构被离散为具有 n 个自由度的结构后，桥梁颤振分析就必须采用多模态方法或全模态方法进行。为此，我们一般假定桥梁断面是不会发生畸变的，因而任意一个桥梁断面的运动状态可以用竖向弯曲位移 h、横向弯曲位移 p 和扭转位移 α 以及它们对时间的一阶导数——速度和二阶导数——加速度来表示，如图 12.2-3 所示。因此，运动方程可以表达为各个自由度的惯性力、阻尼力、弹性力和外加荷载力的平衡方程[8]：

$$\boldsymbol{M}_s\ddot{\boldsymbol{\delta}} + \boldsymbol{C}_s\dot{\boldsymbol{\delta}} + \boldsymbol{K}_s\boldsymbol{\delta} = \boldsymbol{F} \tag{12.2-35}$$

式中：$\boldsymbol{\delta}$——结构自由度位移向量；

$\boldsymbol{M}_s$——结构质量矩阵；

$\boldsymbol{C}_s$——结构阻尼矩阵；

$\boldsymbol{K}_s$——结构刚度矩阵；

$\boldsymbol{F}$——外部荷载向量，桥梁颤振分析时的外荷载是桥梁断面上颤振力的三个分量：

$$L_f = \rho U^2 B\left(KH_1^* \frac{\dot{h}}{U} + KH_2^* \frac{B\dot{\alpha}}{U} + K^2H_3^*\alpha + K^2H_4^* \frac{h}{B} + KH_5^* \frac{\dot{p}}{U} + K^2H_6^* \frac{p}{B}\right) \tag{12.2-36a}$$

$$D_f = \rho U^2 B\left(KP_1^* \frac{\dot{p}}{U} + KP_2^* \frac{B\dot{\alpha}}{U} + K^2P_3^*\alpha + K^2P_4^* \frac{p}{B} + KP_5^* \frac{\dot{h}}{U} + K^2H_6^* \frac{h}{B}\right) \tag{12.2-36b}$$

$$M_f = \rho U^2 B^2\left(KA_1^* \frac{\dot{h}}{U} + KA_2^* \frac{B\dot{\alpha}}{U} + K^2A_3^*\alpha + K^2A_4^* \frac{h}{B} + KA_5^* \frac{\dot{p}}{U} + K^2A_6^* \frac{p}{B}\right) \tag{12.2-36c}$$

式中：H_i^*、P_i^*、A_i^*——颤振导数，与折减频率 K 有关，通过节段模型风洞试验识别得到。

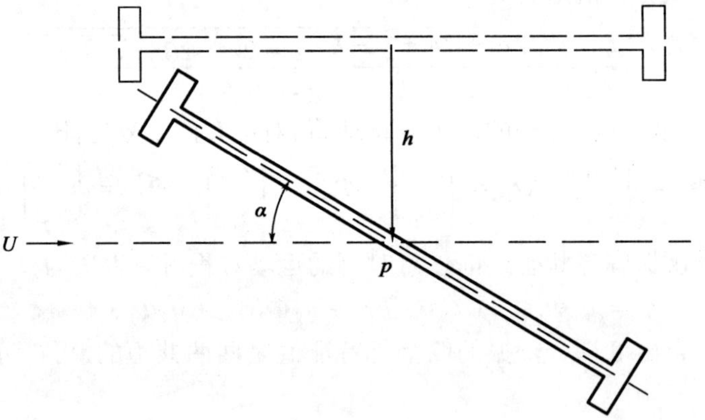

图 12.2-3　三自由度颤振计算图式

式(12.2-36a ~ c)所表示的颤振力，分别是振动位移向量 $\boldsymbol{\delta}$ 的函数和振动速度向量 $\dot{\boldsymbol{\delta}}$ 的函数，因此，可以表示为：

$$\boldsymbol{F} = \boldsymbol{F}_d + \boldsymbol{F}_s = \boldsymbol{C}_a\dot{\boldsymbol{\delta}} + \boldsymbol{K}_a\boldsymbol{\delta} \tag{12.2-37}$$

式中：$\boldsymbol{F}_d$、$\boldsymbol{F}_s$——气动阻尼力和气动刚度力；

$\boldsymbol{C}_a$、$\boldsymbol{K}_a$——由颤振导数组成的气动阻尼矩阵和气动刚度矩阵。

将公式(12.2-37)代入公式(12.2-35),得到多自由度颤振运动方程:

$$\boldsymbol{M}_s\ddot{\boldsymbol{\delta}} + (\boldsymbol{C}_s - \boldsymbol{C}_a)\dot{\boldsymbol{\delta}} + (\boldsymbol{K}_s - \boldsymbol{K}_a)\boldsymbol{\delta} = \boldsymbol{0} \tag{12.2-38}$$

将桥梁结构和周围气流作为一个整体系统来考虑时,其系统颤振运动方程与结构阻尼自由振动方程非常相似。

$$\boldsymbol{M}\ddot{\boldsymbol{\delta}} + \boldsymbol{C}\dot{\boldsymbol{\delta}} + \boldsymbol{K}\boldsymbol{\delta} = \boldsymbol{0} \tag{12.2-39}$$

式中:$\boldsymbol{M}$——系统质量矩阵,且 $\boldsymbol{M}=\boldsymbol{M}_s$;

$\boldsymbol{K}$——系统刚度矩阵,且 $\boldsymbol{K}=\boldsymbol{K}_s-\boldsymbol{K}_a$;

$\boldsymbol{C}$——系统阻尼矩阵,且 $\boldsymbol{C}=\boldsymbol{C}_s-\boldsymbol{C}_a$。

因为气动力 $\boldsymbol{F}_d$ 和 $\boldsymbol{F}_s$ 是非保守力,所以气动阻尼矩阵 $\boldsymbol{C}_a$ 和气动刚度矩阵 $\boldsymbol{K}_a$ 都是非对称的。这样,系统刚度矩阵 $\boldsymbol{K}$ 和系统阻尼矩阵 $\boldsymbol{C}$ 也都是非对称矩阵,这就使得结构响应是多模态或者是全模态耦合的结果。

在求解系统颤振方程(12.2-39)时,假定发生颤振时结构振动幅值足够小,这是因为颤振求解时主要考虑的是颤振失稳前的临界状态。故只需研究具有指数时程的振动,因为其他振动都可以表达为其叠加的形式。因此结构位移向量可以假设为:

$$\boldsymbol{\delta} = \boldsymbol{\varphi}e^{\lambda t} \tag{12.2-40}$$

将式(12.2-40)中的 $\boldsymbol{\delta}$ 及其导数代入方程(12.2-39)得到:

$$(\lambda^2\boldsymbol{M} + \lambda\boldsymbol{C} + \boldsymbol{K})\boldsymbol{\varphi} = \boldsymbol{0} \tag{12.2-41}$$

式中:λ——系统特征值;

$\boldsymbol{\varphi}$——相应的系统特征向量。

只有当方程左端的矩阵非奇异时,方程式(12.2-41)才具有非平凡解。实际上这就是一个二次特征值问题。求解该方程将得到 $2n$ 个特征值和对应的特征向量。方程式(12.2-41)的通解可以表达为 $2n$ 个解的叠加,即:

$$\boldsymbol{\delta} = \sum_{i=1}^{2n}\alpha_i\boldsymbol{\varphi}_i e^{\lambda_i t} \tag{12.2-42}$$

式中:α_i——任意常数。

对任意一对共轭复特征值 $\lambda_j = \mu_j + i\nu_j$ 和 $\bar{\lambda}_j = \mu_j - i\nu_j$ 而言,对应的特征向量也是复共轭成对的,且可以表达为 $\boldsymbol{\varphi}_j = \boldsymbol{\xi}_j + i\boldsymbol{\zeta}_j$ 和 $\bar{\boldsymbol{\varphi}}_j = \boldsymbol{\xi}_j - i\boldsymbol{\zeta}_j$ 。对应共轭复特征值对 λ_j 和 $\bar{\lambda}_j$ 的方程解的分量为:

$$\boldsymbol{\delta}_j = (\alpha_j + i\beta_j)e^{(\mu_j+i\nu_j)t}(\boldsymbol{\xi}_j + i\boldsymbol{\zeta}_j) + (\alpha_j - i\beta_j)e^{(\mu_j-i\nu_j)t}(\boldsymbol{\xi}_j - i\boldsymbol{\zeta}_j) \tag{12.2-43}$$

式中:α_j、β_j——任意常数。

如果所有特征解都是复共轭成对的,则式(12.2-43)可以写成如下形式:

$$\boldsymbol{\delta} = \sum_{j=1}^{n}e^{\mu_j t}[-2(\beta_j\boldsymbol{\xi}_j + \alpha_j\boldsymbol{\zeta}_j)\sin\omega_j t + 2(\alpha_j\boldsymbol{\zeta}_j - \beta_j\boldsymbol{\xi}_j)\cos\omega_j t] \tag{12.2-44}$$

式中,$\omega_j \equiv v_j$。

当 μ_j 为负时,方程解式(12.2-43)或式(12.2-44)表示系统振动收敛;当 μ_j 为正时,表明系统颤振发散,此时颤振圆频率为 ω_j。

为了把二次特征值问题转化为线性形式,需要引进一个附加方程:

$$\boldsymbol{M}\dot{\boldsymbol{\delta}} - \boldsymbol{M}\dot{\boldsymbol{\delta}} = \boldsymbol{0} \tag{12.2-45}$$

方程式(12.2-39)和式(12.2-45)可以合并为如下方程

$$\begin{bmatrix} \boldsymbol{0} & \boldsymbol{M} \\ \boldsymbol{M} & \boldsymbol{C} \end{bmatrix}\begin{bmatrix} \ddot{\boldsymbol{\delta}} \\ \dot{\boldsymbol{\delta}} \end{bmatrix} + \begin{bmatrix} -\boldsymbol{M} & \boldsymbol{0} \\ \boldsymbol{0} & \boldsymbol{K} \end{bmatrix}\begin{bmatrix} \dot{\boldsymbol{\delta}} \\ \boldsymbol{\delta} \end{bmatrix} = \begin{bmatrix} \boldsymbol{0} \\ \boldsymbol{0} \end{bmatrix} \tag{12.2-46}$$

这一方程通常作为方程式(12.2-41)的简化形式,又可以表达为如下形式:

$$\boldsymbol{A}\dot{\boldsymbol{y}} = \boldsymbol{B}\boldsymbol{y} \tag{12.2-47}$$

式中:

$$\boldsymbol{A} = \begin{bmatrix} \boldsymbol{0} & -\boldsymbol{M} \\ -\boldsymbol{M} & -\boldsymbol{C} \end{bmatrix} \tag{12.2-48a}$$

$$\boldsymbol{B} = \begin{bmatrix} -\boldsymbol{M} & \boldsymbol{0} \\ \boldsymbol{0} & \boldsymbol{K} \end{bmatrix} \tag{12.2-48b}$$

$$\boldsymbol{y} = \begin{bmatrix} \dot{\boldsymbol{\delta}} \\ \boldsymbol{\delta} \end{bmatrix} = \begin{bmatrix} \lambda\boldsymbol{\varphi} \\ \boldsymbol{\varphi} \end{bmatrix} e^{\lambda t} \tag{12.2-48c}$$

$$\dot{\boldsymbol{y}} = \begin{bmatrix} \ddot{\boldsymbol{\delta}} \\ \dot{\boldsymbol{\delta}} \end{bmatrix} = \lambda\begin{bmatrix} \lambda\boldsymbol{\varphi} \\ \boldsymbol{\varphi} \end{bmatrix} e^{\lambda t} = \lambda\boldsymbol{y} \tag{12.2-48d}$$

令

$$\boldsymbol{x} = \begin{bmatrix} \lambda\boldsymbol{\varphi} \\ \boldsymbol{\varphi} \end{bmatrix} \tag{12.2-49}$$

则得到如下的广义特征方程:

$$\boldsymbol{B}\boldsymbol{x} = \lambda\boldsymbol{A}\boldsymbol{x} \tag{12.2-50}$$

进一步可以得到正向和逆向的标准化特征方程为:

$$\boldsymbol{D}\boldsymbol{x} = \lambda\boldsymbol{x} \quad (\text{正向}) \tag{12.2-51}$$

$$\boldsymbol{E}\boldsymbol{x} = \gamma\boldsymbol{x} \quad (\text{逆向}) \tag{12.2-52}$$

式中:$\boldsymbol{D}$——动力矩阵,且

$$\boldsymbol{D} = \boldsymbol{A}^{-1}\boldsymbol{B} = \begin{bmatrix} -\boldsymbol{M}^{-1}\boldsymbol{C} & -\boldsymbol{M}^{-1}\boldsymbol{K} \\ \boldsymbol{I} & \boldsymbol{0} \end{bmatrix} \tag{12.2-53}$$

$\boldsymbol{E}$——逆动力矩阵,且

$$\boldsymbol{E} = \boldsymbol{B}^{-1}\boldsymbol{A} = \begin{bmatrix} \boldsymbol{0} & \boldsymbol{I} \\ -\boldsymbol{K}^{-1}\boldsymbol{M} & -\boldsymbol{K}^{-1}\boldsymbol{C} \end{bmatrix} \tag{12.2-54}$$

γ——逆特征值,且

$$\gamma = \frac{1}{\lambda} \tag{12.2-55}$$

对线弹性系统而言,在求解运动方程时通常采用的方法是模态叠加法,相应的三维桥梁颤振多模态分析方法,可以将模态叠加法应用在正向标准化特征方程式(12.2-51)中,从而得到 m 阶正交化特征值方程:

$$\boldsymbol{D}^{*}\boldsymbol{x} = \lambda\boldsymbol{x} \tag{12.2-56}$$

根据式(12.2-53),m 阶动力矩阵 $\boldsymbol{D}^*$ 可以表达为:

$$\boldsymbol{D}^* = \boldsymbol{A}^{*-1}\boldsymbol{B}^* = \begin{bmatrix} \boldsymbol{0} & -\boldsymbol{I} \\ -\boldsymbol{I} & -\boldsymbol{C}^* \end{bmatrix}^{-1}\begin{bmatrix} -\boldsymbol{I} & \boldsymbol{0} \\ \boldsymbol{0} & \boldsymbol{K}^* \end{bmatrix} = \begin{bmatrix} -\boldsymbol{C}^* & -\boldsymbol{K}^* \\ \boldsymbol{I} & \boldsymbol{0} \end{bmatrix} \tag{12.2-57}$$

式中

$$\boldsymbol{C}^* = \boldsymbol{Z}^{\mathrm{T}}\boldsymbol{C}\boldsymbol{Z} = \boldsymbol{Z}^{\mathrm{T}}(\boldsymbol{C}_{\mathrm{s}} - \boldsymbol{C}_{\mathrm{a}})\boldsymbol{Z} = a_0\boldsymbol{I} + a_1\boldsymbol{\Lambda} - \boldsymbol{Z}^{\mathrm{T}}\boldsymbol{C}_{\mathrm{a}}\boldsymbol{Z} \tag{12.2-58a}$$

$$\boldsymbol{K}^* = \boldsymbol{Z}^{\mathrm{T}}\boldsymbol{K}\boldsymbol{Z} = \boldsymbol{Z}^{\mathrm{T}}(\boldsymbol{K}_{\mathrm{s}} - \boldsymbol{K}_{\mathrm{a}})\boldsymbol{Z} = \boldsymbol{\Lambda} - \boldsymbol{Z}^{\mathrm{T}}\boldsymbol{K}_{\mathrm{a}}\boldsymbol{Z} \tag{12.2-58b}$$

式中:$\boldsymbol{Z}$——模态矩阵,包含结构 m 个固有模态;

Λ——对角矩阵,其对角元为相应圆频率的平方。

三维桥梁颤振的精确分析方法,是要考虑所有模态对颤振的,即全模态颤振分析方法。该方法采用逆向标准化特征方程式(12.2-52),其解将收敛到最大的 γ 也就是最小的 λ 或 ω。在实际颤振问题中,最低的频率和相应模态是最需要关注的,所以逆向量迭代法得以应用在全模态颤振分析中。结合 QR 变换的逆向量迭代方法的求解步骤如下[8]:

(1)求解 $\boldsymbol{X}^{(k+1)}$:
$$\boldsymbol{B}\boldsymbol{X}^{(k+1)} = \boldsymbol{A}\boldsymbol{X}^{(k)} \tag{12.2-59}$$

(2)计算:
$$\boldsymbol{G}^* = \boldsymbol{X}^{(k)\mathrm{T}}\boldsymbol{X}^{(k)} \tag{12.2-60}$$

(3)计算:
$$\boldsymbol{H}^* = \boldsymbol{X}^{(k)\mathrm{T}}\boldsymbol{X}^{(k+1)} \tag{12.2-61}$$

(4)求解 $\boldsymbol{Q}^*$:
$$\boldsymbol{G}^*\boldsymbol{Q}^* = \boldsymbol{H}^* \tag{12.2-62}$$

(5)求解特征值:
$$\boldsymbol{Q}^*\boldsymbol{Y}^{(k+1)} = \boldsymbol{Y}^{(k+1)}\boldsymbol{\Lambda}^{-1} \tag{12.2-63}$$

(6)乘积:
$$\boldsymbol{Z}^{(k+1)} = \boldsymbol{X}^{(k+1)}\boldsymbol{Y}^{(k+1)} \tag{12.2-64}$$

(7)标准化:
$$\boldsymbol{Z}^{(k+1)} \rightarrow \boldsymbol{X}^{(k+1)} \tag{12.2-65}$$

4. 非线性颤振时域分析

单自由度扭转颤振分析方法、双自由度耦合颤振分析方法和多模态或全模态颤振分析方法都属于频域分析方法,具有简单、实用、有效等特点,一直都被广泛应用。但是,频域方法具有一定的局限性,包括无法考虑紊流对颤振的影响、不能计入颤振非线性影响、不适合拱桥结构特点的气动力行为描述,主要是指缆索承重桥梁气动力以等截面主梁为载体,而拱桥拱肋和主梁都是气动力的主要载体,而且截面变化较大。为此,需要寻找一种行之有效的方法来尽可能全面地反映、考虑和研究这些因素及其影响,这就需要采用非线性颤振时域分析方法。

根据结构动力学和有限单元法的基本理论,考虑到结构几何和材料非线性以及气动荷载非线性,非线性颤振时域分析应当采用非线性增量方法,即 t 时刻桥梁结构惯性力、阻尼力、弹性力和外加荷载力的增量平衡方程为[8]:

$$\boldsymbol{M}\Delta\ddot{\boldsymbol{\delta}}(t) + \boldsymbol{C}\Delta\dot{\boldsymbol{\delta}}(t) + \boldsymbol{K}\Delta\boldsymbol{\delta}(t) = \Delta\boldsymbol{F}(t) \tag{12.2-66}$$

式中:$\boldsymbol{M}$——系统质量矩阵,且 $\boldsymbol{M} = \boldsymbol{M}_{\mathrm{s}}$,与频域方法一致;

$\boldsymbol{K}$——系统刚度矩阵,由弹性刚度矩阵 $\boldsymbol{K}_{\mathrm{e}}$、几何非线性刚度矩阵 $\boldsymbol{K}_{\mathrm{g}}$ 和气动刚度矩阵 $\boldsymbol{K}_{\mathrm{a}}$ 三部分组成,即:

$$\boldsymbol{K} = \boldsymbol{K}_{\mathrm{s}} - \boldsymbol{A}_{\mathrm{s}} = \boldsymbol{K}_{\mathrm{e}} + \boldsymbol{K}_{\mathrm{g}} - \boldsymbol{K}_{\mathrm{a}} \tag{12.2-67}$$

$\boldsymbol{C}$——系统阻尼矩阵,由结构线性阻尼矩阵 $\boldsymbol{C}_{\mathrm{s}}$(结构质量矩阵 $\boldsymbol{M}_{\mathrm{s}}$ 和结构弹性刚度矩阵 $\boldsymbol{K}_{\mathrm{e}}$ 的线性组合)和气动刚度矩阵 $\boldsymbol{C}_{\mathrm{a}}$ 两部分组成,即:

$$\boldsymbol{C} = \boldsymbol{C}_{\mathrm{s}} - \boldsymbol{C}_{\mathrm{a}} = \varepsilon_1\boldsymbol{M}_{\mathrm{s}} + \varepsilon_2\boldsymbol{K}_{\mathrm{e}} - \boldsymbol{C}_{\mathrm{a}} \tag{12.2-68}$$

$\Delta\boldsymbol{F}(t)$——外部荷载增量向量,由结构自重 F_G、静风荷载 F_{st} 和抖振力 $F_b(t)$ 三部分组成,其中线性颤振力已经在气动阻尼矩阵和气动刚度矩阵中予以考虑,而非线性颤振力一般忽略不计,因此:

$$\Delta\boldsymbol{F}(t) = \Delta[F_G + F_{st} + F_b(t)] \tag{12.2-69}$$

需要说明的是:式(12.2-67)中气动刚度矩阵 $\boldsymbol{K}_a$ 和式(12.2-68)中气动阻尼矩阵 $\boldsymbol{C}_a$ 的计算都涉及与结构振动频率相关的折算频率 K 和颤振导数 H_i、P_i 和 A_i 的取值问题,在以颤振时域分析为主的计算中,可以近似采用拱肋或主梁的一阶竖弯振动频率、一阶侧弯振动频率和一阶扭转振动频率;增量方程的外部荷载项[式(12.2-69)]包含有不随时间变化的结构自重 F_G 和静风荷载 F_{st},由于在非线性分析中,不满足叠加原理,因此,这两项静力荷载不能独立计算后进行叠加,必须与抖振力一并计入直接求解非线性增量方程式(12.2-66)。虽然如果按照频域分析方法,在非线性颤振时域分析中可以只考虑颤振力而忽略抖振力,但是,计入抖振力有助于考虑脉动风的紊流对颤振的影响,而抖振力的时域表达式和数值模拟是非线性增量方法求解的关键。

由脉动风引起的时域抖振力一般按 Scanlan 的准定常气动力公式计算,并同时引入 Davenport 的气动导纳进行修正。作用在桥梁结构单位展长的时域抖振力 $F_b(t)$ 的三个分量可以表示为:

$$L_b(t) = \frac{1}{2}\rho U^2 B\left[2C_L\chi_{Lu}\frac{u(t)}{U} + (C_L' + C_D)\chi_{Lw}\frac{w(t)}{U}\right] \tag{12.2-70a}$$

$$D_b(t) = \frac{1}{2}\rho U^2 B\left[2C_D\chi_{Du}\frac{u(t)}{U} + (C_D' - C_L)\chi_{Dw}\frac{w(t)}{U}\right] \tag{12.2-70b}$$

$$M_b(t) = \frac{1}{2}\rho U^2 B^2\left[2C_M\chi_{Mu}\frac{u(t)}{U} + C_M'\chi_{Mw}\frac{w(t)}{U}\right] \tag{12.2-70c}$$

式中: $u(t)$、$w(t)$——时域水平分量和竖直分量脉动风时程;

χ_{Lu}、χ_{Lw}、χ_{Du}、χ_{Dw}、χ_{Mu}、χ_{Mw}——水平分量和竖向分量脉动风时程对抖振升力、阻力和扭矩时程的六分量气动导纳,反映了时域内脉动风荷载和抖振力之间的传递关系。

引起抖振力的脉动风通常都是以频域内功率谱方式定义的,因此,有必要建立脉动风谱与抖振力谱之间的关系。对上述时域抖振力公式(12.2-70a~c)进行傅立叶变换,可以得出相应的频域抖振力功率谱密度:

$$S_L(\omega) = \rho^2U^2B^2\left\{C_L^2(\alpha)S_u(\omega)|\chi_{Lu}(\omega)|^2 + \frac{1}{4}[C'_L(\alpha) + C_D(\alpha)]^2S_w(\omega)|\chi_{Lw}(\omega)|^2\right\} \tag{12.2-71a}$$

$$S_D(\omega) = \rho^2U^2B^2\left[C_D^2(\alpha)S_u(\omega)|\chi_{Du}(\omega)|^2 + \frac{1}{4}C'^2_D(\alpha)S_w(\omega)|\chi_{Dw}(\omega)|^2\right] \tag{12.2-71b}$$

$$S_M(\omega) = \rho^2U^2B^4\left[C_M^2(\alpha)S_u(\omega)|\chi_{Mu}(\omega)|^2 + \frac{1}{4}C'^2_M(\alpha)S_w(\omega)|\chi_{Mw}(\omega)|^2\right] \tag{12.2-71c}$$

式中: $S_u(\omega)$、$S_w(\omega)$——频域水平分量和竖直分量脉动风功率谱密度;

$|\chi_{Rs}(\omega)|^2(R = L,D,M;s = u,w)$——水平分量和竖向分量脉动风谱对抖振升力、阻力和扭矩功率谱的气动导纳,反映了频域内脉动风荷载谱和抖振力谱之间的传递关系。

假定桥梁结构上有 n 个节点受到脉动风引起的零均值平稳高斯过程的抖振力作用,对于这 n 维零均值的平稳高斯随机过程向量:

$$\boldsymbol{f}(t) = [f_1(t) \quad f_2(t) \quad \cdots \quad f_n(t)]^{\mathrm{T}} \tag{12.2-72}$$

其互功率谱密度矩阵为:

$$\boldsymbol{S}^0(\omega) = \begin{bmatrix} S_{11}^0(\omega) & S_{12}^0(\omega) & \cdots & S_{1n}^0(\omega) \\ S_{21}^0(\omega) & S_{22}^0(\omega) & \cdots & S_{2n}^0(\omega) \\ \vdots & \vdots & \ddots & \vdots \\ S_{n1}^0(\omega) & S_{n2}^0(\omega) & \cdots & S_{nn}^0(\omega) \end{bmatrix} \tag{12.2-73}$$

式中:　　$S_{jj}^0(\omega)$——自功率谱密度函数;

$S_{jm}^0(\omega)$ $(j \neq m)$——互功率谱密度函数,是对称的,且进行 Cholesky 分解:

$$\boldsymbol{S}^0(\omega) = \boldsymbol{H}(\omega)\boldsymbol{H}^*(\omega) \tag{12.2-74}$$

$$\boldsymbol{H}(\omega) = \begin{bmatrix} H_{11}(\omega) & 0 & \cdots & 0 \\ H_{21}(\omega) & H_{22}(\omega) & \cdots & 0 \\ \vdots & \vdots & \ddots & \vdots \\ H_{n1}(\omega) & H_{n2}(\omega) & \cdots & H_{nn}(\omega) \end{bmatrix} \tag{12.2-75}$$

$\boldsymbol{H}^*(\omega)$——$\boldsymbol{H}(\omega)$ 的共扼转置矩阵。

由于 $\boldsymbol{S}^0(\omega)$ 通常情况下为复矩阵,且不一定正定,因此 $\boldsymbol{H}(\omega)$ 通常也是复矩阵,其对角元素为实数,非对角元素为复数。$\boldsymbol{H}(\omega)$ 中元素之间有如下关系成立:

$$H_{jj}(\omega) = H_{jj}(-\omega) \tag{12.2-76}$$

$$H_{jm}(\omega) = \left|H_{jm}^*(-\omega)\right| \mathrm{e}^{i\theta_{jm}(\omega)} \tag{12.2-77}$$

$$\theta_{jm} = \tan^{-1}\frac{\mathrm{Im}[H_{jm}(\omega)]}{\mathrm{Re}[H_{jm}(\omega)]} \tag{12.2-78}$$

式中:Im、Re——取虚部和实部。

根据 Shinozuka 理论,随机过程向量 $f(t)$ 的样本可以由下式来模拟;

$$f_j(t) = \sqrt{2(\Delta\omega)}\sum_{m=1}^{j}\sum_{l=1}^{N}\left|H_{jm}(\omega_{ml})\right|\cos[\omega_{ml}t - \theta_{jm}(\omega_{ml}) + \Phi_{ml}] \tag{12.2-79}$$

式中:N——充分大的正整数;

$\Delta\omega$——频率增量,且 $\Delta\omega = \omega_{\mathrm{up}}/N$,$\omega_{\mathrm{up}}$ 为截止圆频率,即当 $\omega > \omega_{\mathrm{up}}$ 时,$\boldsymbol{S}^0(\omega) = 0$;

Φ_{ml}——均匀分布于[0,2π]区间的随机相位。

$H_{jm}(\omega_{ml})$ 是矩阵 $\boldsymbol{H}(\omega)$ 中的元素。$\boldsymbol{H}(\omega)$ 是 $\boldsymbol{S}^0(\omega)$ 的 Cholesky 分解,即有:

$$\boldsymbol{S}^0(\omega) = \boldsymbol{H}(\omega)\boldsymbol{H}^{\mathrm{T}}(\omega) \tag{12.2-80}$$

根据 Shinozuka 等人的研究,推荐 ω_{ml} 按下式取值:

$$\omega_{ml} = (l-1)\Delta\omega + \frac{m}{n}\Delta\omega \tag{12.2-81}$$

由中心极限定理,只有当 $N\to\infty$,式(12.2-80)模拟的随机过程才能满足式(12.2-80)的渐近零均值高斯过程要求。为了避免模拟结果失真,Δt 必须满足以下条件:

$$\Delta t \leqslant \frac{2\pi}{2\omega_{up}} \tag{12.2-82}$$

由此可得所模拟的随机过程周期为：

$$T_0 = \frac{2\pi n}{\Delta\omega} = \frac{2\pi nN}{\omega_{up}} \tag{12.2-83}$$

综上所述，已经具备了求解非线性颤振时域分析的非线性增量方程式(12.2-66)的条件。为此，一般采用 Newmark-Beta 方法，基于常加速度假定，取参数 $\alpha = 0.25$ 和 $\beta = 0.5$，对于结构几何非线性和气动荷载非线性增量方程，可以采用以下 t_i时刻 Newmark-Beta 差分格式进行计算，具体方法不再赘述。

$$\ddot{\boldsymbol{\delta}}(t_i + \Delta t) = \frac{1}{\alpha\Delta t^2}[\boldsymbol{\delta}(t_i + \Delta t) - \boldsymbol{\delta}(t_i)] - \frac{1}{\alpha\Delta t}\dot{\boldsymbol{\delta}}(t_i) - \left(\frac{1}{2\alpha} - 1\right)\ddot{\boldsymbol{\delta}}(t_i) \tag{12.2-84}$$

$$\dot{\boldsymbol{\delta}}(t_i) = \frac{\beta}{\alpha\Delta t}[\boldsymbol{\delta}(t_i + \Delta t) - \boldsymbol{\delta}(t_i)] - \left(\frac{\beta}{\alpha} - 1\right)\dot{\boldsymbol{\delta}}(t_i) - \frac{\Delta t}{2}\left(\frac{\beta}{\alpha} - 2\right)\ddot{\boldsymbol{\delta}}(t_i) \tag{12.2-85}$$

二、拱桥颤振导数识别

拱桥颤振稳定性分析采用非线性颤振时域分析方法时，需要首先确定拱桥颤振分析参数，包括颤振导数、气动导纳、脉动风谱等，其中拱桥拱肋和主梁的气动导纳和脉动风谱已经在第七章中给出，本章着重探讨拱桥拱肋和主梁的颤振导数识别。选取三座具有代表性的大跨度拱桥进行颤振导数风洞试验识别，它们是宜宾岷江二桥矩形断面拱肋、上海卢浦大桥双陀螺形断面拱肋和广州新光大桥四方柱断面拱肋。

1. 风洞试验方法

桥梁断面颤振导数或气动导数是桥梁颤振分析的重要参数，一般采用风洞试验或计算流体动力学(Computational Fluid Dynamics，简称 CFD)方法进行识别。拱肋断面颤振导数识别是一项非常复杂的工作。根据风洞试验所采用的模型类型，可分为节段模型法、拉条模型法、气弹模型法和实桥环境测试方法；根据风洞试验测量物理参数不同，可分为测振法、测力法和测压法。目前桥梁断面颤振导数实验识别，大多采用节段模型法，从节段模型试验中提取颤振导数，并主要采用两种方法，即自由振动法和强迫振动法。

1)自由振动法

节段模型风洞试验采用自由振动法识别气动导数，一般首先采用传感器采集桥梁断面自由振动响应信号，再根据自由振动响应信号识别复模态参数，然后由复模态参数计算气动导数。对于桥梁气动导数识别，最早是 Scanlan[9] 提出的分状态自由振动测试法；Beliveau[10] 采用非线性最小二乘法在均匀流场和紊流场中识别了桥梁气动导数；Kumarasena 等[11] 后来提出了一种耦合模型法；Shinozuka 等[12] 将建立在时序分析的 ARMA 模型方法应用到气动导数识别中；Imai 等[13] 等对各种基于 ARMA 模型的方法给出了一个比较全面的综述；Yamada 等[14] 等采用扩展卡尔曼滤波(EKF)方法从耦合振动时域曲线中同时识别气动导数；Iwamotoet 等[15] 将加权总体迭代技术引入 EKF 方法，加快了识别过程收敛速度，不过这种方法需同时知道位移和速度的时程曲线及初始信息；Sarkar 等[16] 提出了一种修正的 ITD 法，在 ITD 法中引入迭代思想，只需利用模型自由衰减振动位移曲线，就可得到所有的气动导数；Yamadaet

等[17]还提出了模态分解和重组方法识别气动导数。

张若雪[18]提出了桥梁断面气动导数识别的总体最小二乘法；丁泉顺[19]分析了总体最小二乘方法存在的问题，提出了气动导数识别的修正最小二乘方法；李永乐[20]发展了颤振导数识别的加权整体最小二乘方法，将同一风速时多次竖弯和扭转响应作为一个整体，对各试验记录引入加权因子，在整体残差非线性最小二乘基础上对同一风速时的多次振动信号进行拟合。

采用最小二乘法及其修正方法识别气动导数的本质是识别信号的模态参数（频率、阻尼比和模态），用具有明确解析解的函数来拟合接近该解析函数的未知函数，需要选取合理的包含解析函数中待定参数的准则函数，满足使准则函数最小的待定参数即为所求目标。对于待定参数的求解问题，一般采用交叉迭代方法计算，然而计算结果有时可能因对迭代初值较为敏感而很难或不收敛，因此需要选用相对较为准确的迭代初值。另外，许福友[21]采用随机搜索方法进行了求解，该方法对初值的选取要求不高，鲁棒性较好。

随着桥梁跨径的增大，侧移以及相应的侧向气动导数对颤振分析结果影响越来越大。虽然从理论上利用弯扭两个自由度试验识别 8 个气动导数的方法可以同样推广至三个自由度的 18 个气动导数，但这对识别方法的精度和试验装置提出了更高的要求，因此这方面的工作进行得很少。Sarkar[22]利用 MITD 法对具有三个自由度节段模型 18 个气动导数进行了识别，识别结果表明竖弯和侧弯之间的气动耦合作用很小。何宪飞[23]在两个自由度识别方法和试验手段基础上，发展了用于识别桥梁断面 18 个气动导数的总体最小二乘法和试验装置。当断面比较钝时，两个自由度识别的气动导数和三个自由度识别的结果有一定的差别，一些气动导数出现了趋势性的变化。Chowdhury 等[24]直接根据自由衰减位移时程采用迭代状态空间法识别了机翼和桥梁断面的 18 个气动导数。

2）强迫振动法

强迫振动法采用驱动装置使模型在气流中做单自由度或耦合简谐振动，直接或间接通过测压法和测力法测量模型所受自激力或模型位移、加速度振动信号，对所测得的气动力和振动信号进行频域和时域分析获得气动导数。1935 年，Halfman 采用强迫振动法直接测量了机翼非定常气动力，采用不同振动形式识别了不同攻角下的气动导数。Falco 等[25]设计了一种强迫振动装置，对节段模型气动力各项参数的非线性进行了详细研究。Matsumotoet 等[26]采用三种不同试验方案，采用强迫振动方法识别了扁平和钝体断面气动导数，获得了一些定性规律。1995 年，Li[27]采用强迫振动法在水洞中识别了气动导数，由于水的密度大，试验雷诺数也大，因此自激力也大，有利于流动的模拟和自激力的测量，同时水洞易于流动显示。Jensen[28]采用悬臂单端支撑节段模型强迫振动装置，采取分状态单自由度振动法识别了气动导数。Cigadaet 等[29]开发了一种通过测力元件直接驱动的两个自由度节段模型分状态强迫振动装置，避免了传动机构的摩擦力影响，通过频域方法识别了桥梁断面气动导数。陈政清等[30]、于向东等[31,32]设计了一套两个自由度强迫振动装置进行气动导数识别，并取得了较好的识别效果。强迫振动法难点：模型惯性力远大于模型所受气动自激力，因此自激力精度受到严重影响，另外强迫振动驱动系统会引入强烈的电磁干扰，进而导致测试系统受到影响（程忠宇等[33]）。Wanget 等[34]利用悬臂支承强迫振动装置，采用分状态试验方法识别了两种流线型闭口箱梁断面气动导数。

强迫振动法稳定，识别结果重复性好，可测量折算风速范围宽，交叉导数与直接导数具有同样的识别精度。强迫振动法可以直接获得自激力，但需要复杂的激励设备和测量动压的装置，并且要将测量结果中的惯性力和自激力分离出来，操作与结构都很复杂，设计制作成本亦很高。自由振动法只是利用结构自由振动的时程曲线进行参数识别，操作简单。而且，随着算法的不断改进，识别的精度也越来越高，因此自由振动法被广泛采用。

2. 参数识别方法

桥梁断面颤振导数或气动导数的风洞试验识别除了与试验模型和测量参数有关之外，还与参数识别方法有关，参数识别方法的精度直接关系到识别结果。目前最新的桥梁断面颤振导数识别方法主要有均匀流场中的随机搜索法和湍流风场中的系统辨识法。

1）随机搜索法

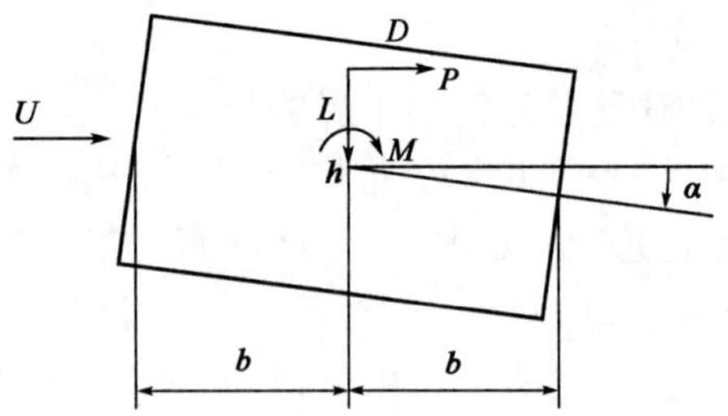

图 12.2-4　自激力和位移坐标系统

根据大跨度桥梁振动特点，采用随机搜索方法识别 18 个气动导数时，其三自由度振动系统是由八根竖向弹簧、四根水平弹簧组成的。由于气动导数符号与定义的自激力和位移坐标系统有关，节段断面自激力和位移坐标统一采用如图 12.2-4 所示形式，识别得到的气动导数符号与之相匹配。

Scanlan[1]建立了桥梁结构的分离流扭转颤振理论，建议用六个实函数的气动导数表示钝体断面的气动自激力。近几年来，人们逐渐注意到桥梁断面侧向位移对其气动性能的影响，为此得出了用 18 个气动导数表示的气动力表达式(12.2-86)。

在仅考虑有自激力作用的情况下，根据 Scanlan 的颤振分析理论，具有竖弯、侧弯和扭转三自由度桥梁节段模型在空气中的运动方程可以写为如下形式：

$$m(\ddot{h}+2\xi_h\omega_h\dot{h}+\omega_h^2h)=\rho U^2B\left[KH_1^*\frac{\dot{h}}{U}+KH_2^*\frac{B\dot{\alpha}}{U}+K^2H_3^*\alpha+K^2H_4^*\frac{h}{B}+KH_5^*\frac{\dot{p}}{U}+K^2H_6^*\frac{p}{B}\right] \tag{12.2-86a}$$

$$I(\ddot{\alpha}+2\xi_\alpha\omega_\alpha\dot{\alpha}+\omega_\alpha^2\alpha)=\rho U^2B^2\left(KA_1^*\frac{\dot{h}}{U}+KA_2^*\frac{B\dot{\alpha}}{U}+K^2A_3^*\alpha+K^2A_4^*\frac{h}{B}+KA_5^*\frac{\dot{p}}{U}+K^2A_6^*\frac{p}{B}\right) \tag{12.2-86b}$$

$$m(\ddot{p}+2\xi_p\omega_p\dot{p}+\omega_p^2p)=\rho U^2B\left(KP_1^*\frac{\dot{h}}{U}+KP_2^*\frac{B\dot{\alpha}}{U}+K^2P_3^*\alpha+K^2P_4^*\frac{h}{B}+KP_5^*\frac{\dot{p}}{U}+K^2P_6^*\frac{p}{B}\right) \tag{12.2-86c}$$

令

$$H_1=\frac{\rho B^2\omega}{m}H_1^*(K)\qquad A_1=\frac{\rho B^3\omega}{I}A_1^*(K)\qquad P_1=\frac{\rho B^2\omega}{m}P_1^*(K)$$

$$H_2=\frac{\rho B^3\omega}{m}H_2^*(K)\qquad A_2=\frac{\rho B^4\omega}{I}A_2^*(K)\qquad P_2=\frac{\rho B^3\omega}{m}P_2^*(K)$$

$$H_3=\frac{\rho B^3\omega^2}{m}H_3^*(K)\qquad A_3=\frac{\rho B^4\omega^2}{I}A_3^*(K)\qquad P_3=\frac{\rho B^3\omega^2}{m}P_3^*(K)$$

$$H_4=\frac{\rho B^2\omega^2}{m}H_4^*(K)\qquad A_4=\frac{\rho B^3\omega^2}{I}A_4^*(K)\qquad P_4=\frac{\rho B^2\omega^2}{m}P_4^*(K)$$

$$H_5=\frac{\rho B^2\omega}{m}H_5^*(K)\qquad A_5=\frac{\rho B^3\omega}{I}A_5^*(K)\qquad P_5=\frac{\rho B^2\omega}{m}P_5^*(K)$$

$$H_6 = \frac{\rho B^2\omega^2}{m}H_6^*(K) \qquad A_6 = \frac{\rho B^3\omega^2}{I}A_6^*(K) \qquad P_6 = \frac{\rho B^2\omega^2}{m}P_6^*(K)$$

则式(12.2-86)可分别写为：

$$\ddot{h} + 2\xi_h\omega_h\dot{h} + \omega_h^2 h = H_1\dot{h} + H_2\dot{\alpha} + H_3\alpha + H_4 h + H_5\dot{p} + H_6 p \tag{12.2-87a}$$

$$\ddot{\alpha} + 2\xi_\alpha\omega_\alpha\dot{\alpha} + \omega_\alpha^2\alpha = A_1\dot{h} + A_2\dot{\alpha} + A_3\alpha + A_4 h + A_5\dot{p} + A_6 p \tag{12.2-87b}$$

$$\ddot{p} + 2\xi_p\omega_p\dot{p} + \omega_p^2 p = P_1\dot{h} + P_2\dot{\alpha} + P_3\alpha + P_4 h + P_5\dot{p} + P_6 p \tag{12.2-87c}$$

取 $\boldsymbol{X}(t) = [h(t) \quad \alpha(t) \quad p(t)]^{\mathrm{T}}$，则：

$$\ddot{\boldsymbol{X}} + \boldsymbol{C}^e\dot{\boldsymbol{X}} + \boldsymbol{K}^e\boldsymbol{X} = 0 \tag{12.2-88}$$

式中

$$\boldsymbol{C}^e = \begin{bmatrix} 2\xi_h\omega_h - H_1 & -H_2 & -H_5 \\ -A_1 & 2\xi_\alpha\omega_\alpha - A_2 & -A_5 \\ -P_1 & -P_2 & 2\xi_p\omega_p - P_5 \end{bmatrix}$$

$$\boldsymbol{K}^e = \begin{bmatrix} \omega_h^2 - H_4 & -H_3 & -H_6 \\ -A_4 & \omega_\alpha^2 - A_3 & -A_6 \\ -P_4 & -P_3 & \omega_p^2 - P_6 \end{bmatrix}$$

引入一个状态变量 $\boldsymbol{Y} = [\boldsymbol{X} \quad \dot{\boldsymbol{X}}]^{\mathrm{T}}$，则系统的状态方程为：

$$\dot{\boldsymbol{Y}} = \boldsymbol{A}\boldsymbol{Y} \tag{12.2-89}$$

式中：$\dot{\boldsymbol{Y}} = [\dot{\boldsymbol{X}} \quad \ddot{\boldsymbol{X}}]^{\mathrm{T}}$；状态矩阵 $\boldsymbol{A} = \begin{bmatrix} 0 & \boldsymbol{I} \\ -\boldsymbol{K}^e & -\boldsymbol{C}^e \end{bmatrix}$（$\boldsymbol{I}$ 为单位阵）。

自由振动竖弯 h 、扭转 α 和侧弯 p 信号时程响应估计值可分别写为：

$$\begin{bmatrix} \hat{h}(t) \\ \hat{\alpha}(t) \\ \hat{p}(t) \end{bmatrix} = \begin{bmatrix} \sum_{i=1}^{3} \mathrm{e}^{a_i t}(c_i\cos b_i t + d_i\sin b_i t) \\ \sum_{i=1}^{3} \mathrm{e}^{a_i t}(e_i\cos b_i t + f_i\sin b_i t) \\ \sum_{i=1}^{3} \mathrm{e}^{a_i t}(g_i\cos b_i t + h_i\sin b_i t) \end{bmatrix} \tag{12.2-90}$$

设竖弯 h 、扭转 α 和侧弯 p 信号时程长度分别为 m_h 、m_α 和 m_p ，h 、α 和 p 时程实际值与估计值之间误差函数可分别写为：

$$\boldsymbol{e}_h^{\mathrm{T}} = [h_1 - \hat{h}_1 \quad h_2 - \hat{h}_2 \quad \cdots \quad h_{m_h} - \hat{h}_{m_h}] \tag{12.2-91a}$$

$$\boldsymbol{e}_\alpha^{\mathrm{T}} = [\alpha_1 - \hat{\alpha}_1 \quad \alpha_2 - \hat{\alpha}_2 \quad \cdots \quad \alpha_{m_\alpha} - \hat{\alpha}_{m_\alpha}] \tag{12.2-91b}$$

$$\boldsymbol{e}_p^{\mathrm{T}} = [p_1 - \hat{p}_1 \quad p_2 - \hat{p}_2 \quad \cdots \quad p_{m_p} - \hat{p}_{m_p}] \tag{12.2-91c}$$

竖弯、扭转和侧弯信号实际值与估计值之间误差时变权值可以分别表示为:

$$\boldsymbol{w}_h = [w_{h1} \quad w_{h2} \quad \cdots \quad w_{hm_h}] \tag{12.2-92a}$$

$$\boldsymbol{w}_\alpha = [w_{\alpha1} \quad w_{\alpha2} \quad \cdots \quad w_{\alpha m_\alpha}] \tag{12.2-92b}$$

$$\boldsymbol{w}_p = [w_{p1} \quad w_{p2} \quad \cdots \quad w_{pm_p}] \tag{12.2-92c}$$

竖弯、扭转和侧弯分项误差平方和函数分别为:

$$J_h = (\boldsymbol{w}_h \cdot \boldsymbol{e}_h^{\mathrm{T}})(\boldsymbol{w}_h \cdot \boldsymbol{e}_h) \tag{12.2-93a}$$

$$J_\alpha = (\boldsymbol{w}_\alpha \cdot \boldsymbol{e}_\alpha^{\mathrm{T}})(\boldsymbol{w}_\alpha \cdot \boldsymbol{e}_\alpha) \tag{12.2-93b}$$

$$J_p = (\boldsymbol{w}_p \cdot \boldsymbol{e}_p^{\mathrm{T}})(\boldsymbol{w}_p \cdot \boldsymbol{e}_p) \tag{12.2-93c}$$

总体误差平方和函数为:

$$J = J_h + J_\alpha + J_p \tag{12.2-94}$$

对于这样一个线性和非线性参数可分离的最小二乘问题,可采用随机搜索法进行求解。

(1)选取初始值 $\omega_i^{(0)}$ 、$\xi_i^{(0)}$ ($i = 1,2,3$),可采用上级风速识别结果;确定权值 $\boldsymbol{w}_h$ 、$\boldsymbol{w}_\alpha$ 和 $\boldsymbol{w}_p$ 。

由初始值频率和阻尼比 $\omega_i^{(0)}$ 、$\xi_i^{(0)}$ ($i = 1,2,3$),记:

$$C_{im_h}^h = \mathrm{e}^{a_i^0 m_h \Delta t}\cos(b_i^0 m_h \Delta t) \quad S_{im_h}^h = \mathrm{e}^{a_i^0 m_h \Delta t}\sin(b_i^0 m_h \Delta t) \tag{12.2-95a}$$

$$C_{im_\alpha}^\alpha = \mathrm{e}^{a_i^0 m_\alpha \Delta t}\cos(b_i^0 m_\alpha \Delta t) \quad S_{im_\alpha}^\alpha = \mathrm{e}^{a_i^0 m_\alpha \Delta t}\sin(b_i^0 m_\alpha \Delta t) \tag{12.2-95b}$$

$$C_{im_p}^p = \mathrm{e}^{a_i^0 m_p \Delta t}\cos(b_i^0 m_p \Delta t) \quad S_{im_p}^p = \mathrm{e}^{a_i^0 m_p \Delta t}\sin(b_i^0 m_p \Delta t) \tag{12.2-95c}$$

竖弯、扭转和侧弯分项误差平方和函数分别为:

$$J_h = \boldsymbol{w}_h \cdot [\boldsymbol{h} - (\boldsymbol{C}^h\boldsymbol{c} + \boldsymbol{S}^h\boldsymbol{d})]^{\mathrm{T}} \cdot \boldsymbol{w}_h \cdot [\boldsymbol{h} - (\boldsymbol{C}^h\boldsymbol{c} + \boldsymbol{S}^h\boldsymbol{d})] \tag{12.2-96a}$$

$$J_\alpha = \boldsymbol{w}_\alpha \cdot [\boldsymbol{\alpha} - (\boldsymbol{C}^\alpha\boldsymbol{e} + \boldsymbol{S}^\alpha\boldsymbol{f})]^{\mathrm{T}} \cdot \boldsymbol{w}_\alpha \cdot [\boldsymbol{\alpha} - (\boldsymbol{C}^\alpha\boldsymbol{e} + \boldsymbol{S}^\alpha\boldsymbol{f})] \tag{12.2-96b}$$

$$J_p = \boldsymbol{w}_p \cdot [\boldsymbol{p} - (\boldsymbol{C}^p\boldsymbol{g} + \boldsymbol{S}^p\boldsymbol{h})]^{\mathrm{T}} \cdot \boldsymbol{w}_p \cdot [\boldsymbol{p} - (\boldsymbol{C}^p\boldsymbol{g} + \boldsymbol{S}^p\boldsymbol{h})] \tag{12.2-96c}$$

令 $\frac{\partial J}{\partial c} = 0$, $\frac{\partial J}{\partial d} = 0$, $\frac{\partial J}{\partial e} = 0$, $\frac{\partial J}{\partial f} = 0$, $\frac{\partial J}{\partial g} = 0$, $\frac{\partial J}{\partial h} = 0$,可得:

$$\begin{bmatrix} A_h & D_h \\ D_h^{\mathrm{T}} & B_h \end{bmatrix}\begin{bmatrix} c \\ d \end{bmatrix} = \begin{bmatrix} X_h \\ Y_h \end{bmatrix} \tag{12.2-97a}$$

$$\begin{bmatrix} A_\alpha & D_\alpha \\ D_\alpha^{\mathrm{T}} & B_\alpha \end{bmatrix}\begin{bmatrix} e \\ f \end{bmatrix} = \begin{bmatrix} X_\alpha \\ Y_\alpha \end{bmatrix} \tag{12.2-97b}$$

$$\begin{bmatrix} A_p & D_p \\ D_p^{\mathrm{T}} & B_p \end{bmatrix}\begin{bmatrix} g \\ h \end{bmatrix} = \begin{bmatrix} X_p \\ Y_p \end{bmatrix} \tag{12.2-97c}$$

式中 $A_h = (\boldsymbol{C}^h)^{\mathrm{T}}\boldsymbol{C}^h$ $B_h = (\boldsymbol{S}^h)^{\mathrm{T}}\boldsymbol{S}^h$ $D_h = (\boldsymbol{C}^h)^{\mathrm{T}}\boldsymbol{S}^h$

$A_\alpha = (\boldsymbol{C}^\alpha)^{\mathrm{T}}\boldsymbol{C}^\alpha$ $B_\alpha = (\boldsymbol{S}^\alpha)^{\mathrm{T}}\boldsymbol{S}^\alpha$ $D_\alpha = (\boldsymbol{C}^\alpha)^{\mathrm{T}}\boldsymbol{S}^\alpha$

$A_p = (\boldsymbol{C}^p)^{\mathrm{T}}\boldsymbol{C}^p$ $B_p = (\boldsymbol{S}^p)^{\mathrm{T}}\boldsymbol{S}^p$ $D_p = (\boldsymbol{C}^p)^{\mathrm{T}}\boldsymbol{S}^p$

$$X_h = (\boldsymbol{C}^h)^{\mathrm{T}}\boldsymbol{h} \qquad X_\alpha = (\boldsymbol{C}^\alpha)^{\mathrm{T}}\boldsymbol{\alpha} \qquad X_p = (\boldsymbol{C}^p)^{\mathrm{T}}\boldsymbol{p}$$

$$Y_h = \boldsymbol{S}^{h\mathrm{T}}\boldsymbol{h} \qquad Y_\alpha = \boldsymbol{S}^{\alpha\mathrm{T}}\boldsymbol{\alpha} \qquad Y_p = \boldsymbol{S}^{p\mathrm{T}}\boldsymbol{p}$$

求解式(12.2-97),并根据式(12.2-96)求出此时的目标函数 J_0 。

(2)使 ω_i 、ξ_i ($i = 1,2,3$)在一定范围内按照以下方式随机波动:

$$\omega_i = \omega_i + [0.5 - \mathrm{rand}(0,1)] \cdot \omega_i^{(0)} \cdot T_{\omega_i} \quad \xi_i = \xi_i + [0.5 - \mathrm{rand}(0,1)] \cdot T_{\xi_i} \tag{12.2-98}$$

(3)重新计算新的 J ,若 $J > J_0$,返回步骤(2);若 $J < J_0$,则 $J_0 = J$,以 J 对应的频率和阻尼比作为相对较优参数取代原值;并继续重复计算到总体误差平方和不再减小为止,将此时的 ω_i 、ξ_i 设置为下次随机扰动的初值,返回步骤(2)。

(4)重复步骤(1)、(2),搜索直至达到一定次数,最终可确定所有 24 个待定参数,进而确定状态矩阵。其中,位移、速度、加速度时程可分别写为:

$$\begin{bmatrix} h(t) \\ \alpha(t) \\ p(t) \end{bmatrix} = \begin{bmatrix} \sum_{i=1}^{3} \mathrm{e}^{a_i t}(c_i \cos b_i t + d_i \sin b_i t) \\ \sum_{i=1}^{3} \mathrm{e}^{a_i t}(e_i \cos b_i t + f_i \sin b_i t) \\ \sum_{i=1}^{3} \mathrm{e}^{a_i t}(g_i \cos b_i t + h_i \sin b_i t) \end{bmatrix} \tag{12.2-99a}$$

$$\begin{bmatrix} \dot{h}(t) \\ \dot{\alpha}(t) \\ \dot{p}(t) \end{bmatrix} = \begin{bmatrix} \sum_{i=1}^{3} \mathrm{e}^{a_i t}(\bar{c}_i \cos b_i t + \bar{d}_i \sin b_i t) \\ \sum_{i=1}^{3} \mathrm{e}^{a_i t}(\bar{e}_i \cos b_i t + \bar{f}_i \sin b_i t) \\ \sum_{i=1}^{3} \mathrm{e}^{a_i t}(\bar{g}_i \cos b_i t + \bar{h}_i \sin b_i t) \end{bmatrix} \tag{12.2-99b}$$

$$\begin{bmatrix} \ddot{h}(t) \\ \ddot{\alpha}(t) \\ \ddot{p}(t) \end{bmatrix} = \begin{bmatrix} \sum_{i=1}^{3} \mathrm{e}^{a_i t}(\tilde{c}_i \cos b_i t + \tilde{d}_i \sin b_i t) \\ \sum_{i=1}^{3} \mathrm{e}^{a_i t}(\tilde{e}_i \cos b_i t + \tilde{f}_i \sin b_i t) \\ \sum_{i=1}^{3} \mathrm{e}^{a_i t}(\tilde{g}_i \cos b_i t + \tilde{h}_i \sin b_i t) \end{bmatrix} \tag{12.2-99c}$$

式中:$\bar{c}_i = a_i c_i + b_i d_i \quad \bar{d}_i = -b_i c_i + a_i d_i \quad \bar{e}_i = a_i e_i + b_i f_i$;

$\bar{f}_i = -b_i e_i + a_i f_i \quad \bar{g}_i = a_i g_i + b_i h_i \quad \bar{h}_i = -b_i g_i + a_i h_i$;

$\tilde{c}_i = (a_i^2 - b_i^2)c_i + 2a_i b_i d_i \quad \tilde{d}_i = (a_i^2 - b_i^2)d_i - 2a_i b_i c_i$;

$\tilde{e}_i = (a_i^2 - b_i^2)e_i + 2a_i b_i f_i \quad \tilde{f}_i = (a_i^2 - b_i^2)f_i - 2a_i b_i e_i$;

$\tilde{g}_i = (a_i^2 - b_i^2)g_i + 2a_i b_i h_i \quad \tilde{h}_i = (a_i^2 - b_i^2)h_i - 2a_i b_i g_i$。

状态变量:

$$\boldsymbol{Y} = [h \quad \alpha \quad p \quad \dot{h} \quad \dot{\alpha} \quad \dot{p}]^{\mathrm{T}} = \boldsymbol{PZ};\dot{\boldsymbol{Y}} = [\dot{h} \quad \dot{\alpha} \quad \dot{p} \quad \ddot{h} \quad \ddot{\alpha} \quad \ddot{p}]^{\mathrm{T}} = \boldsymbol{QZ}$$

式中 $\qquad Z = [\mathrm{e}^{a_1 t}\cos b_1 t \quad \mathrm{e}^{a_1 t}\sin b_1 t \quad \mathrm{e}^{a_2 t}\cos b_2 t \quad \mathrm{e}^{a_2 t}\sin b_2 \quad \mathrm{e}^{a_3 t}\cos b_3 t \quad \mathrm{e}^{a_3 t}\sin b_3 t]$

系统状态矩阵则可表示为 $\boldsymbol{A} = \boldsymbol{Q}\boldsymbol{P}^{-1}$，从系统特征矩阵 $\boldsymbol{A}$ 中可得出系统的有效刚度矩阵和有效阻尼矩阵，相应地各颤振导数也就确定了。

2）系统辨识法

前面介绍了均匀流场中气动导数识别的几种方法，这些方法的一个共同特点是需要对节段模型进行初始激励。由于随着风速的增加，对应于 0 风速时纯竖向振动的第一阶模态的阻尼迅速增加，因此，在风速较高时要激励出含有较大第一阶模态成分的耦合振动信号是比较困难的，所激励出的耦合振动信号在一般情况下都是以第二阶模态为主，第一阶模态所占成分往往过小，从而影响识别精度。因此，对在紊流场中进行气动导数识别方法的研究工作得到了日益重视。一种简单的方法是首先利用多自由度系统的随机减量技术（Random Decrement Technique，简称 RDT）（Asmussen 等[35]）对模型在紊流风场中的随机耦合振动响应信号进行预处理，获得自由衰减振动信号，然后再应用上述各种气动导数方法识别出桥梁断面的气动导数。严格地讲，随机减量的适用条件是外激励力须为均值等于 0 的白噪声激励，但是实际上不存在这样的激励，这便涉及随机减量法的实用性问题。Ibrahim 等[36,37]通过对两个自由度的模型施加七种不同的随机平稳激励作用力进行随机减量——ITD 识别，其结果表明：若激振力平稳，均值为零的随机过程，采用随机减量法能获得满足工程应用要求的自由振动响应。从本质上看，这种基于 RDT 技术的气动导数识别方法只能称为“伪随机辨识系统法”。

本节将着重介绍另一种由同济大学秦仙蓉和顾明等采用的，真正意义上的气动导数随机系统识别方法——基于输出协方差估计的随机子空间 CSSI 方法（Covariance-driven Stochastic Subspace Identification）或简称 SSI 法（Qin 等[38]，Gu 等[39]，秦仙蓉等[40]）。这种方法的优点在于：

（1）直接根据结构的随机响应时域信号，由不同时延量下的输出协方差来识别所需参数，不需要给结构施加其他的外在人为激励，无需专门的激振设备，风洞试验更为简单易行。

（2）可以通过给最大计算模态个数以一定余量的形式来为噪声提供出口，抗噪声能力较强，这对紊流风场中的气动导数识别是很有利的。

（3）将紊流对结构的作用处理成识别过程中的激励而不是噪声，更能反映结构实际工作状态下的特性。

（4）识别精度不受风速的影响，可以获得较高折减风速下的气动导数。

参照均匀流场中 n 个自由度线性时不变系统（对于节段模型，$n=2$ 或 3）的运动方程，对于某一风速下的 n 个自由度线性时不变系统，其在外力（输入）F_u 作用下的振动矩阵为：

$$\boldsymbol{M}^s\ddot{\boldsymbol{y}}(t) + \boldsymbol{C}^e\dot{\boldsymbol{y}}(t) + \boldsymbol{K}^e\boldsymbol{y}(t) = \boldsymbol{F}\boldsymbol{u}(t) \tag{12.2-100}$$

式中：$\boldsymbol{M}^s$——$n\times n$ 阶系统结构质量矩阵；

$\boldsymbol{C}^e$、$\boldsymbol{K}^e$——$n\times n$ 阶包含了气动阻尼和气动刚度的系统有效阻尼矩阵和有效刚度矩阵；

$\boldsymbol{F}$——$n\times m$ 阶为输入分配矩阵，m 为输入个数，即输入向量 $\boldsymbol{u}$ 为维数；

$\boldsymbol{y}$——n 维的位移响应向量。

若取 $2\times n$ 阶状态向量 $\boldsymbol{x}$ 为：

$$\boldsymbol{x} = \begin{bmatrix} \boldsymbol{y} \\ \dot{\boldsymbol{y}} \end{bmatrix} \tag{12.2-101}$$

则系统的状态方程可表示为：

$$\dot{\boldsymbol{x}}(t) = \widehat{\boldsymbol{A}}\boldsymbol{x}(t) + \widehat{\boldsymbol{B}}\boldsymbol{u}(t) \quad \boldsymbol{z}(t) = \widehat{\boldsymbol{C}}\boldsymbol{x}(t) \tag{12.2-102}$$

式中：$\widehat{\boldsymbol{A}}$——系统的 $2n\times2n$ 阶状态矩阵；

$\widehat{\boldsymbol{B}}$——系统的 $2n\times m$ 输入形状矩阵或称控制矩阵；

$\boldsymbol{z}$——p 维输出向量；

$\widehat{\boldsymbol{C}}$——系统的 $p\times2n$ 阶输出形状矩阵或称测量矩阵，并且有：

$$\widehat{\boldsymbol{A}}=\begin{bmatrix}\boldsymbol{0} & \boldsymbol{I}\\ -\boldsymbol{M}^{s^{-1}}\boldsymbol{K}^{e} & -\boldsymbol{M}^{s^{-1}}\boldsymbol{C}^{e}\end{bmatrix}\quad \widehat{\boldsymbol{B}}=\begin{bmatrix}\boldsymbol{0}\\ \boldsymbol{M}^{s^{-1}}\boldsymbol{F}\end{bmatrix}\tag{12.2-103a}$$

$$\widehat{\boldsymbol{C}}=\begin{cases}[\boldsymbol{I}_n\quad \boldsymbol{0}_n] & \text{当 } \boldsymbol{z}=\boldsymbol{y}\text{ 时}\\ [\boldsymbol{0}_n\quad \boldsymbol{I}_n] & \text{当 } \boldsymbol{z}=\dot{\boldsymbol{y}}\text{ 时}\end{cases}\tag{12.2-103b}$$

$\boldsymbol{I}_n$、$\boldsymbol{0}_n$——$n\times n$ 阶单位矩阵和 $\boldsymbol{0}$ 矩阵，其在紊流场中的运动方程可用下式表示：

$$\boldsymbol{M}^{s}\ddot{\boldsymbol{y}}(t)+\boldsymbol{C}^{e}\dot{\boldsymbol{y}}(t)+\boldsymbol{K}^{e}\boldsymbol{y}(t)=\boldsymbol{F}_{\mathrm{b}}(t)\tag{12.2-104}$$

$\boldsymbol{F}_{\mathrm{b}}(t)$——作用在系统上的抖振力向量，可以看作为一个随机过程。

这样，式(12.2-100)描述的是一个有阻尼系统在随机激励下的运动，因此，紊流风场中桥梁节段模型试验的气动导数识别可以归结为一个典型的随机振动反问题，可以采用随机系统识别方法得到实现。

现有的随机识别方法很多，其中的 CSSI 法是一种非常适合于土木工程随机系统识别方法。CSSI 方法的基本理论可以参照文献(Overschee 等[41]；Peeters 等[42])，与均匀流场中的 ERA 方法类似，CSSI 方法也将问题归结为系统状态方程中的状态矩阵和输出矩阵的识别，只是面对的输入和输出信号均是随机振动信号，所以有时也称其为随机实现方法(Stochastic Realization)。对应于随机振动方程式(12.2-100)的状态方程如下所示：

$$\dot{\boldsymbol{x}}(t)=\widehat{\boldsymbol{A}}\boldsymbol{x}(t)+\boldsymbol{w}(t)\quad \boldsymbol{z}(t)=\widehat{\boldsymbol{C}}\boldsymbol{x}(t)+\boldsymbol{v}(t)\tag{12.2-105}$$

$$\boldsymbol{w}(t)=\begin{bmatrix}\boldsymbol{0}\\ \boldsymbol{M}^{s^{-1}}\boldsymbol{F}_{\mathrm{b}}(t)\end{bmatrix}\tag{12.2-106}$$

其中，(t) 为测量噪声。状态向量 $\boldsymbol{x}$、状态矩阵 $\widehat{\boldsymbol{A}}$ 及输出形状矩阵 $\widehat{\boldsymbol{C}}$ 如式(12.2-101)和式(12.2-103)所示。以时间隔Δt 对式(12.2-105)进行采样可得离散化的状态方程如下：

$$\boldsymbol{x}(k+1)=\boldsymbol{A}\boldsymbol{x}(k)+\boldsymbol{w}(k)\quad \boldsymbol{z}(k)=\boldsymbol{C}\boldsymbol{x}(k)+\boldsymbol{v}(k)\quad (k=0,1,2,\cdots)\tag{12.2-107}$$

式中：k——第 k 个时间点，即 $t=k\,\Delta t$；

$\boldsymbol{A}$、$\boldsymbol{C}$——离散系统的状态方程和输出形状矩阵，且一般地可以假设系统的响应与输入、输出随机噪声无关，即：

$$E[\boldsymbol{x}(k)\boldsymbol{w}^{\mathrm{T}}(k)]=\boldsymbol{0}\quad E[\boldsymbol{x}(k)\boldsymbol{v}^{\mathrm{T}}(k)]=\boldsymbol{0}\tag{12.2-108}$$

$E[\cdot]$——协方差算子；

$\boldsymbol{0}$——0 矩阵。

定义：

$$\boldsymbol{\Sigma}=E[\boldsymbol{x}(k)\,\boldsymbol{x}^{\mathrm{T}}(k)]\quad \boldsymbol{\Lambda}_i=E[\boldsymbol{z}(k+i)\,\boldsymbol{z}^{\mathrm{T}}(k)]\quad \boldsymbol{G}=E[\boldsymbol{x}(k+1)\,\boldsymbol{z}^{T}(k)]\tag{12.2-109}$$

$$\boldsymbol{Q} = E[\boldsymbol{w}(k)\ \boldsymbol{w}^{\mathrm{T}}(k)] \quad \boldsymbol{R} = E[\boldsymbol{v}(k)\ \boldsymbol{v}^{\mathrm{T}}(k)] \quad \boldsymbol{S} = E[\boldsymbol{w}(k)\ \boldsymbol{v}^{\mathrm{T}}(k)] \tag{12.2-110}$$

其中，i 代表在计算协方差时取延时为 $i\,\Delta t$，则由状态方程式(12.2-107)不难得到下述关于状态矩阵和输出协方差矩阵的 Lyapunov 方程：

$$\boldsymbol{\Sigma} = \boldsymbol{A}\,\boldsymbol{\Sigma}\,\boldsymbol{A}^{\mathrm{T}} + \boldsymbol{Q} \quad \boldsymbol{\Lambda}_0 = \boldsymbol{C}\,\boldsymbol{\Sigma}\,\boldsymbol{C}^{\mathrm{T}} + \boldsymbol{R} \quad \boldsymbol{G} = \boldsymbol{A}\,\boldsymbol{\Sigma}\,\boldsymbol{C}^{\mathrm{T}} + \boldsymbol{S} \tag{12.2-111}$$

由式(12.2-107)和式(12.2-108)可得：

$$\boldsymbol{\Lambda}_i = E[\boldsymbol{z}(k+i)\ \boldsymbol{z}^{\mathrm{T}}(k)] = \boldsymbol{C}\,\boldsymbol{A}^{i-1}\boldsymbol{G} \tag{12.2-112}$$

定义如下的由输出协方差构成的分块 Toeplitz 矩阵：

$$\boldsymbol{T}_{1|i} = \begin{bmatrix} \boldsymbol{\Lambda}_i & \boldsymbol{\Lambda}_{i-1} & \cdots & \boldsymbol{\Lambda}_1 \\ \boldsymbol{\Lambda}_{i+1} & \boldsymbol{\Lambda}_i & \cdots & \boldsymbol{\Lambda}_2 \\ \vdots & \vdots & \ddots & \vdots \\ \boldsymbol{\Lambda}_{2i-1} & \boldsymbol{\Lambda}_{2i-2} & \cdots & \boldsymbol{\Lambda}_i \end{bmatrix} \tag{12.2-113}$$

根据协方差的定义不难发现，Toeplitz 矩阵可以分解为由“将来”(Future)输出构成的分块 Hankel 矩阵 $\boldsymbol{Y}_{\mathrm{f}}$，及由“过去”(Past)输出构成的分块 Hankel 矩阵 $\boldsymbol{Y}_{\mathrm{p}}$ 的乘积的形式，即：

$$\boldsymbol{T}_{1|i} = \boldsymbol{Y}_{\mathrm{f}}\,\boldsymbol{Y}_{\mathrm{p}}^{\mathrm{T}} \tag{12.2-114}$$

$$\boldsymbol{Y}_{\mathrm{f}} = \frac{1}{\sqrt{j}}\begin{bmatrix} z_i & z_{i+1} & \cdots & z_{i+j-1} \\ z_{i+1} & z_{i+2} & \cdots & z_{i+j} \\ \vdots & \vdots & \ddots & \vdots \\ z_{2i-1} & z_{2i} & \cdots & z_{2i+j-2} \end{bmatrix} \quad \boldsymbol{Y}_{\mathrm{p}} = \frac{1}{\sqrt{j}}\begin{bmatrix} z_0 & z_1 & \cdots & z_{j-1} \\ z_1 & z_2 & \cdots & z_j \\ \vdots & \vdots & \ddots & \vdots \\ z_{i-1} & z_i & \cdots & z_{i+j-2} \end{bmatrix} \tag{12.2-115}$$

这里，i 代表识别中所使用的协方差点数，j 代表在协方差估计中原始观察数据点数。将式(12.2-112)代入式(12.2-114)和式(12.2-115)可得：

$$\boldsymbol{T}_{1|i} = \begin{bmatrix} \boldsymbol{C} \\ \boldsymbol{CA} \\ \boldsymbol{M} \\ \boldsymbol{C}\,\boldsymbol{A}^{i-1} \end{bmatrix}[\boldsymbol{A}^{i-1}\boldsymbol{G} \quad \boldsymbol{A}^{i-2}\boldsymbol{G} \quad \cdots \quad \boldsymbol{AG} \quad \boldsymbol{G}] = \boldsymbol{o}_i\boldsymbol{\zeta}_i \tag{12.2-116}$$

式中：$\boldsymbol{o}_i$、$\boldsymbol{\zeta}_i$ ——系统的可观性矩阵与可控性矩阵。类似有：

$$\boldsymbol{T}_{2|i} = \begin{bmatrix} \boldsymbol{C} \\ \boldsymbol{CA} \\ \boldsymbol{M} \\ \boldsymbol{C}\,\boldsymbol{A}^{i-1} \end{bmatrix}\boldsymbol{A}[\boldsymbol{A}^{i-1}\boldsymbol{G} \quad \boldsymbol{A}^{i-2}\boldsymbol{G} \quad \cdots \quad \boldsymbol{AG} \quad \boldsymbol{G}] = \boldsymbol{o}_i\boldsymbol{A}\boldsymbol{\zeta}_i \tag{12.2-117}$$

采用与前述特征系统实线算法相似的方法，首先对 $\boldsymbol{T}_{1|i}$ 进行如下奇异值分解：

$$\boldsymbol{T}_{1|i} = \boldsymbol{US}\,\boldsymbol{V}^{\mathrm{T}} = (\boldsymbol{U}\,\boldsymbol{S}^{\frac{1}{2}})(\boldsymbol{S}^{\frac{1}{2}}\,\boldsymbol{V}^{\mathrm{T}}) \tag{12.2-118}$$

则

$$\boldsymbol{o}_{iN} = \boldsymbol{U}_N\,\boldsymbol{S}_N^{\frac{1}{2}},\ \boldsymbol{\zeta}_{iN} = \boldsymbol{S}_N^{\frac{1}{2}}\,\boldsymbol{V}_N^{\mathrm{T}} \tag{12.2-119}$$

式中：N——需要进行识别的最大模态数(包括系统的结构模态和若干由抖振力引起的振动模态)，一般应不小于 $\boldsymbol{T}_{1|i}$ 的大于零的奇异值个数，但忽略那些接近于 0 的奇异值不会带来太大的误差(Golub 等[43])；

$\boldsymbol{U}_N$、$\boldsymbol{V}_N$ ——由 $\boldsymbol{U}$ 和 $\boldsymbol{V}$ 的前 N 列组成的子矩阵；

$\boldsymbol{S}_N$——由 $\boldsymbol{T}_{1|i}$ 前 N 个充分大的奇异值组成的对角矩阵。

这样把式(12.2-119)代入式(12.2-117)可得：

$$\boldsymbol{A}_N = \boldsymbol{o}_i^{+}\boldsymbol{T}_{2|i}\boldsymbol{\zeta}_i^{+} = \boldsymbol{S}_N^{-\frac{1}{2}}\boldsymbol{U}_N^{T}\boldsymbol{T}_{2|i}\boldsymbol{V}_N\boldsymbol{S}_N^{-\frac{1}{2}} \tag{12.2-120}$$

与前述 ERA 法相似，通过求解离散系统的特征矩阵 **AN** 的复特征问题，并利用离散系统和连续系统的特征矩阵之间关系式(12.2-102)的散化形式，就可获得各级风速下节段模型系统的频率、阻尼和振型等复模态参数。进一步可以求得相应的系统有效刚度矩阵 $\boldsymbol{K}_e$ 和阻尼矩阵 $\boldsymbol{C}_e$，最后可以根据气动导数与系统参数之间的关系，并利用 0 风速时的节段模型系统质量、刚度和阻尼参数计算气动导数。需要注意的是，当风速为 0 时，由于没有随机激励源，因此需要通过其他方法识别节段模型的质量、刚度和阻尼参数。

图 12.2-5 为由秦仙蓉和顾明采用了紊流场 CSSI 方法识别的平板气动导数随折减风速的变化曲线，其中 0 风速时的节段模型结构参数采用基于初激励耦合振动的 ERA 方法获得，为了比较，图中还给出了用 ULS 法及紊流场和均匀流场节段模型试验识别到的平板断面气动导数，以及相应的理论解。从中可以看到，通过紊流场试验获得的气动导数的波动相对较大；用 CSSI 法识别的 A_1^*、H_2^* 和 A_3^* 与理论解吻合得较好，而 H_1^*、A_2^* 和 H_3^* 的绝对值比理论解小了些。CSSI 法和 ULS 法的识别结果之间的差别可能源于对来流紊流的不同处理方法。

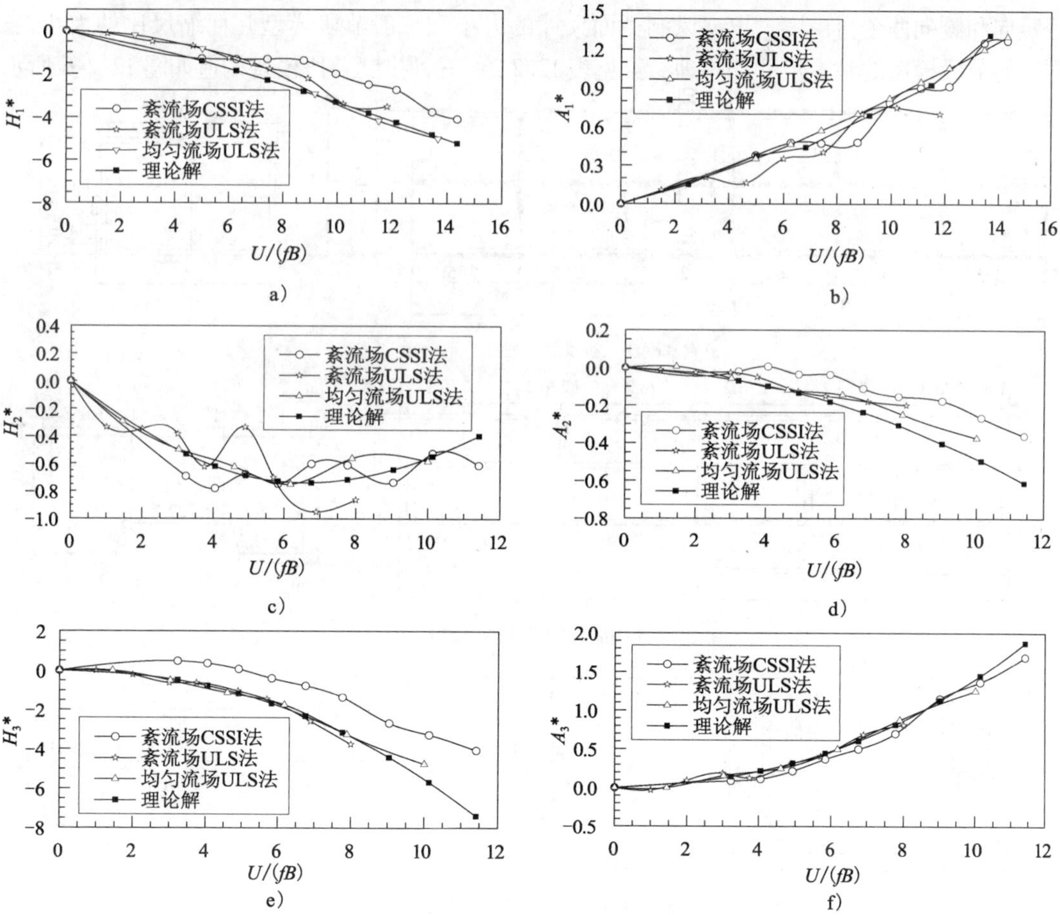

图 12.2-5　平板气动导数 CSSI 法、ULS 法识别结果及理论解之间的比较

3. 风洞试验识别结果

2008 年,于洪刚等[44]选用了三种不同的拱肋拱顶节段模型:矩形拱肋节段模型(四川宜宾岷江二桥)、双陀螺形拱肋节段模型(上海卢浦大桥)和四方柱拱肋节段模型(广州新光大桥)。对这三种拱肋断面进行了三自由度气动导数测试试验。刚体节段模型设计要符合一定的相似性要求,节段模型相似性要求见表 12.2-1。据这些相似比要求,可以确定出实桥结构主要参数与节段模型主要参数之间的一一对应关系。

节段模型相似比　　表 12.2-1

参　数	符　号	单　位	相　似　比	相 似 要 求
长度	L	m	λ_L	几何相似比
速度	U、u、w	m/s	$\lambda_v = \lambda_L \lambda_f$	Strouhal 数相似
密度	ρ	kg/m^3	$\lambda_\rho = 1$	材料密度不变
单位长度质量	m	kg/m	$\lambda_m = \lambda_\rho \lambda_L^2 = \lambda_L^2$	量纲相似
单位长度质量惯性矩	J_m	kg · m^2/m	$\lambda_J = \lambda_m \lambda_L^2 = \lambda_L^4$	量纲相似
时间	t	s	$\lambda_t = \lambda_L / \lambda_v$	Strouhal 数相似
阻尼比	ξ	—	$\lambda_\xi = 1$	阻尼比不变

大跨度拱桥受力主要以侧向和竖向振动为主,因此拱肋气动导数节段模型试验应优先考虑模拟好竖向和侧向两个自由度。根据风洞截面尺寸的大小和一般节段模型几何缩尺比的大小,三种不同拱肋节段模型的基本尺寸和物理参数见表 12.2-2。三种拱肋节段模型构造如图 12.2-6 所示。

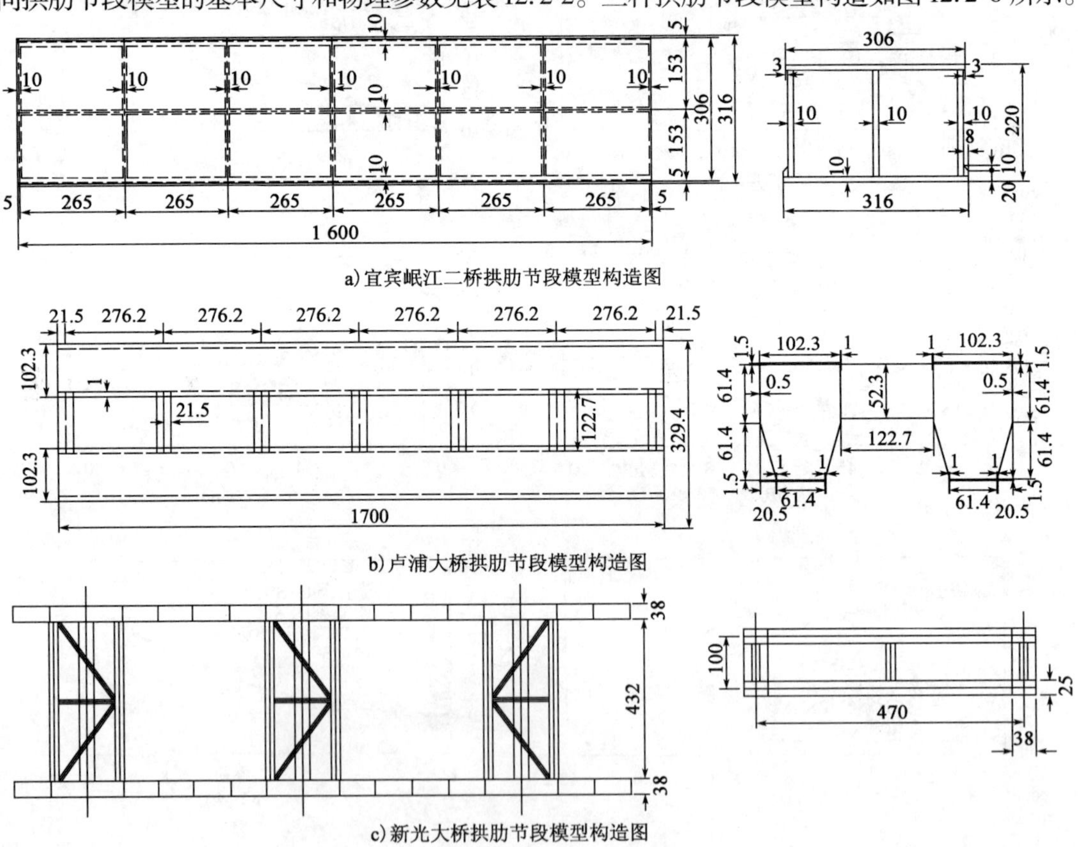

a)宜宾岷江二桥拱肋节段模型构造图

b)卢浦大桥拱肋节段模型构造图

c)新光大桥拱肋节段模型构造图

图 12.2-6　拱肋节段模型体构造图(尺寸单位:cm)

拱肋节段模型基本参数　　表 12.2-2

节段模型 基本参数	宜宾岷江二桥 矩形断面拱肋	上海卢浦大桥 双陀螺形断面拱肋	广州新光大桥 四方柱断面拱肋
几何缩尺比 λ	1:10	1:49	1:60
模型长度 L(m)	1.700	1.700	1.700
模型宽度 B(m)	0.320	0.329	0.508
模型高度 H(m)	0.220	0.126	0.125
模型质量 m(kg/m)	21.57	6.202	3.487
质量惯矩 I(kg·m^2/m)	0.459	0.162	0.260
竖向振动频率 f_h(Hz)	5.003	4.095	4.036
侧向振动频率 f_p(Hz)	0.994	1.899	2.177
扭转振动频率 f_α(Hz)	0.619	8.764	8.943
竖向振动阻尼 ζ_h(%)	0.478	0.803	1.304
侧向振动阻尼 ζ_p(%)	0.400	0.290	1.211
扭转振动阻尼 ζ_α(%)	0.170	0.833	1.032

四川宜宾岷江二桥拱肋测振节段模型采用 10mm 厚的有机玻璃板黏结而成；上海卢浦大桥拱肋测振节段模型由有机玻璃加工制作而成；广州新光大桥拱肋测振节段模型由铝合金框架与 PVC 板组合构成，斜撑及部分横撑采用 PVC 材料用电脑雕刻机雕刻而成。

三个拱肋节段模型测振试验均在同济大学土木工程防灾国家重点实验室 TJ-1 边界层风洞中进行的。TJ-1 边界层风洞：高 1.8m，宽 1.8m，长 14m；可调风速 1～30m/s；测振系统由压电式加速度传感器、YE5866 电荷放大器和计算机数据采集系统等组成。拱肋测振节段模型的气动导数试验识别是在均匀流中进行的。

模型竖向方向用八根弹簧悬挂，可作竖弯和扭转方向的运动，振动频率通过选择弹簧的刚度和调节弹簧之间的水平距离来确定。模型的侧向通过四根弹簧来模拟侧弯的刚度。弹簧刚臂上安装加速度传感器，以采集竖弯、扭转和侧向振动的信号，加速度传感器的布置见图 12.2-7。三种拱肋节段模型的测振系统见图 12.2-8。

图 12.2-7　侧向弹簧及加速度传感器布置图

a)风洞中的岷江二桥节段模型

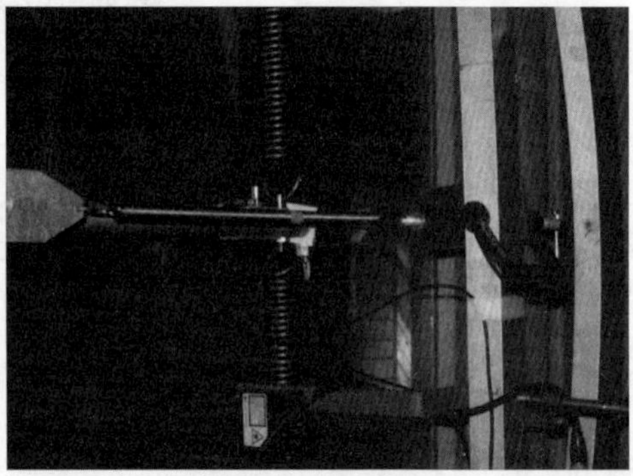

b)加速度传感器布置

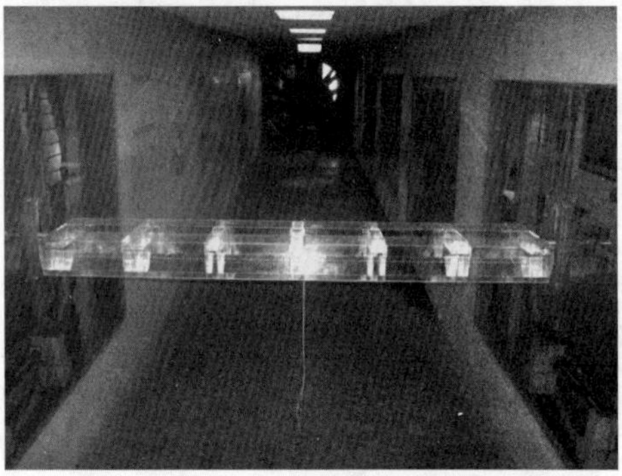

c)风洞中的上海卢浦大桥节段模型

d)卢浦大桥节段模型悬挂系统

e)风洞中的广州新光大桥节段模型

f)广州新光大桥节段模型悬挂系统

图 12.2-8　拱肋节段模型测振系统

在靠近杆端上部两端安装加速度传感器 1、加速度传感器 2，采集竖弯和扭转的振动信号；在杆端最外侧安装加速度传感器 3，采集侧向振动信号。加速度传感器采集竖弯和扭转的振动信号，传感器输出的信号通过信号放大器、A/D 板输入到微机，令采样值分别为 δ_i（$i=1$、2、3），则对应模型中心的竖向、扭转和侧向的振动信号分别为：

$$h=\frac{\delta_1+\delta_2}{2} \tag{12.2-121}$$

$$\alpha = \frac{\delta_1 - \delta_2}{2L} \tag{12.2-122}$$

$$p = \delta_3 \tag{12.2-123}$$

式中：L——传感器离模型中心的距离。

三自由度拱肋气动导数测试过程中，由于侧向弹簧的引入，使其试验系统装置和试验方法存在一些明显的不足之处。当节段模型发生竖向、侧向和扭转耦合振动时，水平向弹簧势必会发生倾斜和弯曲变形，因此根本无法保证线性振动。另外，竖向弹簧也会发生倾斜和弯曲变形，也会影响侧向刚度。同样，水平向弹簧也会影响竖向和扭转刚度，不过其影响一般没有竖向弹簧对侧向刚度影响那么明显。阻尼同样也存在类似相互影响。因此，在风洞试验过程中，侧向弹簧是否保持水平合力作用线通过弹性中心，是识别精度中不可忽略的一个关键因素。目前很难完全保持弹簧保持水平并处于线性范围内工作。在选取侧向弹簧时，应选长度适中的弹簧，这样既可以较好地保证弹簧线性工作，又尽可能地降低了弹簧自身重量的影响，使其拉力作用线较好地保证为一条水平直线。

试验前必须对节段模型的悬挂系统进行仔细检查，包括弹簧的长度、激励装置的连接以及传感器的标定。另外，在试验过程中要加强观察，看弹簧是否在正常工作位置范围内，以及加速度传感器是否发生脱落现象。

根据系统振动信号，采用随机搜索方法可构造系统状态矩阵。由各级风速对应的状态矩阵与零风速对应的状态矩阵相减，可以得到各级风速对应的气动阻尼和气动刚度矩阵。相同风速条件下，不同激励信号识别振动频率和阻尼比会有一定的差别，有时相差较大，导致识别的气动导数也会有较大的差别，这与每次激励方式和激励引起的幅度有一定的关系。因此每次激励应尽可能保持相同。风洞试验一般做法是直接对多次识别得到的气动导数进行算术平均。矩形拱肋、双陀螺形拱肋和四方柱拱肋测振节段模型的模态频率与模态阻尼比变化见图 12.2-9～图 12.2-11。

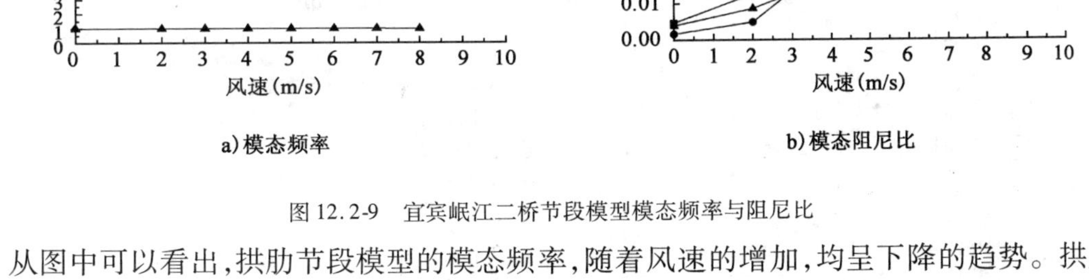

a)模态频率　　b)模态阻尼比

图 12.2-9　宜宾岷江二桥节段模型模态频率与阻尼比

从图中可以看出，拱肋节段模型的模态频率，随着风速的增加，均呈下降的趋势。拱肋节段模型的模态阻尼比随着风速的增加均呈上升的趋势，但不同的拱肋节段模型，不同的模态阻尼比增加的速度不一样。

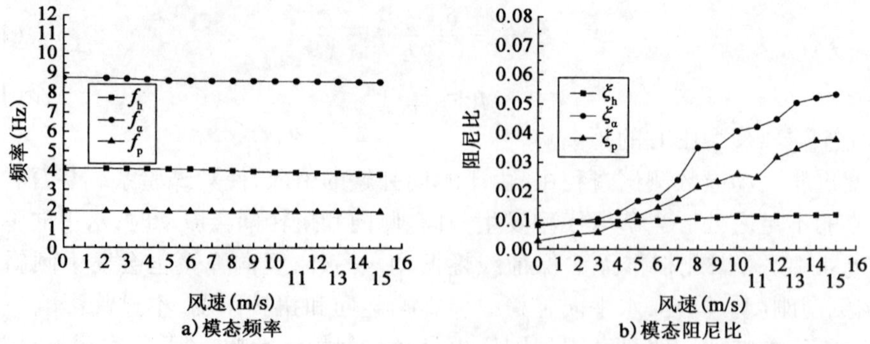

图 12.2-10　卢浦大桥节段模型模态频率与阻尼比

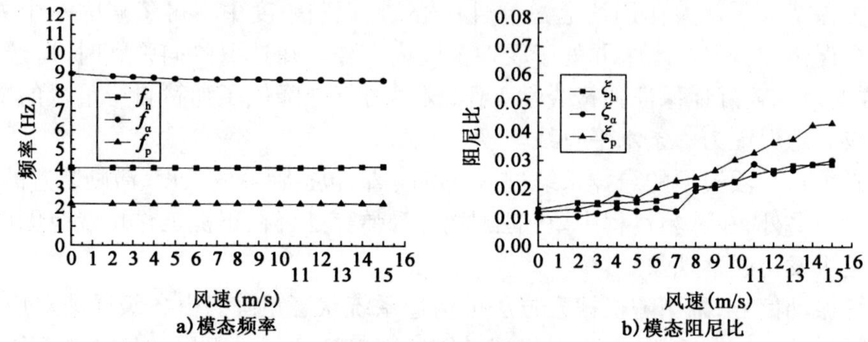

图 12.2-11　广州新光大桥节段模型模态频率与阻尼比

矩形拱肋、双陀螺形拱肋和四方柱拱肋测振节段模型的气动导数试验识别是在均匀流中进行的。三种不同拱肋断面三自由度测试试验结果分别见图 12.2-12 ~ 图 12.2-14 及表 12.2-3 ~ 表 12.2-5。主要针对三种拱肋节段模型的 0 °攻角进行了研究分析。

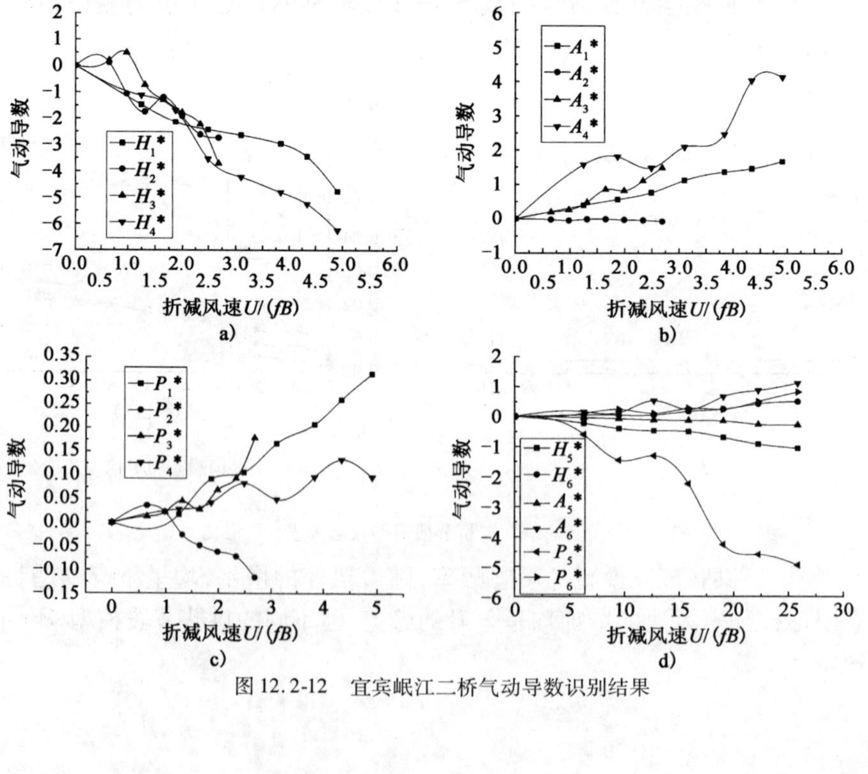

图 12.2-12　宜宾岷江二桥气动导数识别结果

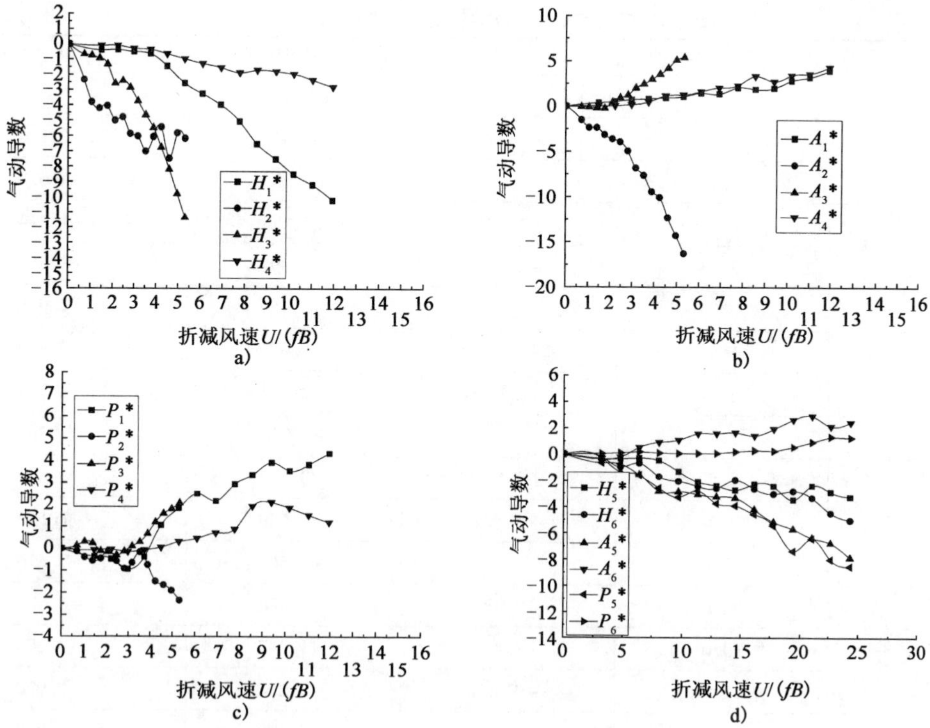

图 12.2-13　卢浦大桥气动导数识别结果

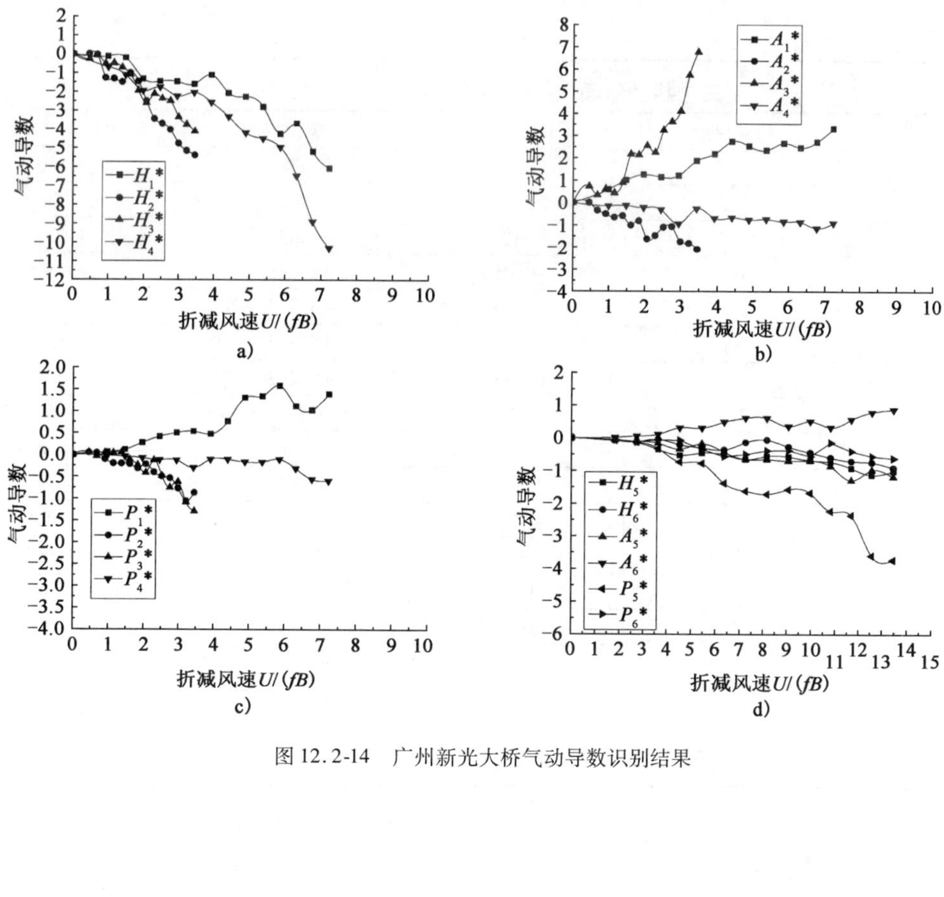

图 12.2-14　广州新光大桥气动导数识别结果

三个拱肋断面 H_i^* 气动导数（$i = 1,2,\cdots,6$）　表12.2-3

气动导数	折减风速	矩形拱肋	双陀螺形拱肋	四方柱拱肋
H_1^*	2.5	-2.436	-0.422	-1.451
	4.5	-3.815	-1.467	-2.106
	7.0	—	-4.099	-5.630
H_2^*	1.5	-1.445	-4.171	-1.214
	2.5	-2.675	-4.898	-3.668
	3.0	—	-5.956	-4.915
H_3^*	1.5	-1.042	-1.031	-0.919
	2.5	-2.913	-2.441	-2.344
	3.0	—	-3.317	-3.369
H_4^*	2.5	-3.556	-0.173	-1.805
	4.5	-5.524	-0.649	-3.503
	7.0	—	-1.562	-9.610
H_5^*	8.0	-0.321	-0.486	-0.572
	10.0	-0.413	-1.487	-0.684
	12.0	-0.456	-2.252	-0.990
H_6^*	8.0	0.042	-1.679	-0.070
	10.0	0.042	-2.150	-0.453
	12.0	0.048	-2.525	-0.717

三个拱肋断面 A_i^* 气动导数（$i = 1,2,\cdots,6$）　表12.2-4

气动导数	折减风速	矩形拱肋	双陀螺形拱肋	四方柱拱肋
A_1^*	2.5	0.769	0.570	1.156
	4.5	1.523	0.901	2.701
	7.0	—	1.403	3.036
A_2^*	1.5	-0.013	-2.588	-0.818
	2.5	-0.058	-4.024	-1.128
	3.0	—	-5.915	-1.577
A_3^*	1.5	0.687	-0.213	1.608
	2.5	1.282	0.948	3.167
	3.0	—	1.636	4.753
A_4^*	2.5	1.491	0.076	-0.373
	4.5	4.059	1.139	-0.688
	7.0	—	2.062	-1.017
A_5^*	8.0	-0.058	-2.790	-0.652
	10.0	-0.079	-2.915	-0.696
	12.0	-0.102	-3.147	-1.175
A_6^*	8.0	0.145	0.885	0.608
	10.0	0.198	1.179	0.502
	12.0	0.458	1.569	0.645

三个拱肋断面 P_i^* 气动导数（$i = 1,2,\cdots,6$）　表 12.2-5

气动导数	折减风速	矩形拱肋	双陀螺形拱肋	四方柱拱肋
P_1^*	2.5	0.107	-0.641	0.424
	4.5	0.275	1.087	0.880
	7.0	—	2.243	1.215
P_2^*	1.5	-0.039	-0.528	-0.208
	2.5	-0.092	-0.606	-0.484
	3.0	—	-0.768	-1.239
P_3^*	1.5	0.036	0.142	-0.040
	2.5	0.133	-0.287	-0.455
	3.0	—	-0.008	-0.890
P_4^*	2.5	0.082	-0.081	-0.119
	4.5	0.123	0.062	-0.120
	7.0	—	0.729	-0.579
P_5^*	8.0	-1.058	-2.558	-1.698
	10.0	-1.430	-3.185	-1.706
	12.0	-1.336	-3.223	-2.792
P_6^*	8.0	0.179	0.096	-0.404
	10.0	0.225	0.062	-0.532
	12.0	0.141	0.065	-0.452

气动导数是折算频率或折算风速的函数，对于外形严格相似的不同尺寸的断面，气动导数仅与振动频率和断面宽度的乘积与风速的比值 $B\omega/U$ 有关，即同步改变 $B\omega$ 和 U，气动导数保持不变。总的来讲，影响桥梁断面气动导数的因素主要包括：桥梁断面形状、风攻角、折算风速、阻尼比、雷诺数等。

从三种不同拱肋断面三自由度识别试验结果可以得到：不同的拱肋节段模型，同一折减风速下，18 个气动导数大小不同，说明拱肋三自由度耦合运动使不同断面形式的拱肋气动导数规律复杂化。

18 个气动导数变化规律难以把握，但总体变化趋势要么随着折减风速的增加而增加，要么随着折减风速的增加而递减。

在三自由度的试验中，直至颤振发散，A_2^* 的符号不一定会发生改变。由于三自由度的引入，耦合运动对颤振发散起了重要作用。在三自由度试验中，由于耦合项颤振导数的存在，A_2^* 已经不能单独作为判断颤振发散的标准，颤振发散是由整个系统的质量、刚度和阻尼矩阵共同作用导致某阶模态阻尼由正变负所致。另外，即使 A_2^* 在试验中某几个点出现变号也是可以理解的，由于采样手段等信号获得的不同或其他因素也会使 A_2^* 变号，不能粗略地下结论会一定导致颤振发散。

三、拱桥颤振失稳判别

采用有限元非线性颤振时域分析法对大跨度拱桥进行分析，从结构风致振动的机理来看，桥梁振动实际上是脉动风引起的强迫力和结构运动引起的自激力共同作用下的结果。当风速较低时，自激力很小，并主要表现为气动阻尼正值，与结构阻尼一起使得结构表现为强迫阻尼振动，这时的风振称为抖振；当风速达到一定程度时，自激力开始表现为气动阻尼负值，逐步抵消结构阻尼，其幅值随结构的运动不断增大，风振则主要由自激力控制，这时结构的振动称为颤振，直至振幅发散；当风速介于两者之间时，结构振动就表现为介于抖振与颤振之间的颤抖振状态。如果需要确定紊流场中拱桥的颤振临界风速，则可按上述计算方法，逐级计算拱桥在不同风速下的颤抖振响应。

为了判别这三座拱桥是否会发生颤振失稳，采用非线性颤振时域分析方法，可以计算基准高度不同平均风速下的位移响应以判别是否出现颤振。为了简化起见，直接计算基准高度平均风速达到 100m/s 时的主梁位移响应，图 12.2-15 ~ 图 12.2-17 分别给出了宜宾岷江二桥[2,44]、上海卢浦大桥[3,44]和广州新光大桥[4,44]拱肋跨中位移响应时程曲线，所有的竖向位移和水平位移时程曲线都很平稳，并未出现突变性的颤振发散现象。

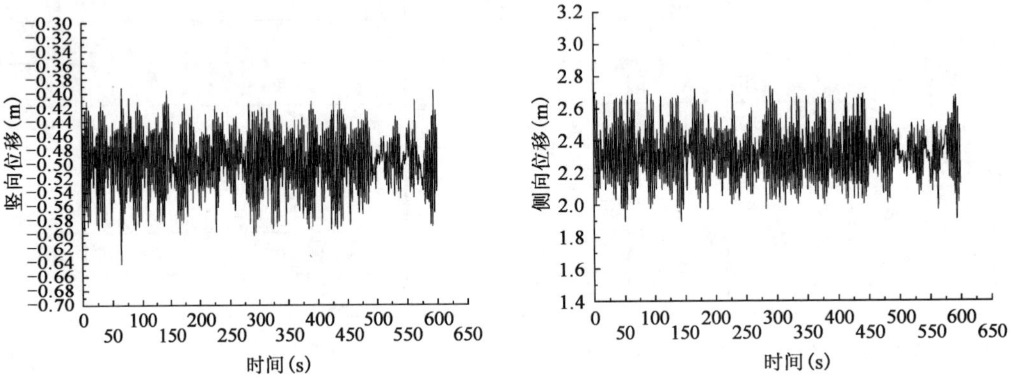

a) 竖向位移响应时程　　b) 水平位移响应时程

图 12.2-15　宜宾岷江二桥拱肋跨中位移

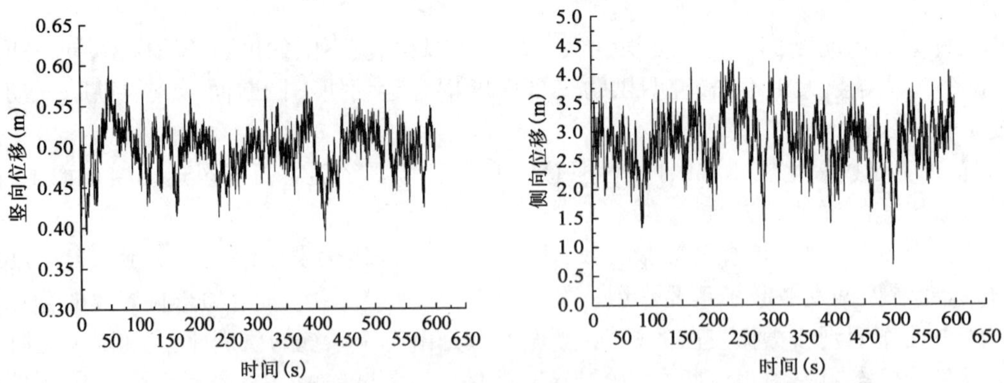

a) 竖向位移响应时程　　b) 水平位移响应时程

图 12.2-16　上海卢浦大桥拱肋跨中位移

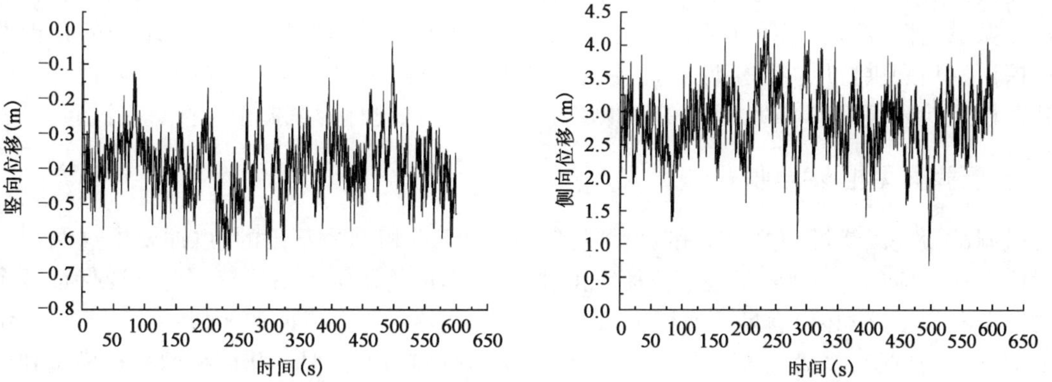

a)竖向位移响应时程　　b)水平位移响应时程

图 12.2-17　广州新光大桥拱肋跨中位移

四、拱桥颤振稳定性分析步骤

从理论上来说,拱桥颤振稳定性分析可以单自由度扭转颤振分析方法、双自由度耦合颤振分析方法、多模态或全模态颤振分析方法和非线性颤振时域分析方法等,考虑到拱桥结构构件组合和断面变化的复杂性,以及大气边界层脉动风的影响等因素,建议采用比较精确的三维非线性颤振时域分析方法,该方法涉及静力风荷载、自激风荷载和强迫风荷载以及脉动风谱时程化模拟等。

(1)拱桥静力风荷载确定:静力风荷载也称为静风荷载,一般采用静力三分力系数表示,为此需要采用拱肋和主梁节段模型测力试验确定主梁和从拱脚到拱顶若干个拱肋节段的静力三分力系数。

(2)拱桥结构动力特性分析:采用有限元方法进行拱桥结构动力特性分析,计算确定拱桥自振频率和振型以及相应等效质量。

(3)拱桥自激风荷载确定:自激风荷载也称为颤振力,一般采用颤振导数表示,为此需要采用拱肋和主梁节段模型测振试验确定主梁和从拱脚到拱顶若干个拱肋节段的颤振导数。

(4)拱桥强迫风荷载确定:强迫风荷载也称为抖振力,一般采用气动导纳表示,为此需要采用拱肋和主梁节段模型测力试验确定主梁和从拱脚到拱顶若干个拱肋节段的气动导纳。

(5)脉动风谱时程化模拟:基于谐波合成法,对水平分量和竖向分量的脉动风功率谱密度进行时程化数值模拟,用以形成时域形式的抖振力时程。

(6)位移时程和极值计算:采用基于有限元方法的非线性颤振时域分析,计算确定拱桥关键节点控制风速下的位移时程,并统计出位移极值,据此判断拱桥颤振稳定性。

第三节　风振稳定性直接试验

拱桥驰振稳定性虽然可以采用拱肋或主梁断面二维单自由度分析方法与步骤,简单实用地判别驰振稳定性,但是,鉴于拱桥构件组成和断面变化的复杂性,二维单自由度分析结果的可靠性值得研究；拱桥颤振稳定性虽然可以采用非线性颤振时域分析方法与步骤，比较精确地判别颤振稳定性，但是，三维非线性时域方法不仅数值模拟计算复杂，而且其结构的合理性也值得探讨。判别拱桥风振稳定性最直接、最有效的方法是全桥气弹模型风洞试验，而且不用区分驰振稳定性或颤振稳定性，相应的风振稳定性判别方法可称为风振稳定性直接试验方法。

一、气弹模型相似准则

风洞试验是以绕模型的流动和绕原型（实物）的流动相似为基础的，也即要求这两个流动的对应点在对应的时刻所有表征流动状况的相应物理量的比例关系保持不变。要保证两个流动的完全相似，一般必须满足几何、运动、质量、动力和热力五个方面的相似性。对于桥梁结构气弹模型风洞试验，一般要求满足几何相似、运动相似和动力相似。几何相似是指模型和原型经过各方向的等比例变形后两者能够完全重合，也就是模型和原型所有对应线之间的长度比例是完全一致的，这个长度比例就是几何缩尺比 λ_L。运动相似是指风洞试验中的空气运动和模型运动与实际环境下的空气运动和原型运动完全相似，其中，空气运动相似主要是气流速度相似，用速度缩尺比 λ_U 描述；结构运动相似包括位移（几何缩尺比 λ_L）、速度（速度缩尺比 λ_U）和加速度的相似，加速度缩尺比 λ_a 一般采用速度缩尺比 λ_U 乘以频率缩尺比 λ_f。动力相似是指风洞试验中的气弹模型和试验风场所涉及的所有相互作用力与实际环境下的桥梁原型和自然风场所涉及的所有相互作用力之间成一定比例关系，这个相互作用力包括动力平衡方程中左端的结构惯性力、结构阻尼力和结构弹性力以及右端的结构重力、空气惯性力和空气黏性力[45]。

为了使得全桥气弹模型风洞试验结果与实际桥梁原型现场实测结果相似，几何相似性、运动相似性和动力相似性要求气弹模型和试验风场与桥梁原型和自然风场所涉及的所有相互作用力，包括四种结构作用力和两种空气作用力之间满足一定的相似关系。为此，可以选取空气惯性力（ρL^2U^2）作为参考作用力，分别与其他五种作用力进行比较，在几何相似比 λ_L 已知的条件下，确定出全桥气弹模型的相似条件和相似比[45]。

1. 结构惯性力相似条件

结构惯性力可以定义为 $\rho_s L^2U^2$，结构惯性力与空气惯性力之比可以表示为：

$$\eta_i = \frac{\rho_s L^2 U^2}{\rho L^2 U^2} = \frac{\rho_s}{\rho} \tag{12.3-1}$$

即结构惯性力与空气惯性力之比退化为结构密度与空气密度之比，由于模型和原型中空气密度始终不变，因此，模型和原型的结构密度相似比 λ_ρ 必须等于 1。

$$\lambda_\rho = \frac{(\rho_s)_m}{(\rho_s)_p} = 1 \tag{12.3-2}$$

结构计算中，一般是以质量和质量惯矩代替结构密度，只需保证质量 m 和质量惯矩 I_m 的相似性即可，为此导出单位长度质量相似比 λ_m 和质量惯矩相似比 λ_I 如下：

$$\lambda_m = \lambda_\rho \lambda_L^2 = \lambda_L^2 \tag{12.3-3}$$

$$\lambda_I = \lambda_\rho \lambda_L^4 = \lambda_L^4 \tag{12.3-4}$$

2. 结构重力相似条件

结构重力可以定义为 $\rho_s L^3 g$，其中 g 为重力加速度，取空气惯性力与结构重力之比为：

$$F_{\mathrm{r}} = \frac{\rho L^2 U^2}{\rho_{\mathrm{s}} L^3 g} = \frac{\rho}{\rho_{\mathrm{s}}} \frac{U^2}{Lg} = \frac{U^2}{Lg} \tag{12.3-5}$$

式中：F_{r}——弗劳德数(Froude Number)，在全桥气弹模型风洞试验中需要考虑无量纲弗劳德数的相似关系，保证模型和原型弗劳德数的一致，即

$$\frac{(F_{\mathrm{r}})_{\mathrm{m}}}{(F_{\mathrm{r}})_{\mathrm{p}}} = \frac{(U^2/Lg)_{\mathrm{m}}}{(U^2/Lg)_{\mathrm{p}}} = \frac{(U^2)_{\mathrm{m}}}{(U^2)_{\mathrm{p}}} \frac{(L)_{\mathrm{p}}}{(L)_{\mathrm{m}}} = \frac{\lambda_{\mathrm{U}}^2}{\lambda_{\mathrm{L}}} = 1 \tag{12.3-6}$$

可得模型和原型的速度相似比 λ_{U}：

$$\lambda_{\mathrm{U}} = \sqrt{\lambda_{\mathrm{L}}} \tag{12.3-7}$$

可以导出频率相似比 λ_{f}和时间相似比 λ_{t}：

$$\lambda_{\mathrm{f}} = \frac{\lambda_{\mathrm{U}}}{\lambda_{\mathrm{L}}} = \frac{1}{\sqrt{\lambda_{\mathrm{L}}}} \tag{12.3-8}$$

$$\lambda_{\mathrm{t}} = \frac{\lambda_{\mathrm{L}}}{\lambda_{\mathrm{U}}} = \sqrt{\lambda_{\mathrm{L}}} \tag{12.3-9}$$

对于结构刚度受重力影响不大的拱桥，有时可以放弃结构重力相似性。

3. 结构弹性力相似条件

结构弹性力可以定义 EL^2，其中 E 为结构材料的弹性模量，结构弹性力与空气惯性力之比可以表示为：

$$C_{\mathrm{a}} = \frac{EL^2}{\rho L^2 U^2} = \frac{E}{\rho U^2} \tag{12.3-10}$$

式中：C_{a}——柯西数(Cauchy Number)，在全桥气弹模型风洞试验中需要考虑无量纲柯西数的相似关系，保证模型和原型柯西数的一致，即：

$$\frac{(C_{\mathrm{a}})_{\mathrm{m}}}{(C_{\mathrm{a}})_{\mathrm{p}}} = \frac{(E/\rho U^2)_{\mathrm{m}}}{(E/\rho U^2)_{\mathrm{p}}} = \frac{(E)_{\mathrm{m}}}{(E)_{\mathrm{p}}} \frac{(U^2)_{\mathrm{p}}}{(U^2)_{\mathrm{m}}} = \frac{\lambda_{\mathrm{E}}}{\lambda_{\mathrm{U}}^2} = \frac{\lambda_{\mathrm{E}}}{\lambda_{\mathrm{L}}} = 1 \tag{12.3-11}$$

可得模型和原型的弹性模量相似比 λ_{E}：

$$\lambda_{\mathrm{E}} = \lambda_{\mathrm{L}} \tag{12.3-12}$$

结构计算中，结构材料的弹性模量总是伴随着截面模量一起出现，例如面积和惯性矩等，因此，只需保证轴向刚度 EA、弯曲刚度 EI 和扭转刚度 EJ_{d}的相似性即可，其相似比为：

$$\lambda_{\mathrm{EA}} = \lambda_{\mathrm{E}} \lambda_{\mathrm{L}}^2 = \lambda_{\mathrm{L}}^3 \tag{12.3-13}$$

$$\lambda_{\mathrm{EI}} = \lambda_{\mathrm{EJ_d}} = \lambda_{\mathrm{E}} \lambda_{\mathrm{L}}^4 = \lambda_{\mathrm{L}}^5 \tag{12.3-14}$$

4. 结构阻尼力相似条件

对于结构的风致振动问题，结构的阻尼是影响振动响应的一个重要参数，但是，一般与空气惯性力没有直接关系，因此，在全桥气弹模型风洞试验中需要考虑无量纲结构阻尼比 ζ_{s}或对数衰减率 δ_{s}的相似关系，保证模型和原型阻尼比或对数衰减率的一致，即：

$$\lambda_{\mathrm{d}} = \frac{(\zeta_{\mathrm{s}})_{\mathrm{m}}}{(\zeta_{\mathrm{s}})_{\mathrm{p}}} = \frac{(\delta_{\mathrm{s}})_{\mathrm{m}}}{(\delta_{\mathrm{s}})_{\mathrm{p}}} = 1 \tag{12.3-15}$$

5. 空气黏性力相似条件

空气黏性力可以定义为 μLU，其中 μ 为空气黏性系数，取空气惯性力与空气黏性力之比：

$$R_e = \frac{\rho L^2 U^2}{\mu L U} = \frac{\rho L U}{\mu} \tag{12.3-16}$$

式中：R_e——雷诺数(Reynolds Number)，在全桥气弹模型风洞试验中如果考虑无量纲雷诺数的相似关系，需要保证模型和原型雷诺数的一致，即：

$$\frac{(R_e)_m}{(R_e)_p} = \frac{(\rho LU/\mu)_m}{(\rho LU/\mu)_p} = \frac{(\rho)_m}{(\rho)_p}\frac{(L)_m}{(L)_p}\frac{(U)_m}{(U)_p}\frac{(\mu)_p}{(\mu)_m} = \lambda_L \lambda_U = 1 \tag{12.3-17}$$

可得模型和原型的速度相似比 λ_U：

$$\lambda_U = \frac{1}{\lambda_L} \tag{12.3-18}$$

显然，根据空气黏性力或雷诺数相似条件确定的速度相似比式(12.3-18)，与根据结构重力或弗劳德数相似条件确定的速度相似比式(12.3-7)是矛盾的，只有在足尺模型 $\lambda_L = 1$ 的条件下两者才同时满足。因此，拱桥气弹模型风洞试验与其他桥梁一样只能放弃空气黏性力或雷诺数相似。

综上所述，拱桥气弹模型风洞试验必须满足四种相似条件，即结构惯性力相似条件、结构重力相似条件、结构弹性力相似条件和结构阻尼力相似条件，至于空气黏性力相似条件一般都无法满足。根据结构惯性力、重力、弹性力和阻尼力四个相似条件，在几何相似比确定的前提下，可以得到全桥气弹模型设计四组相似比，即密度和质量相似比、速度和频率相似比、弹性模量和截面刚度相似比以及阻尼比或对数衰减率相似比。

二、气弹模型设计制作

由于受风洞尺寸限制，全桥气弹模型风洞试验一般采用缩尺模型，因此，气弹模型几何相似比的选取至关重要，一旦几何相似比确定后，根据上述相似准则可以确定出密度和质量相似比、速度和频率相似比、弹性模量和截面刚度相似比以及阻尼比或对数衰减率相似比。

气弹模型几何相似比 λ_L 一般为 1/50 ~ 1/400，主要考虑四个因素，即模型材料要求、洞壁干扰效应、结构细部模拟和风洞阻塞度，当然，有时也需要兼顾风速相似比和结构刚度相似比。下面以同济大学 TJ-3 边界层风洞为例，结合宜宾岷江二桥、上海卢浦大桥、广州新光大桥和湖南茅草街大桥四座大跨度拱桥全桥气弹模型，说明按照上述四个因素确定的几何相似比。

对于模型材料要求，主要是针对悬索桥主缆轴向刚度模拟，气弹模型主缆一般选用商品化钢丝，其直径不是连续变化的，因此，只能根据主缆轴向刚度相似比选择一种商品化钢丝直径，拱桥气弹模型一般没有模型材料选择的限制。洞壁干扰效应主要是指气弹模型的边缘要保持在风洞洞壁的附面层之外，对于拱桥主要是气弹模型的长度和高度，同济大学 TJ－3 边界层风度试验段宽 15m、高 2m，对于大跨度拱桥主要控制因素是气弹模型高度，为了避免拱顶进入风洞顶面附面层约 0.3m，风洞有效高度为 1.7m，宜宾岷江二桥拱顶离开水面高度约 60m，确定几何相似比 $\lambda_L = 1/60$，模型拱顶高度约 1m；上海卢浦大桥拱顶离开水面高度约 105m，确定几何相似比 $\lambda_L = 1/100$，模型拱顶高度约 1.05m；广州新光大桥拱顶离开水面高度约 125m，确定几何相似比 $\lambda_L = 1/100$，模型拱顶高度约 1.25m；湖南茅草街大桥拱顶离开水面高度约 80m，确定几何相似比 $\lambda_L = 1/80$，模型拱顶高度约 1m。结构细部模拟主要是指桥面系中特别细小构件的模拟，拱桥一般在几何相似比 $\lambda_L \leq 1/100$ 时都可以满足要求。风洞阻塞度要求有效试验区段内气弹模型的阻塞度小于5%，这四座拱桥的气弹模型都可以满足要求。由此可以确定出四座拱桥气弹模型主要相似比如表12.3-1所示[2~4,6]。

四座拱桥气弹模型主要相似比参数 表12.3-1

相似比参数	要求	宜宾岷江二桥	上海卢浦大桥	广州新光大桥	湖南茅草街桥
几何相似比 λ_L	已知	1/60	1/100	1/100	1/80
质量相似比 λ_m	λ_L^2	1/3 600	1/10 000	1/10 000	1/6 400
质量相似比 λ_I	λ_L^4	$1/3\ 600^2$	$1/10\ 000^2$	$1/10\ 000^2$	$1/6\ 400^2$
速度相似比 λ_U	$\sqrt{\lambda_L}$	1/7.746	1/10	1/10	1/8.944
频率相似比 λ_f	$1/\sqrt{\lambda_L}$	7.746	10	10	8.944
轴向刚度相似比 λ_{EA}	λ_L^2	1/3 600	1/10 000	1/10 000	1/6 400
弯曲刚度相似比 λ_{EI}	λ_L^4	$1/3\ 600^2$	$1/10\ 000^2$	$1/10\ 000^2$	$1/6\ 400^2$
阻尼相似比 λ_ζ	1	1	1	1	1

表12.3-1给出了气弹模型主要相似比参数，包括几何相似比共有五组。其中，速度和频率相似比与气弹模型设计制作无关，阻尼相似比主要体现在尽可能降低模型阻尼，而其余三组相似比——几何相似比、质量相似比和刚度相似比，是确保气弹模型与实桥原型外形相似、质量相似和刚度相似的前提条件。下面按照拱桥主要组成构件——桥面、拱肋、吊杆/支墩和连接等，说明气弹模型设计制作。

主梁模型有三部分组合而成，即模拟刚度的芯梁、模拟外形的外衣、模拟质量的附件质量，主梁芯梁一般采用阻尼较小的金属材料加工成型，需要准确模拟竖弯、侧弯和扭转刚度；主梁外衣一般采用轻质木材、泡沫或PVC板材等分段加工组装，并固定在芯梁上，需要准确模拟主梁外形；主梁附加质量一般采用金属材料按质量加工成件，并固定在芯梁上，需要准确模拟芯梁和外衣之外的质量和质量惯矩。拱肋模型与主梁模型一样也有模拟刚度的芯梁、模拟外形的外衣、模拟质量的附件质量三部分组成，拱肋芯梁除了需要准确模拟弯曲和扭转刚度之外，还需要模拟轴向刚度，有时候很难满足所有刚度的完全相似，只能与附加质量配合尽量准确模拟结构动力特性，包括自振频率和模态；此外，拱肋轴线还是弧线的，芯梁设计制作中一般以直代曲，并以尽量模拟结构动力特性为主。吊杆/支墩模型的刚度和质量模拟一般可以简化一点，但外形必须准确模拟。拱桥连接是指拱肋、主梁、吊杆/支墩与基础的连接以及它们相互之间的连接，拱脚与基础的连接有固结和铰接之分，主梁与基础的连接一般为简单支撑，支墩与基础的连接一般为固结；构件与构件之间的相互连接必须根据原型情况设计模型连接，中承式和下承式拱桥的拱肋与主梁一般为固结，上承式拱桥的拱肋与主梁一般通过支墩连接。

根据气弹模型相似准则设计、按照芯梁+外衣+附加质量方式加工而成的宜宾岷江二桥、上海卢浦大桥、广州新光大桥和湖南茅草街大桥的四个全桥气弹模型如图12.3-1~图12.3-4所示[2~4,6]。

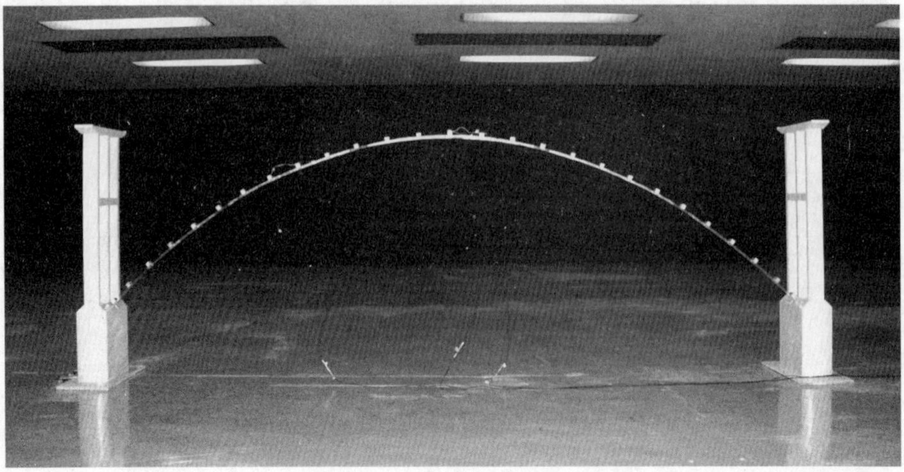

图 12.3-1　宜宾岷江二桥气弹模型

图 12.3-2　上海卢浦大桥气弹模型

图 12.3-3　广州新光大桥气弹模型

三、驰振和颤振直接试验

宜宾岷江二桥、上海卢浦大桥、广州新光大桥和湖南茅草街大桥的四个全桥气弹模型风洞试验是在同济大学 TJ-3 边界层风洞中进行的，为了确定最大试验风速，需要首先计算驰振检验风速和颤振检验风速。根据《公路桥梁抗风设计规范》(JTG/T D60-01—2004)中的规定，驰振检验风速$[V_{cg}]$和颤振检验风速$[V_{cr}]$可以按照下式计算：

$$[V_{cg}] = KU_d \tag{12.3-19}$$

$$[V_{cr}] = K\mu_f U_d \tag{12.3-20}$$

式中：K——考虑风洞试验误差及设计、施工中不确定因素的综合安全系数；

μ_f——考虑风速的脉动影响及水平相关特性的无量纲修正系数；

U_d——主梁或拱顶高度设计基准风速。

图 12.3-4　湖南茅草街大桥气弹模型

表 12.3-2 给出了宜宾岷江二桥、上海卢浦大桥、广州新光大桥和湖南茅草街大桥驰振和颤振检验风速的基本参数，其中，宜宾岷江二桥的驰振和颤振检验风速分为 34.8m/s 和 46.7m/s、上海卢浦大桥的驰振和颤振检验风速分别为 51.6m/s 和 63.3m/s、广州新光大桥的驰振和颤振检验风速分别为 58.3m/s 和 75.1m/s、湖南茅草街大桥驰振和颤振检验风速分别为 39.6m/s 和 51.2m/s。在这四座拱桥全桥气弹模型风洞试验中，宜宾岷江二桥的风洞试验最大风速达到 55m/s、上海卢浦大桥的最大试验风速达到 80m/s、广州新光大桥的最大试验风速达到 80m/s、湖南茅草街大桥的最大试验风速达到 100m/s，远大于其驰振和颤振检验风速，均没有出现驰振和颤振失稳现象。结合上述 100m/s 风速的非线性颤振时域分析结果，可以认为这四座大跨度拱桥发生驰振和颤振失稳的可能性很小[2~4,6]。

四座拱桥驰振和颤振检验风速　　表 12.3-2

基本参数	单位	宜宾岷江二桥	上海卢浦大桥	广州新光大桥	湖南茅草街桥
基准高度 z_d	m	58.8	100	120	75
基准风速 U_d	m/s	29.0	43.0	48.6	33.0
安全系数 K	—	1.2	1.2	1.2	1.2
修正系数 μ_f	—	1.342	1.227	1.287	1.293
驰振检验风速$[U_{cg}]$	m/s	34.8	51.6	58.3	39.6
驰振检验风速$[U_{cr}]$	m/s	46.7	63.3	75.1	51.2
最大试验风速 U_{max}	m/s	55	80	80	100

第四节　风振稳定性研究展望

桥梁风振稳定性——驰振和颤振稳定性，是桥梁结构最重要的抗风性能，拱桥风振失稳是指拱肋和主梁的风致振动发散，导致拱桥上部结构垮塌。虽然历史上国内外大跨度拱桥工程实践中从未出现过拱桥风振失稳事故，上述五座现代大跨度拱桥的风振稳定性分析也表明驰振和颤振安全性足够，但是，仍有必要继续探索拱桥的风振稳定性。现有驰振稳定性分析主要采用拱肋或主梁断面二维单自由度驰振模型，采用组合气动系数作为判别驰振失稳与否的标准；现有颤振稳定性分析采用三维非线性颤抖振时域分析方法，以位移随风速变化是否稳定作为判别颤振失稳与否的标准；全桥气弹模型直接试验方法同时适用于驰振失稳和颤振失稳判别，主要通过增大试验风速观察气弹模型是否出现位移徒增或发散；现有《公路桥梁抗风设计规范》(JTG/T D60-01—2004)对驰振检验风速和颤振检验风速进行了规定，两者相差一个修正系数，即驰振检验风速小于颤振检验风速。下面主要就风振稳定性研究方法、风振失稳检验风速和更大跨度拱桥风振稳定性等方面对未来拱桥风振稳定性研究进行展望。

一、风振稳定性研究方法

目前，无论是驰振稳定性还是颤振稳定性主要有两种研究方法，即数值计算方法和直接试验方法。在数值计算方法中，驰振一般采用基于拱肋或主梁断面的二维单自由度弯曲驰振模型进行计算，显然，模型过于简化、求解太过粗略、结果不够精确，必须考虑采用三维精细模型、精确求解，以便得到可靠的结果；颤振数值计算可以采用三维多模态或全模态频域分析方法或三维非线性颤抖振时域分析方法，当不计脉动风影响时三维全模态分析方法是频域内的精确方法，当需要考虑脉动风影响和非线性效应时时域方法是不二选择，这两种方法无论在计算模型还是求解方法上都已经相当完善，本身改进余地并不很大。但是，这两种方法完全有可能发展成为可以兼顾三维驰振稳定性分析的方法，由于缆索承重桥梁一般采用相对流线型主梁断面不会出现驰振问题，所以，这应当成为未来拱桥风振稳定性数值分析的发展方向。

从理论上讲，全桥气弹模型直接试验方法不需要区分是为了判别驰振失稳还是颤振失稳，只要风洞试验中的试验风速足够高，驰振或颤振失稳总是会出现的；驰振一般被定义为竖弯模态的风振发散现象，而颤振一般被定义为含有扭转模态的纯扭转或弯扭耦合颤振，因此，在足够高的试验风速下，如果出现竖弯位移的突变或发散现象可以判断为驰振失稳，反之，如果出现扭转位移的突变或发散现象可以判断为颤振失稳，也就是临界风速较低的一种风振失稳现象先出现，临界风速较高的一种风振失稳现象将会被掩盖；在有条件的情况下，拱桥气弹模型风洞试验应当尽可能做到风振失稳、并且没有必要去判断是驰振失稳或颤振失稳，由于缆索承重桥梁不存在驰振问题，这应当成为未来拱桥风振稳定性直接试验的追求目标。

综上所述，未来三维桥梁颤振稳定性频域和时域分析方法应当拓展成为可以兼顾三维桥梁驰振稳定性分析的三维桥梁风振稳定性统一分析方法，未来拱桥气弹模型风洞试验应当力求做到风振失稳临界风速，以便采用直接试验方法进一步探索和研究拱桥风振稳定性。

二、风振失稳检验风速

目前，大多数国家或地区的规范都规定驰振检验风速要小于颤振检验风速，我国《公路桥梁抗风设计规范》(JTG/T D60-01—2004)中规定两者之间相差一个修正系数 $\mu_f = 1.19 \sim 1.49$，其原因值得分析、其取值值得商榷[46]。

《公路桥梁抗风设计规范》(JTG/T D60-01—2004)条文说明中指出“检验风速的安全系数参照欧洲规范采用1.2”，没有明确指出是哪种欧洲规范。从驰振失稳和颤振失稳的重要性来看，两者都属于对安全性有最大威胁的风振失稳，必须绝对避免发生，应当在桥梁抗风中列同等最重要地位；从驰振发生过程和颤振发生过程来看，两者都有可能在短时间内导致振动发散，而且从理论上讲，属于振动征兆一经出现就很难避免的动力失稳现象；从驰振和颤振的振动形式来看，两者都属于确定性风致振动，虽然有些参数还不能够非常确定，但其振动的不确定因素较少，不存在颤振比驰振不确定性大的问题；唯一可能的原因是驰振临界风速的计算模型或试验方法比颤振保守，因而作为补偿可以选取较小的安全系数，如果真是这样就应当提高驰振计算模型或试验方法的精度，而不是在安全系数上进行折扣。

《公路桥梁抗风设计规范》(JTG/T D60-01—2004)明确规定颤振检验风速的修正系数 μ_f 是对风速脉动的修正，在条文说明中解释了其取值是参照了日本《本州四国联络桥耐风设计便览》中的规定[47]，并加以了放大，且不论修正系数取值的合理性，驰振检验也不是只在均匀流条件下、可以忽略脉动风速影响的。显然，颤振检验和驰振检验的流场条件并没有显著的差别，如果颤振检验需要考虑脉动风速修正，那么驰振检验也同样需要对脉动风速加以修正。

综上所述，未来对颤振检验风速和驰振检验风速的规定，应当采用统一的安全系数和修正系数，将这两种形式的风振稳定性检验列为同等最重要的桥梁抗风问题。

三、更大跨度拱桥风振稳定性

上述风振稳定性判别中选用了当初世界上跨度最大的四种形式的拱式桥，即钢管混凝土提篮式拱肋拱桥——浙江三门口大桥、钢管混凝土平行式拱肋拱桥——湖南茅草街大桥、钢桁架拱肋拱桥——广州新光大桥和钢箱拱肋拱桥——上海卢浦大桥，以及施工中两次发生风毁事故的钢筋混凝土箱形拱肋拱桥——宜宾岷江二桥，代表了当初该桥型的最大跨度，因而可以认为是最具抗风挑战性的。但是，即使是这样四座最大跨度的拱桥和一座施工阶段两次风毁的拱桥，数值分析和直接试验结果表明：发生驰振失稳和颤振失稳的可能性很小、驰振和颤振稳定安全性很高。

未来更大跨度拱桥是否不需要检验驰振和颤振稳定性？斜拉桥颤振稳定性研究成果也许值得借鉴，尽管斜拉桥的最大跨度已经达到了1 100m(我国苏通长江大桥和俄罗斯罗斯基大桥)，并没有出现颤振稳定问题，主要原因是采用了抗风稳定性好的闭口钢箱梁和空间斜拉索面，但是，跨度300～600m的斜拉桥需要采用颤振控制措施的例子也还不少，例如：1991年建成的423m跨度的上海南浦大桥采用了裙板、2003年建成的603m跨度的青州闽江大桥采用了裙板、2004年建成的420m跨度的东海大桥主航道桥采用了检修车轨道优化和332m跨度的东海大桥颗珠山桥采用了外加风嘴等，主要原因是这些斜拉桥采用了较钝的主梁断面和近乎平行或单索面的布置形式。桥梁驰振和颤振的控制因素主要有两个，桥梁气动外形和结构动力特性。如果将上述采用了颤振控制措施的斜拉桥与四座最大跨度的拱桥作一比较，在桥梁气动外形方面，拱桥由于很钝的拱肋断面，其气动外形肯定远远不如斜拉桥；在结构动力特性方面，表 12.4-1 汇总了跨度相近的四座斜拉桥和四座拱式桥的前两阶竖弯频率、侧弯频率和扭转频率，对于第一阶竖弯频率（竖弯基频）除了广州新光大桥和浙江三门口大桥之外、其余斜拉桥和拱式桥差别不大，对于第一阶扭转频率（扭转基频）相近跨度的拱式桥明显高于斜拉桥，甚至高出一倍以上。

相近跨度的斜拉桥和拱式桥的频率比较　　表 12.4-1

桥梁名称	跨度(m)	桥型	竖弯频率(Hz)		侧弯频率(Hz)		扭转频率(Hz)	
			第一阶	第二阶	第一阶	第二阶	第一阶	第二阶
青州闽江大桥	605	斜拉桥	0.208		0.206		0.535	
上海卢浦大桥	550	拱式桥	0.368	0.585	0.422	0.744	1.252	1.585
广州新光大桥	428	拱式桥	0.521	0.691	0.218	0.413	1.155	1.169
上海南浦大桥	423	斜拉桥	0.343	0.424	0.343	0.511	0.422	0.445
东海大桥主航道桥	420	斜拉桥	0.358	0.511	0.439	1.097	0.590	1.171
湖南茅草街大桥	368	拱式桥	0.395	0.621	0.202	0.387	0.929	1.058
东海大桥颗珠山桥	332	斜拉桥	0.338	0.476	0.769	>1.25	0.529	0.718
浙江三门口大桥	270	拱式桥	0.528	0.865	0.232	0.471	1.871	1.892

综上所述，未来更大跨度拱桥由于与驰振相关的竖弯基频会更低，而且拱肋断面又很钝，仍需关注驰振稳定性问题；由于拱桥与颤振相关的扭转基频很高，即使未来拱桥的跨度再增加，颤振失稳可能性不会很大，至少小于驰振失稳；未来更大跨度拱桥的风振稳定性可能表现出不同于现有的弯曲为主的驰振和扭转为主的颤振，必须引起高度重视。

本章参考文献

[1] Simiu E, Scanlan R. Wind Effects on Structures[M]. John Wiley & Sons, 1986.

[2] 葛耀君,等. 箱形拱桥裸肋状态等效风荷载及抗风稳定性研究(总研究报告)[R]. 同济大学土木工程防灾国家重点实验室研究报告(SLDRCE WT200004),2001.

[3] 葛耀君,等. 超大跨度拱桥风荷载及抗风稳定性研究(总研究报告)[R]. 同济大学土木工程防灾国家重点实验室研究报告(SLDRCE WT200103),2002.

[4] 葛耀君,等. 新光大桥抗风性能风洞试验研究(研究报告)[R]. 同济大学土木工程防灾国家重点实验室研究报告(SLDRCE WT200518),2006.

[5] 葛耀君,等. 三门口跨海大桥抗风性能试验研究(研究报告)[R]. 同济大学土木工程防灾国家重点实验室研究报告(SLDRCE WT200318),2005.

[6] 宋锦忠,等. 湖南茅草街钢管拱等效风荷载及抗风稳定性研究(研究报告)[R]. 同济大学土木工程防灾国家重点实验室研究报告(SLDRCE WT200318),2003.

[7] 陈政清. 桥梁风工程[M]. 北京:人民交通出版社, 2005.

[8] 葛耀君. 大跨度悬索桥抗风[M]. 北京:人民交通出版社,2011.

[9] R H Scanlan, J J Tomko. Airfoil and Bridge Deck Flutter Derivatives [J]. J. Eng. Mech.,

ASCE. Vol. 97(6):1717-1737.

[10] J-G-Beliveau. Suspension Bridge Aeroelasticity Nonlinear Least Square Technique for System Identification [D]. Princeton University.

[11] T Kumarasena, et al. Recent Observations in Bridge Deck Aeroelasticity [J]. J. Wind Eng. Ind. Aerodyn. Vol. 40:225-247.

[12] M Shinozuka, C B Yun, H Imai. Identification of Linear Structural Dynamic Systems [J]. Journal of the Engineering Mechanics Division. Vol. 108(6):1371-1390.

[13] H Imai, C B Yun, O Maruyama, M Shinozuka. Fundamentals of System Identification in Structural Dynamics [J]. Prob. Eng. Mech. Vol. 4(4):211-220.

[14] H Yamada, H Ichikawa. Estimation of Aerodynamics Parameters by Extended Kalman Filter Algorithm [J]. J. Wind Eng. Ind. Aerodyn.

[15] M Iwamoto, Y Fujino. Identification of Flutter Derivatives for Bridge Deck from Free Vibration Data [J]. APSOWE-3. Vol. 2:125-130.

[16] P P Sarkar, N P Jones, R H Scanlan. System Identification for Estimation of Flutter Derivatives [J]. J. Wind Eng. Ind. Aerodyn. Vol. 41-44:1243-1254.

[17] H Yamada, T Miyata. Introduction of a Modal Decomposition and Reassemblage Method for the Multi-dimensional Unsteady Aerodynamic Force Measurement [J]. J. Wind Eng. Ind. Aerodyn. Vol. 69-71:769-775.

[18] 张若雪.桥梁结构气动参数识别的理论和试验研究[D].上海:同济大学,1998.

[19] 丁泉顺.大跨度桥梁耦合颤抖振响应的精细化分析[D].上海:同济大学,2001.

[20] 李永乐.风—车—桥系统非线性空间耦合振动研究[D].成都:西南交通大学,2003.

[21] 许福友.桥梁结构颤振导数识别与颤振分析[D],上海:同济大学,2006.

[22] Sarkar P P. Identification of Aeroelastic Parameters of Flexible Bridges[J]. J. Eng. Mech., ASCE, 120(8), 1994:1718-1741.

[23] 何宪飞. 桥梁断面三自由度颤振导数识别[D].上海:同济大学,2001.

[24] A G Chowdhury, P P Sarkar. Identification of Eighteen Flutter Derivatives of an Airfoil and a Bridge Deck [J]. Wind and Structure. Vol. 7(3):187-202.

[25] M Falco, A Curami, A Zasso. Nonlinear Effects in Sectional Model Aeroelastic Parameters Identification [J]. J. Wind Eng. Ind. Aerodyn. Vol. 41-44:1321-1332.

[26] M Matsumoto, Y Kobayashi, Y Niihara, H Shirato, et al. Flutter Mechanism and its Stabilization of Bluff Bodies [C]. 9ICWE, New Delhi, India.

[27] Q C Li. Measuring Flutter Derivatives for Bridge Sectional Models in Water Channel [J]. Journal of Engineering Mechanics. Vol. 121(1):90-102.

[28] A G Jensen. Fluid Dynamic Derivatives: Marine and Wind Engineering Approaches [J]. J. Wind Eng. Ind. Aerodyn. Vol. 69-71:777-793.

[29] A Cigada, M Falco, A Zasso. Development of a New System to Measure Aerodynamic Forces on Section Models [C] // Proceedings of Wind Engineering into the 21st Century. Larsen, Larose & Livesey (eds). Balkema, Rotterdam.

[30] 陈政清,于向东,陈鸿,程忠宇. 一种在风洞中识别桥梁断面颤振导数的强迫振动方法[C]//第十届全国桥梁学术会议论文集. 南京,2000:5-7.

[31] 于向东. 大跨度桥梁颤振导数识别的强迫振动法研究[D]. 长沙:中南大学,2002.

[32] 于向东,陈政清. 两自由度及三自由度桥梁断面颤振导数的强迫振动识别法[J],铁道学报, 2003,25(2):57-61.

[33] 程忠宇,张琦,陈政清,于向东. 强迫振动法大跨度桥梁节段模型气动导数系统辨识[J],国防科技大学学报,2003,25(5):22-25.

[34] W Wang, M Li, X Chen. Identification of Aerodynamic Derivatives for Bridge Sections by Forced Oscillation Method [C]//Proc. of the 11th International Conference on Wind Engineering. Lubbock, Texas, USA. June:261-268.

[35] Asmussen J C, John C. Modal Analysis Based on the Random Decrement Technique-application to Civil Engineering Structures[D]. Department of Building Technology and Structural Engineering University of Aalborg Sohngaardholmsvej 57, 9000 Aalborg Denmark 1997.

[36] Ibrahim S R, Mikulcik E C. A Time-domain Model Vibration Test Technique[J]. The Shock and Vibration Bulletin,1973,43(4):21-37.

[37] Ibrahim S R. Random Decrement Technique for Modal Identification of Structures[J]. Journal of Spacecraft and Rockets,1977,14(11).

[38] Qin X R, Gu M. Determination of Flutter Derivatives by Covariance-driven Stochastic Subspace Identification Technique[J]. Wind and Structures,2004,7(3):173-186.

[39] Gu M, Qin X R Direct Identification of Flutter Derivatives and Aerodynamic Admittance of Bridge Decks[J]. Engineering Structures,2004,26(14):2161-2172.

[40] 秦仙蓉,顾明. 紊流风场中桥梁结构气动导数识别的随机方法[J]. 土木工程学报,2005,38(4):73-77.

[41] Overschee P V, Moor B D. Subspace Algorithms for the Stochastic Identification Problem[C]//Proceedings of the 30th Conference on Decision and Control. England: Brighton, 1991: 1321-1326.

[42] Peeters B, Roeck G. Reference-based Stochastic Subspace Identification for Output-only Modal Analysis[J]. Mechanical System and Signal Processing,1999,13(6):855-878.

[43] Golub G H, Van Loan C F. Matrix Computations[M]. 3rd ed. Baltimore: The Johns Hopkins University Press,1996.

[44] 于洪刚. 大跨度拱桥气动参数识别及风振响应研究[D]. 上海:同济大学,2008.

[45] H. Tanaka. Wind Engineering, prepared for CVG 5133 [D]. Canada: University of Ottawa,1998.

[46] 中华人民共和国行业标准. JTG/T D60-01—2004 公路桥梁抗风设计规范[S]. 北京:人民交通出版社, 2004.

[47] 日本本州四国连络桥公团. 本州四国连络桥耐风设计基准・同解说[S]. 1976.

第十三章　总结与展望

拱式桥最早是以石拱桥的形式出现于古埃及时期和古希腊时期，但能够保留至今的石拱桥很少，特别是古埃及，几乎找不到现存的古代石拱桥，世界上现存最古老的石拱桥是古希腊Arkadiko桥，建于公元前1300年，是一座跨越山谷的单孔石拱桥。古罗马人延续了古希腊文明遗产，修建过无数巨大的石拱桥，包括输水用的渡槽桥，分布在意大利、希腊、西班牙、法国、英国、德国、土耳其等国家，至今还保留有几十座古代石拱桥。中国拱式桥的起源一直为中外桥梁史学者所关注，其中最早的关于石拱桥的文字记载出现于公元前282年，《中国桥梁史纲》认为："中国拱桥始建于东汉中晚期，由伸臂木石梁桥、撑架桥、三/五折边形石桥等逐步发展而成。"由此推论，中国拱式桥的历史晚于古埃及和古希腊，也稍晚于古罗马。

中国古代石拱桥最杰出的代表是河北省赵县城南洨河上的赵州桥，又名安济桥，净跨径37m、净矢高7.2m，建成于隋朝大业元年（605年），是全世界具有里程碑意义的拱桥，敞肩式或空腹式理念的提出和实践开启了拱桥减轻重量、增大跨度、丰富形式的探索时代，同时也诞生了中国历史上第一个拱桥跨度的世界纪录，并将这个世界纪录保持了近700年。从14世纪到18世纪，石拱桥的跨度仅仅从17m增长到54m。近代铁拱桥的出现使得拱式桥的跨度有了较快的增长，从1779年第一座铸铁拱桥（跨度30.5m）诞生到1886年最大跨度锻铁拱桥（172.5m）建成的100多年时间里，拱式桥跨度增长了3.5倍。1874年第一座钢拱桥建成，开启了以钢材为主要承重材料的现代钢拱桥历史，拱式桥的跨度增长出现了飞跃，从1874年到1977年的近百年间，美国工程师们五次创造了拱式桥跨度的世界纪录，并将跨度定格在518m，是一百年前铁拱桥跨度纪录的三倍。最近两个钢拱桥跨度的世界纪录都是由中国人创造的，分别是2003年建成的550m跨度的上海卢浦大桥和2009年建成的552m跨度的重庆朝天门大桥。

拱式桥是最常见的桥型之一，尤其是在地质和地形条件有利时，经济的拱式桥应当是首选的桥型。拱式桥的跨越能力虽然不如悬索桥和斜拉桥大，但是国内外大跨度拱桥一般都采用钢拱肋，而且为了施工方便和经济因素，大都采用桁架拱形式。我国从20世纪90年代掀起了建造钢管混凝土拱桥的热潮，由填充混凝土的钢管作为拱肋单元，采用单根、双根、三根或四根钢管混凝土构件组成拱肋，跨度已经从200余米迅速攀升至500m以上。上海卢浦大桥和宁波明州大桥等则采用了箱形截面的钢拱肋，外形简洁明快和整体受力明确，成为钢拱桥的又一新选择，而且跨度更大。因此，大跨度拱桥的拱肋主要有三种形式，钢桁架拱、钢管混凝土拱和钢箱拱。

无论是钢桁架拱肋、钢管混凝土拱肋，还是钢箱拱肋，拱式桥的刚度都比较大，相对风作用的敏感性较低，历史上还没有出现过强烈的风致振动或风毁事故，而拱桥的抗风问题主要是在施工尚未合龙前的悬臂拼装阶段。因此，国外风工程界并未十分重视拱式桥的抗风设计，一般只验算阵风荷载作用下的静力稳定性，而很少考虑风致振动问题。我国自20世纪90年代初建设贵州江界河桥起，才开始重视拱式桥的抗风设计问题，至今已有20年的历史，经历了钢管混凝土拱桥跨度快速增长、宜宾岷江二桥箱形拱施工阶段两次风毁事故、上海卢浦大桥钢箱拱刷新封存28年的拱桥跨度世界纪录等，开展了十多座大跨度拱式桥的抗风设计研究，积累了一定的经验。

同济大学桥梁抗风研究团队在项海帆教授的领导下，自20世纪70年代末通过上海泖港大桥开创了我国桥梁抗风研究，并于90年代初在贵州江界河大桥设计中率先开展拱式桥抗风研究，2000年被指定参与调查施工阶段遭遇两次风毁事故的宜宾岷江二桥——三跨连续混凝土箱拱主桥，2002年主持完成了创造跨度世界纪录的上海卢浦大桥抗风设计研究，2003年和2006年又分别主持完成了创造跨度世界纪录的平行拱肋钢管混凝土拱桥——湖南茅草街大桥和提篮式钢管混凝土拱桥——浙江省三门口大桥的抗风设计研究，2007年主持完成了钢桁架拱肋拱桥——428m跨度的广州新光大桥的抗风设计研究，2009年主持完成了钢箱提篮拱桥——450m跨度的肇庆西江特大桥的抗风设计研究，此外，还主持完成了几座跨度稍小一些的拱式桥抗风设计研究。根据同济大学桥梁抗风研究团队近20年拱式桥抗风研究经验，初步揭示了大跨度拱桥不同于缆索承重桥梁的抗风特点如下：

(1)由于拱肋截面和拱式结构比缆索承重桥梁更加复杂，与风荷载相关的静力三分力系数和静阵风风速的确定更为重要，无论是风洞试验方法还是数值模拟方法都需要考虑构件与构件之间的遮挡效应、干扰效应和三维效应。

(2)由于拱式桥比缆索承重桥梁存在更严重的受压构件静力稳定问题，横向风荷载的作用必然会加剧失稳现象的发生，特别是在施工阶段拱桥结构的刚度较小，必须仔细验算风荷载和其他荷载共同组合下的结构稳定性。

(3)由于拱式桥的抗风稳定性普遍高于缆索承重桥梁，拱桥抗风设计重点在于关注减小拱肋截面和拱式结构的风荷载，特别是静力风荷载和抖振风荷载与其他荷载组合作用下的构件强度，确保施工阶段和成桥状态的结构安全性。

(4)由于拱式桥比缆索承重桥梁具有更大的刚度，拱桥的风致振动问题特别是颤振和驰振等发散性风振的可能性较小，但是对于钝体箱形截面拱肋，涡激振动可能成为拱桥的主要风振问题，必须引起高度重视，并在必要时采取涡振控制措施。

(5)由于中承式和下承式拱式桥的吊杆有时不同于缆索承重桥梁，可能选用构造更合理的矩形、箱形或工字形截面，研究表明这些钝体截面的长吊杆可能导致局部构件的驰振或颤振现象的发生，必须采用气动或机械措施加以抑制。

同济大学桥梁抗风研究团队获得了国家自然科学基金重大项目、重点项目和面上项目等的大力支持，在大跨度拱式桥抗风理论和方法研究方面，直接得到了国家自然科学基金面上项目“大跨度拱桥抗风失效机理及风振控制方法研究”(50278069)和重点项目“大型结构与特殊环境动力相互作用的数值试验”(50538050)的支持，也曾获得了国家高技术研究发展863计划课题“大型桥梁环境动力响应机理及评估”(2006AA11Z108)等基础研究项目的资助。拱式桥抗风研究成果获得了2009年上海市科技进步奖一等奖——“大跨度拱桥抗风设计理论及其工程应用”，有关上海卢浦大桥的研究成果获得了2004年上海市科技进步奖一等奖——“上海卢浦大桥设计关键技术研究”和2005年国家科技进步奖二等奖——“上海卢浦大桥设计与施工关键技术研究”。然而，大跨度拱式桥抗风研究还存在以下几方面的薄弱环节，需要我们

通过创新实现突破:

1. 静力风荷载新模型

拱肋截面沿着跨度方向一般不会是完全等截面的,因此每个拱肋截面的静力三分力系数是不相同的;拱肋轴线沿着跨度也是有高低变化的,因此每个拱肋轴线的高程是不一样的、不同高程处的设计风速也是不相同的;拱式桥的主要构件——拱肋、主梁、立柱或吊杆之间会产生遮挡和干扰,因此三维效应无法忽略。由此可以推断,基于变截面、变高程和三维效应的拱式桥静力风荷载研究必须建立新的理论模型。

2. 多目标等效风荷载理论

风荷载是大跨度拱式桥设计中的控制荷载,不仅现有桥梁设计规范中的风荷载计算方法——静阵风荷载方法是近似的,而且目前拱桥抗风研究中的风荷载确定方法——抖振等效风荷载方法是按照单位移目标进行等效的。对于按照单目标等效方法得到的等效静力风荷载,只能保证等效点处的某一关心响应与风荷载作用下该响应的极值相等,这对于结构形式复杂、参与振型众多、控制截面多个的拱桥会产生很大的误差,必须探索基于实际风载、内力等效、多重目标的拱桥等效静力风荷载研究,以提高拱桥风荷载的精度和可靠性,同时探索多目标、多效应的桥梁统一等效风荷载理论和方法。

3. 静风稳定性分析验证

拱式桥静风稳定性分析方法虽然已经取得了长足的进步,可以实现三维结构以及风荷载、结构材料和几何变形等的非线性分析,作为一种数值分析方法需要进行实验验证,包括模型试验有效性验证和现场实测可靠性验证。虽然稳定性分析一般无法采用现场实测的方法加以验证,但是至少应当采用类似于缆索承重桥梁的全桥气弹模型风洞试验方法进行验证。问题是结构材料和几何变形的非线性行为如何模拟?与风荷载共同组合的其他荷载效应如何真实模拟?如果拱式桥跨度进一步增大,由理论分析方法得到的静风失稳临界风速的安全裕度就会减小,数值分析的实验验证要求会更加迫切,由此可能会率先取得突破。

4. 概率性评价和可靠性分析

自然风是一种随机荷载,桥梁结构模型和参数又具有随机性,而拱桥结构模型和所受风载的随机性更大,理应采用概率性评价和可靠性分析方法。由于动力可靠性理论上的困难以及各种统计参数的缺乏,除了国内外部分学者对几座大跨桥梁的概率性评价初步探索以及本书第八章中提到的涡激共振概率性评价之外,几乎没有其他可供参考的概率性评价和可靠性分析方法,更谈不上国家抗风设计规范层面的概率性方法。在世界桥梁设计方法和规范朝着可靠性理论和方法发展的新形势下,拱桥抗风设计和研究的概率性评价和可靠性分析值得进行深入系统的探索。

5. 发散性风致振动形式

虽然在目前500m级拱式桥抗风设计研究中,还没有发现发散性风致振动——驰振和颤振的危险,但是随着拱桥跨度的不断增长,必须开展发散性风致振动的前瞻性研究。主要包括:首先,更大跨度拱桥的竖向弯曲振动基频会更低,由于钢箱拱肋的断面较钝,必须关注驰振稳定性问题;其次,更大跨度拱桥的扭转振动基频也会降低,而且扭转振动基频与竖弯振动基频的比值——扭弯频率比会随着拱桥跨度增加而逐步趋向于1，扭转振型和竖弯振型耦合的颤振稳定性必须确认；最后，更大跨度拱桥是否还会孕育着其他新的发散性风致振动形式，譬如考虑湍流效应的发散性风致振动、负刚度驱动型的气动失稳、静力和动力作用效应耦合的风致失稳等。

风工程泛指科学研究边界层自然风与地球表面人工构筑物之间相互关系的一门工程学科，是地学、力学、土木工程学、环境工程学等多门一级学科的交叉学科。桥梁风工程或桥梁抗风是风工程的一个分支，特指科学研究边界层自然风对桥梁结构所造成的风效应的一门工程学科，是气象学、空气动力学、工程力学、桥梁工程学、防灾工程学等多门二级学科的交叉学科。桥梁抗风设计研究的范围主要包括悬索桥、斜拉桥、拱式桥和梁式桥等四种桥型，良态气候风场、飓风气候风场和雷暴气候风场等三种自然风场，以及理论研究、风洞试验、现场实测和数值模拟等四种研究方法。目前，我国拱式桥抗风设计研究在我国大规模大跨度拱桥建设需求的强力推动下，正走在各种桥型抗风设计研究的最前沿，完全有希望形成具有我国特色和自主知识产权的拱桥抗风设计研究理论和方法体系，为我国大跨度拱桥工程建设和国际桥梁抗风设计研究做出积极的贡献。

索　引